S0-IMD-405

Wolfgang Müller-Funk

Erfahrung und Experiment

Wolfgang Müller-Funk

Erfahrung und Experiment

Studien zu Theorie und Geschichte des Essayismus

Akademie Verlag

Gedruckt mit Unterstützung des Bundesministeriums für Wissenschaft und Forschung, Wien,
des Bundesministeriums für Unterricht und Kunst, Wien,
des Amtes der Kärntner Landesregierung – Kulturabteilung, Klagenfurt,
des Kulturamtes der Stadt Wien und des Amtes der NÖ. Landesregierung, Wien

Die Deutsche Bibliothek – CIP-Einheitsaufnahme

Müller-Funk, Wolfgang:
Erfahrung und Experiment : Studien zur Theorie und Geschichte des Essayismus /
Wolfgang Müller-Funk . – Berlin : Akad. Verl., 1995
Zugl.: Klagenfurt, Univ., Habil., 1993
ISBN 3-05-002613-8

Der Akademie Verlag ist ein Unternehmen der VCH-Verlagsgruppe.

Gedruckt auf chlorfrei gebleichtem Papier.
Das eingesetzte Papier entspricht der amerikanischen Norm ANSI Z.39.48 – 1984 bzw.
der europäischen Norm ISO TC 46.

Satz: Roland Albrecht, Berlin
Druck und Bindung: Druckhaus „Thomas Müntzer“ GmbH, Bad Langensalza

Printed in the Federal Republic of Germany

In Erinnerung an Ulrich Sonnemann (1912–1993)

Ich würde der Utopie die Erfahrung, das Experiment entgegensetzen
Michel Foucault

Wer keine Heimat mehr hat, dem wird wohl gar das Schreiben zum Wohnen
Th.W. Adorno

No hay camino, hay que caminar
Inschrift in Toledo

Inhalt

Einleitung

Als genuinem Modus der Erkenntnis wohnt dem essayistischen Impuls, sofern er auf mehr abzielt als auf bloße ästhetische Vermittlung, ein utopisches Moment inne. Vorsichtig tastend öffnet er neue Horizonte, schiebt die Vorhänge, die nicht selten gewalttätigen Verhängungen geschlossenen Denkens, verstellter Gegebenheiten und verquerer Vergangenheiten, zur Seite, um der Skepsis, dem spähenden Blick, der sich nicht betrügen lassen will, ein Feld der Wahrnehmung zu verschaffen. Nach den historisch-philosophischen Voraussetzungen und den theoretischen Implikationen essayistischen Denkens zu fragen, impliziert von daher mehr als ein philologisches Unternehmen, mehr als bloße Rekonstruktion einer philosophisch-literarischen Mischgattung, die den Weg ihrer Erkenntnis, ihre Bewegung selbst umschreibt. Angesichts des Endes der großen neuzeitlichen Entwürfe, der großen „Erzählungen" (Lyotard)[1], angesichts von Sinnkrise und Reetablierungsversuchen heilsträchtiger Sinnsysteme und der spürbaren Erosionen des szientistischen Betriebes, die Selbstreflexion unabdingbar zu machen, kommt dem gewiß paradoxen Unterfangen, die dem Essay zugrundeliegenden, oft verschwiegenen Präsuppositionen zu systematisieren und unter den Begriff eines konzeptuellen Essayismus zu bringen, auch eine aktuelle Bedeutung zu. Wenn es richtig ist, daß die neuzeitlichen Vollkommenheitsutopien, die nicht selten Übergriffe und Festschreibungen der Zukunft im Namen eines objektiven szientistischen Geistes darstellten, sich erschöpft und ihre Dynamik eingebüßt haben, dann läßt sich der Essayismus, dem Robert Musil den „Möglichkeitssinn" zugesellt hat, als ein subjektives Vermögen bestimmen, das den hypertrophen Charakter bisheriger Utopie zurücknimmt und diese als „Impuls" auf den Menschen rückbezieht. Nicht mehr kommt es so sehr darauf an, eine Utopie zu haben als auf die Fähigkeit, sich utopisch verhalten zu können. Das wiederum kann als Utopie in den utopielosen Zeiten des post-histoire verstanden werden.

Rekonstruktion und Entwurf einer Theorie des Essayismus, das beinhaltet zum einen Intervention in die gegenwärtigen Kontroversen, zum anderen aber auch Erinnerung an Unabgegoltenes (durchaus im Sinne Benjamins). Denn gerade in der deutschen Kulturtradition bildet der Essay ungeachtet überaus gewichtiger Gegenbeispiele – genannt seien hier nur Lichtenbergs Aphoristik, der Fragmentarismus der Frühromantiker, die Sentenzphilosophie von Schopenhauer und Nietzsche, die Kritische Theorie sowie das Œuvre von Musil und Canetti – insgesamt eine unterrepräsentierte Gattung, eine Rand-

1 Jean-François Lyotard, *Das postmoderne Wissen. Ein Bericht*, Wien 1986, S. 112ff.; „Die Sehnsucht nach der verlorenen Erzählung ist für den Großteil der Menschen selbst verloren. Daraus folgt keineswegs, daß sie der Barbarei ausgeliefert wären." (S. 122.)

erscheinung des geistigen (philosophischen wie politischen) Lebens. Stets – und billigerweise muß man zugeben, nicht immer ganz zu Unrecht – stand der Essay in deutschen Landen im Verdacht, oberflächlich, leichtfertig, nicht tiefschürfend zu sein, kurzum eine „Frivolität“, die deutschem Geist nicht ansteht, sondern eben nur den ohnehin moralisch laxen Franzosen bzw. den Engländern. Seinen Höhepunkt hat derlei Ressentiment im deutschen Idealismus, etwa bei Schelling, erfahren. Dort wurden die Deutschen zur philosophisch-wissenschaftlichen Nation κατ' ἐξοχήν erhoben, eben gerade weil sie so systematisch-gründlich vorging und den Essayismus als billigen Zeitvertreib verachtete.[2] Derlei Urteile provozieren theoretisch wie politisch Einspruch und erfordern Revision. Die Abwehr der französischen (und auch der heimischen romantischen) Frivolitäten und das damit einhergehende Superioritätsgefühl (wobei Schelling durchaus – noch – die schrillen nationalistischen Töne vermieden hat) implizieren neben einem fragwürdigen Patriotismus, der in seiner Begeisterung blind ist für die eigenen Schwächen und Grenzen, ein intellektuelles Selbstverständnis, das politische Intervention, ja sogar den Gedanken an eine kritische Öffentlichkeit weithin ausschließt. Deren deutsche Geschichte beginnt daher im Exil, etwa mit Börne und Heine.

Der Versuch einer theoretischen Sichtung des Phänomens Essay hat zwangsläufig auf zwei zum Teil sich ergänzende, zum Teil aber gegenläufige essayistische Konzepte zu rekurrieren. Die Rede ist von Theodor W. Adornos Überlegungen zum Essay, wie er sie im Anschluß an den jungen Lukács, an Benjamin und Kassner in den *Noten zur Literatur* vorgetragen[3] und in der *Ästhetischen Theorie* weiterentwickelt hat, sowie von Robert Musils Idee eines hypothetischen, experimentierenden Lebens, die inhaltlich wie formal seinen Roman *Der Mann ohne Eigenschaften* durchzieht.[4] Beide Konzepte stimmen in der vehementen Ablehnung des Systemgedankens überein, diese bildet den Ausgangspunkt ihrer beider Bemühungen um einen methodisch abgesicherten Essayismus. Doch unterscheiden sich beide Ansätze beträchtlich in ihrem jeweiligen Ausgangspunkt. Ob sie sich im Hinblick auf verschobene Prämissen heute synoptisch verbinden lassen, ohne daß ihre genuine Radikalität beschädigt wird, bleibt eine spannende Leitfrage. Womöglich läßt sich die Spannung zwischen den beiden Auffassungen durch die beiden Begriffe beschreiben, die jede Theoriebildung essayistischer Art konstituieren: Erfahrung und Experiment. Deren Ähnlichkeit ist täuschend. Was sie unterscheidet, ist erhellend.

Adornos Essay über den Essay, der mit der Auseinandersetzung mit (deutschen) Vorurteilen gegen die Gattung einsetzt, ist dezidiert antiszientistisch, greift auf die Erfahrung eines Subjektes zurück, die, obzwar intelligent und reflektierend, wissenschaftlicher Methodik mit innerer Notwendigkeit entgeht. Adorno spricht in diesem Zusammenhang einmal, in deutlicher Anspielung auf die Romantik und insbesondere auf

2 Nach Gustav L. Plitt, *Schellings Leben*, Leipzig 1869, Bd. I, S. 432.

3 Theodor W. Adorno, *Der Essay als Form*, in: *Noten zur Literatur I*, Frankfurt a.M. 1958, S. 9–49; vgl. auch seine Polemik gegen den späten Lukács: *Erpreßte Versöhnung*, in: *Noten zur Literatur II*, Frankfurt a.M. 1961, S.152–187.

4 Robert Musil, *Der Mann ohne Eigenschaften*, in: *Gesammelte Werke*, Bd. 1, Kap. 4 („Wenn es Wirklichkeitssinn gibt, muß es auch Möglichkeitssinn geben“), Kap. 60 („Ausflug ins ideologisch-sittliche Reich“), Kap. 61 („Das Ideal der drei Abhandlungen oder die Utopie des exakten Lebens“), Kap. 62 („Auch die Erde, namentlich aber Ulrich, huldigt der Utopie des Essayismus“).

Schelling und Fichte, von „intellektueller Anschauung", einem Bewußtsein, dem Anschauung und Begriff, Bild und Zeichen – wenigstens anfänglich – eins waren, in dem Kunst und Wissenschaft sich noch nicht auseinandergelebt haben. An diese Tradition möchte Adorno, ohne die neuen Gegebenheiten zu ignorieren, kritisch anknüpfen. Der moderne Essayismus nimmt von der „vollen" individuellen Erfahrung seinen Ausgangspunkt, von einem Besonderen, das im Allgemeinen der Wissenschaft und ihrer Einordnungen bzw. Kategorisierungen falsch vereinnahmt wird.[5] Diese Erfahrung manifestiert sich als forciert ästhetische, die sich in bewußten Gegensatz zum Szientismus und seiner Erfahrungswelt stellt. Sie erhebt Einspruch gegen den Geist des Cartesianismus, gegen Definition, Deduktion, Vollständigkeit und Kontinuität. So erweist sich der Essay als „kritische Kategorie unseres Geistes" (Bense)[6], die zugleich ein anderes Verhältnis von Kultur und Natur (als Mythos und Wissenschaft) postuliert und praktiziert.[7] Leitbegriffe sind dabei Autonomie, Querverbindung (statt Ableitung) und Koordination (statt Subordination). Der Essay bringt ein Verhältnis zur Welt zur Sprache, das bislang, wenigstens kollektiv, unrealisiert geblieben ist. Es entspringt einem Akt produktiver Resignation: Mit Montaigne geht Adorno davon aus, daß die „tiefsten Gedankengänge" stets nur in „ewiger Kleinheit" zur Verfügung stehen.[8]

Adornos Konzept ist in absichtsvoller Weise anachronistisch: es setzt auf eine Gattung von Erfahrung, die infolge des übermächtigen szientistischen Geistes beständig von Auszehrung bedroht ist. Man könnte sie, in Analogie zum ökologischen Diskurs, als eine vom Aussterben bedrohte Art der Erfahrung ansehen, zum Aussterben verurteilt in einer verwalteten Welt (oder in einer völlig simulatorischen Welt wie bei Baudrillard[9]). Die eigene Erfahrung scheint dem Menschen auszugehen, Erfahrungslosigkeit zu seinem historischen Los geworden zu sein. Bereits Walter Benjamin hatte damit das Ende traditionellen Erzählens prognostiziert, ohne das forcierter Essayismus, der das Allgemeine im ganz Speziellen sucht, wohl kaum denkbar ist. Diese Antinomie der Kritischen

5 Theodor W. Adorno, *Der Essay als Form*, a.a.O., S. 19: „Das Maß solcher Objektivität ist nicht die Verifizierung behaupteter Thesen durch ihre wiederholte Prüfung, sondern die in Hoffnung und Desillusion zusammengehaltene einzelmenschliche Erfahrung." Vgl. auch dort seine negative Bestimmung des essayistischen Gestus: „Darum ist das innerste Formgesetz des Essays die Ketzerei." (Ebd., S. 49.)

6 Max Bense, *Über den Essay und seine Prosa*, in: Ludwig Rohner (Hg.), *Deutsche Essays. Prosa aus zwei Jahrhunderten*, 6 Bde., München 1969, Bd. I, S. 55.

7 Theodor W. Adorno, *Der Essay als Form*, a.a.O., S. 41: „Bis zum heutigen Tag perpetuiert sich in ihr [der Kultur; M.-F.] der blinde Naturzusammenhang, der Mythos, und darauf gerade reflektiert der Essay: das Verhältnis von Natur und Kultur ist sein eigentliches Thema."

8 Ebd., S. 22; vgl. auch Georg von Lukács, *Die Seele und die Formen*, Berlin 1911, S. 21.

9 Jean Baudrillard, *Der symbolische Tausch und der Tod*, München 1982, S. 8: „Anstelle des alten Realitätsprinzips beherrscht uns von nun an ein Simulationsprinzip." Ähnlich auch S. 79: „Die Simulation ist das bestimmende Schema der gegenwärtigen Phase, die durch den Code beherrscht wird." Was das im Hinblick auf die alte Subjekt-Objekt-Relation bedeutet, beschreibt Baudrillard so:„ [...] es bleibt die Tatsache, daß alles in die Simulation aufgesaugt wird. Und ebenso bleibt doch etwas, wenn nicht alles unreduzierbar, weil alles einer wunderbaren Reversibilität unterliegt. [...] Es gibt diese Umkehrung, gerade in einer Welt, in der alles simulativ ist. [...] Das ist keine Utopie mehr. Es ist etwas Immanentes. Darum sprach ich vom Objekt. Das Subjekt ist, was sich nicht realisiert hat, was sich in eine Zukunft hineinwirft, Ansprüche erhebt. Das Objekt dagegen hat sich

Theorie hat in der Nachfolge zur Auflösung des Widerspruchs gereizt, sei es nun durch Überbietung der kulturkritischen Diagnose, etwa bei Denkern wie Baudrillard, sei es durch deren Aufweichung im Gefolge der Habermas-Schule, die mit dem Interesse an moderner Ästhetik auch das ‚widersinnige' Konzept eines methodischen Essayismus zugunsten der Utopie eines herrschaftsfreien Diskurses verabschiedet hat.[10]

Weder Adorno noch Musil versuchen dem Szientismus irrationalistisch beizukommen: man muß sich ihm denkerisch stellen. Der ästhetisch ambitionierte Philosoph und der naturwissenschaftlich gebildete Romancier versuchen das auf sehr unterschiedliche Weise. Adorno bezieht sich, phänomenologisch gesprochen, auf die lebensweltlichen Voraussetzungen wissenschaftlicher Erfahrung, die von dieser freilich beinahe ohne Rest getilgt werden, so daß jede Erinnerung an sie erlischt; demgegenüber operiert Musils verfremdetes alter ego, der Mathematiker Ulrich, der Mann ohne Eigenschaften, nicht zuletzt animiert durch den Widerspruch zu seiner platonischen „Kusine" Diotima und dem Schöngeist Arnheim, mit einer Überbietungsstrategie. Ulrich plädiert für ein nüchtern experimentierendes Leben, hypothetisch und voll Ungewißheit. Und wenn er einmal postuliert, man müsse so leben wie die Figuren in einem Roman, so könnte man in Analogie sagen: er möchte auch leben wie in einem wissenschaftlichen Experiment.

völlig realisiert, das Objekt ist überall das, was schon vollständig ist. Und darum werden wir dem Objekt in diesem Sinne nicht entweichen. Diese Vollständigkeit des Objekts steht da wie ein ironisches Schicksal [...], denn die Tatsache, daß das Objekt vollständig ist, ist ironisch." (Ders., in: Claudia Gehrke (Hg.), *Der Tod der Moderne. Eine Diskussion*, Tübingen 1983, S. 72.) Daß durch eine solche ironizistisch-apodiktische Diagnose, die das Subjekt-Objekt-Verhältnis des klassischen aufklärerischen Diskurses gleichsam umkehrt, auch jedwede essayistische ‚Ketzerei' obsolet geworden ist, liegt auf der Hand. In der Welt der Simulation mit ihren vollständigen Objekten und sich verflüchtigenden Subjekten ist keine intelligente philosophische Erfahrung möglich. Selbst der Ort dessen, der so schreibt wie Baudrillard, ist eigentlich irreal geworden. Zur postmodernen These von der Auflösung der Erfahrung vgl. auch Martin Jay, *Erfahrungen und/oder Experimentieren: Löwenthal und die Herausforderung der Postmoderne*, in: Frithjof Hager (Hg.), *Geschichte denken. Ein Notizbuch für Leo Löwenthal*, Leipzig 1992, S. 78–85. Im Anschluß an ein Diktum von J.-F. Lyotard, daß man im Falle des Modells ‚Auschwitz' nicht mehr von Erfahrung sprechen könne, meint Jay: „Wenn Denker der Postmoderne wie Lyotard recht haben, dann ist das utopische Ziel der integrierten Erfahrung nichts weiter als ein nostalgisches Stück hegelianischer Metaphysik, angewandt auf das individuelle Subjekt." (Ebd., S. 80.) Daß dies nicht der Fall ist, will ich in vorliegendem Buch darstellen.

10 Jürgen Habermas hat Adornos Position folgendermaßen interpretiert: „Wir irren im Diskursiven, gewiß, wie im Exil umher; und doch wahrt einzig die inständige, gegen sich selbst aufgebotene Kraft einer bodenlosen Reflexion die Verbindung mit der Utopie einer längst verschollenen, der Vorvergangenheit angehörenden, zwanglos-intuitiven Erkenntnis. Als deren Verfallsform kann sich das diskursive Denken freilich nicht von sich aus identifizieren; dazu verhilft ihm erst die ästhetische, im Umgang mit avantgardistischer Kunst erworbene Erfahrung. Die Verheißung, deren eine überlebte philosophische Tradition nicht mehr mächtig ist, hat sich in die Spiegelschrift des esoterischen Kunstwerks zurückgezogen und bedarf der negativen Enträtselung." (Jürgen Habermas, *Der philosophische Diskurs der Moderne. Zwölf Vorlesungen*, Frankfurt a.M. 1985, S. 220.) Ästhetische Theorie und Essayismus fallen bei Adorno – so Habermas – zusammen, insofern nämlich, als beide eine Erfahrung der *Bedrohung* – eben jenes Subjekts als Träger dieser Erfahrung – festhalten. Was bei Adorno als Bedrohung philosophisch reflektiert wird (und was in gewisser Weise Quelle seiner kritischen Theorie darstellt), das ist bei Baudrillard aberwitzig vollzogen.

Damit korrespondiert sein Faible fürs Exakte, die phantastische Genauigkeit. Die Kälte der Hauptfigur sowie des ganzen Werkes resultiert nicht zuletzt aus der quasi kaltblütigen naturwissenschaftlichen Anordnung, einer Haltung, die Ulrich selbst als Urlaub vom Leben begreift. Das hypothetische Leben ist nämlich ein Leben in und aus der Distanz, und man kann sich natürlich fragen, ob es den Namen Leben im emphatischen Sinne des Wortes überhaupt verdient. Nicht zu übersehen ist freilich, daß Ulrichs hypothetische Lebensweise, sein theoretischer wie praktischer Essayismus nicht zuletzt wegen seines offensiven Charakters Freiräume eröffnet: Beweglichkeit, spielerischen Gestus, perspektivischen Blick, der die Dinge in ihrem konkreten Kontext erfaßt, Mut zur Unsicherheit und zur Vorläufigkeit, Verzicht auf feste Identität und auf die Vorstellung, sich zu besitzen. Die Überbietung des szientistischen Erfahrungsbegriffes durch einen kompromißlosen Experimentalismus des Lebens führt dazu, dem Szientismus, der sich damit begnügt, genau zu sein, sich an die Tatsachen zu halten, einen Möglichkeitssinn entgegenzusetzen, der mit einiger Unerbittlichkeit darauf besteht, daß die Dinge auch anders sein könnten als selbstverständlich angenommen.

Musils theoretischer Vorstoß ist – das mag bei einem philosophischen Romancier erstaunen – nicht primär ästhetisch. Für ihn ist „ein Essay [...] die einmalige und unabänderliche Gestalt, die das innere Leben eines Menschen in einem entscheidenden Gedanken einnimmt".[11] Das Pendant zur Mathematik ist daher die Mystik, der andere Zustand, aus dem essayistische Erfahrung erwächst. Und wenn Ulrich bedauert, daß die Mystiker in ihren Zuständen nicht zugleich über den exakt forschenden Geist der Naturwissenschaft verfügen, so zielt der Roman auf nichts Geringeres als auf die Reintegration historisch diversifizierter Erfahrungswelten. Der heilige Weg soll mit der Nüchternheit eines Menschen beschritten werden, der Automobile konstruiert. Daß diese provokante Forderung nicht eingelöst wird, der Zweifel, ob eine solche Integration möglich ist, bleibt, erweist sich im nachhinein ebenso wie der fragmentarische Charakter des Romans, der selbst als eine Anwendung der in ihm vorgetragenen Prämissen zu lesen ist, eher als Vorzug. Heute kann man sich auch fragen, ob die Überwindung dieses Dualismus, wie ihn Ulrich am Beispiel von Mathematik und Mystik demonstriert, überhaupt wünschenswert ist und ob er nicht im Selbstwiderspruch zu der von Musils Romanhelden apostrophierten Vorläufigkeit des Lebens, zu seinem Entwurfscharakter, steht. Was Musil indes gelingt, ist der allgemein grassierenden Sprachlosigkeit einerseits und der pseudo-romantischen, überhöhten Redseligkeit andererseits, den beiden sich einander bedingenden Scheinalternativen, einen Essayismus in Gestalt einer literarisch-

Zu einer solch ‚bedrohlichen' Diagnose will es Habermas erst gar nicht kommen lassen. Der „normative Gehalt der Moderne" läßt sich – so Habermas – nur durch eine kommunikationstheoretische Wende retten. Gegen mögliche Kritik notiert Habermas: „Ein weiteres Mal erhebt sich der Verdacht gegen den Purismus der reinen kommunikativen Vernunft – diesmal gegen eine abstrakte Beschreibung rationalisierter Lebenswelten, die den Zwängen der materiellen Reproduktion keine Rechnung trägt. Um diesen Verdacht zu entkräften, müssen wir zeigen, daß die Kommunikationstheorie ihren Beitrag leisten kann zu der Erklärung, wie sich in der Moderne eine marktförmig organisierte Wirtschaft mit dem gewaltmonopolisierenden Staat funktional verschränkt, gegenüber der Lebenswelt zu einem Stück normfreier Sozialität verselbständigt und deren Vernunftimperativen eigene, in der Systemerhaltung begründete Lebensweltimperative entgegensetzt." (Ebd., S. 404f.)

11 Robert Musil, *Der Mann ohne Eigenschaften*, a.a.O., Bd. I, S. 253.

philosophischen Versuchsanordnung entgegenzusetzen, die die Erfahrungen des Menschen in und mit der modernen wissenschaftlichen Welt zur Sprache bringt.

Erfahrung und Experiment, damit sind die beiden Termini genannt, die den traditionellen wie den methodischen Essayismus konstituieren und die das Verbindungsgelenk zu eben jenem wissenschaftlichen Szientismus darstellen, als dessen Korrektiv sich der Essay – nach dem Niedergang der alten dogmatischen Religionssysteme – verstanden hat. Die Erörterung dieser beiden Kernbegriffe neuzeitlichen Denkens und Handelns ist nicht nur erkenntnistheoretisch erhellend, vielmehr läßt sich am Auftauchen neuer und an der Abspaltung alter Bedeutungsschichten der Prozeß des Auseinandertretens von Wissenschaft, Kultur und Religion und später noch zwischen den drei Wissenschaftskulturen (Lepenies) verfolgen, dies gilt insbesondere für den Begriff der Erfahrung, der so vielschichtig und verwirrend geworden ist, daß man füglich zweifeln darf, ob dieser, in dem sich Locke zufolge „all unser Wissen begründet“, in seiner Pluralität überhaupt noch über ein tertium comparationis verfügt.

Otto Friedrich Bollnow hat 1974 davon gesprochen, daß der Begriff „Erfahrung“, einstmals (so noch bei Locke) als kämpferische Formel im Streit mit den Dogmen eines christlich-aristotelischen Weltbildes lebendig, eigentümlich verblaßt sei. Bollnow zitiert Gadamer, der 1960 in *Wahrheit und Methode* geschrieben hatte: „Der Begriff der Erfahrung scheint mir – so paradox es klingt – zu den unaufgeklärtesten Begriffen zu gehören, die wir besitzen.“[12] Das Unverständnis beginnt, worauf schon Bollnow hinweist, mit einer sprachlichen Wendung wie ‚Erfahrung machen‘. Genau das kann man im präzisen Sinn des Wortes nämlich keineswegs, wenigstens wenn man von der Grundbedeutung des Wortes, der vorwissenschaftlichen also, ausgeht. Wie Bollnow nachweist, ist Erfahrung etwas zutiefst Passivisches, es widerfährt uns, stellt sich überraschend bei der ‚Fahrt‘ ein: „Jede Erfahrung, die den Namen verdient, durchkreuzt eine Erwartung“ (Gadamer).[13] Erfahrung hat so auch eine schmerzhafte, ja fast resignative Seite: die Enttäuschungen, die sie uns zufügt, erfordern unsere Antwort. Die Enttäuschung und ihre subjektive Beantwortung (psychoanalytisch ließe sich wohl auch von Be- oder Verarbeitung sprechen) bilden zusammen das, was man vorwissenschaftlich – in allen Bereichen – als Erfahrung bezeichnen könnte, womit auch ein Widerspiel von Außen und Innen umrissen ist. Von dieser resignativen Bescheidung, die nicht mit kleinmütiger Aufgabe und Rückzug zu verwechseln ist, empfängt auch der neuzeitliche Essay entscheidende Impulse: bei unverminderter Neugierde enthält er ein Votum für kluge Selbstbeschränkung gegenüber jedem Omnipotenzwahn. Er geht nur en detail aufs Ganze, brüstet sich nicht mit letzten Wahrheiten, beharrt auf den richtigen Fragen, auf der Unabgeschlossenheit des Daseins, setzt seinen Verfasser einem Risiko aus.

12 Hans-Georg Gadamer, *Wahrheit und Methode*, Tübingen 1960, S. 329. Otto Friedrich Bollnow, *Einfache Sittlichkeit. Kleine Aufsätze*, Göttingen 1962, S. 162ff.; vgl. ders., *Was ist Erfahrung?*, in: Rolf E. Vente (Hg.), *Erfahrung und Erfahrungswissenschaft. Die Frage des Zusammenhangs wissenschaftlicher und gesellschaftlicher Erfahrung*, Stuttgart – Berlin – Köln – Mainz 1974, S. 19–29.

13 Gadamer, a.a.O., S. 329–360; vgl. dazu auch Martin Jay, *Erfahrungen …*, a.a.O., S. 84. Jay würdigt zu Recht Gadamers „besonnene Verteidigung eines nicht-idealistischen Erfahrungsbegriffs“, auch wenn dieser die tiefgreifende „Krise dieser Erfahrung nicht ganz so klar“ registriere.

Das resignative Moment, auch wo es produktiv wirksam ist, darf dabei allerdings nicht verabsolutiert werden. Die Erfahrung, die der Essay vermittelt (ob er dabei zwangsläufig scheitert, weil Erfahrungen sich nicht vermitteln lassen, das steht auf einem anderen Blatt), ist nicht identisch mit jenem kindlichen Erlebnis, bei dem man sich die Finger verbrennt und nachher niemals mehr am Ofen hantiert. Man kann Erfahrungen nicht ‚machen', wohl aber kann man sich offenhalten, ihnen furchtlos oder auch furchtsam entgegenzusehen, ohne Strategien zu ersinnen, sie zu verhindern (Letzteres widerspräche dem Geist des Essayismus per definitionem).

Von dieser Erfahrung im alltäglichen, lebensgeschichtlichen und existentiellen Sinn zu unterscheiden ist jene im Sinne neuzeitlicher Naturwissenschaft. Wenn man schon nicht Erfahrungen machen kann, so doch wenigstens mit einiger Wahrscheinlichkeit Experimente. Sie unterstehen einer mehr oder minder strengen Versuchsanordnung, wohldefinierten Absichten und Zielen, ihre Spielregeln sind deklariert; obschon auch hier die Überraschung triumphieren mag: die Geschichte der letzten zweihundert Jahre ist reich an unbeabsichtigten Entdeckungen und dramatischen Verschiebungen der Ausgangsbedingungen. Ohne daß Kunst nun selbst zum wissenschaftlichen Experiment würde, hat sie in ihrer modernen Gestalt Anteil an der Experimentierlust: „Essayistisch schreibt, wer experimentierend verfaßt" (Bense).[14] Aber anders als der wissenschaftliche Versuch, der die Subjektivität mit Notwendigkeit ausschließt und ausschließen muß, ist die Kunst und mit ihr auch der Essay auf den „erfahrenen Menschen" (Bollnow) verwiesen, auf dessen Urteilskraft, die mehr ist als kognitives Wissen, auf dessen Bereitschaft, sich in gefährlicher Situation zu bewahren, auf dessen Verantwortungsfähigkeit.

Erfahrung wird existentiell und holistisch erlebt, aber sie hat – wie auch ihr absichtsvolles Derivat, das Experiment – ihre Geschichte und ist eingebettet in den jeweiligen kulturellen epistemologischen Kontext. Wenn die These von der zunehmenden Erfahrungslosigkeit stimmt (was nicht ganz ausgemacht ist), dann steht es uns frei, Experimente anzustellen, die wiederum Erfahrungen auszulösen vermögen. In diesem Zwischenbereich kann sich ein methodischer Essayismus, der seine historische Unschuld angesichts schwindender Subjektivität und angesichts des Umstandes, daß Authentizität, wenn überhaupt, nur auf Umwegen zu erreichen ist, verloren hat, ansiedeln.

Das sind einige Grundlinien, genauer Leitlinien, die in das Untersuchungsgebiet einführen. Es würde dem Thema widersprechen, wollte man es global ‚bewältigen': eine Theorie des Essayismus will essayistisch vorgetragen sein, zwischen Erzählung und Abstraktion hin- und herpendelnd, ohne Anspruch auf Vollständigkeit – Umkreisung, Abwägung, Versuch, Mosaik, Fragment.

Im ersten Hauptteil sollen einige Zentralbegriffe und ihre historische ‚Karriere' verfolgt werden: Erfahrung, Experiment, Versuch und Erkundung. Neben der theoretischen und philosophiegeschichtlichen Erörterung (Kapitel I) wird dieses Thema auch am Beispiel einer exemplarischen historischen Analyse erörtert, nämlich am Beispiel der realen Ausfahrt des Christoph Kolumbus, die einen Eckpfeiler neuzeitlichen Bewußtseins bildet (Kapitel II).

Der Essayismus Montaignes (Kapitel III) und Bacons (Kapitel IV) wird im Sinne einer vergleichenden Typologie gegenübergestellt: hier eine aus Skepsis geborene

14 Max Bense, *Über den Essay*, a.a.O., S. 50ff.

schreibende Suche nach dem Besonderen in sich selbst, dort eine Heuristik des Entdeckens, die sich vornehmlich auf das ‚Buch der Natur' bezieht. Als deutsche Prototypen eines im Kontext der Aufklärung agierenden Essayismus werden Lichtenberg und Novalis analysiert, wobei es vor allem darum geht, die systematischen Überlegungen hinter der scheinbaren Unsystematik der *Sudelbücher* oder des *Allgemeinen Brouillon* freizulegen und diese mit einigen Grundüberzeugungen des deutschen Idealismus zu konfrontieren (Kapitel V und VI).

Im zweiten Hauptteil wird der Essayismus als Verfahren unter den Gegebenheiten der Moderne des 20. Jahrhunderts kritisch gesichtet. Den Ausgangspunkt der Analyse bildet dabei die sogenannte „Nietzschelage" (Kapitel VII), die in einem Exkurs über Richard Rorty eingehend diagnostiziert wird. Der Essayismus der Moderne konstituiert sich – so die Hauptthese dieses zweiten Teiles – vornehmlich negatorisch, aus der polemischen Abgrenzung von Kultur und Gesellschaft. In diesem prinzipiellen Gestus der essayistischen Selbstkonstitution qua Negation, der auf vielfältige Weise mit dem ästhetischen Modernismus in Literatur und Kunst koinzidiert, liegt auch der entscheidende Unterschied zum klassischen neuzeitlichen Essayismus, der im ersten Teil der Arbeit interpretiert wird.

Zur Diskussion stehen dabei Robert Musils an den modernen Naturwissenschaften orientiertes und diese zugleich transzendierendes Konzept eines unabgeschlossenen exakten Denkens (Kapitel VIII), Gottfried Benns ‚zynische' Prosa (Kapitel IX) und Adornos Konzept einer Subjektivität, die nicht im wissenschaftlich-gesellschaftlich Allgemeinen aufgeht (Kapitel X). In der vergleichenden Studie wird deutlich, daß schon in der ‚klassischen Moderne' Essayismus nicht mehr gattungsspezifisch festzumachen ist, nicht einmal mehr an die seit der Neuzeit spezifischen Kleinformen (Aphorismus, Fragment, Essay) gebunden ist, sondern gleichermaßen in Literatur und Philosophie als konstitutives Merkmal reflektierender Literatur und antisystematischer Philosophie eingegangen ist.

Die Untersuchung strebt nach repräsentativer Auswahl, beansprucht jedoch keine Vollständigkeit. Gewiß hätte sich auch eine andere Autorenreihe denken lassen, von Pascal über die Moralisten hin zu Herder und Schlegel, oder um einige moderne Autoren zu nennen: Broch, Canetti, Benjamin und Jünger. Daß Nietzsche oder gar Freud Essayisten wären, wird aus der Perspektive dieser Arbeit explizit verneint, auch wenn diese beiden Autoren die Grundbedingungen des modernen Essayismus nachhaltig geprägt haben.

Mit den vorliegenden exemplarischen Analysen soll ein Muster, ein Netz geschaffen werden, die wichtigsten Phänomene einer schreibenden Haltung, die selbstbezüglich und kritisch ist, in ihrem historischen Fortgang zu verstehen. Vor diesem Hintergrund wurde auch die Auswahl getroffen, die noch einmal die Bandbreite des Essayismus verdeutlicht, sozusagen in der Spannung zwischen Montaigne und Bacon, zwischen Lichtenberg und Novalis oder im ‚Dreieck' Musil – Benn – Adorno.

Historische Rekonstruktion und theoretische Konstruktion sind die methodischen Prämissen einer Arbeit mit systematisierender und aktualisierender Absicht, die in den ‚Schlußstrichen' als Vorgaben und Resultate dargestellt werden. Das Netz, das wir in das Meer der Geschichte werfen, ist eines der Gegenwart. Wenn gelegentlich Historisch-Genetisches zutage tritt (etwa daß die historische Rekonstruktion immer wieder dazu führt, sich mit diversen Neuzeit-Konstruktionen oder mit den Aporien einer kritischen Theorie zu beschäftigen), so handelt es sich dabei um durchaus unsystematische Einfänge. Gefragt wird vornehmlich danach, wie und unter welchen Umständen Essayismus möglich ist, wo sein spezifischer (immer auch historisch zu denkender) Ort liegt, wie sich essayistische Haltungen ausprägen und modifizieren. Die Antwort auf die Frage nach der Zukunft des Essayismus muß demgegenüber zwangsläufig hypothetisch bleiben.

Ein Forschungsgegenstand wie der Essay weist über die engen Grenzen einzelwissenschaftlichen Denkens hinaus, über die Germanistik, die traditionsgemäß mit dem Thema Essay beschäftigt ist, mehr noch als über die Philosophie, die sich nur selten mit Gattungsfragen in ihrem ureigensten theoretischen Kontext befaßt. Das hängt mit der Eigenart des essayistischen Denkens zusammen, das sich „sein Ressort nicht vorschreiben" läßt und das von einem universalen Impuls getragen ist, sich nicht an eine bestimmte Wissensdisziplin zu binden. So besehen erscheint der Essay als ein theoretisches Langzeitprojekt, als Ausdruck eines neuzeitlichen wissenschaftlichen Geistes, der zugleich mit einiger Vehemenz überschritten sein will, wobei diese Heftigkeit mit dem Siegeszug des Szientismus und der Fortdauer dessen privilegierter Stellung innerhalb des menschlichen Wissens zunimmt.

Zwar haben Literaturwissenschaft und Philologie[15] nicht Unbeträchtliches geleistet im Hinblick auf die Erforschung des Essays; indem sie aber vornehmlich den Essay mehr oder minder als Gattung dingfest zu machen suchten (zumeist als einen Zwitter zwischen Literatur und Theorie), entging ihnen jener spezifisch essayistische Erkenntnismodus, der an keine bestimmte literarische Gattung gebunden ist. Essayismus beinhaltet von daher gesehen weniger und zugleich mehr als das Volumen aller in ihrem Umfang begrenzten Traktate und Aufsätze. Der methodische Essayismus beschränkt sich auch nicht darauf, eine bloße Vermittlungsform des Wissens – im Sinne einer kritischen Theorie des Journalismus und der Medien – zu sein.

Der Essayismus stellt nicht zuletzt für Wissenschaft und Philosophie eine Herausforderung dar, weil er deren Wahrheitsanspruch in Frage stellt und selbst einen solchen für sich reklamiert. Als „Schauplatz geistiger Erfahrung"[16] stellt er sich erklärtermaßen in provokanten Gegensatz zum Ideal einer abstrakten, definitorisch und oft neologistisch betriebenen, in ihrem Erfahrungshorizont eingeengten Wissenschaft.

15 An einschlägiger germanistischer Literatur sind hier insbesondere zu erwähnen: Gerhard Haas, *Essay*, Stuttgart 1969; Klaus Just, *Versuch und Versuchung*, in: *Übergänge*, Bern 1966, S. 7–24; Ludwig Rohner (Hg.), *Prosa aus zwei Jahrhunderten,* München 1969; Hermann Kähler, *Zum Essay. Probleme literarischer Subjektivität in Essayistik und Publizistik der frühen zwanziger Jahre*, in: Weimarer Beiträge, Jg. 26, H. 12, S. 92–113; Heinrich Küntzel, Essay und Aufklärung, München 1969; Helmut Mörchen, *Nebensachen. Zu den Essays westdeutscher Autoren*, in: Manfred Durzak (Hg.), *Deutsche Gegenwartsliteratur*, Stuttgart 1981, S. 359–373.
An jüngeren, zum Teil fachübergreifenden Publikationen sind hier zu nennen: Alexander J. Butrym, *Essays on the Essay*, Princeton 1989; Giulia Cantarutti/Hans Schumacher (Hg.), *Neuere Studien zur Aphoristik und Essayistik*, Frankfurt a.M. – Bern – New York 1986: besonders die Beiträge von Kazimierz Orzechowski, *Aphorismus: Fisch oder Fleisch* (S. 163–183) sowie Ferruccio Masini, *Beitrag zu einer Philosophie des Essays* (S. 250–255.)

16 Vgl. Gerd Mattenklott, *Geisteswissenschaft – eine parabolische Geselligkeit*, in: Merkur, H. 12 (Nov. 1989), S. 1069–1080. Mattenklott gibt seiner Definition von Geisteswissenschaft eine frei-

Wieviel er auch literarisch-ästhetischem Gestalten verdanken mag, versteht sich der Essay in dieser grundlegenden Bedeutung als eine kategoriale Form genuin philosophischen Denkens. Der Essayismus markiert eine Frontstellung zu jener Art von Aufklärung, die Philosophie als positive Wissenschaft konstituieren oder auch reorganisieren wollte. So ist für Hegel die „Erhebung der Philosophie zur Wissenschaft" die „einzig wahre Rechtfertigung" und zugleich das Ziel seiner *Phänomenologie des Geistes*.[17] Aus dieser Zeit rührt auch der Bruch innerhalb des deutschen Idealismus. In gewisser Weise kann man die zweite, nämlich romantische Erfindung des Essayismus nur im Kontext jenes ehrgeizigen Bestrebens sehen, die Welt philosophisch vom Begriff her als prima causa zu verstehen und Philosophie als systematische, wenn auch – nach heutiger Maßgabe – kaum streng wissenschaftliche Theorie zu betreiben. Wie in anderen Bereichen auch markiert der romantische Einspruch gegen Hegel, teilweise auch gegen Schelling, einen wichtigen Einschnitt in der Geschichte des neuzeitlichen Essayismus. Eine als problematisch erfahrene Subjektivität tritt hervor, gebrochen in ihrem Weltvertrauen, pointiert ästhetisch, vor der Zeit modern.

Eine Aktualität des Themas mag darin liegen, daß die Zukunft der Philosophie unsicherer ist denn je. Das Programm, aus der Philosophie (und den angrenzenden Disziplinen) eine ‚ordentliche' Wissenschaft zu machen, ist heute, nachdem der Elan etwa der analytischen Wissenschaftstheorie zu versiegen droht, mehr denn je mit einem Fragezeichen zu versehen. Was aber – jenseits des dekonstruktivistischen Diskurses – angemahnt wird, das ist Reflexion, Selbstbezüglichkeit, Aufklärung über Aufklärung, Entgrenzung, Überschau, Nähe zu den Gegenständen. Insofern mündet eine kritische Auseinandersetzung mit dem Essayismus unmittelbar in die gegenwärtigen Probleme der Geisteswissenschaften ein.

Die vorliegende Untersuchung möchte weder Kritik am essayistischen Denk- und Sprachmodus ausschalten, noch will sie abschließend sein bzw. ein positives Programm festschreiben. Bedenkliches im doppelten Sinn des Wortes muß thematisiert werden. Und zugleich will auch die Paradoxie bedacht sein, die darin besteht, Skepsis zum Programm zu erheben. Ungeachtet dieser und anderer möglicher Einwände operiert die Arbeit im Kontext ihres Themas, schreibt es gewissermaßen fort. Sie nimmt sich die Freiheit, die ihrem Gegenstand eigen ist. Sie wählt markante Ausschnitte, schwankt zwischen Erzählung und analytischer Durchdringung, hält einer Rationalität die Treue, ohne die kein experimenteller Kontakt mit der Welt denkbar ist. Letztlich wird es darum gehen, sich der paradoxen Frage zu stellen, ob es im Gegensatz zur Meinung vieler Essayisten nicht doch so etwas wie eine Methodik des Genres gibt.

lich entschärfte essayistische Bedeutung, wenn er schreibt: „Geisteswissenschaft ist eine parabolische Geselligkeit. Ihre eine Bedingung ist Sachlichkeit, die andere Zuwendung. Keines von beiden darf ausfallen, ohne daß sie im einzelnen oder ganzen nichtig wird." (S. 1080.)

17 G.W.F. Hegel, *Phänomenologie des Geistes*, Bd. 3, S. 14 (Vorrede): „Die wahre Gestalt, in welcher die Wahrheit existiert, kann allein das wissenschaftliche System derselben sein. Daran mitzuarbeiten, daß die Philosophie der Form der Wissenschaft näherkomme – dem Ziele, ihren Namen der *Liebe* zum *Wissen* ablegen zu können und *wirkliches Wissen* zu sein –, ist es, was ich mir vorgesetzt. Die innere Notwendigkeit, daß das Wissen Wissenschaft sei, liegt in seiner Natur [...]."

Erstes Hauptstück
Phänomenologie der Erfahrung

Zur Diskussion des Erfahrungsbegriffs

Es herrscht in der Diskussion über den Essay weitgehende Übereinstimmung darüber, daß die Qualität des Genres aufs engste mit jener Relation zusammenhängt, die wir gemeinhin als Erfahrung bezeichnen und die sich mit einer Reihe von Wörtern umschreiben läßt; Neugierde, Ausgriff, Erinnerung, Integration, all das sind Momente eines spannungsreichen Prozesses, den wir insgesamt mit dem Terminus ‚Erfahrung' beschreiben, subjektiver Erwerb von Fertigkeiten, sichtbar und unsichtbar, innen- wie außenorientiert: Alltagserfahrung, ästhetische Erfahrung, berufliche Erfahrung, geschichtliche Erfahrung, Glaubenserfahrung, Grenzerfahrung, ganzheitliche Erfahrung, Grunderfahrung, handwerkliche Erfahrung, Klangerfahrung, körperliche Erfahrung, mystische Erfahrung, pädagogische Erfahrung, psychedelische Erfahrung, religiöse Erfahrung, seelische Erfahrung, Selbsterfahrung, sexuelle Erfahrung, Todeserfahrung (?), Transzendenzerfahrung, Welterfahrung, Wirklichkeitserfahrung – die Liste ist unvollständig, denn gewiß läßt sich überall Erfahrung machen, eröffnet sich uns ein umfängliches Spektrum möglicher Erfahrungsfelder, von Tätigkeitsbereichen, Daseinsmodi und existentiellen Gegebenheiten, die Erfahrung provozieren, erzwingen, ermöglichen, abverlangen.

Je nach Standpunkt begegnen wir einem erfahrenen Menschen entweder mißtrauisch oder vertrauensselig. Ein Moment träger Routine[18] wohnt dem Wort inne, ein Gestus, der im Namen vergangener Erfahrung sich auf Neues nicht einzulassen vermag, weil der erfahrene Mensch nur Altes darin zu sehen vermag. Redewendungen wie jene philiströse vom reichen Erfahrungsschatz sind dazu angetan, in ihrem possessiven Charakter unser Mißtrauen wachzurufen. Kurzum, in der intellektuellen Bildung, zumal in der Philosophie, hat die Erfahrung nie recht hoch im Kurs gestanden.

18 Bollnow weist mit Bezug auf Herbarts *Allgemeine Pädagogik* auf den periodisch auftretenden Verdacht hin, daß Erfahrung nicht nur klug, sondern auch dumm machen kann: „So kann es geschehen, daß ein grauer Schulmann am Ende seiner Tage, ja daß eine ganze Generation, ja eine Reihe von Generationen von Lehrern, die immer in gleichen oder wenig abweichenden Geleisen neben- und hintereinander fortgehen, nichts von dem ahnen, was ein junger Anfänger durch einen glücklichen Wurf, durch ein richtig berechnetes Experiment sogleich und mit voller Bestimmtheit erfährt." (Otto F. Bollnow, *Einfache Sittlichkeit*, a.a.O., S. 162.)
Das obige Zitat Herbarts illustriert ganz nebenbei auch die Differenz zwischen Erfahrung und Experiment, und zwar sowohl im Hinblick auf den zeitlichen Aspekt (Kontinuität/Diskontinuität) als auch hinsichtlich der geschichtlichen Dimension (das Alte/das Neue, Tradition/Fortschritt.) Mit „der Berufung auf die Erfahrung will sich der Mensch einer notwendigen Auseinandersetzung entziehen" (ebd., S. 164).

Unübersehbar indes, wie in der gesellschaftlichen Praxis dem Erfahrenen der Vorzug gegeben wird. Die diversen einschlägigen Stellenanzeigen etwa für Spitzenpositionen versuchen an sich Unvereinbares zusammenzubringen: die jugendliche Dynamik dessen, der noch nicht durch die prosaischen Erfahrungen des Alltags normalisiert ist, mit dem Erfahrungsfundus des älteren Menschen. Dahinter steckt keine Hybris der Personalbüros, sondern ein tiefer Widerspruch unserer Gesellschaft. In einem Begriff wie dem der Erfahrung scheinen nämlich traditionelle und moderne Momente eingelassen. Traditionelle, ‚kalte' Gesellschaften leben von der Vermittlung kultureller, handwerklicher und soziopsychologischer Fertigkeiten. In diesem Überlieferungsprozeß spielt subjektive Aneignung des kulturell Vorhandenen, persönliche Initiation, ‚Erfahrung' eine unschätzbare Rolle. In einer Gesellschaft mit dramatisch sich verändernden Wissensbeständen muß die Bedeutung von Erfahrung im Sinne der subjektiven Vermittlung angesammelter kultureller Bestände zwangsläufig abnehmen.

Schon seit Beginn der Neuzeit macht sich ein anderer Modus von Erfahrung bemerkbar, realisiert von Menschen, die ein Risiko auf sich nehmen. Zunächst einmal ist Erfahrung etwas durchaus Unfreiwilliges, manche Denker haben sogar Erfahrung und Leid in einen unmittelbaren Zusammenhang miteinander gebracht.[19] Erfahrungen zu machen ist auf keinen Fall selbstherrlich, und das ‚Machen' eher ein nachgeschobenes Einverständnis denn ein frei gewählter Vollzug. Seit dem Beginn der Neuzeit aber ‚machen' die Menschen nicht nur Erfahrungen (erleiden Erfahrung und setzen sie im günstigsten Falle positiv für ihre eigene Entwicklung um), sondern sie wollen auch Erfahrungen machen in und mit dieser Welt. Das allein verbindet so verschiedene Gestalten wie Mystikerinnen, Entdeckungsreisende, Maler und frühe naturwissenschaftliche Experimenteure. Ein Phänomen wie Erfahrung ist schillernd und komplex, aktive und passive Elemente sind darin verquickt. Erfahrungen sind nicht unmittelbar übertragbar, man muß sie selber machen; wie wir schon seit unserer Kindheit wissen. Daraus läßt sich auch schlußfolgern, daß die Veränderung unseres Erfahrungsmodus und nicht zuletzt die Ausweitung der möglichen Felder von Erfahrung das konstituieren, was wir als moderne Subjektivität begreifen.

19 H.-G. Gadamer, *Wahrheit und Methode,* a.a.O., S. 336: „Wenn wir an einem Gegenstand eine Erfahrung machen, so heißt das, daß wir die Dinge bisher nicht richtig gesehen haben und nun besser wissen, wie es darum steht. Die Negativität der Erfahrung hat also einen eigentümlichen Sinn." Gadamer zufolge beinhaltet Erfahrung stets eine Enttäuschung von Erwartungen und folgt der skeptischen Einsicht des Aischylos, daß man durch Leiden lernt. Vgl. auch H. Dörrie, *Leiden und Erfahrung*, Mainz 1956 (Akademie d. Wiss. u. d. Literatur, H. 5).
Rolf E. Vente stellt „der Austauschbarkeit des Beobachters in der Erfahrungswissenschaft" die „personale Anbindung der Erfahrung" gegenüber (Rolf E. Vente, *Über die Schwierigkeiten beim Versuch, von Fragwürdigem auszugehen*, in: ders., *Erfahrung und Erfahrungswissenschaft*, a.a.O., S. 4). Bollnow zitiert Helmut Kuhn, der programmatisch verkündet: „Es ist an der Zeit, im Namen der Erfahrung gegen den Empirismus Einspruch zu erheben." (O. F. Bollnow, *Was ist Erfahrung?*, a.a.O., S. 21.)
Einen idealistisch-‚holistischen' Ansatz vertritt Michael Oakshott, *Experience and its Modes*, Cambridge 1979, S. 38: „The criterion of experience is not the coherence of the world of experience but its correspondence with another world of ideas. [...] The criterion may be agreement with either the world of ideas originally given in experience, or already determined and perfectly satisfactory world of ideas."

Diese Subjektivität ist nicht selten, zumal im deutschen Idealismus einseitig aufgefaßt worden, so als hätten die ‚Gegenstände' der Welt sich nach der Vernunft der Subjekte zu richten. Kant hat das in der zweiten Vorrede zur *Kritik der reinen Vernunft* so ausgedrückt: „Bisher nahm man an, alle unsere Erkenntnis müsse sich nach den Gegenständen richten; aber alle Versuche, über sie a priori etwas durch Begriffe auszumachen, wodurch unsere Erkenntnis erweitert würde, gingen unter dieser Voraussetzung zunichte. Man versuche es daher einmal, ob wir nicht in den Aufgaben der Metaphysik damit besser fortkommen, daß wir annehmen, die Gegenstände müssen sich nach unserer Erkenntnis richten, welches so schon besser mit der verlangten Möglichkeit einer Erkenntnis derselben a priori zusammenstimmt, die über Gegenstände, ehe sie uns gegeben werden, etwas festsetzen soll."[20]

Verhandelt wird hier das theoretische Vermögen eines nicht handgreiflich-empirisch gedachten Subjektes, und doch ist nicht zu übersehen, daß der Gegenstand hier seine Widerständigkeit einbüßt, zusammenschmilzt zu einem bloßen ‚Ding an sich'. Das wird insbesondere deutlich, wenn Kant sich einem Thema zuwendet, das für die praktische Vernunft überaus relevant ist: der Freiheit. Freiheit ist Kant zufolge kein „bloßer Gegenstand der *Erfahrung*", wohl aber ein „Ding an sich selbst", das sinnvollerweise vorausgesetzt werden müsse.[21]

Ulrich Sonnemann hat in seinem Werk *Das Land der unbegrenzten Zumutbarkeiten* wiederholt auf den denkwürdigen Zusammenhang zwischen einem kupierten Freiheitsbegriff (der Freiheit nur als äußere Verpflichtung kennt) und einem auffälligen Mangel an revolutionärem Engagement im deutschen Kulturbereich hingewiesen. Für Sonnemann ist der Mensch „frei nur in dem doppelten Grade, in dem er sich zur Welt spontan

20 Immanuel Kant, *Kritik der reinen Vernunft*, Bd. 1, S. 25. Was Kant, der sein opus magnum mit einem Zitat von Bacons *Instauratio Magna* beginnt, vorschwebt, ist eine wissenschaftliche, vernünftige Reduktion der Erfahrung im Sinne des Experiments: „Dieses Experiment der reinen Vernunft hat mit dem der *Chymiker*, welches sie mannigmal den Versuch der *Reduktion*, im allgemeinen das *synthetische Verfahren* nennen, viel Ähnliches." (S. 27 Anm.)
Eine neuere Darstellung der Erfahrungsproblematik findet sich bei Wolfgang Röd, *Erfahrung und Reflexion. Theorien der Erfahrung in transzendentalphilosophischer Sicht*, München 1991, bes. S. 86–103 („Erfahrung als Kenntnis und Erkenntnis") und S. 204–239 („Problematizistischer Transzendentalismus und Phänomenologie".) Eine traditionelle Interpretation des naturwissenschaftlichen Experiments liefert Josef Kolb in: Walter Strolz (Hg.), *Erfahrung und Experiment*, Freiburg – München 1963, S. 13: „Das physikalische Experiment soll durch zielbewußte Versuchsbedingungen neue Erfahrungen in Form von quantitativen Zusammenhängen zwischen physikalischen Größen liefern."

21 Immanuel Kant, *Kritik der reinen Vernunft*, a.a.O., S. 30. Daraus folgt die Notwendigkeit einer ‚praktischen Erweiterung der reinen Vernunft': „Ich kann also *Gott, Freiheit*, und *Unsterblichkeit* zum Behuf des notwendigen praktischen Gebrauchs meiner Vernunft nicht einmal annehmen, wenn ich nicht der spekulativen Vernunft zugleich ihre Anmaßung überschwenglicher Einsichten *benehme*, weil sie sich, um zu diesen zu gelangen, solcher Grundsätze bedienen muß, die, indem sie in der Tat bloß auf Gegenstände möglicher Erfahrungen reichen, wenn sie gleichwohl auf das angewandt werden, was nicht ein Gegenstand der Erfahrung sein kann, wirklich *dieses* jederzeit in Erscheinung verwandeln, und so alle *praktische Erweiterung* der reinen Vernunft für unmöglich erklären."

verhält".[22] Das meint „keine ‚Haltung', geschweige denn Entscheidung für eine solche, sondern immer schon, wo Erfahrung sich ereignet, sie selbst ist, als Anspruch der Welt, der nur erfahren und erfüllt werden will". Es geht darum, daß der Mensch „Antwort steht". Im emphatischen Sinne des Wortes bedingen Freiheit und Erfahrung einander, Natur und Autonomie lassen sich Sonnemann zufolge „durch keine szientivistische Unterwerfung" herbeiführen. „Kritisch urteilende Aufmerksamkeit" ist vonnöten, um auf die Anforderungen der Welt zu antworten.[23] Der Anfang ist passiv, aber was daran anschließt, ist wie jeder Prozeß aktiv. Es setzt intellektuell wie affektiv die Fähigkeit zur Spontaneität voraus. Keine Erfahrung zu machen hat nicht zwangsläufig damit zu tun, daß einer (oder eine) in einer geschehnisarmen Welt lebt, sondern könnte auch durch Taubheit und Unverständnis verursacht sein, durch die Mißachtung jener Anforderungen, die eine vorgängig anwesende Welt an uns stellt. Erfahrungslosigkeit könnte sich so als subjektives Unvermögen erweisen, das nicht selten mit Unfreiheit gepaart ist.

Es ist schon des öfteren bemerkt worden, daß ein so selbstverständlicher Begriff wie ‚Erfahrung' im philosophischen Diskurs so lange unselbstverständlich geblieben ist, in Deutschland fast bis ins 20. Jahrhundert hinein. Neben Husserl war es insbesondere Arnold Gehlen, der die Erfahrung theoretisch ‚salonfähig' gemacht hat. Sein bekannter Aufsatz *Vom Wesen der Erfahrung* (1942) überschreitet zwar einerseits den philosophischen Denkhorizont, insbesondere in Deutschland, aber in seiner Deutung des Phänomens reproduziert er andererseits noch einmal den Geist deutscher Unfreiheit, wofür das Jahr, in dem der Aufsatz erschien, ein freilich oberflächliches Indiz ist. Gehlen konstatiert das Desinteresse der Philosophie am „Pöbel der gemeinen Erfahrung" (Kant).[24] Diese Geringschätzung, die im Widerspruch zur allgemeinen Wertschätzung der Erfahrung stehe, erklärt Gehlen nicht zuletzt daraus, daß der ‚Empirismus' stets ein

22 Ulrich Sonnemann, *Das Land der unbegrenzten Zumutbarkeiten. Deutsche Reflexionen*, Frankfurt a.M. 1985, S. 83f.: „Nicht länger auf den Wolkensitz verwiesen, den als bloßes Postulat der praktischen Vernunft zu besetzen sie verhängnisvoll und lange gemeint war, steht die Freiheit zur Determination hier in keinem antinomischen Verhältnis mehr, sondern in einem perspektivischen und prozeßhaften: sie ist Attribut und Bewußtseinsstand jenes *einen* Determinierten, das die Welt, nicht sich selbst zum Objekt hat, mit dem Gesetz seiner eigenen Determinierung also von vornherein gar nicht befaßt ist; ja, nicht mit Aussicht auf Wahrheit, auf Erkenntniserfolg, je damit beschäftigt sein kann, vielmehr unfrei eben dann wird – nämlich *unspontan* in seinem Verhalten zur Welt –, wenn es dies Objektverhältnis zu sich selber, das die Unfreiheit selbst schon ist, will und sucht. Dieser theoretisch nur stipulierbare, nie erfüllbare Grenzfall einer res determinata ist der Mensch, und also ist er frei nur in dem doppelten Grade, indem er sich zur Welt spontan verhält; sich der Wahrheit, die sowohl die Offenbarkeit der Ordnung der Welt als auch die Erkennbarkeit ihrer Unordnung ist, rückhaltlos aufschließt [...]."
Spontaneität wäre dann gegen den kantischen ‚Wolkensitz' der ‚praktischen Vernunft' als die *Erfahrung (der Möglichkeit) von Freiheit* anzusehen, die dem essayistischen Schreiben zugrunde liegt.

23 Ulrich Sonnemann, *Negative Anthropologie*, Frankfurt a.M. 1981, S. 24.

24 Vgl. Arnold Gehlen, *Vom Wesen der Erfahrung*, in: ders., *Anthropologische und soziologische Untersuchungen*, Reinbek 1986, S. 26: „Die Philosophie indessen teilt diese hohe Schätzung der Erfahrung weniger, und so, wie sie den Begriff verwendet, redet sie mit einer gewissen Gering-

„Ärgernis gegenüber den hohen Ansprüchen der Metaphysik“ gewesen sei (solche Anklänge sind ja noch bei Kant feststellbar). Überhaupt habe das neuzeitliche Denken zu einer Reduktion des Erfahrungsbegriffes geführt: „[...] der ‚Empirismus‘ und seine Gegenmeinungen sind sich darin einig, daß beide nur nach *Bewußtseinsvorgängen* fragen, und eben dieser Begriff von Erfahrung als einer Art des *Wissens* ist unzulänglich verengt und vereinseitigt.“[25]

Lediglich Aristoteles wird von dieser generellen Kritik an der abendländischen Philosophie ausgenommen. Bei Aristoteles, der die Möglichkeit des Menschen, Erfahrungen zu machen, an die Fähigkeit zur Erinnerung koppelt, werde der „Geschlossenheit eines Erfahrungsprozesses, der in einem Verfügenkönnen endet“, Rechnung getragen. Gehlen resümiert: „Ein erfahrener Mensch ist natürlich in erster Linie nicht einer, der richtige Urteile zur Hand hat, sondern einer, der auf irgendeinem Gebiete, und mag es sich schließlich um bloße körperliche Geschicklichkeit handeln, etwas aufgebaut, verfügbar hat und einfach *kann.*“[26] Es wird schon an diesem Zitat sichtbar, welche Verengung des Erfahrungsprozesses Gehlen nun seinerseits vornimmt. All jene Momente der Erfahrung, die im Sinne eines soziologischen Ordnungsfunktionalismus als störend empfunden werden, sind eliminiert: es dominiert der Besitzerstolz, die Betonung der Geschlossenheit des Erfahrungsprozesses. Freiheit, Spontaneität, Neugierde, Entgrenzung, Offenheit wird man als Zuschreibungen bei Gehlen vergebens suchen. Deshalb gelingt es Gehlen auch nicht, jene unauflösliche Paradoxie zu bedenken, daß Erfahrung als Überschreitung eines neuen Horizonts, als Entdeckung von Neuem, als Erproben eigener, bisher ungeahnter Kräfte tatsächlich die Gefahr birgt, neue Erfahrungsprozesse hintanzuhalten, ja zu verhindern. Die zuweilen unter Mühen vollzogene Erfahrung kann der nächsten im Wege stehen. Umgekehrt läßt sich ein Lebensverständnis denken, in dem Erfahrung selbst zu einer Fertigkeit wird, die in die Lage versetzt, fortan Erfahrung zuzulassen, sich auf die Vorläufigkeit jedweder Erfahrung einzustellen.

schätzung von etwas Genügsamem, fast Bedauerlichem, das der Rechtfertigung bedürfe.“ Gehlen weist zu Recht auf die Verengung des Erfahrungsbegriffs, den die Philosophie im Gefolge der Wissenschaften und im Bestreben, selbst deren Metatheorie zu werden, vorgenommen habe, hin, wenn er meint, daß sowohl der Empirismus als auch seine ‚Gegenmeinungen‘ „nur nach *Bewußtseinsvorgängen* fragen und eben dieser Begriff der Erfahrung als einer Art des *Wissens*, den die Philosophie fast ausschließlich verwendet, ist unzulässig verengt und vereinseitigt“ (ebd., S. 27). Einschlägig für eine solch verengte Behandlung des Erfahrungsbegriffs ist die bereits erwähnte Studie von Wolfgang Röd (*Erfahrung und Reflexion*, a.a.O.), die Erfahrung als ‚Präsenz von etwas überhaupt‘ definiert und den Rückgriff auf die ‚Lebenswelt‘ mit der These abwehrt, dadurch würde der Gedanke suggeriert, daß sich von „Erfahrung [...] unabhängig von jeder Deutung sprechen lasse“ (ebd., S. 36).

25 Gehlen, *Vom Wesen der Erfahrung*, a.a.O., S. 27.

26 Ebd., S. 28. Es ist auch hier deutlich, wieviel Gehlens Anthropologie mit ihrer Insistenz auf die Bedeutung des Lernens für das instinktschwache Lebewesen Herders Philosophie verdankt, ohne freilich sich dessen libertären Gestus zu eigen zu machen, der darin gipfelt, daß Herder zwar die Vorstellung eines sich selbst ermächtigenden Menschen zurückweist („Der Mensch ist kein Selbstgeborener“), ihn aber zugleich als den ersten Freigelassenen der Schöpfung tituliert, der im Prozeß der Geschichte das ihm Mögliche erprobt (im Sinne der Realisierung der Freiheit), ohne doch je zu einer vollkommenen Lösung vorzustoßen. Vgl. Johann Gottfried Herder, *Ideen zu einer Geschichte der Philosophie der Menschheit,* a.a.O., IV/5 und IV/10, S. 157–161, 190–196.

Aber wie gesagt, das ist nicht die Sache Gehlens. Für ihn ist – über Aristoteles hinaus – Erfahrung ein Selbstlernprozeß, der Auswahl ermöglicht, Verwerfung mit sich bringt und zu neuen Fertigkeiten führt. Gehlen erwähnt das Gehenlernen und das Erlernen von Sprache; beides begreift er eher mechanisch auf den äußeren Geschehensablauf bezogen. Dieser Prozeß ist abgeschlossen, wenn die neue Fertigkeit wie von selbst zur ‚Verfügung' steht: „[...] so wie man reiten oder schwimmen ‚kann', wenn man es auch jahrelang nicht tat."

Derlei Erfahrungen ermöglichen es – nach Gehlen – „allmählich eine Ordnung festzuhaltender und zu Gewohnheiten sich verfestigender Impulse" herauszuformen, „auf die wir uns erst dann verlassen dürften, wenn sie, unter die Schwelle des Bewußtseins gerückt, uns bloß noch im Konfliktsfalle bewußt würden".[27]

Erfahrung wird in diesem Konzept zum reinen Entlastungseffekt des ‚Mängelwesens' Mensch: „Verengerung, aber auch Verdichtung des Erwarteten", Abhärtung, Vorurteile, „Verzicht auf Schwankungen" sind die erwünschten wie unerwünschten Folgen der Prozesse der Erfahrung; gegen ihre Macht revoltiert eine Jugend, die „sich mit einer gewissen Regelmäßigkeit in ihren Erwartungen getäuscht" sieht. Auch hier fehlt der Hinweis, daß Erfahrung in einem glücklichen, wenngleich auch stets provisorischen Ergebnis zu enden vermöchte, daß nicht vergessen wird, wie Erfahrung überhaupt möglich war, durch Überschreitung des Bisherigen, durch Überwindung von Vorurteilen, durch Eintreten von Schwankungen, durch Weichheit und Erweiterung. Ob der Mensch wegen dieser bei Gehlen unterschlagenen Seite des Phänomens Erfahrung ein Mängelwesen ist (weil indeterminiert und offen), mag dahingestellt bleiben. In dem vermeintlichen Mangel liegen auch die Wurzeln einer Freiheit (paradox gesprochen: eines Zwangs zur Freiheit), die mehr ist als ein kategorischer Imperativ.

Immerhin hat Gehlen es überhaupt erst möglich gemacht, hierzulande den philosophischen Diskurs über das Phänomen der Erfahrung einzuleiten, und viele seiner Einsichten sind, ungeachtet der Einseitigkeit seiner starren anthropologischen Perspektive, anregend und wertvoll geblieben. Einen ganz anderen Weg hat der Philosoph Hans-Georg Gadamer im Anschluß an die phänomenologische Reduktion, aber auch an Heidegger und Hegel eingeschlagen. Sein Interesse für das Phänomen ‚Erfahrung' resultiert aus seinen Reflexionen über den „Stand der Geisteswissenschaften", aus der Suche nach einer Ermöglichung ihres Selbstverständnisses, das sich nicht aus Nachahmung der Naturwissenschaften oder der bloßen Abwehr gegenüber diesen speist. Es ist ihm um die „Erfahrung von Wahrheit" zu tun, „die den Kontrollbereich wissenschaftlicher Methodik" übersteigt. Die Geisteswissenschaften rücken „mit Erfahrungsweisen zusammen", bemerkt Gadamer in *Wahrheit und Methode* (zehn Jahre vor dem Erscheinen von Adornos *Ästhetischer Theorie*), „die außerhalb der Wissenschaften liegen: mit der Erfahrung der Philosophie, mit der Erfahrung der Kunst und mit der Erfahrung der Geschichte selbst".[28]

Die Geisteswissenschaften widersetzen sich eo ipso der Einordnung in den Wissenschaftsbegriff der Moderne. Zu ihrer permanenten Krise habe beigetragen, daß sie seit John Stuart Mill als „die ungenauen Wissenschaften" in das Gesamtgeflecht des szienti-

27 Gehlen, *Vom Wesen der Erfahrung*, a.a.O., S. 29.
28 Gadamer, *Wahrheit und Methode*, a.a.O., S. XIV.

stischen Betriebes einbezogen worden seien. Selbst Dilthey, dem doch so viel an der Eigenständigkeit der Geisteswissenschaften gelegen habe, habe im Banne der genauen Wissenschaften gestanden. „Es gibt keine eigene Methode der Geisteswissenschaften", räsoniert Gadamer in kritischem Anschluß an Dilthey; und doch ist das Minderwertigkeitsgefühl der Geisteswissenschaften nur die eine Seite der Medaille, die andere ist, daß sich die Geisteswissenschaften in unüberbrückbarer Frontstellung gegen die Naturwissenschaften und deren Credo „natura parendo vincitur" (Bacon) als die „wahren Sachwalter des Humanismus" definieren.[29]

Mit Husserls phänomenologischer Reduktion, ihrem Rückgang auf die Erfahrung und Heideggers Bezug „auf ein eigentliches Sein" sei der „neue Erfahrungsstandpunkt des Jahrhunderts" etabliert worden, der Bewußtsein als Lebensverhalten und Selbstbewußtsein als ‚Lebenserhaltung' sehe. „Lebendiges", schreibt Gadamer einige Passagen später, „ist nicht von der Art, daß man von außen her je dazu gelangen könnte, es in seiner Lebendigkeit einzusehen."

In einem solchen Prozeß des Verstehens und der Selbstverständigung kommt Erfahrung zwangsläufig eine Schlüsselbedeutung zu. Auch Gadamer konstatiert, daß der Begriff der Erfahrung in der Philosophie merkwürdig unbeleuchtet geblieben ist, und führt dies darauf zurück, daß „er in der Logik der Induktion für die Naturwissenschaft eine führende Rolle spielt", in der sie einer „erkenntnistheoretischen Schematisierung" unterworfen wurde. Dabei geht der „ursprüngliche Gehalt" verloren. Zu ihm gehört der geschichtliche Charakter der Erfahrung: „Das bedeutet aber, daß Erfahrung ihrem eigenen Wesen nach ihre Geschichte in sich aufhebt und dadurch auslöscht."[30]

Demgegenüber insistiert die Methodik der modernen naturwissenschaftlichen Disziplinen, der Erfahrungswissenschaften auf Wiederholbarkeit, Nachprüfbarkeit und Austauschbarkeit. Das beinhaltet eine Abstraktion der Erfahrung der Lebenswelt, in der Singularität, Individualität und Irreversibilität des Historischen stets als konstitutive Elemente mit enthalten sind. Oder anders ausgedrückt: gegenüber der idealisierten Erfahrung der modernen Wissenschaften ist die Lebenserfahrung primär.

Erfahrung in diesem alltäglichen Sinn ist anders als in den Naturwissenschaften nicht ausschließlich teleologisch, sie aktualisiert sich in der einzelnen Beobachtung: „Sie wird nicht in vorgängiger Allgemeinheit gewußt."[31] Ständig auf Bestätigung angewiesen, ist Erfahrung durch grundsätzliche Offenheit für neue Erfahrung charakterisiert; diese Offenheit wird „in der Erfahrung erworben".[32] In markantem Gegensatz zu Gehlen hebt Gadamer auch das Plötzliche, Unvorhersehbare und Unvorbereitete am Zustandekommen von Erfahrung hervor. Es erweist sich als „ein Geschehen, dessen niemand Herr ist".[33] Das, was den Wert der Erfahrung für den einzelnen Menschen in seinem konkreten Leben ausmacht, der Prozeß, wird in den Wissenschaften (Gadamer meint hier stets die exakten Naturwissenschaften) ausgespart, sind diese doch stets und ausschließlich am Resultat interessiert, an einem Ergebnis, das sich wieder und wieder ablesbar wiederholt.

29 Ebd., S. 6.
30 Ebd., S. 329.
31 Ebd., S. 330.
32 Ebd., S. 335.
33 Ebd.

Implizit widerspricht Gadamers Konzeption in einem entscheidenden Punkt auch jener Gehlens, vor allem wenn er die prinzipielle Unabgeschlossenheit von Erfahrung hervorhebt. Der Prozeß der Erfahrung erweist sich als eine fortlaufende Korrektur unserer voreiligen Schlüsse, „falscher Verallgemeinerungen", einseitiger Perspektiven. Gadamer unterscheidet zwei Sorten von Erfahrungen, solche, die sich in unsere bisherigen Erfahrungen mehr oder weniger problemlos einfügen, und solche, die man ‚macht', d. h. die bisherige Gewißheiten erschüttern, die unser Wissen erweitern.

Erfahrung ergreift den ganzen Menschen, nicht nur seine logische Urteilskraft, sie ist – um ein Modewort zu gebrauchen – ganzheitlich. Das erst erklärt die zentrale Bedeutung einschneidender Erfahrungen im Leben eines Menschen, ihre Unumstößlichkeit, jene Stabilität, von der der Ordnungstheoretiker Gehlen ganz offenkundig fasziniert ist: „Das Prinzip der Erfahrung enthält die unendlich wichtige Bestimmung, daß für das Annehmen und Für-Wahrhalten eines Inhalts der Mensch selbst *dabei* sein müsse, bestimmter, daß er solchen Inhalt mit der *Gewißheit seiner selbst* in Einigkeit und vereinigt finde."[34]

Erfahrung ist nicht identisch mit positivem Wissen, und was es, sofern es sich nicht in Halsstarrigkeit und Vorurteil verfängt, Erlebtes nicht im Namen einer mehr oder minder überwältigenden, traumatischen Erfahrung abschließt, erbringt, ist weniger Wahrheit im strikt wissenschaftlichen Sinne, sondern hat, auch dort, wo es nicht um vermeintlich oder auch wirklich letzte Dinge geht, eher mit Evidenz zu tun. Was uns im Prozeß der Selbstvergewisserung und des ‚Sich-Wissens' entgegenkommt, läuft darauf hinaus, daß uns etwas einleuchtet, nachvollziehbar wird: mental wie affektiv. Mit dieser Struktur menschlicher Befindlichkeit, die die Geisteswissenschaften in die Höhen der Reflexion treiben, müssen politische Projekte und sozial orientierte Handlungswissenschaften rechnen. Denn so sehr auch der Prozeß der Erfahrung ästhetisch vermittelt ist, scheinbar beliebig Gedankensplitter in sich aufsaugt (obwohl Erfahrung wegen ihres Evidenzcharakters mehr oder minder als unmittelbar aufgefaßt wird), so ist sie doch an gesamtgesellschaftliche Konstellationen, an kulturelle Vorbilder, mentale Vorgaben, an die Symbolik sozialer Räume, an das vorgefundene Spiel der Sprache gebunden. So offen ist Erfahrung nie, daß die möglichen Erfahrungen, die ein Mensch in der von ihm vorgefundenen sozialen Welt machen kann, nicht eingegrenzt wären.

Offenheit und Selbstvergewisserung sind für Gadamer die hervorstechendsten Merkmale des Prozesses der Erfahrung, als drittes fügt er diesem Schmerz, Skepsis und Leid hinzu. Dies ist für Gadamer im Wort des Aischylos ‚πάθει μάθος' (durch Leiden lernen) ausgesprochen. Die Erfahrung hält „mannigfache Enttäuschung von Erwartungen" bereit, sie stärkt das Bewußtsein unserer Endlichkeit und Geschichtlichkeit, des transitorischen Charakters unseres Daseins. Ihr undogmatischer, skeptischer Charakter, den Gadamer hervorhebt, ist schmerzlich bezahlt. In einer eudaimonistischen Gesellschaft scheint kein rechter Platz zu sein für die Heroik von derlei Erfahrungen. Sie müssen abgedrängt und reguliert werden.

So besehen hat Gehlens Konzept, wendet man es gesellschaftstheoretisch, sehr viel mehr Realitätssinn. Die profane Sorte von Erfahrung, deren stabilisatorische Qualitäten er rühmt, erweist sich unter den gegebenen gesellschaftlichen Umständen allemal als

34 Ebd., S. 336.

sozial verträglicher. Gadamers emphatisches Bekenntnis zur subjektiven Erfahrung hat seinen Stellenwert in dessen utopischem Gehalt. Hierin ähnelt sein Ansatz jenem von Adorno. Denn auch bei Adorno münden Voraussetzungslosigkeit, Selbstbezüglichkeit und Sensibilität für Leid (das bei Adorno freilich gesellschaftlich gewendet ist) in eine ästhetische Erfahrung ein, die als Protest gegen die verdinglichte und verwaltete Welt verstanden sein will: „Die Aktualität des Essays", schreibt Adorno, „ist die des Anachronistischen. Die Stunde ist ihm ungünstiger als je. Er wird zerrieben zwischen einer organisierten Wissenschaft, in der alle sich anmaßen, alle und alles zu kontrollieren, und die, was nicht auf den Consens zugeschnitten ist, mit dem scheinheiligen Lob des Intuitiven oder Anregenden aussperrt; und einer Philosophie, die mit dem leeren und abstrakten Rest dessen vorlieb nimmt, was der Wissenschaftsbetrieb noch nicht besetzte und was ihr eben dadurch Objekt von Betriebsamkeit zweiten Grades wird."[35]

Scheinbar läßt sich heute über Erfahrung und Subjektivität (als Voraussetzung für einen methodischen Essayismus) nicht sprechen, ohne zugleich deren Absenz oder Verschwinden zu beklagen. Die moderne Welt, schreibt John Dewey bereits 1934, produziere in ihrem Übermaß an Tun und an Empfänglichkeit „Erfahrungen von schier unglaublicher Dürftigkeit".[36] Eine verquere Dialektik ist hier am Werk: jene Neuzeit, die nicht denkbar ist ohne das für sie typische Ensemble qualitativ neuer Erfahrungen, scheint, sofern diese Diagnose richtig ist, an ihrem Ende ihre eigenen Grundlagen zu unterminieren, sich aufzuheben ohne Rest, ohne den Trost eines dialektischen Aufschwungs. Auch der seit Foucault beschworene Tod des Menschen[37] dürfte mit der „unglaublichen Dürftigkeit" zusammenhängen.

Deweys Phänomenologie der Erfahrung, die dritte in unserer Untersuchung, nähert sich ihrem Thema scheinbar über einen Umweg, den Umweg der Kunst. Diese interessiert den amerikanischen Philosophen nicht so sehr von ihrem Resultat her, sondern von ihrer Prozessualität, die die gelungenen und geschlossenen Kunstwerke eher verdecken als offenbaren. Anders als Adorno, der daraus eine ästhetische Norm des Modernismus ableitete,[38] versucht Dewey, diesen Prozessen weitgehend geschichts- und gesellschaftsunspezifisch nachzugehen. Der ästhetische Akt wird zum verdichteten Beispiel für die

35 Adorno, *Der Essay als Form*, a.a.O., S. 47f.

36 John Dewey, *Kunst als Erfahrung,* Frankfurt a.M. 1980, S. 58.

37 Vgl. die lapidare Version in Michel Foucault, *Von der Subversion des Wissens*, Frankfurt a.M. – Berlin 1978, S. 29: „Ich glaube, es ist notwendig, daß man sich in bezug auf die Menschheit mit einer Position abfindet, die der Position entspricht, welche man gegen Ende des 18. Jahrhunderts in bezug auf die anderen Lebewesen angenommen hat, als man sich darüber einigte, daß die Lebewesen nicht *für jemanden* – weder für sich selbst, noch für den Menschen, noch für Gott – funktionieren, sondern daß sie einfach funktionieren. Der Organismus funktioniert. Wozu existiert er? Um sich zu reproduzieren? Um sich am Leben zu erhalten? Keineswegs. Er funktioniert. Er funktioniert in sehr zweideutiger Weise: zum Leben, aber auch zum Sterben; es ist ja wohl bekannt, daß sich das Funktionieren des Lebens ständig abnutzt, daß gerade das Funktionieren des Lebens zum Tod führt."

38 Vgl. etwa Adorno, *Ästhetische Theorie*, a.a.O., S. 16: „Die Grundschichten der Erfahrungen, welche die Kunst motivieren, sind der gegenständlichen Welt, vor der sie zurückzucken, verwandt. Die ungelösten Antagonismen der Realität kehren wieder in den Kunstwerken als die immanenten Probleme ihrer Form." Vgl. auch Peter Bürger, *Prosa der Moderne*, Frankfurt a.M. 1988, S. 19–31.

Logik der Erfahrung schlechthin, und dies in doppelter Weise, für den Künstler wie für den Rezipienten: „Niemand wird bestreiten, daß der Parthenon ein hervorragendes Bauwerk ist. Bedeutung erhält er jedoch erst, sobald er in einem Menschen eine Erfahrung bewirkt.“[39]

Verdeckt wird diese vitale Funktion der Kunst nicht zuletzt durch den Historismus. Das Kunstwerk wird zum Sinnbild der Kunst, während es doch zum Zeitpunkt seines Entstehens eine „wirklichkeitsgetreue Wiedergabe“ verdichteter alltäglicher Erfahrung darstellte, Reflexion von Ideen und Gefühlen, „die sich mit den Institutionen des gesellschaftlichen Lebens verbanden.“[40]

Der Historismus verabsolutierte so – zum Schaden beider – die Trennung „zwischen der gewöhnlichen und der ästhetischen Erfahrung“: „Dinge, die in der Vergangenheit aufgrund ihrer Stellung zum Leben der Gemeinschaft einen gültigen Wert besaßen, haben nun eine von ihren Entstehungsbedingungen losgelöste Funktion. Dadurch sind sie auch aus der gemeinschaftlichen Erfahrung herausgehoben und dienen lediglich als Zeichen für guten Geschmack und als Zeugnis einer besonderen Bildung.“[41]

Im Unterschied zu Adorno, dessen Verdammungsurteile über Unterhaltungs- und sogar Jazz-Musik hinlänglich bekannt sind,[42] zeigt Dewey angesichts dieser Abspaltung der traditionellen Künste vom gesellschaftlichen Leben durchaus Verständnis für den Zeitgenossen, der Erfahrung andernorts sucht: „Die Zweige der Kunst, denen der Durchschnittsmensch unserer Tage vitalstes Interesse entgegenbringt, werden von ihm nicht zur Kunst gezählt: Zum Beispiel Filme, moderne Tanzmusik, Comics und allzu oft auch Zeitungsberichte über Lasterhöhlen, Morde und Gangstergeschichten. Denn wenn das, was er unter Kunst versteht, in Museum und Galerie verbannt wird, so sucht der nicht zu unterdrückende Wunsch nach Genuß seine Befriedigung in den Möglichkeiten, die die Umgebung des Alltags bietet.“[43]

Man mag füglich bestreiten, daß diese neuesten Künste wirklich allesamt Alltagserfahrungen wiedergeben. Und manches, was sie, formal wie inhaltlich besehen, hervorbringen, dürfte mit jener Dürftigkeit, mit jener häufig diagnostizierten Erfahrungslosigkeit zu tun haben, die Dewey an anderer Stelle beklagt. Aber indem er nicht vorschnell

39 Dewey, *Kunst als Erfahrung*, a.a.O., S. 10.

40 Ebd., S. 14; zu Deweys Philosophie vgl. auch den aufschlußreichen Aufsatz von Richard Rorty, *Auch eine Spezies, die ihr Bestes tut. Über John Dewey*, in: Merkur, Jg. 46 (1992), H. 1, S. 1–16.

41 Dewey, *Kunst als Erfahrung*, a.a.O., S. 16f.

42 An seiner kategorischen Verurteilung von Jazz und Pop hat Adorno auch in seinem Spätwerk festgehalten, wie folgendes Zitat aus der *Ästhetischen Theorie* zeigt: „Mit der Empfehlung von Jazz und Rock anstelle von Beethoven wird nicht die affirmative Lüge der Kultur demontiert, sondern der Barbarei und dem Profitinteresse der Kulturindustrie ein Vorwand geliefert.“ (S. 473.) Insbesondere spricht Adorno der Jazz- und der Pop-Musik „die volle Erfahrung des äußeren Lebens“ ab: „[…] die popular music in all ihren Versionen ist diesseits solcher Sublimierung, somatisches Stimulans, und damit, angesichts ästhetischer Autonomie, regressiv.“ (S. 177.) Adornos Urteil, das heute plausibler wirkt als vor 25 Jahren, gründet auf einem klassischen Modell von Erfahrung im Sinne einer Verinnerlichung des Außen. Dieses Modell bleibt Bezugspunkt gerade im Hinblick auf gesellschaftliche Verhältnisse, die diese Form von Subjektivität unterminieren.

43 Dewey, *Kunst als Erfahrung*, a.a.O., S. 12.

verurteilt, hält er sich eine Perspektive auf die Welt offen, und man wird kaum bestreiten können, daß im Rahmen dieser nicht-musealen Künste Erfahrungen formuliert werden, denen ein sensibler Beobachter oder Rezipient sich zu stellen vermag.

Worum es vermutlich unter der Hand in all derlei kulturkritischen Repliken geht, ist die Ungleichgewichtigkeit zwischen Künstler und Rezipient. Beide können natürlich beides sein, aber das ist selbst heute der Ausnahmefall. Traditionellerweise ging man davon aus, daß das Kunstwerk Erfahrung aus erster Hand repräsentiert, wogegen es der Rezipient heutzutage mit einem Überhang an sekundären Erfahrungen zu tun hat, die nicht mehr mit den primären verbunden sind, ja die sogar an deren Stelle treten. Wenn Dewey emphatisch von Erfahrung spricht, so von der ästhetisch verdichteten Primärerfahrung oder von einer kongenialen Rezeption, die noch einmal, durch die Innenlage eines subjektiven Innenbetrachters gebrochen, den bzw. einen Prozeß der Erfahrung im elementaren Sinn des Wortes in Gang setzt, ein Umstand, der bei der Rezeption von Produkten der Unterhaltungsindustrie überaus spärlich vorkommt und der im Falle der modernen Künste durch deren mittlerweile sofort einsetzende Musealisierung unterlaufen wird.

Ob die Künste, voran die Malerei, wirklich von den Erfahrungen aus erster Hand leben, ist zweifelhaft geworden. Nicht zuletzt die teilweise witzige, teilweise bequeme postmoderne Kunst des Zitats ist eher Indiz für eine flott überspielte Lähmung, die aus der Kunst einen ausschließlichen und lapidaren Kommentar früherer Kunstwerke macht. Natürlich sind Bezugnahmen auch in früheren Jahrhunderten nicht unbekannt gewesen, aber hier scheint die Qualität doch auch in der Quantität zu liegen. In einer Zeit, in der alles möglich ist, fällt uns buchstäblich nichts mehr ein. Es hat den Anschein, als ob sich Historismus und philologische Reflexion längst selbst und womöglich irreversibel in den Strukturen der Kunstwerke eingenistet haben als materialisierte Kunstgeschichte, als immer neue Inszenierung des Immer-Gleichen, durchaus – wie alle Philologie – ungesättigt von radikaler persönlicher Erfahrung. Verallgemeinerung ist im Falle ästhetischer Urteile leicht und verführerisch, immerhin wird man diese latente Gelehrsamkeit in der Kunst selbst kaum übersehen können. Davon hebt sich in aller Frische ein Genre wie die Jazz-Musik ab, wo in recht unbekümmerter Weise Melodien und Phrasen voneinander entlehnt werden, eine sehr vitale Form der Rezension, die kaum der professionellen Kritik bedürfe, wie unlängst jemand scharfsichtig bemerkt hat.[44]

Wie aber bestimmt nun Dewey Erfahrung? Er tut dies in einer Weise, die konstruktivistischen Theorien von heute recht nahe kommt,[45] nämlich als Zusammenspiel zwischen Mensch und Umwelt: „Erfahrung ist das Resultat, das Zeichen und der Lohn einer jeden Interaktion von Organismus und Umwelt, die, wenn sie voll zum Tragen kommt, die Interaktion in gegenseitige Teilnahme und Kommunikation verwandelt.“[46]

44 Vgl. Geoff Dyer, *In der Tradition. Offener Brief an George Steiner*, in: Lettre International, H. 6 (1989), S. 63–65. Jene Stadt der Autoren und aufmerksamen Rezipienten, die George Steiner in *Von realer Gegenwart* beschreibe, existiere – so Dyer ironisch – in der Welt des Jazz.

45 Vgl. exemplarisch Gregory Bateson, *Ökologie des Geistes*, Frankfurt a.M. 1981, S. 515–647 und Humberto R. Maturana/Francesco J. Varela, *Der Baum der Erkenntnis*, Bern – München – Wien 1987.

46 Dewey, *Kunst als Erfahrung*, a.a.O., S. 32.

Der Außenbezug ist für den Vertreter eines sozialen Pragmatismus von entscheidender Bedeutung, darin mag man sowohl eine Grenze als auch eine Korrektur an individualistisch-esoterischen Kunsttheorien und Kunstpraxen sehen: „Kein Lebewesen existiert ausschließlich innerhalb des Bereichs seiner eigenen Haut.“[47] Erfahrung ist – viel stärker als bei Gadamer (wo sie sich uns als innere Herausforderung darstellte) und bei Gehlen (wo sie sozial nur von ihrer Funktion für den Menschen und seine Ordnung bestimmt war) – als eine soziale Kategorie κατ' ἐξοχήν bestimmt: rhythmisch, dynamisch, voller Spannung und Auseinandersetzung, partizipatorisch interpretativ, aber auch beständig in Gefahr, in Harmonie zu erstarren.

Die ästhetische Erfahrung ist eingelagert in die sozial konzipierte Alltagserfahrung, bedeutet deren Verdichtung und Erweiterung: „Die Kunst ist der lebendige und konkrete Beweis dafür, daß der Mensch fähig ist, bewußt – und dies auf der Ebene der Bedeutung – die für das lebendige Geschöpf so typische Einheit von Sinneswahrnehmung, Bedürfnis, Wollen (Impulse) und Handeln wiederherzustellen.“[48]

Deweys sozialer Pragmatismus ist eingebettet in einen kosmischen Optimismus, und man möchte sich fragen, ob die Kunstwerke der klassischen Moderne nicht auch, vielleicht sogar vorrangig von einer anderen Erfahrung berichten: von Solipsismus und gestörter Kommunikation. Völlig schließt Dewey das unglückliche Bewußtsein in seiner positiven Phänomenologie nicht aus, etwa wenn er meint, daß der „Moment, in dem ein gestörter Zustand in einen harmonischen übergeht“, den Augenblick intensivsten Lebens darstelle.[49] Auch die modernen Kunstwerke, die von Störungen berichten, münden – nicht vom Resultat, wohl aber vom Prozeß des Kunstschaffens, der Logik der ästhetischen Erfahrungen, die ihnen zugrunde liegt – in einen intensiven und entspannenden Zustand ein. Für unerbittliche Kulturkritiker ist das der böse Fluch der Kunst. Weil Dewey Erfahrung, insbesondere ästhetische Erfahrung, letzten Endes von ihrem mehr oder minder glücklichen Ende her interpretiert (und in dieser stillen Teleologie bringt einen auch der Tod eines geliebten Menschen ‚weiter', wenn man diese Erfahrung zuläßt oder so privilegiert ist, diese ästhetisch noch einmal zu durchlaufen und so von „einem gestörten Zustand in einen harmonischen“ überzugehen), ist in diesem Konzept von Erfahrung Leid und Unglück eigentümlich ausgefällt. Wo es doch aufscheint, ist es von vornherein gerechtfertigt durch die „erhöhte Vitalität“, die die Erfahrung, diese ungerufene Sendbotin des Lebens, bereithält. Daß es grauenhafte Erfahrungen geben könne, die den Menschen in jedweder Weise überfordern – individualpsychologisch wie geschichtlich, das ist bei Dewey, aber auch bei Gehlen und Gadamer nicht vorgesehen.[50] Erfahrungsblockade und Vergessen kann sich als

47 Ebd., S. 21.
48 Ebd., S. 35.
49 Ebd., S. 25.
50 Vgl. dazu Sonnemann, *Negative Anthropologie*, a.a.O., S. 13: „[…] intensiviert bleibt der Gedanke zurück, daß es Zeit wäre, Geschichte selbst aus der Perspektive der Kinder zu schreiben, die zu Babylon und Rom, Tenochtitlan und Litzmannstadt, in ihr großwurden.“
Freuds Entdeckungen kulminieren in der Einsicht, daß es Erlebnisse gibt, die Erfahrbarkeit im positiven Sinn als ein Vermögen der Verinnerlichung äußerer, zugleich selbstbezüglicher Geschehnisse übersteigen. In dieser Perspektive gewinnt ein Begriff wie der der Verdrängung seine volle Bedeutung.

verständlicher Selbstschutz einstellen; daß sie ohne Schrecken zum Schicksal unserer desorientierten Zeit zu werden drohen, steht indes auf einem anderen Blatt, ist, auch wenn man gegenüber einer totalisierenden Kulturkritik, die in ihrer Totalansicht phänomenologisch ungenau und historisch sentimental ist, Einspruch anmeldet, ein beunruhigendes Symptom.

Dewey entwirft zwei denkbare Welten, in denen ästhetische Erfahrung nicht vorkommt. Die eine ist fortwährend in Wandlung begriffen, sie läuft auf kein Ergebnis hinaus, die andere ist eine völlig statische Welt, in der Veränderung nicht möglich ist. Dewey legt lange vor Baudrillards Kaskaden den Verdacht nahe, daß wir uns in einer Welt befinden, die womöglich beide dieser denkbaren erfahrungslosen Zustände in merkwürdiger Synthese in sich birgt: eine leerlaufende Maschinerie, die zu schnell sich bewegt, als daß unser Prozeß der Erfahrung mit dem ihm eigenen Rhythmus Schritt halten könnte, die sich so schnell ändert, daß das, was einmal Gegenstand von Erfahrung war, längst verschwunden ist, ehe wir die reelle Chance hatten, uns vital auf ihn zu beziehen. Und diese unsere Welt könnte statisch genannt werden, weil sie die Mobilität – wie paradox – festlegt, Spielräume beständig zu verengen droht, weil, mit Marx gesprochen, die tote Arbeit die lebendige in Gestalt der Maschinerie der jüngsten industriellen Revolution in einem noch nie gekannten Maße überwältigt, dirigiert und normiert.

Aber das könnte auch eine perspektivische Täuschung sein, die aller Erfahrung innewohnt: wir erleben unsere Erfahrungen als einzigartig, nur wir können sie so machen und nicht anders. Daß diese einzigartige Erfahrung zugleich eine normierte ist, braucht sich nicht zu widersprechen, entzieht sich zunächst einmal unserer unmittelbaren Erfahrung. Und nicht ausgemacht ist auch, ob die Erfahrungen der Heiligen Theresa wirklich individueller sind als die eines heutigen Cartoon-Zeichners, eines Tennis-Cracks oder eines Rennfahrers. Was indes zu fragen bleibt, ist, ob die Vermittlung sozialer und kultureller Normen erfahrungslos vonstatten gehen könne, etwa via Medien.[51]

Womit wir wieder bei einem unserer Ausgangspunkte angelangt wären, bei jener paradoxen Situation, daß in einer Welt, die beständig die Erfahrung im Munde führt, dieses Lebenselixier ein knappes Gut geworden zu sein scheint, so kostbar wie Luft,

51 Es ist in der Medien-Diskussion eine offene Frage, ob ‚Medien' Erfahrung vermitteln oder zumindest abzustützen *vermögen*. Sämtliche Theorien, die Medien vornehmlich als narzißtische Simulationsmaschinerien deuten, negieren dies implizit oder explizit. Wo an der Differenz festgehalten wird, da ist es auch möglich, im Bereich von Kunst, Medien und Philosophie ‚Erfahrung' zu orten im Sinne von Überraschung, Reflexion, Enttäuschung oder Bestätigung von Erwartungen, von ‚Räumen', die Bezüglichkeit stiften: „Die Eröffnung einer anderen Welt jenseits der Alltagswirklichkeit ist […] auch in gegenwärtiger Zeit die auffälligste Schwelle zur ästhetischen Erfahrung." (Hans Robert Jauß, *Ästhetische Erfahrung und literarische Hermeneutik*, Frankfurt a.M. 1982, S. 33.)
Friedrich Cramer und Wolfgang Kaempfer formulieren die tiefe Antinomie jedweder Kunst so: „Zwar kann das Kunstwerk das Leben nachvollziehen in primärer Mimesis, aber was wir seine Erfahrung nennen müßten, imponiert gleichwohl als *Schein*." (Friedrich Cramer/Wolfgang Kaempfer, *Die Natur der Schönheit*, Frankfurt a.M. 1992, S. 67.) Wie aber anders als durch den imposanten ‚Schein', durch Sprache, Bild u. a. kann ‚Erfahrung' beredt werden. Erfahrung, die stumm, gleichsam asozial bleibt, ist keine.

Wasser und all die anderen ökologischen Essentials, deren Bedrohtheit wir heute beklagen. Die Klage über die Erfahrungslosigkeit der schönen postmodernen Welt mitsamt ihrem schalen Geschmack und ihren zu nichts verpflichtenden Gesten ist gepaart mit einem schier unersättlichen Hunger nach Erfahrung. Die psychologische Branche, die den Erwerb vornehmlich von ‚Selbsterfahrung' (so als ob Erfahrung ohne ein ‚Selbst' überhaupt möglich wäre!) anbietet, wächst unaufhörlich, denn die Not der Menschen scheint, die Diagnosen der Kulturkritiker bestätigend, durchaus echt. Ob sie wirklich einen befriedigenden Ersatz für Erfahrungsverluste in der primären, gelebten und nicht am Wochenende inszenierten Welt bieten kann, muß dahingestellt bleiben. Andererseits tun sich immer wieder Freiräume auf für entdeckungsfreudige Menschen. Vielleicht muß man die erfahrungsbereiten Menschen anderswo suchen als früher.

„Mensch ohne Welt", mit dieser Formel hat Günther Anders[52] einmal diesen Zustand anhaltender Entfremdung, der den der Erfahrungslosigkeit miteinschließt, umschrieben. Womöglich greift diese Zustandsbeschreibung zu kurz, kontrastiert immer noch, wenn auch unter dem Vorzeichen des Verlustes, statisch und überaus traditionell Subjekt und Welt, die Objektivität einer Welt, auf die man reagiert, der man sich stellt. Eine solche Vorstellung von Welt ist noch zutiefst in ruralen Mustern verhaftet, in der die naturale und soziale Welt ihre Selbstverständlichkeit noch nicht eingebüßt haben. „Mensch ohne Welt", das ist nicht anderes als Heimatlosigkeit. Moderne Subjektivität wird schwerlich darauf hoffen können, Heimat in diesem ursprünglichen Sinne zurückgewinnen zu können. Bis in die Geschichtsphilosophie hinein ist der Topos vom Ursprung fragwürdig geworden.[53]

52 Vgl. die Einleitung zu dem Essayband *Mensch ohne Welt*, in der Günther Anders u. a. schreibt: „‚Menschen ohne Welt' waren und sind diejenigen, die gezwungen sind, *innerhalb einer Welt* zu leben, die nicht die ihrige ist; einer Welt, die, obwohl von ihnen in täglicher Arbeit erzeugt und in Gang gehalten, ‚nicht für sie gebaut' (Morgenstern), nicht für sie da ist." Heideggers Diagnose der Weltlosigkeit des Menschen wird von Anders auf die Situation in der kapitalistischen Gesellschaft bezogen: *„Der Ausdruck ‚Mensch ohne Welt' bezeichnet also eine Klassentatsache.*" (Günther Anders, *Mensch ohne Welt. Schriften zur Kunst und Literatur*, München 1984, S. XIf.) Damit ist das Gros der Menschen zur Erfahrungslosigkeit verurteilt. Oder anders ausgedrückt: die einzige Erfahrung in dieser epochalen Situation ist eben jene Situation der Entfremdung, eben jene Situation, die die Möglichkeit von Erfahrung dementiert. Vermutlich ist es unhaltbar, die Weltlosigkeit als notwendige Folge einer gesellschaftlichen Konstellation anzusehen, deren Logik die Lebenswelt des einzelnen übersteigt. Das Gesellschaftliche ist per definitionem durch diese Transzendierung gekennzeichnet; vgl. Cornelius Castoriadis, *Gesellschaft als imaginäre Institution*, Frankfurt a.M. 1984, S. 226ff. Castoriadis führt dies vor allem auf die Rolle des Imaginären zurück: „Die Institution ist ein symbolisches, gesellschaftlich sanktioniertes Netz, in dem sich ein funktionaler und imaginärer Anteil in verschiedenen Proportionen miteinander verbinden. Entfremdung ist die Verselbständigung und Vorherrschaft des imaginären Moments der Institution, deren Folge wiederum die Verselbständigung und Vorherrschaft der Institution gegenüber der Gesellschaft ist. Diese Verselbständigung der Institution findet im gesellschaftlichen Leben seinen materiellen Ausdruck, setzt aber stets voraus, daß die Beziehungen, die eine Gesellschaft zu ihren Institutionen unterhält, im Medium des Imaginären gelebt werden. Anders gesagt, die Gesellschaft vermag im Imaginären der Institutionen nicht mehr ihr eigenes Produkt zu erkennen." (S. 226.)

53 Exemplarisch sei hier auf das Interview von Michel Foucault mit Paolo Caruso verwiesen, in dem der Verfasser der *Ordnung der Dinge* eine Geschichte ohne Kausalität, Kontinuität, Anfang und Ende entwirft. Es gelte das „Vorurteil abzubauen, demzufolge eine Geschichte ohne Kausalität keine

Kritisch wie affirmativ konstituiert sich Subjektivität heutzutage in erster Linie nicht mehr über die Reflexion der verlorenen Selbstverständlichkeiten der Welt (wie das für den klassischen Modernismus der Fall war, als dessen theoretischen Repräsentanten man in gewisser Weise Adorno sehen könnte)[54] und wohl auch kaum über eine Reterritorialisierung der Welt, sondern durch Projekte, Experimente, Selbstversuche. Das Subjekt ist in andauernde Bewegung geraten, lebt experimentell, übt sich in der Avantgarde von Lebensstilen. Ein System aktiver Setzungen und neuer Verfahrensweisen charakterisiert die Alternativszene, die nolens volens zu einem gesamtgesellschaftlichen Laboratorium für neue Lebensexperimente geworden ist.[55]

Günther Anders hat in seinen Essays über Brecht und Döblin zu Recht darauf hingewiesen, daß Entfremdung und Weltverlust klassenspezifisch ausgeprägt sind. Das gilt heute für die sozialen und psychischen Fähigkeiten und Fertigkeiten der Schaffung eigener kleiner Welten, die viel schwerer zu Buche schlagen könnten als soziale und ökonomische Ungleichgewichte; es handelt sich um Differenzen der Sozialisation. Wovor die silent majority heute noch zurückschreckt und was sie von den gegenwärtigen Lebensstil-Avantgarden wird lernen müssen, das ist die Lust und die Pflicht zur Selbstorganisation, eine Haltung dem Leben gegenüber, die dieses als experimentelle Aufgabe begreift. Ob damit Überforderungen einhergehen, wie mancherorts befürchtet wird, bleibt offen, ist jedenfalls nicht völlig von der Hand zu weisen.[56] Der ‚Fundamentalismus' ist gewiß auch eine hilflose Verweigerung dieser Modernitätszumutung.

Es liegt, wie noch zu zeigen sein wird, durchaus in der seit der Neuzeit vorherrschenden Logik, daß „eine Art Nomaden, die allen beständigen Anbau des Bodens verabscheuen",[57] zum dominanten Typus wird, Menschen mit unsicheren geistigen Lebens-

mehr ist." (Foucault, *Von der Subversion des Wissens*, a.a.O., S. 15); vgl. auch die Einleitung zu Michel Foucault, *Die Archäologie des Wissens*, Frankfurt a.M. 1973, S. 9–30. Theodor W. Adorno hat sich bekanntlich im Hinblick auf die Kunst gegen eine überdies historische Ursprungsfrage verwahrt: „Wird der Begriff des Ursprungs jenseits der Geschichte angesiedelt, so verfließt die Frage danach mit solchen ontologischen Stils, weitab von jenem Boden fester Sachhaltigkeit, den das Prestigewort Ursprung als Assoziation mit sich führt [...]." (Adorno, *Ästhetische Theorie*, a.a.O., S. 480.)

54 Vgl. hierzu die zentrale Kategorie der ‚zweiten Reflexion' in Adornos *Ästhetischer Theorie*, die dieser als eine bezeichnet, die die „Verfahrensweise, die Sprache des Kunstwerks im weitesten Verstand" ergreift (ebd., S. 47).

55 Vgl. dazu Thomas Ziehe, *Zumutungen der Moderne*, in: Konkursbuch 26, *Lebensstil und Politik*, hg. v. Birge Krondorfer u. Wolfgang Müller-Funk, Tübingen 1991, S. 35–62.

56 Ebd., S. 57f.: „Diese Radikalität, daß jemand etwas durchhält, daß jemand eine Seite seiner Existenz gewissermaßen ganz entfaltet und auch zu dem Preis, daß er daran zerbricht, daß er andere Seiten von sich gibt, weggibt, daran festhält, kann ein Moment von Lebenskunst sein [...] man begibt sich in ein existenzielles Risiko, aus dem es sehr häufig auch keinerlei Zurück mehr gibt." Neben dieser Radikalität sind ‚Lebenskunstentwürfe' noch durch zwei andere Modalitäten geprägt: durch Beweglichkeit und Stimmigkeit. Bei Ziehes Rückblick auf die dominanten Lebensstile in der BRD seit 1945 – der Autor unterscheidet sechs Phasen – wird deutlich, daß der konformistische Individualismus (sei er nun auch alternativ konzipiert) mehr und mehr zutage tritt und am Ende selbst noch einmal ästhetisch gestaltet wird. Vgl. auch Wolfgang Müller-Funk, *Das Unbehagen an der Politik*, in: *Die Enttäuschungen der Vernunft*, Wien 1990, S. 143–152.

57 Vgl. Thomas H. Macho, *So viele Menschen. Jenseits des genealogischen Prinzips,* in: Peter Sloterdijk (Hg.), *Bericht zur Lage der Zukunft*, Frankfurt a.M. 1990, S. 29–64, bes. S. 37–52. Eine

grundlagen, ständig auf der Suche nach Projekten, unternehmungslustige Abenteurer, Experimenteure, unstet, mit provisorischen Heimaten, die sich ein jeder dezisionistisch und qua Symbolisierung als eigene kleine soziale Welt, seine Nußschale, schaffen. Dagegen muß der traditionell gebundene Mensch (und damit auch sein Erfahrungsmodus) zwangsläufig antiquiert erscheinen.

Es mag offen bleiben, ob nicht diverse Kulturkritiken ganz unbeabsichtigt non self-fulfilling prophecies sind, deren uneingestandene Funktion darin besteht, die Menschen vor dem totalen Zugriff der Sachmächte nicht nur zu bewahren, sondern auch ihre Widerstandskräfte anzuspornen. Kaum jemals in der Geschichte war das (wenn auch gerne in ungewollte Konformität umschlagende) Autonomiestreben der Menschen – politisch, kulturell, sozial und privat – größer als heute. Die Zentralmächte: Staat, Sozialisationsagenturen, Gesundheitsbürokratie, Verwaltung, der offizielle Wissenschaftsbetrieb, sie sind die einzigen Feindbilder, die uns noch geblieben sind. Das Besondere hat – trotz oder gerade wegen des Zusammenbruchs des Humanismus klassischer Prägung – Konjunktur.[58]

Ungeachtet ihrer, etymologisch betrachtet, engen verwandtschaftlichen Bedeutung sind Begriffe wie Experiment und Erfahrung voneinander wohl zu unterscheiden. Dem Experiment wohnt ein selbstgesetzter Impuls inne, der der Erfahrung, die einem zukommt, die zu einem kommt, abgeht. Wenn nicht alles täuscht, so konstituiert sich das Verhältnis von Erfahrung und Experiment im Essayismus der Denk- und Lebensformen völlig neu. Der Mensch, der eine, seine Welt zu besitzen glaubt, macht in seinem Leben eine ganze Reihe von Erfahrungen durch, die er annehmen, produktiv umsetzen, die er aber auch verwerfen kann: Wachs, wie die Gefährten des Odysseus, kann man sich immer in die Ohren stopfen. Zumeist sind diese Erfahrungen nicht selbst gewählt: sie

nomadistische Perspektive vertritt schon Lion Feuchtwangers Roman *Erfolg* im Hinblick auf das jüdische Schicksal (vgl. Lion Feuchtwanger, *Erfolg*, Berlin – Weimar 1974, S. 501).

58 Die Sehnsucht nach einem ‚ganz Anderen' hat Michael Rutschky als Reaktion der 68er beschrieben, die nach der „Sehnsucht, Allgemeinbegriffe zu leben" die „Sehnsucht nach einem ganz Anderen" entdeckten (Michael Rutschky, *Erfahrungshunger*, Köln 1980, S. 31ff., 58ff.).
Diese Sehnsucht nach dem ganz Anderen wurde und wird mit der Zauberformel des Authentischen beschrieben. Durchaus im Sinne Adornos wurde dabei die eigene Identität auf Negation begründet. Man selbst erfuhr sich als das Besondere, das im Allgemeinen nicht aufging; vgl. auch Rutschky, *Erfahrungshunger*, a.a.O., S. 164: „[...] wer sich als *bürgerliches Individuum* erlebt, als Exemplar eines allgemeinen Begriffs, wer seine Lebenswelt daraufhin buchstabiert, daß sie diesen Begriff belege, der kann zugleich jene Utopie des Unbestimmbaren entwickeln, auf jene ungerichteten Suchbewegungen verfallen, wie sie in den siebziger Jahren so viele zeigen, eine Utopie, die zum Erfahrungshunger führt."
Auf der Suche nach der ‚Originalszene ihres Lebens' antizipieren viele aus der kritischen Generation „die vollkommene Schematisierung ihres Lebens, um zugleich in difuse Suchbewegungen nach diesem Leben auszubrechen." (Ebd., S. 97.)
Was Rutschky im Hinblick auf die 70er Jahre dargestellt hat, läßt sich auch auf die 80er und frühen 90er Jahre übertragen. Rutschky selbst hat hellsichtig darauf hingewiesen, daß mehr und mehr die scheinbar individuelle Selbstrepräsentanz an die Stelle des pathetischen Engagements tritt: „Der gesellschaftliche Prozeß verurteilt im allgemeinen die Individuen zu demonstrativer Vielfalt und Buntheit. Zu einem Narzißmus in der Selbstdarstellung, der mit ihrer Bedeutungslosigkeit identisch ist." (Ebd., S. 92.)

sind bedingt durch die schicksalhaften Ereignisse in Ehe, Familie, Sozialisation, Beruf und sozialer Umwelt.

Experimente hingegen werden im emphatischen Sinn des Wortes tatsächlich gemacht, weil man etwas Neues kennenlernen will, weil man etwas erreichen möchte, und sei es nur: Erfahrungen zu machen. Experimente haben eine teleologische Struktur, auch wenn das Ziel tautologisch ist – Hunger nach Erfahrung, Ausbruch aus einem als erfahrungslos empfundenen beruflichen Alltag, organisierte Eskapade. Ohne diesen Hunger wären unsere Reiselust, der in den urbanen Metropolen selbstverständliche promiskuitive sexuelle Lebensstil oder die vielfältigen Entgrenzungsversuche, wie sie Psychopraktiken und esoterische Geheimlehren versprechen, unverständlich.[59]

Demgegenüber bleibt primäre Erfahrung, die sich auch im Zeitalter einer mittlerweile umfassenden technischen Reproduzierbarkeit nicht aus der Welt schaffen läßt, durchaus unliebsam und ungerufen. Tod und Trennung, persönliches oder berufliches Scheitern mögen zwar post festum heilsame Erfahrungen darstellen, die einen, wie es so unschön neudeutsch heißt ‚weiterbringen', aber sie bewußt herbeizuführen, ist unter den gegebenen kulturellen Umständen undenkbar. Die diversen Psychopraktiken spielen mit ihnen, im wörtlichsten Sinn: sie simulieren Situationen oder spielen zurückliegende Ereignisse nach, unter Ausnutzung des Rohstoffes, der in der alt gewordenen Moderne so kostbar geworden ist wie kaum ein anderer – der Erfahrung.

Über die bedenklichen Seiten dieser Entwicklung ist viel geschrieben worden; problematisch daran scheint nicht zuletzt ihr teleologischer Charakter, der die persönliche Erfahrungssuche mit dem wissenschaftlichen Experiment verbindet. Was auf Grund der methodischen Beschränktheit in den Naturwissenschaften angehen mag – Reduktion und Instrumentalismus – könnte hier, gegen den Willen der Beteiligten, inhumane Folgen zeitigen, könnte zu einer Zweckrationalisierung von Lebensbereichen führen, die eo ipso dieser Rationalität zuwiderlaufen, könnte jenen Verlust an Mitgefühl und spontaner Erfahrung beschleunigen, der den Ausgangspunkt für die rastlose Suche nach ‚Authentizität' bildet.

Gleichwohl beinhaltet das Insistieren auf jenem Begriff, der so untrennbar mit dem neuzeitlichen Wissen verbunden ist, dem Experiment, auch die Möglichkeit, eine Auffassung überwinden zu helfen, die dem Subjekt eine ausschließlich aktive, um nicht zu sagen imperiale Rolle zuschreibt. Gerade wo das eigene Leben ins Feld des Erprobens, Versuchens, Sich-Vortastens gerät, wird offenkundig, daß derjenige, der das Experiment in Gang gesetzt hat, schon bald nach Beginn nicht mehr Herr der Lage ist. Die Folgen wie auch die das Experiment begleitenden Erfahrungen sind – im Gegensatz zum räumlich und zeitlich begrenzten, die eigene Person ausschließenden wissenschaftlichen Experiment – unkontrollierbar. Nicht nur die antike Skepsis, auch der konservative Fundus, der sich aus früherer Erfahrung speist, rät zur Vorsicht, löst Alarmzeichen der Angst

59 Vgl. Thomas Ziehe, *Zumutungen der Moderne*, a.a.O., S. 52ff.; Michael Rutschky, *Erfahrungshunger*, a.a.O., S. 97: „Allerdings haben viele in den siebziger Jahren – manchmal demonstrativ – eine Psychoanalyse gemacht, um aus dem melancholisch verschatteten Gespräch hinauszutreten, um ihr persönliches Unglück von dem allgemeinen, dessen Schwere Adorno stets mit Freud bestimmt hat, unterscheiden zu lernen, um für sich die Reproduktion der Unglücksschemata abzubrechen."

aus. In diesem Spannungsfeld bewegt sich gegenwärtig unser mehr oder minder essayistisches Dasein. Überhaupt ist die innere Unrast das Signum einer Bewegungsmoderne, die nicht auf den äußeren Aspekt beschränkt ist. Um Erfahrungen zu machen, müssen wir uns bewegen. Der Mensch schafft sich mehr und mehr seine Welt, das bedeutet auch: er muß sich neue Welten erschließen, und zwar auf je eigene Weise. Was dabei herauskommt, ist ungewiß wie bei allen Entdeckungen.

George Haydu[60] hat auf eine Eigenart von Erfahrung aufmerksam gemacht, die erklärbar macht, warum sich Wissenschaft und Philosophie bei der Ergründung dessen, was in seinem vollen Sinn Erfahrung heißen kann, so schwer tun. Erfahrung ist unsichtbar, unhörbar und unfaßbar, sie bedarf der Selbstthematisierung. Haydu verwendet deshalb den Terminus der ‚Erfahrungsformen', die sich je nach kulturellem Kontext unterscheiden. Oder anders ausgedrückt: Aufgabe einer ‚ökologischen Semiotik' (Haydu) ist es, die spezifischen ‚Erfahrungsformen' einer Kultur herauszuarbeiten und so ihren Unterschied zu anderen Kulturen zu markieren.[61] An welche prägenden Formen des Erfahrens und Experimentierens ist dabei in der europäischen Kultur der Neuzeit zu denken? Es bietet sich an, die Ausformung neuzeitlicher Erfahrung in den verschiedenen sich mehr und mehr verselbständigenden Bereichen exemplarisch zu beleuchten: im pragmatischen, ästhetischen und (proto-)wissenschaftlichen Kontext – ob der Ausfahrer Kolumbus wirklich Amerika ‚entdeckt' hat, ist immer wieder bezweifelt worden,[62] aber unbestreitbar hat er einen Modus des Entdeckens und Erkennens geschaffen, der bis ins Zeitalter der Raumfahrer und der Abenteuer-Touristik fortwirkt. Und so statisch sich das Netz seiner Erfahrungswelt auch ausnimmt, starr und unirritierbar, so ist doch das Neue gegenüber der mythischen Gestalt des irrlichternden, im Grunde neugierdelosen Odysseus, den Adorno und Horkheimer zum Prototyp einer dialektisch sich verkehrenden Aufklärung gewählt haben, nicht zu übersehen. Demgegenüber repräsentiert Theresa die Entdeckung kompromißloser Subjektivität, die ohne ‚Störerfahrung' (Sloterdijk)[63] nicht denkbar ist. Um diese neuen Erfahrungswelten beredt zu machen, bedarf es der Umschreibungen. Erfahrung, so ließe sich etwas apodiktisch dekretieren, ist stets ästhetisch und ‚mystisch'. Sie setzt, wie Ulrich Beil[64] betont, voraus, daß zwischen Signifikat und Signifikant ein asymmetrisches Verhältnis besteht. Anders als in den rationalen Kommunikationsmodellen ist die Botschaft (ob sie nun von ‚Gott' stammt oder von menschlichen Sendern) stets eine integrative Leistung des Empfängers. Im ästhetischen Überschuß des Symbolismus wie auch im absichtslosen Mißverständnis ist Raum für den Zuwachs von Erfahrung.

Ein dritter Typus des experimentierenden Menschen begegnet uns bereits in den Anfängen neuzeitlicher Wissenschaft, so etwa in Gestalt des Machtpolitikers, Essayisten

60 George Haydu, *Comparative Characteristics of Experience Forms*, in: ders. (Hg.), *Experience Forms. Their Cultural and Individual Place and Function*, The Hague – Paris – New York 1979, S. 113–145.

61 Ebd., S. 116ff.

62 Siehe das nachfolgende Kapitel.

63 Vgl. Peter Sloterdijk, *Literatur und Lebenserfahrung*, München 1978.

64 Persönliche Mitteilung; vgl. Norbert Bolz, *Geld als Medium*, Vortrag: August 1992, Internationale Sommerschule, Raabs/Thaya (NÖ), unpubliziert.

und frühen Wissenschaftstheoretikers Francis Bacon. Schon hier zeichnet sich jener merkwürdige Zwiespalt ab, den die modernen Erfahrungswissenschaften hervorgebracht haben: Zum einen soll nur mehr die Erfahrung und nichts als die Erfahrung zur Grundlage positiven Wissens gemacht werden (und nicht der Glaube an nachzuvollziehende Offenbarungen), zum anderen hat der Empirismus in seiner Vorliebe für Teleologie und Macht entscheidende Momente einer umfassenden Erfahrung ausgeklammert, die seinem Ideal von Rationalität widerspricht. Im Namen der Erfahrung wurde diese als jeweils ganz persönliche und zugleich umfassende aus dem Olymp der Wissenschaften vertrieben. Gleiches gilt spiegelbildlich für einen Rationalismus spezifisch idealistischer Provenienz, der das Andere, Unbekannte, ohne das Erfahrung kaum möglich ist, zum Verschwinden bringt, es immer als ein schon Bekanntes hypostasiert. Deshalb konnte Erfahrung als eine radikale Kategorie modernen Weltverständnisses etwa im deutschen Idealismus keine prominente Rolle spielen.

Gerade dieses in der Systematik des deutschen Idealismus und der wissenschaftlichen Pragmatik des Empirismus Ausgeschlossene, dieses Nicht-Machbare und Unbeabsichtigte, steht im Mittelpunkt unserer Frage nach dem Wesen von Erfahrung und ihren Ausformungen seit Beginn der Neuzeit. Der Essayismus seit Montaigne ist gewiß – neben Malerei, Autobiographie, Literatur, Film – nur eine Form, in der sich moderne Selbst- und Welterfahrung thematisiert; aber er thematisiert dieses Neue nicht nur, sondern spiegelt, reflektiert es, läßt ‚Erfahrung' sichtbar werden als einen durchaus vermittelten Prozeß, in dem künstliches Arrangement und spontaner Durchbruch, Absicht und Unvoreingenommenheit aufeinandertreffen. Vielleicht ist es der offene Horizont, die unermeßliche Weite, wie sie Christoph Kolumbus im Herbst des Jahres 1492 weltgeschichtlich in dieser bewußten Weise zum ersten Mal erlebte, das Bodenlose, das die Radikalität des neuzeitlichen theoretischen wie praktischen Essayismus kennzeichnet, undenkbar ohne die Kategorie eines Anderen, Unbekannten, das sich wie ein erratischer Block vor die Augen des erlebenden Betrachters stellt, eine unendliche Geschichte, die stets neue Integrationsleistungen abverlangt, Modus eines Weltverständnisses, dessen Ende nicht abzusehen ist – auch nicht im ‚post-histoire' –, es sei denn, daß die Impulse jener Subjektivitäten, die diese neue Qualität von Erfahrung ermöglichten, sich erschöpft haben, erstarrt, gelähmt und ermüdet, überwältigt von den eigenen Resultaten, ihrer ideologischen Antriebe beraubt: unbestreitbar vorhandene Phänomene, die ein Essayismus im ausklingenden 20. Jahrhundert aufzugreifen und umzusetzen hat, Träger eines Subjektivismus, der nicht machtförmig ist, sondern weiß, daß man auch im eigenen Haus nicht Herr ist.

Die Entdeckung des Neuen

„No era docto más bien entendido“[65] (Er war nicht gelehrt, aber sehr erfahren), in diesem Urteil, das die Erfahrung trotzig gegen die sonst höher geschätzte Bildung stellt, liegt schon einer der Gründe dafür, warum Kolumbus die Männer der Philosophie, die theoretischen Täter, selten interessiert hat. Was er zu sagen weiß, paßt nicht in die geläufigen Diskurse des Wissens und der Wissenschaft. Seine überdies erst spät durchgesetzte Bekanntheit, die sogar in einem Seligsprechungsprozeß gipfelte,[66] wirkt eher abschreckend, ein klarer Fall eines schwerlich hinterfragbaren Schulwissens, das kaum philosophischer Reflexion wert ist. Dabei sollte uns eigentlich schon stutzig machen, was er

65 Ein Ausspruch von López de Gomara, vierzig Jahre nach dem Tode des Kolumbus. Gianni Granzotto kommentiert den Streit zwischen Kolumbus und der Gelehrtenversammlung von Salamanca, einer frühen Sachverständigenkommission, die volle sechs Jahre (1486–1491/92) über das Projekt verhandelte, zäh an ihrer Ablehnung festhaltend. Granzotto zufolge war es Luis de Santángel, der Schatzmeister des Hauses Aragon, der im Spätherbst 1491 durch seine Intervention und vor allem durch seine finanziellen Möglichkeiten das Eis brach, ohne daß die Angelegenheit wissenschaftlich entschieden worden wäre. Kurzum, man wechselte einen Teil der Gutachter aus, die Stimmung am Hofe tendierte, wie Granzotto schreibt, zum Konsens. Damit war die Sache entschieden; vgl. Gianni Granzotto, *Christoph Kolumbus*, Reinbek 1985, S. 102–122 („Der Krieg von Salamanca“). Als einen Kampf mit der Scholastik sieht Jakob Wassermann den Streit mit den ‚Weisen von Salamanca‘, die im Sinne der biblischen Überlieferung und der Patristik das Projekt des Kolumbus verwerfen mußten: „Vor allem war eine Stelle aus dem heiligen Lactantius im Wege, die lautet: ‚Ist wohl irgendjemand so von Sinn, daß er glaubte, es gäbe Antipoden, die mit ihren Füßen gegen die unseren stehen, Menschen, die mit in die Höhe gekehrten Beinen und herunterhängenden Köpfen gehen? Daß eine Gegend der Erde existiere, wo die Dinge unterst zuoberst sind, die Bäume abwärts wachsen und es in die Höhe regnet, hagelt und schneit?‘. Der Wahn, daß die Erde rund sei, ist die Ursache von der törichten Fabel von den Antipoden mit den Füßen in der Luft, und solche Personen gehen in ihren Ungereimtheiten von dem anfänglichen Irrtum immer zu neuen Irrtümern und leiten einen aus dem andern ab.“ (Jakob Wassermann, *Christoph Columbus*, München 1972, S. 40f.) Wie Granzotto zeigt, unterschieden sich die ‚Ungereimtheiten‘ des Kolumbus nicht von denen seiner Gegner: auch er hegte phantastische Vorstellungen von der Fremde, war durchaus noch ein Kind des ptolemäischen Weltbildes. Was ihn unterscheidet von seinen wissenschaftlichen Kontrahenten, ist der Umstand, daß er sich von seinen Konstrukten beflügeln ließ, den Vorstoß in die Fremde zu wagen, während jene ihre phantastischen Vorstellungen wie einen imaginären Schutzschirm verwandten, um sich vor dieser unmöglichen Fremde zu schützen. Zu neuester Kolumbus-Literatur vgl. Wolfgang Müller-Funk, *Das übermalte Bild. Kolumbus und die Folgen*, in: Die Presse (Wien), v. 14. 8. 1992, Spectrum, S. X.

66 Vgl. Gianni Granzotto, *Christoph Kolumbus*, a.a.O., S. 366f.: „Kolumbus paßte zu einer Interpretation, derzufolge die Vorsehung die Geschichte lenkte: Er war das Werkzeug Gottes, das dazu

denn, dieser Mann mit der falschen Landkarte, mit diesem angelesenen und halbverdauten Wissen eines Zeitalters im Übergang, nun wirklich entdeckt hat, ganz subjektiv und für seine Zeitgenossen.

Der Eintritt in die Neuzeit ist mehrmals vollzogen worden, mit Kopernikus und Luther, der Zentralgestalt Hegels im entsprechenden Kapitel seiner *Philosophie der Geschichte*. Immerhin hat der kontinentaleuropäische Philosoph, den Alexander von Humboldt als „modernen Aristoteles“[67] bezeichnet hat, den genuesischen Seefahrer einer Erwähnung für würdig befunden, sogar einer zweifachen. Zunächst spricht Hegel von der „Begierde des Menschen, *seine* Erde kennenzulernen“, um einige Abschnitte später zu präzisieren: „Der Mensch erkannte, daß die Erde rund, also ein für ihn Abgeschlossenes sei, und der Schiffahrt war das neu erfundene technische Mittel der Magnetnadel zugute gekommen, wodurch sie aufhörte, bloß Küstenschiffahrt zu sein.“[68] Und Hegel fügt, auf das „Bedürfnis“, die „Begierde“ zurückkommend, den suggestiven Halbsatz hinzu: „das Technische findet sich ein, wenn das Bedürfnis vorhanden ist“.[69] In dieser logificatio post festum, die den geschichtlichen Prozeß – wie ein Romanleser, der zuerst den Schluß liest – vom Ende her aufrollt, bleibt kaum Platz für das Singuläre und Diskontinuierliche, das mit Kolumbus' ‚Entdeckung‘ verbunden ist. Nicht nur befand sich der Stand der nautischen Technik, wie man heute weiß, in einem grotesken Mißverhältnis zur „Begierde“ des Kolumbus und seiner Zeitgenossen, vielmehr war – auch für Kolumbus – keineswegs zweifelsfrei klar, ob die Erde tatsächlich eine Kugel sei. Gianni Granzotto, Verfasser einer populären Biographie dieses neuzeitlichen Entdeckers schlechthin, trifft diese unsichere theoretische Disposition ziemlich genau, wenn er schreibt: „Ptolemäus war Kolumbus' Liebling, aber auch sein Kreuz, die Quelle seiner Zweifel und seines Staunens. Wenn er Ptolemäus blind vertraut hätte, hätte er Amerika nicht entdeckt, doch ohne Ptolemäus hätte er es gar nicht entdecken können.“[70]

bestimmt war, das Evangelium in einer neuen Welt zu verbreiten. Diese Idee vom ‚Gesandten Gottes‘ weiterspinnend – an die Kolumbus übrigens selbst geglaubt hatte –, gelangte man Ende des 19. Jahrhunderts zu dem Versuch, einen Seligsprechungsprozeß des großen Seefahrers in die Wege zu leiten.“ Granzotto fügt auch die Gründe, die zum Scheitern der Seligsprechung führten, an: neben der Einführung der Sklaverei war es vor allem der Umstand, daß Kolumbus im Konkubinat mit Beatriz de Harana gelebt hatte.

67 Zitiert bei Granzotto, *Christoph Kolumbus*, a.a.O., S. 357.

68 G.W.F. Hegel, *Vorlesungen über die Philosophie der Geschichte*, Theorie-Werkausgabe, Bd. 12, S. 490f. Schon Hegel hebt zu Recht die Kontinuität hervor, in der die Reise des Kolumbus steht: die Tradition der Kreuzzüge. Diese haben die Legitimation für die Unternehmung abgegeben. Zum einen sollte mit den phantastischen Schätzen aus der Neuen Welt abermals ein Kreuzzug finanziert werden, zum andern aber ist das Projekt des Kolumbus von Anfang an ein Kreuzzug mit verschobener Geographik, ein Kreuzzug in die Fremde.

69 Ebd., S. 491. Plausibel erscheint hingegen, das ‚Bedürfnis‘ als geschichtlich Gewordenes und als Spezifikum der europäischen Kultur, als unabdingbare Voraussetzung zu apostrophieren. Dies wäre auch für den Gesamtkomplex heutiger Technik anzusetzen, für die modernen telematischen Apparaturen, ebenso wie für Gentechnologie und Geschwindigkeitsmaschinerien. Und die berühmte Frage von Marx, ob „Achilles [...] mit Pulver und Blei“ ‚möglich‘ sei, läßt sich billigerweise umkehren, ob nämlich Pulver und Blei mit einem kulturellen Typus wie Achill ‚möglich‘ sei; vgl. Karl Marx, *Zur Kritik der politischen Ökonomie*, a.a.O., S. 259.

70 Gianni Granzotto, *Christoph Kolumbus*, a.a.O., S. 57.

Aber noch ein Urteil Hegels provoziert Nachfrage: War denn das, was Kolumbus ‚kennenlernte' „seine Erde", war es nicht etwas völlig Unvorhergesehenes, Fremdes, Irritierendes, Verstörendes? Und wäre dieser „abenteuersüchtige Forschungsreisende"[71] wirklich in Richtung des unbekannten westlichen Horizonts aufgebrochen, wenn er die terra incognita als „seine Erde" empfunden hätte? Um die Logik der Ausfahrt, des räumlichen Ausgriffs, wirklich zu verstehen, sozusagen die Phänomenologie der Erkundung, den neuen weltgeschichtlichen Impetus, der damit verbunden ist (denn um ihn geht es uns und weniger um das schiere Resultat), muß man eintauchen in den Horizont desjenigen, der im Spätsommer 1492 mit ungewissen Aussichten aufbrach in eine Welt, von der er nicht wußte, ob sie wirklich existierte, so sehr er sie auch seinen Geldgebern vor Augen gestellt haben mag, um sein Projekt finanzieren zu können. Gewiß, er hatte ein Ziel, aber dieses war so vage und ungenau wie all seine Meßapparaturen. Natürlich wollte er etwas beweisen: daß man über den westlichen Seeweg Indien, China und Japan erreichen könne. Er war ein Mann der Tat, der Anwendung, und wenn er auch der aufkommenden szientistischen Logik folgte, war er kein Mann der Wissenschaft – ob die Erde rund sei, interessierte ihn bloß am Rande. Was er suchte, war eine Welt, die gerade nicht die seine war. Insofern ist Kolumbus der Prototyp des Entdeckers. Überspitzt und a posteriori ließe sich behaupten: was er entdeckte, war das Entdecken selbst. Unstrittig, daß er dies mit seinen seefahrenden Zeitgenossen gemein hatte; was ihn trieb, war die Erfahrung des Neuen, Unbekannten schlechthin, das unterscheidet ihn von jenen früheren Seefahrern, die ihm an Geschicklichkeit und nautischer Kunst in nichts nachstanden und die vielleicht schon früher an die Gestade Amerikas gelangt waren. Aber diese hatten keine Idee des Entdeckens, keine Idee von Kontinenten, kein Weltbild und schon gar nicht eines, das brüchig geworden war, quälend in seiner Unsicherheit. Ob das Meer sich ins Unendliche auswachse, wie nach dem Weltbild des Ptolemäus eigentlich anzunehmen gewesen wäre,[72] oder ob die Erde wirklich feste Grenzen habe, war zu diesem Zeitpunkt nicht sicher auszumachen, wiewohl die gelehrte Meinung mehr und mehr dem letzteren Standpunkt zuneigte – als vernünftige Hypothese. In gewisser Gegenbewegung zur kopernikanischen Wende, die den Menschen aus dem Zentrum des Kosmos vertrieb, hat die ‚Entdeckung' des Kolumbus etwas Tröstliches: daß wenigstens die Erde und ihre Ozeane endlich sind, freilich viel größer als Kolumbus in seinem Zweckoptimismus angenommen hatte. Es ist häufig davon gesprochen worden, daß Kolumbus etwas anderes entdeckt hat, als er entdeckt zu haben glaubte; aber dieses Paradox, daß das Neue im Raster des Alten aufgenommen, ‚erfahren' wird, ist ein durchgängiges Charakteristikum aller Entdeckungen.[73] Ähnlich verhält es sich auch mit der Produktivität des Unwissens:

71 Salvador de Madariaga, *Kolumbus*, Bern – München – Wien 1966, S. 122: „Das ist also der Mann, der zu der Zeit lebte, da alles ‚fieberte im Wagen und Vollbringen der Entdeckungen' und der sehnsüchtig Ausschau hielt – wonach? Vielleicht wußte er es selber nicht." Vgl. auch ebd., S. 515.

72 Vgl. Gianni Granzotto, *Christoph Kolumbus,* a.a.O., S. 57f.

73 Hans Blumenberg zeigt das für Darwin höchst anschaulich, wenn er schreibt: „In der Schiffsbibel von Charles Darwin auf der ‚Beagle', mit der er von 1831 bis 1836 die Welt bereiste, stand das Datum der Weltschöpfung eingetragen: 23. Oktober 4004 vor Christi Geburt, 9 Uhr vormittages." (Hans Blumenberg, *Die Sorge geht über den Fluß*, Frankfurt a.M. 1987, S. 47.) Als das Entscheidende dabei sieht Blumenberg nicht bloß an, daß Darwin mit der falschen ‚Landkarte' der Geschichte sein Projekt begann; vielmehr hebt er zu Recht die „Tugend der Exaktheit" hervor, die

Hätte Kolumbus „seine Erde“ wirklich gekannt, wäre es ihm – trotz aller Abenteuerlust – nie in den Sinn gekommen, mit drei Segelschiffen, nach heutigem Standard Nußschalen, Asien erreichen zu wollen.

Es war, wie Hans Blumenberg in seiner Studie *Schiffbruch mit Zuschauer* zu Recht vermerkt hat, erst Nietzsche, der die Tollkühnheit, den Aufbruchsgeist der Figur des Kolumbus voll ermessen hat. Zeitweilig hat sich Nietzsche selbst als ein zweiter Kolumbus gesehen, als ein Entdecker unbekannter moralischer Territorien, wie der bekannte Aphorismus aus der *Fröhlichen Wissenschaft* zeigt: „Auf die Schiffe! Auch die moralische Erde ist rund. Es giebt noch eine andere Welt zu entdecken – und mehr als eine! Auf die Schiffe, ihr Philosophen.“[74] Was das Meer als Metapher für eine grenzüberschreitende Erfahrung so sinnfällig erscheinen läßt, ist, Blumenberg zufolge, daß es ein Element verkörpert, das im Normalfall nicht den natürlichen, normalen Lebensraum des Menschen darstellt. Es markiert so schon per se eine ‚Grenzverletzung‘: „Zwei Voraussetzungen bestimmen vor allem die Bedeutungslast der Metaphorik von Seefahrt und Schiffbruch: einmal das Meer als naturgegebene Grenze des Raumes menschlicher Unternehmungen und zum anderen seine Dämonisierung als Sphäre der Unberechenbarkeit, Gesetzlosigkeit, Orientierungswidrigkeit.“[75]

Sich-Ausliefern als Zusammenspiel von eigener Absicht und unbekanntem Widerstand eines auch heute nicht im Singulären voll berechenbaren Elements, das ergibt eine Struktur, die den diversen Bestimmungen der ‚Erfahrung‘ erstaunlich ähnlich ist; sich der Offenheit des Lebens aussetzen, läßt sich in die Metapher des Maritimen bruchlos übersetzen, ein Widerspiel, in dem ich nicht völlig hilflos bin, aber das seine guten wie bösen Überraschungen parat hält. Gleiches ließe sich auch für andere Merkmale der Erfahrung behaupten: etwa von ihrem tautologischen Charakter, der Neugierde, der Unkontrollierbarkeit, dem mit ihr verbundenen Leid, dem Zugewinn, der dem überlebenden Schiffbrüchigen winkt. Das Zielgerichtete an Kolumbus' Unternehmung verbindet es mit dem Gestus des Experimentellen. Vom Beginn her betrachtet war kein

auf einen entdeckungswilligen Menschen schließen läßt. Insofern also wiederholt Darwins Schiffsbibel, was schon die Entdeckung des Kolumbus charakterisiert hatte: Präzision im Kontext des Alten.

74 Friedrich Nietzsche, *Fröhliche Wissenschaft,* § 46. Der maritimen Metapher bedient sich übrigens auch Sigmund Freud, wenn er das Unbewußte als einen neuen Kontinent betrachtet. So jedenfalls sieht es Helmut Stockhammer: „Das Es gilt als der ‚dunkle, unzugängliche Teil unserer Persönlichkeit‘, beschreibbar nur als Gegensatz zum ‚Ich‘. ‚Es‘ ist der schwarze Kontinent Freuds.“ (Helmut Stockhammer, *Schnappschüsse in Schwarzweiß oder: Wo liegt Afrika?*, in: Pflasterstrand 15 (1985), hg. v. Hans Peter Duerr, S. 125–158.)
Über die Identifikation Nietzsches mit Kolumbus schreibt Hans Blumenberg: „Schon im Genueser Winter [1882, M.-F.] sinnt Nietzsche auf große Renaissancegesten, Weltabenteuer, Koloniegründungen, sogar Krieg, alles das als *Nötigung zum kleinsten Anteil an einer großen Aufopferung*. Was daraus wird, ist schließlich die Überredung des Kapitäns eines Frachtenseglers aus Sizilien unter fabulösem Vorwand, ihn als einzigen Passagier nach Messina mitreisen zu lassen.“ Blumenbergs Terminus der ‚Aufopferung‘ legt es nahe, im modernen Abenteuer, in dem der entdeckungs- und abenteuersüchtige Mensch sein Leben aufs Spiel setzt, einen Reflex archaischer Opferbereitschaft, Fortführung einer Logik unter gänzlich anderen Vorzeichen zu sehen; vgl. Hans Blumenberg, *Schiffbruch mit Zuschauer*, Frankfurt a.M. 1979, S. 24.

75 Ebd., S. 10.

Zufall im Spiel, dieser stellte sich erst im Verlauf des Unternehmens ein: hilfreich und störend. Kolumbus wollte etwas ganz Bestimmtes, insofern ist er auch in dieser Hinsicht ein Phänotyp des herannahenden wissenschaftlichen Zeitalters, keiner, der geduldig und weise darauf wartet, daß die Welt ein Angebot macht, eher ungeduldig, endlich dorthin zu kommen, an einen Ort, von dem niemand mit Sicherheit wußte, ob er überhaupt existiere.

Die etymologische Verwandtschaft von Erfahrung und Er-Fahrung ist mehr als abseitiges und weithergeholtes Bildungsgut, sie zeigt vielmehr, daß der Prozeß der Erfahrung wohl schon von frühen Zeiten an nur durch die Auseinandersetzung des Menschen mit dem feindlich-lockenden Element, das Aussetzung gebieterisch befiehlt, abzubilden war, ein Prozeß, der freilich seine volle Dynamik erst seit dem 15. Jahrhundert entwickeln sollte.[76] Siegfried Kracauer hat im Anschluß an Maculay und Leo Strauss die Arbeit des Historikers mit einer Reise verglichen, deren Ziel ihm nicht bekannt ist. Und als Folge dieser Reise kehrte er als ein anderer Mensch zurück, als der er auszog: Erfahrung als Wechsel von Identität. Erst der wissenschaftliche Reduktionismus wird darauf beharren, daß das Subjekt statisch, kontrollierbar und austauschbar ist, Grundvoraussetzungen für die von ihm aufgestellte objektive Gültigkeit eines jedweden Experiments. Man könnte den modernen Wissenschaftler mit einem Menschen vergleichen, der eine Reise genau plant, sie aber nur als Zuschauer mitmacht. Zu Bruch geht dabei höchstens das Inventar des Labors und – schwerwiegender – der wissenschaftliche Ruf. Was die Figur des Kolumbus für unsere Fragestellung nach dem Wesen und der historischen Mutation dessen, was Erfahrung heißt, so reizvoll erscheinen läßt, ist der umfassende Charakter des Experiments. Wie jeder self-made man und soziale Aufsteiger und angesichts der geringen Entfaltung der wissenschaftlichen Produktivkräfte und deren Maschinerie ist Kolumbus alles in einer Person: Geograph, Kosmonaut, Unternehmer,

76 Hans Blumenberg hat diesen Prozeß bekanntlich als einen der theoretischen Neugierde beschrieben, die er gegenüber dem antiken Skeptizismus, etwa eines Epikurs, oder der ablehnenden Haltung gegenüber der Neugierde in der Scholastik und der mittelalterlichen Theologie als das schlechthin Neue der Neuzeit hervorhebt: „Der Anfangserfolg der theoretischen Neugierde in der Neuzeit wäre nicht denkbar gewesen ohne den Übergang von der ‚naiven Neugierde' zur selbstbewußten, die sich nicht nur an der Konkurrenz mit der Heilssorge und an der Auseinandersetzung mit dem transzendentalen Vorbehalt aktualisiert hatte, sondern auch die Resultate des zunächst angemaßten Blicks hinter den Schöpfungsprospekt als Bestätigung ihres Verdachtes wie ihres Rechtes auf das Vorenthaltene des *Plus ultra* umzusetzen vermochte; diese Selbstbestätigungsmotorik enthob die Neugierde dem Zusammenhang des ‚niederen Triebes', der die menschliche Aufmerksamkeit an das Unwesentliche und Überflüssige, an Prodigien, Monstra, eben *curiosa* gefesselt hätte. Aber gerade die Summierung dieser bestätigenden Effekte erzeugte ein Bedürfnis, das man zunächst als ‚topographisches' klassifizieren könnte." (Hans Blumenberg, *Die Legitimität der Neuzeit, Teil 3: Der Prozeß der theoretischen Neugierde*, erw. u. überarb. Neuausgabe, S. 17); vgl. auch die Kritik an einschlägigen Säkularisierungstheoremen (z. B. jenen Karl Löwiths, Eric Voegelins und Jacob Taubes') in Hans Blumenberg, *Die Legitimität der Neuzeit,* Teil 1 u. 2: *Säkularisierung und Selbstbehauptung*, S. 9–140. Die These von der zweiten, diesmal erfolgreichen Überwindung der Gnosis, die Blumenberg gegen Voegelins Behauptung von der gnostischen Moderne stellt, ist nicht unwidersprochen geblieben, zuletzt etwa durch Peter Sloterdijk und Thomas H. Macho, *Die Weltrevolution der Seele. Ein Arbeits- und Lesebuch der Gnosis*; beide Autoren orten eine Präsenz und Wiederkehr gnostischen Gedankenguts in der Moderne.

Politiker, Ethnologe, Nautiker und nicht zuletzt das, was man schlicht einen Menschen nennt. Sein ‚Labor', das ist sein Schiff mitsamt den beiden Begleitschiffen. Alle Funktionen und Tätigkeiten, die man heute etwa von der Weltraumfahrt kennt, sind in nuce vorhanden und in einer Person vereint; das ermöglicht es, die Struktur moderner Erfahrung im vollen Sinn des Wortes anschaulich auszubreiten. Kolumbus war alles in einem: Raumfahrer, Beobachter, Experte, Kapitän und Kontrollinstanz, vor allem aber auch sein eigener unermüdlicher Propagandist, einer, der in das eigene lebensgefährliche Experiment einbezogen ist, ohne Subjekt-Objekt-Dialektik, ohne die vornehme Distanz, wie sie etwa das Fernrohr oder das Mikroskop paradigmatisch versinnbildlichen.

Kurzum, an ihm ist die Herausbildung jenes modernen Menschentyps, den man als Projektemacher bezeichnen könnte, exakt nachvollziehbar. Parallel zur ursprünglichen Akkumulation des Kapitals vollzieht sich eine Akkumulation persönlicher Energie, werden Ziele verfolgt, deren Sinn eben darin besteht, daß sie neu und unbekannt sind. Kolumbus hat dieses Ziel über Jahre verfolgt, er spricht vor, sucht Kontakt mit einflußreichen Leuten zuerst am portugiesischen, später am spanischen Hof. Und mag sein Weltbild auch noch tief im Mittelalter verhaftet sein und er sich selbst als der christliche Heilsbringer (‚Christophoros') gesehen haben, so ist die teleologische Ausrichtung seines Tuns unübersehbar, überschreitet den christlichen Deutungshorizont, innerhalb dessen der Aufbruch in neue Räume als Nachvollzug christlicher Verkündigung gedeutet wird.

Zum Projektemacher gehört zuallererst eine idée fixe: weil man sie sich in den Kopf gesetzt hat und von ihrer – inneren – Notwendigkeit überzeugt ist, soll das Projektierte in die Tat umgesetzt werden. Zur vornehmlichen Legitimation wird der jeweilige Entwurf des außengesteuerten Menschen, während die Berufung auf Tradition und angestammte Ordnung schwächer wird, bis sie allmählich erlischt. Diese forcierte protoneuzeitliche Subjektivität bedarf auch der Rhetorik und des Aktionismus. Helfer und Ressourcen müssen bereitgestellt werden, und schon die Finanzierung und Realisierung gerät zum langwierigen Abenteuer. Von den Überredungskünsten des Kolumbus, dem es schließlich wider alle Wahrscheinlichkeit gelingt, die katholischen Könige doch noch dazu zu bringen, dem Unternehmen ihren Segen und vor allem auch Geld zu geben (bzw. die richtigen Sponsoren zu vermitteln), ist in nahezu allen Lebensbeschreibungen die Rede. Derlei unternehmerische Artistik findet man heute in vielen gesellschaftlichen Bereichen: Politik, Wissenschaft und Kunst leben von der Logik des ‚Projektemachens', und es könnte sein, daß dieser selbstinszenierte tätige Ausgriff elementarer Bestandteil eines spezifisch modernen Lebensgefühls ist, in dem politische, ästhetische und ökonomische Modernität tendenziell zusammenfallen – eine rastlose Mobilität ist da am Werk, die Menschen, Geld und Energie zusammenbringt, um alles Bisherige zu überbieten, um alles in den Schatten zu stellen, was bisher der Fall war. Diese Heroik des Größenwahns, ohne die kein Großprojekt seit den Tagen des Kolumbus denkbar wäre, war es wohl, die Nietzsche so nachhaltig beeindruckt hat. Und wahrscheinlich ist deshalb der Entdecker als solcher mindestens so bedeutsam wie das Entdeckte selbst, das er in seiner Bedeutung so tragikomisch verfehlte. Kolumbus hat Amerika weder entdeckt noch erfunden.

Dieser Umstand, von dem noch zu sprechen sein wird, hat einen seiner anregendsten Biographen, Salvador de Madariaga, dazu verleitet, in Kolumbus eine Don Quichotte ähnliche Gestalt zu erblicken; das ist mehr als irreführend, stellt die Verwechslungen des Kolumbus über Gebühr in den Mittelpunkt, so als hätte sich der königliche Admiral nur mit Windmühlenflügeln herumgeschlagen.[77]

Dazu passen auch die ihm zugeschriebenen Charakteristika, die zum Teil auch die eines Typus sind: idiosynkratisch, hartnäckig, mißtrauisch und schüchtern, ungeduldig und auffahrend, gebieterisch und optimistisch, halsstarrig und beweglich – Zuschreibungen, die sich mit einiger Konstanz in der Kolumbus-Literatur nachweisen lassen. In diesen Kontext gehört, daß er nicht nur auf Ehre, sondern auf Gold auch bedacht ist. All diese Zuschreibungen haben dazu geführt, daß man Kolumbus, dem schüchternen Expansiven, dem Fremdling aus Genua, eine jüdische Herkunft hat nachweisen wollen, in durchaus feindseliger Absicht von seiten der Rechten im franquistischen Spanien, aber auch bei Liberalen wie Madariaga. Man hat mit Namen und Herkunft spekuliert, nur um zu beweisen, daß dieser Christoph Kolumbus ein Fremder gewesen sein mußte, kein Spanier und kein Christ, sondern eben: ein gerissener Jude, ein Meister der Listen, ein Liebhaber des Geldes, von einer unternehmerischen Tüchtigkeit, die nicht der Welt spanischer caballeros entsprungen sein konnte. So schreibt Madariaga: „Das Jüdische in Colón tritt nur selten und gleichsam schüchtern hervor, nur die Eingeweihten können es erkennen; aber sowie von Gold und Edelsteinen die Rede ist, taucht es an die Oberfläche, einer unwiderstehlichen Lockung folgend."[78]

Madariaga, der sich selbst nicht als Antisemit versteht, folgt doch jenen projektiven Zuschreibungen, die das Bürgertum Europas benötigte, um die Entstehung kapitalistischer Mentalität, jene zielsichere Inbesitznahme der Welt zu erklären, jene machtförmige Seite, die in der Geschichte des neuzeitlichen Subjekts zu konstatieren ist. Einem genuin christlichen Europäer wäre solch ein Aus- und Übergriff nicht zuzutrauen.

In der langen Geschichte der vielen Geschichten über Kolumbus tauchte – zumal in Spanien – aber noch eine andere auf, die, wie alle Gegengeschichten, die einzig wahre, bislang unterdrückte sein wollte. Sie lautet ungefähr so: wenn Kolumbus ein Fremder war, dann kann er nicht der ‚wahre' Entdecker Amerikas sein, so die Auffassung von Manuel López Flores in seinem Buch *Colón no descubrió America* (1964). Der Titel, der im übertragenen Sinn einige Triftigkeit für sich beanspruchen darf – denn wenn Kolumbus etwas ‚entdeckte', dann gewiß nicht ‚Amerika' –, beinhaltet ein abenteuerliches Programm der Umschreibung der Geschichte, in deren Verlauf ein anderer, Unbekannter, Vergessener, zum eigentlichen Entdecker wird, exklusiv wie der Verfasser. Um Spanien

77 Vgl. Peter Sloterdijk, *Kopernikanische Mobilmachung und ptolemäische Abrüstung*, Frankfurt a.M. 1987, S. 49–77; originell an Sloterdijks Überlegungen scheint mir, daß er semantischen Neuzeit-Beschreibungen (Blumenberg, Max Weber, Voegelin, Löwith usw.) eine psychodynamische hinzugesellt, die danach fragt, was psychohistorisch geschah an der Wegkreuzung zur Neuzeit. Dadurch wird es auch möglich, jenen tiefen Widerspruch zwischen kopernikanischem Ausgriff und ptolemäischer Befindlichkeit des Lebewesens Mensch als konstitutiv für die Widersprüche der Moderne zu thematisieren: „Das Ptolemäertum sitzt tief in anthropologischen Residuen, an denen die Mobilmachungen abgleiten. Der Sonnenaufgang ist die Wahrheit der Augen trotz astrophysischer Vorstellung, der Eros bleibt die Wahrheit der Psyche trotz Lacanismus und Phenyläthylamin. [...] Der avantgardistische Anspruch auf die völlige Mobilisierbarkeit des humanen Substrats erweist sich als abergläubisch, magisch und gewaltsam." (Ebd., S. 68.)

78 Salvador de Madariaga, *Kolumbus*, a.a.O., S. 114.

seine Ehre wiederzugeben, so schrieb dieser nationalistische Autor der Franco-Ara, muß die „leyenda colombina" zertreten und vernichtet werden.[79] Es versteht sich fast von selbst, daß in dieser in patriotischer Absicht entworfenen historischen Erzählung, Kolumbus nicht nur um seine ‚Entdeckung' gebracht wird, sondern daß ihm auch alle Schuld für die negativen Folgen des Amerika-‚Projekts' zugewiesen wird: so wird er zum Wiederentdecker von Kolonialismus und Sklaverei, von Entdeckungen, die keinem ehrlichen Spanier jemals in den Sinn gekommen wären. Seltsam, wie in diesen hitzigen Disputen mit den Toten diesen Ehre genommen oder auch verliehen wird. Legenden, könnte man sagen, sind Totenreden, die als vermeintliche Akteure tote Heroen inthronisieren – übermächtig geworden durch den zeitlichen Abstand post mortem. Wenn es schon nicht ungeschehen gemacht werden kann, so kann die Geschichte wenigstens umgeschrieben werden. Es ist an dieser Stelle vielleicht nicht überflüssig, darauf hinzuweisen, daß Legende und Mythos sich in ihrer Logik prinzipiell unterscheiden. Beide sind unendliche Geschichten, unabschließbare Diskurse. Aber die „Arbeit am Mythos" vollzieht sich vornehmlich auf der Ebene der Metageschichten, der Interpretationen und Deutungen, während die Legende im Prozeß des geschichtlichen Diskurses verankert ist. Die Behauptung, daß Kolumbus Amerika nicht entdeckt hat, lebt noch von jener Behauptung, die sie widerlegen will. Kolumbus ist also nicht, wie es ein eilfertiger, gedankenloser Sprachgebrauch will, ein ‚Mythos', obschon ihn die Ungeheuerlichkeit seines Tuns und der Umstand der unzähligen, nie mehr rekonstruierbaren Leerstellen zu einer europäischen Figur machen, die die Geschichte – metaphorisch gesprochen – überragt, eine neuzeitliche Gestalt, die mythologisch sozusagen legiert ist.

Dies mag auch den kubanischen Schriftsteller Alejo Carpentier gereizt haben zu seiner Idee, in seinem Roman *Die Harfe und der Schatten* (*El arpa y la sombra*, 1979) Kolumbus selbst in der Diskursform der Beichte, der ‚Selbstoffenbarung', sprechen zu lassen. Wie bei Madariaga ist Kolumbus auch hier eine heimatlose, ahasverische Gestalt, der ewige, rastlose Jude. Getreu dem marxistischen Verfremdungstheorem muß die Größe des Kolumbus auf ihr ‚wirkliches' Maß reduziert werden. Im Roman des Epikureers wird noch der Asket zum Wüstling und Trunkenbold, zum unwiderstehlichen Liebhaber, der das Bett einmal mit Hafendirnen, das andere Mal mit der spanischen Königin teilt – wodurch er sie für die Unterstützung seines Projektes gewinnt. Eigentlich war alles anders gemeint, und natürlich hat dieser Kolumbus nie an seine eigenen phantastischen Ideen – bloße Camouflage – geglaubt, wie die Lebensbeichte erweist: „Mein Ehrgeiz muß sich mit dem Geheimnis verbünden. Also muß ich die Wahrheit verschweigen. Und weil ich sie verschweigen muß, verstricke ich mich in ein solches Netz aus Schwindelgeschichten, daß nur noch meine Generalbeichte es entwirren und zu Verwunderung und Schrecken des Franziskaners, der sie mir abnehmen wird, dartun kann, wie ich allmählich, da mein Geist sich davon erhitzte, immer das gleiche zu denken, da ich Tag und Nacht derart besessen war von ein und derselben Idee, daß ich kein Buch mehr aufschlagen konnte, ohne zwischen den Zeilen eines Gedichts die Ankündigung meines Auftrags zu lesen, und anfing, nach Weissagungen zu forschen und die Oniromantie auf die Auslegung meiner eigenen Träume anzuwenden, und somit veranlaßt wurde, die Texte des Pseudo-Josephus und die Alphabetischen Schlüssel des Pseudo-Daniel zu Rate zu zie-

79 Manuel López Flores, *Colon no descubrió America*, Madrid 1964, S. 11.

hen und selbstverständlich auch den Traktat Artemidors von Ephesos, wie ich fieberhaft und ruhelos lebend, hingegeben an das Entwerfen mehr oder weniger phantastischer Pläne der große, unerschrockene Schwindler geworden bin."[80]

Etwas kann nicht mit rechten Dingen zugegangen sein: die Entdeckung Amerikas als großer, „unerschrockener" Schwindel. Nicht zu übersehen ist, daß Carpentier seinen Kolumbus als einen gerissenen und listigen Menschen zeigt, der seine wahren Motive zu verschleiern weiß. Darin liegt auch eine mangelnde historische Phantasie des Autors des vingtième: alle, die sich bisher mit dem Entdecker der ‚Neuen Welt' beschäftigt haben, waren erstaunt, daß man mit derlei – aus heutiger Perspektive – phantastischen Wissensbeständen sozusagen ans andere Ufer gelangen konnte. Womöglich hängt dies eng mit dem ‚Ungeheuerlichen' zusammen, das alle Legendenschreiber reizt, post mortem immer wieder neu einzusetzen mit der Umschreibung der ‚leyenda colombina'. Wenn er nicht ein Betrüger ist, der nicht einmal eine Seekarte lesen und zeichnen konnte (wie bei López Flores), so muß er wenigstens ein Schwindler sein, der der Menschheit seine wahren Absichten zu verheimlichen wußte. Madariagas folgenreiches Buch über den Juden Kolumbus, López Flores' ‚schwarze' Geschichte, die Abrechnung mit dem dahergelaufenen Fremden, der dem wahren spanischen Entdecker den Ruhm stahl, und Carpentiers belletristisch verfremdete Historia eines lebens- und liebeslustigen Seefahrers sind drei Varianten im Meer der vielen Legenden über den ‚Entdecker' der Neuen Welt. Sie treffen sich in dem einen Punkt, in der Diagnose der Heimatlosigkeit und Umgetriebenheit des Genueser Seefahrers, die in ihrer Radikalität und Konsequenz vielleicht neu war. Carpentier läßt seinen ‚bloßgestellten Entdecker' gegen Ende seiner Beichte sagen: „Und alles kommt davon, daß du nie eine Heimat gehabt hast, Seemann: deshalb hast du sie dort *drüben* gesucht, im Westen, wo nichts sich dir je in den Wertmaßstäben einer echten Nation dargestellt hat, wo Tag war, wenn hier Nacht herrschte, und Nacht war, wenn hier Tag herrschte. So daß, wie Absalon, hangend an seinem Haar, du zwischen Traum und Leben schwebtest und nicht wußtest, wo der Traum begann und das Leben endete."[81]

Die einzig mögliche Heimat, meint der beichtende Kolumbus Carpentiers, der zugleich sein genialer Selbstinterpret ist, war jene Heimat, „die noch keinen Namen" hatte. Oder einen falschen. Richtig daran ist, über den schieren biographischen Sachverhalt hinaus, der Zusammenhang zwischen Innen und Außen, zwischen psychologischer condition humaine und dem einzigartigen Unternehmen. Nur eine heimatlose Subjektivität, eine gewisse ‚Vaterlandslosigkeit', nur eine solche Außenlage, die der kontinentalen Gutbürgerlichkeit verdächtig ist, war imstande, sich, in freilich verzwickter Weise, auf Fremdes einzulassen. Denn streng genommen suchte Kolumbus, wenn wir seine manifesten Äußerungen für wahr halten, nicht nach Neuland, sondern nach einem unbekannten, gleichwohl existenten Gestade, nach der Ferne, nach den Ländern des Marco Polo. Seine Heimat war imaginär, ein Traum. Aber der Traum kennt keine Heimat, wie einer seiner italienischen Biographen einmal bemerkt hat.[82] Ungeachtet der rationalen Verfolgung

80 Alejo Carpentier, *Die Harfe und der Schatten*, Frankfurt a.M. 1984, S. 76f. Als Don Quichotte mit jüdischem Hintergrund hat Kolumbus bereits Jakob Wassermann (1929) gedeutet.

81 Alejo Carpentier, *Die Harfe und der Schatten*, a.a.O., S. 170f.

82 Gianni Granzotto, *Christoph Kolumbus*, a.a.O., S. 32.

seines Projektes und dessen Durchführung ruhte auf seinem seelischen Meeresboden ein Märchen von Gold und paradiesischem Reichtum, von einem verheißenen Land. Nur ein solch mächtiges Phantasma war imstande, derartige Energien freizusetzen, jene Tollkühnheit, die man auch als Kennzeichen einer mobilisierten Subjektivität lesen kann, die für die Neu-Zeit, die mit der ‚Entdeckung' der ‚Neuen Welt' ihren Anfang nahm, konstitutiv ist. „Von allen Todsünden", läßt Carpentier seinen Kolumbus sagen, „war eine mir immer fremd: die Trägheit."[83] Und Victor Hugo, der französische Romantiker, hat an Kolumbus dessen freie Mobilität gerühmt: „Kolumbus' Größe besteht nicht darin, daß er angekommen ist, sondern darin, daß er losgefahren ist."[84]

Orientierungspunkt und Äquivalenz dieser Rastlosigkeit, dieser freiwerdenden Mobilität aber ist das ‚wunderbare' Gold: „Gold ist ein wunderbares Ding! Wer dasselbe besitzt, ist Herr von allem, was er wünscht. Durch Gold kann man sogar Seelen ins Paradies gelangen lassen", zitiert Marx den unerschrockenen Ausfahrer.[85] Das Gold ist das auskristallisierte Begehren nach den Dingen und zugleich Versprechen, ihrer habhaft zu werden. Aus diesem Zusammenspiel akkumuliert sich die seelische Energie, ohne die keine Akkumulation des Kapitals möglich wäre. Die Entfaltung neuzeitlicher Subjektivität und die von Marx analysierte Entwicklung des Kapitalismus hängen also unmittelbar zusammen, einschließlich ihres Doppelcharakters: Emanzipation und Entfremdung. Sie sind eingeschrieben bis in die seelischen Feinstrukturen des Menschen der Moderne, und Autoren wie Simmel, Max Weber oder Sombart haben sie aus soziologischer Perspektive beschrieben; seltener ist dieses Phänomen im Kontext der Philosophie der Neuzeit verhandelt worden: als Revolution des subjektiven Vermögens. Zumeist wurden derlei Phänomene in gesellschaftskritischer Perspektive erörtert, so etwa bei Georg Simmel als Dominanz des Intellekts, als Primat der Dinge, als ichbezügliches Kalkül, als „Kultur der Dinge".[86] In einem Prototypus wie Kolumbus wird die Konstitution einer Subjektivität und der Modus einer Erfahrung sichtbar, die diesen Prozeß der begehrlichen Zuwendung zur Welt begleiten. Die ‚Neue Welt' heißt so, weil durch sie auch die alte neu geworden ist. Müßig die Frage, welche rastlose Bewegung primär und welche sekundär, was Basis und was Überbau zu nennen wäre. Worauf es ankommt, ist die Verankerung dieser Logik im psychischen Apparat, der Magismus des Geldes, den Marx, der Materialist, im Hinblick auf Kolumbus notiert, die Verschränkung irrationaler Antriebe und Vorstellungen mit einem Instrumentalismus in der Durchführung. Wie jedes Begehren schlechthin impliziert auch jenes des Kolumbus eine Teleologie mit unbestimmtem Ziel. Für dieses Unbestimmte hat Kolumbus intuitiv Chiffren eingesetzt: Cathay und Cipango, jene phantastischen Reiche, die Marco Polo beschrieben hatte, Projektionsflächen – chinesische Wandschirme im wahrsten Sinn des Wortes – für eine elementare Phantasie, wie wir sie aus dem Märchen kennen.

Was Kolumbus auszeichnet, ist, daß er dieser Welt habhaft zu werden suchte, und dies mit einem rationalen Einsatz der Mittel. Sein Projekt war ein wohl organisiertes Unternehmen, getragen vom Bewußtsein der Eroberung. Die Landnahme wird juristisch anti-

83 Alejo Carpentier, *Die Harfe und der Schatten*, a.a.O., S. 56.
84 Zitiert bei Gianni Granzotto, *Christoph Kolumbus*, a.a.O., S. 368.
85 Karl Marx, *Das Kapital*, Bd. 1, S. 145.
86 Georg Simmel, *Philosophie des Geldes*, 6. Kap.: „Der Stil des Lebens", a.a.O., S. 591–716.

zipiert. Über das, von dem er noch gar nicht weiß, ob und vor allem in welcher Form es existiert, wird juridisch verfügt, als wäre es nicht eine terra incognita, sondern frei verfügbares, unbewohntes Land nebenan. In der berühmten, vor der Ausfahrt von 1492 verfaßten „Kapitulation von Santa Fé", einer rechtsgültigen Urkunde, wird „Don Christobal Colón" der Titel eines Admirals der Ozeanischen Meere zugesprochen wird, er als Vizekönig und Gouverneur der von ihm zu entdeckenden Inseln bestellt. Alle politischen Rechte des Vizekönigs sind bis ins Detail festgelegt, so etwa sein Vorschlagsrecht bei der Ernennung von Verwaltungsbeamten oder die Pflicht, daß er über alle Handelsprozesse zwischen Kastilien und dem neuen Territorium zu unterrichten ist. Auch seine wirtschaftlichen Privilegien sind fixiert. Den zehnten Teil aller in der terra incognita getätigten Umsätze darf er für sich behalten; überdies ist er an allen weiteren Entdeckungsfahrten zu beteiligen. Dem räumlichen Ausgriff geht der zeitliche Vorgriff voraus. Selten zuvor ist Zukunft so festgelegt, vorab geplant worden wie im Falle dieser präzise geplanten Expedition, die zugleich eine neue Zeit- und Raumerfahrung beinhaltet, ganz analog jenem Geist in der Malerei, der mit der Zentralperspektive den Raum hereinholte, einholte und eroberte. Die juridische Landnahme erfolgt vor der handgreiflichen; ausgerüstet mit Paß, Empfehlungsschreiben und Rechtstiteln sticht der Admiral 1492 in See, Eindringling in eine unbekannte Topologie, Entdecker a priori. Nie zuvor haben Einbildung und Irrtümer, die eigentümliche Logik von Hirn-Gespinsten eine derartige Rolle gespielt, sich so zu einem logischen Zusammenhang verdichtet, der die Zeitgenossen überrascht haben muß. Für den aufgeklärt-wissenschaftlichen Geist ist es eine Zumutung, daß mit derlei verkehrten See- und Landkarten tatsächlich ein derart dramatischer Erfolg möglich gewesen ist.

Schauplatz des Ausgriffs ist das Meer. Wie, wenn es niemals endete, wenn es verliefe in eine unermeßliche Weite? Wie, wenn der Horizont nichts verbirgt außer dieser uneinholbaren Weite? Diese Grenzerfahrung war es, die mit dem Namen des Christoph Kolumbus verbunden ist – die Ausfahrt ins offene Meer. Die meisten seiner gleichfalls abenteuer- und entdeckungslustigen spanischen und portugiesischen Kollegen unternahmen ihre Ausfahrten nach Afrika entlang der sicheren Küste, die Entfernung zu dieser und nach Hause blieb abschätzbar, kalkulierbares Risiko. Anders Kolumbus, der erste Raumfahrer.

Daß er darum gewußt hat, beweist seine List, die jeweils an einem Tage zurückgelegte Strecke im Logbuch künstlich zu verkürzen, eine Methode, die er während der ersten Expedition streng durchgehalten haben muß. Unter der Eintragung vom 9. September etwa lesen wir: „Wir kamen um 60 Seemeilen weiter. Ich beschloß, weniger einzutragen, als wir tatsächlich zurückgelegt hatten, damit meine Leute nicht den Mut verlören, falls die Reise zu lange dauern sollte."[87] Kampf gegen die Angst, Kampf gegen die Zeit, Kampf gegen den Raum, das wird auch die Losung späterer Expediteure sein, und zugleich bildet dieser Kampf den Kristallisationspunkt für die Grenzerfahrung eines prachtvollen Freiheitsgefühls. Um Räume zu erobern, die physisch wie psychisch die alltägliche Mobilisierungsfähigkeit auch von Seeleuten übersteigen, bedarf es der List, um die Furcht zu dämpfen. Und womöglich war diese von erfahrenen Nautikern leicht

87 Columbus, *Bordbuch*, a.a.O., S. 20.

durchschaubare List doch erfolgreich, weil man sie aus Furcht vor der Unermeßlichkeit des Raumes selbst gerne glauben wollte.

Die andere List des Kolumbus, die eingeschlagene Route zu verschleiern, entspringt einer Angst, die dem bürgerlichen Konkurrenzverhalten entstammt, stets auf den eigenen Vorteil bedacht, soll sein Weg in die Neue Welt ihm allein vorbehalten bleiben, sein eigenes, exklusives Betriebsgeheimnis. Beweglichkeit, Hartnäckigkeit und Zielstrebigkeit sind Konstituenten eines historisch aufstrebenden Menschentypus, der viel eher unter die Formel einer sich dialektisch verkehrenden Aufklärung zu subsumieren ist als der listenreiche Odysseus, den Horkheimer und Adorno in ihrem programmatischen Werk zum Prototyp und Ausgangspunkt einer frühbürgerlichen Vernunft genommen haben.

Der Homerische Mythos vom maritimen Irrfahrer wird für Horkheimer und Adorno zum Ausgangspunkt einer geschichtsphilosophischen (Re-)Konstruktion neuzeitlicher Subjektivität; deren Entfaltung ist in diesem Denkmodell untrennbar mit der Herausbildung einer rein instrumentellen Zweckrationalität verknüpft, so „daß Selbstkonstitution und Selbsterhaltung immer schon das Moment der Herrschaft, nämlich der Herrschaft gegen die Natur, innewohnt".[88] Signifikant für diese instrumentelle Vernunft ist aber die List, Ausdruck eines berechnenden, auf seinen eigenen Vorteil bedachten Subjekts: „Das Organ des Selbst, Abenteuer zu bestehen, sich wegzuwerfen, um sich zu behalten, ist die List. Der Seefahrer Odysseus übervorteilt die Naturgottheiten wie einmal der zivilisierte Reisende die Wilden, denen er bunte Glasperlen für Elfenbein bietet."[89] Odysseus wird zum Vorläufer der neuzeitlichen Entdecker: „Der zitternde Schiffbrüchige", der die „Arbeit des Kompasses" vorwegnimmt, wird zum „Urbild eben jenes bürgerlichen Individuums".[90] Die „Irrfahrt von Troja nach Ithaka" versinnbildlicht den Weg „des leibhaft gegenüber der Naturgewalt unendlich schwachen und im Selbstbewußtsein erst sich bildenden Selbst".[91] Erzählt wird die Geschichte neuzeitlicher Subjektivität als tragische Erfolgsgeschichte, als „Herrschaftsgeschichte am Selbst", als Geschichte der Selbsterhaltung durch (Selbst-)Beherrschung.

Da in der *Dialektik der Aufklärung* Mythos und Aufklärung unmittelbar aufeinander bezogen sind und der Mythos als „Umschlagspunkt, an dem sich gleichsam der Riß durch die Einheit der Welt zieht", das Geschäft aufklärerischer Rationalität antizipiert, stellen Horkheimer und Adorno Opfer, Tausch und List in einen unmittelbaren Zusammenhang. Das Opfer ist immer schon Betrug, weil es den Gott „dem Primat der menschlichen Zwecke" unterstellt und die „Kommunikation mit der Gottheit durchs Opfer nicht real ist".[92] Aber List und Opfer sind auch die Momente, die bei der Subjektkonstitution eine wesentliche Rolle spielen: „Etwas von solchem Trug, der gerade die hinfällige Person zum Träger der göttlichen Substanz erhöht, ist seit je am Ich zu spüren, das sich selbst dem Opfer des Augenblicks an die Zukunft verdankt."

88 Anke Thyen, *Negative Dialektik und Erfahrung*, Frankfurt a.M., 1989, S. 105.
89 Max Horkheimer/Th.W. Adorno, *Dialektik der Aufklärung*, Frankfurt a.M. 1971, S. 46.
90 Ebd., S. 45 u. 42.
91 Ebd., S. 44.
92 Ebd., S. 48. Zum Thema des Opfers vgl. jüngst René Girard, *Das Heilige und die Gewalt*, Frankfurt a.M. 1992, S. 9–61.

Das berechnende Kalkül verändert die zeitlichen Strukturen, keine räumliche Entdeckung ohne die zeitliche: die Entdeckung der Zukunft, die mit dem Verlust des Augenblicks bezahlt ist. Von da an ist das Verweilen im geglückten Moment, die Leitmelodie des Goetheschen Faust, eine nostalgische, rückwärtsgewandte Utopie, die noch einmal daran erinnern soll, daß die ‚bürgerliche' List in Selbstüberlistung umschlägt: „Auch Odysseus ist eines [ein Opfer, M.-F.], das Selbst, das immerzu sich bezwingt und darüber das Leben versäumt, das es rettet und bloß noch als Irrfahrt erinnert."[93]

Sind Subjektkonstitution und Selbsterhaltung wirklich so nahtlos miteinander verzahnt, sind Selbstbeherrschung und Naturbeherrschung am Ende nur die beiden Seiten ein und derselben Medaille? Und gibt es nicht ein Moment von Subjektivität, das nicht aufgeht in jenem Prinzip instrumenteller Rationalität? In ihrer Untersuchung über die *Dialektik der Aufklärung* und die *Negative Dialektik* hat Anke Thyen darauf hingewiesen, daß das ‚Subjektivitätsbegehren' bei Adorno und Horkheimer sich nur deshalb (ausschließlich) dem „Paradigma subjektiv-instrumenteller Vernunft" unterordnen lasse, weil nur das Verhältnis dieser Subjektivität im Hinblick auf Natur thematisiert werde.

Überzeugend ist vor allem Thyens These, daß Selbstbezüglichkeit nicht in ökonomischer Selbsterhaltung aufgehe: „Die Selbsterhaltung durch das Selbst ist zunächst die Beharrung des Selbst auf sich als Selbst in der *Erfahrung* des Selbst-Seins. Die Erfahrung des Selbst-Seins schließt das Bewußtsein von Vertrautheit und Fremdheit ein." Das „intentionale Moment der Selbsterhaltung" fällt – so Thyen – nicht mit der „instrumentell verstandenen Zweckrationalität" zusammen, „weil alle Handlungen und Lebensvollzüge, die man möglicherweise auch erst retrospektiv erkennt, als Mittel zur Selbsterhaltung verstanden, selbst schon Zwecke sind."[94] Thyen illustriert das an Odysseus' Auseinandersetzung mit Polyphem, den Horkheimer und Adorno materialistisch als Repräsentanten einer frühen Jäger- und Hirtenkultur interpretiert hatten. Bekanntlich gelingt es Odysseus mit List und Tücke, des einäugigen Riesen Herr zu werden. Daß er am Ende doch noch seinen Namen preisgibt, ist, entgegen aller egoistischen Daseinsvorsorge, ein Akt der Selbstvergewisserung, ein Akt frühen, leichtfertigen Selbstbewußtseins.

Horkheimers und Adornos Geschichte neuzeitlicher Subjektivität als eine der „Introversion des Opfers" ist tragisch in ihrer Unentrinnbarkeit. Das ist die Kehrseite ihrer faszinierenden Radikalität: das moderne Subjekt ist mit der Erbsünde eines Herrschaftswillens belastet, den es nicht mehr los wird. Noch drastischer ausgedrückt: das Subjekt ist die Personifikation dieses Herrschaftswillens schlechthin – eine Befreiung aus der verqueren ‚Dialektik der Aufklärung' ist auch schon deshalb nicht vorgesehen, weil dieses Subjekt fortwährend unter Zwang steht, unter einem ökonomischen.

Daß die neuzeitliche Geschichte der Subjektkonstitution bei Horkheimer und Adorno so tragische Formen annimmt, hängt auch damit zusammen, daß hier der Marxsche Determinismus, der das (ökonomische) Verhältnis zur Natur dem (sozialen) intersubjektiven, die Produktivkräfte den durch sie produzierten Verhältnissen methodisch überordnet, noch einmal radikalisiert und im Sinne der Selbsterhaltung nahezu ontologisiert wird. Die ‚dialektische' Aufrechnung hat die positive Bilanz, die Befreiung näm-

93 Horkheimer/Adorno, *Negative Dialektik*, a.a.O., S. 52.
94 Anke Thyen, *Negative Dialektik und Erfahrung*, a.a.O., S. 104f.

lich aus Zwängen, beinahe verschluckt, eine Befreiung, die nicht umstandslos mit den ‚subjektiv‘ erworbenen gesellschaftlichen Zwängen verrechnet werden kann. In dieser Perspektive kommt die tiefe Ambivalenz von Emanzipation und Entfremdung nur in dem Schrecken über die Opfer zur Sprache. Füglich bezweifelt werden darf auch, ob der frühgriechische Irrfahrer wirklich als Prototyp neuzeitlicher Subjektivität angesehen werden kann, vielleicht ging ihm ab, was zu deren unverzichtbarer Eigenart gehört, sofern man sie nicht reduktionistisch versteht. Anders als die Argonauten hat Odysseus kein auswärtiges Ziel, er will keines Gegenstandes, keines Territoriums habhaft werden. Er will schlicht und einfach nach Hause, und die Irrfahrt selbst zeigt noch einmal, daß er nicht Herr des Geschehens ist. Weil das so ist, verzeiht ihm der Leser (und der Autor) seine teilweise grausamen Listen. Der Schiffbrüchige und seine Mannschaft handeln in Notwehr.

Odysseus ist ein Nostalgiker[95]; wie noch die Helden der griechischen Romane kehrt er als der zurück, der er war.[96] Er ist weder neugierig, noch sammelt sich Neues in ihm an. Was ihm fehlt, ist der subjektive Überschuß, der nicht sogleich verrechnet wird: jene Veränderung, die eine Fülle von Eindrücken und Erfahrungen bei einem Menschentypus bewirken, der nicht mehr statisch konzipiert ist, der auch innerlich bereit ist, Altes, Bekanntes, Gewohntes fahrenzulassen. Damit einher geht der Umstand, daß Odysseus, Notabler einer frühen Agrargesellschaft, wie alle Menschen seiner Zeit, offenkundig die Küstenschiffahrt bevorzugt. Für die Schrecken des offenen, übermächtigen Meeres steht das Ensemble mythologischer Gestalten, die ihm die Heimkehr zu verweigern scheinen. Der Ausgriff in Raum und Zeit ist seine Sache nicht, ist stets von außen erzwungen – von widrigen Gegebenheiten. Das mag in der Tat daran erinnern, daß das Subjekt es sich nicht ausgesucht hat, (allmählich) eines zu werden.

Überzogen scheint mir auch, Odysseus' Widerstand gegen die sinnlichen Verlokkungen des Augenblicks im nachhinein als Vorwegnahme protestantischer Askese zu deuten. Prinzipiell versagt er sich ihnen, dort, wo sie lebensgefährlich sind (die Sirenen) oder wo ihre Dauer (Kirke) das eine, schon durch das Genre vorgegebene Ziel bedroht: lebend heimzukehren. Aber immerhin mag man konzedieren, daß es sich dabei um zivilisatorische Geschichten handelt, wie ja überhaupt der Typus des Listigen, dessen Überlegenheit nicht eine des Körpers, sondern eine des Verstandes ist, zeigt. Das zeitweilige Verschließen der Sinne vor weiblichen Verlockungen und maritimen Gefahren sowie die Überlistung des archaischen Einäugigen, eines körperlich Übermächtigen mit reduzier-

95 Hermann Timm, *Das ästhetische Jahrzehnt*, Gütersloh 1990, S. 108f.: „*Nostos* ist die nautische Rückfahrt zum Ausgangshafen, *algos* das Sehnen, das einen Fremden im ungastlichen Land heimwehkrank macht.“ Odysseus in Ithaka, das könnte postmodern lauten, daß Odysseus nach den Irrfahrten der Neuzeit wieder nach Hause, auf den Planeten Erde findet: „Beides mit eigenen Augen zu erblicken: die Erdlandschaft als farbprächtigen Spielball im Freien schwebend, blieb unserer Generation vorbehalten.“ (Ebd.)

96 Vgl. Michail M. Bachtin, *Formen der Zeit im Roman*, Frankfurt a.M. 1989, S. 9–38. Die Identität der antiken Romanhelden ist abstrakt und ein für allemal festgestellt: „Mit dem Menschen geschieht in dieser Zeit immer nur etwas […]“ (S. 20). Und: „Alle Tage, Stunden und Minuten, die im Rahmen jedes einzelnen Abenteuers registriert werden, verbinden sich nicht miteinander zu einer realen Zeitreihe, werden nicht zu Tagen und Stunden des menschlichen Lebens. Diese Stunden und Tage hinterlassen nirgendwo Spuren, so daß ihre Zahl beliebig groß sein kann.“ (S. 19.)

ter Perspektivik und Verstandeskraft, mag in diesem Sinne gedeutet werden. Umgekehrt stellen alle diese Figurationen Phantasmagorien dar, die durch das Fremde, Bedrohliche, das offene Meer (im Gegensatz zur scheinbar sicheren Küste) ausgelöst werden. Fremde sind Wunderwesen. So auch die ominösen Inselbewohner von Caniba, von denen die Kolumbus begleitenden Indianer immer wieder erzählen: „Jenseits des zuerst gesichteten Vorgebirges zeigte sich nun ein weiteres, noch östlicheres Land, das die an Bord befindlichen Indianer ‚Bohio' nannten. Sie berichteten, daß dieses Land sehr groß sei und dort Menschen lebten, die ein Auge in der Stirn hätten und andere, die sie als Kannibalen [d. h. als Menschen von Caniba, M.-F.] bezeichneten, und vor denen sie scheinbar große Angst hatten. Als sie gewahr wurden, daß ich mich anschickte, jenes Land anzulaufen, verloren sie vor Schreck fast die Sprache, da sie erklärten, daß die Kannibalen sehr gut bewaffnet seien, sie ergreifen und verzehren würden."[97]

Kolumbus, der Entdecker, Frühaufklärer und Entmythologisierer, versucht, den ‚rationalen' Kern der Geschichte herauszubekommen. Handelt es sich um eine Lügengeschichte? Oder ist das phantastische Schreckbild nicht eher ein Ausdruck der Überlegenheit der fremden Indianer? Kolumbus, selbst ein Opfer der eigenen Projektionen, durchschaut, daß hier die Einbildungskraft ihr freies Spiel entfaltet. Wenn auch die Wahrheit über die Indianer von Caniba zunächst nicht herauszufinden ist, durchbricht Kolumbus mit der Systematik seiner Reflexion den begrenzten Horizont des Mythischen, indem er mythologische Mutmaßungen anstellt. Das hängt zweifelsohne mit der Eigenart seines Projektes zusammen, sich als erster aufs offene, unbekannte Meer hinaus zu wagen.

Die mythischen und quasi-mythischen Gestalten der Odyssee hingegen imaginieren die Gefahren, die dem erwachsen, der sich aus den gewohnten Gefilden der Küste entfernt. Sie fungieren gleichsam als Grenzmarkierungen. Dahinter wird eine Bodenlosigkeit wahrnehmbar, die für Odysseus und die Seinen Lebensgefahr bedeutet. Deshalb kommt es dem Homerischen Helden auch nie in den Sinn, dieses Terrain in Besitz zu nehmen, weder topographisch-terminologisch noch handgreiflich. Kurzum, die typologischen Eigenschaften, die Odysseus verkörpert, sind notwendige, aber nicht hinreichende Voraussetzung eines ‚bürgerlichen' In-der-Welt-Seins. Wenn es richtig ist, die „Frage der Genealogie der Seefahrt" im Zusammenhang mit dem Problem der ‚Legitimität der Neuzeit', vor allem aber ihrer Genese zu sehen,[98] dann muß man darauf hinweisen, daß die nautischen Versuche des mythischen Irrfahrers ebenso weit von der freien Ausfahrt des unter spanischer Flagge segelnden Genuesen entfernt sind wie die erste, griechische, von der neuzeitlichen Aufklärung. Der spätantiken ἐποχή entspricht die Vorsicht der Küstenschiffahrt mit ihrer Orientierung am Bekannten und Vertrauten. Das ‚Jenseits', etwa der Säulen des Herkules, bleibt „vermeintlicher Vorbehaltsraum des ungewußten Wißbaren" (Blumenberg). Diesen ‚Vorbehaltsraum' hat Kolumbus, der Entdecker der Neuen Welt, die der amerikanische Aufklärer Cornelius de Pauw als „das katastrophalste Ereignis in der ganzen Geschichte der Menschheit"[99] apostrophiert hat, überschritten. Fragt man sozusagen nach den transzendentalhistorischen Motiven, so halten sich

97 Columbus, *Bordbuch*, a.a.O., S. 116; vgl. auch S. 123, 140, 154.
98 Ebd., S. 53.
99 Gianni Granzotto, *Christoph Kolumbus*, a.a.O., S. 365.

Selbstkonstitution und Selbsterhaltung, Neugierde und Gewinnstreben, Phantastik und logisches Kalkül eigentümlich die Waage. Andere Ausfahrten wären für den maritim Erfahrenen bestimmt gewinnbringender gewesen. Dieser utopische Überschuß konstituierte einen Modus von Subjektivität, der den Vorbehaltsraum überwand, ohne daß freilich die innere mit der äußeren Beweglichkeit standgehalten hätte. Eine herrische Subjektivität, ein zäher Eigenwille wird sichtbar, der sich nicht überraschen lassen will, schon gar nicht vom Fremden. Klare Vorsätze werden gefaßt, auch wenn ihr Bodensatz phantastisch war – ein protoaufklärerisches Subjekt, das sich selbst setzt. Das wird insbesondere in seiner Aneignung des Fremden deutlich, die durch nichts zu irritieren ist. Die innere Erfahrung hält mit der äußeren nicht Schritt, sie bleibt statisch, wohin immer sich der Admiral des Ozeanischen Meeres auch bewegt. Der erste Blick ist entscheidend, alle weiteren sind bloß Reproduktionen dieses ersten entscheidenden.

Diese Begegnung mit Fremden und Fremdem ist oftmals geschildert und vielfach wiederholt worden. Sie beginnt, hierin den Abenteuern des Odysseus ähnlich, mit List und Betrug. Die Glasperlen hatten andere Seefahrer bei ihren Umfahrungsversuchen Afrikas schon erprobt. Es gab schon ein Bild von den Fremden, bevor es diese überhaupt gab, wobei sich Kolumbus erstaunlicherweise mehr an afrikanische Vorlagen als an seine phantastischen Vorstellungen von Asien (Indien, China und Japan) hielt.

Alles beginnt mit einem ‚ungleichen Tausch'. Betrug funktioniert bekanntlich nur dort, wo bloß ein Teil darum weiß, weshalb sich der Betrüger dem Betrogenen stets überlegen weiß. Der ‚ungleiche Tausch' korrespondiert mit der ungleichen Ausgangssituation. Die einen hatten mit dem ‚Auftritt' von Fremden gerechnet, die anderen wurden überrascht, sie hatten keine Ahnung davon, wo diese Fremden buchstäblich, aber auch transzendental betrachtet, her kamen. Nicht mehr will man dem Fremden dadurch entkommen, indem man es mythisch bannt, sondern indem man es konsequent instrumentalisiert. Nicht die detaillierte Schilderung des Aussehens steht am Anfang des dem Kolumbus selbst zugeschriebenen *Bordbuchs*, sondern die Absicht, das, was man mit ihnen vorhat: „In der Erkenntnis, daß es sich um Leute handle, die man weit besser durch Liebe als mit dem Schwerte retten und zu unserem Heiligen Glauben bekehren könnte, gedachte ich sie mir zu Freunden zu machen und schenkte also einigen unter ihnen rote Kappen und Halsketten aus Glas und noch einige andere Kleinigkeiten von geringem Werte, worüber sie sich ungemein erfreut zeigten. Sie wurden so gute Freunde, daß es eine helle Freude war."[100]

Der erste Blick des Kolumbus eröffnet zugleich einen zivilisationskritischen Diskurs vom edlen Wilden, der bis ins 20. Jahrhundert hinein ideologisch schubkräftig blieb. Die nackten, unschuldigen Wilden werden zur Projektionsfläche geschichtlicher Sehnsüchte und Umkehrwünsche – eine besonders sublime Form der Instrumentalisierung, die schon bei Kolumbus nachweisbar ist und die sich nahtlos in die späteren einfügt: Kolumbus' Eingeborene sind Menschen noch ohne Religion, sozusagen unbewußte Christen, die der christlichen Kirche ohne allzu großen missionarischen Aufwand zufallen werden. Und daß die ‚guten Freunde' „gewiß treue und kluge Diener", Untertanen seiner katholischen Majestät abgeben, steht für dessen Abgesandten, der sogleich seine Insignien enthüllt, außer Zweifel.

100 Columbus, *Bordbuch*, a.a.O., S. 46.

Sie sind die eigentlichen Christen, im Sinne der Spanier wehrlos, nicht habgierig. Darauf basiert der ‚ungleiche Tausch'. Die Romantisierung der Wilden ist die Abschlagszahlung für das schlechte Gewissen der manifesten Christen, die im Fremden nichts anderes als ein probates Mittel für ihre Zwecke sehen. Ob Mission, Gold und die Rekrutierung von Untertanen wirklich der einzige und ausschließliche Zweck des Entdeckers waren, muß indes offenbleiben. Es könnte sein, daß diese Zwecke gegenüber den ‚Sponsoren' ein Unternehmen legitimierten, das sich subjektiv ganz anderen Motiven verdankte: dem Akt einer Selbstkonstitution mittels Raumüberwindung.

Aber auch in dieser Hinsicht haben das Fremde und seine leibhaftigen Repräsentanten keinen Platz. So wird die Entdeckung zur Eroberung mit Hilfe eines konsequenten ‚Nominalismus'. Der ja bevölkerte Raum wird zum leeren, geschichts- und traditionslosen Raum, mit dem man sich vertraut macht, indem man ihm bekannte Namen gibt: San Salvador, Hispaniola, San Nicola, San Domingo, Juana, ein ganzes Netz von vertrauten Namen legt sich über das Unvertraute.

Die Aneignung des Fremden unterliegt dem Gesetz der Analogie. Das Unbekannte muß in ein Bekanntes überführt werden, Kuba wird zu einem transozeanischen Sizilien, die bebauten Ländereien auf Haiti erinnern an die Getreidefelder der Ebene um Cordoba, das Innere der Insel an Kastilien.[101] Bringt schon die Integration des Fremden zwangsläufig Ausgrenzung von Störerfahrungen mit sich, so wird die Wahrnehmung erst recht dadurch selektiv, daß das Territorium und seine Bewohner ausschließlich im Hinblick auf die Brauchbarkeit für die imperialen Zwecke betrachtet werden. Über die Insel Ferdinanda, das heutige Long Island, versichert der Admiral seinem königlichen Herrn: „[…] Eure Hoheiten können gewiß sein, daß dieses Land zu den fruchtbarsten und in klimatischer Hinsicht gemäßigtesten Ländern der Erde gehört."[102]

Der Prozeß der Entdeckung des Neuen reduziert sich auf einen Akt der Namensgebung, auf Rechtstitel, Kartographie, pompöse Verlautbarungen, auf emsige Goldsuche. Daß er mit einer falschen ‚Landkarte' aufbrach und mit einer noch verwirrenderen zurückkehrte, hat mit dieser Reduktion zu tun. Bekanntlich war der Vizegouverneur der Neuen Welt bis an sein Lebensende fest davon überzeugt, im territorialen Vorfeld eines immens groß gedachten indischen Kontinents gelandet zu sein. Wahrscheinlich hängt es mit der verzerrenden Perspektive unserer Nachzeitigkeit zusammen (auch mit dem Umstand, daß wir, anders als die Menschen des 15. Jahrhunderts, mit all dem vertraut sind, was für diese in den Bereich des Undenkbaren gehörte), daß wir das Skandalon der ‚kolumbianischen' Entdeckung häufig übersehen. Hans Blumenberg hat einmal geschrieben, daß die Geschichte der Aufklärung einigermaßen unbefriedigend und irrational geblieben sei. Gleiches läßt sich für ihre Vorgeschichte sagen. Mag auch in den Überlegungen des ozeanischen Ausfahrers rationale Spekulation am Werk sein, so steht doch außer Zweifel, daß eine der ersten und entscheidenden ‚Entdeckungen' der Neuzeit absolut kontingent gewesen ist. Die Landkarte des Kolumbus enthielt nicht nur gravierende Fehler, sondern sie war in ihrer Gesamtkonzeption falsch. Gerade das Ausmaß ihrer Falschheit ermöglichte den Erfolg: „Es war mehr der Zufall als die Intuition, die ihn dort, wo er mit Sicherheit Indien vermutete, Amerika finden ließ, dessen Exi-

101 Vgl. ebd., S. 145, 149.
102 Ebd., S. 67.

stenz er sich nicht einmal im Traum hätte vorstellen können. Wenn es nicht so gewesen wäre, hätte er aufgrund der falschen Schätzung der Entfernung zwischen Europa und Asien noch Monate lang auf See bleiben müssen. Er wäre nie angekommen. Das Nichts, das herauszufordern er sich nicht scheute, hätte ihn erbarmungslos verschluckt."[103]

Das Wissen ging der Entdeckung nicht voraus, sondern war auf verzwickte Weise deren Resultat. Kolumbus bediente sich zweier Kosmographen, des arabischen Gelehrten Al Farghani und des italienischen Astronomen Toscanelli. Autosuggestiv seinen Wünschen folgend, verkleinerte er dabei noch den Umfang der Erde, vergrößerte den arabischen Großkontinent namens Indien in einem Ausmaß, das der Entfernung zwischen der Iberischen Halbinsel und dem nicht vorgesehenen amerikanischen Kontinent entsprach. Und vor allem verringerte er drastisch den ozeanisch-wäßrigen Anteil der Erde auf ein Siebentel. Seine Irrtümer zeigen ihn als einen vorsichtigen Mann: mit solchen Spekulationen ließ sich einigermaßen getrost in See stechen. Und doch: Ganz sicher konnte er, der für seine Ausfahrt die Kugelform der Erde als unabdingbare Voraussetzung annehmen mußte, seiner Sache nicht sein. Im Bewußtsein seiner Zeitgenossen war das Weltbild des Ptolemäus, eines seiner Lieblingsautoren, durchaus noch präsent. Es konnte demnach sein, daß man sich in der unermeßlichen Weite des Raumes verlieren werde. Auch das ptolemäische Weltbild – was wir heute gern übersehen – besaß seine Grenzenlosigkeiten und unheimlichen Seiten.[104]

Es ist oft davon gesprochen worden, daß Kolumbus ein dilettierender Autodidakt gewesen sei. Aber dies ist unter dem Aspekt unserer Fragestellung weithin sekundär. Das gilt sowohl im Hinblick auf die Kontingenz der Entdeckung, der Unangemessenheit der Mittel als auch für das Verhältnis von Wissen, Subjektivität und Erfahrung, das in dem kolumbianischen Verräumlichungsprojekt zutage tritt. Für den Ausgriff in den Raum war Wissen in unserem heutigen modernen, szientifischen Sinn nicht von primärer Bedeutung, es stand auch wissenschaftlicheren Geistern nicht zur Verfügung. So unangemessen die theoretischen – wie auch technischen – Mittel waren, reichten sie doch aus, etwas zu entdecken, was bislang nur an den imaginären Rändern von Mythen und Legenden gedacht worden war und was auf Landkarten kaum vorkam. Und: es gab kein angemesseneres Wissen, das diese neue Form der Ausfahrt ermöglicht hätte.

Gewiß war Kolumbus ein Dilettant, ein Essayist gewissermaßen vor der Zeit, aber er war auch der Zeitgenosse einer ἐπιστήμη, die von der der Aufklärung und des 20. Jahrhunderts gänzlich verschieden ist. Was Michel Foucault über den Wissensbestand des 16. Jahrhunderts gesagt hat, gilt cum grano salis auch für das vorhergegangene: „Dieses Wissen mußte in derselben Notwendigkeit zugleich und in der gleichen Ebene Magie und Gelehrsamkeit aufnehmen. Es scheint uns, daß die Kenntnisse des sechzehnten Jahrhunderts durch eine unstabile Mischung aus rationalem Wissen, von magischen Prakti-

103 Gianni Granzotto, *Christoph Kolumbus*, a.a.O., S. 77.

104 Vgl. Jürgen Audretsch/Klaus Mainzer, *Vom Anfang der Welt*, München 1989, S. 15ff. In der Kugelgestalt ist eine Begrenzung gegeben, von der Hermann Timm „mit Evidenz zu sagen" weiß, „warum sich die Götter, ob poly- oder monotheistischer Natur, in dieses Kleinod verliebt haben" (Hermann Timm, *Das ästhetische Jahrzehnt*, a.a.O., S. 108). Demgegenüber wäre das Meer, in das Kolumbus hinausfuhr, nach ptolemäischer Maßgabe ein ins Endlose sich ziehendes Etwas gewesen, so unwirtlich und uferlos wie der Weltraum.

ken abgeleiteten Begriffen und einem ganzen kulturellen Erbe gebildet wurden, dessen Ansehen durch die Wiederentdeckung der alten Texte die Kraft seiner Autorität um ein Vielfaches vermehrt hatte. So konzipiert, erscheint die Wissenschaft jener Epoche mit einer schwachen Struktur ausgestattet zu sein. Sie wäre nur der freizügige Ort einer Gegenüberstellung von Treue gegenüber der Antike, dem Geschmack am Wunderbaren und einer bereits erwachten Aufmerksamkeit für jene souveräne Rationalität, in der wir uns wiedererkennen […].“ Tatsächlich aber leidet jene ἐπιστήμη, „in der Zeichen und Ähnlichkeiten sich gegenseitig schneckenförmig und ohne Ende aufwickelten“, nicht an einer „strukturellen Insuffizienz“. Alles ‚Wissen‘ ist Teil der legenda, was Foucault als „die Dinge, die zu lesen sind“ übersetzt.[105]

Ein solches phantastisches Kompendium, das Bibelexegese, antike Literatur, kosmologische Spekulation, Magie und mythologisch-phantastisches Material gleichberechtigt zu einem heterogenen Ganzen versammelt, war auch das Lieblingsbuch von Kolumbus, aus dem er sein Wissen schöpfte, die *Ymago Mundi* des Kardinals Peter von Ailly,[106] der zu Anfang des 15. Jahrhunderts Rektor der Pariser Sorbonne gewesen war. Ihm verdankt Kolumbus seine Kenntnisse über Platon, Aristoteles, Theophrast, Cicero, Seneca, Pomponius Mela, Macrobius und Ptolemäus. Weitere Wissensquellen waren unter anderem Plinius' *Naturalis Historiae Libri,* Zacutos *Alamanaque Perpetuo* sowie Marco Polos *Wunder der Welt*; insbesondere aber Aillys *Ymago Mundi* hat der autodidaktische Seefahrer mit aufschlußreichen Kommentaren versehen. Aus unserer heutigen Perspektive sind in diesem ‚Weltbild‘ Imaginäres und Reales zu einer unentwirrbaren Gemengelage vermischt. Kolumbus erfuhr daraus die antiken Spekulationen einer Welt außerhalb der bekannten und befahrenen, wie sie exemplarisch in Platons Bericht über Atlantis niedergelegt ist. Interessant für unsere Fragestellung ist, daß es eine mythologische Spekulation war, die den ‚Vorbehaltsraum‘ öffnen half, jenen Raum, der jenseits der ‚Säulen des Herakles‘ lag, – wenn auch nur imaginär – sichtbar macht.

Aillys Buch ist voll von abenteuerlichen und phantastischen Beschreibungen, die allesamt dem Unbekannten eine prächtige Gestalt verleihen. So wird das Land der Skythen von Greifen bewohnt, in Arabien lebt der Vogel Phönix, in Arkadien ist der Stein Asbestos, der nie erlischt, wenn er einmal in Brand gesetzt ist. Und neben Befunden über die Kugelgestalt der Erde finden sich in dieser Geographie auch ausführliche Spekulationen über die Lage des irdischen Paradieses. Das Verfahren, das bevorzugt wird, ist überaus additiv: alles, was man weiß, d. h., alles, was man einmal über ein ‚Ding‘ gehört hat, wird zusammengetragen, vorsatz- und absichtslos. Diese Kosmographie öffnet den Vorbehaltsraum, sie schließt ihn aber auch. Noch leben wie in der Odyssee in der Ferne die Ungeheuer, die gleichsam als Sperriegel funktionieren: Neugierde und Freude am Unantastbaren halten sich dabei die Waage.[107]

„Multa miranda“, kommentiert Kolumbus an einer Stelle trocken. Und doch ist auch er fasziniert etwa von Atlantis- und Paradies-Spekulationen. Deshalb merkt er zu Aillys

105 Michel Foucault, *Die Ordnung der Dinge*, a.a.O., S. 63.

106 Pierre de Ailly, *Ymago Mundi* (lat.-frz.), hg. v. Edmond Buron, Paris 1930; vgl. auch Eduard Hartmann, *Pierre de Aillys Lehre von der sinnlichen Erkenntnis*, Fulda 1904.

107 Vgl. Gianni Granzotto, *Christoph Kolumbus*, a.a.O., S. 56ff., 73ff.; Salvador de Madariaga, *Kolumbus*, a.a.O., S. 114–128.

Spekulationen an: „Jenseits des Wendekreises des Steinbocks befindet sich die schönste aller bewohnbaren Gegenden. Dort ist die Welt am höchsten und am edelsten, und dort liegt das Paradies auf Erden.“[108] Und an anderer Stelle heißt es einmal: „Die Erde ist selbst in den Gegenden, an denen sich die äußersten Punkte der Welt befinden und wo der Tag sechs Monate währt, noch bewohnt. Dort wohnen die glücklichsten Völker, die nur den Tod aus Lebensüberdruß kennen.“[109]

Was in der Vorlage angehäufte Wissensbestände, ‚Legendae‘, sind, das wird in einer vorwärtsschreitenden Subjektivität zum Vorstoß, zum Vorsatz, zum systematischen Kalkül. Prioritäten werden gesetzt, um den von Legenden und Ungewißheiten umgrenzten ‚Vorbehaltsraum‘ zugänglich zu machen. Entgegen der Annahme des Ptolemäus, dem Kolumbus wichtige kosmographische Hinweise verdankt, daß das später atlantisch genannte Meer unbefahrbar sei und sich unendlich in den Raum erstrecke, insistiert Kolumbus auf dessen Befahrbarkeit. Mitten in einem Meer von Vermutungen – es existiert kein kanonisiertes Wissen einer scientific community, das das ‚Wissen‘ von den Legendae zu trennen weiß – sucht er nach subjektiver Gewißheit. Darum herum gruppiert er seine Hypothesen. Daß die Erde rund ist, macht sie befahrbar. Daß er ihren Umfang gegenüber den schon überaus präzisen arabischen Messungen um ein Viertel verkleinert, ist bei der Ungeheuerlichkeit des geplanten Unternehmens mehr als verständlich. Der Angabe des apokryphen jüdischen Propheten Esra folgend, geht Kolumbus nämlich davon aus, daß lediglich ein Siebentel der Erde vom Meer bedeckt ist. Kolumbus macht die ‚Kette der Irrtümer‘ vollständig, indem er die indische Landmasse enorm vergrößert und den Landweg von Spanien nach Indien, d. h. Asien, auf 282 Grad veranschlagt. Damit bleiben für den Seeweg nach Indien lediglich 78 Grad, das sind nach Kolumbus’ Berechnungen 3900 Meilen vom spanischen Festland.

Nahezu alle Biographen sind beeindruckt von der unbeirrbaren Sicherheit, mit der Kolumbus in See stach. Am Anfang war die Gewißheit, die Hypothesen wirkten als verstärkende Elemente, machten den Entdecker ausfahrtüchtig. Man sieht, der Irrtum hat System: die Gefahr mußte verkleinert werden. Kolumbus war ein vorsichtiger Mensch. Seine ‚Kette von Irrtümern‘ war hierzu eine conditio sine qua non. Tragisch, daß er diese Kette nie durchbrach, immer weiter mit der falschen Landkarte Marco Polos und Aillys segelnd. Die Entfernung, die er berechnet hatte, war vergleichsweise gering, nur hatte nie zuvor jemand so gerechnet. Er fuhr nach der unwirtlichen Landung nicht blindlings weiter, er kehrte um, als der Abstand zu groß geworden war, aus Vorsicht, nicht aus Sehnsucht nach Heimkehr.

Woher aber diese subjektive Energie? Ihren Ursprung wird man wohl im Religiösen zu orten haben. Diese Energien wurden nicht einfach für ein weltliches Unternehmen säkularisiert, sondern sie wurden – um mit Blumenberg zu sprechen – ‚umbesetzt‘, verblieben also durchaus noch im Kontext religiöser Tradition. Die häufigen Beteuerungen des Kolumbus – vor, während und nach der Entdeckungsreise –, daß seine Expedition auch ein missionarisches Unternehmen sei, muß, bei allem legitimatorischen Notstand, in dem sich der maritime Raumfahrer befand, in einer ganz spezifischen Weise ernst

108 Salvador de Madariaga, *Kolumbus*, a.a.O., S. 121.
109 Ebd., S. 127.

genommen werden, traf jedenfalls eine ganz bestimmte Situation. Nachdem Kreuzzüge und Islam-Mission (zuletzt jene des Ramon Lull) gescheitert waren, damit aber auch die Idee einer einheitlichen christlichen Welt, war die Bahn frei für ein neues, erfolgversprechenderes Unternehmen, das freilich den bisherigen Maßstab sprengte. Die Niederlage der Mauren und ihre endgültige Vertreibung aus Spanien bilden die symbolträchtige Zäsur.

Statt die alte, den Christen bekannte Welt mittels Gewalt und Überzeugung insgesamt christlich zu machen, wurde jetzt das Tor aufgestoßen in eine neue, unbekannte, die es für das Christentum zu gewinnen galt. Die kollektiven Energien wurden umgewendet – von Ost nach West, vom Bekannten zum Unbekannten. Welthistorisch betrachtet war es ein Ausweichmanöver, ein Umweg, der hielt, was Kolumbus, der ‚dreizehnte Apostel', der posthum beinahe Heiliggesprochene, visionär in Aussicht gestellt hatte: Nicht die ganze alte, wohl aber die ganze neue Welt wurde zum Territorium der erfolgreichsten christlichen Mission. Im Heilsgeschehen war dies eigentlich nicht vorgesehen. Andere Zwecke schoben sich dazwischen, ohne daß das religiöse Motiv völlig verschwunden wäre. Eine Bewegung wurde in Gang gesetzt, die programmatisch Ausbruch, Öffnung gegenüber dem Unbekannten signalisierte.

Der ‚dreizehnte Apostel' ging entschieden andere Wege als die zwölf vor ihm. Als Mensch zwischen Wissenschaft und Praxis, ausgestattet mit einem sehr entschiedenen, raumgreifenden Willen, erfüllt mit den Restbeständen religiöser Sehnsüchte, machte er sich auf die Reise, legte eine Strecke zurück, die paradigmatisch werden sollte, ein dilettierender Projektemacher, dabei keineswegs ein Hasardeur. Aus der ἐπιστήμη seiner Zeit entwickelte er recht eigenwillig eine überaus subjektive, zielstrebige Methodik, die alle selbstgenügsame Legendensammelei hinter sich ließ. Die Phänomenologie eines Entdeckers wird sichtbar, der entdeckt hat, daß Subjektivität zu ihrer Konstitution der Bewegung bedarf, um den ‚Vorbehaltsraum' zu öffnen, der sowohl als ein äußerer wie als ein innerer zu denken ist.

Zwischen Innen und Außen klaffte von Anfang an eine Lücke: der äußeren Dynamik steht eine innere Statik gegenüber, die die tiefere Ursache für das Scheitern des Kolumbus gewesen sein dürfte; seine Weigerung, sich von der ‚indischen' Landkarte zu trennen, sein Scheitern im Umgang mit den Bewohnern der terrae incognitae, seine Wahrnehmungsreduktion – all dies ist nicht singulär geblieben. Der ‚dreizehnte Apostel' hatte viele Nachfolger: im Geiste und in der Tat. Zur Katastrophe wurde die Ungleichzeitigkeit der inneren und äußeren Entgrenzungs-, Distanzierungs- und Öffnungsprozesse. Während die neuzeitlichen Raumfahrer äußerlich ungeahnte Distanzen zurücklegen, ist die innerlich zurückgelegte Strecke der Selbstdistanzierung mehr als marginal geblieben.

Aus diesen und ähnlichen Widersprüchen und Er-Öffnungen erwuchsen die modernen Wissenschaften wie auch der Essayismus etwa Montaignes, der der Riskanz einer die alten Grenzen sprengenden Ausfahrt in den unbekannten Raum den gefährlichen Selbstversuch gegenüberstellte, die Macht von Konvention und Tradition im ‚Raum' des innerseelischen Geschehens aufzulösen. Was die Aktualität des Essayismus bis in unsere Tage hinein ausmacht, ist, daß beide Distanzierungsprozesse nicht zur Deckung gekommen sind und daß vielmehr jeweils der eine Distanzierungsprozeß auf Kosten des anderen vonstatten zu gehen scheint. Dies gehört zur Tragik der abendländischen Menschheit:

nicht daß sie hinausgriff über traditionelle Bestände, sondern daß sie seit Kolumbus nicht begriff, was sie tat, was geschah. Insofern könnte man, anders als die spät einsetzende Kolumbus-Hagiographie, auch davon sprechen, daß der ‚dreizehnte Apostel' ein Unglücksrabe war: nicht nur der historische Entdecker Amerikas wurde ein Opfer seiner eigenen Entdeckungen. Seither ist Philosophie genötigt, im Nachvollzug zu verstehen, was geschah.

Das Leiden an der Wahrheit
Montaigne und die Folgen

Philosophisches, sofern es inhaltlich wie formal einem prinzipiellen Essayismus verpflichtet ist, hat es im fachspezifischen Diskurs schwer. Das charakterisiert diesen Diskurs ebenso wie jenen Essayismus, der still gegen diesen Einspruch erhebt. Viel einfacher, den Essayismus als unverbindliche geistige Ware dem Kulturbetrieb oder der Philologie zuzuschanzen. Was diese daraus machen, liest sich so: „[...] wir können in der Tat mühelos mitgehen, ohne den Atem zu verlieren, denn es geht nie sehr weit, sondern unternimmt nur kleine schlendernde Spaziergänge und kehrt stets wieder um, bevor es außer Sichtweite gelangt. Ziellos wie das Buch, beginnt jedes einzelne dieser Essais [...]“[110] Noch einmal werden alle die Vorurteile reproduziert, die der vornehmlich deutsche Philosophen- und Philologengeist gegen das essayistische Unternehmen vorzubringen pflegt: Ziellosigkeit, wenig Tiefe (oder auch Weite), Spaziergänge – und dazu noch schlendernde – und auch der Hinweis auf das Mühelose kann schwerlich einem strengen Wertungsmaßstab standhalten.

Spaziergänge in Sichtweite, mit dieser Verniedlichung wird nicht bloß das Unternehmen, das mit Montaigne begonnen, unzulässig verharmlost, sondern es wird auch seiner philosophischen Sprengkraft beraubt, die erst sehr spät philosophisch gewürdigt worden ist: von Nietzsche.[111] Eine solche Banalisierung bringt zwangsläufig zu Fall, was den Ausgangspunkt der essayistischen Expedition ausmacht: einen Anspruch auf ‚Wahrheit‘ (im Sinne von Wahrhaftigkeit), der philosophisch, psychologisch, religiös und politisch-ethisch untermauert wird. Die linearen, auf Ausgrenzung und Definition bedachten Diskurse der Einzelwissenschaften haben von Anfang an große Schwierigkeiten gehabt, derlei Einsprüche aufzunehmen und zu berücksichtigen – zum Schaden beider Seiten, des Essayismus wie der strengen Philosophie.

Im Meer der Montaigne-Interpretationen[112] hat es nicht an den verschiedensten Deutungen gefehlt, wenn es darum ging, das Originäre, Neue und vielleicht Aktuelle an

110 Herbert Lüthy, *Daß man bei Montaigne nicht suchen soll, was er nicht hat*, in: Montaigne, *Essais*, a.a.O., S. 8.

111 Friedrich Nietzsche, *Fragmente Juni/Juli 1885*, in: *Werke* VII/3, S. 276: „‚Mein Mitgefühl‘ – Das ist ein Gefühl, für das mir kein Name genügt: ich empfinde es, wo ich eine Verschwendung kostbarer Fähigkeiten sehe, zum Beispiel beim Anblicke Luthers: welche Kraft und was für abgeschmackte Hinterwäldler-Probleme (zu einer Zeit, wo in Frankreich schon die tapfere und frohmüthige Scepsis eines Montaigne möglich war).“

112 Ich beziehe mich im folgenden insbesondere auf die Arbeiten von Jean Starobinski, Hugo Friedrich, Richard A. Sayce und auf die Monographie von Uwe Schultz.

diesem Denker zu bestimmen. War es die Skepsis, war es die Form, war es die Wendung hin zum Lebensphilosophischen oder wurde da ein Stück moderner Psychologie in spielerischer Inszenierung vorweggenommen? Oder ist Michel de Montaigne, wie Starobinski in seiner Monographie dargelegt hat, der Kronzeuge einer modernen, neuzeitlichen Subjektivität, einer Subjektivität, die sich selbst erschafft, nämlich durch den Akt des Schreibens?[113]

Ohne solche Zuordnungen in Abrede stellen zu wollen, soll hier die Aufmerksamkeit auf die philosophische Dimension gelenkt werden, die trotz aller Zuschreibungen im Sinne der Skepsis[114] (oder gerade deswegen) eher unterbelichtet geblieben ist. Mit dieser Unterbelichtung einher geht übrigens die Auffassung, daß Essayismus ja ohnehin (im Gegensatz zur Philosophie) kein streng methodisches Unternehmen darstellt.

Indes läßt sich bei Montaigne nachweisen, daß die vorgebliche Planlosigkeit selbst Methode hat. Die *Essais* sind kein deduktives oder systematisches Projekt, aber jeder einzelne Essai hat seine logische Stringenz, seine Konsistenz und operiert mit rhetorisch unterlegten Beweisen. Immer und stets ist der Referenzpunkt, das ‚Material' dieser ‚empirischen' Unternehmungen: Michel de Montaigne, der Autor, seine Wünsche, Hoffnungen, Erfahrungen und Regungen. Damit reagiert der Verfasser der *Essais* auch auf die Wissenschaft seiner Zeit.

In einem freilich gänzlich von Kant zu unterscheidenden Sinn betreibt Montaigne eine Kritik der ‚reinen' Vernunft. Was Montaigne also entdeckte und was den Ausgriff in eine sich schreibend manifestierende und reflektierende Subjektivität ermöglichte, war die Einsicht, daß die scholastische Philosophie seiner Zeit und selbst noch das Denken der Antike, die Folie insbesondere seiner ersten beiden Bücher, aus prinzipiellen methodischen Gründen Phänomene verfehlen, die für die Konstitution eben dieser Subjektivität als einer Form eines nicht mehr ganz selbstverständlichen In-der-Welt-Seins maßgeblich sind. Oder anders gesagt: die Vernunft versagt angesichts bestimmter Konstellationen, sie hat Grenzen, die viel enger gezogen sind, als ihre Protagonisten wahrhaben möchten. Aktualisiert ausgedrückt könnte man sagen: Montaigne entdeckte sozusagen eine Nische in der Ökologie des Geistes, er schuf einen Diskurs, der eine Verkoppelung von Denken und Gesellschaft ermöglichte, insofern das Subjekt zweimal auftaucht – als forschendes und als erforschtes, als Modell einer Reflexion, die in der sich herausbildenden Naturwissenschaft (nach dem historischen Absturz des alchimistischen Denkens) nicht vorgesehen war.

In welcher Hinsicht aber versagt die ‚Vernunft' begrifflich ordnender Wissenschaft? Darüber gibt uns der methodisch konzipierte Essay *Über die Erfahrung*, der dreizehnte im dritten und letzten Buch (die Programmatik steht am Ende, nicht am Anfang des essayistischen Gedankenabenteuers) Aufschluß. Interessant nebenbei, daß der gelernte

113 Vgl. Jean Starobinski, *Montaigne*, Frankfurt a.M. 1989, S. 11–107.

114 Vgl. hierzu etwa Uwe Schultz, *Montaigne*, Reinbek 1989, S. 38–60; Albert Thibaudet, *Place des Essais*, in: Montaigne, *Essais*, II, S. 10: „Étranger à la philosophie scolastique, étranger même en tant que philosophe à tout ce qui est théologie chrétienne, Montaigne a repris le problème philosophique directement des mains et du point de vue des Anciens. Trois doctrines l'ont intéssé: le stoicisme l'epicureisme, le pyrrhonisme […]."

Jurist anschauliche Beispiele, wie Gesetze Sachverhalte verfehlen, Fälle aus der Justiz nimmt, was uns daran erinnert, wie juristische Termini beinahe selbstverständlich in den neuzeitlichen wissenschaftlichen Diskurs eingehen.[115]

Das Versagen der Vernunft läßt sich auf vierfache Weise thematisieren. Gesetze, vor allem wenn sie praktikabel, d. h. im praktischen Sinn vernünftig sein sollen, sind notwendigerweise spärlich, einfach und allgemein. Sie können dem *singulären* Ereignis schwerlich gerecht werden: Jedem Fuß sitzt sein eigener Schuh"[116]; vollends versagen diese Gesetze vor der *Kontingenz des Lebens*, den „unendlichen Zufällen". In dem Essay wird aber auch die *Vielfalt* zum erkenntnistheoretischen Problem. Es gebe – so Montaigne – keine so „allgültige Eigenschaft wie die Verschiedenheit und Vielfalt". Gegen diesen Ozean mannigfaltiger Erscheinungen, angesichts dieses „Schauspiels der Dinge" bleiben die Maßstäbe nomothetischer Ordnungen zwar notwendige Orientierungshilfen, aber doch zugleich ungenaue Kompaßnadeln.[117] Die Lebenspraxis ist stets *situativ*, nie bloße Anwendung, bloßes Exempel einer allgemeinen Gegebenheit. Die jeweilige Perspektivik ist komplett verschieden, wie Montaigne in der *Apologie des Raimund Sebundus* drastisch-sinnfällig an einem hypothetischen Fall erläutert: „Man setze einen Philosophen in einen Käfig von dünnem und locker geflochtenem Eisendraht und hänge ihn darin in der Höhe der Türme von Notre-Dame zu Paris auf, so wird ihm seine Vernunft offenkundig bezeugen, daß er unmöglich hinausstürzen kann und doch wird er (wenn er nicht im Dachdeckergewerbe geübt ist) sich dessen nicht erwehren können, daß ihm der Blick von dieser schwindelnden Höhe Entsetzen und Schauder einjagt. Denn es fällt uns schon schwer genug, uns auf den Umgängen im Gleichgewicht zu erhalten, die oben um unsere Türme laufen, wenn sie mit einem durchbrochenen Geländer eingefaßt sind, und sei es auch von Stein. Es gibt Leute, die nicht einmal den Gedanken daran aushalten können."

(„Qu'on loge un philosophe dans une cage de menus filets de fer clairsemés, qui soit suspendue au haut des tours Notre Dame de Paris, il verra par raison évidente qu'il est impossible qu'il en tombe, et si, ne se saurait garder (s'il n'a accoutemé le métier des recouvreurs) que la vue de cette hauteur extrême ne l'épouvante et ne la transisse. Car nous avons assez affaire de nous assurer aux galeries qui sont en nos clochers, si elles

115 Max Horkheimer hat in seinem Montaigne-Essay den engen Zusammenhang zwischen Rechtsprechung und (wissenschaftlichem) Wahrheitsanspruch zu Recht hervorgehoben, weil ihn die Funktion der Skepsis interessiert. Er stilisiert Montaigne freilich zu einem Ordnungs-Konservativen, wenn er meint: „Nach ihm [Montaigne, M.-F.] hat niemand recht, es gibt kein Recht, sondern Ordnung und Unordnung" (in: Max Horkheimer, a.a.O., S. 108). Vielmehr scheint mir, daß Montaigne mit der faktischen Gültigkeit gesellschaftlicher Urteile (in der Jurisdiktion wie in der Wissenschaft) den Eigenwert des Besonderen betont, der stets in Gefahr ist, dieser Faktizität zuweilen auch buchstäblich geopfert zu werden. Ähnlich wird später auch Musil im *Mann ohne Eigenschaften* argumentieren (angesichts des Frauenmörders Moosbrugger), und auch die zweideutige Verwendung juristischen Vokabulars bei Kafka verweist auf eine Erfahrung von Störung und Unangemessenheit. Vgl. auch Jacques Derrida, *Gesetzeskraft. Der „mystische Grund der Autorität"*, Frankfurt a.M. 1991, S. 24ff.

116 Montaigne, *Von der Erfahrung*, in: ders., *Essais*, hg. v. Herbert Lüthy, a.a.O., S. 845.

117 Vgl. ebd., S. 843ff.

sont façonnées à jour, encore qu'elles soient de pierre. Il y en a qui n'en peuvent pas seulement porter la pensée.")[118] Offensichtlich kommt es darauf an, wo sich einer befindet. In dem raffinierten Bild hat Montaigne die Quintessenz seines Denkens komprimiert.

Da ist also zunächst die hypothetische Ausgangssituation, in der jede allgemeine theoretische Einsicht nichts vermag gegen die konkret spürbare Angst. Die Einsicht, daß die Situation eigentlich ungefährlich ist, will sich in dieser selbst nicht einstellen. Das ist nur in einem sehr viel weniger exponierten, vergleichsweise ungefährlichen Kontext möglich, in dem sich Philosophie und Wissenschaft im allgemeinen befinden. Was der Philosoph im Käfig ‚macht' (besser, was sich bei ihm einstellt), ist die Erfahrung der Angst, die sich nicht beschwichtigen läßt durch einen vernünftigen Einwand, der nicht an das Gefühl der Angst heranreicht. Anders der Dachdecker, der vielleicht geringere allgemeine Einsichten hat als der gewöhnlich objektiv sich in Sicherheit befindende Philosoph. Subjektive und objektive Situation kommen nicht zur Deckung. Damit ist schon vor der Zeit auch eine Grenze von Aufklärung als Handlungsmaxime angezeigt. Die Kluft zwischen Theorie und Praxis ist keine quantitativer Art, Praxis steht zwar zu jener in keinem ‚unegalen' Verhältnis, aber die Kluft zwischen beiden läßt sich nicht qua dialektischer Vermittlung überbrücken.

Erfolgversprechender ist da schon der Hinweis auf den Mann, der mit dem Metier vertraut ist, mit dem Metier des Dachdeckens und mit den Erfahrungen der Angst. In der Wiederholung scheint die Möglichkeit enthalten zu sein, daß sich etwas nicht wiederholt, in diesem Fall also der, recht besehen und vernünftig betrachtet, irrationale Angstzustand.

Aber Philosophen sind keine Dachdecker, obwohl sie der Blick von oben herab, die Überschau über die Welt, reizt, ästhetisch wie im Sinne einer philosophischen Gesamtschau. Nicht mehr nur unten sitzen, sondern oben stehen: Super-Vision. Damit verbunden ist, auch wenn es sich nicht um die Türme von Notre Dame handelt, sondern um eine Bergspitze, ein Gefühl des Schauderns, das vielleicht damit zusammenhängt, daß es um die Philosophie ein untergründiges Wissen gibt, daß sie ein so gefährliches wie gefährdetes Unternehmen darstellt.

Dieser erhabene Blick aus der Höhe wird von Montaigne ironisch-respektlos destruiert, denn sein Philosoph sitzt in einem Käfig mit dünnem Eisendraht, ein erbarmungswürdiges Bild. Und die Maschen sind die seines Begriffs- und Wahrnehmungsapparates. Er ist gut ausgerüstet, theoretisch wenigstens, und doch ist das, dessen er vornehmlich gewahr wird, seine eigene exponierte Lage. Philosophieren wird ungemütlich und unsicher, aber mit der Gewöhnung an diese Lage wird man mutiger, läßt auch die letzten Sicherheiten beiseite im ‚métier des decouvreurs'. Schlimm genug, wenn die Vernunft und ihre Gesetze, auf die konkrete, wenn auch nicht alltägliche Situation angewandt, einen im Stich lassen. Aber Montaigne untermauert seine Vernunftkritik mit dem rhetorischen Mittel der Steigerung. Nicht nur beklagt er die rhetorische Ungewandtheit der Wissenschaft und die scholastische Roßtäuscherei, vielmehr stellt er

118 Montaigne, *Apologie des Raimund Sebundus*, in: ders., *Essais*, a.a.O., S. 480; *Essais* (frz. Ausg.), a.a.O., Bd. II, S. 339.

heraus, daß Wahrheit relativ und kontextuell ist, zeitlich wie räumlich bedingt, abhängig sogar noch von den unsicheren Dispositionen und der Verfassung eines jeden einzelnen: „Was für eine Wahrheit, die bei diesem Bergzug endet und für die Welt dahinter Lüge ist […].“[119]

Nicht mehr steht der Philosoph auf den Türmen von Notre Dame, sondern er klammert sich verzweifelt an die rettende Planke im „schwankenden Meer von Meinungen“[120], angesichts der Wankelmütigkeit sich widersprechender Wahrheiten und des Umstandes, daß es keine Naturgesetze gibt, die zuverlässig auf den Menschen anwendbar sind. So ist hier schon im Keim angelegt, was später einmal ‚negative Anthropologie‘ heißen wird und auf die Offenheit und Unfestgelegtheit des Menschen verweist: „Es ist glaubhaft, daß es Naturgesetze gibt, wie es bei den andern Geschöpfen zu ersehen ist; doch bei uns haben sie sich verloren, da sich diese erhabene menschliche Vernunft überall eindrängt, um zu herrschen und zu befehlen, und das Antlitz der Dinge nach ihrer Eitelkeit und Unbeständigkeit verdunkelt und verwirrt.“[121] Und an anderer Stelle heißt es – vor der Zeit modern: „Wir haben keinerlei Beziehung zum Sein; denn die ganze Natur des Menschen ist beständig zwischen dem Werden und dem Sterben unterwegs […].“[122]

Ein Meer von Ungewißheiten, und es ist kein Wunder, daß sich Montaigne weder auf die Seite derer stellt, die behaupten, die Wahrheit bereits gefunden zu haben, noch auf die jener, die da meinen, die Wahrheit sei unerfindlich. Nur eine Unwissenheit, die um sich weiß, ist eine methodisch konsequente Unwissenheit, die zugleich eine Bedingung von Erkenntnis ist – zu schwanken, zu zweifeln und zu suchen, nichts für sicher zu halten und für nichts einzustehen.[123]

Wie kann man sprechend zweifeln? Und wie dem Paradox entgehen, daß man an allem zweifle, nur nicht am Zweifel? Was sage ich, wenn ich sage, daß ich zweifle? Der ‚pyrrhonische‘ Zweifler kann seine „allgemeine Auffassung in keiner Redeweise ausdrücken“; was nötig wäre, das ist eine „neue Sprache“, keine neue Sprache im Sinne einer erfundenen Grammatik oder eines anderen Vokabulars, vielmehr eine andere Codierung und Decodierung, ein anderes Verhältnis und Verständnis zu bzw. von Sprache. Wenn der Skeptiker sagt, ich zweifle, dann „führt diese Aussage sich selber zusammen mit allen übrigen ab, nicht anders als der Rhabarber, der die schlechten Säfte austreibt und zugleich sich selber mit abführt“.[124]

119 Ebd., S. 477.

120 Ebd.

121 Ebd.

122 Ebd., S. 483.

123 Vgl. Niklas Luhmann, *Beobachtungen der Moderne*, Opladen 1992, S. 111; Luhmann übersetzt den klassischen Satz einer pyrrhonischen Skepsis: „Et hoc scio solum, quia scio me nescire“ im Sinne des Konstruktivismus: „Ich weiß nur, weil ich nichts weiß“. Montaigne wiederum hat gegen den Hinweis der ‚Akademiker‘ gemeint, daß die Skepsis ein erkenntnistheoretisches Paradox darstelle: „Die Unwissenheit, die sich kennt, die sich richtet und sich verurteilt, ist keine völlige Unwissenheit: um dies zu sein, müßte sie auch ihrer selbst unwissend sein.“ (Montaigne, *Essais*, a.a.O., S. 447.)

124 Montaigne, *Apologie des Raimund Sebundus*, a.a.O., S. 451.

In diesem Sinne also läßt sich über Wahrheit sprechen, nachdem das prinzipielle Unvermögen der Vernunft durchschaut ist, die nie im Sinn der traditionellen Metaphysik als eins mit dem Sein aufgefaßt wird.[125]

Die *Apologie* des Traktats des frommen Sebundus bildet den pietätvollen Anlaß, gründlich zu zweifeln; der Rückzug auf eine sichere Burg des Glaubens ist versperrt, dieser ist unsicher wie die Wissenschaft und deren Gesetze.[126]

Sowohl die *Apologie* wie auch der Essay *Über die Erfahrung* haben diesen Ausgangspunkt; während die *Apologie* taktisch verhalten beginnt („Es ist wahrlich ein überaus nützliches und köstliches Ding um die Wissenschaft, [...] aber dennoch schlage ich ihren Wert nicht so maßlos hoch an [...]“), wird die Vernunft, die Montaigne offenkundig weithin mit Wissenschaft in eins setzt, im Text über die Erfahrung von vornherein in ihrer Geltung und ihrer Wahrheit relativiert.

Was tun, wenn und wo die Vernunft uns im Stich läßt? An dieser Stelle der Argumentation vollzieht Montaigne eine Kehre. Montaigne möchte zwar den „Verstand der Verständigen“ verwerfen,[127] aber diese Frontstellung führt ihn nicht zu einem frühen Irrationalismus, zu Lebensmetaphysik oder Gemütskult. Im Gegenteil wird eine Wahrheit reklamiert, die sich von Wissenschaft und festem Glauben abgelöst hat, eine Wahrheit der Subjektivität. An einer Stelle spricht Montaigne von einer neuen Wissenschaft, der „Wissenschaft der Selbsterkenntnis“: „Man muß eine Tür zu öffnen versucht haben, um zu erkennen, daß sie uns verschlossen ist.“[128]

Diese Wissenschaft ist in der umfassenden Bedeutung des Wortes empirisch. Die Kategorie der Erfahrung wird sehr vorsichtig eingeführt: „Wenn uns die Vernunft im Stich läßt, so wenden wir uns an die Erfahrung.“[129] Zwar ist die Erfahrung ein „minder vornehmes Werkzeug“, wie Montaigne einräumt, aber weil nun einmal die Wahrheit eine so große und wichtige Sache sei, dürfe kein Mittel verachtet werden, zumal die

125 Vgl. André Gide, *Préface*, in: Montaigne, *Essais* (frz. Ausg.), a.a.O., Bd. I, S. 8: „Il semble qu'en face de l'atroce question de Pilate, dont l'echo retenit à ta travers les âges: ‚Qu'est-ce que la vérité‘. Montaigne reprenne à son compte, encore que tout humainement, d'une manière toute profane et dans un sens très différent, la divine réponse du Christ: ‚Je suis la vérité‘. C'est-à-dire qu'il estimé ne pouvoir véritablement connaître rien, que lui-même. De la cette extraordinaire défiance, des qu'il raisonne: de la cette confiance, cette assurance, des qu'il s'abandonne à luimeet qu'il résigne à lui ses visées.“ Uwe Schultz schreibt im Anschluß an die berühmte Sequenz Montaignes („Ich studiere mich mehr als irgendeinen Gegenstand. Das ist meine Metaphysik, das ist meine Physik.“): „Hochgemut für das eine Selbstbewußtsein und herausfordernd nicht zuletzt für die religiöse Hierarchie ist die programmatische Erklärung, auch die Metaphysik in dem Gegenstand des eigenen Ich aufgehen zu lassen, integral und restlos. Dieser ‚Erhöhung‘ des Individuums zum metaphysischen Gegenstand, so daß der Gott des katholischen Glaubens in den Hintergrund einer so unangefochtenen wie unverbindlichen Konvention gedrängt wird, steht seine Erniedrigung zu einem höchst wechselhaften, unbeständigen, vergänglichen, eben menschlichen Wesen gegenüber.“ (Uwe Schultz, *Montaigne*, a.a.O., S. 38.)

126 Vgl. Montaigne, *Apologie des Raimund Sebundus*, a.a.O., S. 425.

127 Ebd., S. 444.

128 Montaigne, *Von der Erfahrung*, a.a.O., S. 854.

129 Ebd., S. 842.

Begierde nach Erkenntnis für Montaigne eine „natürliche Begierde“ darstellt, die sich wie alle anderen menschlichen Bedürfnisse nicht straflos abweisen läßt.[130]

Die selbstverständliche Art und Weise, in der Montaigne in den *Essais* immer wieder Bezug nimmt auf ‚Erfahrung‘, läßt darauf schließen, daß sein vorsichtiges Plädoyer für die Erfahrung (sozusagen als Ersatz für die im Konkreten versagende Vernunft der Wissenschaft seiner Zeit) bloß ein rhetorischer Kunstgriff ist.[131]

Zweifelsohne hat Montaigne dort, wo er sich als systematischer Denker (natürlich nicht als Systemdenker) erweist, den akademischen Betrieb seiner Zeit vor Augen,[132] dessen Pedanterie er im 25. Essay des ersten Buches geißelt. Dabei geht es neben dem Mangel an Erfahrung vor allem auch um die „falsche Art“, „sich mit den Wissenschaften zu befassen“: „In Wahrheit zielen Sorgen und Aufwand unserer Väter auf weiter nichts ab, als uns den Kopf mit Wissen anzufüllen; von Urteil und Charakter ist nicht viel die Rede.“[133]

Längst ist am Ausgang des Mittelalters die Quantität zum Problem, das Schulwissen zu einer Übermacht geworden, gegen die sich ein Subjekt, das eines werden will, zur Wehr zu setzen hat. Dabei beruft es sich auf die Erfahrung, und das meint immer: auf die *eigene* Erfahrung. Demgegenüber wird das Wissen der scholastischen Wissenschaft, ein buntes Gemenge von mehr oder minder phantastischen Lehrsätzen, als Hindernis angesehen. Wenn Montaigne die Partei der Unwissenheit ergreift, so auch deshalb, weil das Wissen selbst fragwürdig geworden ist – für den einzelnen wie für die Gesellschaft: „Wir nehmen die Gedanken und das Wissen anderer in Obhut, und das ist alles. Wir müssen sie uns zu eigen machen. Wir gleichen so recht jenem, der Feuer benötigte und bei seinem Nachbarn holen ging, und, da er dort ein schönes und großes gefunden hätte, gleich an der Wärme sitzen bliebe, ohne weiter daran zu denken, daß er davon nach Hause bringen müsse.“[134]

130 Ebd.

131 Vgl. Montaigne, *Essais*, a.a.O., S. 145, 162, 176, 206.

132 Bereits Erich Auerbach hat die Abneigung Montaignes gegenüber dem Systemdenken auf die Abstraktion von der Körperlichkeit des Menschen zurückgeführt, wenn er meint: „Damit hängt wiederum seine Abneigung gegen die schulmäßigen Systeme der Moralphilosophie zusammen […]: was er ihnen vorwirft, das Abstrakte, die Wirklichkeit des Lebens Verkleidende ihrer Methoden und das Aufgeblasene ihrer Terminologie, läßt sich alles zuletzt darauf zurückführen, daß sie teils schon in der Theorie, teils zumindest in der Lehrpraxis Geist und Körper trennen und den letzteren nicht zu Wort kommen lassen. Sie haben alle, nach Montaigne, eine zu hochmütige Meinung vom Menschen, sie sprechen von ihm, als sei er nur Geist und verfälschen damit die Wirklichkeit des Lebens.“ (Erich Auerbach, *Mimesis*, Bern – München 1946, Kap. XII: „L'humaine condition“, S. 289; vgl. auch S. 284.) So besehen ist Philosophie nicht bloß ein Sterben-Lernen, wie Montaigne in dem berühmten Essay dekretiert, sondern auch ein Lernen im Lebensvollzug; vgl. Thomas H. Macho, *Todesmetaphern*, Frankfurt a.M. 1987, S. 60: „Montaigne fordert eine Haltung zum Tode, keine Vorwegnahme des Todes als Handlung. Gerade diese Differenz ist den modernen Konzeptionen des Sterbenlernens verlorengegangen; in unserem Jahrhundert ist die Vorstellung einer ‚Übung des Todes‘ bestimmender hervorgetreten als eine Lehre von der Haltung zum Tode.“

133 Montaigne, *Essais*, a.a.O., S. 176.

134 Ebd., S. 177.

Die Struktur des Problems ist merkwürdig aktuell, nicht nur daß uns die Wissenschaft von unserem eigenen Lebensvollzug abschneidet, vielmehr sind wir einem Wissen ausgeliefert, das rein quantitativ unsere Möglichkeiten übersteigt. Was tun und wie urteilen angesichts dieser Situation? Ob fröhlich oder nicht, die Wissenschaft macht uns – von den speziellen Fachdisziplinen, in denen wir uns auskennen, abgesehen – urteilslos, zu ‚Papageien': „Diese Art erinnert mich an jenen reichen Römer, der um schweres Geld Vorsorge getroffen hatte, Fachleute auf jedem Gebiet des Wissens zusammenzubringen, die ihm beständig zur Hand sein mußten, wenn sich in der Unterhaltung mit seinen Freunden Gelegenheit fand, von dieser oder jener Sache zu reden, um für ihn einzuspringen."[135]

Die Berufung auf eine Erfahrung, die stets als die ureigene bestimmt ist, erweist sich als wirksames Remedium gegen den Übergriff eines Diskurses auf den einzelnen, der zu allgemein und zu ausführlich ist, als daß er uns selbst zu erreichen vermöchte; das wäre die defensive Seite dieser Insistenz auf den eigenen Lebensvollzug, gleichzeitig konstituiert sich das, was doch vorgeblich verteidigt wird, erst durch die emphatische Berufung auf diesen. Der Verweis auf die eigenen Gebrechen, Leidenschaften, auf Sozialtugenden und diverse Verhaltensweisen sind in den *Essais* mehr als bloß anschauliche Beispiele. Sie dienen einem Denken am Trapez ohne religiöses, metaphysisches und wissenschaftliches Sicherheitsnetz. Auch wenn bei Montaigne zuweilen der enthüllende Gestus des wahren Ichs, Lobpreis der eigenen Subjektivität, unverkennbar ist,[136] so ist der Rückgriff auf das nackte eigene Dasein auch ein methodischer Notbehelf. Distanz, Beobachtung und ein unverklärter Blick sind Indizien dafür, daß in den Essayismus seit Montaigne Momente des neuzeitlichen, wissenschaftlichen Erfahrungsbegriffs eingegangen sind. Insofern ist die Einordnung Montaignes in die autobiographische Tradition durchaus einseitig.

Seine Selbstanalyse reagiert noch auf eine andere epistemologische Not, auf das, was eingangs als ‚negative Anthropologie' vor der Zeit apostrophiert wurde. Negativ war diese Anthropologie im doppelten Sinn, im Hinblick auf ihre Skepsis gegenüber einer Menschheit, die sich zwischen Himmel und Erde gestellt sieht, als eine Wesenheit zwischen Tier und Gott (aber mit dem Vermögen des Aufstiegs), insofern beginnt mit Montaigne die neuzeitliche Entzauberung des Menschen. Negativ ist seine Anthropologie aber auch deshalb zu nennen, weil Montaigne von der Unmöglichkeit ausgeht, das Wesen des Menschen zu bestimmen. Mit der These, daß der Mensch „ein eitles, wandelbares und schillerndes Ding" („un sujet merveilleusement vain, divers et ondoyant")[137] sei, über den ein festes und eindeutiges Urteil zu finden schwerfalle, beginnt das Werk. Es ist eine Vorgabe, die einschneidende Konsequenzen für das Folgende hat. Mag in allem, was später ‚Moralismus' heißen wird, ein Unterton von Raisonnement und Überpointierung mitschwingen, so spricht doch nichts dafür, diese These von der Unfestgelegtheit des Menschen – perspektivisch, zeitlich, kontextuell – nicht ernst zu nehmen. Aus der philosophischen Not, die auszusprechen er wagt, entspringt die Tugend eines Essayismus, der keineswegs beliebig oder schweifend ist, son-

135 Ebd.

136 Montaigne, *Durch verschiedene Mittel gelangt man zum gleichen Ziel*, in: ders., *Essais*, a.a.O., S. 58; ders., *Essais* (frz. Ausg.), a.a.O., Bd. I, S. 55.

137 Ebd.: „Wahrlich ein wundersam eitles, wandelbares und schillerndes Ding ist der Mensch."

dern durchaus methodisch kontrolliert. Er partizipiert nicht bloß an den Vorzügen unvoreingenommener Erfahrung, sondern befleißigt sich auch – bei aller Bildhaftigkeit – einer klaren und verständlichen Redeweise; affektiver Überschwang ist ihm, der eine Methode philosophischer Zurückhaltung und zugleich einen Weg der Selbsterkenntnis entwickeln will, völlig fremd.

Daß es um deren Beschaffenheit prekär bestellt ist, das hat schon Montaigne beschäftigt. Vollzogen wurde die Wende von einem Wahrheitsbegriff, der letztlich religiösen Ursprungs war, hin zu einer selbstverpflichtenden Norm der Wahrhaftigkeit, einer ethisch-psychologischen Kategorie, die aus der Energie des Subjekts der neuen Zeit entsprungen war. Verbindlichkeit konnte sie stets nur für die betreffende Person reklamieren. Nicht zufällig ist in diesem Zusammenhang auf Montaignes Abneigung gegen die Einbildungskraft hinzuweisen, die den Blick verstellt, den Wert der Erfahrung trübt und die somit als Gegner einer ganz subjektiv intendierten Wahrheit gilt.[138]

Daß der einzelne an den ‚schillernden' Eigenschaften der Gattung Anteil hat, das wird bei Montaigne nicht präsupponiert, sondern erweist sich durch die Kommunikation, die der essayistische Diskurs anbietet, aller subjektiven Rückbezüglichkeit zum Trotz. Er enthält implizit ein Angebot zum Nachvollzug, soweit dieser dem Leser aus einer jeweiligen subjektiven Verfassung heraus möglich ist. In gewisser Weise wird er, als Kollektivum, zur kritischen Instanz der Überprüfung, insofern es dem Leser überlassen bleibt, die mitgeteilten Erfahrungen in Beziehung zu setzen zu den eigenen. Wenn es in der Geschichte der Neuzeit jemals einen Diskurs gegeben hat, der wenigstens seiner Anlage nach ‚intersubjektiv' und ‚herrschaftsfrei' war, dann derjenige von Montaigne.

Montaignes ‚Universität' kennt nur einen Gegenstand: „Ich studiere mich mehr als irgendeinen Gegenstand. Das ist meine Metaphysik, das ist meine Physik."[139] Um dieses Studium durchzuführen, bedarf es gewisser Voraussetzungen: der Geduld, der Bereitschaft, schmerzhafte Erfahrungen durch sich hindurchzulassen, Offenheit, Freiheitssinn, Neugierde. Über das Skandalöse seines intimen Vorhabens war sich Montaigne durchaus bewußt, und vielleicht sollte man die Hinweise auf das „abschreckende Beispiel" und daß es sich nur um ein Buch für einige wenige Freunde handle, ernster nehmen als gemeinhin geschehen.[140] Montaigne wußte noch nichts von dem überwältigenden Erfolg seines Buches; als er die ersten beiden Bücher publizierte, handelte es sich um ein Experiment auch in dieser Hinsicht: ein „Sudelgeköch", „Aufzeichnungen der Erfahrungen meines Lebens".[141] Der Erfolg scheint ihm Recht zu geben. In jedem Fall war die pragmatisch-relativistische Konzeption eines einstmals überzeitlich gedachten Wahrheitsbegriffes schon im Werk selbst implementiert.

Jean Starobinski hat die Interpretation von Montaignes Werk an einem entscheidenden Punkt ein Stück weiter gedreht, wenn er die Genese moderner Subjektivität an den

138 Montaigne, *Über die Einbildungskraft*, a.a.O., S. 142f.: „Ich gehöre zu denen, die sehr heftig die Wirkung der Einbildungskraft verspüren. Jedermann wird von ihr geschüttelt, aber einige wirft sie um. Ihr Eindruck durchdringt mich. Und meine Kunst ist, ihr zu entwischen, nicht ihr zu widerstehen."

139 Montaigne, *Von der Erfahrung*, a.a.O., S. 852f.

140 Zur Funktion des toten Freundes vgl. Jean Starobinski, *Montaigne*, a.a.O., S. 64–89.

141 Montaigne, *Von der Erfahrung*, a.a.O., S. 856.

Prozeß des Schreibens zurückgebunden hat. Hier be-schreibt sich nicht ein Subjekt, sondern es entsteht vielmehr durch den Akt des Schreibens selbst, und zwar als ein immer schon gespaltenes, in sich hin- und hergerissenes. Der empirische ‚Gegenstand', die Fülle des eigenen Lebens, präsentiert sich eben nicht ‚splitternackt', sondern ist sprachlich vermittelt. Ziel des Rückzugs war es, zu sich selbst zu finden. Als Mittel sollte das selbsterkundende Schreiben dienen. Der ‚einheitstiftende Ort', der Platz in der Welt, sollte das Buch sein: „Montaignes Unterfangen, in der Hoffnung begonnen, die Ruhe der Seele zu erlangen, wird sich, ohne diesen Entwurf zu vergessen, als literarisches Meisterwerk vollenden."[142]

Um die antikische Ruhe ist es freilich geschehen, denn das Schreiben über sich selbst, der unendliche Brief an den toten Freund La Boétie[143], erzeugt eine Unruhe: seither kann man nicht aufhören zu schreiben. Zu solch schreibender Existenz gehört die Grundkenntnis der Grammatik, daß das Ende des Schreibens auch eines des Lebens ist. Hier liegt ein entscheidender Umschlag vor, Pascal wird später gar von „dieser Angst des Menschen vor der Ruhe"[144] sprechen.

Starobinski vertritt die Ansicht, daß das auf sich bezogene Schreiben nicht als „Etappe einer fortschreitenden ‚Entdeckung des Ichs' betrachtet werden" könne, vielmehr sei die Sorge um das Ich vorrangig.[145] Hinzuzufügen wäre, daß dieses Ich in seiner subjektiv ausdifferenzierten Form als ein durch den Akt des Schreibens selbst erst erzeugtes zu verstehen ist.

Wie wir bereits gesehen haben, beurteilt Montaigne die Möglichkeit der Selbsterkenntnis durchaus pessimistisch. Der Mensch ist, wie man zunächst an sich selbst erfährt, stetem Wandel unterworfen, ebenso der Blickwinkel, der wiederum von den verschiedensten Gegebenheiten des Lebens abhängt, äußeren wie inneren, Dispositionen körperlicher wie seelischer Natur. Das, was man zu erfassen sucht, ist ein flirrendes Phänomen, das sich dem festen Zugriff entzieht. Das Schreiben ist ein Akt des Stillstellens, dessen aktuelle Gültigkeit von der Unruhe der Zeit fortlaufend außer Kraft gesetzt wird. Deshalb ist das Schreiben über sich selbst prinzipiell nicht abschließbar. Der Tod setzt hier eine in der Tat kontingente Grenze.[146]

Der Platz, der den antiken Lebenslehren zufolge Ruhe verschaffen sollte, erweist sich als der ‚schlechteste', „den wir einnehmen können".[147] Fraglich, ob man ihn überhaupt einnehmen kann: „Selbst in meinen Aufzeichnungen finde ich nicht immer die Spur meines ersten Einfalls wieder; ich weiß nicht, was ich habe sagen wollen, und plage mich damit, zu verbessern und einen neuen Sinn hineinzubringen, weil ich den ersten vergessen habe, der besser taugte. Ich komme und gehe immerzu hin und her; mein

142 Jean Starobinski, *Montaigne*, a.a.O., S. 50ff.

143 Vgl. ebd., S. 110f.

144 Blaise Pascal, *Pensées*, S. 73 (Kap. 7).

145 Jean Starobinski, *Montaigne*, a.a.O., S. 53.

146 Thomas H. Macho, *Todesmetaphern*, a.a.O., S. 3: „Keiner stirbt an seiner Natur, jeder Todesfall wirkt vermeidbar." Und Macho spitzt seine These noch zu, wenn er äußert: „Vielleicht ist der Tod aber auch eine Handlung, die wir selbst vollziehen, als freie Täter: ein Abschied, eine Trennung, eine Reise, ein Fortgang – ein Selbstmord." (Ebd. S. 47.) Aus dieser Perspektive ließe sich das Schreiben im Sinne einer Reisevorbereitung deuten; vgl. Montaigne, *Essais*, a.a.O., S. 60.

147 Montaigne, *Essais*, a.a.O., S. 471.

Urteil kommt nicht immer vom Fleck; es schaukelt, es schwankt.“[148] Und Montaigne zitiert Catull: „Velut minuta magno/Deprensa navis in mari ve saniente vento“ – Wie ein kleines Schiff also, das auf hoher See der wütende Sturm überrascht, sieht Montaigne sein eigenes Unternehmen an. Seine rhetorische Behendigkeit belegt, daß er um das Neue, das ihm innewohnt, Bescheid weiß. Die hohe See läßt sich nicht beherrschen, man kann sich lediglich vorsichtig in ihr bewegen. Man steht auf unsicherem und schwankendem Boden. Über sich selbst bekennt Montaigne einmal: „Ich habe mich wenig in meiner Gewalt und Verfügung. Der Zufall hat darauf mehr Anrecht als ich.“[149]

War es nicht am Ende der Akt des Schreibens, der zu dieser Einsicht führte, jener Akt, der zunächst recht optimistisch begann, mit der munteren Selbstaufforderung, das empirische Ich auch noch in seinen feinsten Regungen zu orten? Oder stellt nicht das Schreiben den Versuch dar, ein festes Subjekt, ein überdies repräsentables, zu etablieren, zu repräsentieren?

Anders als das wissenschaftliche Subjekt ist das essayistische hier von Anfang an ein gespaltenes, weil sein ‚Gegenstand‘ keine res extensa ist, kein unverrückbares, ‚totes‘ Objekt. So ist der Essayismus von Anfang an erbarmungslos den Paradoxien der Subjekt-Objekt-Spaltung ausgeliefert. Der Blick (wie das Bild) erfordert Trennung, dort das Ich, das die Feder führt, hier das Ich-Objekt, das beobachtet und beschrieben sein soll. Das Ich hat sich verdoppelt, es ist im Präsens des Schreibens heimisch, es manifestiert sich aber auch in den seelischen Regungen, die den Ausgangspunkt *und* den Gegenstand der seelischen Regungen bilden. Folgt man der Analyse Starobinskis, so zeichnet sich das Verfahren Montaignes gerade dadurch aus, daß es diese beiden Ichs nicht mehr zur Deckung zu bringen sucht: „Es handelt sich nicht mehr um die Angleichung von Ich und Ich, die eine unauflösliche Treue begründet.“[150]

Mit diesem Hinweis wird auf das Moderne, auf den Bruch verwiesen, zugleich aber ist immer auch ein überaus Traditionelles gegenwärtig, das Montaigne zu einer Gestalt des Übergangs macht. Bekanntlich hat Michel Foucault in seiner epistemologischen Untersuchung über die Neuzeit – *Die Ordnung der Dinge* – das klassische Zeitalter durch die Dominanz der Repräsentation charakterisiert. Das Bild von Velasquez *Die Hoffräulein*, das eingangs vor allem unter dem Gesichtspunkt seiner raffinierten und programmatischen Perspektivik analysiert wird, dient der Veranschaulichung dieses Sachverhaltes. Foucault schreibt am Ende seiner umfänglichen Bildanalyse: „Vielleicht

148 Ebd., S. 468.

149 Ebd.

150 Jean Starobinski, *Montaigne*, a.a.O., S. 52. Erich Auerbach zufolge erzeugt diese Doppelung eine prinzipielle ironische Grundhaltung. Anders als Friedrich und später Starobinski, der die Subjekterzeugung durch den Prozeß des Schreibens hervorhebt, betont Auerbach, der die Differenz von Schreiben und Leben durchaus sieht, das erkenntnistheoretische Postulat: „Für ihn ist das Erkenne-dich-selbst nicht nur eine praktische Forderung, sondern auch eine erkenntnistheoretische. Eben darum hat er auch wenig Interesse für naturwissenschaftliche Kenntnisse, und kein Vertrauen zu ihnen […]. Eine positive erkenntnistheoretische Bedeutung gewinnt der Primat der Selbsterkenntnis jedoch nur für die moralische Erforschung des Menschen; denn Montaigne zielt bei seiner Untersuchung des beliebigen eigenen Lebens im ganzen auf die Erforschung der humaine condition überhaupt […].“ (Erich Auerbach, *Mimesis*, a.a.O., S. 287.)

gibt es in diesem Bild von Velasquez gewissermaßen die Repräsentation der klassischen Repräsentation und die Definition des Raums, den sie eröffnet. Sie unternimmt in der Tat, sich darin in all ihren Elementen zu repräsentieren, mit ihren Bildern, den Blicken, denen sie sich anbietet, den Gesichtern, die sie sichtbar macht, den Gesten, die die Repräsentation entstehen lassen. Aber darin, in dieser Dispersion, die sie auffängt und ebenso ausbreitet, ist eine essentielle Leere gebieterisch von allen Seiten angezeigt; das notwendige Verschwinden dessen, was sie begründet, – desjenigen, dem sie ähnelt, und desjenigen, in dessen Augen sie nichts als Ähnlichkeit ist. Dieses Sujet selbst, das gleichzeitig Subjekt ist, ist ausgelassen worden. Und endlich befreit von dieser Beziehung, die sie ankettete, kann die Repräsentation sich als reine Repräsentation geben."[151] Merkwürdig, daß Foucault das Auftauchen einer neuen ἐπιστήμη am Beispiel eines Kunstwerks erläutert und veranschaulicht, da dieses doch offenkundig nicht der Logik wissenschaftlichen Diskurses folgt.

Alles, was sich nicht diesem Schema fügt, wird in die Kategorie des Transitorischen verwiesen, womit auch der Theoretiker der Kontingenz und der Diskontinuität in die Fallen gerät, die solche Schematisierung bereithält; das ist auch nicht weiter verwunderlich, denn Homogenität setzt auch das Denkmodell Foucaults mit seiner Abfolge voneinander losgelöster Diskurslogiken voraus, Homogenität nämlich im synchronen Schnitt, die die internen Ungleichzeitigkeiten im synchronen Paradigma systematisch vernachlässigt, womöglich unter der Rubrik eben des Transitorischen verhandelt. Mag sich das Klassifizierte so nur selten der Klassifikatorik ohne Rest fügen, mögen bei genauerem Hinsehen die Übergänge, Irritationen, die Negative der Diapositive, wenn nicht zahlenmäßig überwiegen, so doch von ihrem inneren Gewicht her dominieren, so ist die Foucaultsche Terminologie gerade wegen ihres formalen Charakters von unschätzbarem Wert, nicht zuletzt im Hinblick auf Montaignes Essayismus, den Foucault in der Vormoderne zu orten sucht.

Wie Starobinski in seiner luziden Studie darlegt, spielen Ähnlichkeit und Repräsentanz, die beiden Kategorien, die Renaissance und ‚Klassik' voneinander unterscheiden, bei Montaigne eine ganz zentrale Rolle. Die Ähnlichkeit ist insofern im Spiel, als diese als Kriterium für die Wahrhaftigkeit der Darstellung gilt. Das ihr gemäße analoge Verfahren, in dem alles zu allem in Beziehung gesetzt wird, findet bei Montaigne vielfache Anwendung. Vor der klassischen ἐπιστήμη erscheint die Welt als ein Buch und jedwede Auseinandersetzung mit ihr als ein Kommentar. Auch wenn Montaigne gegen das Bücherwissen seiner Zeit polemisiert, so ist er doch Teil dieser ἐπιστήμη. Man befindet sich in einem „Raum der Enzyklopädie und der Bibliothek", „der die geschriebenen Texte nach den Figuren der Nachbarschaft, der Verwandtschaft, der Analogie und der Subordination anzuordnen" gestattet, die die Welt vorschreibt. „Was Gott in der Welt niedergelegt hat, sind geschriebene Worte."[152]

Montaignes kritische Anmerkungen über den wissenschaftlichen Betrieb seiner Zeit (dem er ebenso zu entkommen trachtete, wie den religiös-politischen Querelen) interpretiert Foucault als „Definition der unvermeidbaren Beziehung, die die Sprache des sech-

151 Michel Foucault, *Die Ordnung der Dinge*, a.a.O., S. 45.
152 Ebd., S. 70.

zehnten Jahrhunderts mit sich unterhielt".[153] Foucault denkt vor allem an jene prominente Sentenz aus dem dreizehnten Essay des dritten Buches, in dem es protopostmodern heißt: „Es kostet mehr, die Auslegung auszulegen als die Sache selbst, und es gibt mehr Bücher über Bücher als über irgendeinen anderen Gegenstand. Wir machen nichts als Anmerkungen übereinander."[154] Montaigne macht freilich nicht nur Anmerkungen über andere und anderes, sondern trachtet danach, dem Zwang solcher Logik zu entkommen, diesem „Gewebe aus Worten und Zeichen, aus Berichten und Merkmalen, aus Reden und Formen"[155], auch wenn er immer wieder in seiner Redseligkeit von ihr eingeholt wird. Sein Mißtrauen ist es, das ihn daran hindert, allen phantastischen Berichten über das Unbekannte etwa Glauben zu schenken.

Nur von sich selbst zu sprechen, das erscheint als eine verlockende Alternative zum ewigen Kommentieren der anderen. Aber zunächst läßt sich davon nur in den vorgestanzten diskursiven Formen sprechen, erst allmählich wird der Verweis auf die antiken Lebenslehren zum Beiwerk, verliert er seine strategische Bedeutung – und zwar in jenem Maße, als klar wird, daß das Ergebnis des Schreibens nicht die Ruhe, sondern die Permanenz der Erfahrung ist, sozusagen auf offener See. Nicht mehr nur als Zuschauer, sondern auch mittendrin. Unübersehbar aber auch die Bedeutung der Repräsentanz, wie sie durch visuelle und pikturale Metaphern noch unterstrichen wird. Schon in der Anrede stellt sich der Autor vor den Leser hin und vor ihm auf, freimütig und ungeziert, wie es heißt, schlicht, natürlich, gewöhnlich. Aber doch ist es zugleich die Darstellung, der „Putz" und die „zurechtgelegte Haltung", die ästhetische Gestaltung, der Akt des Schreibens, der das Unternehmen legitimiert. Die Absage an den Putz ist eine an die Konvention, nicht eine an die Repräsentanz überhaupt.[156] Starobinski hat seinerseits das Verfahren Montaignes mit der Porträtierkunst verglichen: „Wir lesen ein Porträt; aber der Maler hat sich nicht vergessen machen wollen; der Akt des Beobachtens und Darstellens bildet seinerseits den Gegenstand einer Darstellung. Das ‚Register' wird uns den Maler bei der Arbeit zeigen, dem Spiegel oder der Leinwand gegenüber, auf der ein der Vollendung entgegengehendes Selbstporträt sich abzeichnet. Der Autor macht sich in

153 Ebd., S. 73.

154 Ebd.; vgl. Montaigne, *Essais,* a.a.O., S. 848: „Wir haben mehr damit zu schaffen, die Auslegung auszulegen, als die Sache selbst, und mehr Bücher über Bücher als irgend einen anderen Gegenstand: wir tun nichts anderes, als uns gegenseitig zu kommentieren." In dieser Perspektive ist Philologie nicht bloß ein spätes Phänomen, ein Produkt eines historischen Überhanges, sondern sie ist schädlich, weil sie die Rückwendung zu sich selbst beeinträchtigt, sie ist gefährlich, weil sie Streit und Gezänk stiftet.

155 Michel Foucault, *Die Ordnung der Dinge*, a.a.O., S. 72.

156 So schreibt Jean Starobinski unter Hinweis auf Montaigne: „Sich selbst malen aber ist eine Kunst und kann nicht umhin, in der einen oder anderen Form zum Kunstgriff Zuflucht zu nehmen." (Starobinski, *Montaigne*, a.a.O., S. 58.) Starobinski beruft sich dabei auf den Essay *Über die geistige Übung,* wo es u. a. heißt: „Es gibt keine Darstellung, die der Darstellung seiner selbst an Schwierigkeit gleichkommt, doch gewiß auch nicht an Wert! Immerhin muß man sich erst kämmen, muß sich zurichten und bürsten, um sich öffentlich zu zeigen. So aber putze ich mich ohne Unterlaß; denn ich stelle mich ohne Unterlaß dar." (Montaigne, *Essais*, a.a.O., S. 365; vgl. auch die Interpretation der Demaskierungsabsicht Montaignes: Starobinski, *Montaigne*, a.a.O., S. 122f.)

seinem Buch als distinkt bemerkbar, wenn er auch solidarisch mit ihm ist; umgekehrt schließt das Buch, in seiner immerwährenden Unvollkommenheit, den Autor als Richter über seine Unvollkommenheit ein."[157]

Die „reine Repräsentation", in der das Zeichen für das Abwesende (oder den Abwesenden bzw. die Abwesende) steht, setzt ästhetisch (im Falle also des Bildes von Velasquez) oder wissenschaftlich die Existenz eines Gegenübers voraus, ganz im Sinne der (späteren) ‚klassischen' Subjekt-Objekt-Philosophie und der ihr zugrundeliegenden methodischen Reduktion. Diese methodische Reduktion ist im Falle der essayistischen Epistemologie unmöglich. Das „unendliche Schäumen der Sprache" (Foucault) hat im Falle Montaignes seine Ursache nicht so sehr in der Logik des endlosen, vorklassischen Kommentars als vielmehr in dem durch die sprachlich vermittelte Introspektion in Gang gesetzten Prozeß, der am ehesten durch eine kreisläufige Bewegung um sich selbst zu beschreiben wäre, wobei Ausgangspunkt und vorläufiger Endpunkt sich stets überlagern. Die Verdoppelung des Subjektes durch die Selbstbeobachtung, die es zugleich konstituiert, führt dazu, daß man nicht bleibt, wer man ist. Das Experiment verändert den Experimentierenden, der doch zugleich im Experiment befindlich ist. Damit unterscheidet sich der intrasubjektive Selbstbezug grundsätzlich sowohl von der vergegenständlichten gegenständlichen, ‚objektiven', wie selbst noch von der intersubjektiven, durch Nähe und Distanz, Vertrautheit und Fremdheit gekennzeichneten Konstellation. Keine ist aus der anderen abzuleiten.

„Ich habe ein Wörterbuch ganz für mich allein", heißt es einmal in dem Essay über die Erfahrung, ein Wörterbuch, das weder auf das Buch der Welt (der Natur und des Lebens) noch auf das klassische Modell der Repräsentanz, in dem das Bezeichnete kommentarlos vom Bezeichnenden vertreten ist, abzubilden war. Montaigne dürfte der erste gewesen sein, der die tiefe Paradoxie der Selbsterkundung erkannt hat. Zwar hat er immer wieder auf die beiden Möglichkeiten, auf das Buch des Lebens und auf die Repräsentanz zurückgegriffen, und sei es auch nur aus lebenspragmatischen Gründen. Montaigne war ein Homöostatiker, er war den Gespenstern durchaus abhold und sann auf Mittel, nicht in Krankheit oder Wahnsinn zu fallen. Aber die ständige Anwesenheit der Melancholie, die nicht selten eine untergründige Anwesenheit ist und die durch das „Wörterbuch ganz für mich allein", das Schreiben also im Sinne einer Anthropologie aus der Innenlage zum Vorschein kommt, daher keineswegs (wie vielleicht ursprünglich erhofft) gelindert, sondern eher gesteigert wird, ist ein Indiz für die Aussichtslosigkeit eines Unterfangens, die zugleich deren Wahrhaftigkeit ausmacht.

Foucault zufolge ist die klassische ἐπιστήμη, „die allgemeine Herrschaft der repräsentativen Zeichen"[158], durch eine binäre Semiotik charakterisiert, die – Foucault denkt an die Sprachschule von Port-Royal – das Zeichen binär definiert, als „Verbindung eines Bezeichnenden und eines Bezeichneten"[159], während das abendländische Modell zuvor auf einer „tiefen Zusammengehörigkeit der Sprache und der Welt" basiert habe. Das erforderte indes eine viel komplexere Organisation der Zeichenstruktur, die Foucault als ternär bezeichnet: „Sie ist ternär, weil sie sich des formalen Gebietes der

157 Starobinski, *Montaigne*, a.a.O., S. 53.
158 Michel Foucault, *Die Ordnung der Dinge*, a.a.O., S. 75.
159 Ebd., S. 74.

Zeichen, dann des Inhalts, der durch diese Zeichen signalisiert wird, und der Ähnlichkeiten bedient, die diese Zeichen mit den bezeichneten Dingen verbinden. Aber da die Ähnlichkeit ebenso die Form der Zeichen wie ihr Inhalt ist, lösen sich die drei getrennten Elemente dieser Distribution in einer einzigen Figur auf."[160] Auf die Binnenstruktur der Montaigneschen Essays übertragen, könnte man sagen, daß diese weder dem klassischen binären noch dem vorklassisch ternären Muster entsprechen, jedenfalls nicht in diesem traditionellen Sinne.

Montaignes Vorgehensweise – und das mag auch seinem eher vorsichtigen Naturell entsprechen – ist eher tastend, weder die ‚Form der Zeichen', das ‚Wörterbuch' noch der ‚Inhalt' stehen fest, können also nicht a priori (im Sinne des τυγχάνον) aufeinander bezogen sein. Nicht das Zeichen, die ‚Repräsentation', und nicht das Bezeichnete, das Repräsentierte, der Landedelmann Montaigne (und sein keineswegs herausragendes Leben), stehen im Mittelpunkt der *Essais*. Montaigne weiß, daß weder das Eine noch das Andere sein letztlich doch öffentliches Unterfangen rechtfertigen würden. Er ist sich des Risikos durchaus bewußt, deshalb ist seine Versicherung, daß es sich um ein Buch für nur wenige Leser handelt, durchaus ernst gemeint, zumindest eine vorsorgliche Abwehrmaßnahme. Das Gelingen seines Projekts hängt ganz und gar vom *Prozeß* ab, der innerhalb des gespaltenen Subjekts sich abspielt: ob es gelingt, diesen weniger zu repräsentieren, als ihn glaubwürdig zu gestalten. In der Sprache Foucaults könnte man sagen, daß hier Zeichen gesetzt werden durch die Sprache und durch die Sprache hindurch, voraussetzungslos, eine Erkenntnis, die durch die Einfälle der Sprache zustande kommt. Die Sprache schäumt, weil sie entbunden ist. Die Frontstellung gegen jeden vorgeordneten Diskurs ist für den essayistischen conditio sine qua non. Statt in den Schoß der gelehrten Musen gerät man dabei in eine endlose Bewegung, konstituiert sich ein zweites Mal ein ‚Subjekt', ohne daß man doch Herr seiner selbst wäre. Darin liegt, wenn man will, ein utopisches Moment einer bescheidenen, nicht-omnipotenten Vernünftigkeit.

Wir sprechen von der Tendenz, die solcher Essayistik innewohnt, von dem, was ihr heute noch eine gewisse Aktualität verleiht, nicht von dem, was Montaigne mit seinen Zeitgenossen verbindet, sondern von dem ästhetischen, philosophischen und psychologischen Überschuß, der ihn uns in gewisser Weise zum Zeitgenossen macht, nicht nur zum Gegenstand unermüdlicher und gewiß redlicher Philologie. Bei Montaigne, dem Schöpfer und Theoretiker des Essays,[161] sind im Ansatz alle Elemente vorhanden, die in der ästhetischen Moderne seit der Romantik und über die enge Gattungsbestimmung hinaus mit dem essayistischen Sonderdiskurs verbunden sind: Mißtrauen gegen die wissenschaftliche ‚Ordnung der Dinge' und Abneigung gegen jedwedes System, Hinwendung auf das einzelne Phänomen, auf die Einzigartigkeit der Situation, ein Zurück bzw. ein Hin zu den Dingen (lange vor der Phänomenologie), ein radikal selbstbezügliches und individualistisches Konzept von Wahrheit, Neugierde und Insistenz auf dem Lebensvollzug, eine gewisse Dominanz von Zeichen und Form (die erst die philosophisch entschärfende Integration in den literarischen Betrieb ermöglichte), die Beto-

160 Ebd., S. 75.

161 Hugo Friedrich, *Montaigne*, Bern – München 170, S. 312: „Er ist zugleich der Schöpfer wie der erste Theoretiker des Essayismus."

nung der Kontingenz und das Mißtrauen gegen Nomothetik, kultivierte Melancholie und Einsamkeit, eine gebrochene Subjektivität, der die Erfahrung des Umschlags von Identität in Differenz buchstäblich eingeschrieben ist. Mit der gespaltenen Ich-Konstellation im essayistischen Diskurs hängt ursächlich auch das erstaunliche Spannungsverhältnis zusammen, das durch die Eigentümlichkeit der beiden Ich-Pole gegeben ist, des federführenden, registrierenden und rationalen wie andererseits des befindlich dabei vorgefundenen; eine durchaus methodisch geschulte Vernunft arbeitet sich an irrlichternden Phänomenen ab, denen durch jene nicht beizukommen ist – Rationalität und Mystik. Ich schreibe, also bin ich – ein anderer.

Unsere Analyse eines historisch-zeitlich besehen ersten programmatischen Essayismus hat indes auch gezeigt, daß, obschon der essayistische Diskurs nicht aus dem wissenschaftlichen etwa ableitbar ist (das dürfte wohl unabhängig von der jeweils vorherrschenden ἐπιστήμη gelten), er doch auf diese reagiert. Nur dadurch ist sein zweifelnder, in Frage stellender, negierender Gestus überhaupt verständlich. Über sich selbst zu schreiben, das heißt eben auch: nicht mehr das andere kommentieren zu müssen, Ausstieg aus dem wissenschaftlichen Diskurs, Korrektur, Irritation, Ärgernis. Aufgabe und Verlust des sicheren Bodens ohne beruhigende Rückkehr etwa zu religiösem Glauben.

Wie die Eule der Minerva, so kommt der Essayismus jeweils in nächtlichem Flug, ist ein Geschöpf der Nachzeitigkeit und der Auflösung einer jeweils klassischen ‚Philosophie', sei diese nun platonisch, scholastisch-mittelalterlich oder modern-szientistisch. Die in der Montaigne-Literatur zu Recht hervorgehobenen Krisensymptome waren die Glaubenskriege und eine in jeder Hinsicht erstarrte Wissenschaft. Aber damit wurde auch ein Einspruch antizipiert, der zum einen die moderne Wissenschaft vorbereiten half, indem er den methodischen Zweifel zum integrierenden Bestandteil der modernen Wissenschaft macht, und der zum anderen später gegen deren machtförmige Ansprüche an- und auftreten sollte, gegen die Instrumentalisierung der Welt zu nützlichen Zwecken. Insofern steht der Essayismus seit Montaigne unübersehbar in Frontstellung auch zur modernen, empirischen Wissenschaft, wurde Teil eines literarischen Diskurses, der sich nicht damit abfinden mochte, daß die Wissenschaft hinsichtlich Mensch und Welt das letzte Wort behalten sollte, der sich gegen deren überaus erfolgreichen Reduktionismus zur Wehr setzte, wie Starobinski schreibt: „In eben dem Augenblick, da sich die ‚kopernikanische Wende' unangefochten in der physikalischen Realität durchsetzte, hat die *Literatur* den Status erhalten, der sie bis zur Moderne charakterisiert: sie ist der Zeuge einer ‚inneren' Erfahrung, einer Macht der Einbildungskraft und des Gefühls, der das objektive Wissen nicht beikommt; sie ist der reservierte Bereich, in dem die Evidenz des Gefühls und der Wahrnehmung das Recht hat, als ‚persönliche' Wahrheit zu obsiegen."[162]

Starobinski spricht in diesem Zusammenhang von einer „Moral der Verweigerung", die man wohl überhaupt als konstitutiv für den ästhetischen Modernismus ansehen kann. Überraschend ist, daß diese Verweigerung über den Reservatbezirk des Privaten hinaus gesellschaftlich Bedeutung erlangt. Starobinski erläutert dies am Beispiel der prononcierten Gegenwärtigkeit bei Montaigne, die, oft als konservativ gedeutet, im Span-

162 Jean Starobinski, *Montaigne*, a.a.O., S. 442.

nungsverhältnis zu einer aufklärerischen und szientistischen „Vorstellung einer von der menschlichen Aktivität gewollten und *produzierten* kollektiven Zukunft“[163] steht.

Diese „Absenz von historischer Hoffnung, die lange anachronistisch angemutet hat“, gewinnt, so Starobinski, „eine auffallende Aktualität zurück angesichts einer fortdauernden Krise des Geistes der Moderne und seiner Folgen, die nun nicht mehr nur unter dem Gesichtspunkt von Errungenschaften zu diskutieren sind“. Was prämodern war, gewinnt nun ‚post-modern‘ an Aktualität. „Die Regung der Abkapselung in der Gegenwart, die bei Montaigne als Ausdruck einer prä-modernen Geistesverfassung aufgefaßt werden kann, taucht in aktualisierter Form in einer ‚post-modernen‘ Situation erneut auf.“[164]

In dieser historischen Situation werden der Rückgriff auf sinnliche Gewißheiten und den Körper als das einzig relevante Medium von Erfahrung, die Betonung des Augenblicks – philosophisch wie lebenspraktisch – zu Maximen eines methodisch eher ungeklärten Essayismus, der selbst noch einmal kommentarischen Charakter hat, auch dort, wo er sich originell gebärdet, weil Philosophie einer ganz bestimmten Machart in den Sog einer ihrerseits längst ihrer inneren Antriebe beraubten Avantgarde oder Transavantgarde-Idee geraten ist – dagegen noch einmal die historischen Heerscharen der Philosophie zu bemühen oder das Projekt der Aufklärung überbieten zu wollen, dürfte theoretisch wie geschichtlich wenig einbringen. Anstößig war die ‚Moral der Verweigerung‘ von jeher, dies erklärt auch die imposante Schar prominenter Gegner einer prinzipiellen Skepsis, einer Verweigerung, die mehrere Dimensionen hat: die Zeit, den Ort gesellschaftlichen Handelns, den Ort der Wahrheit. Die Provokation, die die ‚moralische Verweigerung‘ fortgesetzt ausübt, hat ihr Ziel erreicht, hat ihre Adressaten gefunden – von Pascal bis Horkheimer.

Horkheimers „hämische Studie“ (Starobinski) gipfelt in der Anschuldigung, bei Montaigne bestehe die „Tendenz, die Wahrheit der Macht unterzuordnen“.[165] In dem 1938, unter dem Eindruck des historischen Triumphs von Faschismus und Nazismus, verfaßten Aufsatz versteigt sich der Begründer der ‚Frankfurter Schule‘ zu der These, daß die „zynische und begeisterte Skepsis des Faschismus der idealistischen Skepsis des letzten Jahrhunderts“ (die Horkheimer durchaus in der Tradition Montaignes sieht) „überlegen“ sei, „sofern nun die Religion der Macht und ein brutaler Realismus besser zum Aufrechterhalten der sozialen Hierarchie als das Christentum passen“.[166]

Unklar, was hier die Zuschreibung des Überlegenen bedeuten soll. In der trotzigen Behauptung von der Überlegenheit des Faschismus „über die liberalistische Umwelt“ steckt, bei aller Berechtigung der Kritik an den Unzulänglichkeiten insbesondere des Liberalismus der Zwischenkriegszeit, ein politischer Trotz, von dem man mittlerweile weiß, daß er sich politisch nicht auszahlt, ja daß er den Untergang der bürgerlich-liberalen Verfassung noch beschleunigt hat, ohne doch einem geschichtlich Besseren Platz zu machen. Deren – zeitweilige – Beseitigung wird an keiner Stelle der Studie bedauert. Wie differenziert auch immer, argumentiert Horkheimer hier im Sinne einer exakt

163 Ebd., S. 445.
164 Ebd., S. 449ff.
165 Max Horkheimer, a.a.O., S. 109.
166 Ebd., S. 131.

durchgeführten Marxschen Terminologie; das zeigt nicht zuletzt die nahtlose Verknüpfung ökonomischer, sozialer und politischer Kategorien.

Der Ausgangspunkt der Analyse von Montaignes Essayismus, den Horkheimer, der Hegelschen *Phänomenologie* folgend, unter der Rubrik des skeptischen Denkens faßt, ist sozialgeschichtlicher Natur; das ist insofern sinnvoll, als Lebensvollzüge, auch da, wo sie sich wie im Falle Montaignes individuell profilieren, stets sozialer Natur sind. Fraglich indes, ob der Hinweis auf die ökonomisch privilegierte Situation wirklich eine hinreichende Bedingung ist und ob nicht die Fähigkeit zur Selbstorganisation und zu reflektierter Lebensführung im Sinne eines Bildungsprivilegs zu Buche schlagen. Im historischen Fall bedingen sich ökonomische Vorrangstellung, die geräumige soziale Stellung und der Grad an Bildung wechselseitig. Wie ein Blick auf die gegenwärtigen westlichen Gesellschaften zeigt, gilt dieser Zusammenhang nicht automatisch: längst sind Mobilität, Wohlstand, Bildung und Selbstbestimmung unabhängig voneinander bestehende Leitbilder, die zuweilen auch in Konkurrenz zueinander treten. Historisch gilt, daß gelungenes Leben im zukunftsweisenden Sinn unter dem Stigma des Klassenprivilegs steht, und zwar bis in die heutige Zeit hinein. Fraglich, ob es moralisch legitim ist, den, der die Möglichkeiten wahrnimmt, die sich ihm bieten, unterschwellig zu verurteilen, so als ob die Nicht-Wahrnehmung dieser privilegierten Möglichkeiten, wie sie nun einmal ein französischer Landedelmann des 16. Jahrhunderts besaß, für den einzelnen wie für das Kollektivum einer historisch sich abmühenden Menschheit eine positiv-egalisierende Wirkung hätte zeitigen können. Durch den Hinweis auf das Klassenprivileg läßt sich der Wert eines Lebensexperiments (und als solches stellt sich uns der Essayismus als sozialer Lebensvollzug dar) nicht dementieren, nicht einmal ethisch. Ein Versuch ist in der Welt, der zur Nachahmung reizt und der von heute aus betrachtet nicht mehr auf unüberwindliche Klassenschranken stößt, wie sie durch die Borniertheit traditioneller Lebensverhältnisse gegeben sind.

Horkheimer faßt die Montaignesche Skepsis im Sinne der historischen Krise: Niedergang und Übergang. Der Relativismus der spätantiken wie der frühbürgerlichen Skeptiker bedeutet Auflösung der Ordnung, der philosophischen wie gesellschaftlichen, der klassischen antiken Philosophie und ihrer Urbanität wie der geschlossenen mittelalterlichen Gesellschaft und ihrer scholastischen Denksysteme. Montaignes Essayismus wird unter der Kategorie des Bürgerlichen verhandelt, als Folge eines „unsinnigen Emporschraubens des Bürgertums", wie es Horkheimer für die spätantike Gesellschaft diagnostiziert hatte.[167] Indem aber die protestantische „Introvertierung der Massenwünsche" ebenso wie die gelassen-distanzierte Existenz eines Montaigne der Kategorie des Bürgerlichen unterstellt werden, wird der Begriff über die Maßen gedehnt, verliert an sozialer Prägnanz. Schematisch auch die Gegenüberstellung, die den Katholizismus als reaktionären Block umstandslos einem historisch progressiven Protestantismus gegenüberstellt, wo doch Horkheimer wie schon Montaigne zuvor konstatiert, daß die Auseinandersetzung um die Macht längst ihren religiösen Charakter verloren hatte wie später auch im Dreißigjährigen Krieg.

Aus dieser Perspektive muß Montaigne sehr schlecht aussehen, als einer, der, frei von moralischen Skrupeln, ohne verbindlichen Wahrheitsanspruch, sich letztlich dem mäch-

167 Ebd., S. 97.

tigeren Katholizismus unterwirft: „Wo der Gegensatz zwischen der Religion und den Zuständen in der Wirklichkeit ernstgenommen und entweder bis zur Negation der Religion oder der Wirklichkeit fortgeschritten wird, was bei den wahrhaft religiösen Denkern so wie bei den militanten Atheisten der Fall ist, entsetzt sich der Skeptiker.“[168]

Heute, da die Logik der Neuzeit insgesamt sichtbar vor unsere Augen tritt, wird man sich, ganz unreaktionär, zu fragen haben, ob die Erfolglosigkeit, das historische Scheitern chiliastischer Gruppen im Umfeld des Bauernkrieges oder militanter Atheisten uns nicht vor Schrecknissen bewahrt haben, vor Schrecknissen, die uns dann, in freilich sehr modifizierter Form, im 20. Jahrhundert ereilt haben. Denn so unterschiedlich Kommunismus und Faschismus auch sein mögen (die Gleichsetzung ist weder theoretisch noch ethisch legitim), so haben beide von den Quellen dieser heroischen Strömungen gezehrt: Auserwähltheit, totalisierender Wahrheitsanspruch, ein dynamischer, beinahe zu allem entschlossener Aktivismus. Wo dabei der ‚totale Nihilismus‘ zu verorten ist, ist keine abgemachte Sache mehr; es kommt wohl auf die Ebene an: nihilistisch ist der Essayismus nämlich, wie Horkheimer an anderer Stelle konzediert, in einem entscheidenden Punkt nicht – gegenüber dem einzelnen Menschen, ja sogar gegenüber jedweder Kreatur.[169] Unübersehbar in der Tat ein Zug des Bürgerlichen im heutigen, nicht im protestantischen Sinn: die Abneigung, sich zu exponieren, die Haushaltung von Körper und Seele, die private Ökologie um sich selbst; aber im Mißtrauen gegen Betriebsamkeit, gegen soziale Vereinnahmung und in der Polemik gegen das bloße Nützlichkeitsdenken schwingt etwas mit, was sich schlecht mit der Zuschreibung des Bürgerlichen verträgt. Das gilt auch für die müßiggängerischen Optionen, die Abneigung gegen wirtschaftliche Tätigkeit, das Desinteresse an Projekten, die präsentische Existenz, die sich Montaigne programmatisch verordnet. Nicht unnötig hinzuzufügen, daß die dramatische Öffnung des Zeithorizonts, das, was einmal Fortschritt heißen wird, in dieser Form dem Menschen am Sprung in die Neuzeit nahezu unbekannt ist. Die ἀταραξία Montaignes, die „behagliche Einrichtung des seelischen Inneren“, die Zurückhaltung im Urteil und im Handeln bedeuten keinen Einspruch gegen die zur Geschichtsmacht gewordene Zeit, sondern reagieren auf einen wahnwitzigen Krieg, der im Namen der Wahrheit geführt wird, einer Wahrheit, die aus Montaignes Perspektive unentscheidbar ist und die sehr schnell zum Vorwand eines Machthandelns wird. Ausgangspunkt ist also die Erfahrung der Ohnmacht, individuell wie historisch.

Wie kann man dabei anständig handeln, ohne selbst zugrunde zu gehen? Und wie kann man als einflußreicher Mann, etwa als Bürgermeister von Bordeaux, dazu beitragen, das unsinnige Blutvergießen zu beenden oder zumindest zu verkürzen? Das bedarf einer Einstellung, einer Haltung. Montaigne identifiziert sie ein gutes Stück mit der eines Adeligen, der freilich nicht mehr mit dem Schwert kämpft, sondern mit der Rhetorik des Wortes. Insofern entfalten die *Essais* auch einen politischen Diskurs, der über die Frage, wie man ohne Wahrheit (im alten Sinn) gleichwohl in der Wahrheit leben kann, sich einem Handeln verschreibt, das der Verhinderung und der Vermeidung gilt, das gänzlich unheroisch ist und keinerlei Meriten aus vermeintlichen Ruhmestaten ziehen will.

168 Ebd., S. 120.
169 Vgl. ebd., S. 124.

Kann man überhaupt handeln ohne übergeordnetes Ziel? Erstaunlich, daß Montaigne zuweilen das Handeln als einzige Form der Entäußerung ansieht, die dem Menschen zeigt, wie er ist. Um sich zu erkennen, muß der Mensch tätig sein, wobei der schreibende Mensch selbst als tätiger Mensch aufzufassen wäre. Andererseits ist unübersehbar, daß der Verfasser der *Essais* persönlich wie programmatisch die Verstrickungen scheut, die – um ein modernes Wort zu gebrauchen – das Engagement für die Sache mit sich bringt. Und wenn nun die ‚Sache' man selbst ist? Und beinhalten das Nicht-Handeln, das Unterlassen und die Unentschlossenheit nicht selbst einen Handlungsmodus, der diskutierbar wird, sofern man nicht den positiven Akt des Handelns von vornherein als kategorisches Gebot auffaßt? Aber was sind die Kriterien des eigenen Handelns, wenn die verbindlichen Handlungsmaximen nicht mehr durch religiöse oder religionsähnliche ‚Wahrheiten' legitimiert, wenn sie nur mehr bloße Konventionen sind, die man zunächst, aus Vorsicht und Mißtrauen, akzeptiert, weil unsicher ist, ob neue Spielregeln im menschlichen Zusammensein besser sein werden als die bewährten?

Etiketten wie ‚liberal' und ‚konservativ' verfehlen hier ihre Berechtigung, nicht nur weil sie anachronistisch sind. Ohnehin lassen sich aus Montaignes Werk ‚linke' wie ‚rechte' Tendenzen herauslesen: Abneigung gegen Gewalt, Herrschaft und Unterdrückung und ein keineswegs prinzipielles Eintreten für eine Ordnung, die zwar nicht gut ist, aber doch viel schlechter sein könnte, halten sich die Waage. Aber, radikal historisch gefragt: Was konnte ein Mensch im 16. Jahrhundert tun, der nicht mit den großen Heerscharen seiner Zeit mitmarschieren wollte, nicht zuletzt weil er die Blutspur verabscheute, die deren Straßen und Wege säumte?

Daß Montaigne die Wahrheit der Macht zuliebe beugte, ist, fern jeglicher Idealisierung, unhaltbar. Er hat sie nicht einmal dem friedlichen Ausgleich zuliebe zurechtgerückt, so sehr er um diesen diplomatisch bemüht gewesen ist. Montaigne war ein Mensch, der den Glauben an das, was Wahrheit hieß, verloren hatte. Sein Essayismus ist Ergebnis einer übergreifenden Vertrauenskrise, die die gesamte ἐπιστήμη und den gesamten Glauben umfaßt. Von hier sind keine Letztbegründungen mehr zu erwarten; was bleibt, ist der Rückzug und der Rückbezug auf ein sich stets vergegenwärtigendes Ich, auf das Ich, das durch und im Zweifel ist.

Ohne Wahrheit kann man nicht wahrhaft handeln, wird der Maßstab des Handelns beliebig, getragen allein von dem hilflosen Schilfrohr im Wind, dem melancholischen Ich, das selbst eigentlich schon handlungsohnmächtig ist, das handelt ohne eine klare Vorgabe von Notwendigkeit, außer jener einen, daß aus der Selbstbeschäftigung mit sich selbst so etwas wie ein kategorischer Imperativ entstand, es zunächst mit dem Gegenüber auch so zu halten wie mit sich selbst! In ihrer Eigendynamik entfaltet diese Introspektion induktiv, vorsichtig tastend eine allgemeinere, nicht fest umrissene Anthropologie aus der Innenlage, die sich im konkreten Mitleid manifestiert und die wenig Neigung zeigt, das Konkretum einem Abstraktum zu opfern. Daß es der Logik des Opfers zu entkommen trachtet, ist womöglich das größte Verdienst solchen Denkens.

Ohne Wahrheit kann man nicht nur nicht wahrhaft handeln, sondern auch nicht wahr denken. Das wäre der zweite Einwand vor dem Gerichtshof der Philosophie. Die zweite Anschuldigung fällt nicht gelinder aus als die erste (Handlungslosigkeit, die die Dinge im Zustand des Unrechts beläßt), und Horkheimer hat sich dabei nicht gescheut, das

Denken Montaignes in die Nähe des Krankhaften zu rücken, wenn er schreibt: „Die Skepsis ist eine krankhafte Art intellektueller Unabhängigkeit, sie ist gegen Wahrheit und Unwahrheit immun.“[170]

Mit dieser harschen Zurückweisung steht der Frankfurter Philosoph in einer prominenten Tradition der Verwerfung eines Denkens, in dem die Skepsis in der Sache mit der ästhetischen Form des Fragmentarischen zusammenfällt, verknüpft durch eine Haltung des Zögerns und der selbstbewußten noblen Zurückhaltung. Der Vorwurf von Kritikern wie Pascal und Hegel gipfelt in dem Verdacht eines obszönen Umgangs mit der Wahrheit. Während Pascal direkt attackiert und daraus seine eigene Position bestimmt, setzt sich Hegel, ohne den Namen Montaignes überhaupt der Erwähnung wert zu finden, mit dem Phänomen eines unabgeschlossenen Denkens auseinander, das von der Erfahrung der Unbegreiflichkeit der Welt lebt, jenseits der Alternative von sicherem Glauben und von unverrückbaren wissenschaftlichen Einsichten.

Interessant ist Hegels Kritik vor allem deshalb, weil in seinem philosophischen Gebäude sowohl der Zweifel als auch die Erfahrung eine ganz herausragende Rolle spielen, freilich in einem völlig anderen Sinn als bei Montaigne. Von daher muß Hegels Beurteilung dessen, was hier unter dem Begriff des Essayismus gefaßt wird, zwangsläufig zwiespältig und widersprüchlich ausfallen. Von „bewußtloser Faselei“ ist im Zusammenhang mit dem skeptischen Bewußtsein die Rede, aber auch davon, daß dieses Ausdruck eines freien Denkens ist (was für Hegel im Grunde genommen synonym ist: Freiheit und Denken fallen nämlich zusammen).

Das Denken, von dem Pascal argwöhnte, daß es „mit einer Sicherheit, der allein er [Montaigne, M.-F.] feind ist, unmerklich alles, was unter den Menschen als das Sicherste gilt“, vernichtet,[171] wird von Hegel sowohl verworfen wie auch dialektisch vereinnahmt. Der Zweifel wird zum integralen Bestandteil einer sich aus logischer Immanenz entfaltenden dialektischen Bewegung, einer „absoluten dialektischen Unruhe“, die durch die Negation zu immer entwickelteren Formen denkenden Seins führt. In diesem Prozeß ist der Essayismus die „Ataraxie des sich selbst Denkens“. Aufschlußreich ist, wie Hegel Skepsis und Erfahrung aufeinander bezieht. Skepsis bedeutet für ihn „die wirkliche Erfahrung, was die Freiheit des Gedankens ist; sie ist *an sich* das Negative und muß sich so darstellen“.[172] Im Skeptizismus wird sich das Denken seiner Freiheit bewußt, freilich um den Preis, daß es aller Sicherheit und damit aller greifbaren Inhalte verlustig geht.

Die Unruhe des Denkens ist freilich nicht Irritationen geschuldet, die von außen auf es einströmen, sondern liegt im Wesen des Denkens selbst. Der Hegelsche Erfahrungsbegriff steht in einem konträren und unüberbrückbaren Gegensatz zum Erfahrungsbegriff des neuzeitlichen Essayismus, der sich durch den Einbruch des Anderen, Fremden konstituiert. Hegels Vorstellung von Erfahrung ist gewissermaßen ‚autistisch‘. Für ihn geht die Unruhe „nicht aus einem Fremden, das seine vielfache Entwicklung in sich zusammenstürzte, als ein Resultat hervor, welches sein Werden hinter sich hätte; sondern das Bewußtsein selbst ist die *absolute dialektische Unruhe*“.[173]

170 Ebd., S. 140.
171 Blaise Pascal, *Pensées*, a.a.O., S. 116.
172 G.W.F. Hegel, *Phänomenologie*, a.a.O., S. 159.
173 Ebd., S. 161.

Unübersehbar liegt hier ein innerer Erfahrungsweg zugrunde, der seiner Struktur nach religiös ist: abgestufter Aufstieg von den Niederungen der sinnlichen Gewißheit bis zu den Höhen eines geistigen Zustandes, der alle vorhergegangenen Stufen umfaßt und zugleich überschreitet – Selbsterfüllung eines Geistes, der schließlich in sich ruht.

Im Anfang liegt schon der Keim des sich erfüllenden Ganzen, in dieser Bedeutung führt Hegel auch in der *Geschichte der Philosophie* den Begriff der Entwicklung ein. Jedwede Art von Philosophieren gehorcht der Notwendigkeit jenes stufenartigen Aufstiegs, und die wirkliche Geschichte der Philosophie ist die unreine Ausprägung einer von innerer Notwendigkeit getragenen logischen Entwicklung, eines Lernprozesses des Geistes in der Zeit. In diesem Sinne ist der Skeptizismus integrativer, wenn auch überwundener Bestandteil eines sich über Generationen vollziehenden Lernprozesses der Menschheit, die als durchgängiges Subjekt gedacht ist.

Gleichzeitig aber ist in die Methode der dialektischen Aufhebung der systematische Zweifel mit eingegangen, der hilft, dem Schein der Dinge nicht zu trauen. Zugleich aber lauert hinter dem Zweifel, sofern er zum Prinzip sich erhebt, jene „Furie des Verschwindens“, von der Hegel positiv wie negativ fasziniert war.

Das methodische Einführungskapitel zur *Geschichte der Philosophie* macht deutlich, wie sehr Hegel seine Position in Auseinandersetzung mit einem Denken entfaltete, das wir als essayistisch verortet haben. Es ist gerade die Geschichte der Philosophie, „die Schädelstätte des absoluten Geistes“, die dazu zwingt, sich mit relativistischen Auffassungen auseinanderzusetzen.

Eine Grunderfahrung, die den *Essais* Montaignes zugrunde liegt, war, daß schon alles gesagt worden ist und daß es unmöglich geworden ist, in der Fülle von Meinungen zu einer absoluten und verbindlichen Wahrheit vorzustoßen. Es war gerade die Geschichte der (antiken) Philosophie, die Montaigne als illustratives Beispiel für seinen prinzipiellen Zweifel herangezogen hat.

Gegen die Vorstellung, daß die Geschichte der Philosophie nur ein Vorrat von Meinungen sei, ist ihre Hegelsche Interpretation geschrieben, gegen die These von der Nichtigkeit und Relativität des Denkens, gegen die Auffassung von der Unentscheidbarkeit des Wahrheitsgehaltes von theoretischen und philosophischen Systemen. Im Hinblick darauf ersetzt der Essayismus die Unterscheidung von richtig und falsch durch jene der Aktualität.[174]

Wie aber diesem ‚Abgrund des Zweifels‘ entgehen? Die dialektische Denkfigur ermöglicht es, den Eigenwert des jeweiligen Denkens zu respektieren (wie es der skeptische Relativismus fordert), ohne doch in dessen Bodenlosigkeit, in dieses Meer von

174 Zynisch dazu: Robert Musil, *Der Mann ohne Eigenschaften*, Kap. 62 (in: *Gesammelte Werke*, a.a.O., Bd. I, S. 247–257): „Auch die Erde, namentlich aber Ulrich, huldigt der Utopie des Essayismus“: „Und so wenig man aus den echten Teilen eines Essays eine Wahrheit machen kann, so vermag man aus einem solchen Zustand eine Überzeugung zu gewinnen […]“ (S. 255). Im Roman wird dies sozusagen mit der Erlebnisqualität begründet: „wenigstens nicht, ohne ihn aufzugeben, so wie ein Liebender die Liebe verlassen muß, um sie zu beschreiben“. In diesem Punkt fällt Musil hinter das Reflexionsniveau Montaignes zurück, wenn er den Essay auf subjektive Unmittelbarkeit verpflichtet, was besonders angesichts der krassen Distanzmechanismen des Musilschen Essayismus auffällt.

bloßen Meinungen zu geraten – die Pluralität ist eine Erscheinung in der Zeit, die als Entwicklung und als Lernprozeß des Denkens zu verstehen ist: „Die Mannigfaltigkeit ist im Flusse, muß wesentlich als in der Bewegung der Entwicklung gefaßt werden, ein vorübergehendes Moment."[175]

Noch der Irrtum ist relativistisch zugeordnet jenem Prozeß nämlich, den man als ein Zu-sich-Kommen des Geistes charakterisieren könnte. Geschichte ist so besehen nicht Zerstörung und Überwindung des Alten, sondern die Ausbreitung (eben Entfaltung) der im Denken schlummernden Potenzen. Mit dieser Konstruktion gelingt Hegel auch die (scheinbare) Lösung jenes kniffligen Problems, das sich seit dem Ende der traditionellen Metaphysik stellt: Wie kann ein Denken zugleich relativ, seine Zeit in Gedanken erfassend sein und einen überzeitlichen, allseits gültigen Wahrheitsanspruch für sich beanspruchen, wie ihn Hegel ganz zweifelsohne und vielleicht ein letztes Mal in dieser Konsequenz für das eigene Denken reklamiert hat, um der Obszönität jenes bloßen Meinens zu entkommen, dessen übersehener Vorzug freilich gerade in der Stiftung des integrativen Aktes besteht, daß eben etwas in einem komplexen mentalen Umschichtungsprozeß zum Meinen wird?

Die Wahrheit, die Hegel als vermittelt und deshalb konkret dachte, ist freilich so ungreifbar wie die Wahrheit des Skeptikers, sie transzendiert merkwürdigerweise jede Möglichkeit kritischer Überprüfung. Ob die Geschichte des denkenden Geistes ein Kommen und Gehen von Theorien und Gedankengebäuden darstellt, von denen jede eine gewisse historisch begrenzte Berechtigung hat, oder einen steten Lernprozeß, der der Logik des Nicht-Mehr und noch Noch-Nicht unterliegt, ist auf der Ebene der Faktizität nicht entscheidbar, fällt in den Bereich des Perspektivischen und Interpretatorischen. Obschon einander ausschließend, sind beide Versionen gleichwohl möglich, nicht aber ist zu entscheiden, welcher der Vorzug zu geben wäre.

Möglicherweise beruht die zentrale Bedeutung der Hegelschen Philosophie gerade darin, daß sie eine Antwort auf eine geschichtliche Situation darstellte, die sie doch zugleich antizipierte: sie versuchte einen Damm zu errichten gegen einen Pluralismus, dem alles gleichgültig ist. Der Preis war hoch und letztlich unbezahlbar: die Rückkehr zu einem geschlossenen Denken. Umgekehrt ist der bodenlose Zweifel des Essayismus, der sich bei Montaigne gegen die Übermacht von philosophischer Scholastik und religiöser Dogmatik etabliert hatte, heimlich zur Haupttendenz der späten Moderne geworden. Der Widerpart, auf den er sich polemisch bezog, ist abhanden gekommen, nicht zuletzt auf Grund der essayistischen Auflösung vermeintlich sicherer Denkbestände. Damit ist eine völlig neue Situation beschrieben, und zwar eine paradoxe: die Bodenlosigkeit ist zum Fundament des modern-postmodernen Menschen geworden. Es könnte sein, daß dieser Zustand nicht bloß theoretisch unhaltbar ist, den man mit Kundera als „unerträgliche Leichtigkeit des Seins" bezeichnen könnte. Wie kann man leben, ohne je irgendwo anzukommen, immer dazu verurteilt, nichts und sich selbst nicht entscheiden zu können? Die unerträgliche Leichtigkeit ist die Schattenseite jenes prächtigen Freiheitsgefühls, jenes (vor-)bedingungslosen Denkens, das schon Hegel klarsichtig erkannt hatte.

175 G.W.F. Hegel, *Geschichte der Philosophie*, Bd. I, a.a.O., S. 53.

Die Tafeln der Erfindung
Francis Bacon

In einer Zeit, die sich von Projekt zu Projekt hangelt und in der diese Form abstrakter Geschäftigkeit zu einem ihrer Wesensmerkmale geworden zu sein scheint, ist es üblich geworden, auch die Aufklärung als (abgeschlossenes oder auch unabgeschlossenes) ‚Projekt' zu bezeichnen.[176] So unstatthaft der Vergleich dieser vielen Projekte mit dem sogenannten ‚Projekt der Aufklärung' auch sein mag, birgt dieser Rückbezug doch interessante theoretische Implikationen. So könnte es zum Beispiel sein, daß die vielen Projekte in ihrer atemberaubenden Geschwindigkeit und Selbstläufigkeit den leer gewordenen Platz verdecken, der im nachhinein als das Projekt apostrophiert wird. Damit aber nicht genug, stellt sich die Frage, ob nicht das Projekt in seiner Struktur, die von der Emphase des Neuen herrührt, wirklich das Urbild aller späteren Projekte abgibt, in denen das Neue gleichsam zur luftigen Distanz gegenüber allem und jedem sich verselbständigt. Nur das soll fortan zählen, was neu ist. Das Neue wird zur entscheidenden Qualität, zum Wert an sich, zur Kategorie des Historischen in der Moderne. Wenn es einen Philosophen am Eingang der Neuzeit gibt, auf den die Zuschreibung des Projekte-Machens zutrifft, so ist es Francis Bacon. Wiewohl ihm der Terminus der Aufklärung, also des ‚enlightenment', noch unbekannt ist, hat er doch wie kein anderer an einem monomanen Projekt gearbeitet, das Horkheimer und Adorno sehr viel später als Antizipation einer sich selbst verzehrenden und verkehrenden Dialektik verstanden haben. Und in der Tat gibt es keinen philosophischen Schriftsteller an der Schwelle von der Renaissance zur Neuzeit, der derart konzise Vorstellungen von jenem Neuen hatte, das er heraufziehen sah und als dessen politisch-philosophischen Propagandisten er sich betrachtete; insofern ist seine bezeichnenderweise fragmentarisch gebliebene Utopie *Nova Atlantis*, die uns mit der Vision eines weitverzweigten Wissenschaftsbetriebes konfrontiert, in überraschender Weise modern. Im Hause Salomons werden Forschungen betrieben, die zu Bacons Zeit unbekannt waren: Materialforschung für künstliche Stoffe,

176 Die Formel von der Moderne als einem ‚unvollendeten Projekt' geht auf die Adorno-Rede von Habermas (1980) zurück und ist von ihm auch in seiner Auseinandersetzung mit diversen als postmodern apostrophierten philosophischen Strömungen wieder aufgegriffen worden, so etwa in *Der philosophische Diskurs der Moderne* (1985): Gegen die „rücksichtslose Kritik der Vernunft" wird die Moderne als ein Projekt des Selbstbewußtseins, der Selbstbestimmung und der Selbstverwirklichung offensiv verteidigt. Die Zuschreibung ‚Projekt' charakterisiert die Moderne als solche, als ein unabgeschlossenes *Experiment* in der Zeit, stets bedroht von seinen philosophischen Gegnern fundamentalistisch-konservativen oder anarchisch-ästhetizistischen Gepräges. Vgl. insbesondere den Schlußessay *Der normative Gehalt der Moderne*, in: ders., a.a.O., S. 344–425.

Lebensmittelforschung, Wetterkunde, Tierzüchtung, mathematische Werkstätten, mechanische Werkstätten zur Erfindung von Flugzeugen, U-Booten und Automaten – die Träume einer Vernunft, die noch nicht zur Welt gekommen war.[177] Wegen dieser vorwegnehmenden Bildmächtigkeit, die ironischerweise im Widerspruch zur eigenen programmatischen Bilderfeindlichkeit steht, und wegen der freilich oft entstellt wiedergegebenen These vom Wissen als Macht, ist er zum Feindbild für all jene geworden, die aus den verschiedensten Perspektiven Kritik am ‚Projekt der Aufklärung' und insbesondere an der szientistisch-technischen Ausrichtung der modernen kapitalistischen Gesellschaft geübt haben. Sein politischer Sturz infolge einer Bestechungsaffäre wie seine vielfältigen Verquickungen in der Welt der Macht und des Geldes haben ihn in den Augen vieler Nach-Denker vollends diskreditiert. Der persönliche Fall lieferte den Beweis für den Unmut an einer Philosophik, die sich zu weit in die Nähe der Macht wagte und die von ihr verschlungen wurde.

Gleichwohl, wer über die Neuzeit und den Anbeginn der neuen Philosophie meditieren will, über ihre Antriebe, Hoffnungen, Motive und strategischen Überlegungen, der kommt an Lord Bacon, Baron von Verulam, „dem Heerführer der Erfahrungsphilosophen"[178], dem Macho-Philosophen[179], dem Inbegriff einer bis zur Unkenntlichkeit verformten Aufklärung schwerlich vorbei.

Es ist kein Zufall, daß Hegel in seinen *Vorlesungen über die Philosophie der Geschichte der Philosophie* die Geschichte der Neueren Philosophie mit Bacon (und als Kontrapunkt mit Böhme) einsetzen läßt. Hegels zwiespältige Haltung zu Bacon ist dialektisch austariert, obschon die ressentimenthafte Ablehnung unübersehbar ist, wenn er schreibt: „Bacon wird immer noch als derjenige gepriesen, der das Erkennen auf seine wahre Quelle, auf die Erfahrung gewiesen; er wird an die Spitze des empirischen Weges des Wissens gestellt. Und in der Tat ist er eigentlich der Anführer und Repräsentant dessen, was in England Philosophie genannt wird und worüber die Engländer noch durchaus nicht hinausgekommen sind. Denn sie scheinen in Europa das Volk auszumachen, welches auf den Verstand der Wirklichkeit beschränkt, wie der Stand der Krämer und

177 Francis Bacon, *Nova Atlantis* (übers. v. Günther Bugge), Stuttgart 1982, S. 43–58.

178 Zu Bacons unvollendetem Projekt vgl. Benjamin Farrington, *The Philosophy of Francis Bacon*, Liverpool 1964, S. 11–20.
Hegel (*Geschichte der Philosophie*, a.a.O., Bd. III., S. 74f.) hat Bacon daraus persönlich wie theoretisch einen Strick gedreht, wenn er urteilt: „Bei Griechen und Römern lebten die Philosophen für sich in einer Äußerlichkeit, die ihrer Wissenschaft angemessen und würdig schien; jetzt ist diese Absonderung weggefallen, die Philosophen sind nicht Mönche, sondern sind in Ämtern und verflochten in den Zustand der Gegenwart, – in die Welt und deren Gang und Verlauf; so wird nebenher philosophiert – als ein Luxus und Überfluß [...]. Viele gebildete Männer haben über das, was für die Menschen Interesse hat, Staatsgeschäfte, Gemüt, Herz, äußerliche Natur usf., nach der Erfahrung, nach einer gebildeten Weltkenntnis gesprochen und gedacht. Auch Bacon war ebenso ein Weltmann von Bildung, der in großen Verhältnissen, in Staatsgeschäften gelebt, praktisch die Wirklichkeit gehandhabt, die Menschen, die Umstände, die Verhältnisse beobachtet und mit ihnen gewirkt hat, wie gebildete, reflektierende, wenn man will philosophierende Weltleute." Weltkenntnis, auch wo sie ambivalent gesehen wird, erscheint hier gewissermaßen unter Ideologieverdacht, als eine Auslieferung der Philosophie an die praktischen Alltäglichkeiten einer Welt und deren blinder subjektiver Manifestationen.

179 Vgl. das Vorwort von Wolfgang Krohn in *Novum Organum* (Lat.-Dt.), a.a.O., S. X–XIV.

Handwerker im Staate, immer in die Materie versenkt zu leben und Wirklichkeit zum Gegenstande zu haben, aber nicht die Vernunft, bestimmt ist."[180] Die kategoriale hierarchische Differenzierung dient hier der Feindbild-Produktion: einem vergeistigten, deutschen Idealismus steht ein schäbiger, kleinkariert rationalistischer, angelsächsischer Krämergeist gegenüber. Mag wirklich sein, daß Realismus und Pragmatismus zu kurz greifen, aber die Kritik des deutschen Idealismus im Stile Hegels oder Schellings[181] hat deren Möglichkeiten nie ausgeschöpft, sondern stets abstrakt ‚aufgehoben', und zwar undialektisch – entgegen aller philosophischen Beteuerung. Dadurch entging ihm auch die Möglichkeit immanenter Replik, etwa im Hinblick auf die Fähigkeit dieser Erfahrungsphilosophie zu Selbstkritik und Selbstreflexion, und zwar im Kontext eben jener Realität, die die Philosophie Bacons und seiner Nachfolger für sich reklamierten.

Das Leben Bacons erscheint im Lichte dieses mehr als philosophischen Unbehagens, das Thema einer kultursoziologischen Erörterung wäre, als folgerichtige Konsequenz solchen oberflächlichen Pragmatismus. Die Abneigung gegen den Typus, den Bacon verkörpert, wird von Hegel auch offen ausgesprochen: „Bei Griechen und Römern lebten die Philosophen für sich in einer Äußerlichkeit, die ihrer Wissenschaft angemessen und würdig schien; jetzt ist diese Absonderung weggefallen, die Philosophen sind nicht Mönche, sondern sind in Ämtern und verflochten in den Zustand der Gegenwart – in die Welt und deren Gang und Verlauf; so wird nebenher philosophiert – als ein Luxus und Überfluß."

Die Flucht aus der politischen Gegenwart wird – Dilemma der deutschen Innerlichkeit – moralisch prämiert. Das Zerrbild, hier entworfen, wird andernorts korrigiert, kippt überraschend ins Positive um, wenn der von Bacon verkörperten Haltung Weltläufigkeit und Zutrauen der Vernunft zu sich selbst zugeschrieben wird. Positiv bewertet Hegel auch die Überwindung der „scholastischen Weise, aus ganz entfernt liegenden Abstrak-

180 Hegel, *Geschichte der Philosophie*, Bd. III, S. 76. Schärfer fällt das Urteil zu Ende des Kapitels aus: „Bei der Verdorbenheit seines Charakters war er Mann von Geist, klarblickend, hatte aber nicht die Fähigkeit, nach allgemeinen Gedanken, Begriffen zu räsonieren." (S. 90.)

181 Friedrich W. J. Schelling, *Vorlesungen über die Methode des akademischen Studiums*, S. 53f.; Schelling wendet sich hier gegen den Rationalismus der französischen Aufklärung, um sich sodann kritisch über den Pragmatismus zu äußern: „Die andere Richtung, in welche sich die erste [die französische, M.-F.] verliert, und welche die Auflösung alles dessen, was auf Ideen gegründet ist, herbeiführen muß, ist die auf das bloß Nützliche. Nach dem Maßstab desselben wäre die Erfindung des Spinnrads wichtiger als die eines Weltsystems und die Einführung der Spanischen Schafzucht in einem Lande für ein größeres Werk zu achten als die Umgestaltung einer Welt durch die fast göttlichen Kräfte eines Eroberers." Es wäre nicht uninteressant, den hier aufgeworfenen Gegensatz zwischen Nützlichkeit und Weltphilosophismus unter der Perspektive des Gegensatzes Zivilisation – Kultur zu sehen, wie er im deutschen Diskurs so wesentlich geworden ist: Nützlichkeit wäre dem ‚bloß' Zivilisatorischen zuzuordnen, während das ‚Weltsystem' die Leistung einer ‚Kultur' darstellte. Vgl. zur Geschichte des Gegensatzpaares, das selbst für eine Verweigerungshaltung gegenüber dem so widersprüchlichen ‚Prozeß der Zivilisation' steht: Norbert Elias, *Über den Prozeß der Zivilisation*, Bd. I, Kap. 1: *Zur Soziogenese der Begriffe ‚Zivilisation' und ‚Kultur'*, Frankfurt a.M. – Bern 1969, S. 1–64.
Eine ‚große Nation' kann, so Schelling, unmöglich auf dem reinen Nützlichkeitsstandpunkt beharren. Kultur und Philosophie sind heroisch: „Wenn Philosophieren einen Nation groß machen

tionen zu räsonieren, zu behaupten, zu philosophieren, – die Blindheit für das, was vor dem Auge liegt."[182] Die Anerkennung der Realität der partikularen Erscheinungen ist aus der Perspektive Hegels eine conditio sine qua non des eigenen Philosophierens, das sich als den unübersteigbaren Gipfelpunkt der Neueren Philosophie begreift, als ihren Beschluß. So ähnelt Hegels zweideutiges Lob Bacons jenem Marxens auf Kapitalismus und Bourgeoisie. Pragmatismus und Kapitalismus werden als jene motorische Initialzündung der Neuzeit verstanden, die ihr krönendes Ende in der Hegelschen Philosophie bzw. im Marxschen Sozialismus finden sollten. Die Hegelsche Philosophie (auch in ihrer materialistischen Fortführung durch Marx) erweist sich als eine Strategie der Stillstellung und Beendigung der unheimlichen und ambivalenten Prozesse, wie sie durch die Moderne in Gang gesetzt worden sind. Ihr Verhältnis zu dieser ist stets prekär geblieben.

Wer über die Neuzeit, über die ‚Dialektik der Aufklärung' oder – um die Blumenbergsche Gegenposition zu nennen – die ‚Legitimität der Neuzeit' sprechen will, ihre Gesetzmäßigkeiten, Ziele und Hoffnungen beschreiben will, der kommt an Francis Bacon nicht vorbei. Und es zeugt von dessen geistesgeschichtlicher Bedeutung, wenn Horkheimer und Adorno in ihrem wuchtig-programmatischen Einsatz in der *Dialektik der Aufklärung* Bacon als negativen Kronzeugen einer sich historisch nicht einmal verkehrenden, sondern schon von Anfang an verkehrten totalitären Aufklärung anführen: „Die glückliche Ehe zwischen dem menschlichen Verstand und der Natur der Dinge, die er im Sinne hat, ist patriarchal: der Verstand, der den Aberglauben besiegt, soll über die entzauberte Natur gebieten. Das Wissen, das Macht ist, kennt keine Schranken, weder in der Versklavung der Kreatur noch in der Willfährigkeit gegen die Herren der Welt. Wie allen Zwecken der bürgerlichen Wirtschaft in der Fabrik und auf dem Schlachtfeld, so steht es den Unternehmenden ohne Ansehen der Herkunft zu Gebot. Die Könige verfügen über die Technik nicht unmittelbarer als die Kaufleute: sie ist so demokratisch wie das Wirtschaftssystem, mit dem sie sich entfaltet. Technik ist das Wesen dieses Wissens. Es zielt nicht auf Begriffe und Bilder, nicht auf das Glück der Einsicht, sondern auf Methode, Ausnutzung der Arbeit anderer, Kapital."[183]

Die instrumentelle Naturbeherrschung schlägt um in eine nie gekannte Menschheitsbeherrschung: „Was die Menschen von der Natur lernen wollen, ist, sie anzuwenden, um sie und die Menschen vollends zu beherrschen. Nichts anderes gilt. Rücksichtslos gegen sich selbst hat die Aufklärung noch den letzten Rest ihres eigenen Selbstbewußtseins ausgebrannt. Nur ein solches Denken ist hart genug, die Mythen zu zerbrechen, das sich selbst Gewalt antut."[184]

könnte, so wäre es eine solche, die ganz in Ideen ist, die nicht über den Genuß grübelte oder die Liebe zum Leben als erste Triebfeder oben ansetzte, sondern die Verachtung des Todes lehrte und nicht die Tugenden großer Charaktere psychologisch zergliederte" (a.a.O., S. 54). Vor der Zeit ist hier auch schon der ‚hohe' Einwurf gegen die Enttäuschungen durch Psychologie und Soziologie formuliert, die später bis ins Politische hinein virulent werden sollten. Relativismus und Zergliederung gelten als Ausdruck von Niedergang und Zerstörung von Kultur, lange vor Oswald Spengler.

182 Hegel, *Geschichte der Philosophie*, Bd. III, S. 76f.

183 Horkheimer/Adorno, *Dialektik der Aufklärung*, a.a.O., S. 8.

184 Ebd.

Auf die Unschärfen solcher Kulturkritik ist bereits des öfteren hingewiesen worden.[185] Diese korrespondieren mit einer totalisierenden Perspektive, die in ihrer Ausweglosigkeit wiederum mit den Abschließungen des utopischen Denkens übereinstimmen. Demgegenüber ist eine reflektierte Klaustrophobie theoretisch legitim. Noch die vehementesten Befürworter des Neuen, wie Bacon, können nicht umhin, dieses Neue sogleich in Form zu bringen, es festzulegen, einzugrenzen, es zu kontrollieren. Die ‚Nova Atlantis' ist insular über das rein Geographische hinaus, der Kontakt zur restlichen Welt ist kontrolliert. Das totalitäre Moment beruht gerade auf diesen Vor-Schreibungen des Neuen und Unerwarteten, das läßt sich grosso modo auch für die von Bacon verordnete Wissenschaftsmethodik behaupten.

Bacons Bekenntnis zur Herrschaft des Menschen über die Natur weist zunächst einmal nicht über den traditionellen christlichen Kontext hinaus, ist in mancher Hinsicht sogar verhaltener als die Philosophie der Renaissance. Und nicht einmal der vielgescholtene Pragmatismus, die Reduktion der Forschung auf die Zwecke – „Häuser baut man nicht zum Anschauen, sondern zum Wohnen"[186] – ist nicht so durchgängig wie allgemein angenommen. Die an die spätere freimaurerische Bildwelt erinnernde Metaphorik, in der das neue Wissenschaftsprojekt als Restitution und Instauration des Tempels Salomos erscheint,[187] läßt den neuzeitlichen Experimenteur als Nachfahren eines vornehmlich priesterlichen Dienstes an und mit der Natur erscheinen. In Bacons Optimismus stehen die Benevolenzien, die durch die neue Kunstfertigkeit des Erfindens und Entdeckens in Gestalt von Technik und Maschine möglich werden, in keinem moralischen oder epistemologischen Widerspruch zu dem, was man das Glück gelungener Erkenntnis bezeichnen könnte.

Bacons Projekt der großen Instauration von Forschung und Wissenschaft ist keineswegs protokapitalistisch. Im Gegenteil kommt, nicht nur im utopischen Fragment *Nova Atlantis,* ein Geist zum Vorschein, den man lapidar und vereinfacht als ‚Mayflower-Sozialismus' bezeichnen könnte: patriarchal, mit strengen Regeln in Politik, Ethik und Familie, ohne die innovatorische Dynamik von Geld, Kapital und Warenverkehr. Die antikapitalistischen Züge des Projekts sind unübersehbar, weshalb das glückliche Eiland auch vom Rest der Welt abgeschirmt werden muß – ‚Sozialismus' in *einem* Land. Post festum hat es den Anschein, als ob derlei Utopismus nicht sogar ein retardierendes Moment darstellte, um eine ungezügelte Innovation, wie sie durch die Allianz von Geld und Technik möglich wurde, zu bremsen. Bacon ist schwerlich als dämonischer Repräsentant einer dialektischen Aufklärung zu deuten. Das gilt auch für einen Punkt, der den Kernbestand des kritischen Denkens Horkheimers und Adornos ausmacht, die These nämlich, daß die Unterwerfung der Natur mit der Unterwerfung des Menschen einhergehe, so als ob nicht die Bedrückung des Menschen durch sein Ausgeliefertsein an Natur auch ihrerseits Schatten auf die vormodernen Gesellschaften geworfen hätte. Daß

185 Vgl. Jürgen Habermas, *Der philosophische Diskurs der Moderne* und Anke Thyen, *Negative Dialektik und Erfahrung*.

186 Vgl. Wolfgang Krohn, *Francis Bacon*, a.a.O., S. 81–89; vgl. Francis Bacon, *Novum Organum*, Vorrede, a.a.O., Bd. 1, S. 15.

187 Vgl. Charles Whitney, *Francis Bacon. Die Begründung der Moderne*, Frankfurt a.M. 1989, S. 33–67.

die Glücksversprechungen seit Bacon, die in einer fast sakral verstandenen Technik umgekehrt den entscheidenden Hebel zur Befreiung von Herrschaft und zur Erlangung sozialen Glücks sahen, nicht eingelöst wurden, ist spätestens in diesem Jahrhundert evident geworden. Heute ist die neuzeitliche Wissenschaft, die mehr vom Pathos als von der von Bacon entworfenen Methodologie lebte, fragwürdig geworden, als ein Unternehmen, das die natürlichen Lebensgrundlagen des Menschen zerstört und den Menschen zum Anhängsel der Technik, einer Natur aus zweiter Hand, macht.[188] Das impliziert die Möglichkeit eines Schiffbruches, der dann keine Zuschauer mehr hätte.

In dieser Situation den Kompaß ins Meer zu werfen, erweist sich gleichwohl als fatal. Wir befinden uns auf offener See, mehr als uns lieb ist. Unübersehbar auch, daß die ökologischen Weltretter vielleicht die letzte Spezies darstellen, die mit baconischem Eifer an die Sache gehen, optimistisch die Vorzüge ihrer ‚natürlichen' Technik preisen. Auch die Sonnenenergie stellt eine komplexe, artifizielle Technik dar.

Ob das diagnostizierte und prognostizierte Ende des Unternehmens wirklich (oder gar zwangsläufig) mit totaler sachlicher Herrschaft über den Menschen oder mit dem ökologischen black-out zusammenfällt, ist unentschieden. Oder anders ausgedrückt: Was hier, im Anschluß an den amerikanischen Philosophen Charles Whitney, vorgeschlagen wird, ist der Versuch, zwischen der abstrakten Verwerfung des Projekts der Aufklärung und Blumenbergs letztlich affirmativer Verteidigung der Neuzeit, eine überzeugende theoretische Alternative zu formulieren, die die Eindeutigkeit der Antwort aus prinzipiellen wie aus pragmatischen Gründen verweigert.[189]

Wie mit dem Neuen beginnen, wie es beschreiben, was man noch nicht kennt? Über das Neue läßt sich womöglich nur in Kategorien des Unbestimmten und Negativen sprechen. Das Neue ist, was durch das Gegenwärtige, vor allem aber das Alte und die Tradi-

188 Der Stammvater all dieser Kritik bleibt Karl Marx. Friedrich Nietzsches Kritik am Historismus (etwa in dem Aufsatz *Vom Nutzen und Nachteil der Historie für das Leben*) beschreibt eben diese Macht und diesen Überhang des Toten über das Lebendige, wie es Marx für die Ökonomie tut. Das wäre gewissermaßen die beiden gemeinsame, heroisch-kulturrevolutionäre Plot-Struktur: hier der Vitalismus des Proletariats, dort der des einsamen Genies.
Für Marx bedeutet die Herrschaft des Kapitals über die Arbeit die Dominanz der Sache über die Person, der toten Arbeit über die lebendige, des Vergegenständlichten über das Vergegenständlichende, der Geschichte über die Gegenwart, des Allgemeinen (des Tauschwertes) über das Besondere (des Gebrauchswertes); vgl. z. B. Karl Marx, *Grundrisse der Kritik der politischen Ökonomie*, Berlin 1953, S. 81.

189 „Die Erneuerung der Wissenschaften durch Bacon lenkt unsere Aufmerksamkeit auf eine wesentliche Diskontinuität der Moderne. Jene Erneuerung umfaßt die Polaritäten von Glauben und weltlicher Vernunft, von Hegemonie und Subversion. In ihrem Licht erscheinen die Modernismen des 20. Jahrhunderts, die Avantgarde und die Postmoderne etwas mehr in der abendländischen Geschichte verankert und etwas weniger als der normative Horizont eines absolut Neuen. Diese Bewegungen finden ihr Gegenstück in den Symptomen unserer Entfremdung und Vereinsamung, die sich als aufeinander folgende Kulte des Neuen mitteilen, oder als (geliehene) revolutionäre Gesten. Bacon allerdings proklamiert die Möglichkeit einer Erneuerung, die, obschon ihr ein Moment von Blindheit zugehört, Schreiben und Handeln, Tradition und Wißbegier miteinander vereint." (Charles Whitney, *Francis Bacon*, a.a.O., S. 29f.); vgl. auch die kritische Auseinandersetzung mit Blumenbergs Neuzeit-Konzeption und dessen Deutung Bacons (ebd., S. 10–15).

tion, verdeckt und daran gehindert wird, das Licht der Welt zu erblicken. Um Neuland zu erreichen, muß man sich vom Ufer des Alten abstoßen.

Wie der Stand der Dinge in der philosophischen Durchleuchtung der Neuzeit nahelegt, ist deren Dynamik von zwei einander eigentlich ausschließenden Motiven geprägt, von einer Bewegung hin zu einem verloren gegangenen Ursprung einerseits (wie er sich ja auch in Begriffsformen wie Instauration und Revolution findet), von einem energischen Willen zu Bruch, Diskontinuität und Aufbruch andererseits. Man segelt noch im Schatten der Vergangenheit, sucht diesen abzuschütteln – nach den Alpträumen der Vorgeschichte beginnt erst recht eigentlich die Erschaffung der Welt und des Menschen.[190]

Wie Whitney in seiner stupenden Studie *Francis Bacon. Die Begründung der Moderne* ausführt, sind in die Textur des Gesamtwerkes beide Motive eingewoben. Gerade das utopische Fragment arbeitet bereits im Titel – *Nova Atlantis* – mit einem derartigen Rückverweis, gleiches läßt sich von den alttestamentarischen Bezügen (dem Salomonischen Tempel) sagen. Whitney hat glaubwürdig nachgewiesen, daß bei Bacon indes ein Verständnis von ‚Instauration' dominiert, das nicht auf die Wiederherstellung eines zerstörten, vom Ungeist der Tradition verschütteten Alten hinausläuft, sondern von einer Erneuerung ausgeht, bei der dem Rückverweis allenfalls die Rolle einer suggestiven Verstärkung zukommt, einen Appell darstellt, der sich bestimmter sehnsuchtsbesetzter Bilder der Tradition bedient: Atlantis, der Tempel Salomos und ähnliches Bildinventar, das sind die Träume einer Menschheit, die aufbricht, vorgeblich zur Rückkehr zu paradiesischen Zuständen. Die Rückkehr-Metapher verdeckt das unerhört Neue, das begonnen hat, aber sie läßt auch – für den Analytiker kollektiver, geschichtswirksamer Träume – Rückschlüsse auf die Antriebe zu, die die Neuzeit in Bewegung gebracht haben.[191] Wie Whitney zu Recht betont, sollte der Hinweis auf die religiösen Motive des Projekts der Aufklärung (Rückkehr zu unschuldigen Anfängen; zweite Erschaffung der Welt, diesmal durch den Menschen) nicht dazu benützt werden, um jene zu diskreditieren, sondern um sie zu begreifen. In dieser Perspektive weist Whitneys Vorschlag in seiner Dimension über Blumenbergs metaphorologisches Verfahren hinaus.[192]

Der Diskurs, der vielleicht mit Bacon beginnt, ist, wie jeder avantgardistische danach, selbstläufig: sein Thema ist das Neue schlechthin, seine Legitimität, sein moralischer

190 Zum widersprüchlichen Verhältnis Bacons zur Tradition vgl. Farrington, *The Philosophy of Francis Bacon*, a.a.O., S. 51–55. Das spezifisch Moderne an Bacon sieht Farrington nicht zuletzt in dem berühmten Aphorismus aus dem *Novum Organum*, wonach Wissen Macht sei. Farrington kommentiert: „Deeper still, more persuasive, and fundamental to the Baconian philosophy is the doctrine of knowledge as power, a doctrine which, indeed, involves a new definition of man. Man is no longer, as in the philosophy of the Greeks, the rational animal." (S. 51.)

191 „Das Neue als die Erfüllung des Alten wird gegen das Neue gesetzt, das sich vom Alten absondert […]" (Charles Whitney, *Francis Bacon*, a.a.O., S. 181).

192 Gegen die Weltlichkeitsthese Blumenbergs meint Charles Whitney (ebd., S. 55): „Die religiösen Bezüge der Baconschen Wissenschaft veranschaulichen nur die sozialen und kulturellen Beimischungen, die wohl am Anbeginn ein Bestandteil wissenschaftlicher Ideen und Entdeckungen sind. Entfremdung von der Welt, ‚Außerweltlichkeit innerhalb der Welt'. […] Diese säkularisierte religiöse Außerweltlichkeit verleiht der modernen kapitalistischen Arbeitsethik eine spezifische unterkühlte Wut, einen wütenden Asketismus, der auch in dem vor nichts zurückschreckenden Blick des Laboratoriumsforschers weiterwirkt."

Vorzug, seine Ambition. Die Ausfahrt wird zum normativen Wert, zur Pflicht des modernen Menschen schlechthin. Das Titelbild der *Instauratio Magna* (1620), des opus magnum, als dessen Hauptstück stets das *Novum Organum* angesehen worden ist, zeigt ein Segelschiff bei der glücklichen Rückkehr, den hohen Wellen der See entronnen, mit geblähten Segeln, umrahmt von zwei Tempelsäulen, die, obschon unabgeschlossen, in den bewegten Himmel hineinragen – schwer zu entscheiden, ob diese Säulen Fragmente des Alten, Überbleibsel des festen Landes oder Versprechungen des Neuen sind. Ausgespart bleibt die Dialektik von Aufbruch und Rückkehr, der Topos des Neulandes entspricht viel eher dem programmatischen Entdeckergeist: „Multi pertransibunt et augebitur scientia" (Viele werden ausfahren und die Wissenschaft wird vergrößert werden.) – der historische Lohn für eine soziale Tugend, die in den Vordergrund gerät: der Wille zum Neuen, zu Entdeckung und Erfindung. Daß diese auch Unglück bescheren und daß dieses unaufhörliche Wachstum einmal beschwerlich sein würde, war da nicht einkalkuliert.

Einer der Helden Bacons ist zweifelsohne Kolumbus, dem in ‚Nova Atlantis' gar eine Statue gewidmet ist; im Aphorismus 92 des *Novum Organum* erscheint er als Pionier begründeter Hoffnung, ohne die eine Ausfahrt undenkbar ist. Bacon schreibt: „Dabei ist das Aufzeigen der Hoffnung ein wesentlicher Teil dieser Vorbereitung [neuer Entdeckungen, M.-F.]. Denn ohne sie bewirkt das übrige, statt zu erfreuen und den Eifer für die Nachforschung zu steigern, eher eine traurige Stimmung des Menschen [...] Daher muß ich meine Auffassungen, welche die Hoffnung in dieser Sache anregen, offen darlegen und unterbreiten. So machte es Kolumbus, bevor er seine berühmte Seereise durch den Atlantischen Ozean antrat. Er legte die Gründe dar, warum er überzeugt war, neue Länder und Erdteile außer den schon bekannten aufzufinden. Wenn diese Gründe zunächst auch verworfen wurden, so sind sie später doch durch die Erfahrung bestätigt worden."[193] Kolumbus erscheint hier nicht bloß als Sinn- und Vorbild eines Denkens, das sich den Ungewißheiten der Hoffnungen aussetzt, vielmehr hat Bacon den Begriff des Entdeckens und Erfindens in Anknüpfung an die kolumbianische Entdeckung generalisiert; er hat die Phänomenologie des Entdeckens von der Raumachse auf die Zeitachse übertragen; das Baconsche Meer ist ein offenes Meer der Zeit, einer Zeit, die das Versprechen auf den Zuwachs an Wissen bereitstellt, wenn die Menschheit, die Wissenschaft und die Politik, es nur will. Zu diesem Zweck entwirft Bacon sozusagen als Kompaß für den Ozean der Zeit ein System von ‚Tafeln der Erfindungen', ein für heutige Verhältnisse recht schematisches System, das die „induktive Gesinnung" (Musil) organisieren will, sie aber damit doch eher unterbindet, unterschlagen ist auch die tiefe Paradoxie, daß Kolumbus mit gänzlich verkehrten theoretischen Konzepten ans Ziel gelangte.[194] Inwiefern ist Bacon, der Programmatiker des Neuen, der ähnlich wie Kolumbus ‚seinen' König für sein weitgespanntes Unternehmen zu gewinnen trachtete, als ein Essayist zu bezeichnen? Der philologische Hinweis auf die Essays Bacons, wie sie in der

193 Francis Bacon, *Novum Organum*, a.a.O., S. 207.

194 Zum Verhältnis Bacon – Kolumbus meint Charles Whitney: „Bacon und Kolumbus verkörpern zwei extreme Haltungen in einer nahezu existenziellen Situation der Moderne." (Whitney, *Francis Bacon*, a.a.O., S. 20.)

philologischen Literatur auftauchen und die den englischen Philosophen neben Montaigne als Begründer der Essaykunst erscheinen lassen,[195] erweisen sich bei genauerem Hinsehen als unzulänglich, ja als irreführend. Nicht nur stellen diese Essays im Gesamtwerk Bacons quantitativ, aber auch qualitativ eher periphere Schriften dar; vielmehr erweist sich – im Vergleich zu Montaigne wie auch zum *Novum Organum* –, daß diese Essays, von wenigen Ausnahmen abgesehen, ihrer Anlage und ihrem Duktus nach sehr viel weniger einem Essayismus des Sich-Vortastens und Ausprobierens, der Einheit von Denk- und Lebenshaltung verpflichtet sind. Vergegenwärtigen wir uns noch einmal den Ausgangspunkt bei Montaigne, den theoretisch bestimmbaren Eindruck einer überquellenden Fülle von unnützem, stets wiederkehrendem Wissen, wie Montaigne die Scholastik interpretierte. Montaigne zog daraus zwei Schlüsse: daß alles bereits gesagt sei und daß die Geschichte bereits zu Ende sei. Was in dieser Situation allein übrigbleibt, ist der radikale Rückbezug auf sich selbst, das skeptische Subjekt, ein Diskurs nur über sich selbst.

Bacons Urteil über den Wissensbestand seiner Zeit und darüber hinaus das Wissen der Antike ist nicht minder radikal und negativ, aber seine Schlußfolgerungen sind gänzlich konträr zu jenen Montaignes: *es ist noch nichts gesagt worden, und es ist noch nicht viel geschehen.* Die Geschichte hat erst begonnen mit Pionieren wie Kolumbus und ihm selbst, Francis Bacon. An jener einen großen Entdeckung des Montaigne war der englische Lordkanzler gänzlich uninteressiert: an der Entdeckung und Erfindung des modernen Subjekts über den Prozeß der sprachlich vermittelten Selbstbeobachtung, das, was Montaigne im Meer aller Ungewißheiten als rettender Anker erschienen war (womit er, der Skeptiker, der bezweifelte, daß noch Neues zu entdecken wäre, zum Entdecker wider Willen wurde), hatte Bacon kein Interesse; insofern sind seine Essays, die ein in die traditionelle Ordnung eingefügtes Subjektgefühl festschreiben, auch Gegenstücke zu den Essais von Montaigne, insbesondere zu jenen des dritten Teiles.

Montaignes zugespitzt subjektiver Essayismus verstand sich im Grunde genommen als offensive Antwort auf die scholastische Philologie seiner Zeit. Bacon hingegen mißt den bisherigen Wissensbestand daran, ob er imstande war, neuen Entdeckungen in der Natur den Weg zu bahnen. Deshalb möchte er – so Bacon in der ‚Vorrede' zur *Instauratio Magna* – „das Übermaß an Verehrung und Bewunderung der bisherigen Erfindungen" einschränken.[196] Sein Neuerungsgeist gilt, wie der Essay *Of Innovations* zeigt, im wesentlichen den Naturwissenschaften. Damit nimmt Bacon vorweg, was Pascal später in den *Pensées* so formulieren wird: „Man muß den Mut der Furchtsamen aufrichten, die in der Physik nichts zu erfinden wagen, und die Unverschämtheit jener Verwegenen beschämen, die in der Theologie Neues aufbringen."[197] Bacon versteht seine neue Wissenschaft als Bewegung hin zu den Dingen, ein Zugang, der durch die scholastische Begriffsbildung bislang verstellt war, durch „einige schmeichelnde und blendende Allgemeinheiten".[198] Und über die Wissenschaft bei den Griechen äußert Bacon unmißver-

195 Vgl. Ludwig Rohner, *Der deutsche Essay*, a.a.O., S. 26–60.
196 Francis Bacon, *Novum Organum*, S. 13, a.a.O., (Einleitung).
197 Blaise Pascal, *Pensées* (Renourdsche Fassung), a.a.O., S. 9.
198 Francis Bacon, *Novum Organum*, a.a.O., S. 15.

ständlich: „Man stellt bei genauer Prüfung fest, daß zahlenmäßig viel, wertmäßig wenig Neues und Gutes dabei herauskommt. Zur Frage der Nützlichkeit muß man offen gestehen, daß jene Weisheit, die wir besonders den Griechen verdanken, der Kinderstube der Wissenschaft angehört und teilweise das Eigentümliche der Kinder an sich hat. Zum Reden ist sie recht bereit, aber zum Schaffen untauglich und noch nicht reif. Sie ist fruchtbar in Streitfragen, aber arm an Werken."[199]

Der Neuanfang erweist sich so als ein Anfang, alles Bisherige ist dem Bereich der wissenschaftlichen Vorgeschichte zuzurechnen. Diesen Bereich wird der spätere Szientismus, ob mit oder ohne Berufung auf Bacon, den Geisteswissenschaften zuordnen, jenem Bereich, der bis vor kurzem der Logik der Avantgarde entzogen war. Daß es einmal so etwas wie eine Notwendigkeit der Bewahrung von traditionellen Wissensbeständen geben könnte, ist bei Bacon – im Gegensatz zu Pascal – nicht vorgesehen.[200] Am Anfang der von Bacon selbst als enorm eingestuften Aufgaben, einer neuen Wissenschaft den Weg zu bahnen, steht also die Destruierung des Alten, die Kritik an der Willkürlichkeit der Begriffsbildung, die ohne Korrektur durch die Erfahrung, hierarchisch von oben nach unten erfolgt: „Bisher pflegte man so zu verfahren, daß man von den Sinnen und dem Einzelnen zu dem Allgemeinsten flog, als zu bestimmten festen Polen, um die die Disputationen sich drehen. Von diesem wurde das Übrige durch Mittelbegriffe abgeleitet. Ein solcher Weg ist zwar kurz, aber gefährlich; er führt von der Natur fort, aber zum Disputieren ist er bequem und geeignet."[201]

Bacon verficht die Idee eines induktiven Verfahrens, bei dem die „Lehrsätze ordnungsgemäß und einer nach dem anderen aufgestellt" werden. Die empirisch erfüllte ‚Allgemeinheit' steht so am Ende des Verfahrens. Indirekt stellt Bacon die Zirkelhaftigkeit seines Unternehmens dadurch in Rechnung, daß er sein induktives Verfahren durch eine permanente Ideologiekritik ergänzt. Insofern ist es auch irreführend, ihn bruchlos einem unqualifizierten Empirismus zurechnen zu wollen.

Aber auch die Sinne erweisen sich als trügerische Instrumente der Erkenntnis: „[...] entweder lassen sie uns im Stich oder sie täuschen."[202] Vorsätzliche Experimente erscheinen dabei als „Heilmittel gegen die Irrtümer". Wie immer und wie unausgesprochen widersprüchlich auch die Entgegensetzung von sinnlicher Wahrnehmung und Experiment sein mag, so ist hier doch deutlich, daß zwischen dem Reich der eigenen

199 Ebd., vgl. auch S. 71.

200 Vgl. dazu Odo Marquard, *Über die Unvermeidlichkeit der Geisteswissenschaften*, in: *Apologie des Zufälligen*, S. 98–116. Für Marquard sind die Geisteswissenschaften Verwalter des vom Schwund bedrohten Traditionsbestandes: „Die Geisteswissenschaften helfen den Traditionen, damit die Menschen die Modernisierungen aushalten können; sie sind – das betone ich in meiner Skeptikereigenschaft als Modernitätsrationalist – nicht modernisierungsfeindlich, sondern – als Kompensation der Modernisierungsschäden – gerade modernisierungsermöglichend. Dafür brauchen sie die Kunst der Wiedervertrautmachung fremd werdender Herkunftswelten. Das ist die hermeneutische Kunst, die Interpretation: durch sie sucht man in der Regel für Fremdgewordenes einen vertrauten Kram, in den es paßt; und dieser Kram ist fast immer eine Geschichte. Denn die Menschen: das sind ihre Geschichten." (S. 105.)

201 Francis Bacon, *Novum Organum*, a.a.O., S. 43f.

202 Ebd., S. 47.

wahrnehmungsgestützten Erfahrung und einer Kunst des Experimentierens genau unterschieden wird, eine Logik der Versuchsanordnung, die die Dinge selbst zum Sprechen bringt. Im rechten Versuch wird der Naturforscher zum Dolmetscher und die Natur zum lesbaren Buch.[203]

Unübersehbar das Bekenntnishafte, das nachfolgenden philosophischen Generationen erkenntnistheoretisch so unbefriedigend erschienen ist (was doch übersieht, daß der durch Bacon initiierte Diskurs kein primär epistemologischer, sondern vielmehr ein strategischer und wissenschaftspolitischer ist): Bacon möchte nicht „Werke aus Werken oder Experimente aus Experimenten" ableiten, sondern „aus den Werken und Experimenten die Ursachen und Grundsätze".[204] Wie das methodisch zu bewerkstelligen sei, darüber ist sich Bacon durchaus im unklaren. Nicht unbekannt ist ihm auch der Furor der Skepsis, deren Bequemlichkeiten er jedoch überwinden will: „Diese Arbeit, Untersuchung und Durchwanderung der Welt kann durch keinen Scharfsinn, kein Nachdenken und keine Beweisführung ersetzt oder ausgeglichen werden, auch dann nicht, wenn die Menschen sich vereinten. Daher muß man sich hierzu entschließen oder das Unternehmen für immer aufgeben. Aber bis zum heutigen Tag haben die Menschen so gehandelt, daß man sich nicht zu wundern braucht, wenn die Natur sich nicht zu erkennen gegeben hat. Denn erstens ist die Mitteilung der Sinne unzuverlässig und trügerisch; die Beobachtung ist nachlässig, unregelmäßig und gleichsam zufällig; die Überlieferungen sind eitel und aus Gerüchten abgeleitet, die Praxis ist sklavisch an das Werk gekettet, die Kraft zum Experimentieren ist blind, beschränkt, unstet und wird voreilig abgebrochen."[205]

So modern der wissenschaftliche Typus, wie ihn Bacon programmatisch-utopisch seinen Lesern vorführt, auch heute noch anmuten mag, sein Verständnis von einer sich offenbarenden Natur, von einem Kosmos sprechender Dinge, die durch das Kalkül beredt werden, ist ebenso vormodern wie das experimentierende Subjekt, das die passive Rolle des Dolmetschers zugewiesen bekommt. Der Typus des experimentierenden Menschen erblickte zu einem Zeitpunkt das Licht der Welt, als er noch nicht wußte, was er wirklich tat.

Aus der Perspektivik Bacons, wie später auch der französischen Enzyklopädisten, mußte die quälende Frage beantwortet werden, *warum so viel Zeit vergangen war, bis die Menschen zur Einsicht kamen, daß sie sich methodisch gründlich im Irrtum befanden.* Die bislang abgelaufene Geschichte kann von dieser Warte aus kaum anders als eine vertane Zeit verstanden werden. Damit ist die strategische Stelle bezeichnet, die Bacons Idolenlehre im Rahmen des *Novum Organum* einnimmt. Sie erklärt zum einen historisch, warum die ‚wahre' Erkenntnis so spät zur Welt kommt und sie ist zugleich als Ideologiekritik auch ein Mittel der Erkenntnis durch Korrektur, durch die Reflexion möglicher Irrtümer. Bacon ortet sie auf vier Ebenen, als Idole des Stammes, das heißt als anthropologische Gegebenheiten eines nur begrenzt zur Erkenntnis fähigen Lebewesens, als Idole der Höhle, als Behinderungen des einzelnen (nicht der Gattung), als Idole des

203 Ernst Robert Curtius, *Europäische Literatur im Lateinischen Mittelalter*, Bern 1948, S. 323–329, zu Bacon S. 326.
204 Francis Bacon, *Novum Organum*, a.a.O., S. 243.
205 Ebd., S. 53.

Marktes, das heißt als Fehler der Sprache, die auf die soziale Rücksichtnahme zurückgehen. Später einmal wird dies in die Kritik der Alltagssprache und in den Versuch einmünden, eine eindeutige, szientistische Sprache zu entwickeln. Und als ‚Idole des Theaters' schließlich bezeichnet Bacon die „dogmatischen Behauptungen philosophischer Lehrmeinungen" und deren „verkehrte Gesetze der Beweisführung".[206]

Unübersehbar ist die Übernahme und Weiterinterpretation des Platonschen Höhlengleichnisses, seine instrumentelle Verwendung für ein Unternehmen, das also philosophisch wie antiphilosophisch eingestuft werden muß. Trotz jener Anleihen ist dieser programmatische Experimenteur kein Platoniker, wenngleich er die aristotelische Scholastik instinktiv mehr verabscheut.[207]

Sein Interesse gilt nicht einem Pantheon abstrakter Ideen, sondern den einzelnen Dingen, der Würde des Details: „Freilich hat nach meiner Ansicht nichts der Philosophie mehr geschadet, als daß die Menschen die Dinge, die bekannt sind und häufig begegnen, nicht betrachtet und beachtet, sondern sie nur obenhin angenommen haben, ohne nach ihren Ursachen zu suchen. Daher tut nicht so sehr Belehrung über unbekannte Dinge als vielmehr Achtsamkeit auf die bekannten Dinge not."[208]

Was durch die Abstraktion verschlungen wird, möchte der Essayismus ‚retten'. Dieses emphatische Bekenntnis zu den Dingen durchpulst das gesamte Werk, aus ihm nährt sich die Abneigung gegen die Philosophie. Bacon ist der erste neuzeitliche Essayist in szientistischer Absicht, einer, der es mit einer strengen Methode versucht, einer, der eine ‚Ordnung der Dinge' statuieren will. Was er den Dingen einräumen möchte, nimmt er ihrem Betrachter, dem Subjekt: Zufall, spielerisches Experimentieren, Phantasie und Bilder sind in seiner Utopie wie in seinen programmatischen Werken expressis verbis ausgeschlossen als unzulässige Ausgriffe, als Willkür eines ausgreifenden Subjekts. Die verschiedenen essayistischen Ausgriffe kommen so nicht zur Deckung, obschon sie strukturell Ähnlichkeiten aufweisen.

Widersprüche sind so – über die erkenntistheoretischen Unzulänglichkeiten hinaus – eingebaut, etwa der, daß sich ein Werk der Mittel bedient, die es selbst verwirft, nämlich der literarischen Mittel von Sprachbildern und anderen Ausgeburten der Phantasie. Auch ist das Alte nicht so gänzlich überwunden, wie es die Programmatik annehmen ließe. Und daß schon die Wissenschaft in Bacons Tagen nicht dem ordentlichen Verfahren seiner ‚Tafeln der Erfindungen' gefolgt ist, hat die einschlägige Kritik hervorgehoben.[209]

Bacon ist auch insofern ein Essayist, als er ein ‚Anfänger' ist, der einen strategischen Ansatz verfolgt. Der essayistische Diskurs ist immer schon einer, der andere bündelt und politische Implikationen (im weitesten Sinn des Wortes) verfolgt, schon weil ihm Erkenntnis als ein soziales Handeln erscheint. Politisch auch die Verwerfung der Autorität der Tradition, auch dann, wenn Bacon glaubte, diese für sich reklamierte Autono-

206 Ebd., S. 105.

207 Zum Höhlenmotiv vgl. Hans Blumenberg, *Höhlenausgänge*, a.a.O.

208 Francis Bacon, *Novum Organum*, a.a.O., S. 249.

209 Im Gefolge der Untersuchungen Farringtons und Rossis hat Wolfgang Krohn Bacon als einen in der Tradition der Renaissance fußenden Philosophen gesehen, der kein Theoretiker der „Neuzeitlichen Wissenschaft" ist; vgl. Wolfgang Krohn, *Francis Bacon,* a.a.O., S. 130 u. 153.

mie gegenüber der Vergangenheit auf den Bestand und die Organisation des Wissens beschränken zu können. Essayistisch zu sprechen, heißt Absichten verfolgen. Der Essayismus beinhaltet immer auch einen Zwischendiskurs, in diesem Falle zwischen Wissenschaft und Politik. Die Widmung an den König (in der *Instauratio Magna*) ist Indiz für diesen Sachverhalt.

Bacon konnte und mochte nicht mehr versprechen als Kolumbus vor seiner Ausfahrt 1492. Wie dieser wollte er neue Wege suchen – auf seinem Feld, den Wissenschaften. Der Bescheidenheits- und Demutsgestus in seinen Werken ist nicht bloß rhetorisch-taktischer Natur; die tastende Anlage einer locker gefügten Aphorismensammlung wie des *Novum Organum* machen deutlich, wie vorsichtig sich Bacon auf dem Neuland bewegte, stets sehr sicher in der Destruktion des Alten und unsicher bei der genaueren Angabe des Weges. Entdecken bedeutet auch eine Entlastung von der Last der Vergangenheit, die schon Montaigne gespürt hatte. „Auch bleibt es", wie Bacon im 122. Aphorismus des *Novum Organum* schreibt, „für meine Aufgabe gleichgültig, ob das, was entdeckt werden soll, bereits den Alten bekannt war und ob es im Wechsel der Dinge und Zeiten aufging oder unterging, wie es auch den Menschen kein Kopfzerbrechen bereiten sollte, ob die Neue Welt jene den Vorfahren bekannte Insel Atlantis gewesen oder ob sie jetzt zum ersten Mal entdeckt worden ist. Denn neue Entdeckungen muß man vom Licht der Natur, nicht aber von der Finsternis der alten Zeit erwarten."[210]

Die Passage bedarf in mehrfacher Hinsicht der Interpretation. Deutlich wie kaum zuvor und das Pathos der Aufklärung des 18. Jahrhunderts vorwegnehmend, wird hier der Abstoßung vom Alten gegenüber einer Bewegung hin zu den verlorenen Ursprüngen der Vorzug gegeben. Der Atlantis-Komplex wird im Grunde zum schmückenden Beiwerk in einem Kontext, der nicht auf historische Sehnsuchtsbilder verzichten möchte. Verzichtet wird aber auf die kollektive psychische Dynamik, die der Rück- und Heimholung der verlorenen, vorgängigen Vergangenheit gilt, zugunsten einer historischen Setzung, in der das Licht der Aufklärung den finsteren Anfängen, spät genug, folgt.

Und erst in diesem ‚Licht' läßt sich überhaupt in einem emphatischen Sinne von ‚Entdeckung' sprechen, so wie das ja für den Fall des Kolumbus gilt: ohne Antizipation des Neuen keine ‚Entdeckung'. Untergründig schwingt in dem zitierten Text auch ein genuin essayistischer Impuls mit, der die je eigene, individuelle Entdeckung für sich über die Überlieferung an sich stellt. Nur der eigenen reflektierten Erfahrung soll der Mensch trauen, sie gilt als die einzige Richtschnur einer prinzipiell autonom gesehenen Forschung, die sich keiner Autorität unterwirft außer den Spielregeln der eigenen experimentierenden Tätigkeit. Das *Novum Organum* ließe sich als ein erster Entwurf zu deren Magna Charta begreifen.

Auffällig ist bei Bacon, wie präzise er zwischen Erfahrung (experientia) und Experiment (experimentum) unterscheidet. Der Weg der Erkenntnis führt nicht linear von der Erfahrung zu allgemeinen Erkenntnissen, vielmehr ist seine ‚induktive' Epistemologie so konzipiert, daß sie „die Erfahrung auflöst und zergliedert."[211] Insofern grenzt er sich sowohl gegen spekulative Methoden (Sophistik, Aristotelismus und Alchimie)[212] als

210 Francis Bacon, *Novum Organum*, a.a.O., S. 255.
211 Ebd., S. 45.
212 Ebd., S. 131.

auch gegen einen Empirismus ab, der auf die eigene Erfahrung setzt: „Die, welche die Wissenschaften betrieben haben, sind Empiriker oder Dogmatiker gewesen. Die Empiriker, gleich den Ameisen, sammeln und verbrauchen nur, die aber, die die Vernunft überbetonen, gleich den Spinnen, schaffen die Netze aus sich selbst. Das Verfahren der Biene aber liegt in der Mitte; sie zieht den Saft aus den Blüten der Gärten und Felder, behandelt und verdaut ihn aus eigener Kraft. Dem nicht unähnlich ist nun das Werk der Philosophie; es stützt sich nicht ausschließlich oder hauptsächlich auf die Kräfte des Geistes, und es nimmt den von der Naturlehre und den mechanischen Experimenten dargebotenen Stoff nicht unverändert in das Gedächtnis auf, sondern verändert und verarbeitet ihn im Geiste. Daher könne man bei einem engeren und festeren Bündnisse dieser Fähigkeiten, der experimentellen nämlich und der rationalen, welches bis jetzt noch nicht bestand, bester Hoffnung sein."[213]

Was Bacon vorschlägt, ist die Integration des scheinbar Unvereinbaren, das scheint ihm auch der einzige Ausweg aus der Sackgasse der ἀκαταληψία etwa der Neuen Akademie, auf die sich ja Montaignes Essayismus positiv berief, zu sein. Essayismus bedeutet stets, sich offensiv mit dem Zweifel (und der ‚Furie des Verschwindens') auseinanderzusetzen. Deren Berechtigung einerseits anzuerkennen und doch einen Weg aus „immerwährender Finsternis" zu weisen, wird zum Dreh- und Angelpunkt des *Novum Organum*, weshalb Bacon im Aphorismus 37, dem letzten vor seinen Darlegungen zur Idolenlehre, ausführt: „Das Verfahren derer, welche verneinten, daß Gewißheit erlangt werden kann, und mein Weg stimmen im Beginn gewissermaßen überein: am Ende aber unterscheiden sie sich über alle Maßen und sind entgegengesetzt. Jene nämlich behaupten schlechthin, man könnte nichts wissen; ich behaupte, daß man auf dem jetzt gebräuchlichen Wege in der Natur nicht viel wissen kann. Folglich zerstören jene die Autorität der Sinneswahrnehmung und des Verstandes; ich aber ersinne diesen Hilfe und will ihnen damit dienen."[214] Am Anfang befinden wir uns in der Höhle Platons, im „Dickicht der Erfahrungen"[215], ausgestattet mit unzulänglichen Sinnen, die uns entweder täuschen oder ohnmächtig sind,[216] aber auch der menschliche Verstand ist „kein reines Licht, sondern er erleidet einen Einfluß vom Willen und von den Gefühlen".[217] Bisher ruht die Philosophie auf dem „schmalen Fundament der Erfahrung und Naturgeschichte",[218] die dem Fortschritt in gewisser Weise im Wege gestanden seien.

Es gibt also keinen direkten Weg zu den Dingen: „Die Feinheit der Natur übertrifft die der Sinne und des Verstandes um ein Vielfaches", wie es im einleitenden 10. Aphorismus heißt.[219] Bislang ist das Buch der Natur verschlossen geblieben: die Menschen haben so gehandelt, „daß man sich nicht zu wundern braucht, wenn die Natur sich nicht zu erkennen gegeben hat".[220] Bacon zählt noch einmal die epistemologischen Sünden der

213 Ebd., S. 211.
214 Ebd., S. 99.
215 Ebd., S. 25.
216 Ebd., S. 47; vgl. auch S. 113.
217 Ebd., S. 111.
218 Ebd., S. 129.
219 Ebd., S. 85.
220 Ebd., S. 53.

vorneuzeitlichen Menschheit auf: Vertrauen auf die unzuverlässigen und trügerischen Sinne, nachlässige und unregelmäßige Beobachtung, die unheilvolle Rolle der Geschichte (Überlieferungen, Gerüchte), die Armseligkeit der Naturgeschichte, ein ungeduldiges, konzeptloses Herumexperimentieren.

Bacons Ausgangspunkt ist zwar, daß wir nichts wissen, aber diese These hat keinen Ewigkeitswert, bedarf des zeitlichen Verweises, eben daß wir momentan nichts wissen. Aber es gibt einen Ausweg aus Platons Höhle; Bacons Schriften stellen sich so als Anleitungen zu einem Handeln dar, das sein Hauptaugenmerk auf die beobachtbaren Phänomene der Natur richtet: „Was nämlich auf die Natur gegründet ist, wächst und mehrt sich, was aber auf Vermutungen beruht, wechselt und nimmt nicht zu."[221] Die ‚Vermutungen' sind nur ex negativo Gegenstand der *Instauratio Magna* in dem Sinne, daß sie destruiert werden müssen, während die moralisch-gesellschaftlichen Belange, der politische Diskurs in Formen wie den *Essays* zu verhandeln sind.

Die Skepsis spielt bei Bacon also eine überaus produktive und letztlich erkenntnisfördernde Rolle. Sie stellt eine wirksame „Kritik der Erkenntnisinstrumente, die die Fehler der Antizipation bewirken"[222], dar. Auch im ‚Hause Salomons' auf der Nova Atlantis gibt es neben Forschungslaboratorien, Wetterstationen, pharmazeutischen Labors und akustischen Werkstätten ein ‚Haus der Sinnestäuschungen', das wohl nicht nur dem ästhetischen Vergnügen dient, sondern vornehmlich auch eine Schule der Erkenntnis- und Ideologiekritik im Sinne der Idolenlehre darstellt.[223]

Mit dem Begriff des Experiments, das der Subtilität der Natur gewachsen ist, beginnt der sozusagen konstruktive Teil von Bacons Methodologie. Das Experiment ist feiner als die Sinne, und zwar nicht so sehr wegen der Verwendung von Hilfsinstrumenten,[224] sondern weil es Beobachtung und Begriffsbildung in einen kontrollierten, aber offenen Zusammenhang bringt, wobei die kontrollierte Empirie und ein bescheiden gewordener Verstand einander Hilfe leisten. Auf sich allein verwiesen, verliert sich die Empirie in das Ameisendasein, ins ‚Dickicht der Erfahrung', während umgekehrt die scholastische Begriffsableitung in den eigenen Spinnennetzen gefangen bleibt, ohne die Möglichkeit, die eigenen Begriffe im Prozeß des Experiments zu kontrollieren. Das Resultat ist Erdichtung und illusionäre Antizipation (anticipatio naturae). Im Bild der Biene wird ein dynamisches epistemologisches Konzept entworfen, das aus heutiger Sicht anders als das eher statische des Wissenschaftlers – als Dieners und Interpreten der Natur – die tätige Seite des forschenden Subjekts in Rechnung stellt.

Gegenüber der willkürlich zustandegekommenen Erfahrung unterliegt das Experiment einem logischen Kalkül, einem „klaren und begründeten Verfahren".[225] Vor allem aber bedarf es der Geduld, eines Quantums an Zeit, um über die bloße sinnliche Betrachtung hinauszugelangen. Auch wenn bei Bacon noch der Hinweis auf die Wiederholbarkeit als Kriterium fehlt, so wird doch das Experiment im Sinne einer *herausgehobenen* Situation bestimmt, in der von Wille und Gefühl, von bloßer Betrachtung und Ver-

221 Ebd., S. 159.
222 Wolfgang Krohn, *Francis Bacon*, a.a.O., S. 81.
223 Francis Bacon, *Nova Atlantis*, a.a.O., S. 55; vgl. Wolfgang Krohn, *Francis Bacon,* a.a.O., S. 163f.
224 Francis Bacon, *Novum Organum*, a.a.O., S. 49.
225 Ebd., S. 33.

standestätigkeit abstrahiert wird. Insofern entsprechen Bacons Anleitungen zum wissenschaftlichen Handeln durchaus dem modernen Selbstverständnis der ‚scientific community', auch wenn deren Erfindungen niemals diesen geordneten Gang nehmen, wie Bacon es – ganz analog zur utopischen Ordnung in ‚Nova Atlantis' – verordnen wollte.

Wie sieht nun Bacons Erkundungsweg aus? Darüber gibt uns der Aphorismus 10 im zweiten Band des *Novum Organum* Auskunft. Demnach werden zunächst Grundsätze „aus der Erfahrung" entwickelt, in einem zweiten Schritt werden aus diesen Grundsätzen neue Versuche (experimenta) abgeleitet und konzipiert. Der erste Teil wiederum gliedert sich in drei Abschnitte, die das Werk der Sinne, des Gedächtnisses und den Geist bzw. den Verstand unterstützen. Der Unterstützung der Sinne dient eine zuverlässige Natur- und Experimentalgeschichte, dem Gedächtnis Tafeln und Zusammenstellungen der einzelnen Fälle, während die wahre Induktion, die rückschreitend alles Vorhergegangene ergründet und reflektiert, der Arbeit des Verstandes zu Hilfe kommt.[226]

Organisatorisch hat sich Bacon seine experimentelle Erkundung, wie das utopische Fragment *Nova Atlantis* zeigt, hochgradig arbeitsteilig vorgestellt, wobei die meisten Bezeichnungen sich der Metaphorik des Pflanzens und Handelns verdanken (neben der quasi-religiösen ‚Lichtmetaphorik'). So kennt die Bruderschaft des Hauses Salomo auf ‚Nova Atlantis' (eine Insel wie England) sogenannte „Lichtkäufer", die im Ausland unbemerkt Bücher und Kompendien von Erfindungen besorgen. Den „Jägern" obliegen die Versuche auf dem Gebiet der praktischen Anwendung der Wissenschaft, während sich die „Schatzgräber" mit neuen, erfolgversprechenden Experimenten beschäftigen. Die „Ordner" registrieren die Ergebnisse auf Tabellen, während die „Wohltäter" die Versuche ihrer Kollegen kontrollieren und sie im Hinblick auf praktische Verwertbarkeit oder auf den Zugewinn an Erkenntnis überprüfen. Die „Leuchten" haben die Aufgabe, sozusagen auf höherem Niveau, neue Versuche anzuregen und anzuleiten, während die „Pfropfer" die so vorgeschlagenen Experimente ausführen. An der Spitze dieser Hierarchie stehen dann die „Erklärer", die Interpreten der Natur, die aus den angestellten Versuchen größere Erfahrungskomplexe zusammenstellen und sie in die Form allgemein gültiger Regeln und Grundsätze bringen.[227] So finden sich alle Aspekte der Baconschen Erkundungsmethode auch in der Tätigkeit der utopischen Bruderschaft, angereichert durch Tätigkeiten, wie sie auf Grund gesellschaftlicher Rahmenbedingungen (Import von Kenntnissen aus dem Ausland, praktische Verwertung) und organisatorischer Rahmenbedingungen (Arbeitsteilung, Kontrolle) der scientific community vonnöten scheinen. Keineswegs bildet die praktische Verwertbarkeit das einzige und ausschließliche Ziel. Vielmehr steht ein aus dem religiösen Kontext stammender Dienst an der Wahrheit im Vordergrund, der die Wissenschaftler als Hohepriester erscheinen läßt. Die Ähnlichkeiten etwa zwischen Bacons salomonischem Tempel und dem naturphilosophisch gedachten Heiligtum zu Saïs (bei Novalis) sind frappant, zeigen geistesgeschichtlich durchgängige Muster bei ganz verschiedenen Denkrichtungen auf. Der ‚Realist' Bacon hat über die Wissenschaft kaum weniger romantisch gedacht als Novalis. Daß es

226 Ebd., S. 301.

227 Francis Bacon, *Nova Atlantis*, a.a.O., S. 57; vgl. Wolfgang Krohn, *Francis Bacon,* a.a.O., S. 170: „Das Utopische an Bacons Utopie ist ihr nicht-utopischer Charakter."

erst ein bestimmtes (naturwissenschaftliches) Wissen ist, das uns Macht über die Natur verleiht (jedenfalls über den Mesokosmos), dürfte schwerlich zu bestreiten sein; heute ist das eine realistische und kritische Feststellung, die zu Euphorie keinen Anlaß gibt. Macht, die sich bei Bacon einer listigen partiellen Unterwerfung unter die Natur verdankt, wird von dem Lordkanzler von England ganz unproblematisch als Machbarkeit zum Wohle der Menschheit gesehen. Was Bacon ausblendet und was wohl jede Utopie als perfekte Ordnung ausschließen muß, ist die Formung der wirklichen Gesellschaft durch das Zusammenspiel gesellschaftlicher Macht (Herrschaft) und Geld, die nicht nur keine sensu stricto gerechte Ordnung verbürgen können, sondern die auch chaotische, irreguläre, verzerrende Wirkungen zeitigen, die der Rationalität der erstrebten Ordnung im Wege stehen. Wahrscheinlich ist jede Utopie macht- und geldlos und somit tendenziell sozialistisch (wenn nicht in der Frage von Familie und Privateigentum, so doch in den Organisationsprinzipien). Daran hätte eine nachaufklärerische Kritik anzusetzen. Zu ihrem Selbstverständnis gehört auch, die Planbarkeit von Forschung und Organisation von Forschung zu relativieren, andere, ‚irrationale' Faktoren zu berücksichtigen. Was dem Baconschen Essayismus fehlt, der, wie Bacon richtig sah, einer der Zeit war, ist eben dieses Element des Unberechenbaren, ist die Zurückhaltung des Vielleicht. Er war sich seines Weges, trotz aller Demutsbeteuerungen, durchaus bewußt.

Sein Lebensende ist nicht ohne Ironie. Bacon, der zwangspensionierte Forscher in eigener Sache, kam, angeregt durch die Lektüre von natur- und experimentalgeschichtlichen Büchern, auf die Idee, „ein kleines Experiment über die Konservierung und Haltbarkeit toter Körper zu machen". Er stopfte ein Huhn mit Schnee aus, um die Verzögerung der Verwesung zu betrachten. Dabei zog er sich eine schwere Erkältung zu, an deren Folgen er am 9. April 1626 verstarb.[228] In gewisser Weise also wurde Bacon das Opfer seines eigenen szientistischen Programms, das die erfahrbare Befindlichkeit als Hemmschuh für den wissenschaftlichen Fortschritt auszuklammern trachtete. Aber noch eines macht die Episode, die letzte in seinem Leben, deutlich: daß Bacon ein ‚Anfänger' war, kein Forscher im heutigen Sinn und auch kein Erkenntnistheoretiker. Sein Essayismus war im Kern politisch und das macht seine Thesen bis zum heutigen Tage brisant. Er wollte seinen Zeitgenossen sagen, was sie tun sollen, um die Höhle theoretischer Finsternis zu verlassen. Bacon ist kein strikter Erkenntnistheoretiker, der um etwaige Unstimmigkeiten und Widersprüche im eigenen Werk besorgt wäre. Nichtsdestotrotz ist er der Repräsentant einer wissenschaftlichen Mentalität, die bis zum heutigen Tage präsent ist. Seine Methodologie hat sich, streng betrachtet, als unpraktikabel erwiesen, nicht so sein Essayismus, der dem Neuen viel mehr Platz einräumte als die wahren induktiven Regeln. Bacon hat das wohl selbst so gesehen, wenn er schrieb: „Solange die Erkenntnis in Aphorismen und Beobachtungen besteht, wächst sie. Wenn sie erst einmal in zusammenfassende Methoden gepreßt worden ist, kann sie vielleicht noch aufpoliert und geschmückt werden, nimmt aber an Umfang und Substanz nicht mehr zu."[229]

Dieser Gestus des Offenen, diese Offenheit für etwas, das unbestimmt ist, nicht antizipiert werden kann (Antizipation ist ja für Bacon, den Bilderfeind, ein unangemessenes, dichterisches Verfahren im Gegensatz zur ‚Interpretation'), verbindet Bacon mit Mon-

228 Wolfgang Krohn, *Francis Bacon*, a.a.O., S. 59.
229 Ebd., S. 81.

taigne und auch mit Kolumbus, verdankt sich der Autonomie eines Subjektes, das seine Legitimation aus sich selbst bezieht. Was erforscht und in die Tat umgesetzt wird, entscheidet Bacons utopische Bruderschaft, frei, nach eigenem Gutdünken, weil das Erkennen als Entdecken der Wirklichkeit, das Öffnen des Buches der Natur als ethischer Wert schlechthin angesehen wird.

Bacons Werk liefert uns Anschauungsmaterial für das Spannungsverhältnis von Essayismus und Utopie. Als Ausfahrt ins Unbekannte ist der Utopismus conditio sine qua non für einen erfahrungsfreudigen Geist, der darum weiß, daß das alte System der Erkenntnis zerbrochen ist; Aufbruch zu einer unbekannten Topologie. Aber wie schon im Falle der Entdeckungen des Kolumbus tauchte die Notwendigkeit auf, dieses Neuland zu benennen, ihm Namen zu geben, vertraute Namen, die das Unvertraute in den eigenen Horizont eingemeinden. Diese Projektion ereilt nun auch die ‚Neuzeit', die sich als Aufbruch ins offene Meer einer Zeit erweist, deren Vektor auf die Zukunft gerichtet ist. Die Euphorik des Aufbruchs, aber auch die Unerträglichkeit radikaler Offenheit (metaphorisch gesprochen das kolumbianische Erlebnis völliger Entgrenzung) treiben dazu, die Zukunft zu besetzen. Bacon, der Interpret der Natur, der die Antizipation in der Naturforschung verwirft, bedient sich als Interpret der historischen Zeit der Methode der Antizipation, der Vorwegnahme mittels Bild und Begriff. Er weiß schon, wo er ankommen wird und ankommen will. Da ist auch der entscheidende Punkt, warum er dabei auf historisches Bildmaterial zurückgreift. Das Neue in der Zeit wird so, ähnlich wie bei den kolumbianischen Projektionen, zum Altvertrauten. So wird die Zukunft festgestellt und verpflichtet. So ist alles vorweggenommen, noch ehe es sich ereignet hat, und in der Tat ist vieles verblüffend, was die ‚science fiction' eines Bacon vorhergesagt hat. Bacon ist, in Umkehrung eines Diktums von Friedrich Schlegel, ein vorwärts gerichteter Prophet: er beschwört die vor ihm liegende Zeit.

Derlei utopische Beschwörung steht in Widerspruch zur Absichtslosigkeit der eigenen induktiven Methodik. Der Preis dieses utopischen Zugriffs ist hoch, entspricht aber dem Ordnungsverlangen, das die Aufklärung in genuinem Sinne charakterisiert. So wie das Experimentieren im Stile Bacons ein abstraktes Subjekt voraussetzt – so auch seine Utopie. In den neuzeitlichen Utopien weinen die Menschen nicht, ihr heiteres, permanentes Lächeln ist eingefroren, die utopische Welt bleibt verschont von den Irregularitäten einzelner Akteure und den Unwägbarkeiten von Zufall und Zusammenspiel.

Für eine Theorie und Geschichte des Essayismus ist Bacon in doppelter Hinsicht von entscheidender Bedeutung, zum einen als Kronzeuge einer sich entfaltenden essayistischen Methodik im Sinne eines offenen, unabschließbaren Reflexionsprozesses, zum anderen aber auch, weil in seinem Werk – wie vielleicht nie zuvor – Erfahrung und Experiment auseinanderfallen. Zwar beschreibt Bacon den Weg, der von der unbeabsichtigten Erfahrung zum geordneten und kontrollierten Experiment führt, es gelingt ihm auch, wie der Plan der unvollendeten *Instauratio Magna*, deren Fragmentcharakter als programmatisch angesehen werden darf,[230] zeigt, die Geschichte von Technik und Naturwissenschaft als Teil der Naturgeschichte zu integrieren (ein ungeheuer interessanter

230 Vgl. ebd., S. 60–114.

Vorschlag, der heute in diversen holistischen Theorien wiederkehrt)[231]; was fehlt, ist ein ‚Rückweg' vom Experiment zur – szientistisch betrachtet zwar unsicheren, aber für den Lebensvollzug des einzelnen entscheidenden – Erfahrung, in der Utopie übrigens ebenso wie in der Methodologie. Je älter die Neuzeit wird, und je mehr das gesellschaftliche Leben auf dem Fundament einer experimentierenden Technik beruht, um so unabweislicher ist es, einen geordneten Rückzug anzutreten, zu wissen, wie man wieder, wenn nicht nach Hause, zum Ausgangspunkt also, so doch zu sich selbst zurückkommt. Gegenüber dem Essayismus von Bacon steht der Essayismus von heute unter umgekehrtem Vorzeichen, unter dem des Rückbezuges (nicht des Rückzuges). Um einen solchen Rückbezug theoretisch, lebenspraktisch und gesellschaftlich herzustellen, ist die Kenntnisnahme der Ausfahrt, ihrer Logik, Wege und Mittel eine sich aufdrängende Notwendigkeit. Dazu ist auch ein Realitätssinn erforderlich, der dem frühen Essayismus abgeht. Oder, um noch einmal einen Blick auf die raumzeitlich entfernte ‚Nova Atlantis' zu werfen: die Utopie zeichnet eine Gesellschaft ohne gesellschaftliche Probleme, das heißt im Grunde genommen eine Gesellschaft, die keine ist und in der man auch keine Erfahrungen in der schweren Bedeutung des Wortes machen kann; es gibt keinen Antagonismus zwischen dem einzelnen und der Gesellschaft, zwischen rivalisierenden Gruppen. Deshalb erübrigt sich auch die Notwendigkeit, wissenschaftliches Experiment und erfahrene Lebenswelt aufeinander zu beziehen. Heute wissen wir, daß auch die ‚rationalisierten' Menschen der Moderne weder wie im wissenschaftlichen Experiment noch wie in den Utopien der Neuzeit leben können. Demgegenüber zeugt Musils Vorschlag, wie im Roman zu leben (so phantastisch er zunächst auch anmuten mag), sehr viel eher von einer wirklichkeitsnahen Sicht der condition humaine.

231 Vgl. etwa Bateson, *Ökologie des Geistes*, a.a.O., S. 549–565. Überhaupt setzt die ökologische Kritik einen mehr oder minder funktionierenden Gesamtzusammenhang zwischen Technik und Natur voraus. Das ist der Kern einer systemischen Technik-Kritik, einer Kritik an einer Konzeption von Technik, die nicht kontextuell denkt.

Gegen das Schreiben schreiben
Georg Christoph Lichtenberg

Lichtenbergs ‚wissenschaftliche Aphoristik‘[232] stellt eine höchst paradoxe Herausforderung für den dar, der sich schreibend mit ihr auseinandersetzt. Zu dieser Paradoxie gehört es, sich mit einem Autor zu beschäftigen, der fortdauernd den Nutzen des Lesens und der Bücher in Frage stellt, somit auch das Unternehmen, etwas über Lichtenberg zu schreiben: „Vor einigen Wochen meldete sich bei mir ein Mann in Göttingen, der aus zwei Paar alten seidenen Strümpfen ein Paar neue machen konnte, und seine Dienste offerierte. Wir verstehen die Kunst aus ein paar alten Büchern ein neues zu machen.“[233] Warum noch schreiben? Lichtenbergs „scattered occasions“ (J. P. Stern) sind der widersprüchliche, ja zum Scheitern verurteilte Versuch, mit dem Schreiben aufzuhören. Zugleich eröffnen sie eine neue Art des Schreibens, die programmatisch unordentlich ist. Das ist die zweite Paradoxie, die in der Auseinandersetzung mit Lichtenbergs lakonischer Essayistik auftaucht: Verfehlt nicht derjenige, der Lichtenbergs Werk angemessen verstehen will, dieses dadurch, daß er sich ihm in theoretisch-systematisierender Absicht nähert?

Gewiß waren auch Bacon und Montaigne Verfechter eines antisystematischen Denkens, und für Bacon war der Aphorismus ein wichtiges Instrument in seiner Kunst des Entdeckens,[234] während umgekehrt Lichtenberg Ordnung und System durchaus als heuristische Hilfsmittel akzeptiert.[235] Und doch ist Lichtenbergs Essayismus ungleich radikaler und kompromißloser, was die programmatische Unordentlichkeit betrifft. Montaignes Essais folgen der inneren Logik einer in sich widersprüchlichen und sich darum radikalisierenden Selbstbeobachtung, die inhaltlich wie formal die Grenzen des antiken und mittelalterlichen Traktats überschreitet, und Bacons Aphorismen und auch seine Essays sind eingebunden in eine große Versuchsanordnung, die Entdeckung und Erfin-

232 Einschlägige literaturwissenschaftliche Fachpublikationen, auf die im folgenden zurückgegriffen wird, sind u. a. die Publikationen von Stern, Promies und Mauthner. Eine übersichtliche Darstellung der Rezeptionsgeschichte liefert die Studie von Dieter Lamping. Von ‚scientific aphorism‘ bzw. ‚experiment‘ spricht Joseph Peter Stern, *A Doctrine of Scattered Occasions*, Bloomington 1955, S. 75–126 (vgl. auch Einleitung).

233 Lichtenberg, *Sudelbücher*, F 136, Bd. I, a.a.O., S. 488.

234 Joseph Peter Stern, *A Doctrine of Scattered Occasions*, a.a.O., S. 112ff.

235 Lichtenberg, *Sudelbücher*, E 497, Bd. I, a.a.O., S. 447: „Die Systeme haben nicht allein den Nutzen, daß man ordentlich über Sachen denkt, nach einem gewissen Plan, sondern, daß man überhaupt über Sachen denkt, der letztere Nutzen ist unstrittig größer, als der erste. Z. E. Assoziation.“

dung systematisieren will (was mißlingen muß). Demgegenüber sind die linearen Bezüge in der Lichtenbergschen Aphoristik gekappt – Eintragungen, die nur selten in logischem Zusammenhang miteinander stehen. Philosophische Überlegungen, Buchtips, kindische Einfälle und männliche Zoten stehen brav aneinandergereiht, und was sie zusammenhält, ist einzig ein und derselbe Kopf, dem sie entsprungen sind, und die fortlaufende Registratur-Nummer. Lichtenberg war sich dieser Problematik durchaus bewußt, und in einem seiner vieltausenden Aphorismen steht zu lesen: „Wie viel Ideen schweben nicht zerstreut in meinem Kopf, wovon manches Paar, wenn sie zusammenkämen, die größte Entdeckung bewirken könnte. Aber sie liegen so getrennt, wie der Goslarische Schwefel vom Ostindischen Salpeter und dem Staube in den Kohlenmeilern auf dem Eichsfelde, welche zusammen Schießpulver machen würden. Wie lange haben nicht die Ingredienzen des Schießpulvers existiert vor dem Schießpulver! Ein natürliches aqua regis gibt es nicht. Wenn wir beim Nachdenken uns den natürlichen Fügungen der Verstandesformen und der Vernunft überlassen, so kleben die Begriffe oft zu sehr an andern, daß sie sich nicht mit denen vereinigen können, denen sie eigentlich zugehören. Wenn es doch da etwas gäbe, wie in der Chemie Auflösung, wo die einzelnen Teile leicht suspendiert schwimmen und daher jedem Zuge folgen können. Da aber dieses nicht angeht, so muß man die Dinge vorsätzlich zusammen bringen. Man muß mit den Ideen *experimentieren*."[236]

Das Fragment aus den letzten Lebensjahren, dessen Anklänge an die Frühromantik bis in die chemische Metaphorik unübersehbar sind,[237] enthält in nuce das Ganze und nimmt damit romantische Postulate vorweg, ohne sie doch programmatisch auszusprechen. Im Falle der Lichtenbergschen Aphoristik handelt es sich um das Unvermögen und die Unmöglichkeit, die einzelnen Teile zusammenzubringen. Lichtenbergs Essayismus ist einer der Auflösung, der ‚Analyse' des bisher Zusammengehörigen. Dieser Zusammenhang war durch den täuschenden Schein einer dichten Begriffswelt gegeben. Aus den Bestandteilen könnte durch neue ‚Verbindung' etwas Neues entstehen, so wie das Schießpulver, das aus völlig Heterogenem zusammengesetzt ist.

Aufschlußreich ist es, wie hier die eigene ‚Zerstreuung', die zumeist ja positiv im Sinne eines unvoreingenommenen Beobachtens und Experimentierens programmatisch

236 Ebd., K 308, Bd. II, S. 453f.

237 Vgl. Friedrich Schlegel, *Kritische Fragmente*, in: *Schriften zur Literatur*, a.a.O., S. 10: „Ein witziger Einfall ist eine Zersetzung geistiger Stoffe, die also vor einer plötzlichen Scheidung innigst vermischt sein mußten. Die Einbildungskraft muß erst mit Leben jeder Art bis zur Sättigung angefüllt sein, ehe es Zeit sein kann, sie durch die Friktion freier Geselligkeit so zu elektrisieren, daß der Reiz der leisesten freundlichen oder feindlichen Berührung ihr blitzende Funken und leuchtende Strahlen oder schmetternde Schläge entlocken kann." Vgl. auch das *Athenäum-Fragment*: „Verstand ist mechanischer, Witz ist chemischer, Genie ist organischer Geist." (Ebd.) Für eine romantische Bestimmung des Essayismus dürfte gelten, daß dieser einem chemischen Geist verpflichtet ist, der die Mechanik des Verstandes souverän beherrscht und sich vom genialen Einfall inspirieren läßt. Reinhard Trachsler hat die Haltung des Aphorismus als ein „allseitiges Anteilnehmen an der Fülle" charakterisiert (Reinhard Trachsler, *Lichtenbergs Aphorismen*, Zürich 1956, S. 48). Der chemisch-organische Esprit ist die Voraussetzung für derlei Partizipation an Vielfalt.

gegen die Systemmacherei gestellt wird, an die wissenschaftliche Situation der Zeit angeschlossen ist, eines Jahrhunderts, das das Licht entdeckt hat, aber selbst noch im Dunkeln tappt.

So bleibt es an dieser Stelle offen, ob das eigene Experimentieren und die Auflösung der aneinander ‚klebenden' traditionellen Begriffsapparatur ein Programm darstellt, das aus der philosophisch-szientistischen Not der Zeit geboren ist, oder für Lichtenberg eine Aufgabe der Philosophie κατ' ἐξοχήν ist. Das wird noch zu klären sein.

Entschlossene Auflösung des Alten und kühnes Experimentieren führen zum freien Flottieren der Gedanken und ihrer sprachlichen und kompositorischen Anordnung, zu einer provisorischen Ordnung, die mit der eingangs geschilderten Unordnung identisch ist.

Mag auch in der Bezeichnung ‚Sudelbuch' die Assoziation an kaufmännische Abrechnungen für den Hausgebrauch anklingen, gerade für Lichtenberg selbst[238] (Promies), so geht die philosophische Begründung weit darüber hinaus. Dabei spielt die Frage, inwieweit die Aphorismen zur Veröffentlichung gedacht waren, eine eher untergeordnete Rolle. Indem die Eintragungen der Ordnung und dem Ablauf der linearen Zeit folgen, gehorchen sie der Gesetzmäßigkeit von Spontaneität und Authentizität, man kann auch sagen jener der Kontingenz. Man soll, so heißt es in einem Aphorismus der mittleren Periode, „seinem Gefühl folgen und den ersten Eindruck, den eine Sache auf uns macht, zu Wort bringen".[239]

Indem sich die Un-Ordnung der *Sudelbücher* der Logik der gedanklichen Abläufe in der Zeit überläßt, konstituiert sie ein Textmuster ganz besonderer Art. Bestimmte Gedanken kehren nach dem Gesetz der kognitiven Wiederholung wieder, ohne daß es dem Skribenten auffiele.[240] Wo sich Erkanntes glückhaft verdichtet, führt das nicht selten zur Agglomeration verwandter Gedankengänge in aufeinander folgenden Aphorismen. Aber auch die Sprunghaftigkeit und die programmatische Breite hängen mit jener Auffassung zusammen, dem Fluß der Gedanken freien Lauf zu lassen, ihn nicht künstlich zu hemmen, auch wenn das zu befremdlichen, ja künstlich anmutenden Denkexperimenten

238 Wolfgang Promies, *Lichtenberg*, Reinbek 1964, S. 34.

239 Lichtenberg, *Sudelbücher*, E 454, Bd. I, a.a.O., S. 441.

240 Vgl. Dieter Lamping, *Lichtenbergs literarisches Nachleben*, Göttingen 1992, S. 111f.: „Die Rezeption der Sudelbuch-Aufzeichnungen als Aphorismen, wie sie sich im Verlauf des 19. Jahrhunderts stabilisiert hat, dürfte Leitzmann [den ersten Herausgeber der Sudelbücher in ihrem neuen Umfang, M.-F.] dazu verleitet haben, seiner Edition der Hefte den Titel ‚Georg Christoph Lichtenbergs Aphorismen' zu geben und durchweg von ‚Gedankenbüchern' anstatt von Sudelbüchern zu sprechen." Dem widerspricht Lamping vehement, wenn er meint: „Davon kann kaum die Rede sein. Leitzmanns Edition zeigt (auch wenn er eher das Gegenteil sagt), daß die Sudelhefte nicht als Buch angelegt sind, sondern allenfalls als Notizbuch." Und im Hinblick auf die literarische Rezeption bemerkt Lamping: „Die ‚Sudelbuch'-Methode Lichtenbergs wurde zum Paradigma einer spontanen Art zu schreiben. Für die Vorläufigkeit spricht auch die Eintragung aus dem Jahr 1775: Erst ein Buch worein ich alles einschreibe, so wie ich es sehe oder wie es mir meine Gedanken eingeben, alsdann kann dieses wieder in ein anderes getragen werden, wo die Materien mehr abgesondert und geordnet sind, und der Ledger könnte dann die Verbindung und die daraus fließende Erläuterung der Sache in einem ordentlichen Ausdruck enthalten." (*Sudelbücher*, E 46, Bd. I.) Zum ‚Ledger' ist es ebensowenig gekommen wie zu den von Lichtenberg

führt, wie etwa diesem über das Gewicht der Seele: „Um das Gewicht der Seele zu finden schlug jemand vor einen Menschen auf der Waage sterben zu lassen. Die negative Schwere der Seele. Bei Tieren es zu versuchen, ob sie schwer(er) werden, wenn sie verkalcht werden, vererdet.“[241]

Mag Lichtenberg selbst, ähnlich wie Bacon, bei den eigenen Entdeckungs- und Erfindungsversuchen nur mäßiger Erfolg beschieden gewesen sein (obschon er als einer der renommiertesten Naturforscher im Deutschland seiner Zeit galt), so war er vielleicht der erste, der erkannte, daß es keinen direkten, vorgegebenen Weg etwa von Schwefel und Salpeter zum Schießpulver gab. Darin unterscheidet er sich von Bacons Utopie planbarer Entdeckungen und Erfindungen. Obschon für Lichtenberg Bacon (neben Newton) der Begründer eines neuen experimentierenden wissenschaftlichen Denkens war, den er überaus bewundert hat,[242] weicht seine Position von der des Autors des *Novum Organum* erheblich ab, wie das scheinbar nebensächliche lakonische Fragment aus dem *Sudelbuch F* verrät: „Was man sucht, ist gewöhnlich in der letzten Tasche.“[243] Diese skeptische Einsicht in die Widerständigkeit der Welt, die uns im Alltag wie im wissenschaftlichen Experiment ereilt, hat Lichtenberg offenkundig so beschäftigt, daß er sie zweihundert Eintragungen später noch einmal, um andere Beispiele bereichert, wiederholt: „Es regnet allemal wenns Jahrmarkt ist, oder wenn wir die Wäsche trocknen wollen, was wir suchen ist immer in der letzten Tasche in die wir die Hand stecken.“[244] Und im Anschluß an die Erörterung eines Aphorismus aus dem *Novum Organum* stellt Lichtenberg sich die Frage, „wer die meisten Erfindungen gemacht hat, die Tiere oder die Menschen (oder wenigstens das *Tier im Menschen*)“.[245] Mit dem Erfinden (und Entdecken) ist es also eine ganz eigene Sache, und Bacons *Organum* gilt Lichtenberg als ein „vortreffliches *heuristisches* Hebzeug“, das erst ‚gehoben‘ sein will.[246] Die geordnete Methodik allein macht es nicht, so daß Lichtenberg dazu übergeht, die subjektiven Voraussetzungen zu untersuchen. Wie muß einer beschaffen sein, der Neues entdeckt oder erfindet? Im Gegensatz zu Bacon, dem Phantasie und spekulative Experimentierfreude eher

geplanten Romanen. Aber daraus ist, ob nun intendiert oder nicht, eine neue ästhetische Kategorie entstanden, die durch die Praxis der diversen Herausgeber zwar forciert worden ist, die aber in der Logik der Sache liegt, in der Logik veröffentlichten Schreibens, das mit einem Leser rechnet, spielt, liebäugelt etc.; daß Lichtenberg damit gerechnet haben muß, beweisen auch die programmatischen Einsprengsel, die Reflexionen über das „ächte Selbstdenken“ (Schopenhauer).

241 Lichtenberg, *Sudelbücher*, J 2098, Bd. II, a.a.O., S. 381.

242 Vgl. Lichtenberg, *Gedanken über die Aerostatischen Maschinen* (1783), Bd. III., a.a.O., S. 64: „Aber leider! leider! liegt alles in einem Labyrinth, wozu Baco den Faden gemacht, aber nicht gefunden hat, und der Mensch muß noch jetzt, wie vor Jahrtausenden, die größten Dinge so erfinden, wie die Schweine die Salzquellen und Gesundbrunnen.“ Trotz Bacon gibt es Lichtenberg zufolge kein verläßliches Verfahren des Entdeckens und Erfindens. Wenn man Wissenschaftshistorikern wie Kuhn und Feyerabend folgt, dann haben das Schnüffeln, Tasten und insbesondere der Zufall auch in der nachfolgenden Erfolgsstory der Naturwissenschaften eine entscheidende Rolle gespielt.

243 Lichtenberg, *Sudelbücher*, F 480, Bd. I, a.a.O., S. 525.

244 Ebd., F 732, Bd. I, S. 562.

245 Ebd., J 1074, Bd. I, S. 803.

246 Lichtenberg, *Aufsätze (Nachricht von einer Walrat-Fabrik*, 1794), Bd. III, a.a.O., S. 113.

verdächtig waren, setzt Lichtenberg auf einen offenen Typus von Menschen, der unbelastet ist von allzu schwerem akademischem Gepäck und der doch zugleich über profunde Kenntnisse aus eigener Beobachtung verfügt, einer, der eigene Karten anzulegen vermag so wie Kolumbus oder Cook. Diese Option erlaubt es wiederum, das ‚Hebzeug' zu komplementieren bzw. anders mit ihm umzugehen: „Phantasie und Witz sind das leichte Corps, das die Gegenden rekognoszieren muß, die der nicht so mobile Verstand bedächtlich beziehen will."[247]

Mit Montaigne und Bacon verbindet Lichtenberg also die Neugierde und das Erstaunen darüber, daß bisher so wenig entdeckt worden ist. Unter freilich veränderten historischen Gegebenheiten nimmt Lichtenberg, der zwischen Melancholie und Aufbruchsgeist schwankt, eine Mittelposition ein.

Montaignes Problem war der Zweifel, ob überhaupt Erkenntnis möglich sei nach so vielen vergeblichen Versuchen. Als rettende Insel im Ozean des Unwissens erschien die minutiöse Selbstbeobachtung, die Anthropologie in eigener Sache, deren Verallgemeinerbarkeit freilich fraglich blieb, vor allem dann, wenn man das Besondere nicht wiederum einem falschen Allgemeinen opfern oder es selbst zum Allgemeinen erheben wollte. Für Montaigne war schon alles gesagt, war die Geschichte am Ende; was blieb, war die Selbsterkenntnis am Ende der scholastischen Wissenschaften. Für Bacon hingegen hatte sich noch gar nicht wirklich etwas ereignet. Alles war Vorgeschichte, quälende Vorgeschichte, verabsäumte Zeit, die verronnen war, ohne daß der Mensch zu wirklichen Erkenntnissen, zu technischen Erfindungen und wissenschaftlichen Entdeckungen gelangt war. Eine Kunst des Entdeckens mußte entworfen werden zusammen mit einer neuen politischen Organisation einer Wissenschaft, die nicht mehr im Schatten des Alten steht. Beide Optionen hält sich Lichtenberg offen, und was seine Position originär macht, ist, wie er diese aufeinander bezieht. Es liest sich fast wie ein Kommentar zu Montaigne, dem „angenehmen Schwätzer" (Lichtenberg), wenn es im Aphorismenkonvolut D heißt: „Jedermann wird sich wundern, daß ich in den letzten Tagen der alt gewordenen Welt noch so was schreiben mag."[248] Aber nur knapp zweihundert Eintragungen später steht zu lesen: „Die Welt muß noch nicht sehr alt sein, weil die Menschen noch nicht fliegen können."[249]

Zur Versuchsanordnung des Essayismus – und Lichtenbergs experimentalwissenschaftlich geprägte Aphoristik ist eine sehr forcierte Ausprägung dieses Denkmodus – gehört, zum Ärger all seiner Gegner, daß er das Schwanken und die Widersprüche nicht aufzulösen braucht, sie einfach nebeneinander stehen läßt, schon auch deshalb, weil beide Annahmen als gedankliche Konstrukte in der Welt sind. Lichtenberg ist nicht vor dem abgründigen Zweifel des Montaigne gefeit und wie für jenen ist die Last der vielen vergeblich geschriebenen Bücher ein Indiz für das Alter der Welt und das fortdauernde Scheitern des Menschen. Für Lichtenberg bleibt es unentscheidbar, welche Diagnose die

247 Ebd., S. 114.

248 Lichtenberg, *Sudelbücher*, D 226, Bd. I, a.a.O., S. 268.

249 Ebd., D 407, Bd. I, S. 292; vgl. auch F 1195: „Alle Entdeckungen gehören dem Zufall zu, die eine näher die andere weiter vom Ende, sonst könnten sich vernünftige Leute hinsetzen und Erfindungen machen so wie man Briefe schreibt." (Ebd., S. 643.)

richtige ist, die vom Alter oder die von der Jugend der Welt, weil noch nicht feststeht, wie, wann und ob die Menschheit je wird ‚fliegen' können, weil das Entdecken und Erfinden so schwer ist, obschon es im nachhinein kinderleicht aussieht.[250]

Wie viele seiner Zeitgenossen auch hat sich der Physiker Lichtenberg (was damals wohl so viel heißt wie Naturforscher) an nahezu allen Phänomenen versucht, die die Zeit beschäftigten: an Optik und Astronomie, an Blitzableiter und Elektrizität, an Magnetismus und Ballonfahrt, an Geologie und Heilbädern. Lichtenberg, der sich selbst als naturwissenschaftlichen Pionier sieht, steht in Kontakt mit Volta, Forster, Sömmerring oder Abraham Gottlob Werner, dem Freiberger Geologen, der auch für Goethe und Novalis eine wichtige Bedeutung gehabt hat. Es sind skurrile und tastende Versuche,[251] die sich von jenen romantischen der Ritter, Schlegel, Schelling und Novalis kaum unterscheiden. Experimentieren wird zu Ende des Jahrhunderts große Mode,[252] auch wenn sich die Erfolge nicht so recht einstellen wollen. Was Lichtenberg auszeichnet, ist das Gespür für das Mißverhältnis von Einsatz und Ergebnis, und so führt uns sein eigenes naturforscherisches Schaffen noch einmal vor Augen, wie Naturwissenschaft von der Renaissance bis in die Anfänge des 19. Jahrhunderts ein rührendes und esoterisches Unternehmen geblieben ist. Die in der Geschichte des Geistes einmalige Erfolgsstory der Naturwissenschaften war selbst von kühnen historischen ‚Spekulanten' wie Bacon und Lichtenberg nicht vorhersehbar, und sie ist bis heute, trotz mannigfacher philosophischer Erklärungsversuche, einigermaßen rätselhaft geblieben.

Lichtenbergs Aufsatz *Vermischte Gedanken über die Aerostatischen Maschinen* (1783) setzt mit einer grundlegenden Bilanz des Jahrhunderts ein. Was soll der Mensch des dixhuitième antworten, wenn er gefragt wird, was er ‚geliefert' und ‚was er Neues gesehen' hat. Die Liste der Antworten fällt zunächst imposant aus, denn Lichtenberg läßt den fiktiven kollektiven Zeitgenossen, das Jahrhundert selbst, antworten: „Ich habe die Gestalt der Erde bestimmt; ich habe dem Donner Trotz bieten gelehrt; ich habe den Blitz wie Champagner auf Bouteillen gezogen; ich habe Tiere ausgefunden, die an Wunder selbst die Farbe der Lernäischen Schlange übertreffen; Fische entdeckt, die, was der olympische Jupiter nicht konnte, die schwächern, selbst unter dem Wasser, mit unsichtbarem Blitz töden; ich habe durch Linné das erste brauchbare Inventarium über die

250 Ebd.

251 Vgl. die Schilderungen bei Wolfgang Promies, etwa von dessen ‚Elektrophor'-Versuchen: „Lichtenbergs Sterne sind eigentlich nichts anderes als ein schöner Fund. Man kann den Ertrag der Betrachtungen Lichtenbergs auf das entdeckte Phänomen gering nennen, muß sich aber hüten, sie selbst abschätzig zu beurteilen. Das 19. Jahrhundert ist über den Stand seiner Erkenntnis in keinem Punkt wesentlich hinausgekommen." (Wolfgang Promies, *Lichtenberg*, a.a.O., S. 59.) Lichtenberg wußte um seine mißliche Lage: Alles, was das Jahrhundert an Bedeutendem erfunden hatte, war erfunden, vom Blitzableiter bis zur Ballonfahrt, und was noch zu entdecken war – und Lichtenberg nahm an, daß dies noch sehr viel mehr sein würde –, zeigte sich unzugänglich.

252 Vgl. dazu auch die Lebensbetrachtungen von Gotthilf Heinrich Schubert, dem Freund des poetischen Physikers, die den Titel *Der Erwerb aus einem vergangenen und die Erwartungen von einem zukünftigen Leben* tragen (G. H. Schubert, a.a.O., insbes. Bd. II, Kap. 16, S. 126–147, vgl. auch Bd. I, S. 40, wo von „Ritters merkwürdigen Versuchen und Beobachtungen" die Rede ist). Vgl. Walter D. Wetzels' *Johann Wilhelm Ritter* und Wolfgang Müller-Funk, *Die Rückkehr der Bilder*, a.a.O., S. 87ff.

Werke der Natur entwerfen lassen; ich habe einen Kometen wiederkehren sehen, als der Urlaub aus war, den ihm mein Halley gegeben hatte, und in meinem 89sten Jahr erwarte ich den zweiten; statt einer einzigen Luft, die meine Vorfahren kannten, zähle ich dreizehn Arten; ich habe Luft in feste Körper und feste Körper in Luft verwandelt; ich habe Quecksilber geschmiedet; ungeheure Lasten mit Feuer gehoben; mit Wasser geschossen wie mit Schießpulver; ich habe die Pflanzen verführt, Kinder außer der Ehe zu zeugen; Stahl mit brennendem Zunder wie Butter fließen gemacht; ich habe Glas unter dem Wasser geschmolzen; das Gold von seinem Thron, den es als schwerster Körper Jahrtausende usurpierte, heruntergeschmissen und ein weißes Metall eingesetzt; ich habe eine neue Art vortrefflicher Fernröhre angegeben, die selbst Newton für unmöglich hielt; ich habe die Pole des natürlichen Magneten in einer Sekunde umgekehrt und wieder umgekehrt; ich habe Eier ohne Henne und Brutwärme ausgebrütet [...]"[253] Doch Lichtenberg läßt sich von dieser erstaunlichen Erfolgsbilanz, in der das Pathos des Wunderbaren in erstaunlicher Weise fortlebt, hinübergerettet wird an die Gestade der szientifischen Welt, nicht blenden und beirren. Erst ein bescheidener Anfang ist gemacht, während noch „tausende solcher Dinge" verborgen liegen. Immerhin gibt die Liste der Erfindungen und Entdeckungen die Richtung an, in die sich die neue Zeit bewegt. Aber dann bricht wieder die alte Skepsis hervor: „Aber leider! leider! liegt alles in einem Labyrinth, wozu Baco den Faden gesucht, aber nicht gefunden hat, und der Mensch muß noch jetzt, wie vor Jahrtausenden, die größten Dinge so erfinden, wie die Schweine die Salzquellen und Gesundbrunnen."[254]

Der Rückbezug auf die Folie des Mythos versinnbildlicht die mißliche Situation einer im Dunkeln herumtappenden und herumirrenden Menschheit, die noch nicht aus dem Labyrinth herausgefunden hat. Denn das größte Sicherheitsgefühl, heißt es in *Amintors Morgenandacht* (1791), dem Hymnus eines aufgeklärten Szientismus, resultiert aus den Entdeckungen der Natur.[255] Damit befindet man sich freilich in einem schwer auflösbaren Zirkel: denn weil es der Menschheit noch an verläßlichen Entdeckungen gebricht, fehlt ihr auch die Sicherheit, die vonnöten wäre, über das blinde Suchen, wie es das mythologische Bild des Labyrinths, aber auch das drastische Beispiel der Schweine vor Augen führt, hinauszugelangen. Lichtenberg zitiert Miltons *Paradise lost*: „Alle bewunderten die Erfindung und keiner konnte begreifen, wie er sie hatte verfehlen können. So leicht schien nach der Entdeckung, was vor derselben, die meisten für – unmöglich gehalten haben würden."[256]

Lichtenberg kommentiert mit diesen Sätzen Montgolfiers Ballonversuche, und es spricht für den anfänglichen Status moderner Naturforschung, daß zwischen Entdeckung und Erfindung noch kein Unterschied gemacht wird. Das spiegelt eine Auffassung wieder, in der Naturwissenschaft und Technik noch durchgängig gedacht sind: die Artefakte als nützliche Auskristallisationen einer sich offenbarenden Natur, die Erfindungen als Aufweisung verborgener Zusammenhänge in der Natur. Fremd ist dieser frommen Apo-

253 Lichtenberg, *Aufsätze*, Bd. III, a.a.O., S. 63.
254 Ebd., S. 64.
255 Ebd., S. 77.
256 Ebd., S. 65.

theose natürlicher Entdeckung die Idee einer durch gesellschaftliche Zwecke gesteuerten Technik, die auf die Art von Naturforschung zurückschlägt, wie ja Lichtenberg und anderen Aufklärern zumeist der Gedanke an unerfreuliche Folgen diverser Entdeckungen gar nichts ins Blickfeld rückt.

Zuweilen indes blitzt eine Ahnung der Verfänglichkeit derartiger Entdeckerfreude (oder soll man sagen Entdeckerwut) auf, etwa wenn Lichtenberg in *Sudelbuch D* prophetisch äußert: „In künftigen Zeiten wird man vielleicht noch anfangen Versuche mit Menschen anzustellen, wovon uns noch zur Zeit Religion zurückhält. Es liegt aber im Menschen so etwas zu tun. Wenn einmal die Welt mehr bevölkert sein wird, so werden solche Versuche angestellt werden, und jene Zeiten werden weit über uns hinauskommen und am Ende wäre es denn grausamer ein Kind im Dunkeln zu erziehen, und daraus Schlüsse abzuleiten, als es zu kastrieren um hernach unnatürlich in einer Oper zu trillern?“

Auf den Anflug von Unbehaglichkeit folgt die Selbstberuhigung, der Vergleich mit traditionellen Manipulationen am Menschen, der Hinweis auf den möglichen Erkenntniszugewinn (in diesem Falle in Optik und Wahrnehmungsphysiognomie) und ein wiederum verfänglicher Vergleich mit anderen Kulturen und Völkern: „Was für wichtige Folgerungen hat man nicht schon aus der Geschichte der Völker gezogen, die fern von dem Tag der Evangelii, der Geschichte, der Philosophie, und der Lampe der Pädagogik, der Kritik und der Platonischen Liebe gelebt haben.“[257]

In dieser Hinsicht präsentiert sich Lichtenbergs Fortschrittsglaube ungebrochen. Was erschrecken sollte, ist ausgeblendet, ebenso die Einsicht, wie dünn die Eisdecke ist, auf der man sich bewegt. Wo sie bricht, schlägt Aufklärung in der Tat in schiere Inhumanität um. Lichtenberg nimmt lakonisch vorweg, was Dostojewski so umschreiben wird: nach dem Tod Gottes ist alles erlaubt. Längst haben wir die alten Ufer hinter uns gelassen und damit die alten Verbote, die Neugierde und Entdeckerfreude hemmten und kanalisierten. Die Logik der Innovation und ihre technologische Umsetzung ist, von ihrer Eigendynamik einmal abgesehen, lediglich dem Prinzip des gesellschaftlichen Konsens und der ökonomischen Rationalität unterworfen – und brüchigen kulturellen Dispositionen eines humanen Standards, die in dem obigen Aphorismus unter Berufung auf eine auch heute verbreitete Kulturkritik herabgesetzt und unterminiert werden. In diesem Punkt ist Lichtenberg Proponent einer prekären Seite der Aufklärung.

Das mag wohl damit zusammenhängen, daß Entdecken und Erfinden im Sinne Lichtenbergs eine natürliche anthropologische Konstante und darüberhinaus einen Wert an und für sich darstellt. Lichtenberg selbst ist sich darüber im klaren, daß sein eigener Beitrag als Naturforscher, trotz Installation von Blitzableiter, Ballonversuchen und physikalischen Experimenten, eher bescheiden ausfällt, auch wenn er sich immer wieder zum Programmatiker einer genauen Beobachtung macht. Originell ist hingegen die Art und Weise, wie er seine protonaturwissenschaftliche Epistemologie in Bereichen umsetzt, die nichts oder nur wenig mit Naturforschung zu tun haben. So hat Albrecht Schöne Lichtenbergs konjunktivischen Stil aus dem ‚Geist der Experimentalphysik‘ zu bestimmen versucht: das Konditional als Analogie zur wissenschaftlichen Hypothese. Schöne denkt dabei an Satzbildungen, die mit Konjunktionen wie ‚wenn‘ beginnen oder

257 Lichtenberg, *Sudelbücher*, D 170, Bd. I, a.a.O., S. 256.

die einen ausgesprochen tastenden und fragenden Charakter besitzen (‚Sollte nicht', ‚Könnte nicht', ‚Ist es nicht wahr, daß' usw.). Aber die Bedeutung derartiger hypothetischer Satzfügungen changiert, wie das folgende Beispiel, Teil eines langjährigen theoretischen Kampfes gegen Lavater und seine Physiognomie, zeigt: „Wenn die Physiognomie das wird, was Lavater von ihr erwartet, so wird man die Kinder aufhängen, ehe sie die Taten begangen haben, die den Galgen verdienen."[258] Hier ist, anders als in den naturwissenschaftlich orientierten Aphorismen, keineswegs Unsicherheit im Spiel, hier wird der Konjunktiv rhetorisch wirksam im Sinne einer Kritik an einer halbierten statischen Aufklärung, wie sie Lavater für Lichtenberg verkörpert, vorgeführt. Das ‚wenn' stellt in absurder Überspitzung die gesellschaftspolitischen und theoretischen Konsequenzen dar, wie sie sich aus dem Determinismus der Lavaterschen Physiognomie-Lehre ergeben. Darüber hinaus wird hier (ungeachtet, ob nun Lichtenbergs Kritik stets berechtigt ist) eine Argumentationslinie einer aufklärungskritischen Argumentation sichtbar, die die begriffliche Beherrschung des einzelnen (in diesem Falle seines Antlitzes) mit einer politischen einhergehen läßt, ja sie vielleicht sogar antizipiert. Was Lichtenberg avisiert, haben die talmiwissenschaftlichen Lehrbücher des Antisemitismus, in denen schon das Gesicht den Juden verrät und verurteilt, geschichtlich in die Tat umgesetzt, einschließlich der Vorverurteilung – mit aufgeschobener Hinrichtung.[259]

Lavater, seine Person und sein Verständnis von Toleranz bilden im Kontext des Lichtenbergschen Gesamtwerkes eine dämonisierte Gegenwelt. Gerade in den *Sudelbüchern* avanciert der schweizerische Gelehrte zum Feindbild κατ' ἐξοχήν. Das läßt sich weder mit dem anfänglichen Interesse für Lavaters Theorien noch mit dem eigenen Interesse an Physiognomie (etwa mit der manischen Leidenschaft für Gesichtszüge) allein erklären. Anders als im Falle der verhaßten katholischen Kirche und der Jesuiten[260] geht es hier wohl eher um einen inner-aufklärerischen Kampf. Daher auch die ungeheure Wut und Wucht der Lichtenbergschen Angriffe. Sie richten sich gegen eine selbstherrli-

258 Ebd., F 521, Bd. I, S. 532; vgl. die Polemik gegen den Systememacher Lavater in F 547, F 569, F 593, F 617, F 619, F 622, F 637, F 640, F 661ff., F 698, F 700, F 777, F 898 (Bd. I, S. 533, 535, 537f., 541, 544f., 548ff., 551ff., 556, 569, 587ff.); vgl. auch die kritische Replik Lampings auf Kritiker Lichtenbergs, wie Friedrich Georg Jünger oder Ernst Bertram, die die Physiognomie-Kritik Lichtenbergs auf dessen eigene beschädigte Physiognomie zurückführen (Lamping, *Lichtenbergs literarisches Nachleben*, a.a.O., S. 152f.; vgl. auch S. 61ff., wo Lamping Günter Kunerts Kritik an Lichtenberg darstellt).

259 Vgl. als Beispiel Theodor Fritsch, *Handbuch der Judenfrage*, 30. völlig neu bearb. Aufl., Leipzig 1930, S. 22f.: „Die Juden sind überwiegend kurzköpfig bis mittelköpfig; langköpfig sind die Juden da, wo sie vorwiegend der orientalischen Rasse angehören. Über die Gesichtsform (Umriß) lassen sich bestimmte Angaben bisher nicht machen. Die Lippen sind meist wulstiger als die der abendländischen Völker. Die Lippe hängt häufig vor. Vorstehende Augen sollen etwas kennzeichnend Jüdisches sein. Die Augenlider, besonders das Oberlid, erscheinen verdeckt und schwer […]"

260 Vgl. etwa die späten Eintragungen aus J 272 in *Sudelbücher*, Bd. I, S. 643, wo der Rechtschreibfehler zur witzigen Pointe wird: „Ein Bedienter schreibt Papstdumm." In J 369 (S. 707) wird die katholische Religion als Gottesfresserin attackiert. In diese Zeit fallen freilich auch die zumeist unerwähnten antisemitischen Notate, etwa L 358 (S. 903): „Die Juden, die sich in die Gesellschaft aller Völker eingeschachert haben. Dieses verrät das Ungeziefermäßige." Daß dies

che Rationalität, die von außen und von oben dekretiert, eine Aufklärung, die Zwängen unterliegt und selbst Zwänge gebiert, die abermals den Horizont verengt. Lichtenbergs Kampf gegen die Systemmacher ist längst nicht mehr einer, der gegen die mittelalterliche Scholastik und deren Unfruchtbarkeit geführt wird (wie bei Montaigne), sondern er richtet sich vornehmlich gegen Tendenzen in der Aufklärung selbst. Insofern ist Lichtenberg in der Tat ein vorromantischer Denker,[261] der Einspruch erhebt gegen eine Aufklärung, die alles wissen will und die im Einzelfall nicht selten versagt – und die vor allem über sich selbst nicht Bescheid weiß, weil sie vorschnell rastert.

Der von Schöne ausführlich belegte konjunktivische Stil hat aber noch eine weitere Funktion, wie selbst der polemische Aphorismus gegen Lavater erhellt: der Konjunktiv zeigt Möglichkeiten auf, an die so bisher nicht gedacht worden war. Semantisch betrachtet ist er ein (wenn nicht der) Katalysator der Phantasie, die bei Lichtenberg, trotz gelegentlicher Einschränkung, eine – zu Recht – wichtige Rolle erhält, sowohl in der Naturerforschung wie in der philosophischen Erkenntnis generell. Das ist einigermaßen neu, denn noch für Bacon waren ja die Produkte dieser Phantasie, ganz im Sinne Platons, täuschende Idole, die die Menschen von der wahren Erkenntnis abhielten. Hier erhalten sie nun eine prominente Stellung. Ohne sich etwas Neues vorstellen zu können, ohne imaginäre Abweichung von den traditionellen Rastern ist keine Entdeckung möglich: Keine Hypothese, kein Einfall kann so absurd sein, daß er nicht einer Prüfung wert wäre. Phantasie ist also nicht bloß ein Hilfsmittel der Erinnerung, im Sinne einer Vergegenwärtigung des Geschehenen, sondern sie ist eine vorwärtsdrängende Kraft, die in Koalition mit der Vernunft erst zu Entdeckung und Erfindung führt. Schon Lichtenbergs Physik hat, ganz im Gegensatz zu der programmatischen und programmierten Forderung Bacons, Flügel. Ohne das Gebräu seiner phantastischen Vorstellungen hätte Kolumbus sich nie auf die Reise gemacht. Oder, um in der Terminologie Robert Musils zu sprechen: das Neue an den Wissenschaften (bzw. die neuen Wissenschaften) ist das Ergebnis eines produktiven Zusammenpralls von Möglichkeits- und Wirklichkeitssinn.[262] Der literarische und der physikalische Versuch haben also strukturell das eine gemeinsam,

kein einzelner Ausrutscher ist, verraten L 570 (S. 929) und L 593 (S. 934). Ob sich derlei Ressentiment nun der Philosophie oder der ‚Aufwärterinnen-List' verdankt, oder einer Kombination beider, kann an dieser Stelle nicht weiter erörtert werden, ist aber in der Sekundärliteratur zumeist ausgespart worden.

261 Interessanterweise waren es stets francophone Geisteswissenschaftler, die Lichtenberg als einen vorromantischen Denker angesehen haben, so etwa Albert Beguin, *Traumwelt und Romantik* und Albert Schneider, *Georg Christoph Lichtenberg, Prècurseur du romantisme*. Die Technik der umgekehrten Perspektivik, der sich Lichtenberg im ‚Fall' des Kolumbus bedient, findet sich auch im Fall der Geisteskrankheit: „Die Narren wären viel besser als unsere feinsten Philosophen" (Lichtenberg, Sudelbücher, E 282, Bd. I, a.a.O., S. 412). Das Kapitel Lichtenberg – Freud behandelt Lamping, *Lichtenbergs literarisches Nachleben*, a.a.O., S. 122–128, wobei insbesondere die *Psychopathologie des Alltagslebens* (1904) sowie *Der Witz und seine Beziehung zum Unbewußten* (1905) zur Sprache kommen.

262 Programmatisch darf dabei F 445 aufgefaßt werden: „Den Eulenspiegel zu einem Erfinder einer großen Sache zu machen" (Lichtenberg, *Sudelbücher*, Bd. I, a.a.O., S. 521). Nicht die Einbildungskraft ist es (die noch Bacon in seiner Idolenlehre, die Lichtenberg übrigens kannte, wie die Eintragung J 1065, Bd. I, S. 802, zeigt), sondern das „Joch der Bücher", übermäßige Tradition

daß ihre hypothetische Versuchsanordnung den Prozeß der Phantasie notwendig miteinbezieht. Hypothetik wäre demnach sehr viel mehr als ein Glied in der Kette von trial and error, vielmehr so etwas wie der zündende Funken. Oder anders ausgedrückt: Gelingende Vernunft ist nicht autonom, sie ist an Prozesse gebunden, die prinzipiell außer ihrer Kontrolle stehen.

In seiner Übertragung von der Naturforschung auf die Humaniora radikalisiert Lichtenberg, wie Joseph Peter Stern richtig beobachtet hat, die einzelnen Elemente wissenschaftlicher Prozeduren (Systembildung, Klassifizierung, Beobachtung, Induktion, Experiment, Deduktion, Definition usw.) dadurch, daß er sie aus ihrem Kontext nimmt und verselbständigt. Es handelt sich also um eine fingierte Verwendung naturwissenschaftlicher Epistemologie, in der etwa auch Pseudodefinitionen, Behauptung falscher Fakten oder die Bezugnahme auf eine literarische Wirklichkeit möglich sind. Die Isolierung einzelner Bestandteile des wissenschaftlichen Prozesses ermöglicht nicht nur Irritation, Witz und Infragestellung von als selbstverständlich angenommenen Wahrheiten, sondern erweist sich im essayistischen Kontext als Mittel zur Erzeugung von Gedanken: „The aim of all aphorisms [...] is not to give coherent account, but to elicit a response of thought.“[263] Während die systematischen Wissenschaften – so Stern – die Aphoristik, der sie zu einem Gutteil ihre Existenz verdanken, aus ihrer Realität verbannen, wird der Aphorismus zu einer ganz eigenen Sphäre und gewinnt seine Kreativität durch eben diese Autonomie.[264] Entgegen einer These von der Unverträglichkeit moderner Naturwissenschaft und moderner Ästhetik (einschließlich Literatur und Kunst) wird am Beispiel Lichtenbergs sichtbar, wie das eine mit dem anderen verquickt ist. Der moderne Essayismus, wie er sich in Gestalt der lakonischen Aphoristik Lichtenbergs präsentiert, ist undenkbar ohne die Entfaltung neuer szientifischer Methoden, die sich im polemischen Gegensatz zur alten scholastischen Wissenschaft ausgebildet haben. Wo die Literatur der Moderne experimentell ist, steht sie den Naturwissenschaften näher als den altneuen hermeneutischen Geisteswissenschaften, die sie durch Kanonisierung um die Kraft des Neuen zu bringen trachten, und zwar nicht aus bösem Willen, sondern vom systematischen Ansatz her. Aus all dem wird die oft heruntergespielte Wut und Feindschaft sowohl der Schriftsteller und Künstler, aber auch der Essayisten gegen die schriftgelehrte Kultur erklärlich, die sie um die Aktualität des Augenblicks bringt (eine Aktualität, die nicht notgedrungen einmalig ist, sondern sich immer wieder einstellen kann,

und scholastischer Sprachgebrauch, die Unbefangenheit und entdeckerischer Neugier im Wege stehen. Und in L 887 (Bd. II, S. 517) heißt es: „Der Mensch hat sich heutzutage so sehr verstiegen, daß er sogar eine Wissenschaft hat, in welcher alle neuen Erfindungen Erfindungen neuer Irrtümer und alle neuen Entdeckungen Entdeckungen alter Irrtümer sind.“ Als spontaner Selbstdenker ist Lichtenberg der erste, der Einfall und Einbildung durchaus Geltung zu verschaffen trachtet, auch wenn er sich zuweilen über die Vielfalt seiner Ideen beklagt: „Wie viele Ideen schweben nicht zerstreut in meinem Kopf, wovon manches Paar, wenn sie zusammen kämen, die größte Entdeckung bewirken könnte. Aber sie liegen so zerstreut getrennt, wie der Goslarische Schwefel vom Ostindischen Salpeter und dem Staube von den Kohlenmeilern auf dem Eichsfelde, welche zusammen Schießpulver machen würden.“ (K 308, Bd. II, S. 453f.).

263 Stern, *A Doctrine of Scattered Occasions*, a.a.O., S. 112.

264 Ebd.

bei jeder Betrachtung eines Bildes, bei jeder Lektüre eines literarischen Textes, bei jeder Auseinandersetzung mit einem Essay). Insofern ist Nietzsches Polemik etwa gegen die antiquarische Geschichtsschreibung die ‚summa magna' einer zukunftsorientierten Moderne gegen eine Mentalität des Bewahrens und Einordnens, die schon am Werk ist, noch ehe das Werk geschrieben, gestaltet oder verfaßt worden ist. Daß diese Zukunftsorientiertheit wiederum fraglich geworden ist, bedeutet nicht notwendigerweise eine neuerliche Reinstallation einer Perspektive, die das Zukünftige vor der Zeit auf das Vergangene rückbezieht.

Freilich übersieht ein so modernistisch anmutender Titel wie *Aufklärung aus dem Geist der Experimentalphysik* in seiner problematisch-aktualisierenden Perspektivik, wie es denn um diese ‚Experimentalphysik' anno 1780 ausgesehen hat. Sie unterscheidet sich von jener 200 Jahre später ebensosehr wie ein Drama des Rokoko von Becketts Theaterstücken. Die Naturforschung des 18. Jahrhunderts, so wie sie uns mit einer Gestalt wie Lichtenberg gegenübertritt, hat noch nicht jene absolute Trennung von Subjekt und Objekt nachvollzogen, die eine Inkompatibilität der Erfahrungshorizonte nach sich ziehen sollte. Zwischen ‚objektiver', wissenschaftlicher und zwischen lebensgeschichtlicher Erfahrung wird noch nicht fein säuberlich geschieden. Prozesse wie Reduktion und Ausdifferenzierung stehen erst am Anfang. Womöglich stellte der Überschuß an subjektiver Phantasie im nachhinein betrachtet ein Hemmnis dar, ‚Licht' in das Labyrinth der Natur zu bringen: gleichzeitig ermöglichte dies eine Rückkoppelung an das forschende Subjekt. Unter diesem Vorzeichen muß jene programmatische Formel aus dem Sudelbuch gesehen werden, in der davon die Rede ist, sich selbst zu mikroskopieren: „Man hätte immerweg denken und leben können ohne sich um die Art unsres Denkens und wie es zugehe zu bekümmern, gewiß hat man erst über Dinge außer uns philosophiert, bis endlich einer dieses Mikroskop auf sich selbst richtete. Wie geht es zu daß wir denken? fragte sich einer, der Neugierde und Beobachtung besaß; nicht jeder Mensch, o Millionen von Menschen, mancher Professor, der die Psychologie erklärt, selbst nicht ausgenommen, würde nie eine solche Frage getan haben."[265]

Es liegt nahe, diese Passage aus C 91 auf Kants Philosophie zu beziehen, der sich Lichtenberg nach anfänglichem Zögern mehr und mehr anschließen wird, nicht zuletzt, weil diese der eigenen subjektiven und spielerischen Neugierde eine philosophische Legitimation verleiht. Wie sie umgekehrt auch Montaignes Programm einer rücksichtslosen subjektiven Introspektion post festum den Charakter einer zweiten Reflexion verleiht. Aber indem Selbsterkenntnis zwar die Kenntnis des eigenen Erkenntnisvermögens miteinschließt, aber nicht umfassend ist, greift Lichtenbergs Aphoristik darüber hinaus, vollzieht eine anthropologische Wende aus der Innenlage, wie sie dann auch für die Romantik charakteristisch geworden ist. Sie ist eine Anthropologie, die radikal auf das eigene Selbst bezogen ist, was oftmals mit der Ausblendung sozialer Prozesse erkauft wird; sie ist eine Anthropologie der Rückbesinnung, die den (sozialen) Rückbezug wenn nicht postuliert, so doch wenigstens impliziert – und sie kämpft mit den Antinomien, die auch schon der Physik des eigenen Ich, das zum einzigen legitimen Gegenstand der Wissenschaft erhoben wurde, eigen waren.

265 Lichtenberg, *Sudelbücher*, C 91, Bd. I, a.a.O., S. 171.

Widersprüchlich schon bei Montaigne gestaltete sich der Geltungsanspruch dieser individualistischen ‚Physik'. Der Essayismus in der von Montaigne vorgezeichneten Linie war und ist den Widersprüchen unterworfen, wie sie jeder radikale Selbstbezug mit sich bringt. Weil die allgemeinen Zuschreibungen (ob nun theologischer Art oder im Sinne geschlossener psychologischer Theorien) gegenüber dem Einzelnen und Besonderen als unhaltbar oder unangemessen betrachtet werden, gilt der eigene Kosmos von Empfindungen, Gedanken, Assoziationen und Träumen als die einzig verläßliche Quelle einer Selbsterkenntnis, die mehr sein will als ein kognitiver Akt des Erkennens. Dadurch aber wird Erkenntnis monadologisch. Wie sehr auch Lichtenberg diese Problemlage bewußt war, beweist die folgende Eintragung aus dem Heft C der *Sudelbücher*; auch hier verwendet er die hypothetische Denkweise in einem fingierten Sinn, denn die Annahme ist, bildlich gesprochen, ‚Realität': „Wenn jeder Mensch seinen besondern Planeten bewohnte, was wäre wohl da Philosophie? Was sie jetzt auch ist, ein Inbegriff der Meinungen eines Menschen ist seine Philosophie."[266] Jeder lebt also auf dem eigenen philosophischen Planeten; aber wie funktioniert das gesellschaftlich? Lichtenberg weicht der Frage aus, ob es nicht Gemeinsamkeiten in der Beschaffenheit dieser ‚Planeten' trotz aller ‚physiognomischen' Unterschiede geben könnte und wie die fiktiven Bewohner instand gesetzt werden könnten, diese zu erkennen: „Wer wäre wohl des Menschen Schuhmacher? und wer sein Baumeister? Versetzt man ihn in eine Gesellschaft, so ließe er sich wohl die Schuhe von einem andern machen, aber seine Meinungen? Das ist eine üble Sache, ich kann den Hals brechen, wenn ich mir sie selbst zusammenstümpere, oder ein paar gut gemachte erhandele, die mir nicht passen."[267]

Was also ist zu tun, wenn die Menschen sich so sehr individuell voneinander unterscheiden, daß kein fremder Schuh, auch der philosophisch eleganteste, nicht paßt? Mit dem falschen fremden oder mit dem eigenen leben, auch wenn man eigentlich außerstande ist, Schuhe zu machen? Lichtenberg entledigt sich des double-bind mit bürgerlicher Vorsicht. Lieber es mit den eigenen schlechten Schuhen versuchen, das ist ein Gebot der Mündigkeit des aufgeklärten Subjekts, aber mit Vorsicht, im Sinn einer Politik der kleinen Schritte: „Die Frage: soll man selbst philosophieren? muß dünkt mich so beantwortet werden, als eine ähnliche: soll man sich selbst rasieren? Wenn mich jemand fragte, so würde ich antworten, wenn man es recht kann, es ist eine vortreffliche Sache. Ich denke – immer daß man das letztere selbst zu machen lernen suche, aber ja nicht die ersten Versuche an der Kehle mache."[268]

Die Erfahrung des modernen, sich aus einem gemeinsamen, als selbstverständlich empfundenen Traditionshorizont lösenden Subjekts scheint so beschaffen zu sein, daß es in einer bislang unbekannten und pointierten Weise Erfahrung als eigene realisieren muß, weil Erfahrung selbst als etwas erfahren wird, das nicht direkt mitteilbar ist. Dem trägt Lichtenbergs Votum für die Selbsterkenntnis gegenüber der Fremderkenntnis, sein Mißtrauen gegenüber dem Buch, seine programmatische Weitung der Philosophie zu einer umfassenden Lebensphilosophie Rechnung.

266 Ebd., C 142, Bd. I, S. 182f.
267 Ebd., S. 183.
268 Ebd.; vgl. D 19, Bd. I, S. 230ff.

Aber das ist lediglich, wie schon eingangs erörtert wurde, die Binnenstruktur der Erfahrung. Lichtenbergs Beispiele besagen nämlich nicht, nach welchen Mustern sich jemand seine eigenen Schuhe macht und welche Methode er anwendet, sich zu rasieren. Derlei Techniken (und lebensphilosophisches Know-how im Sinne Lichtenbergs ist eine soziokulturelle Technik) sind gesellschaftlich vermittelte: durch Kommunikation der Subjekte, direkte wie indirekte.

Lichtenberg möchte eine Philosophie entwickeln, die „uns im Leben nützlich sein soll".[269] Das ist eine Philosophie, die in erster Linie „Beobachtung seiner selbst", „Naturlehre des Herzens und der Seele überhaupt" sein will.[270] Dazu gehört auch, das Vorgängige der Vernunft zu reflektieren: „Es ist mir nichts angenehmer, als da, wo meine Zu- oder Abneigungen vor meiner Vernunft vorhergehen, aufzusuchen, wie sie mit ihr zusammenhängen. Mit anderen Worten, mir bewußt zu werden, daß ich das in der Welt sei, oder warum ich das sei, was ich bin. – Ich glaube überhaupt, daß unsere ganze Philosophie darin besteht, uns dessen deutlich bewußt zu werden, was wir schon mechanisch sind."[271]

Introspektion und Rückzug sind also angesagt: „Ich habe mir so oft gewünscht, daß ich ein Fleckgen finden könnte, wo ich sicher vor dem Schwanken der Mode, der Gewohnheit und aller Vorurteile die eigene Bewegung dieses Systems beobachten könnte."[272] Zur Problematik, wie die eigene private ‚Lokalphilosophie' im Verhältnis zur Philosophie der Spezialisten einerseits und zu jener des common sense andererseits steht, gesellt sich noch eine andere, nicht minder schwerwiegende, die ebenfalls zur Erbschaft des Montaigneschen Essayismus gehört und die Lichtenberg so ausdrückt: „Je näher wir einem Gegenstand kommen, desto unbegreiflicher wird er."[273]

Das gilt um so mehr, wenn der ‚Gegenstand' kein Gegenstand im eigentlichen Sinne des Wortes ist, sondern erst durch Introspektion quasi erzeugt wird.[274] Insofern erweist sich das Bild des Mikroskops, das Lichtenberg verwendet, als irreführend. Zwar markiert es die Wende von einer rein und naiv auf die Außenwelt bezogenen, ‚mikroskopierenden' Wissenschaft auf eine radikale Anthropologie der Innenlage, diese unterliegt indes anderen Gesetzmäßigkeiten. Die optischen Metaphern sind unzulänglich, ja irreführend, oder wie Lichtenberg einmal formulierte: Die Nähe hilft nicht.[275] „Denn das Ding, dem wir uns nähern *können* ist nicht das dem wir uns nähern *wollen*." Es existiert kein Mikroskop für das ‚Organ der Seele', sie verstummt, wo man sich ihr mit szientistischen Mitteln zu nähern versucht.[276] Insofern weist die witzige Anekdote über jenen Mann, der das Gewicht der Seele sozusagen negativ bestimmen wollte, indem er die Toten auf die

269 Ebd., A 28, Bd. I, S. 16.
270 Ebd., B 270, Bd. I, S. 116; vgl. auch B 271 und B 272, Bd. I, S. 117f.
271 Ebd., H 140, Bd. II, S. 196.
272 Ebd., B 321, Bd. I, S. 129.
273 Ebd., E 31, Bd. I, S. 348.
274 Ebd., B 321, Bd. I, S. 129ff.
275 Ebd., L 10, Bd. II, S. 852.
276 Vgl. Dietmar Kamper/Christoph Wulf (Hg.), *Die erloschene Seele*, Berlin 1988, S. 1–14 (Einleitung). „Wenn die Seele die Wirkung des Verlustes der Transzendenz in der Immanenz darstellt, dann würde ihr vollständiges Erlöschen die vollständige Immanenz der Welt bedeuten." (S. 1.)

Waage stellt, auf ein vertracktes philosophisches Problem. In der introspektiven Reflexion sind also die Gesetze der Optik gewissermaßen außer Kraft gesetzt, und ein Kurzsichtiger ist derjenige, der Dinge sieht, die andere Leute nicht sehen können.[277]

Das Naheliegende ist uns fern: „Ob es wohl möglich ist sich deutlichere Erkenntnis von einer gewissen Substanz zu erwerben, als man dadurch bekommt, daß man die Substanz von der die Rede ist, selbst ausmacht? Wir wissen von unsrer Seele wenig und sind sie doch selbst. Für wen gehört es denn sie zu kennen mehr als uns selbst, oder warum ist noch etwas in ihr da, das wir selbst nicht wissen?“[278]

Verfolgen wir noch einmal den Ausgangspunkt Lichtenbergs, der im Anschluß an Kant formulierte und lebensphilosophisch ausgeweitete Anspruch, den erkennend an der Welt partizipierenden Menschen zu erkennen, und zwar durch je eigene Introspektion. Auf diese erkenntnistheoretischen und anthropologischen Füße sollte gleichsam die Wissenschaft (und mit ihr die Philosophie) gestellt werden. Aber gerade dieser Rückbezug erwies sich als schwierig, wenn nicht gar unmöglich. Das Innere entzog sich dem mikroskopischen Blick, veränderte sich, produzierte, wie schon bei Montaigne, Unruhe, eine „ganze Milchstraße von Einfällen“[279], Ein-Fälle von Gedanken, Assoziationen, Bildern und Traumsequenzen, die vom Prozeß des Schreibens sowohl festgehalten wie auch angetrieben wurden. Und diese „Milchstraße von Einfällen“ ist am Ende das gesammelte aphoristische Werk mit seinen Registratur-Nummern, den einzigen Bezeichnungen, die die lineare Ordnung aufrechterhalten. Ein Ozean auch des Nicht-Wissens: „Wenn ich die Genealogie der Dame Wissenschaft recht kenne, so ist die Unwissenheit ihre ältere Schwester.“ Und der Lebenspraktiker bleibt im Bild, wenn er fortfährt: „[…] und [ist] denn das etwas so Himmelschreiendes die ältere Schwester zu nehmen wenn einem die jüngere auch zu Befehl steht? Von allen denen, die sie gekannt haben, habe ich gehört, daß die älteste ihre eignen Reize habe, daß sie ein fettes gutes Mädchen sei, die eben deswegen, weil sie mehr schläft als wacht, eine vortreffliche Gattin abgibt.“[280]

Mit dem bigamistischen Vorschlag, die Unwissenheit in die Ehe des modernen Menschen mit der ‚Dame Wissenschaft‘ einzubeziehen, nähert sich Lichtenberg einer erstaunlich modernen Auffassung, in der die Unwissenheit nicht nur eine heuristische Voraussetzung wird (im Sinne des Mutes zum Irrtum), sondern in der auch das Wahrheitspathos der Wissenschaften der Entzauberung anheimfällt. Dieses Pathos entstammt dem Kampf mit der Theologie und gegen deren Wahrheitsmonopol. Aus dieser Auseinandersetzung erwuchs ein Begriff von Wahrheit, der historisch mobilisierend wirkte, aber heute obsolet geworden ist. Die Zeit, in der wir die ‚Wahrheiten‘ der Wissenschaften mit ähnlicher Distanz betrachten wie jene unumstößlichen der traditionellen Religionen, steht wohl noch bevor.[281]

277 Lichtenberg, *Sudelbücher*, H 59, Bd. II, a.a.O., S. 186.
278 Ebd., D 211, Bd. I, S. 262.
279 Ebd., J 344, Bd. I, S. 705.
280 Ebd., E 420, Bd. I, S. 435.
281 Vgl. Richard Rorty, *Kontingenz, Ironie und Solidarität*, Frankfurt a.M. 1989, S. 28: „Was Hegel als den Prozeß beschrieb, in dem der Geist sich allmählich seiner eigenen geistigen Natur sehr bewußt wurde, läßt sich besser als der Prozeß der wachsenden Geschwindigkeit von Veränderung des europäischen Sprachverhaltens beschreiben.“ Im Kontext dieser „Veränderungen des europäi-

Zur vorzeitigen Aktualität Lichtenbergs gehört auch, daß er gelegentlich vom Pathos der Selbsterkenntnis abläßt zugunsten einer Beschreibung des Menschen, der sich selbst erschafft – nicht zuletzt durch Anthropologie: „Der Mensch kann sich Fertigkeiten erwerben und kann ein Tier werden wo er will. Gott macht die Tiere, der Mensch macht sich selber."[282]

Aber zu dieser neuen Art von Unwissenheit, die zugleich die ‚ältere Schwester' ist, gelangt man erst nach genauer Kenntnis der jüngeren Schwester. Um bei der Metaphorik Lichtenbergs zu bleiben: die Ehe mit der jüngeren Schwester war noch nicht vollzogen, deshalb konnte das Konubium mit der älteren auch nur prospektiv anvisiert werden. Dieser Ehe stellen sich Hindernisse in den Weg, und die neue Wissenschaft und erst recht die Aufklärung waren angetreten, diese Hindernisse zu beseitigen. In diesen Zusammenhang fallen all die quälenden Fragen: Was waren die Gründe dafür, daß so viel Zeit verlorengegangen ist, ehe die Menschen anfingen, systematisch Wissenschaft zu betreiben, sich auf die Suche machten nach neuen Kontinenten? Warum also hat die Menschheit so lange ihre Möglichkeiten brachliegen lassen? Hans Blumenberg hat das Dilemma, das hinter dieser Fragestellung steht, in seiner geistesgeschichtlichen Rekonstruktion folgendermaßen zum Ausdruck gebracht: „Die Neuzeit hat sich als das Zeitalter der endgültigen Durchsetzung der Vernunft und damit der natürlichen Bestimmung des Menschen verstanden. Die Schwierigkeit dieses Selbstverständnisses bestand darin, eine Erklärung für die geschichtliche Verspätung derjenigen Daseinsform zu geben, die ihrer Identität mit der Natur des Menschen wegen selbstverständliche Allgegenwart in der Geschichte hätte sein müssen."[283] Blumenberg unterscheidet zwei Lösungsstrategien: entweder interpretierte man die Vorgeschichte (und von der Neuzeit her betrachtet, stellt sich die bis dahin abgelaufene Zeit als bloßes Vorspiel dar) im Sinne einer ‚natürlichen Ohnmacht' oder als gewaltsame Unterdrückung der ‚rationalen Potenz'. Die Vorstellung einer evolutionären Durchsetzung von Rationalität stehe, so meint Blumenberg, hingegen im Widerspruch zu dem Grundgedanken „der radikalen, revolutionären Selbstermächtigung der Vernunft als eines Ereignisses von epochaler, unvorbereiteter Plötzlichkeit"[284].

Lichtenbergs Erklärungsmodell fügt sich, wie eigentlich schon jenes von Bacon, nicht diesem strikten ‚entweder – oder': die potentielle und das heißt immer auch periodische, zeitweilige Ohnmacht und die mehr oder minder sichtbare Unterdrückung müssen ein-

schen Sprachverhaltens" kommt der Wissenschaft, auch wenn sie keine Wahrheit von draußen darstellt (worauf Rorty insistiert), eine entscheidende Bedeutung zu, ja sie ist Motor und Medium dieser beschleunigten Prozesse eines sich verändernden Sprachverhaltens, und zwar weit in alle gesellschaftlichen Zusammenhänge hinein. Die Wissenschaft, die, Bacon und Lichtenberg zufolge, so viel Zeit verabsäumt hat, versucht gleichsam in einer Art Aufholjagd, auch im Hinblick auf die Geschichte, die vergangene Zeit gewissermaßen gutzumachen und gerät doch zugleich in den heute bekannten zeitlichen Strudel. Zum Problemkomplex der Zeit vgl. die Gesamtdarstellung von Helga Nowotny, *Eigenzeit*, Frankfurt a.M. 1989.

282 Lichtenberg, *Sudelbücher*, F 433, Bd. I, a.a.O., S. 519.

283 Blumenberg, *Der Prozeß der theoretischen Neugierde*, a.a.O., S. 185.

284 Ebd.

ander nicht ausschließen, wie Kants Formel von der selbstverschuldeten Unmündigkeit es für den aufklärerischen Kontext nahelegt. Keine seriöse Theorie seit der Neuzeit dürfte ohne ein Gran Skepsis auskommen, die es mittels Reflexion ideologiekritischer Art (Bacon) oder durch Introspektion (Montaigne) zu transzendieren gilt. Je länger über den geschichtlichen Verlauf nachgedacht wird, umso nachdenklicher wird auch der Geist der Aufklärung: „Der Himmel hat so wenig auf unsern Verstand ankommen lassen, und wir wollen alles damit treiben", heißt es in einem späten Aphorismus von Lichtenberg.[285]

Der Verstand ist schwach, weniger blind, und die Lichtenbergsche Menschheit sitzt weniger in der Bilderhöhle als vor Büchern, die blind machen. Es gibt kaum einen Philosophen von Rang, der so nachdrücklich vor dem Lesen von Büchern gewarnt hat, wie der Aphoristiker aus Norddeutschland. Die Warnung vor Kompendienschreiberei, Buchgelehrsamkeit, vor Schreibwut und Vielleserei durchzieht seine gesamten Notaten-Konvolute. Wenn es einen durchgängigen roten Faden in den *Sudelbüchern* und anderen Notizbüchern und Tagebuchblättern gibt, so die unermüdliche Versicherung, wie abträglich das Lesen und Schreiben von Büchern und Kompendien der *eigenen* Erkenntnis mittels Beobachtung sei. Nicht die Idole, nicht die Suggestion schmeichelnder Bilder und Vorstellungen, sondern die Bücher gefährden das Projekt der Aufklärung, in der Vergangenheit ebenso wie in der Zukunft: „Die größte Inkonsequenz, die sich die menschliche Natur je hat zu Schulden kommen lassen ist wohl gewiß, daß sich die Vernunft sogar unter das Joch eines *Buches* geschmiegt hat. Man kann sich nichts Entsetzlicheres denken, und dies Beispiel allein zeigt, was für ein hülfloses Geschöpf der Mensch in concreto, ich meine in diese zweibeinige Phiole aus Erde, Wasser und Salz eingeschlossen, ist. Wäre es möglich, daß die Vernunft sich je einen despotischen Thron erbauete, so müßte ein Mann, der im Ernst das Kopernikanische System durch die Autorität eines Buches widerlegen wollte, gehängt werden [...]"[286]

Zwar wird an dieser Stelle deutlich, daß Lichtenberg offenkundig die Bibel im Auge hat, aber die Generalisierung ist unübersehbar, wie die Betonung anzeigt. Es ist nicht die Tatsache des Jochs *eines* Buches, sondern die eines *Buches*, die Lichtenberg empört. Die Bibel ist die Folie aller Bücher, sie verleiht jedem anderen die dem Gedruckten eigentümliche Autorität, eine Autorität, die, wenn sie mit Religion einhergeht, verfestigend wirkt, wie Lichtenberg am Beispiel des ptolemäischen Weltbildes darlegt.[287] Bücher sind die in Flaschen gezogene Vernunft, eine Vernunft, die der eigenen Erfahrung und Beobachtung entbehrt. Nebenbei bemerkt, schwingt in Lichtenbergs Buchkritik schon etwas mit, was massiv in der gegenwärtigen Auseinandersetzung mit den (elektronischen) Medien zutage tritt: die Anklage, daß sie künstlicher Ersatz für ein Gelebtes seien.

285 Lichtenberg, *Sudelbücher*, K 1, Bd. II, a.a.O., S. 839.

286 Ebd., H 148, Bd. II, S. 198.

287 Lichtenberg spricht in diesem Zusammenhang von dem „feinsten, künstlichsten und dabei sonderbarsten Gewebe von Scharfsinn, Spitzfindigkeit und Verblendung" (ebd., Bd. III, S. 152). Daraus folgt aber keine generelle Verurteilung von Phantasie und Einbildungskraft wie noch bei Montaigne und Bacon: „Phantasie und Witz sind das leichte Corps, das die Gegenden rekognoszieren muß, die der nicht so mobile Verstand bedächtlich beziehen will." (Ebd., Bd. III, S. 114.) Witz und Phantasie gehören also zu jenem hypothetischen Denken, von dem die großen Entdeckungen herrühren (ebd., H 15, Bd. II, S. 179).

Von der Bibel als dem Buch aller Bücher, als dem Buch Gottes fällt ein heiliger Schein auf alle anderen Bücher, die Aura überträgt sich gewissermaßen, aber umgekehrt verdankt die schriftlich fixierte Religion ihren unantastbaren Status gerade zentralen Eigenschaften des Buches, Eigenschaften, die einem neugierigen Aufklärer verdächtig erscheinen. Diese übertragen sich auf beide, den Autor wie den Leser, so daß es nur zu konsequent ist, wenn Lichtenberg sowohl gegen die ‚Kompendienschreiberei' wie auch gegen die Vielleserei angeht: „Vieles Lesen macht stolz und pedantisch; viel sehen macht weise, verträglich und nützlich. Der Leser baut eine einzige Idee zu sehr aus; der andere (der Weltseher) nimmt von allen Ständen etwas an, modelliert sich nach allem, sieht, wie wenig man sich in der Welt um den abstrakten Gelehrten bekümmert, und wird ein Weltbürger."[288]

Die Gegenüberstellung ist es, auf die es ankommt, und sie läßt das Bücherlesen als eine Ersatzhandlung erscheinen, als ein ‚Als-ob', das bewußt oder unbewußt darauf abzielt, sich den Anforderungen der Welt zu verschließen und doch zu glauben, sie zu kennen. Die bisherige Wissenschaft ist also in erster Linie Buchwissenschaft, die Produktion von Kommentaren, Interpretationen und Rezensionen, gegen diese praktizierte Hermeneutik bringt Lichtenberg eine Wissenschaft ins Spiel, in der eigene Beobachtung gefragt ist und das Buch höchstens ein sparsam angewandtes Hilfsmittel darstellt. Die Erneuerung der Wissenschaften, die schon Bacon vorschwebte, ist also eine durch Naturbeobachtung und Naturforschung bewirkte, eine Möglichkeit, die in Montaignes Fragehorizont, in dem ja auch die Verwerfung der scholastischen Buchproduktion eine prominente Rolle spielte, noch gar nicht aufgetaucht war.[289]

Obschon Lichtenberg, wie alle authentischen Essayisten, Vorliebe für das Kleine, scheinbar Nebensächliche zeigt, verurteilt er doch, Dinge durch umfängliche Untersuchungen aufzublasen, wie seine Polemik gegen die Viel- und Kompendienschreiberei verrät: „Über einen Kirsch-Kern voll Materie läßt sich ein Himten voll Bücher schreiben, oder über eine Kubik-Linie lose Materie läßt sich eine gepreßte Kubik-Rute Dissertation schreiben. Ich glaube, daß die Dinte, die man verschrieben hat um zu beweisen,

288 Ebd., H 30, Bd. II, S. 182.

289 Unübersehbar ist, daß Lichtenberg, wie zuvor Bacon schon, den traditionellen Wissensbeständen die sich allmählich herausbildende Methodik der Naturwissenschaften programmatisch entgegenhält, die hier freilich noch eine subjektive Färbung kennt. Blaise Pascal war womöglich einer der ersten, der streng zwischen der ‚Physik' und den ‚humanities' getrennt hat, wenn er schreibt: „Man muß den Mut der Furchtsamen aufrichten, die in der Physik nichts zu erfinden wagen, und die Unverschämtheit jener Verwegenen beschämen, die in der Theologie Neues aufbringen." (Blaise Pascal, *Gedanken*, Erster Artikel, S. 9.) Pascal hat mit dieser Devise die Kompensationstheorie vorweggenommen: Als Gegengewicht für die im Wissen fortschreitenden Naturwissenschaften bedarf es zum Ausgleich konservativer Wissensbestände. Die bei Pascal anvisierte Lösung macht aber auch die Schwierigkeiten und Probleme einer solchen Zweiteilung sichtbar: denn die stürmische Entwicklung der ‚Physik' hat tiefe Spuren in der ‚Theologie' hinterlassen. So könnte es durchaus sein, daß die modernen Geisteswissenschaften, weit entfernt, traditionelle Rückversicherungen und historischen Trost zu bieten, die Trostlosigkeit der Moderne zur Sprache bringen, von der Pascal wohl wußte: die unendliche Leere des Weltraumes. Vgl. Richard Heinrich, *Die Erhebung des Gedankens*, Wien 1990, S. 11–18.

daß […] hinreichend gewesen wäre, dem einfältigen Kometen von anno 74 einen besseren Schwanz zu machen als er wirklich hatte […]. Wenn man seine beiden Augen zuschließt und den Arm- und Zeigefinger ausstreckt und so grad fort geht bis man anstößt, so wird man selten auf etwas stoßen worüber man nicht ein 8" Bändgen schreiben könnte."[290]

Lesen und Schreiben bedeuten auch: die Augen schließen, sich einlassen auf die Selbstläufigkeit des Schreibens. Lesen und Schreiben bedingen einander, Leser und Schreiber wechseln in diesem Prozeß wieder und wieder die Position: der Schreiber wird notwendigerweise wieder zum Leser, der Leser zum Schreiber. Alles bleibt beim Alten, keine störende Erfahrung, keine neue Beobachtung hindert den Automatismus des Vorganges. Skribenten sind gefräßig, sie verarbeiten auch noch die Kirschkerne, wenn die Themen rar geworden sind.

So beantwortet Lichtenberg die Frage nach dem verspäteten Triumph einer neu-gierigen Vernunft auf eine durchaus originelle Weise, die die übrigen Erklärungsversuche – die übertriebene Ehrfurcht vor dem Wissen der Antike und des Mittelalters und die Existenz einer fatalen und machtförmigen Religion (die sich natürlich auch in den ‚Sudelheften' und diversen Aufsätzen finden[291]) – einbeziehen. Es ist die Macht des gedruckten Wortes, die es ermöglicht hat, falsche Ehrfurcht zu erwecken, den Zweifel im Keim zu ersticken, den Widerspruch auszuräumen und so beinahe 2000 Jahre Irrtum (wie im Falle des ptolemäischen Weltbildes) fortzuführen. Die Vernunft, die sich dem Joch eines *Buches* willig beugt, ist ihrer Struktur nach durchaus rational, und im Falle des Ptolemäus spricht Lichtenberg von dem „sonderbarsten Gewebe von Scharfsinn, Spitzfindigkeit und Verblendung". Der größte Feind der Vernunft ist sie selbst. Man könnte auch sagen, daß sich zwei Arten von Vernunft gegenüberstehen: eine systematische, buchgläubige, die aus einem Minimum an Beobachtung Ordnung schafft, und eine neugierige, beobachtende, der es nicht so sehr auf Fixierung ankommt, die Vernunft der neuen Naturbetrachtung und die Methode des Essayismus. Und Lichtenberg spitzt seine Ansicht noch zu, wenn er den gesellschaftlichen Nutzen der Erfindung des Buchdrucks in Zweifel zieht: „Man empfiehlt Selbst-Denken oft nur um die Irrtümer anderer beim Studieren von Wahrheit zu unterscheiden. Es ist ein Nutzen, aber ist das alles? wie viel unnötiges Lesen wird uns erspart. Ist denn Lesen studieren? Es hat jemand mit großem Grunde der Wahrheit behauptet, daß die Buchdruckerei Gelehrsamkeit zwar mehr ausgebreitet aber im Gehalt vermindert hätte. Das viele Lesen ist dem Denken schädlich. Die größten Denker, die mir vorgekommen sind, waren gerade unter allen Gelehrten die ich habe kennen gelernt die, die am wenigsten gelesen hatten. Ist denn Vergnügen der Sinne gar nichts?"[292]

Wer zuviel liest, dem fällt selbst nichts mehr ein, der ist nicht wirklich offen für die Welt. So wird das Buch zum großen Hindernis für die neue Wissenschaft, von der sich Lichtenberg Entdeckungen und Erfindungen erwartet, es mindert aber auch die Dynamik der Kultur, der ‚humanities': Herrschaft der Toten über die Lebenden, Erstarrung,

290 Lichtenberg, *Sudelbücher*, E 320, Bd. I, a.a.O., S. 417.
291 Vgl. z. B. ebd., D 369, Bd. I, S. 287.
292 Ebd., F 439, Bd. I, S. 520; vgl. K 168, Bd. II, S. 429.

Lähmung. Derlei sieht Lichtenberg vor allem in Deutschland am Werk, wenn er bemerkt, daß die Deutschen vornehmlich Reproduktions-, Definitions- und Kommentationsspezialisten seien: „Der deutsche Gelehrte hält die Bücher zu lange offen, und der Engländer macht sie zu früh zu.“ Und: „Leute, die sehr viel gelesen haben machen selten große Entdeckungen.“ Diese mangelnde Entdeckerfreude, die Lichtenberg insbesondere bei den Deutschen konstatiert, verhindert aber auch den subjektiven Rückbezug, die Anthropologie aus der Innenlage, die im Zentrum des schreibenden Denkens eines Lichtenberg steht: „Nachrichten aus dem Kabinett von eines Seele sind unterrichtender, als die in allen Compendiis stehen. Ich habe daher die gegenwärtigen aus dem Kabinett der meinigen sehr gerne bekannt gemacht.“ Lichtenberg unterscheidet gelegentlich auch zwischen wirklichen Büchern und solchen, die bloße Kompendien und Register sind.[293]

Lichtenbergs Kritik an einem Wissen, das nur aus Büchern geschöpft ist und das letztlich einem selbstläufigen Umwälzungsprozeß gleicht, hat freilich noch eine tiefere erkenntnistheoretische Dimension, die in dieser dezidierten Form neu ist in der Geschichte der europäischen Essayistik, danach aber zum unverzichtbaren theoretischen Bestand eben jenes Essayismus gehört. Es ist der Sprachzweifel, die Einsicht, daß die ‚Sache‘ durch das Wort verfehlt wird. Der ‚unermeßliche Vorteil‘ der Sprache sei nicht, daß sie ‚Zeichen für die Sache‘ bereitstelle, sondern daß sie Definitionen liefere, genauer ‚Zeichen für die Definition‘, „die immer das veränderliche Resultat des gesamten Fleißes der Forscher ist“. Der professionelle Denker gewöhnt sich daran, sich um den definitorischen Charakter des Zeichens zu kümmern und überträgt diese ‚Unbedeutlichkeit‘ auf Zeichen, die ‚richtige Definitionen‘ sind: „Denn da einmal nun die Zeichen der Begriffe keine Definitionen sein können, so ist fast besser gar keines derselben eine Definition sein zu lassen, als auf das Ansehen einiger Zeichen hin, die richtige Definitionen sind, so vielen andern die es nicht sind einen falschen Kredit zu verschaffen. Das würde eine Herrschaft der Sprache über die Meinungen bewirken die alle den Vorteil wieder raubte den uns die Zeichen verstatten.“ Die „sich selbst überlassene Vernunft“, so Lichtenbergs optimistische Sicht, ist imstande, den objektivistischen Schein der Sprache zu durchschauen und „die Worte für das nehmen, was sie sind“.

Lange vor der ästhetischen Moderne wird hier eine skeptische Sicht der Sprache vertreten, freilich um den Preis, Vernunft, Logos und Sprache zu trennen. Abgelehnt wird nämlich nur ein Zentrismus der Sprache, nicht der des Logos: „Es ist unglaublich wenig was ein solches definierendes Wort leistet. Das Wort kann doch nicht alles enthalten und also muß ich doch die Sache noch besonders kennen lernen. Das beste Wort ist das das jedermann gleich versteht. Also sei man ja behutsam mit der Wegwerfung allgemein verstandener Wörter, und man werfe sie nicht deswegen weg, weil sie einen falschen Begriff von der Sache gäben! Denn einmal ist es nicht wahr, daß es mir einen falschen Begriff gibt, weil ich ja weiß und voraussetze, daß das Wort diene die Sache zu unterscheiden, und für das andere, so will aus dem Wort das Wesen der Sache nicht kennen lernen.“[294] Daß das Wort die Sache sei, dem leistet ein Philosophieren Vorschub, dessen

293 Ebd., G 205, Bd. II, S. 168; E 467, Bd. I, S. 443; D 132, Bd. I, S. 250.

294 Ebd., K 19, Bd. I, S. 842f.; vgl. J 1806, Bd. II, S. 327f.: „Was würde das für ein Gerede in der Welt geben, wenn man durchaus die Namen der Dinge in Definitionen verwandeln wollte.“

Welthaftigkeit sich ausschließlich dem Kosmos der Sprache, und das heißt dem der Bücher, überläßt. Zwar ist eine sprachlose Teilhabe, so ließe sich extrapolieren, undenkbar, aber eine auf das sprachliche Zeichen eingeschränkte Partizipation bedeutet eine Reduktion an dem, was hier als Zentralbegriff des neuzeitlichen Essayismus eingeführt worden ist: an Erfahrung. Erfahrung ist das, was sich an der Bruchstelle zwischen ‚Wort' und ‚Sache' einnistet, und die Nichtidentität zwischen beiden gehört zur kardinalen Erfahrung des Essayismus, der Erfahrung von Erfahrung. Der Essayismus stellt den Versuch dar, das „Opfer der Abstraktion" (Frithjof Hager)[295] rückgängig zu machen. Das, was der Szientismus einbüßte (oder was durch den Siegeszug der Wissenschaften verlorenging), versucht der Essayismus zu retten. Gerade Philosophie und Wissenschaft sind beständig in Gefahr, das, was wirklich ist, auf Sprache einzuschränken und das auszuschließen, was Wittgenstein dann sehr viel später das Mystische nennen wird. Wissenschaft ist zunächst Erschließung der Welt durch Sprache, Begriff und System, darin besteht ihre Produktivität, aber auch die ungeheure Gefahr, dem ‚falschen Bewußtsein' einer verdinglichenden und verdinglichten Sprache anheimzufallen: „Unsere falsche Philosophie ist der ganzen Sprache einverleibt; wir können so zu sagen nicht räsonieren, ohne falsch zu räsonieren. Man bedenkt nicht, daß Sprechen, ohne Rücksicht von was, eine Philosophie ist."[296]

Philosophie im Sinne Lichtenbergs beinhaltet also nicht nur Destruktion des Alten, sondern auch Kritik der Sprache.[297] Aus dieser Kritik, die jene an Buchwissenschaft, Vielleserei und Kompendienschreiberei inkludiert, erwächst eine sozusagen positive Philosophie (eine Lebensphilosophie), die aus vier Eckpfeilern besteht, die das scheinbar chaotische Ganze, als das uns Lichtenbergs Œuvre zunächst begegnet, trägt: die *Idee des natürlichen Menschen*, die *Option für den Metaphorismus der Sprache,* der *Rückbezug auf den common sense* und die Konstitution einer *veränderten Kommunikationsstruktur*, in die Elemente einer neuen Schreib- und Lesestrategie eingebunden sind. Alle diese Überlegungen, die wie ein roter Faden die Sudelbücher durchziehen, sind in nuce in den beiden oben zitierten sprachkritischen Aphorismen enthalten, und sie lassen sich in der spielerisch-selbstironischen Formel zusammenfassen, mit der Lichtenberg selbst sein hypothetisches Sprachphilosophieren umschrieben hat: „So hänge ich in der Welt zwischen Philosophie und Aufwärterinnen-List […]"[298] Mit dieser Zuschreibung variiert Lichtenberg ein Thema, das Philosophiegeschichte gemacht und das in der Anekdote von Thales und der thrakischen Magd seine gültige Ausformung gefunden hat.[299] Wor-

295 Mündliche Mitteilung von Frithjof Hager, der damit eine interessante Deutung des Essayismus der Kritischen Theorie liefert; vgl. dazu das Kapitel zu Adorno in der vorliegenden Arbeit. Der Essayismus durchbricht in dieser Interpretation die Logik szientistischer Aufklärung, aber nicht um den Preis der Opfer des Mythos, der sich in ‚Aufklärung' verschwiegen und lärmend wieder Geltung verschafft; zur Diskussionslage vgl. Christoph Jamme, *Gott an hat ein Gewand,* Frankfurt a.M. 1991, und Frithjof Hager (Hg.), *Geschichte denken*, Leipzig 1992, S. 9–27.

296 Lichtenberg, *Sudelbücher*, H 146, Bd. II, a.a.O., S. 197f.

297 Ebd., K 49, Bd. II, S. 405.

298 Ebd., B 263, Bd. I, S. 115.

299 Vgl. Hans Blumenberg, *Das Lachen der Thrakerin*, Frankfurt a.M. 1987; Blumenberg diskutiert auch das Einverständnis Montaignes mit der thrakischen Magd und Bacons aufschlußreiche Variante der Geschichte: Thales habe nämlich gar nicht in den Himmel zu schauen brauchen, der

über lacht die Magd? Darüber, daß der Philosoph nach den Sternen sieht (und greift) und dabei in den Brunnen fällt. Lichtenbergs Philosophieren ist so beschaffen, daß man das Lachen der Magd hört. Oder genauer: hier lacht der in den Brunnen gefallene Philosoph selbst.

In gewisser Weise verkörpert die List der ‚Aufwärterin' das, was Lichtenberg, möglicherweise in unproblematischer Anlehnung an Rousseau, den ‚natürlichen Menschen' nennt, während der „künstliche Mensch" jenen Typus repräsentiert, der die Welt vornehmlich aus zweiter Hand kennt, eben aus der Welt der Sprache und ihrer Abstrakta. Lichtenberg hat sich in einem früheren Aphorismus mit beiden Typen explizit auseinandergesetzt, wenn er schreibt: „Den jetzigen Menschen kann man sich als aus zween zusammengesetzt vorstellen, dem natürlichen Menschen und dem künstlichen, wovon der eine nach den ewigen Gesetzen der Natur und der andere nach den veränderlichen der Costume sich ändert. Zum natürlichen Charakter rechne ich die Hauptstriche des Charakters, der Konturen, bedächtlich, schwermütig, still, lustig, Geck, Bemerker, Wahrheiten selbst erfunden, anderer ihre Eigenmacht verfließen gemacht in das eigene System von Gesinnungen, der künstliche Mensch alles bloß Angeklebte, Gelernte, es sei ein Kompliment oder eine große philosophische Wahrheit, alles Erzwungene, au de lavende und rote Absätze usw."[300]

Kern des aufklärerischen Projekts Lichtenbergs ist die Rückkehr zum ‚natürlichen Menschen', eine Rückkehr, die aber nur dadurch möglich ist, daß das „Costume des natürlichen Menschen" studiert wird.[301] Die Natürlichkeit betrifft aber auch das Denken. So unterscheidet Lichtenberg ein künstliches und gewolltes ‚Einfallen', das der Philosophie „nicht den Henker nützt", von einem natürlichen, das mit der Etymologie des Wortes übereinstimmt: es fällt mir etwas ein. Dieses wiederum geht einher mit einem spontanen, unzensurierten Schreiben. Lichtenbergs *Sudelbücher* dürfen in diesem programmatischen Sinne verstanden werden: es sind Entdeckungsfahrten, um durch eine Art von historischer Anthropologie zum ‚natürlichen Menschen' zu gelangen. Und es sind Versuche eines natürlichen Schreibens selbst.

Der natürliche Mensch ist ein Entdecker – so wie Kolumbus oder Captain Cook. Beide schätzt Lichtenberg nicht allein wegen ihrer Entdeckungen, sondern wegen ihrer autodidaktischen, selbstgestrickten Bildung, die gewährleistet, daß sie das theoretisch erworbene Wissen auch persönlich umsetzen: zum eigenen Nutzen wie zu dem der ‚Heuristik'. Ihre Positivität verdanken sie nicht zuletzt Lichtenbergs polemischer Ablehnung des ‚künstlichen Menschen': „Er las viel, und bekam den Kopf voll ohne doch viel zu wissen, so wie man täglich sehr viel essen kann und dennoch oder gar eben deswegen

Blick in das spiegelnde Wasser genügte vollauf. Aus dem Gleichnis übersetzt, bedeutet das die optimistische These von der Einheit von Selbsterkenntnis und Fremd- bzw. Naturerkenntnis, von „Himmelskenntnis und Erdentüchtigkeit" (Blumenberg). Auch hier wird deutlich, daß Lichtenberg Bacon folgt – und nicht dem „angenehmen Schwätzer" (Lichtenberg) Montaigne. In einer Welt undurchschaubarer Theorie hingegen ist – so Blumenberg – kein Grund zum Lachen mehr gegeben, und schon zu Thales' Zeiten war die Theorie gut gegen die Furcht; zu Bacon und Montaigne siehe Blumenberg, *Das Lachen der Thrakerin*, a.a.O., S. 71–86.

300 Lichtenberg, *Sudelbücher*, B 138, Bd. I, a.a.O., S. 83f.

301 Ebd., B 270, Bd. I, S. 116ff.

auszehren."[302] Der ,natürliche Mensch' ist aber nicht einfach, wie es die Exotik-Vorliebe des Jahrhunderts will, der Wilde, sondern der ,mathematische Wilde', ein kombinierter Typ: „Jeder gute Kopf ist ein mathematischer Wilder, der sich sein Boot mit kümmerlichen Werkzeugen baut, aber in vielen schweren Fällen durch individuelle Geschicklichkeit und Übung, oft Dinge ausrichtet, die jener nicht ausrichten kann."[303]

Von „Robinson Crusoe's Vorfahren" heißt es an anderer Stelle, „ließe sich manches transparent machen". Die Leute (und das heißt: alle Menschen abzüglich der philosophischen Professionisten) bauen sich nach dieser Methode ihre eigene Philosophie, ohne Rücksicht zu nehmen auf das ,Geschwätz der Schule'. Vorbildlich ist in Lichtenbergs Augen insbesondere die Methodik à la Robinson Crusoe – das langsame und stetige Arbeiten: „18 Tage schnitzelt er an einer Diele".[304] Die Faszination, die an dieser Stelle anklingt, gilt dem kombinatorischen Charakter dieser Methodik, dem Umstand, daß hier Arbeit am Gegenstand und eigenes, nicht fremdbestimmtes Lernen zusammenfallen. Lichtenbergs emphatisches Bekenntnis zum ,natürlichen Menschen' schließt eine Kritik an dem, was später ,Entfremdung' heißen wird, mit ein. Insofern ist essayistisches Schreiben im Sinne eines kreativen und integrativen Vollzugs als der mitunter verzweifelte Versuch authentischer Selbstbehauptung zu verstehen – zu einem geschichtlichen Zeitpunkt, in dem deren Gefährdung durch eine zunehmende Künstlichkeit der Welt abzusehen ist.

„Die Philosophie des gemeinen Mannes ist die Mutter der unsrigen", verlautet es programmatisch im Aphorismus 219 aus dem *Sudelbuch* C.[305] Um Sinn, Zweck und Funktion der Philosophie im Leben des Menschen zu erforschen, ist es unabdingbar, diesem ,natürlichen' Denken nachzuspüren und es darüber hinaus in die ,künstliche' akademische Philosophie einzubringen. Die Magd darf mitphilosophieren, sie bekommt nicht bloß Antwort oder Unterricht wie in „Pygmalion". Ihre Stimme zählt, weil sie etwas mitzuteilen hat, das im akademischen Betrieb ansonsten kaum vorkommt: eigene, ungeschminkte Lebenserfahrung.

Mit dieser pragmatischen (zuweilen aber auch die kleinen Leute verklärenden) Perspektive gelingt es Lichtenberg, wenn auch höchst indirekt, die ungemütlichen Folgen seines konsequenten philosophischen Solipsismus, der jeden einzelnen Menschen zum Bewohner eines aparten Planeten macht, zu umschiffen. Der common sense erlaubt eine theoretische wie soziale Anbindung der akademisch verfaßten Theorie an die Summe der Gedanken, Empfindungen und Erfahrungen einer Gesellschaft: eine theoretische, weil die professionelle Philosophie letztlich auf die ,Local-Philosophie' des common sense zurückgeführt wird (im Sinne einer, freilich fragwürdigen, gesellschaftlichen Spezialisierung, bei der nicht immer ersichtlich ist, ob die dadurch entstandene Philosophie für das Ensemble der normalen Zeitgenossenschaft – einen expliziten Begriff von Gesellschaft kennt Lichtenberg noch nicht – überhaupt Nutzen und Bedeutung hat), eine soziale, weil sie eine Chance der Kommunikation eröffnet, sozusagen als soziale Arznei

302 Ebd., B 204, Bd. I, S. 103.
303 Ebd., H 45, Bd. II, S. 184.
304 Ebd., F 72, Bd. I, S. 471; vgl. F 69.
305 Ebd., C 219, Bd. I, S. 201.

für den in sich gekehrten, auf sich bezogenen Denker akademischen, aber auch essayistischen Zuschnitts. Lichtenbergs Werk ist bis in die feinsten Fasern von der Erfahrung des Außenseitertums geprägt. Montaigne, der erfolgreiche Advokat und Politiker, hatte sich freiwillig ins innere Exil zurückgezogen, die deutschen Verhältnisse, unter denen Lichtenberg gelitten hat, haben es mit sich gebracht, daß ihm gar keine Wahl blieb, als das Leben eines Außenseiters zu führen.

Der wichtigste Aspekt von Lichtenbergs anglophiler Theorie des common sense betrifft zweifellos die Sprache. In seinen sprachkritischen Aphorismen war Lichtenberg von dem Unvermögen der Sprache ausgegangen, die Sache selbst zu vertreten und unsere Erfahrungen mit ihr. Aus diesem Scheitern sind verschiedene Konsequenzen denkbar, angefangen vom Schweigen (das Wittgenstein wenigstens partiell empfohlen hat), über das Plädoyer für eine neue, eindeutige, wohldefinierte Sprache (wie dies im 20. Jahrhundert Positivismus und analytische Philosophie unternommen haben) bis zu jenem pragmatischen Vorschlag, sich mit der Situation abzufinden und weiterzuwursteln wie bisher.

Am vehementesten stellt sich Lichtenberg gegen die Idee einer exakten Kunstsprache und neologistischer Begriffe. Sie untergräbt die Kommunikationsmöglichkeiten mit den anderen Menschen, und sie verdeckt geradezu das fortbestehende Unvermögen der Sprache und der Wissenschaft, sofern sie sich der Macht der Sprache unterwirft, indem sie sich ihrer bedient. Das Schweigen ist für die Beredsamkeit des Essayisten, der von der Natürlichkeit der Einfälle ausgeht, ebenso unakzeptabel als das dem aufklärerisch-deutschen Elan widersprechende ‚Weiterwursteln', obwohl dies noch der Lichtenbergschen Position am nächsten kommt. Die einzige Möglichkeit eines bewußten und selbstkritischen Umgangs mit Sprache sieht Lichtenberg im Rekurs auf die Sprache des Alltags. Nicht nur, weil der natürliche Mensch nicht so leicht dem objektiven Schein von Sprache und Buch anheimfällt, sondern wegen seiner Art des Sprechens. Der ‚natürliche' Mensch wie der des common sense (sofern er nicht künstlich verbildet worden ist) spricht eine metaphorische Sprache. Indem sich der Essayist dieser Sprache bedient, reflektiert er die philosophische Sprache, die Sprache der Definitionen, Begriffe, Gattungen und Systeme, baut er eine weitere Ebene des Denkens ein, entfaltet er, wenigstens im Ansatz, so etwas wie ein Denken dritter Ordnung.

Die Sprache des ‚natürlichen Menschen', die ‚natürliche Sprache' ist – nur scheinbar paradox – eine, wenn nicht künstliche, so doch tendenziell künstlerische Sprache: „Die metaphorische Sprache ist eine Art einer natürlichen Sprache, die man sich aus den willkürlichen aber bestimmten Wörtern baut. Deswegen gefällt sie so sehr."[306] Der philosophische Schriftsteller, der Essayist operiert in zwei Richtungen, dabei bedient er sich bewußt eben jener metaphorischen Sprache und ihrer Möglichkeiten; um neue Impulse in Philosophie und Wissenschaften zu setzen und die verhärteten Strukturen zu durchbrechen und zugleich um sich an jene zu wenden, denen die metaphorische Sprache mit ihren „willkürlichen aber bestimmten Wörtern" gefällt.

„Ein Buch ist ein Spiegel, wenn ein Affe hineinguckt, so kann freilich kein Apostel heraussehen."[307] Nicht blinder Nachvollzug ist also gefragt, sondern Subjektivität und

306 Ebd., D 468, Bd. I, S. 301.
307 Ebd., E 235, Bd. I, S. 397; vgl. E 215, S. 394.

eigene Meinung im Sinne des Mutes zur eigenen Mündigkeit. Damit wird aber deutlich, daß Lichtenberg sich nicht generell gegen Bücher, gegen Lesen und Schreiben wendet, sondern gegen eine traditionelle Kommunikationssituation, in der das Verhältnis zwischen Autor und Leser schief und eindimensional ist. Die Metapher verbindet Leib und Seele, Verstand und Emotion, die bloße Sache und ihr Für-den-Menschen-Sein. Deshalb kann Lichtenberg auch im Aphorismus (*Sudelbuch*) F 375 behaupten: „Der Schriftsteller gibt der Metapher den Leib, aber der Leser die Seele.“[308] Damit eröffnet Lichtenberg eine neue Diskussion, eine Diskussion, die um die Frage kreist, wie unter dem Anspruch von Mündigkeit zu kommunizieren sei. So gipfeln Lichtenbergs Überlegungen nicht, wie es zunächst aussah, in einem Totalverdikt gegen das Lesen und Schreiben, sondern in einer Idee von Kommunikation, die den theoretischen und kulturellen Standards der Aufklärung angemessen ist. Lichtenberg verfolgt dabei eine Strategie der Irritation, die zugleich den Anspruch der Mündigkeit des Lesers ernst nimmt. Im Kontext des aufklärerischen Denkens handelt es sich dabei – neben Diderots dialogischen Romanen[309] – um den wohl ambitioniertesten Vorstoß, mit der Aufklärung ernst zu machen und sie zugleich zu hinterfragen. Der Diskurs, den Lichtenberg vorgibt (und damit auch neue Strukturen der Kommunikation), ist einer Lebensphilosophie verpflichtet, die die theoretischen Prämissen und die Lebensführung in Einklang bringen will. Wie jedwede Lebensphilosophie (und erst recht eine, die eine reflektiert-aufklärerische Position einnimmt) implizieren seine sprachspielerisch-artistisch vorgebrachten Gedankensplitter eine pädagogische Intention im unprätentiösen Sinn des Wortes, und oft genug ist von der Diktion die Stimme des Lehrers zu hören, der nicht einfach von oben herab Ratschläge dekretiert, sondern selbst ein Exempel statuiert. Der Imperativ wird in den Konjunktiv gesetzt: „[...] man sollte gegen das Lesen schreiben, wie gegen Selbstbefleckung, nämlich gegen eine gewisse Art von Lektüre. Es ist angenehm aber so schädlich als immer das Branntweintrinken.“[310] Man muß aber auch gegen das Schreiben schreiben. Beiden Überlegungen folgt der lakonische Stil. Nicht wenige der Aphorismen sind ‚plots‘[311] nicht geschriebener Bücher, Bücher für den Leser. Der Verdichtung entspricht also eine völlig neue Form der Rezeption, in der der Leser im Akt der Rezeption

308 Ebd., F 375, Bd. I, S. 512f.

309 Diderot hat den Diskurs der Aufklärung an zwei Punkten entscheidend vorangetrieben, indem er das Problem der Rationalität selbst zum Thema erhoben hat. In *Rameaus Neffe* und in *Jacques, der Fatalist* geschieht dies durch die Technik der dialogischen Aufspaltung von Herr und Knecht einerseits, von philosophischer Vernunft und common sense (‚Leben‘) andererseits. Vernunft vermag sich selbst aus der Perspektive des Anderen, (vermeintlich) Unvernünftigen zu betrachten. Rameaus Neffe verkörpert diese Fremdsicht auf die Philosophie, die traditionelle Statthalterin und Sachwalterin der Vernünftigkeit: „Eine Art von Glück verlangt eine gewisse romanhafte Wendung des Geistes, die wir [die normalen Leute, M-F.] nicht haben, eine sonderbare Seele, einen eigenen Geschmack. Diese Grillen verziert ihr mit dem Namen der Tugend, ihr nennt es Philosophie, aber die Tugend, die Philosophie, sind sie denn für die Welt? Wer's vermag, halte es, wie er will; aber denkt Euch, die Welt wäre weise und philosophisch gesinnt, gesteht nur, verteufelt traurig würde sie sein.“ (Denis Diderot, *Jacques der Fatalist,* Berlin 1974, S. 81.)

310 Lichtenberg, *Sudelbücher*, J 1150, Bd. II, a.a.O., S. 815.

311 Vgl. ebd., G 215, H 175, Bd. II, S. 170 u. 204; vgl. E 150, Bd. I, S. 373: „In dem Sudelbuch können die Einfälle, die man liest, mit aller der Umständlichkeit ausgeführt werden, in die man

selbst in die Rolle des Autors schlüpft. Zugleich aber erweisen sich die Aphorismen als Exempel eines Denkens, das bis an die Grenze geht. Nur dadurch sind neue Einsichten zu erzielen, und dazu möchten die Aphorismen einladen: den Autor als den schreibenden Leser und den, der angeregt durch das Lesen, selbst zu denken und zu schreiben beginnt. Die Aphorismen eröffnen einen Prozeß, in den der Leser, sofern er kein ‚Affe' ist, der die Reflexionsleistung verweigert, einbezogen ist. Joseph Peter Stern hat das so ausgedrückt: „In scientific and hypothetical aphorisms we find a different state of affairs. For they not only communicate on finding, but direct their reader's mind to the next. This they do not by explicit statement, but through their manner of stating fact or hypothesis."[312] Gegen das (traditionelle) Lesen und Schreiben schreiben heißt aber auch, aller Versprechen sich zu enthalten, die den Leser in falscher Sicherheit wiegen. Psychologisch betrachtet, ist das ein hoher Preis, aber dafür wird der Leser auf das schwankende Schiff der Entdeckung mitgenommen: „Ich verspreche dem Publikum ihm künftig nichts mehr zu versprechen [...]"[313]

Dieser einem imaginären Publikum zugewandte Diskurs (und das dürfte ein auffälliger Zug jedweden Essayismus sein) ist zugleich kritisch-sichtend. Aufgabe der Philosophie ist es, den Sprachgebrauch zu korrigieren (statt neue Sprachen zu erfinden) und keine Autorität zuzulassen, die sich auf die Tradition des Kanons und der Bibliothek (oder der Theologie) beruft.

Sowenig die Aphorismen Vollständigkeit in der Erfassung eines Themas beanspruchen, so spiegeln sie auch keine Vollständigkeit in der Auseinandersetzung mit Autoren vor. Sie folgen dem Hausgebrauch in unserem Leben: sich den nämlich einzuladen, den man anregend findet, und seine Zeit, knappe Lebenszeit, nicht damit zu verbringen, dem Ideal der Vollständigkeit folgend, sich auf alle Autoren einzulassen, die sich mit dem gerade zur Debatte stehenden Thema beschäftigt haben. Der Mut zur Auswahl, zur Lücke, zu einer subjektiven und willkürlichen Auswahl, zur Einsicht in die Kontingenz des Bücherfindens ist der Versuch, der Bücherflut zu entkommen. Es handelt sich um eine Strategie der Entlastung, die die schon von Montaigne wahrgenommene Lähmung des Schreibens überwinden soll. Angesichts einer Situation, in der noch nie so viele Bücher geschrieben und so wenige davon gelesen wurden, ist dieses Postulat von ungeahnter Aktualität. Grenzüberschreitend, lakonisch, offen und innovativ präsentiert sich die wissenschaftliche Aphoristik Lichtenbergs, die im wesentlichen eine experimentelle ist. Kernstück der durch sie geschaffenen Kommunikationssituation ist ihr Insistieren auf Integration. Ihr Mittel ist die Metapher, und ihr Ziel ist die Verbindung von philosophischem Wissen und der Erfahrung des Alltags. Auch wenn sie, entgegen aller Programmatik, von ‚esoterischer' Eigenwilligkeit ist, die der Popularität Lichtenbergs bis heute im Wege steht, ist sie ihrer Intention nach nicht elitär. Sie sympathisiert mit Rameaus Neffen ebenso wie mit der lachenden Magd, die in jedem von uns stecken, im Leser wie im Autor. Sie eröffnet ihre Sprachspiele in diesem Spannungsfeld, man könn-

gewöhnlich verfällt solang einem die Sache noch neu ist. Nachdem man bekannter mit der Sache wird, so sieht man das Unnötige ein – faßt es besser."

312 Stern, *A Doctrine of Scattered Occasions*, a.a.O., S. 107.

313 Lichtenberg, *Sudelbücher*, K 35, Bd. II, a.a.O., S. 403.

te vielleicht auch sagen: im Spannungsfeld zwischen dem ‚künstlichen' und dem ‚natürlichen' Menschen. Die Einbeziehung der lachenden Magd oder der Dame Unwissenheit ist nicht Selbstzweck, sondern dient der Verankerung der Philosophie im Lebensalltag. Nichts anderes meint Lebensphilosophie im Ausgang des 18. Jahrhunderts. Die vitalistischen Ideen der letzten Jahrhundertwende mit ihrer polemischen Gegenüberstellung von erfülltem, genialischem Künstlerleben und lebensfeindlichem Denken ist ihr einigermaßen fremd.

Integration bedeutet auch die Notwendigkeit für den einzelnen, alles für sich selbst noch einmal neu zu entdecken. Bastelndes Experimentieren mit den Dingen, und seien diese Dinge auch die Sprache. Lichtenbergs kategorischer Imperativ lautet also so: „Man muß alles auf seines eignen Selbsts Weise und Erfahrung in der Welt verstehen lernen oder wenigstens zu verstehen suchen. Kömmt man auf Sätze die allem von den weisesten Menschen Behaupteten widersprechen, so muß man aufsuchen woran dieses liegt und sich zu bessern oder die andern zu widerlegen suchen."[314]

Der Prozeß der Aufklärung beginnt dort wieder spannend zu werden, wo die Vernunft selbst zum Gegenstand wird, ihren monolithischen oder, wie Lichtenberg gelegentlich ironisch sagt, monarchischen Charakter einbüßt. Neben Diderot ist Lichtenberg Kronzeuge für ein Denken in der Spannung zwischen positiver Affirmation des Aufklärungsprogramms und der selbstkritischen Einsicht, daß die Aufklärung keinesfalls gegen ein Umschlagen in ihr Gegenteil gefeit ist.

Die aufklärerische Emphase drückt sich nicht zuletzt im heimlichen Fortbestand religiöser Kategorien wie auch im Zeitbegriff aus. Beides hängt im Sinne einer Geschichtsteleologie miteinander zusammen. Trotz gelegentlicher Zweifel ist sich Lichtenberg sicher, „daß alles gut sein wird an dem Tage, wenn die Geschichte ihre Bücher schließt". Aber zugleich möchte Lichtenberg selbst in dem „Konzert [...] brummen".[315] Der Idee einer eigenläufigen Zielhaftigkeit der Geschichte (im Sinne einer säkularisierten Heilsgeschichte) steht eine spürbare Ungeduld gegenüber, Trauer, wie viel Zeit beispielsweise mit der Exegese der Bibel vertan worden ist.[316] Lichtenberg hat in fast schon genialer Weise einen Zentralantrieb der Aufklärung benannt, der, obschon seither deren Legitimationsbasis mehr als brüchig geworden ist, erst heute gesellschaftlich in allen Bereichen seine volle Wirksamkeit entfaltet: „Zeit urbar machen".[317]

Mit Hilfe dieser Metapher beschreibt Lichtenberg die Rationalisierung der Zeit im Sinne eines Prozesses der Zivilisation. Die Neuzeit heißt auch so, weil als ein Ergebnis herauskommt, daß eine ganz neue Art von Zeit entsteht, vermessene Zeit, so wie zuvor die Oberfläche der Erde (im Gefolge der neolithischen Revolution) vermessen und systematisch bearbeitet wird.

Zunächst hatte sich seit dem 15. Jahrhundert der Raum geweitet, waren Himmel und Erde größer geworden, die Urbarmachung einer Zeit, die nicht länger sich selbst überlassen bleiben darf, schließt sich als logische Folge daran an. Sie beinhaltet den Primat der

314 Ebd., J 2107, Bd. II, S. 383 (im Original gesperrt).
315 Ebd., E 62, Bd. I, S. 354.
316 Lichtenberg, *Amintors Morgenandacht*, Bd. III, S. 78ff.; vgl. auch J 17, Bd. II, S. 652.
317 Lichtenberg, *Sudelbücher*, C 245, Bd. I, a.a.O., S. 204.

Zukunft, was dazu führt, daß die Vergangenheit tendenziell verschwindet (bzw. historisiert und musealisiert wird) und die Gegenwart nur einen Punkt der Organisation der Zukunft darstellt. Im Prozeß der Urbarmachung der Zeit wird diese ein knappes Gut, in der Produktion wie im Privatbereich. Und sie führt zu einem Beschleunigungsschub. Zeit wird verräumlicht und linearisiert, die Welt verdichtet, bis der Ozean, den Kolumbus mühselig und unter Lebensgefahr hatte überwinden müssen, auf einige wenige Flugstunden reduziert, tatsächlich zu einem großen Teich geworden ist.[318] Daß diese ‚Zeit-Ökologie' längst aberwitzige Folgen zeitigt und katastrophische Tendenzen mit sich bringt, hat mit zu der paradoxen Situation beigetragen, die insgesamt für unser Verhältnis zur Dynamik der ‚Neu-Zeit' bestimmend und die gewöhnlich mit der Formel ‚posthistoire' belegt wird. Obschon all diese Prozesse längst jene Legitimationsbasis verloren haben, von der aus das Projekt, die Welt auf ganz neue Füße zu stellen, den Glanz der Emphase empfing, läuft die gesellschaftliche Maschinerie in die gleiche Richtung weiter: ohne das Pathos, die Menschheit werde das Buch der Geschichte erfolgreich beenden. Am Ende befinden wir uns alle in dem unsicheren Gefährt des Kolumbus, möglicher Schiffbruch ohne Zuschauer, ohne große Entdeckererwartungen, in der vagen Hoffnung lebend, die Schiffskatastrophe(n) könnte(n) doch noch vermieden werden. Die Situation hat sich geändert, der Wind hat sich gedreht: Lichtenberg konnte mit einigem guten Gewissen seine Leser dazu einladen, sich aufs offene Meer zu begeben.[319]

318 Vgl. Günther Dux, *Die Zeit in der Geschichte*, Frankfurt a.M. 1989, S. 352: „Es ist faszinierend zu sehen, wie sich unter der Vorgabe des Weltbildes der Neuzeit die Handlungslogik ändert. [...] Eingebunden in die ungeheure Dynamik eines um das Subjekt unbekümmerten Universums gewinnt das Handeln einen radikal anderen Status: es ist nicht nur Vorsorge für das, was not tut zum Leben, Handeln wird zur gesteigerten Sorge um sich selbst, Sorge des Daseins. Denn einzig in seiner Lebensführung bildet der Mensch sich selbst. Die Reflexivität des Geistes hat sich zu einer Reflexivität der Tat umgesetzt. Im Gewinn der Zukunft bildet sich allererst der Mensch." Die operationale Zeit, Voraussetzung für die bekannten Raumzeit verschlingenden Geschwindigkeitsprozesse, ist – so die Hypothese Dux' – an ‚sozialstrukturell' entwickelte Gesellschaften gekoppelt. Insofern spricht Lichtenberg mit dem Terminus der Urbarmachung eben jene soziokulturellen und in ihren Wirkungen zutiefst ambivalenten Prozesse an, die Paul Virilio in diversen Publikationen dargestellt hat.

319 Seit dem, was man innerhalb der Neuzeit als (ästhetische) Moderne bezeichnen könnte, sind Gegenstrategien gegen einen als katastrophisch, selbstläufig und zerstörerisch empfundenen Fort-Schritt (bei geometrisch zunehmender Akzeleration der zeitlichen Prozesse) entwickelt worden, vom messianischen Warten (Benjamin) über die Beschwörung der Wiederkehr des Mythos (Klages, Wagner) bis zur Entdeckung der Langsamkeit (Sten Nadolny), die auch Eingang in die ökologische Theorie gefunden haben. Von einer „Beschleunigungskrise" spricht denn auch Peter Kafka, von der „Eile des Teufels": „Gott ließ der Schöpfung Zeit, um auszuprobieren, was zusammenpaßte. ‚Er sah, daß es gut war', wann immer er zurückschaute. Der Teufel (‚diabolos', der Durcheinanderwerfer), auch Luzifer (der Lichtbringer) genannt, ist Gottes Gesetzen auf die Spur gekommen und will damit in Eile die Welt verbessern, das heißt den Fortschritt im Raum der Möglichkeiten noch weiter beschleunigen [...] Er will die Welt schneller verbessern, als es logisch möglich ist." (Peter Kafka, *Raum, Zeit, Materie – Gibt es das eigentlich? oder Ein Tanz ohne Boden,* in: Martin Bergelt/Hortensia Völckers (Hg.), *Zeit-Räume. Zeiträume – Raumzeiten – Zeitträume*, München 1991, S. 33.) Bleib zu Hause und ernähre dich redlich, heißt die Devise, wobei indes nicht zu übersehen ist, daß es auch die Ökologen eilig haben und damit – contre cœur

Bei Lichtenberg erfährt die Geschichte des Entdeckers Kolumbus freilich noch eine überraschende Wendung, die zugleich – noch vor der Romantik – eine Wende der Aufklärung selbst ist. Im Mittelpunkt steht die Selbstbetrachtung und die Perspektivik, genauer deren Umkehrung. Der lapidare Satz lautet: „Der Amerikaner, der den Kolumbus zuerst entdeckte, machte eine böse Entdeckung."[320] Um sich selbst betrachten zu können, muß die Aufklärung die exotische, ‚amerikanische' Perspektive einnehmen. Das ist im Grunde der philosophisch wichtige Aspekt der Faszination für das exotisch Fremde. Diese Perspektive ermöglicht die durchaus neue Einsicht, daß es auch böse Entdeckungen gibt, problematische, beängstigende, fragwürdige, und zwar nicht nur für den Amerikaner, der im übrigen das Böse an seiner Entdeckung wenigstens nicht sogleich wahrnehmen konnte. Der amerikanische Blick ist viel mehr jener einer Aufklärung, die nicht mehr unschuldig ist und die von Zweifeln über ihre Pläne und Ziele geplagt wird. Seither hat die (nach-),kolumbianische' Welt eine Anzahl böser Entdeckungen machen können. Das zwingt zur Selbstbetrachtung eben jenes ‚kolumbianischen' Typus von Menschen, der sich aufmachte, mit ganz neuen Mitteln die Welt zu erobern. Daß das Urteil über Aufklärung als historisches Gesamt‚projekt' ambivalent ausfallen muß, diese Einsicht klingt gelegentlich schon bei Lichtenberg an, wie folgender, heute gespenstisch anmutende Vergleich zeigt: „Was man von dem Vorteile und Schaden der *Aufklärung* sagt, ließe sich gewiß gut in einer Fabel vom Feuer darstellen. Es ist die Seele der unorganischen Natur, sein mäßiger Gebrauch macht uns das Leben angenehm, es erwärmt unsere Winter und erleuchtet unsere Nächte. Aber das müssen Lichter und Fackeln sein, die Straßenbeleuchtung durch angezündete Häuser ist eine sehr böse Erleuchtung. Auch muß man Kinder nicht damit spielen lassen."[321]

Die Menschheit spielt mit dem Feuer, und die antikische Aufforderung zum Maße scheitert daran, daß die nachkolumbianische Menschheit der Tendenz nach maßlos ist. Sie ist grenzüberschreitend per definitionem.[322] Die Aufklärung, die über sich Bescheid

und wider Willen – das Projekt der Beschleunigungsmoderne noch forcieren. Abgründig-verzweifelt wirkt demgegenüber die von Walter Benjamin empfohlene Strategie: „Benjamin hat persönliche Erfahrungen und metaphysische Dimensionen verdichtet in der Metapher eines Mannes, der sich in eine Frau verliebt hat, die sich ihm nicht zuwenden will. Eines Tages, sagt Benjamin, hat er sich unversehens entschlossen, sich an ihrem Lebensweg auf die Lauer zu legen, bis sie ihm krank, alt und in zerschlissenen Kleidern in die Hände fällt." (Willem van Reijen, *Hier wird die Zeit zum Raum. Das Paris des 19. Jahrhunderts zwischen Barock und Postmoderne,* Vortrag beim Donaufestival-Symposion „Raum und Zeit", St. Pölten, Juni 1992; vgl. auch Norbert Bolz/Willem van Reijen, *Walter Benjamin*, Frankfurt a.M. 1991.)

320 Lichtenberg, *Sudelbücher*, G 183, Bd. II, a.a.O., S. 166; vgl. jedoch auch J 1849, Bd. II, S. 333 („Kolumbus, Kolumbus – überall").

321 Ebd., K 257, Bd. II, S. 443; vgl. ähnlich I 971, Bd. I, S. 790.

322 Marx war vermutlich der erste Denker, der die Fortschrittsdynamik aus einer philantropischen Idyllik in eine dynamische, ja zerstörerische Perspektive gerückt hat, wenn er sie auch – im Gegensatz zu aller folgenden ‚marxistischen' Kulturkritik – emphatisch begrüßt hat: „Die Bourgeoisie kann nicht existieren, ohne die Produktionsinstrumente, also die Produktionsverhältnisse, also sämtliche gesellschaftlichen Verhältnisse fortwährend zu revolutionieren [...] Die Bourgeoisie hat in ihrer kaum hundertjährigen Klassenherrschaft massenhaftere und kolossalere Produktionskräfte geschaffen als alle vergangenen Generationen zusammen. Unterjochung der Naturkräf-

wissen will, setzt sich zum Ziel, den entdeckenden Menschen und seine Antriebe kennenzulernen, seine natürlichen und künstlichen Seiten, ohne doch, wie noch Lichtenberg, zu glauben, daß die Existenz eines natürlichen Menschen und die Rückkehr zu seiner Daseinsweise möglich wäre.

Lichtenberg selbst vollzieht diese anthropologische Wende auf drei Ebenen: durch Auto-Psychoanalyse (wobei zum ersten Mal seit der Antike wieder der Traum eine wichtige Rolle spielt)[323], durch die Auseinandersetzung mit dem Werk Hogarths und der darin mit den Mitteln der Kunst vorgetragenen sozialen Anthropologie und drittens in der polemischen Auseinandersetzung mit der Physiognomik und Anthropologie seiner Zeit, die den einzelnen unter das Kuratel objektiver Zuschreibungen stellen – auch eine Entdeckung, die böse ist, etwa für den Wahnsinnigen, für die Kinder und für jeden Devianten. Die akademische Anthropologie – so das Argument Lichtenbergs – verkennt systematisch den Menschen, wie er am Beispiel eines Denkmodells recht drastisch veranschaulicht: „Ich bin überzeugt, daß wenn Gott einen solchen Menschen schaffen [würde], wie ihn sich die Magistri und Professoren der Philosophie vorstellen, er müßte den ersten Tag ins Tollhaus gebracht werden. Man könnte daraus eine artige Fabel machen: Ein Professor bittet sich von der Vorsicht aus ihm einen Menschen nach dem Bilde seiner Psychologie zu schaffen, sie tut es und er wird ins Tollhaus gebracht.“ Aus dem hypothetischen Fall kann auf die Realität geschlossen werden, auf die reale Zurichtung durch praktizierte philosophische Anthropologie: „Ein Schullehrer und Professor kann keine Individuen erziehen, er erzieht bloß Gattungen.“[324]

Lichtenbergs Polemik hat große Ähnlichkeit mit Montaignes Unbehagen, daß, wie Schlegel später sagen wird, Begriffssysteme Armeen gleichen, die den einzelnen uniformieren, seine Besonderheiten verfehlen, ihm Gewalt antun. Und doch entspringt seine Selbstanalyse einer anderen Quelle. War es bei Montaigne eine radikale Skepsis der Möglichkeit von Welterkenntnis, so gründet sie bei Lichtenberg in der Einsicht, daß es für die Zukunft der Aufklärung entscheidend ist, über sich selbst und ihre Antriebe Bescheid zu wissen. Kolumbus muß entdeckt werden, auch wenn die Entdeckung vielleicht böse ist. Selbsterkenntnis macht nicht glücklich. Aber *Melancholie* hat Lichtenberg interessanterweise dem *natürlichen* Menschen als Eigenschaft zugerechnet.

te, Maschinerie, Anwendung der Chemie auf Industrie und Ackerbau, Dampfschiffahrt, Eisenbahnen, elektrische Telegraphen, Urbarmachung ganzer Weltteile, Schiffbarmachung der Flüsse – welch früheres Jahrhundert ahnte, daß solche Produktionskräfte im Schoß der gesellschaftlichen Arbeit schlummerten.“ (Karl Marx/Friedrich Engels, *Manifest der Kommunistischen Partei* [1848], Studienausgabe Bd. III, S. 62f.).

323 Vgl. hierzu Lichtenbergs Überlegungen zum Traum, seine Hypothese von der Seele als künstlichem Produkt (die bei Novalis wieder auftauchen wird). Und letztlich kann man auch die *Sudelbücher* als eine vor-psychoanalytische Buch-Führung ansehen, die unter dem kategorischen Imperativ der Selbsterkenntnis steht; vgl. dazu die Aufforderung an die Philosophen, „das Costume des natürlichen Menschen“ zu studieren (a.a.O., B 321, Bd. I, S. 129) oder: „Nachrichten aus dem Kabinett von eines Seele sind unterrichtender, als die in allen Compendiis stehen. Ich habe daher die gegenwärtigen aus dem Kabinett der meinigen sehr gerne bekannt gemacht.“ (Ebd., D 132, Bd. I, S. 250.) Zum Verhältnis Lichtenberg – Freud und zu deren Rezeption vgl. die Arbeiten von Beguin, Albert Schneider und Lamping.

324 Lichtenberg, *Sudelbücher*, F 33 u. I 73, Bd. I, S. a.a.O., 464 u. 663.

Ein weiterer Unterschied zu Montaigne besteht darin, daß sich Lichtenbergs anthropologische Innensicht nicht auf die Introspektion beschränkt. So wird ihm die Kunst eines Hogarths zur Folie für eine soziale Anthropologie, in der Allgemeines und Besonderes zu ihrem Recht kommen. Eine ähnliche Aufgabe hat Lichtenberg, der gelegentlich an der Zukunft der Kunst gezweifelt hat, dem Roman zugewiesen.[325] In der Auseinandersetzung mit Lavaters physiognomischen Theorien schärft Lichtenberg die eigene Beobachtung und begriffliche Sensibilität, ohne doch selbst eine positive Anthropologie und Psychologie zu entwerfen.

Der Essayismus ist also im wesentlichen ein Medium der Kritik, der Zurücknahme und der Destruktion, deren Ziel die Selbständigkeit, Mündigkeit und Persönlichkeitsentwicklung des Menschen ist – gegen eine ‚böse' Aufklärung, die ihn in neue Unmündigkeiten und Abhängigkeiten stürzt, in eine neue Monarchie einer Aufklärung, die nicht aufgeklärt ist über sich selbst. Zur Selbstwahrnehmung gehört auch, die Zusammenhänge zwischen Kopf und ‚Unterleib' (das ‚Andere der Vernunft') zu erkennen und zu akzeptieren.[326] Damit sind Themen angeschlagen, die die Humanwissenschaften des 20. Jahrhunderts fortdauernd beschäftigen werden. Der Essayismus vermittelt kein positives Wissen, er ist kein bloßes Medium, kein Mittler eines anderen. Darauf beruht sein Selbstbewußtsein, das eines von Autonomie und Souveränität ist. So wenigstens lautet sein Anspruch. Mehr und mehr wird er zur kritischen Begleitmusik einer sich selbst hinterfragenden Moderne. Seine Grundfrage lautet – wenigstens bei Lichtenberg – ‚wie'-Ästhetik der Erkenntnis: „Wenn man die Menschen lehrt *wie* sie denken sollen und nicht

325 Vgl. ebd., H 73, Bd. II, S. 188. Mit seiner Idee, der Roman könne ‚Menschenkenntnis' vermitteln und menschlichen Selbstbetrug aufdecken, hat Lichtenberg in der Tat das Pathos des kommenden – gerade in psychologischer Hinsicht – Realismus beanspruchenden Romanes des 19. Jahrhunderts (Flaubert, Proust, Fontane, Turgenjew) vorweggenommen. Implizit weist der Hinweis auf den Roman auch hier darauf hin, daß die generelle Verdammung von Lesen und Schreiben – als notwendigerweise verblendende Instrumentarien der Selbsterkenntnis – unhaltbar ist; vielmehr geht es darum, andere Formen des Schreibens zu entdecken: neben der auto-psychoanalytischen Schreib-Weise eines essayistischen ‚Sudelns' sind das eben die Versuche der Naturwissenschaften und der Roman. Tatsächlich ist Lichtenberg ein Denker vor der strengen Trennung von Geistes- und Naturwissenschaften.

326 Programmatisch heißt es hierzu im Sinne einer Proto-Triebtheorie: „Hätte die Natur nicht gewollt, daß der Kopf den Forderungen des Unterleibes Gehör geben sollte, was hätte sie nötig gehabt, den Kopf an den Unterleib anzuschließen." (Lichtenberg, *Sudelbücher*, B 323, Bd. I, a.a.O., S. 131f.) An Wieland lobt Lichtenberg die „verwegenen Blicke" in das innere Seelenleben, das eigene und das andere, und Philosophie bestimmt er als „Beobachtung seiner selbst", als „Naturlehre des Herzens und der Seele überhaupt", die freilich im Blick mikroskopischer Neugierde verschwindet. Mit diesem Vorhaben bekommt das Etikett *Sudelbuch* freilich noch eine andere Konnotation, nämlich Mitteilung zu sein von verschwiegenen, anstößigen Regungen eines triebhaft gedachten Seelenlebens. Die rhetorische Absicht, unverblümt zu sprechen, dem Unterleib eine Stimme, die Metaphern der Sprache, zu verleihen, wird zuweilen nämlich recht drastisch kundgetan. „Es ist eine schöne Ehre, die die Frauenzimmer haben, die einen halben Zoll vom Arsch abliegt!" (Ebd., J 100, Bd. I, S. 667.) Aber auch hier spielt die Wertschätzung des common sense eine gewisse Rolle: die derbe Sprache kommt zur Sache, die die Sprache der Kompendien umschreibt und verschweigt.

ewig hin, *was* sie denken sollen: so wird auch dem Mißverständnis vorgebeugt. Es ist eine Art von Einweihung in die Mysteria der Menschheit.“[327]

Hier wird formuliert, und zwar aus einer aufklärerischen Perspektive, daß dieses ‚Wie‘, das mit dem Essayismus aufs engste zusammenzuhängen scheint, ein Geheimnis darstellt, das im Akt, der der Essayismus selbst ist, zum Vorschein kommt. Von diesem quasi-religiösen Gestus lebt der Essay der klassischen Moderne (etwa beim frühen Lukács) zu einem ganz erheblichen Teil. Das Heilige ist eine subjektive Erfahrung, die ohne ein etwas auskommt. Der Umkehrschluß ist denkbar, daß jedwede Erfahrung, die ohne Einfall scheinbar von außen undenkbar ist, ‚heilig‘ ist. Das gewinnt an Gewicht in einer Welt, der zuerst Gott und dann die prächtigen geschichtlichen Hoffnungen abhanden gekommen sind, an denen Lichtenberg trotz aller Skepsis festhielt, schon weil er die Welt noch nicht kannte, die aus der gesellschaftlichen Dynamik der Aufklärung erwachsen sollte.

327 Ebd., F 441, Bd. I, S. 520.

Essayismus und Enzyklopädistik
Novalis' *Das Allgemeine Brouillon*

„Halbe Theorie führt von der *Praxis* ab – Ganze zu ihr *zurück.*“[328] Fragmentarisch zu schreiben, ist kein halbherziges Unternehmen. Das romantische Fragment geht aufs Ganze, und das Ganze erweist sich als theoretische Erfahrung eines punktuell umgreifenden, rastlos sich hin und her bewegenden Geistes. Dieses „Ganze des Menschen“[329] ist Gegenstand einer „wahrhaft unabhängigen, selbständigen Encyklopaedistik“[330], die Novalis im Anschluß an Fichte[331] als eine Wissenschaftslehre begreift.

Aber die romantische Enzyklopädie des Novalis unterscheidet sich in der praktischen Durchführung von der *Wissenschaftslehre* ebenso wie von den großen Enzyklopädien, nicht zuletzt jener epochalen von Diderot und d'Alembert.[332] Sie ist weder systematisch

328 Novalis, *Das Allgemeine Brouillon*, in: *Schriften*, Bd. 3, a.a.O., Fragment 537, S. 359. Zur Literatur vgl. auch Dietrich von Engelhardt, *Historisches Bewußtsein von der Aufklärung bis zum Positivismus*, Freiburg i.Br. 1979, S. 103–157; Georg Kamphausen/Thomas Schelle, *Die Romantik als naturwissenschaftliche Bewegung,* Bielefeld 1981; Peter Kapitza, *Die frühromantische Theorie der Mischung,* München 1968; A. O. Lovejoy, *Essays in the History of Ideas*, Baltimore 1948, S. 228–253; Ricarda Huch, *Die Romantik*, S. 62–80 (Novalis), S. 150–177 (Romantische Philosophie); Thomas Haering, *Novalis als Philosoph,* Stuttgart 1954; Paul Kluckhohn, *Das Ideengut der deutschen Romantik,* Halle 1942; Johannes Hegener, *Die Poetisierung der Wissenschaften bei Novalis,* Bonn 1975; Denis F. Mahoney, *Die Poetisierung der Natur bei Novalis,* Bonn 1980; John Neubauer, *Bifocal Vision. Novalis' Philosophy,* Chapel Hill 1971; Müller-Funk, *Die Rückkehr der Bilder*, a.a.O., S. 23–76.

329 Novalis, *Das Allgemeine Brouillon*, a.a.O., Fragment 59, S. 249.

330 Ebd.

331 Vgl. Johann Gottlieb Fichte, *Sonnenklarer Bericht an das größere Publikum über das eigentliche Wesen der Philosophie*, in: *Ausgewählte Werke in 6 Bdn.*, Bd. 3, a.a.O., S. 577: „Die Wissenschaftslehre setzt […] voraus, daß in dem Mannigfaltigen jener Grundbestimmungen, dem angegebenen Umfange nach, ein systematischer Zusammenhang sein möge, zufolge dessen, wenn Eins ist, alles übrige sein, und gerade so sein muß, wie es ist; daß sonach, welches in der Voraussetzung liegt, jene Grundbestimmungen, dem angegebenen Umfange nach, ein vollendetes und in sich geschlossenes System ausmachen.“ Fichte stellt hier programmatisch dar, was Hegel, unter anderen Vorzeichen, in der *Enzyklopädie der Wissenschaften* entfaltet: das deduktive System stellt gleichsam die philosophische Grammatik einer Enzyklopädie dar, die im Gegensatz zu den einschlägigen Enzyklopädien in ihrer Materialität nicht vollständig ausgebreitet zu sein braucht, weil die philosophische Enzyklopädistik gleichsam den Schlüssel liefert: die philosophischen Regeln.

332 Vgl. Michel Foucault, *Archäologie des Wissens*, Frankfurt a.M. 1973, insbes. das Kap. „Das historische Apriori und das Archiv“, S. 183–190.

noch katalogisch – und schon gar nicht beansprucht sie Vollständigkeit im Sinne einer summarischen Zusammenfassung des Wissens der Zeit. Sie bietet das ,Ganze' im Fragment dar, will eine methodische Möglichkeit eröffnen, zu diesem sich Zugang zu verschaffen. Im Fragment 599 gibt Novalis gewissermaßen eine Leseanleitung seines *Allgemeinen Brouillon*[333], wenn er schreibt: „Die Einleitung ist die Encyklopaedistik des Buchs – vielleicht *der philosophische Text zum Plan.*"[334] Sowohl das Brouillon als disparates Ganzes wie auch jedes einzelne der über tausend Fragmente läßt sich also als „philosophischer Text zum Plan" interpretieren, zu einem Plan, der freilich niemals ausgeführt wird, werden kann, werden soll. Novalis Enzyklopädistik zielt auf das Konkretum als Ganzes, das im systematischen Zugriff abhanden zu kommen droht. „Die Elemente entstehen später, als die Dinge", heißt es in einem der vielen programmatischen, mit der Überschrift *Encyklopaedistik* versehenen Fragmente.[335]

So ist das *Allgemeine Brouillon* eine Sammlung all dessen, was sich einem zu-trägt, der sich mit den Wissenschaften und den philosophischen Problemen seiner Zeit

333 Zum Titel vgl. Gerhard Schulz, *Novalis*, Reinbek 1969, S. 98ff. Im Grunde genommen ist ein ,Brouillon' so etwas wie ein Sudelbuch, ein Konvolut von Eintragungen, eine Kladde, Aufzeichnungen mit Entwurfscharakter. Schulz ist in seiner Einschätzung des *Allgemeinen Brouillon* etwas widersprüchlich, wenn er einerseits von einem „monumentalen Projekt" spricht, andererseits aber meint: „Was Novalis vorschwebte, war der Versuch, Analogien zwischen den einzelnen Wissenschaften herzustellen und daraus auf ihr dahinterliegendes Gemeinsames zu schließen. Mit einer Enzyklopädie im Sinne einer sorgfältigen, ordnenden Sammlung zeitgenössischen Wissens hatte ein solches Projekt nichts gemein." (Ebd., S. 100.)
Vgl. demgegenüber Neubauer, *Bifocal Vision*, a.a.O., S. 76f.: „Since the 'Brouillon' often reuses themes and ideas from these and older notes, one might be tempted to merge it with other notebooks, and perhaps even follow E. Wasmuth who collected all of Hardenberg's 'fragmentary writing' and subdivided it according to subject matters." Neubauer widerspricht einer solchen Sichtweise, wenn er den grundsätzlichen, exklusiven Charakter des *Brouillon* hervorhebt: „As already the title (= general outline, scheme) indicates, the 'Brouillon' means to bring together a wide spectrum of knowledge to show the interrelations and the underlying higher unity." So ließe sich das *Allgemeine Brouillon* als romantische ,Parallelaktion' all der groß angelegten idealistischen Systemversuche deuten, die ebenfalls, freilich unter dem strengen methodischen Vorzeichen der Philosophie, so etwas wie eine philosophische Enzyklopädistik entwerfen. Dazu gehört insbesondere Fichtes wiederholt vorgetragene *Wissenschaftslehre* als auch – wie schon erwähnt – die Hegelsche *Enzyklopädie*. Ricarda Huch hat so ganz unrecht nicht, wenn sie schreibt: „So flößte Novalis Blut und Seele in das starre Knochengerüst von Fichtes System und bemerkte gar nicht, daß er selbst der Schöpfer dieses pulsierenden Lebens war. Daß das Fichtesche Ich eine Versteinerung war, losgerissen von dem Zusammenhang der lebendigen Natur, empfanden alle diejenigen, die den Strom ihrer unendlich entwickelnden Kraft in sich auf- und abschwellen fühlten." (Ricarda Huch, *Die Romantik*, Bd. 1, a.a.O., S. 161.) Man würde diesen romantischen Einspruch heute anders ausdrücken, dessen Resultat ein Ich war, das mit dem Fichteschen nur mehr den Namen gemeinsam hatte. Daß sich Novalis dessen bewußt war (wie überhaupt die Kaltblütigkeit der Romantik gegenüber der vermeintlichen Naivität und Kindlichkeit in der Rezeption zu kurz gekommen ist), zeigt auch der Beginn des 74. der *Logologischen Fragmente* (Novalis, *Schriften*, Bd. 2, a.a.O., S. 541): „Zur Welt suchen wir den *Entwurf* – dieser Entwurf sind wir selbst –". Vgl. auch Josef Haslinger, *Die Ästhetik des Novalis*, a.a.O., S. 85–88.

334 Novalis, *Das Allgemeine Brouillon*, a.a.O., Fragment 599, S. 372.

335 Ebd., Fragment 65, S. 251.

beschäftigt. In dieser wohl seltsamsten Enzyklopädie der Geistesgeschichte fehlt keine Disziplin: Musik, Medizin, Mathematik, Pädagogik, Psychologie, Kunstlehre, Kosmologie, Theosophie, Physik, Chemie, Anthropologie, Politik, Physiologie, Magie usw., gar die Kochkunst, die Numismatik und die Staatswirtschaft sind vertreten. Novalis vermehrt die Disziplinen noch dadurch, daß er neue erfindet, und zwar dadurch, daß er zwei miteinander ins Spiel bringt (Chemische Physiologie, Musikalische Physik usw.) bzw. sie um ein Problemfeld gruppiert (Erregungslehre, Tätigkeitslehre).

Was uns im zeitlichen Abstand von zwei Jahrhunderten kurios anmutet, das verdankt sich bei Novalis der curiositas im Sinne einer fürsorglichen Neugierde für die Dinge, und was hinter der scheinbar sorglosen Un-Ordnung, der Wirrnis der kunterbunten Eintragungen zum Vorschein kommt, ist eine durchaus ausgefeilte Methodik, die Unbekümmertheit ermöglicht, ja vielleicht sogar erzeugt, eine Unbekümmertheit, die von den Lasten der Wissenschaften, wie sie sich in den Jahrhunderten der Geschichte, die man unter dem Stichwort ‚Abendland' zusammenfassen könnte, angesammelt haben, befreit und doch zugleich die Probleme, die jene aufwerfen, nicht zu ignorieren braucht.

Novalis' *Brouillon*, das das ganze Bedeutungsspektrum des französischen Wortes – erster Entwurf, Konzept, Verwirrung, Kladde – ausschöpft, versteht sich, vom Autor her betrachtet, als essayistisch, „als karacterlos" und als poetisch. Es ist essayistisch, insofern es sich als ein Kompendium von Einleitungen versteht, die einen Weg zeigen, das Ganze aufscheinen zu lassen, nämlich am Beispiel eines Konkretums und seiner qualitativen Relationen zum Anderen und zum Allgemeinen. Den ‚Essai' definiert Novalis selbst als eine Gattung zwischen „Brief und Abhandlung", als einen Text, der zwischen dem betrachteten Gegenstand und dem, der ihm sein Augenmerk schenkt, hin- und herpendelt.[336] Einen Einblick in die eigene Denk- und Schreibwerkstatt gewährt das Fragment 218, wo es heißt: „(Meine Hauptbeschäftigungen) sollen jezt 1. Die Encyklopaedistik. 2. ein Roman. 3. der Brief an Schlegel seyn. Im leztern werde ich ein Bruchstück aus 1. so romantisch, als möglich vortragen."[337] Die Arbeitsvorhaben vermischen sich so wie die Gegenstände und die Disziplinen, die der Verfasser der romantischen Enzyklopädie Revue passieren läßt. Das hängt nicht zuletzt auch damit zusammen, daß Novalis mit allen drei Plänen – der Enzyklopädie, dem Roman und dem Brief – dasselbe Ziel verfolgt, den Menschen und sein Wissen als ein Ganzes darzustellen. Novalis ist sich in diesem Fragment auch durchaus unsicher, welche Form, welche Gattung und welchen rhetorischen Gestus der ‚Brief an Schlegel' bzw. die Enzyklopädie haben soll: „Soll es eine Recherche (oder Essai), eine Sammlung Fragmente, ein Lichtenbergischer Commentar, ein Bericht, ein Gutachten, eine Geschichte, eine Abhandlung, eine Recension, eine Rede, ein *Monolog* oder *Bruchstücke eines Dialogs* etc. werden?"[338] Die Gattungsfrage tritt deutlich zurück angesichts der methodischen Grundentscheidung für eine umfängliche enzyklopädische Tätigkeit, für das Aufspüren unbekannter, nicht beachteter Zusammenhänge auf der Metaebene des von Wissenschaft Dargebotenen. Betrachet man das *Allgemeine Brouillon* und darüber hinaus das fragmentarische Gesamt(kunst)werk,

336 Ebd., Fragmente 67, 68, S. 251.
337 Ebd., Fragment 218, S. 277f.
338 Ebd.

dann finden sich all die oben angegebenen Textarten mitsamt ihren rhetorischen Implikationen nebeneinander versammelt. Sie umfassen das Spektrum dessen, was in dieser Untersuchung mit der Kategorie des Essayistischen ausgebreitet und umschrieben wird.

Der Überwindung der von den Einzelwissenschaften gezogenen Trennlinien entspricht jene der traditionellen Textanordnungen, wie sie in Wissenschaft und Literatur gang und gäbe sind. Die progressive Universalpoesie[339] korrespondiert mit der Universalität der enzyklopädischen Unternehmung. Von Bedeutung erscheint auch die merkwürdige Unentschiedenheit, ob diese ‚Hauptbeschäftigungen' Novalis' nun monologischer oder fragmentarisch-dialogischer Art sind. Womöglich gehört diese Unentscheidbarkeit zum Kennzeichen des Essayistischen, übrigens spiegelverkehrt zum Brief, der einen verzweifelten, vielleicht auch vergeblichen Ruf aus der Einsamkeit darstellt, der nach Antwort heischt. [340] Dem Essayisten ist wohl in seiner Einsamkeit mit sich selbst, die er zur Geselligkeit mit sich selbst steigert, wie man am Beispiel Montaignes sehen konnte. Essayistische Texte sind Briefe an sich selbst, kein Gedanke, kein Wort, kein Satz wird fortgetragen, alles bleibt bei sich, und die Welt ist fragmentierte Gestalt dieses Dialogs mit sich selbst. Strukturell besehen gehört dies zum wiederum nicht unproblematischen

339 Zum Begriff der progressiven Universalpoesie vgl. auch Friedrich Schlegel, *Athenäums-Fragmente* (116. Fragment): „Die romantische Poesie ist eine progressive Universalpoesie. Ihre Bestimmung ist nicht bloß, alle getrennten Gattungen der Poesie wieder zu vereinigen und die Poesie mit der Philosophie und der Rhetorik in Berührung zu setzen. Sie will und soll auch Poesie und Prosa, Genialität und Kritik, Kunstpoesie und Naturpoesie bald mischen, bald verschmelzen, die Poesie lebendig und gesellig und das Leben und die Gesellschaft poetisch machen [...] Nur sie kann gleich dem Epos ein Spiegel der ganzen umgebenden Welt, ein Bild des Zeitalters werden." (S. 37.)
Einschlägig für das synthetische Projekt einer übergreifenden Philosophiekunst ist auch das folgende Fragment: „Die ganze Geschichte der modernen Poesie ist ein fortlaufender Kommentar zu dem kurzen Text der Philosophie: Alle Kunst soll Wissenschaft, und alle Wissenschaft soll Kunst werden; Poesie und Philosophie sollen vereinigt sein."
Was hier als ‚Universalpoesie' oder als Synthese von Kunst und Wissenschaft programmatisch formuliert wird, ist in unserer Perspektive die Idee eines romantischen Essayismus. Hegelianisch gesprochen ist der Essayismus der Tod der Kunst wie der der Philosophie, die beide im Essayismus ‚aufgehoben' werden, als eine Versöhnung von Begriff und Bild in der „intellectualen Anschauung" (Schelling). „Denn in der Kunst haben wir es mit keinem bloß angenehmen oder nützlichen Spielwerk, sondern mit der Befreiung des Geistes vom Gehalt und den Formen der Endlichkeit, mit der Präsenz und Versöhnung des Absoluten im Sinnlichen und Erscheinenden, mit einer Entfaltung der Wahrheit zu tun, die sich nicht als Naturgeschichte erschöpft, sondern in der Weltgeschichte offenbart [...]" (Hegel, *Vorlesungen über die Ästhetik*, Bd. III, a.a.O., S. 573). Bei Hegel war der Essay schon deshalb nicht als eigenständige Kategorie gedacht, weil die symbolische Bedürftigkeit des Denkens selbst (schon in der Sprache) unterschlagen wurde. In unserer Rekonstruktion kreuzen sich zwei Bewegungen, die zunehmende Reflexivität der Künste und das zunehmende Form- und Sprachbewußtsein der nach- und antihegelschen Philosophie. Vgl. Johannes Hegener, *Die Poetisierung der Wissenschaften bei Novalis*, a.a.O., S. 53–137.

340 Vgl. Dietmar Kamper, *Hieroglyphen der Zeit*, München 1988, S. 161: „Gespräch und Brief wären also mögliche, wenn auch gefährliche Wege aus der Immanenz der menschlichen Welt." Zur Ästhetik des Brieflichen und seiner ästhetischen Strategien und Implikationen (Differenz, Selbstentdeckung, Diskontinuität, Entgrenzung) vgl. Karl Heinz Bohrer, *Der romantische Brief*, München 1987.

‚glücklichen Bewußtsein' des Essayisten, das mit einem ‚semantisch' besehen unglücklichen Bewußtsein in Widerstreit steht. Novalis, vielleicht der heiterste all dieser deutschen Sprachdenker (obschon diese Heiterkeit trügerisch ist), hat von diesem Hochgefühl gewußt, es hat ihn getragen, es hat die quälenden Selbstzweifel über die eigene Ohnmacht und die Sinnlosigkeit seines Daseins fortgeschoben. Wer sich in Fragestellung zur Welt begibt, erhält stets Antwort: monologisch wie im stummen, fragmentierten Dialog. Diese Art von ‚Geselligkeit' ist für Novalis auch der Kern einer Disziplin, die er als ‚Geistige Bildungslehre' bezeichnet: „Man studirt fremde Systeme um sein *eignes System* zu finden. Ein fremdes System ist der Reitz zu einem *Eignen*. Ich werde mir meiner eignen Philosophie, Physik etc. bewußt – indem ich von einer Fremden afficirt werde – versteht sich, wenn ich selbst thätig genug bin. Meine Philosophie oder Physik kann nun mit dem Fremden übereinstimmen oder nicht. Im ersten Fall zeigt es Homogeneität – gleichen wissenschaftlichen Karakter, wenigstens in dieser Beziehung an. (Ehe der heterogenen Systeme)"[341]

Das gewählte Beispiel will mehr sein als Veranschaulichung und Verdeutlichung, sondern setzt das theoretische Denken in Analogie zu physiologischen Vorgängen, zur Reaktion eines Organismus auf einen fremden Reiz seiner Umwelt. Der ‚Zauberstab der Analogie' ist eines jener methodischen Instrumentarien, das Novalis als Wanderstab bei seiner enzyklopädischen Reise durch die Länder und Provinzen der einzelnen Wissensdisziplinen dient. Davon wird noch zu sprechen sein. Worum es hier geht, ist folgendes: der Vergleich gestattet es, Denken als Tätig-Sein (und als tätiges Sein) zu bestimmen. Der Reiz des Fremden ist unverzichtbar, dieses aber letztlich Mittel zum Zweck. Es gilt der Primat des Eigenen: Tätigkeit des Denkens. Um diesen Pleonasmus kreist jedweder Essayismus. Novalis spricht diesen Sachverhalt unbekümmert und ungeniert aus. Der Pleonasmus impliziert einen Protest gegen ein Denken, das untätig bleibt, das sich auf Sichtung, Interpretation und Bewahrung von Texten beschränkt, während diese doch Anreiz und Ansporn sein sollten. Unüberhörbar auch der unterschwellig erotische Ton: von der „Ehe der heterogenen Systeme" ist allemal mehr zu erwarten als von der Begegnung mit einem homogenen, das bestenfalls einen déjà-vu-ähnlichen Effekt zu erzeugen vermag. Als sinnliches Ereignis unterliegt das Denken allemal den Spielregeln der Erotik: der Reiz des Fremden ist es, der betört und der das Pendel des Reagierens und Agierens weit ausschlagen läßt. Im *Allgemeinen Brouillon* wählt Novalis freilich noch einen anderen Vergleich aus der ‚Psychologie', die Psychologie, die den Ernährungsvorgang begleitet. Der Ernst ist dabei dem Fressen zugeordnet („der Ernst frißt"), während der Spaß „absondert".[342] Dieses Gedankenmodell überträgt Novalis nun auf das Denken selbst, wenn er schreibt: „Psych[ologie]. Ist Dencken auch Absondern –? Dann ist vielleicht empfinden Fressen. Selbstdencken ist vielleicht ein Lebensproceß – Freß und Absonderungsproceß zugleich. Dencken und Empfinden zugleich."

Novalis geht es also nicht um das Denken schlechthin, sondern um eines, bei dem das empfindende Zentrum des Menschen, das ‚Selbst', mit von der Partie ist. ‚Selbstdenken' ist höchst zweideutig, es schließt den Appell der Eigenständigkeit ebenso ein wie die

341 Novalis, *Das Allgemeine Brouillon*, a.a.O., Fragment 220, S. 278.
342 Ebd., Fragment 272, S. 288.

Selbstwahrnehmung, die man in Fortführung der Analogie als ein Verschlingen und Absondern eben dieses Selbst bezeichnen könnte. Dieses empfindende Denken denkt stets sich selbst mit, unterwirft sich denselben Spielregeln wie das Andere, den Anderen, den Gegenstand, das Objekt, es ist ein Prozeß, der sich auf zwei Ebenen abspielt, die zusammengefallen sind (der des fremden und der des eigenen, des fremden Eigenen und des eigenen Fremden[343]) und zwischen zwei Polen: zwischen Reiz und Reaktion, zwischen Verschlingen und Absondern, zwischen Spiel und Ernst. Damit ist auch umrissen, was als romantische Ironie bezeichnet wird und was sich aus unserer Perspektive als eine ganz spezifische Ausformung eines essayistischen In-der-Welt- (und auch Nicht-in-der-Welt-)Seins erweist.

Das Allgemeine Brouillon versteht sich nicht als ‚subjektiv' in dem Allerweltssinn des Wortes. Im Gegenteil plädiert sein Verfasser für eine Philosophie ohne Vorurteile. Deutlich gegen Fichte und seine *Wissenschaftslehre* gewandt, notiert Novalis: „57. Phil[osophische] Krit[ik]. Ist Fichtens Darst[ellung] der WissenschaftsL[ehre] nicht noch *dogmaticistisch*? Fichtens *Vorurtheile* oder sein wissenschaftlicher *Caracter*."

Im folgenden Fragment hebt er vom Dogmatizismus Fichtes, den er offenkundig auch im Hinblick auf die Kategorie des Subjektiven kritisch beanstandet, seine eigene ‚Wissenschaftslehre' davon ab, wenn er schreibt: „58. Phil[osophie]. Philosophie ohne Vorurteile – karacterlose nicht individuelle Philosophie. *Philosophie der Menschheit* – Phil[osophie] des Geistes überhaupt – oder reine Philosophie – *uninteressirte* Philosophie."[344] Eine solche Programmatik mag auf den ersten Blick merkwürdig anmuten angesichts der Tatsache, daß der Essayismus stets mit der Konnotation des Subjektiven verstanden wird, das eben das in der Wissenschaft zählende Objektive oder Intersubjektive aus guten oder aus schlechten Gründen, berechtigt oder mutwillig, überschreitet oder außer Kraft setzt. Auch das von Novalis angestrebte ‚Selbstdenken' könnte in diese Richtung weisen (wenngleich der Unterschied zwischen dem, was Novalis das ‚Selbst' nennt, und dem, was hier als „Caracter" oder Individualität bezeichnet wird, unübersehbar ist).

Warum also wehrt sich Novalis gegen Individualität und Charakter? Vielleicht im Sinne einer Schutzbehauptung? Oder ist nicht sein Ziel einer ‚reinen Philosophie' selbst „dogmaticistisch", diese Zurückweisung des Besonderen?

Um Novalis' Einspruch zu verstehen, muß man seine Konzeption des Ich, wie er sie in produktiver Auseinandersetzung mit Fichte entfaltet, etwas genauer betrachten. Für Novalis ist das Ich eine bloße Fiktion, in der doppelten Bedeutung des Wortes: es hat keine primäre, ‚natürliche' Wirklichkeit, es ist allgemeines „Gedankenmolécule".[345] Deshalb ist es – so der Gedankengang Novalis' – problematisch, wie Fichte das Ich an den Anfang zu stellen: „*Der Anfang* des Ich ist bloß *idealisch*. Wenn es angefangen hätte, so hätte es so anfangen müssen. *Der Anfang* ist schon ein späterer Begr[iff]. Der Anfang entsteht später, als das Ich, darum kann das Ich nicht angefangen haben."[346]

343 Ebd., Fragment 273, S. 288f.
344 Ebd., Fragmente 57, 58, S. 249.
345 Ebd., Fragment 717, S. 405f.
346 Ebd., Fragment 76, S. 253; zur aktuellen Diskussion vgl. Anm. 349.

Das Ich und erst recht das Konzept der Anfänglichkeit[347] sind Novalis zufolge Konstrukte. Das Ich ist nicht sein eigener Ursprung, es ist, um im heutigen Wortgebrauch zu bleiben, heteronom oder, wie Novalis sagt, „construirt“: „Das Ich soll construirt werden. Der Philosoph bereitet, schafft künstliche Elemente und geht so an die Contradiction. Die *Naturgeschichte* des Ich ist dieses nicht – Ich ist kein Naturprodukt – keine Natur – kein historisches Wesen – sondern ein artistisches – eine *Kunst* – ein Kunstwerk.“[348] Mit dieser Einschätzung steht Novalis sozusagen zwischen Montaigne und neueren Ansätzen einer nachfreudianischen Philosophie, in der das sich als Subjekt manifestierende und sprechende Ich ebenfalls als ein produziertes Phänomen verstanden wird.[349] Umgekehrt legt es Jean Starobinskis Interpretation der Montaigneschen *Essais* nahe, in ihnen eine essayistische ‚Konstruktion‘ zu sehen – mit paradoxen Folgen, wie wir gesehen haben. Novalis seinerseits verwendet als Vergleichshorizont die Chemie, um den künstlichen und synthetischen Charakter des (modernen) Ich herauszustellen. Mit den „künstlichen Factis“ des Ich befindet man sich auf dem Gebiet der Kunst und des Künstlichen. (Man sieht auch hier, wie Novalis ganz unbekümmert Chemie und Kunst in Analogie zueinander setzt.) Diese Künstlichkeit des Ich ist nicht unbedingt ein Manko, seine Erfindung und Gestaltung ist Aufgabe der Kunst und ihres synthetischen Vermögens; wogegen sich Novalis' Einwand richtet, ist, das Ich zu einer primären philosophischen Kategorie zu erheben. Soweit die Philosophie also das Ich ‚construirt‘, ist sie Kunst, ist sie das synthetische Pendant zur ‚Menschengeschichte‘, zur Anthropologie, mit der sie Novalis verbinden und zu einer neuen Wissenschaft vereinigen möchte. Das Ich hat keine Naturgeschichte, wohl aber eine Kunst- und Kulturgeschichte, an der die neuzeitliche Philosophie maßgeblichen Anteil hat.

Ähnliches äußert Novalis über die Seele, die als ubiquitär, als überall und nirgendwo geortet und als künstlich angesehen wird.[350] Der ‚Mensch als ein Ganzes‘ als Thema der Enzyklopädistik des Novalis fällt nicht zusammen mit dem philosophisch-spekulativen noch gar mit dem empirischen Ich, diese beginnt vielmehr dort, wo dieses Ich verstummt und sich jenes Selbst im Denken zu Wort meldet, das Novalis als einen wechselhaften Prozeß von Verschlingen und Absondern beschreibt. Der ‚Mensch als ein Ganzes‘, das ist aber auch der Mensch in seiner Gedoppeltheit als Naturwesen und selbstkonstruiertes Geschöpf. In dieser Gedoppeltheit ist er der eigentliche Gegenstand des *Allgemeinen*

347 Zum Verhältnis von Mythos und Anfänglichkeit vgl. Friedrich W. J. Schelling, *Philosophie der Mythologie*, a.a.O., S. 99f. u. Kurt Hübner, *Die Wahrheit des Mythos*, München 1985, S. 135–141.

348 Novalis, *Das Allgemeine Brouillon*, a.a.O., Fragment 76, S. 253.

349 Vgl. die Überblicksdarstellung von Samuel Weber, *Rückkehr zu Freud*, Wien 1990, S. 10–19, 66–114 u. Vincent Descombes, *Das Selbe und das Andere*, Frankfurt a.M. 1981, S. 161–197; Margarete Susman hat bereits in den 20er Jahren die romantische Ironie auf die Erfahrung einer Relativierung des Einzelnen zurückgeführt, dem im Hinblick auf das Ganze kein „voller Ernst“ zukomme. Susmans These gipfelt darin, daß mit der Romantik die Abkehr vom klassischen Humanismus begonnen habe: „Der große Begriff der in sich selbst begründeten Humanität beginnt in der Romantik sich aufzulösen.“ Und: „Die Ethik der Romantik ruht einzig auf der Wahrheit im Inneren: auf der im Leeren hängenden Gewißheit der einzelnen Menschenseele.“ (Margarete Susman, *Der romantische Versuch*, in: Die Kreatur, Jg. 2 (1927/28), S. 410, 413.)

350 Novalis, *Das Allgemeine Brouillon*, a.a.O., Fragmente 179, 194, 205, 381, S. 271, 274, 276, 381.

Brouillon. Damit nimmt Novalis – gegenüber der Idee Montaignes, eine Physik des eigenen Ich, eine Anthropologie aus der Innenlage, zu entwerfen – eine entscheidende Korrektur vor, die sich einer seltsamen Mischung aus idealistischen und Idealismus-kritischen Motiven verdankt. Mit dem Idealismus gemeinsam hat Novalis die Geringschätzung des Besonderen, des beispiellosen Einzelfalls, darin mag – von einem konsequenten Essayismus aus betrachtet – auch eine Grenze liegen; wegweisend und erhellend bleibt seine Kritik an der neuzeitlichen, undurchschauten Konstruktion des modernen Ich. Jede essayistische Konzeption nach Novalis hat das, was bei Montaigne höchst absichtslos zutage trat, die Auflösung des Ich im Prozeß der schreibenden Selbsterzeugung, hinfort in Rechnung zu stellen.

Wenn Novalis die „Sucht nach Originalität' harsch kritisiert, so ist das nicht bloß eine moralisch konsequente Haltung, die aus seinem Plädoyer für eine „karacterlose Philosophie" resultiert, sondern macht noch einmal deutlich, was Novalis unter Selbstdenken versteht: „Wer nicht jeden fremden Gedanken, wie einen Seinigen, und einen Eigenthümlichen, wie einen fremden Gedanken behandelt – ist kein ächter Gelehrter."[351] Tätiges Denken heißt also, sich das Fremde anzueignen und das Eigene fremd zu machen, ganz im Sinne des Bildes von Essen und Absondern.

Die „höhere Originalität" besteht also nicht darin, sich auf das Ich-Prinzip zu versteifen, darauf, als erster den Anfang gemacht zu haben, sondern in den oben skizzierten Prozeß einzutreten, einen Prozeß, der durch Liebe und Wahl des Fremden gekennzeichnet ist. Man muß „lieben und wählen, um selbst existiren und sich selbst genießen zu können".[352] Unter anderem ist das Denken also auch ein Selbstgenuß.

Die Enzyklopädistik Novalis' ist essayistisch, ‚charakterlos', sie kommt ganz ohne die Robinsonade des Fichteschen Ich aus, und sie ist, auch das wurde schon gestreift, poetisch, und zwar auch dann, wenn sie nicht magisch ist. Magie definiert Novalis in einem psychoästhetischen Sinn als „*Sympathie des Zeichens* mit dem Bezeichneten",[353] sie wäre eine ganz eigene Welt für sich.[354] Sie ist zunächst nicht Gegenstand des *Allgemeinen Brouillon*, das ein philosophisches Zusammenspiel der Welt der (damaligen) Wissenschaft und ihrer Disziplinen bieten möchte. Die Enzyklopädie als ein Zusammenspiel folgt ästhetischen Gesetzen und Kriterien, so daß Novalis Dichtung und Wissenschaft direkt aufeinander beziehen kann: „217. Enc(yclopaedistik). (Wie Epos, Lyra und Drama die (Elemente) der Poesie – so giebt es auch ähnliche (*Elemente*) der *Scienz*, oder Wissenschaft)."[355]

Weil das so ist, kann Novalis so verschiedene geistige Unternehmungen wie Enzyklopädie, Roman und Brief aufeinander projizieren: epische, lyrische und dramatische Wissenschaft, enzyklopädische Romane, poetische Enzyklopädien. Das heißt aber auch, daß ‚harten' wissenschaftlichen Texten selbst ästhetische Patterns, Muster, zugrunde liegen, was ein Gegenwartstheoretiker wie Hayden White am Beispiel der Historiographie nach-

351 Ebd., Fragment 716, S. 405; vgl. auch Fragment 820, S. 429.
352 Ebd., Fragment 716, S. 405.
353 Ebd., Fragment 137, S. 266.
354 Ebd.: „Magische Astronomie, Grammatik, Philosophie".
355 Ebd., Fragment 217, S. 277.

gewiesen hat. Wissenschaftliche Texte, so ließe sich extrapolieren, zeichnen sich also nicht durch die Absenz ästhetischer und rhetorischer Strukturen aus, so sehr ihr impliziter, verschwiegener Einsatz auch zur ganz spezifischen Strategie szientistischer Texte gehört. Diese Strategien sind vielfältig, oft auch unbewußt und unhintergehbar, weil die Muster der Sprache (und gegebenenfalls auch der Bilder) sich nicht ausschalten lassen. Es wäre reizvoll, mit Novalis und White etwa die Texte der modernen Physik im Hinblick auf ihre poetologischen Strategien – wie dramatisch, lyrisch und episch oder auch tragisch, komisch, satyrisch etc. – zu unterscheiden.[356] Diese Grundeigenschaft aller sprachlich manifesten Texte, daß sie eine ästhetische Qualität haben, die nur bedingt zur Wahl steht, macht also gleichzeitig den Wechselbezug von Wissenschaft auf andere rhetorische und ästhetische Textsorten dichterischer, journalistischer und essayistischer Machart sinnvoll und möglich. Die romantische Emphase des freudig dilettierenden Enzyklopädisten Novalis gipfelt denn auch in folgendem Bekenntnis: „Mein Buch soll eine scientifische Bibel werden – ein reales, und ideales Muster – und Keim aller Bücher."[357]

Diese Enzyklopädistik „enthält wissenschaftliche Algeber", stellt sich als ein System von Gleichungen, Verhältnissen, Ähnlichkeiten, Gleichnissen und Wirkungen (der einzelnen wissenschaftlichen Disziplinen) dar.[358] Eine „Pantimathie" schwebt Novalis offenkundig vor, eine Kombination von einer allgemeinen mit einer spezifisch historischen Wissenschaftslehre. Diese Kombination nennt Novalis „synkritisch".[359] Und im Fragment 486 spricht der Verfasser des *Allgemeinen Brouillon* gar vom „Versuch eines vollständigen Lehrbuchs des Synkriticismus", dem „Versuch eines Instruments zum ewigen Frieden (im Reiche des Wissens)".[360] Grammatik und Mathematik spielen dabei die Rolle operationaler Hilfswissenschaften, sie ermöglichen Definition, Klassifikation, Hierarchisierung und Kombination.[361] Aber ‚synkritisch' wird die Enzyklopädistik erst durch die Wechselwirkungen der einzelnen Wissenschaften aufeinander: „Phil[osophie] einer Wissensch[aft] entsteht durch Selbst*critik* und Selbst*system* der Wissenschaft. Eine W[issenschaft] wird angewandt, wenn sie als analoges Muster und Reitz einer *specifischen Selbst(Nach)entwicklung* einer andern W[issenschaft] dient. Jede Wissenschaft kann durch reine Potenzirung in eine höhere, die Philosophische, Reihe als Glied und Function übergehn."[362] Mit dieser Methodik versucht Novalis ein Problem anzugehen, das schon Lichtenberg gequält hatte: daß die Zusammenhänge zwischen den Dingen so

356 Vgl. Hayden White, *Auch Klio dichtet*, Stuttgart 1986, S. 122: „Meiner Ansicht nach befindet sich die Geschichte der Disziplin deshalb heutzutage in einem so desolaten Zustand, weil sie ihre Ursprünge in der literarischen Einbildungskraft verloren hat." Konsequenterweise hat White eine ästhetische Topologie der geschichtswissenschaftlichen Prosa entwickelt, in der Plotstruktur (Romanze, Komödie, Tragödie, Satire), Erklärungsform (ideographisch, organizistisch, mechanistisch, kontextualistisch) und Ideologie (anarchistisch, konservativ, radikal, liberal). Unschwer zu erkennen, daß die ‚postmoderne' Geschichtsschreibung (die zugleich eine neoromantische ist) satirisch-komödisch, organizistisch und kontextualistisch, konservativ und liberal ist.

357 Novalis, *Das Allgemeine Brouillon*, a.a.O., Fragment 557, S. 363.

358 Ebd., Fragment 233, S. 280.

359 Ebd., Fragment 533, S. 358.

360 Ebd., Fragment 486, S. 346.

361 Ebd., Fragmente 333, 487, S. 299f., 346f.

362 Ebd., Fragment 487, S. 346.

lange verborgen geblieben sind. Deshalb schreibt Novalis im Anschluß an Hemsterhuis ganz emphatisch: „Die größesten Wahrheiten unserer Tage verdanken wir dem Contact der lange getrennten Glieder der Totalwissenschaft."[363] Ein System von Gleichungen, Relationen und mathematischen Operationen stellt diesen Zusammenhang her. Damit versteht sich Novalis' Enzyklopädistik als eine qualitative, die mehr sein will als ein additives Verzeichnen des Wissens seiner Tage. Es begreift sich als ein Verzeichnis der Bezüge der einzelnen Wissensdisziplinen untereinander, als ein Verzeichnis, das ‚Versuch' bleibt, dessen logische Operationsbasis vollständig sein könnte wie das Regelsystem von Grammatik oder Mathematik.

Als wichtigstes Instrumentarium seiner synkritischen Methode erweist sich das analogische Verfahren. So findet etwa das Reiz-Reaktionsschema, das Naturphilosophie und Physiologie zu Novalis' Tagen faszinierte,[364] auf den verschiedensten Gebieten seine Anwendung, auch bei der Erklärung der Wirkungen einer Wissensdisziplin auf eine andere. Die einzelnen Disziplinen gleichen hier lebenden Organismen, die aufeinander Reiz ausüben und aufeinander reagieren. Ähnliche analogische Muster sind Sympathie und Antipathie, Aufnahme und Absonderung oder auch das Prinzip der Individualisierung, das auf den Menschen ebenso angewandt wird wie auf den Kosmos.[365] Der wissenschaftliche Wert des Analogisierens ist seit langem höchst umstritten, wenn es auch als heuristisches Hilfsmittel durchaus Anerkennung findet, und es ist unbestreitbar, daß es jene dynamischen Wechselwirkungen, Anziehung und Abstoßung zwischen den einzelnen Disziplinen gibt, von denen Novalis spricht.[366]

Ein Verfahren wie die Analogie, will es mehr sein als ein willkürliches Spekulieren mit Ähnlichkeiten, setzt freilich voraus, daß die ‚analogen Muster' so etwas wie universale Prinzipien darstellen, die in der Konkretheit der Dinge wirksam sind. Oder anders ausgedrückt, die Dinge sind jenes wechselvolle Netz von Beziehungen. Der Dynamismus der romantischen Naturphilosophie ermöglicht es so, idealistische und materialistische, spekulative und empirische Motive scheinbar restlos zu versöhnen. Davon zeugt Novalis' Pathos des Konkreten, der von ihm reklamierte „Sinn für Daseyn".

In Novalis' ‚synkritischem Lehrbuch' liegt vielleicht der einzig nennenswerte Versuch einer idealistischen Essayistik mit systematischem Anspruch vor, der um die Sprünge zwischen Allgemeinem und Besonderem weiß, um die Abgründe zwischen ihnen. Novalis überbietet den transzendentalen Idealismus eines Fichte, wie er ihn zugleich unterminiert, nicht zuletzt, weil er die philosophische Grundsatzentscheidung verweigert. So liegt es ihm gänzlich fern – wie Hegel –, Bacon als einen minderen, bloß empirischen Denker zu verwerfen: vielmehr stellt sich seine Enzyklopädistik die Aufgabe, die philosophischen Kupfertafeln, die Tafeln der Erfindungen und Entdeckungen, wie sie dem Verfasser des *Novum Organum* vorgeschwebt haben, zu entwerfen. In diesem szientistischen Eifer erweist sich Novalis als Nachfolger Bacons und Lichtenbergs, als ein eifriger Szientist, der die Wissenschaft über sich hinaus treiben will hin zu einer Philosophie, die

363 Ebd., Fragment 199, S. 275.

364 Zur romantischen Naturphilosophie vgl. Kamphausen/Schelle, *Die Romantik als naturwissenschaftliche Bewegung*, a.a.O.

365 Novalis, *Das Allgemeine Brouillon*, a.a.O., Fragment 113, S. 261.

366 Zur Verwendung des analogischen Verfahrens in der romantischen Naturphilosophie vgl. Anm. 364.

nichts anderes wäre als allgemeine Wissenschaft. Die ‚Kupfertafeln' sind für Novalis gewissermaßen „die Pläne vor d[en] Büchern" und „jeder unbestimmte Satz" „erregt philosophische Fantasieen".[367] Womit Novalis nebenbei auch den zur Phantasie einladenden Gestus seiner eigenen Texte umschreibt.

Es versteht sich von selbst, daß diese hochgradig spekulative Essayistik einen Typus von Erfahrung und Experiment impliziert, der sich sowohl von jenem des philosophischen Idealismus als auch von jenem eines sich herausbildenden Szientismus unterscheidet. Zwar wird der Wert wissenschaftlicher Experimente (wie auch der positive Bezug auf Bacon nahelegt) an keiner Stelle bestritten. Im Gegenteil. Aber es finden sich doch gelegentlich Momente, das wissenschaftliche Experiment zu ‚potenzieren', im Sinne des bekannten romantischen Verfahrens einer absichtsvollen Überhöhung. Neu ist, daß Novalis innere und äußere Experimente koppeln möchte. Der distanzierte Betrachter ist nicht nach seinem Geschmack, sehr viel eher ein Naturforscher wie Ritter mit seinem elektrischen Selbstversuch.[368]

„Gute physikalische Experimente", „ächte Experimente" beziehen im Sinne des Selbstdenkens den beobachtenden Experimentator mit ein, seine Spekulationen und Phantasien werden zum integrativen Bestandteil des Experimentierfeldes. Weil Novalis Theorie als tätiges Sein bestimmt, ist Spekulation Erfahrung sui generis, Erfahrung und Experiment fallen in diesem romantischen Konzept zusammen – so wie Innen und Außen, nicht zuletzt auch deshalb, weil die Künstlichkeit des Experimentierens als Potenzierung natürlicher Prozesse mit anderen Mitteln verstanden wird. Dabei darf natürlich nicht das „dunkle Gefühl der Natur in sich" fehlen, das eine Inspiration des „ächten Liebhabers" der Natur verkörpert. Im Experiment also mit der Natur meldet sich diese im Menschen selbst zu Wort, und zwar wiederum im Sinne eines Reizes, was auch umkehrbar ist: wir sind ein fremder Reiz für die Natur, und unser mühsames Herumtappen könne wohl damit zusammenhängen, daß wir „zugleich in und außer der Natur" sind, womit, nebenbei bemerkt, schlichten Ganzheitsvorstellungen, die den Menschen (endlich wieder) in Natur aufgehen lassen möchten, eine entschiedene Absage erteilt wird. Die Natur ist das Fremde in uns, wirkt als Stimulus, ist das, was Erfahrung möglicherweise in Gang setzt. „Alle Erfahrung ist Magie."[369]

Methodisch zusammengehalten wird das, was oftmals etwas mißverständlich als „magischer Idealismus"[370] bezeichnet worden ist, durch ein Konzept der ‚symbolischen

367 Novalis, *Das Allgemeine Brouillon*, a.a.O., Fragmente 240, 413, S. 232, 319; vgl. Bacon, *Novum Organum*, Bd. II, a.a.O., S. 301–351 (hier: Darstellung der ‚Tafeln').

368 Vgl. die Kurzanalyse des Ritterschen Denkens in Kamphausen/Schelle, *Die Romantik als naturwissenschaftliche Bewegung*, a.a.O., S. 42–53; abschließend urteilen die Autoren: „Die phantasievollen Erweiterungen der Fakten, selbst wenn sie zu widersprechenden Aussagen [...] führen, bildeten trotz aller möglichen methodischen Kritik die Bausteine, aus denen die vielen, auch heute noch gültigen Ergebnisse der Ritterschen Physik entstanden sind." (S. 53.)

369 Novalis, *Das Allgemeine Brouillon*, a.a.O., Fragmente 73, 74, S. 252; Fragment 694, S. 401.

370 Vgl. dazu etwa Karl Heinz Volkmann-Schluck, *Novalis' magischer Idealismus*, in: Hans Steffens (Hg.), *Die Romantik*, Göttingen 1989, S. 45–54 und auch John Neubauer, *Bifocal Vision*, a.a.O., S. 63–67 („The Epistemology of Magic") sowie Manfred Frank, *Die Philosophie des sog. ‚magischen Idealismus'*, in: Euphorion 63 (1969), S. 88–116.

Repräsentation', das Innen und Außen als zwei Aspekte ein und desselben erscheinen läßt: „Alles soll aus uns heraus und sichtbar werden – *Das System der Wissenschaften soll symbolischer Körper* (Organsystem) unsers Innern werden – Unser Geist soll sinnlich wahrnehmbare Maschine werden – nicht in uns, aber außer uns. / Umgekehrte Aufgabe mit der Äußern Welt /."[371] Die Vergegenständlichung des Inneren – sei es durch Sprache, Technik oder Maschine – wird von Novalis als eine magische Prozedur beschrieben, wobei das Äußere als ein in den „Geheimniszustand erhobnes Innre" bestimmt wird. In eigentümlicher Umkehrung traditioneller idealistischer Konzepte wird das Äußere nicht nur als geheimnisvoll, sondern auch als höher angesehen als das Innere.[372] Der magische Idealist verwandelt die äußerlichen Dinge in Gedanken, teilt sich dadurch mit.

Technik und Wissenschaft werden hier in kosmischem Optimismus als Teil eines menschlichen Bildungsprozesses angesehen, dessen Ziel der Mensch als Ganzes ist: „Der Mensch soll ein *vollkommnes* und Totales *Selbstwerckzeug* seyn."[373]

Der Symbolismus steht also nicht so sehr am Anfang, sondern am Ende eines sich zwischen Mensch und Kosmos vollziehenden Geschehens. Im Gegensatz zu ihrem eigenen Selbstverständnis und im Gegensatz zu (späteren) einschlägigen Kulturkritiken sieht Novalis Wissenschaft und Technik als Mittel der Entäußerung ‚des ganzen Menschen'. Das ‚Selbstwerkzeug' betreibt im Prozeß der kulturellen Evolution so etwas wie hermeneutische Anthropologie, wiederholt nicht nur die Schöpfung an sich selbst, sondern begreift sich durch sein magisch-partizipatorisches Verhalten. Wissenschaft und Technik sind aus dieser Perspektive als Fortsetzung der Magie mit anderen Mitteln zu verstehen, sie müssen wie Sprachen gelesen werden, wie Chiffren und Symbole eines entäußerten Inneren. Was der Geist ist, tut sich an den Artefakten und Maschinerien kund, die er geschaffen hat, um sich auf die Schliche zu kommen. Der praktische Nutzen, der für Bacon noch eine wichtige Rolle spielte, ist in diesem kosmologischen Modell gleichsam ausgefällt. Der Prozeß der Entfremdung und des potenzierten Zu-sich-Kommens (in mancher Hinsicht nimmt Novalis tatsächlich, wenn auch in moralischer Absicht, den Nietzscheschen Übermenschen vorweg) fallen zusammen.

Das Verhältnis von Innen und Außen kann natürlich auch umgekehrt beschrieben werden, ließe sich das Äußere als ein in den Vertrautheitszustand erhobenes Innere deuten, als Transformation in etwas, das dem Menschen aus seiner Innenlage heraus vertraut ist. Entzauberung und Verzauberung, Wissenschaft und Märchen sind keine ein für alle Mal fixierten Gegenpole, sondern sie beschreiben einen wechselvollen Prozeß, der mit der romantisch gewordenen Aufklärung zum ersten Mal in der kulturellen Anthropogenese sichtbar geworden ist.

Das Da-Sein der Maschine ist nicht Ausdruck von Seinsvergessenheit (Heidegger), sondern von Seinsvergegenwärtigung im Sinne der beinahe verzweifelten Entäußerung eines unsichtbaren Innen, das sich sichtbar ins Licht rücken möchte. Zwischen Kunst und Technik besteht kein prinzipieller Unterschied. Die praktischen Möglichkeiten der

371 Novalis, *Das Allgemeine Brouillon*, a.a.O., Fragment 69, S. 251f.
372 Ebd., Fragmente 383, 703, S. 301, 403.
373 Ebd., Fragment 321, S. 297.

Maschine sind nicht von Belang. Möglicherweise könnte man post festum sagen, daß die funktionslosen Maschinen Tinguelys etwa dieser Auffassung entsprechen würden. Mit dem Konzept der symbolischen Repräsentation verschiebt sich auch die Wahrheitsfrage. Nicht mehr kommt es darauf an, ob unsere Gedanken, Vorstellungen und Bilder der Dingwelt draußen entsprechen, vielmehr geht es darum, die Gegenstände draußen sprechen zu machen. Die „Buchen-Staben" (Flusser)[374] sind also nur ein Sonderfall, der explizit macht, wie der Mensch die Welt ergreift und zu sich in Beziehung setzt. Weder in der Kunst noch in der Wissenschaft verhält sich der Mensch mimetisch, immer geht es darum, mit der ‚Welt' zu korrespondieren, Innen und Außen in Beziehung zu setzen. Es ist nicht immer leicht zu sagen, was jetzt das Innen und was das Außen ist: die Wissenschaft oder das Organ unserer Seele.

Der Prozeß der Veräußerlichung des Inneren und der Verinnerlichung des Äußeren bringt es mit sich, daß schon bei Novalis im Ansatz das Subjekt-Objekt-Modell als erkenntnistheoretisches Modell annulliert wird, weil die erkenntnistheoretische Frage in der Frage nach der symbolischen Repräsentation eines menschlichen Innen durch ein weltlich-materielles Außen aufgelöst, ‚aufgehoben' wird. Wie die Welt ihren objektiven Charakter einbüßt, so büßt auch das Innen seine Subjekthaftigkeit ein zugunsten einer Relation zwischen einem unsichtbaren, ortlosen Innen und seinem projizierten Außenbild. Die Welt ist nur dazu da, dieses Unsichtbare ans Licht zu bringen. Geschichte wäre demnach nichts anderes als Versprachlichung und Verbildlichung der Welt, und das Bild wäre kein ‚Fenster zur Welt', sondern eine Projektionsfläche des Selbstdenkens des ‚Selbstwerkzeugs' Mensch. Von daher ist es durchaus nicht metaphorisch gemeint, wenn Novalis davon spricht, daß die Geschichte mit der Zeit ‚Märchen' werden muß: „sie wird wieder, wie sie anfing". Solche Analogien zwischen den archaischen Anfängen und der technischen Endzeit sind der heutigen Anthropologie nicht ganz fremd, wie die Publikationen von Leroi-Gourhan oder Vilém Flusser bezeugen, die die anfängliche symbolisch-partizipatorische Verbildlichung der Welt mit einer zweiten, elektronischen in Beziehung setzen.[375] Diese Unwirklichkeitserfahrung steht am Anfang des ästhetischen

374 Vgl. Vilém Flusser, *Die Schrift,* Göttingen 1989, S. 33: „Und weil die Buchstaben so uralt sind, verwendet man für sie im Deutschen das archaisierende Wort ‚Buchstaben', anstatt – obwohl sie aus semitischen Gegenden kommen und nicht aus einem germanischen Buchenwald – anstatt Buchenstäbe zu sagen." Vgl. auch Friedrich Kluge, *Etymologisches Wörterbuch*, Berlin [20]1975, S. 106f.: „Buch nach dem Buchenholz, aus dem die Schreibtafeln zuerst geschnitten wurden." „Fast alle Runen haben einen senkrechten Hauptstrich, den Stab [...]"

375 André Leroi-Gourhan, *Hand und Wort*, Frankfurt a.M. 1980, S. 265–272. Obschon Leroi-Gourhan die Schattenseiten der audiovisuellen Medien (passive Beteiligung, Reduktion der individuellen Interpretation, Verschmelzung von Symbolismus und Realismus) nicht unterschlägt, kommt er doch zu dem Schluß, daß das ‚Audiovisuelle' eine Errungenschaft darstelle. Post festum stellt die Schrift einen beträchtlichen Umweg in der „Evolution des kollektiven Überorganismus" dar. Die audiovisuelle Revolution trifft den Kern des ‚reflektierenden Denkens': „Die Situation, die sich jetzt einzustellen beginnt, müßte demnach die Perfektionierung bedeuten, weil sie die Anstrengung der *Imagination* (im etymologischen Sinne) ökonomisiert. Aber die Imagination ist eine fundamentale Fähigkeit der Intelligenz, und eine Gesellschaft, in der die Fähigkeit zur Schöpfung von Symbolen nachließe, verlöre zugleich ihre Handlungsfähigkeit." (S. 267, vgl. ebd. S. 489–498.)

Modernismus – und das Werk des Novalis markiert so einen Anfang –, um dann auf den Gesamtkomplex unserer Gesellschaft überzugreifen: „Unser Leben ist kein Traum – aber es soll und wird vielleicht einer werden.“[376] Es könnte durchaus sein, daß dieser Wirklichkeitsverlust, dieser ‚Traum‘, dieses ‚Märchen‘ ein Alptraum ist und daß – entgegen dem kosmischen Optimismus eines Novalis – die moderne Geschwindigkeitsmaschinerie die Abgründe einer rast- und heillosen ‚Seele‘ zutage fördert, jenes „oxigène“, das von der ‚Flamme des Körpers‘, dem Ich, in Gang gehalten wird.[377]

Der kompromißlose, verwegene Analogismus und Symbolismus, wie ihn Novalis im romantischen Kontext wohl am konsequentesten vertritt, gleicht einem perpetuum mobile. Und im Sinne der Definition des Menschen als ‚Selbstwerkzeug‘ ist dessen Tätig-Sein in der Welt tatsächlich mit der eines perpetuum mobile vergleichbar, das sich selbst in Gang setzt und weiter treibt. Die technische Utopie symbolisiert, so gesehen, nur einen zentralen anthropologischen Tatbestand.

Wissenschaftlich betrachtet ist das analogische Verfahren höchst umstritten, und viele der Vergleiche, die im *Allgemeinen Brouillon* angeführt werden, können heute sinnvoll nur metaphorisch verstanden werden, während sie von Novalis im Sinne einer wissenschaftlichen Hypothese verstanden worden sind. Gleichwohl ist nicht zu übersehen, daß Wissenschaft sich nicht der ‚magischen‘ Praktiken des Analogisierens und anderer vergleichbarer Operationen entledigen kann, so sehr sie das immer wieder beansprucht hat – die Magie und den Aberglauben durch eine völlig ‚rationale‘ Methodik zu ersetzen. Der Magismus ist auch deshalb unhintergehbar, weil die Sprache wie auch die Zahl selbst im Kern magisch funktionieren.[378] Die Sprache, die sich der Gegenstände der

Die Überlappung von Symbolischem und Realem, die Ausschließung reflexiven Denkens und die Ökonomisierung der Einbildungskraft könnten jene überaus ambivalenten Aspekte eines Prozesses sein, den Novalis unter die Formel gestellt hat, daß die Welt wieder zum Märchen würde. Sehr viel umstandsloser als Leroi-Gourhan bestätigt das Vilém Flusser, wenn er schreibt: „Die linearen Texte haben im Dasein der Menschen nur eine vorübergehende Rolle gespielt, die ‚Geschichte‘ war nur ein Zwischenspiel, und wir sind gegenwärtig dabei, in die ‚normale‘ Lebensform zurückzukehren, ins Imaginäre, Magische und Mythische.“ (Vilém Flusser, *Ins Universum der technischen Bilder*, a.a.O., S. 9.) Die geschichtsphilosophischen Implikationen lassen sich füglich bestreiten, zumal zwischen den archaischen Bildern von einst und den technischen von heute, wie Flusser selbst schreibt, ein Unterschied besteht. Letztere sind „Komputationen von Begriffen“ (ebd., S. 14–16). *Wir* wissen im Zweifelsfall, daß und wann wir uns in der Welt des Imaginären befinden und wann es real zugeht.

376 Novalis, *Das Allgemeine Brouillon*, a.a.O., Fragment 237, S. 281; vgl. auch Albert Beguin, *Traumwelt und Romantik*, München 1972, S. 236–263.

377 Novalis, *Das Allgemeine Brouillon*, a.a.O., Fragment 897, S. 440.

378 Zur Rationalität von Mythos und Magie vgl. Kurt Hübner, *Die Wahrheit des Mythos,* a.a.O., S. 344–348. Über das Verhältnis von Naturwissenschaft, Magie und Mythos schreibt Hübner an einer Stelle: „So verschmelzen antiker Mythos und griechischer Logos zu einer Einheit, die sich als Werkzeug eines neuen Herrschaftswillens erweist. In dieser selbstbewußten Freiheit des Menschen gegenüber der Natur liegen auch die Wurzeln, denen das naturwissenschaftliche Denken entsprang. Die Naturwissenschaften und die Magie sind Töchter desselben Stammes und lebten beinahe ununterscheidbar nebeneinander […]“ Die Magie verwandle – so Hübner – „mythische Vorstellungen“ in „Beherrschungsrituale“. Und daraus folgt: „Der Mythos vermag ohne Magie,

Außenwelt bzw. deren Abbildungen (Buch-Staben, Bilderschrift) bedient, macht die Welt der äußeren Gegenstände ‚vernehmbar'. Sprachliches Verhalten ist so – sei es aus Angst oder aus Sympathie für das Bezeichnete – magisches Verhalten: „Der physische Magus weiß die Natur zu beleben, und willkührlich, wie *seinen Leib*, zu behandeln."[379]

Als problematisch muß jedwede Kritik angesehen werden, die das Fehlen einer bestimmten Perspektivik, einer Gedankenlinie in einem anderen theoretischen Kontext geltend macht. Es gibt keine philosophische Verpflichtung, alles zu sagen, allen Ansprüchen zu genügen. Aber im Falle der philosophischen Kunst des Novalis muß doch festgehalten werden, daß von ihrer Anschauungsweise nur schwer ein Übergang zu einer Sozio-Logik oder Techno-Logik zu finden ist. Diese bleibt prinzipiell von untergeordneter Bedeutung, sie ist gewissermaßen nicht der Rede wert. Das scheint damit zusammenzuhängen, daß zwischen Kunst und dem, was wir heute als Technik bezeichnen, kein kategorialer Unterschied gemacht wird. Beide werden unter der Kategorie des Künstlich-Synthetischen, des Märchens zusammengefaßt, sind Manifestationen des ‚Selbstwerkzeugs' Mensch. Wie alle holistisch-neuromantischen Konzepte unserer Tage auch,[380] hat auch die romantische Enzyklopädistik, die ihren Blick beinahe ausschließlich auf das Zusammenhängende richtet, kein Aufmerksamkeitspotential für die Differenz, für das Nicht-Analogische, nicht in symbolischer Repräsentanz Aufgehende entwickelt. Den Vorwurf des Hochmuts gegenüber dem Alltag, dessen erfahrene Realität sich nicht umstandslos romantisch potenzieren läßt, muß sie sich gleichwohl gefallen lassen. Nicht ohne Grund steht die Romantik als hartnäckige Verfechterin der Künste in Verdacht, ein rein kompensatorisches Unternehmen zu sein, das die Blessuren der Moderne zu lindern, aber nicht zu heilen vermag.[381]

nicht aber diese ohne den Mythos zu sein." (S. 347f.) Retrospektiv stellt sich Magie als ein Übergangsphänomen vom Mythos zur Wissenschaft dar, mit jenem hat sie die Vorstellungswelt, mit dieser den ‚Herrschaftswillen' gemeinsam.

379 Novalis, *Das Allgemeine Brouillon*, a.a.O., Fragment 322, S. 297.

380 Vgl. kritisch dazu Christoph Schorsch, *Die New Age-Bewegung. Utopie und Mythos der Neuen Zeit*, Gütersloh 1988, S. 31–38.

381 Grundlage für eine solche Deutung bildet zum einen die Kompensationsthese der Ritter-Schule (Odo Marquard) und die These der Trennung von privatem und öffentlichem Bereich, von Individuum und Gesellschaft. Dieser Logik folgt in gewisser Weise auch Rorty, wenn er die Selbsterschaffung des (romantischen) Individuums auf den Privatbereich beschränkt sehen will; vgl. Rorty, *Kontingenz, Ironie und Solidarität,* a.a.O., S. 127–161 („Private Ironie und liberale Hoffnung"); vgl. auch S. 12 u. 313. Richard Rorty wendet die gegenwärtige philosophische Grundkontroverse im Sinne dieser Unterscheidung von Privatem und Öffentlichem, wenn er schreibt: „Meine Verteidigung [der Literaturkritik, M.-F.] fußt auf einer klaren Unterscheidung zwischen dem Privatem und dem Öffentlichen. Während Habermas den roten Faden ironistischen Denkens, der sich von Hegel bis Foucault und Derrida durchzieht, als destruktiv für soziale Hoffnung ansieht, verstehe ich diese Denklinie als weitgehend irrelevant für das öffentliche Leben und politische Fragen. Ironistische Theoretiker wie Hegel, Nietzsche, Derrida und Foucault scheinen mir von unschätzbarem Wert für unsere Versuche, uns ein privates Selbstbild zu machen, aber reichlich nutzlos, wenn es um Politik geht." (S. 142.) Ob sich philosophische Theorien im Hinblick sowohl auf ihren Geltungsanspruch wie auch ihre Wirkung wirklich jeweils einem Sektor – dem öffentlichen oder dem privaten – zuordnen lassen, darf bezweifelt werden. Ebenso darf angenommen

Nicht zu übersehen ist indes, daß die romantische Fragmentaristik eines Novalis oder auch Schlegels gerade dort von Gewicht ist, wo die Forderung auftaucht, das rationalistische Selbstmißverständnis von Aufklärung und gesellschaftlicher Rationalisierung zu beleuchten, von der Rationalität der Verfahrensweise auf die Rationalität der Motive, der Antriebsgründe, die eben jenes Projekt der Moderne hervorgebracht haben, zu schließen.[382]

Stillschweigend unterlaufen wird im *Allgemeinen Brouillon*, was gerade in der neuzeitlichen Philosophie fokussiert worden ist: die Erkenntnistheorie. Vermutlich läßt sich der Essayismus unter anderem auch dadurch charakterisieren, daß er die Lösung erkenntnistheoretischer Probleme als müßig, nutzlos, ja vielleicht sogar als Hindernis für das ‚Selbstdenken' ansieht. Die Erkenntnisproblematik scheint zu jenen unlösbar-verwirrenden Grundthemen zu gehören, die Philosophie konstituieren. Dem Essayismus genügt die Einsicht, der Nachweis, daß derartige Probleme unlösbar sind. Novalis fragt nicht danach, ob die Bilder, Begriffe und Vorstellungskomplexe in unserem Kopf den Dingen der Außenwelt entsprechen, ob sie diese konstituieren oder durch diese konstituiert werden usw., er interessiert sich auch nicht für das Ding an sich und reduziert das transzendentale Subjekt auf eine energetische Instanz, von der aus die symbolische Inbesitznahme der Welt ausgeht. Die ubiquitäre Seele ist gleichsam das Medium, das ‚oxygène', in und mittels dessen das Ich, die ‚Flamme des Körpers', das/die Welt-Märchen schreibt. Ob diese Welt ohne unsere ‚Märchen' Sinn und Bedeutung hat, ist aus dieser Perspektive ohne Belang.

Eine poetische Enzyklopädie wie das *Allgemeine Brouillon* zu schreiben, bedeutet also nicht eine Poetisierung von Wissenschaft a posteriori, also eine nachträgliche ästhetische Durchformung szientistischen Materials; vielmehr ist diese a priori von ästhetischer Qualität, so wie Novalis auch den Idealismus mit dem „ächten Empirismus"

werden, daß Selbstbildproduktion und Organisation von Solidarität in einem unegalen Verhältnis zueinander stehen. Anders ausgedrückt: Rortys eigenes philosophisches Verständnis überschreitet die beiden Alternativen, die von einer ironizistischen Position aus relativierbar und bestimmbar werden. Foucault zum Beispiel hätte sein theoretisches Werk niemals im Sinne Rortys interpretiert.
Es liegt nahe, den Essayismus als jene Diskurs-Form zu bestimmen, die das Verhältnis von (vermeintlicher) Selbsterschaffung und der Organisation von ‚Solidarität' thematisiert, als das Verhältnis zweier inkompatibler Erfahrungen, die im Sinne des Innen bzw. des Außen erfahren werden.

382 Vgl. Sigmund Freud, *Das Unbehagen in der Kultur,* Frankfurt a.M. 1953, S. 128: „Die Schicksalsfrage der Menschheit scheint mir zu ein, ob und in welchem Maße es ihrer Kulturentwicklung gelingen wird, der Störung des Zusammenlebens durch den menschlichen Aggressions- und Selbstvernichtungstrieb Herr zu werden. In diesem Bezug verdient vielleicht gerade die gegenwärtige Zeit eine besonderes Interesse. Die Menschen haben es jetzt in der Beherrschung der Naturkräfte so weit gebracht, daß sie es mit deren Hilfe leicht haben, einander bis auf den letzten Mann auszurotten. Sie wissen das, daher ein gut Stück ihrer gegenwärtigen Unruhe, ihres Unglücks, ihrer Angststimmung." Weder ist die condition humaine festgeschrieben noch die geschichtliche Situation fixiert, weder wird einem Zivilisations-Euphorismus Vorschub geleistet noch einem radikalen Pessimismus der Ausweglosigkeit – wie im Falle der *Dialektik der Aufklärung*, der nur mehr die „Hermeneutik des Verdachts" (Ricœur) bleibt.

gleichsetzt.[383] Das Ziel der Enzyklopädie ist eine ‚ausgeführte Bibel': „Mein Buch soll eine scientifische Bibel werden – ein reales, und ideales Muster – und Keim aller Bücher." Umgekehrt geht der romantische Essayist davon aus, daß „das Schema der Bibel" zugleich dem „Schema der Bibliothek" entspricht, die den Hintergrund jedweden Enzyklopädismus abgibt, eben auch strukturell. Auswahl, Durcharbeitung und Anordnung unterliegen letztlich ästhetischen Verfahrensweisen.[384]

Der Dichter sei, so bemerkt Novalis an einer Stelle, „der Erfinder der Symptome *a priori*". Denn während der Philosoph „gleichsam der *chymische* Analytiker im mathem[atischen] Sinn ist – so ist der Dichter der Oryktognostische Analytist, der das Unbekannte aus dem Bekannten findet".[385]

Das Bild dessen, der aus den Tiefen des Unten, des Bergwerks die unbekannten Schätze ans Tageslicht fördert, ist ein durchgängiges Bild bei Novalis und spielt auch in dem Roman, der das Pendant zum *Allgemeinen Brouillon* darstellt, in *Heinrich von Ofterdingen*, eine zentrale Rolle.[386] Spätestens seit Nietzsche und Freud (und in deren Nachfolge bei Foucault) ist die archäologische Arbeit zum Sinnbild humanwissenschaftlichen Forschens geworden. Wie der Psychoanalytiker die bizarren, in den Untergrund verdrängten Formationen des Unterbewußtseins zum Vorschein kommen läßt, so arbeitet der strukturalistische Ethnologe, der der fremden wie der der eigenen Kultur, synchron oder diachron die Schichtungen von Denkformen, Bewußtseinslagen, kulturelle Prozeduren heraus und beläßt sie in eigenartiger Fremdheit.[387]

383 Vgl. auch Fragment 633, S. 382: „Es ist einerley, ob ich das Weltall in mich oder mich ins Weltall setze"; siehe auch Fragment 703, S. 403 und Fragment 820, S. 429. Novalis produziert Zumutungen für eine strenge Erkenntnistheorie. Es gilt das Postulat, daß „die Philosophie schlechterdings nicht die Grenze der sinnlichen Erkenntnis überschreiten" darf (Fragment 468, S. 337). Mit Sloterdijk ließe sich sagen, daß der Essayismus eine genuin ptolemäische Philosophie darstellt.

384 Novalis, *Das Allgemeine Brouillon*, a.a.O., Fragmente 557, 571, S. 363, 365.

385 Ebd., Fragment 501, S. 351.

386 Novalis, *Heinrich von Ofterdingen*, a.a.O., S. 178: „Von Jugend auf habe er [sagt der Schatzgräber zu Heinrich, M.-F.] eine heftige Neugierde gehabt zu wissen, was in den Bergen verborgen sein müsse, wo das Wasser in den Quellen herkomme, und wo das Gold und Silber und die köstlichen Steine gefunden würden, die die Menschen so unwiderstehlich an sich zögen." Im Sinne der wechselseitigen symbolischen Repräsentation steht die Archäologie immer auch für eine Erkundung eines als fremd empfundenen Innenlebens: „Die innere Welt ist gleichsam mehr Mein, als die Aüßre. Sie ist so innig, so heimlich – Man möchte ganz in ihr leben – Sie ist so vaterländisch. Schade, daß sie so traumhaft ungewiß ist." (Novalis, *Das Allgemeine Brouillon*, a.a.O., Fragment 617 [Cosmologie], S. 376.)

387 Vgl. Foucault, *Die Archäologie des Wissens*, a.a.O., S. 193–200. Die Archäologie ist Foucault zufolge „nicht die Rückkehr zum Geheimnis des Ursprungs, es ist die systematische Beschreibung eines Diskurses als Objekt" (S. 200). Jürgen Habermas hat die Methode Foucaults folgendermaßen charakterisiert: „Der Archäologe wird hingegen die gesprächigen Dokumente in stumme *Monumente* zurückverwandeln, in Gegenstände, die von ihrem Kontext befreit werden müssen, um einer strukturalistischen Beschreibung zugänglich zu werden." (Jürgen Habermas, *Der philosophische Diskurs der Moderne*, Frankfurt a.M. 1985, S. 294; vgl. Manfred Frank, *Was ist Neostrukturalismus?*, Frankfurt a.M. 1983, S. 135–236.) Foucaults Methode ist die der *Verfremdung*, sie produziert den Gestus des Staunens über das, was bislang als Selbstverständlichkeit galt. Erkenntnis bedeutet Ver-Fremdung und Ent-Fremdung (im Sinne eines Sich-vertraut-

Ein gewisser Unterschied ist indes unübersehbar: während Novalis in naturphilosophischer Manier mit der Bergwerkskunde ein natürliches Sujet wählt, verweist die Archäologie bereits auf das humanwissenschaftliche Anliegen der Spurensuche und Spurensicherung. Es gibt keine Durchgängigkeit von Natur und Geist mehr, und die geistigen Artefakte menschlicher Vergangenheit erscheinen umgekehrt als fremde, stumme Gebilde. ‚Archäologen' wie Foucault sind umgekehrte ‚Analysten', die das Unbekannte im Bekannten finden, eine Operation, die übrigens, wie wir bereits gesehen haben, auch in der Methodik des *Allgemeinen Brouillon* vorgesehen war.

Unterschiedlich belichtet wird indes auch die Tätigkeit dessen, der die Formationen aus der Tiefe ans Licht bringt. Bei Novalis, der selbst Bergwerksingenieur war, ist es kein Forscher, kein Archäologe, kein Geologe, kein Ethnologe, sondern der Dichter, der „Erfinder der *Symptome a priori*": „Da Worte zu d[en] Sympt[omen] gehören, so ist d[ie] Sprache eine poetische Erfindung – so sind auch alle Offenbarungen und Phaenomène, als Symptomat[ische] Système – poetischen Ursprungs – Poëtik der Natur. Der Phil[osoph] wäre am Ende auch nur der innre Dichter – und so alles Wirkliche durchaus poetisch. Synth[etische] Poesie – *Analytik des Äußern und Innern* zugleich."[388]

In letzter Instanz bleiben Philosophie und Wissenschaft Dichtung, und zwar von Anfang an, weil sie unauflöslich an die Synthetik, an die Bedingungen des Sprachlichen, die der expliziten Dichtung ebenso zugrundeliegt wie der „chymischen Analyse" der Wissenschaft, geknüpft sind. Synthetisch ist die ‚Poesie' der Enzyklopädistik aber auch, weil sie Außen und Innen, das Unbekannte und das Bekannte ‚zugleich' dem analytischen Prozeß unterwirft. Das Synthetische an der Operation ist im ‚zugleich' enthalten, ist jene Prozedur des Symbolisierens und Analogisierens, die wir bereits erläutert haben. Mit all diesen methodischen Reflexionen erweist sich das *Allgemeine Brouillon* als ein Text, der weit über das geistesgeschichtlich und rein literaturwissenschaftlich Relevante hinausweist, so historisch überkommen das Material, das ihm zur Verfügung stand, auch sein mag. Was den heutigen Leser über den poetischen Reiz hinaus, eine szientistische Bibel zu lesen, ansprechen könnte, ist, daß hier Fragen und Hypothesen vorgelegt werden, die sich weniger auf Dichtung als vielmehr auf Philosophie und Wissenschaft, auf ihren Charakter, ihre Eigenart und ihre Methodik beziehen, und die sich heute durchaus reaktualisieren lassen. Was sich für den heutigen Leser freilich schwer beantworten läßt, ist die Frage, wieso eine so subtile ‚Dichtung', wie sie zweifellos in den diversen modernen Wissenschaftdisziplinen von der Elementarteilchenphysik bis zur modernen gentechnischen Forschung vorliegt, so handfeste Resultate zeitigen konnte. Oder anders ausgedrückt: es ist gerade im Bereich der Naturwissenschaften eben nicht egal, nicht gleich-

Machens), in dieser Pendelbewegung hat sich schon der romantische Essayismus bewegt: „Wir verstehen natürlich alles Fremde nur durch *Selbstfremdmachung – Selbstveränderung* – Selbstbeobachtung." Als Korrektiv gegenüber dem common sense, von dem er sich im Unterschied zu Lichtenberg exklusiv abhebt, macht der romantische Essayismus das Unvertraute, Geheimnisvolle vertraut (im Sinne der ‚Entzauberung') und versetzt das Vertraute, Alltägliche in den Geheimniszustand, ins Rätselhafte (‚Wiederverzauberung'). Eine theoretisch anspruchsvolle, historisch orientierte Philosophie des Fremden hat die französische Philosophin Julia Kristeva entwickelt; vgl. Julia Kristeva, *Fremde sind wir uns selbst*, Frankfurt a.M. 1990, S. 139–213.

388 Novalis, *Das Allgemeine Brouillon*, a.a.O., Fragment 501, S. 351.

gültig, welche ‚Symptome a priori', welche Sprache, welche synthetische Dichtung vorliegen. Seitdem die Naturwissenschaften so praktisch geworden sind, läßt sich das Erfolgskriterium nicht mehr aus der Welt schaffen.[389]

Für Novalis vollzieht sich der kritische oder auch synkritische Prozeß in drei Operationsstufen, die jeweils einem Typus zugeordnet sind. Die thetische Operation entspricht dem Naturmenschen, der antithetischen ist der Gelehrte, der Wissenschaftler also, zugeordnet, während die synthetische dem gebildeten Menschen, dem Dichter,[390] vorbehalten ist, dessen poetische Fähigkeiten sich einem Vermögen verdanken, das im inneren Zentrum des Novalisschen Gedankengebäudes steht: der Einbildungskraft.[391] Seine exklusive Stellung bei Novalis verdankt er seinem exklusiven Verhältnis zur Einbildungskraft.[392]

Aufschlußreich ist auch, wie Novalis in dem methodologischen 327. Fragment Gedächtnis, Verstand und Einbildungskraft einander zuordnet. Das Gedächtnis wird als direkter, positiver Sinn gedeutet. Ihm entspricht das Feld des historischen Wissens, das Lernen, die Gelehrsamkeit. Der Verstand gilt Novalis als indirekter, negativer Sinn. Sein Pendant ist die Philosophie, das ‚Verlernen', das ‚verständige Wissen'. Beide sind polar aufeinander bezogen. Auf beide bezieht sich die autonom gesehene Einbildungskraft, „das würckende" Prinzip, die kombinatorische Energie schlechthin, wie sie in der Poesie sichtbar zum Ausdruck kommt. Sie wirkt als ‚Phantasie' auf den direkten Sinn, das Gedächtnis, ein und als ‚Denk*kraft*' auf den indirekten Sinn, den Verstand. Wie Novalis das Verhältnis zwischen den drei in der Wissenschaft wirksamen Prinzipien sieht, veran-

389 Die Bedeutung des Erfolges der Naturwissenschaften, d. h. ihre praktische Umsetzbarkeit ist in den klassischen Geschichten der Naturwissenschaften beinahe unbeachtet geblieben. Immerhin konzediert Thomas S. Kuhn, daß die unerwarteten Vorstöße und handgreiflichen Ergebnisse zu eben jenem jähen Paradigmenwechsel entscheidend mitbeitragen, der im Mittelpunkt seines berühmten Buches steht: „Normale Wissenschaft, die Tätigkeit des Rätsellösens [...] ist ein höchst kumulatives Unternehmen, höchst erfolgreich bezüglich ihres Zieles, der stetigen Ausweitung des Umfangs und der Exaktheit von Kenntnissen." (Thomas S. Kuhn, *Die Struktur wissenschaftlicher Revolutionen*, Frankfurt a.M. 1981, S. 65.) Naturwissenschaften sind Erfolgsunternehmungen und damit ökonomisierbar, die sog. ‚Geisteswissenschaften' lösen keine Rätsel, sondern bringen höchstens neue Rätsel und Fragen hervor. Ihr Diskurs folgt einer radikal anderen Logik.

390 Novalis, *Das Allgemeine Brouillon*, a.a.O., Fragment 470, S. 339.

391 Ich denke hier an die Arbeiten von Dietmar Kamper (*Zur Geschichte der Einbildungskraft*, München 1981, bes. S. 7–18; *Zur Soziologie der Imagination,* München 1986; *Macht und Ohnmacht der Phantasie* [Hg.], Darmstadt – Neuried 1986, bes. Einleitung) und an Gregory Batesons „Eine Theorie des Spiels und der Phantasie" (in: ders., *Ökologie des Geistes*, Frankfurt a.M. 1981, S. 241–260) und nicht zuletzt an Cornelius Castoriadis' *Gesellschaft als imaginäre Institution,* Frankfurt a.M. 1984.

392 Die Romantik ist Theorie der Phantasie und deren Exposition. Von daher kann Novalis auch die Physik als die Lehre von der Phantasie bestimmen, wie der erste Eintrag in seinem skurrilen Witz – wobei er sich des Metamorphose-Gedankens bedient – verrät: „*Fleischmasse* der Robben. *Fische.*" (Novalis, *Das Allgemeine Brouillon,* a.a.O., Fragment 1, S. 242.) Programmatisch vorgeführt wird das Spiel des Einfalls, das zugleich eines des Zufalls ist. So steht der Beginn des *Brouillon* für eine frühe Erfahrung von Kontingenz. Der Anfang ist beliebig, weil von überallher ein Verhältnis zum Ganzen entfaltet werden kann.

schaulicht seine Gegenüberstellung von Gedächtnis und Verstand, von Lernen und Verlernen, zwischen unmittelbarem Wissen und mittelbarem (Un-)Wissen.

Die Dominanz des Gedächtnisses, des lernenden Sich-Erinnerns, führt zwangsläufig zu einer ‚Verstandesschwäche' und zu einem Übermaß an ‚Phantasie', jener Form von Einbildungskraft, die im Gedächtnis wirksam ist. Aufgabe der ‚Akademie' ist es, diese ‚Verstandesschwäche' wieder zu heilen, indem statt der Phantasie die Denkkraft stärker ins Spiel kommt. Novalis hat auch (historisch) die Möglichkeit eines „Übergewichtes der Denkkraft über die Fantasie" diskutiert, die mit einer Schwächung des Gedächtnisses einhergeht. Wodurch der Gedächtnisschwund, ein weit verbreitetes Phänomen der späteren Moderne nach Novalis und nach Nietzsche,[393] zu ‚heilen' wäre, mußte wohl zu diesem historischen Zeitpunkt offenbleiben. Ist es das Sofa Freuds? Oder eine Schule, wo man wieder das Lernen lernt?

Die Utopie, die Novalis im Rahmen seines enzyklopädischen Projekts (und im Hinblick auf dieses) entwirft, läuft auf eine harmonische Verbindung von Poesie, Philosophie und ‚Gelehrsamkeit' hinaus. Interessanter als diese idealistische Versöhnung sind aber die drei ‚Verwandlungen', die Novalis vorschweben: „Die Einb[ildungs]Kr[aft] soll (äußrer) directer und (innrer) indirecter Sinn zugleich werden. Der indirecte Sinn soll directer Sinn und selbstwirckend-lebendig, und der directe Sinn, indirecter Sinn und selbstwirckend zugl[eich] werden."[394]

Was Novalis hier beschreibt, ist der Emanzipationsprozeß der „Elemente unsers Geistes", die, genau besehen, in eins zusammenfallen: eine Einbildungskraft, die zugleich Erinnerung, Phantasie und Denkkraft, Spekulation ist, ein Gedächtnis, das dynamisch und intellektuell ist, und ein Verstand, der ebenfalls dynamisch und phantasiebegabt ist. Durch diese Forcierung entsteht das, was in dieser Untersuchung mit Essayismus bezeichnet wurde, die durchaus ‚utopische' Form nach einem Denken ‚dritter' Ordnung.[395] Insofern ist das *Allgemeine Brouillon* in seinem forcierten methodischen Anspruch und in seiner radikalen Vorwegnahme heutiger Fragestellungen durchaus von Belang. Das Programm des ‚Selbstdenkens' ist seit dem Siegeszug des Szientismus – seit der Mitte des 19. Jahrhunderts, in der die Naturphilosophie von den aufkommenden empirischen Naturwissenschaften, milde belächelt, beiseite geschoben wurde – unter Zugzwang, einen Reflexionsprozeß in Gang zu setzen, der das Niveau des Szientismus nicht irrationalistisch unterschreitet, andererseits Mittel und Wege findet, diesen Szientismus zu überschreiten.

Eine kritische Auseinandersetzung mit der romantischen Essayistik steht ungeachtet vieler Interpretationen und philologischer Einordnungsversuche im Grunde noch aus. Das mag auch damit zusammenhängen, daß das spezifisch Moderne, das die Romantik von der idealistischen Systemphilosophie trennt, oftmals verkannt worden ist.[396] Wenn

393 Vgl. Müller-Funk, *Die Rückkehr der Bilder*, a.a.O., S. 45.

394 Novalis, *Das Allgemeine Brouillon*, a.a.O., Fragment 327 (vgl. auch 328), S. 248.

395 Vgl. Bateson, *Ökologie des Geistes*, a.a.O., S. 219–240 und Yehuda Elkana, *Die Entstehung des Denkens zweiter Ordnung im antiken Griechenland*, in: Shmuel N. Eisenstadt (Hg.), *Kulturen der Achsenzeit*, Bd. I, Frankfurt a.M. 1987, S. 52–88).

396 Ausdrücklich von diesem Verdikt ausnehmen möchte ich an dieser Stelle die Arbeiten von Karl Heinz Bohrer (so: *Die Ästhetik des Schreckens. Die pessimistische Romantik und das Frühwerk*

man hingegen die Romantik als jenen entscheidenden nachaufklärerischen Impuls deutet, der erst den ästhetischen Modernismus und die Selbstbesinnung des neuzeitlichen Menschen eingeleitet hat, dann kommt man nicht daran vorbei, eine Auseinandersetzung in aktualisierender Absicht zu führen. Die Romantiker, schreibt Margarete Susman Ende der 20er Jahre, haben als erste gefühlt, „daß die europäische Gesamtentwicklung den Sinn der Welt entstellt hatte".[397] Susman bedient sich des Terminus ‚romantischer Versuch' in einer doppelbödigen Weise. Zum einen charakterisiert sie damit ein Verfahren, das das Einzelne im Verhältnis zum Ganzen als ironisch erscheinen läßt, weil das Einzelne und Individuelle letztlich nicht wirklich (und) ernst genommen wird. Zum anderen meint sie ein spezifisches Scheitern einer Suchbewegung, die darauf abzielte, Unmittelbarkeit wieder (oder vermeintlich wieder) herzustellen, und sich doch mit einer „bereits gedeuteten, auf gigantische Formeln" gebrachten Welt konfrontiert sah, die sie noch in ihren ‚Versuchen' artistisch überbieten wird. Wie alle Goetheaner und Anhänger der später durch Sedlmayr prominent gewordenen Verlust-der-Mitte-Diagnose überbetont Susman das ‚Wieder' des romantischen Versuches zugunsten des ‚Noch-Nicht', des ‚Noch-nie-Dagewesenen'. Wenigstens in der frühromantischen Fragmentaristik, und von ihr nur war hier die Rede, sind ‚Heimweh' und Bodenlosigkeitserfahrung eng aufeinander bezogen. Die Aufhebung dieser Bodenlosigkeit, die nicht gelingen konnte (und die nur dort versucht wurde, wo aus dem romantischen Spiel Ernst wurde), entzieht ihr – paradox gesprochen – den Boden. Ankommen ist ihre Sache nicht mehr, nur ausfahren – ohne anzukommen: auf einer inneren Reise, die zugleich eine des Denkens ist und die in ihrer Anschauungswut ein irrwitziges Spiel symbolischer Repräsentationen und Analogien hervorzaubert. Diese Art von Ausfahrt ermöglicht eine neue Perspektive, eine der Selbstbesinnung, die zugleich eine „Kritik an der Gesamtheit der Geschichte" ermöglicht.[398]

Als Zentralkategorie des romantischen Versuchs bezeichnet Susman die Erinnerung, wiederum in einem doppelten Sinn: einmal „als Heraufrufen des einmal wirklich Gewesenen", das andere Mal, ersteres voraussetzend, als Wendung nach Innen. Das wäre zu modifizieren. Denn nicht das wirklich Gewesene ist von Belang, sondern: wie die *Einbildungskraft* das Gewesene darstellt. Vergangenheit wird erfunden, und die Erinnerung ist das Epiphänomen eben jener Einbildungskraft, die das Objekt und das Subjekt der ‚romantischen Versuche' – den eigentlichen Gegenstand – zugleich darstellt. Kritisch beanstandet Susman, daß die Romantik nicht wirklich den alten Gegensatz von Subjekt und Objekt überwunden habe, damit aber auch nicht die Reduktion eben dieses Subjektes auf ein rein Geistiges. Denn nur als Geistwesen läßt sich der Mensch als eben jenes autonome Subjekt, das sich selbst setzt, begreifen. In seiner romantischen Version wird

Ernst Jüngers, München 1986; *Der romantische Brief. Die Entstehung ästhetischer Subjektivität* München 1987, sowie *Nach der Natur,* München 1988, S. 87–229: „Imagination des Imaginären"). Bohrer ist sich der Sprengkraft radikaler ‚romantischer' Erfahrungen unter den Bedingungen der Moderne bewußt und plädiert, wie viele Liberale und konservative Skeptiker, für eine Begrenzung des romantischen Potentials, für eine Beschränkung auf den autonomen Bereich der Kunst.

397 Margarete Susman, *Der romantische Versuch*, a.a.O., S. 397.

398 Ebd., S. 399.

es zudem verantwortungslos, weil nur dem Ganzen Verantwortung entgegengebracht werde, etwa dem Geist oder der Natur. Anders als Ricarda Huch und Carl Schmitt, der Kontrahent eines spezifisch romantischen, Letztentscheidung verweigernden Liberalismus, sieht Susman keinen Übergang von einem wirklichkeitsentrückten, solipsistischen, in sich verlorenen Subjekt, das keines mehr sein möchte, zur Sphäre von Politik und Ethik. Daran ist wahr, daß – mit der Romantik gedacht – keine *Durchgängigkeit* von ästhetischer Selbstdarstellung und politischem Verhalten mehr gegeben ist, lange vor Nietzsche, Heidegger und den Philosophen des post-histoire, den Kronzeugen Richard Rortys. Was sie diesen Meisterdenkern voraus hat, ist eine Eigenschaft, die Rorty ins Programmatische gewendet hat: das ironische Weltverständnis, das die Sympathie mit dem historischen Gewaltakt ausschließt: „Die Ethik der Romantik ruht einzig auf der Wahrheit im Inneren: auf der im Leeren hängenden Gewißheit der einzelnen Menschenseele."[399] Seit der Romantik ruhen unsere Hoffnungen auch darauf, daß romantische Versuche scheitern und daß sie im Bewußtsein dieser Vergeblichkeit scheitern. Und vielleicht hängt die Moral dieser Welt wirklich an diesem dünnen Faden einer im übrigen historisch gewordenen, unpompösen ‚Menschenseele'.

399 Ebd., S. 413.

Zweites Hauptstück
Essayismus und Moderne

Die Nietzschelage

Im deutschen Kontext hat Friedrich Nietzsche den Raum geöffnet für ein anderes Philosophieren, das die Möglichkeit eines forciert modernen Essayismus mit einschließt, aber zugleich ist sein eigenes, in einem ganz spezifischen Sinn in sich geschlossenes Denken nicht unter der Kategorie des Essayistischen zu verorten, trotz der zweifellos vorhandenen Gattungsbezüge, trotz des positiven Verweises etwa auf Lichtenberg und Montaigne,[400] trotz seiner Kritik an der verfaßten Wissenschaft, trotz seiner anti-systematischen Reflexe, die dieses in seiner Thematik so kontinuierliche und in deren Behandlung so diskontinuierliche Werk aufweist.

Friedrich Nietzsche, „das größte Ausstrahlungsphänomen der Geistesgeschichte", war, wie Gottfried Benn 1950 zu Recht betonte, der Denker, der die Themen vorgegeben hat: für die Psychoanalyse ebenso wie für die Existentialphilosophie. Und den modernen Essayismus. In Anlehnung an eine Formel von Blumenberg könnte man in diesem Zusammenhang sogar vom Essayismus als der ‚Arbeit' an Nietzsche sprechen. Das gilt für so unterschiedliche Denker wie Musil, Benn, Horkheimer und Adorno. Gottfried Benn hat dieser Konstellation, dieser Tatsache, den Namen ‚Nietzschelage' gegeben.

„Eigentlich hat alles, was meine Generation diskutierte, innerlich sich auseinanderdachte, man kann sagen: erlitt, man kann auch sagen: breittrat — alles das hatte sich bereits bei Nietzsche ausgesprochen und erschöpft, definitive Formulierung gefunden, alles weitere war Exegese."[401] In dem, was Benn in rhetorischer Untertreibung als ‚Exegese' bezeichnet und was hier ‚Arbeit an Nietzsche' genannt wurde, tritt ein Essayismus hervor, der sich den spezifischen Bedingungen stellt, wie sie durch die Paradoxien der Moderne, die im *Zarathustra* grell geschminkt aufscheinen, jenem Werk, das vielleicht als der kühnste manifeste Mythos der Moderne gelten darf. Erstaunlich, wie wenig die

400 Friedrich Nietzsche, *Nachgelassene Fragmente*, Frühjahr/Sommer 1883, Bd. VII/1, Berlin – New York 1977, S. 251: „Wer unter Deutschen lebt, weiß sich schon glücklich zu schätzen, Einen zu finden, der von jener idealistischen Selbst-Belügnerei und Farbenblindheit sich freihält, welche die Deutschen lieben und beinahe als Tugend verehren."
Die Franzosen seien – so Nietzsche unter Hinweis auf Montaigne und die französische Moralistik– „die reinlichere Nation des Geistes", während er den Deutschen zudem eine „Oberflächlichkeit des Psychologischen" attestiert. Davon nimmt Nietzsche Lichtenberg expressis verbis aus.

401 Gottfried Benn, *Nietzsche nach 50 Jahren*, in: *Essays und Reden*, a.a.O., S. 495; zum persönlichen Verhältnis Benns zu Nietzsche vgl. den Brief vom 22. III. 1947: „Goethe u. Nietzsche, diese beiden: ihre Erscheinung, ihre Verse, ihre Aussprüche – ihre Vollendung –, diese beiden sind es, die ich anbetend in mir trage." (Gottfried Benn, *Briefe an F. W. Oelze 1945–1949*, Frankfurt a.M.1982,

(Post-)Moderne-Diskussion der letzten Jahre darauf Bezug genommen hat. Jedenfalls läßt sich der deklarierte Essayismus des 20. Jahrhunderts als eine ‚Arbeit am Mythos der Moderne' definieren.

Nietzsches Gesamtwerk selbst würde, als ganzes besehen, mit der Zuschreibung des Essayistischen in seinem Gestus, in seiner Struktur, in seiner Rhetorik verfehlt. Zum einen geht es darüber weit hinaus und zum anderen geht ihm etwas ab, das unverzichtbar zur essayistischen Schwebelage gehört. Gottfried Benn hat das sehr genau auf den Punkt gebracht, wenn er meint: „Ihm fehlte weitgehend das Gefühl für das Situationäre seiner eigenen Physiologie, Philosophie, seine spezifischen Idiosynkrasien, er denkt sich und seine Erkenntnisse erstaunlich absolut, daher immer wieder und immer schriller der Hinweis auf seine eigene Originalität, Schicksalhaftigkeit und Exorbität, die er sachlich sieht, inhaltlich (Gottzertrümmerung, Züchtung, Übermensch), ihm fehlt daher eigentlich auch jede Malaise gegen sich selbst, er ist ohne Mißtrauen gegen seine eigene Präpotenz."[402]

Die Absenz von Ironie und Brechung, der „Malaise gegen sich selbst", verweist auf einen Diskurstyp, der letztlich dem Phänomen Nietzsche zugrunde liegt: den religiösen. Dieser läßt zwar, wie der *Zarathustra* zeigt, Uneigentlichkeit, Aberwitz und Spiel zu, aber der Protagonist dieses Spieles, *Zarathustra* eben, ist an ganz entscheidender Stelle von Selbstironie frei: nur dadurch läßt sich das Pathos der Ekstase und der paradoxen, ‚indischen' Weisheit aufrechterhalten.[403] Es ist die Stelle, an der die Vernunft, zu deren Fürsprecher sich gerade der Nietzsche der ‚mittleren' Phase (*Menschliches, Allzumenschliches*) macht, ins Wahnsinnsförmige umkippt.

Dieser prophetische Gestus, der auch Eingang in den modernen Essayismus finden wird, ist schon bei Novalis antizipiert, wenn es im *Allgemeinen Brouillon* heißt: „Entscheidend sprechen und schreiben – das ist der höchste Grad."[404] Was bei Novalis und

S. 72.) Ein bemerkenswertes Bekenntnis des sonst wenig emphatischen Dichters, das spöttische Distanz nicht ausschließt, wie der Brief vom 10. II. 1936 verrät, wenn es dort über Nietzsches Verhältnis zur Sexualität heißt: „[…] eine höchst fragwürdige Sexualität, der N. Nie Selbstzweck, immer ‚symbolisch'; nie direkt, immer ideologisch. Wenn man gleich an den Beginn einer Beziehung den Coitus setzt, giebt es keine Neurosen." (*Briefe 1932–1945*, Frankfurt a.M. 1982, S. 107.)

402 Benn, *Essays und Reden*, a.a.O., S. 497.

403 Wie selektiv die ironisch-postmoderne Rezeption Nietzsches ist, lehrt ein kurzer Blick in den selten zitierten *Zarathustra*, etwa wenn es im Abschnitt „Vom Krieg und Kriegsvolke" heißt: „Der Krieg und der Mut haben mehr große Dinge getan, als die Nächstenliebe." (Friedrich Nietzsche, *Also sprach Zarathustra*, a.a.O., S. 40.) Daß der *Haß* auf das Mitleiden eine Triebfeder Nietzsches darstellt, belegt auch der Schlußabschnitt des *Zarathustra*: „*Mitleiden! Das Mitleiden mit dem höheren Menschen*! schrie er auf, und sein Antlitz verwandelte sich in Erz. ‚Wohlan! *Das* – hatte seine Zeit! Mein Leid und mein Mitleiden – was liegt daran! Trachte ich denn nach dem *Glücke*? Ich trachte nach meinem *Werke!*'" (S. 266.) Folgt man der Topologie Hayden Whites, dann wird man Nietzsches Zarathustra als ideographisch-mechanistisch und als anarchistisch-radikal zu beschreiben haben, als tragische Romanze oder romantische Tragödie, die Thomas Mann und Robert Musil zu ihrer ‚Arbeit' an Nietzsche bewogen hat, im *Doktor Faustus* bzw. im *Mann ohne Eigenschaften*. Die heimliche Hauptfigur beider Romane ist Nietzsche. Die ironizistische Nietzsche-Lektüre, wie sie heute angängig ist, hat dagegen etwas Verharmlosendes und geschichtlich Unstatthaftes. Sie trifft der Vorwurf der historischen Unterschlagung.

404 Novalis, *Das Allgemeine Brouillon*, a.a.O., Fragment 484, S. 346.

auch bei Schlegel ironisch gebrochen ist, wird nun angesichts eines pathetischen, quasireligiösen Leidens an der modernen Welt, das seine Parallelität zum Leiden des christlichen Gottessohnes an der Welt nicht leugnen kann, wirksam: bei Lord Byron, bei Leopardi, bei Baudelaire und bei Nietzsche. Lösungen, Verkündigungen und Erlösung sind das Gebot der Stunde, und sie machen es erforderlich, „entscheidend" zu sprechen und zu schreiben. In Nietzsches Œuvre, einem an inneren Widersprüchen wahrlich nicht armen Werk, führt das zu einer Spannung, an der man womöglich auch lebensgeschichtlich betrachtet zerbrechen kann. Der Essayist der *Fröhlichen Wissenschaft* steht im Widerstreit mit dem, der nach dem Tod Gottes die Nachfolge Jesu antritt, der kalte Rationalist und Szientist, der vor Freud als Vivisekteur der ‚moralischen Empfindungen'[405] auftrat, mit dem protoexpressionistischen Heiland,[406] der den tabula rasa-Gestus aller ästhetischen Avantgarden des nachfolgenden Jahrhunderts vorwegnimmt, der Skeptiker mit dem Totalitaristen. Nicht wegen einzelner Sentenzen (etwa gegen die moderne Demokratie), sondern wegen dieser ‚spannenden' Struktur gehört Nietzsche, der 1900 in geistiger Umnachtung, wie es heißt,[407] starb, zu den prekären Gestalten dieser Moderne. Daß ihn andere Erlöser für ihre eigenen Zwecke mißbrauchten, kann man ihm wohl nicht unmittelbar anlasten (weder theoretisch noch moralisch), aber daß sein Werk in der zweiten Hälfte des Jahrhunderts anders zu lesen ist als in der ersten, läßt sich nur schwer bestreiten. Es gibt nach dem so bizarren wie grausamen Schrecken, den kein Name beschreiben kann, keine unbefangene Lektüre des Propheten von Sils-Maria. Man kann Nietzsche nicht so lesen wie jenen anderen zentralen Stichwortgeber des Jahrhunderts, der im übrigen gleichfalls neuen Raum für den Essayismus geschaffen hat: Sigmund Freud.

Das scheint nicht zuletzt mit dem prekären Tonfall zusammenzuhängen, der mit dem Essayismus der Neuzeit unverträglich ist und der, manifest oder latent, mit einer so gewaltigen wie gewalttätigen Sprache einhergeht. George Steiner hat in seiner Studie zu *Martin Heidegger* davon gesprochen, daß viele wichtige Werke nach dem Ersten Weltkrieg – Steiner nennt Ernst Blochs *Geist der Utopie*, Franz Rosenzweigs *Stern der Erlösung*, Karl Barths *Kommentar zum Römerbrief*, Oswald Spenglers *Untergang des Abendlandes*, Martin Heideggers *Sein und Zeit* und (horribile dictu) Adolf Hitlers *Mein Kampf* – gewaltsam und prophetisch, Versuche, eine „summa aller verfügbaren Einsichten zu liefern", „kathartische Imperative", Endlösungen sind.[408]

405 George Steiner, *Martin Heidegger*, a.a.O., S. 12: „Diese Gewaltsamkeit ist zwangsläufig ein Stil."

406 Vgl. die polemische Darstellung von Anacleto Verrecchia, *Zarathustras Ende. Die Katastrophe Nietzsches in Turin*, Wien – Köln 1986, bes. S. 314–343 (hier auch die Diskussion der diversen Hypothesen über Nietzsches ‚Wahnsinn'). Für nicht berechtigt halte ich die Kritik Verrecchias an Thomas Mann (ob nun Nietzsches Wahnsinn syphilitisch bedingt war oder nicht); denn dessen Figur des Adrian Leverkühn ist keine Schlüsselfigur Nietzsches, sondern ein überaus synthetischer Typus, der für eine ganze Epoche steht, in deren geistigem Zentrum allerdings zweifelsohne Nietzsche steht.

407 Vgl. Gottfried Benn, *Essays und Reden*, a.a.O., S. 499.

408 Steiner, *Martin Heidegger*, a.a.O., S. 11: „Gewaltiger Umfang, ein prophetischer Tenor und die Beschwörung des Apokalyptischen tragen zu einer spezifischen Gewaltsamkeit bei. Es sind gewaltsame Bücher."

Die Beobachtung, die eine vornehmlich strukturelle, weniger eine semantische ist, ist überaus genau; weniger überzeugend ist es, die Ursache auf die Situation nach 1918, auf die spezifisch deutsche Situation also, zurückzuführen. Vielmehr lassen sich die angeführten Bücher auf das Nietzschesche Modell zurückführen, und wahrscheinlicher als Steiners These ist jene in Musils *Mann ohne Eigenschaften* vorgetragene, wonach der Erste Weltkrieg als letztlich erlösendes Zeichen angesehen wird, nachdem alle Lösungsmöglichkeiten der Parallelaktion zuvor gescheitert sind.[409]

Wir hatten den Essayismus als Phänomen sui generis der Neuzeit, als eine offene Form eines schreibend vortastenden Denkens zu bestimmen versucht, hypothetisch, skeptisch-zweifelnd, ausgestattet mit einer Vorliebe für das Vielleicht und Womöglich (insbesondere bei Novalis und Lichtenberg), selbstreflexiv (Montaigne), auf der Suche nach etwas Neuem, von dem noch nicht klar ist, was es sein wird (Kolumbus, Bacon, Lichtenberg), ungehalten über den Stand der Wissenschaften (Bacon).

Zwar teilt Nietzsche etwa in seinem Aufsatz über *Schopenhauer als Erzieher* die Vorwürfe gegen die akademisch verfaßten Wissenschaften und das Staunen über die Hartnäckigkeit menschlicher Irrtümer, in seiner Antwort geht er aber weit darüber hinaus, Entwürfe zu machen. Stil und Aufbau etwa seiner aphoristischen Sammlungen sind konsistent und programmatisch, selten hypothetisch,[410] rigoros und ressentimentgeladen (so hellsichtig auch manche seiner Urteile im einzelnen sein können, es gibt zweifelsohne intelligente Ressentimentalisten); Nietzsche führt keinen verschwiegenen Diskurs, es bleibt kein Platz zum Symphilosophieren, wie bei allen prophetischen Diskursen besteht nur die Möglichkeit eines emotionsgeladenen Zu- oder Widerspruchs. Dem Propheten geht der Mund über, das bringt die anderen zum Verstummen. Nietzsches Anti-System hat System, in der Anlage wie in der Darstellung. Seine Texte setzen etwas um, was zuvor schon da war: „Entscheidend sprechen und schreiben – befehlend kategorisch“ – nirgendwo wird die Ambivalenz der Sprache und ihre Mächtigkeit deutlicher als bei Nietzsche: Macht der Sprache – Sprache der Macht.

Welche Macht ist es, die da so gewaltig zu Wort kommt? Jene, die die leere Stelle des toten Gottes einnimmt: Es ist die Sprache des Über-Menschen, der sprachlich schon auf der Welt ist. Gewalt, beschwörende Gewalt besitzt diese Sprache aber auch, um der abgründigen Widersprüche Herr zu werden, die das Werk insgesamt beherrschen, Unvereinbarkeiten wie die folgenden: den Fortschrittsglauben unter Hinweis auf die ewige Wiederkehr des Gleichen zu desavouieren *und* den Evolutionismus durch das Pro-

409 Musil, *Der Mann ohne Eigenschaften*, Bd. 5, a.a.O., S. 1838f., u. 1932.

410 Was bei Nietzsche insbesondere fehlt, das sind Konjunktiv und Fragezeichen. Prophetie und Zweifel schließen einander aus. Im frühen Werk klingt gelegentlich ein essayistischer Tonfall an (*Menschliches, Allzumenschliches*), aber Nietzsche bleibt – wie den mittelalterlichen Mystikern, die Lukács in seinem Brief über den Essay als Vorläufer der Essayisten geortet hat – die Ironie fremd. Mystiker lachen nicht, hat Robert Musil bekanntlich geschrieben. Zarathustra lacht nicht, auch Dionysos nicht. Verruccio Masini hat jüngst die ironische Haltung des Essayismus mit der „methodischen Konfiguration des Umwegs“ bei Benjamin in Zusammenhang gebracht und spricht von einem „ironisch-okkasionalistischen Spektrum des Essayismus“ (Verruccio Masini, *Beitrag zu einer Philosophie des Essays*, in: Giulia Cantarutti/Hans Schumacher (Hg.), *Neuere Studien zur Aphoristik und Essayistik*, Bern – New York 1986, S. 252 u. 255).

gramm des Übermenschen zu überbieten, den Glauben an die Willensfreiheit höhnisch zu verabschieden[411] und zugleich selbst einen archaischen, hypertrophen Begriff von Freiheit zum Programm zu erheben.[412] Ähnlich Widersprüchliches, ja extrem Polarisiertes ließe sich auch im Hinblick auf Themen wie Rationalität und Macht nachweisen. Insofern ist jener Irrationalismus-Vorwurf, den Lukács gegen Nietzsche vorgebracht hat,[413] längst obsolet. Noch im *Zarathustra* präsentiert sich Nietzsche als Proponent einer radikalen, unüberbietbaren Aufklärung, einer schonungslosen, männlichen, die freilich ihrer ethischen Legitimation beraubt ist und deren klandestine Machtimpulse Nietzsche nicht nur unter moralischen Gesichtspunkten bejaht. Seit der französischen Aufklärung hat man davon geträumt, so etwas wie einen Mythos der Vernunft einzusetzen. Im *Ältesten Systemprogramm des deutschen Idealismus*, in der einen oder anderen Art ein Gemeinschaftswerk von Schelling, Hegel und Hölderlin, wurde das programmatisch eingefordert; nicht ohne Ironie läßt sich behaupten, daß der *Zarathustra* dessen Realisation darstellt: mit den Mitteln des Mythos, der die kritische Befragung und Hinterfragung ausschließt (um jene naive Art von Selbstverständlichkeit wiederherzustellen, die der Mythos benötigt, um einer zu sein), wird der Übermensch als jene historische Gestalt gesehen, die am Ende des Aufklärungsprozesses und des durch ihn bewirkten Todes Gottes steht.[414]

411 Diese Antinomie sucht Nietzsche gleichsam wie den gordischen Knoten gewaltsam zu lösen, wenn er schreibt: „Meine Gedanken drehen sich nicht um den Grad von Freiheit, der dem einen oder dem anderen oder allen zu gönnen ist, sondern um den Grad von *Macht*, den einer oder der andere über andere oder alle ausüben soll, resp. inwiefern eine Opferung von Freiheit, eine Versklavung selbst, zur Hervorbringung eines *höheren Typus* die Basis gibt. In größter Form gedacht: *wie könnte man die Entwicklung der Menschheit opfern*, um einer höheren Art, als der Mensch ist, zum Dasein zu verhelfen?“ (Friedrich Nietzsche, *Der Wille zur Macht*, a.a.O., S. 582).

412 Nietzsche interpretiert die Neuzeit von vornherein im Kontext des Mythos, indem er die fortbestehende Opfer-Logik nicht im Sinn einer Dialektik der Aufklärung anprangert (wie später Horkheimer und Adorno in ihrer *Dialektik der Aufklärung*), sondern programmatisch die Opferung des Menschen (des „Hinterwäldlers“, des „letzten Menschen“) zugunsten des Übermenschen als *die* Tat der Neuzeit postuliert. Das wäre ‚ihre‘ Freiheit, die sich im dezisionistischen Machtakt erweist. Sie bedarf bereits des Übermenschen, des imaginären Repräsentanten einer hypertrophen Freiheit, einer All-Macht, die aus dem menschlich-kreatürlichen Elend herausführt. Im Kontext der Nietzscheschen Theorie also ist der Übermensch bereits vonnöten, um die Kluft zwischen Determinismus und Ausbruch zu schließen. Der Künstler-Denker-Prophet konfiguriert als dessen Antizipation.

413 Georg Lukács, *Die Zerstörung der Vernunft*, Werke, Bd. 9, Darmstadt – Neuwied 1962, S. 270–350.

414 Ich teile die Auffassung von Manfred Frank, wonach das Denken Nietzsches nicht in einer genuinen Tradition der Romantik steht und theoretisch teilweise hinter das Reflexionsniveau Schlegels und Novalis' zurückfällt, insbesondere im Hinblick auf das Verhältnis von Aufklärung und Mythos. Das gilt erst recht für Nietzsches ‚Affen‘ (Klages, Bäumler, Lagarde). Nietzsche affirmiert die Neuzeit und den Prozeß der ‚Aufklärung‘ als den Durchbruch des ‚Willens zur Macht‘. Problematisch daran ist nicht bloß die Affirmation, sondern die Reduktion auf diesen Aspekt. Die Philosophie seit der Aufklärung gerinnt dadurch zum bloßen frommen Schein, hinter der der Mythos von Zarathustra waltet. Vgl. Manfred Frank, *Dionysos und die Renaissance des kultischen Dramas (Nietzsche, Wagner, Johst)*, in: *Gott im Exil. Vorlesungen über die neue Mythologie*, Frankfurt a.M. 1988, S. 9–104.

Der frühe Aufsatz über Schopenhauer und das zwischen 1883 und 1885 entstandene „Buch für alle und keinen“, eben *Also sprach Zarathustra*, sind spiegelbildlich aufeinander bezogen. Hier feiert Nietzsche den Vorgänger als Erzieher, dort sich selbst in der fernöstlich verfremdeten Maske des persischen Propheten.

Das aphoristische Werk, etwa *Menschliches, Allzumenschliches,* konnte nicht das letzte und nicht das einzige Wort bleiben. Die kalte Desillusionierung, die Destruktion der bisherigen Bestände bilden die theoretischen Grundlagen für den – nun nicht ästhetisch zu verstehenden – Versuch, die Aufklärung zu überbieten bzw. ihre (verborgenen) Implikationen ernst zu nehmen, etwa jene, daß der Mensch als Schöpfergott an die Stelle des toten christlichen Gottes tritt. Novalis, der den Menschen, wie gesehen, als ‚Selbstwerkzeug‘ gesehen hat, antizipiert diese heroische Vision (und Version) der Aufklärung im Sinne einer ethischen Überhöhung. In dem Gedicht *Frühling* heißt es am Ende: „Kurzum, ich sah, daß jetzt auf Erden/Die Menschen sollten Götter werden.“[415]

Die Götter (und die Inspirierten) schreiben keine Essays, sie stellen keine Vermutungen an, sie verkünden ihr Erlösungswerk, „die Geschichte der wahrhaftigen Befreiung des Lebens“ „nach eigenem Maß und Gesetz“.[416]

Nietzsches früher Aufsatz *Schopenhauer als Erzieher*, das dritte Stück der *Unzeitgemäßen Betrachtungen*, liest sich im nachhinein wie der Entwurf eines in immer neuen Varianten durchgeführten Programms, das auch konstitutiv für den post-nietzscheanischen Essayismus gewesen ist. Denn das Werk Nietzsches hat bis zu dem vagen Zeitpunkt, den man als Beginn des (oder der) post-histoire bezeichnet, nicht nur neue Möglichkeiten des Essayismus eröffnet, sondern auch Bedingungen festgeschrieben, unter denen dieser in die Welt des 20. Jahrhunderts trat.

Neu ist in diesem Kontext die radikale Verwerfung, die der Künstler-Philosoph gegenüber seiner Zeit vornimmt, gegen die Gesellschaft, den Staat, gegen die Zeit und gegen eine Menschheit, die als „eine schwächliche und von Würmern zerfressene Frucht“ verdammt wird (und die mit dem ‚letzten Menschen‘ im *Zarathustra* identisch ist). Einer ermatteten Zeit sieht sich der Künstler-Philosoph gegenüber, einer Endzeit und einer Zeit des Übergangs, einer Zeit der Auflösung, des Nicht-Mehr: „Es liegt ein Wintertag auf uns, und am hohen Gebirge wohnen wir gefährlich und in Dürftigkeit.“[417] Diese Zeitdiagnose bildet den Boden eines radikalen Ressentimentismus. Der wahre Mensch stellt sich gegen die Zeit. Es gibt kein richtiges Leben im falschen, diese Adornosche Maxime, die schon bei Nietzsche freilich mehr im Sinn einer Kultur denn einer Gesellschaftskritik ausgeprägt ist, bedeutet in ihrer Gegenüberstellung auch, daß das ‚wahre Leben‘, das nie ein ganz richtiges sein kann (wie Nietzsche am Beispiel Schopenhauers zeigt), immer die Spuren der Verwundungen, Ver-Wüstungen und Deformationen einer heillosen Zeit trägt, auf Selbstbehauptung hinausläuft. Das moderne einsame Subjekt Nietzsches, das der ‚Faustus‘-Roman noch einmal kritisch ins Licht

415 Novalis, *Es färbte sich die Wiese grün*, in: Werke, a.a.O., S. 78–80.

416 Friedrich Nietzsche, *Schopenhauer als Erzieher*, Werke, Bd. 1, Frankfurt a.M. 1976, S. 288.

417 Ebd. S. 312. Vgl. auch *Also sprach Zarathustra*, S. 9: „Als Zarathustra dreißig Jahre alt war, verließ er seine Heimat und den See seiner Heimat und ging in das Gebirge. Hier genoß er seines Geistes und seiner Einsamkeit […]“

gerückt hat, konstituiert sich nicht mehr durch sich selbst, sondern durch seinen Widerstand gegen eine Welt dämonischer Elementargewalten („die gröbsten und bösesten Kräfte“[418]), gegen den Götzendienst des Egoismus des ‚selbstsüchtigen Wurms‘ und seine „hündische Angst in sich“. Der ästhetische Modernismus befindet sich unversehens im Kriegszustand mit einer doppelgesichtigen Welt, die einmal als die verwaltete Welt des Biedermannes, das andere Mal als ungeheuerlich erfahren wird. Diese Selbstbehauptung, diese Souveränitätskonstitution gegen die Welt, die gewisse gnostische Momente nicht verbergen kann,[419] schlägt sich unvermeidlich auf die Sprache nieder, reproduziert noch einmal jenen hypertrophen Souveränitätsanspruch, von dem Jean Luc Nancy[420] behauptet, daß er sich in der modernen Technik und im Krieg manifestiert: nach außen gepanzert und gewappnet, männlich steht das Künstler-Philosophen-Subjekt im Kampf mit der Welt, „ohne Mitleid“[421] und ist zugleich idiosynkratisch, extrem verletzt und verletzlich im Inneren. Der Spannungsbogen, der Tonus mag von Fall zu Fall variieren, am Konstitutionsprinzip als solchem ändert das wenig. Für Nietzsche ist Schopenhauer derjenige Denker, durch den wir „uns *gegen* unsere Zeit erziehen *können*“.[422]

418 Ebd., S. 314.

419 Zum Verhältnis von Gnosis und ästhetischer Moderne vgl. u. a. Hans Jonas, *Die Gnosis*, Göttingen 1964; Peter Koslowski (Hg.), *Gnosis und Mystik in der Geschichte der Philosophie*, Zürich – München 1988; Peter Sloterdijk/Thomas Macho (Hg.), *Die Weltrevolution der Seele. Ein Arbeits- und Lesebuch der Gnosis*, München 1991.

420 Jean Luc Nancy, *Der Preis des Friedens. Krieg, Recht, Souveränität – techné*, in: Lettre International (Berlin), H. 14 (1991), S. 34–46.

421 Einen postmodernisierten Adorno präsentiert uns der Wiener Philosoph Konrad Paul Liessmann, wenn er „mit ständiger Rücksicht auf Theodor W. Adorno“ dekretiert: „*Mitleidlos* steht die Musik [Wagners, M.-F.] den Sehnsüchten ihrer Protagonisten gegenüber. Damit wird sie zum Bild von Kunst überhaupt.“ (Konrad Paul Liessmann, *Ohne Mitleid. Zum Begriff der Distanz als ästhetischer Kategorie mit ständiger Rücksicht auf Theodor W. Adorno*, Wien 1992, S. 305.)
Ob sich derlei mitleidlose Ästhetik, die Mitleidlosigkeit und Distanz umstandslos gleichsetzt, auf Adornos ästhetische Theorie berufen kann, darf bezweifelt werden. Zwar findet sich in der *Dialektik der Aufklärung* der nietzscheanische (vermutlich aus Horkheimers Feder stammende) Satz: „Das Mitleid hält vor der Philosophie nicht stand“ (S. 92), doch ist auf der anderen Seite im Falle Adornos eine sprachliche Strategie im Spiel, die die ramponierten Menschen und Dinge schonen möchte.
Distanz und Mitleidlosigkeit fallen nicht zusammen, die Distanz, die zweite Reflexion, ist jene Form von Sympathie, die nach Nietzsche noch aufrichtig ist, weil sie falsches Sentiment vermeidet und zugleich um den fatalen Konnex zwischen Mitleidlosigkeit und Affirmation der Macht weiß. So schreibt Adorno betreffs der Sexualität: „Wenn der Dichter im Schnitzlerschen Reigen dem süßen Mädel, das als das freundliche Gegenteil einer Puritanerin vorgestellt wird, zärtlich sich nähert, sagt sie: ‚Geh, willst nicht Klavier spielen?‘ Weder kann sie über den Zweck des Arrangements im Ungewissen sein, noch leistet sie eigentlich Widerstand. Ihre Regung führt tiefer als die konventionellen oder psychologischen Verbote. Sie bekundet archaische Frigidität, die Angst des weiblichen Tiers vor der Begattung, die ihm nichts als Schmerz antut.“ Und Adorno fährt nach einigen kulturphilosophischen Bemerkungen fort: „Die Gesellschaft wirft die weibliche Hingebung stets wieder auf die Situation des Opfers zurück, aus der sie die Frauen befreite.“ (*Minima Moralia*, Frankfurt a.M. 1991, S. 112f.) Aus Adornos Distanz spricht die Sympathie für die verschwiegenen Opfer und das Plädoyer für eine Gesellschaft jenseits von Gewalt und Opfer.

422 Nietzsche, *Schopenhauer als Erzieher*, a.a.O., S. 311.

Der moderne Künstler-Philosoph steht mit dem Rücken zur Wand, ingrimmig in seinem Haß, die ihn – so die Projektion – daran hindert, „groß zu sein".[423] Zugleich aber ist er der große „Reformator des Lebens", der „Fürsprecher" und „Erlöser" des Daseins, der das „*Bild des Menschen*" (wieder) aufrichtet inmitten all der Dürftigkeit der Zeit.[424]

Die Hypostasierung der eigenen Existenz, die im Philosophem des Übermenschen ihre wirksame Ausprägung erfährt, ist bei Nietzsche und im ästhetischen Modernismus undenkbar ohne die polemische Absetzung von einer Welt, die die Konstruktion dieses genialischen Ich bedroht und letztlich doch ermöglicht. Aus dieser Abrechnung bezieht der präsumptive Übermensch seine seelischen Energien, die er zugleich als Kränkung seitens der Gesellschaft erfährt. Ein psychodynamisch durchaus wirksamer Protest: „Lieber die Barbarei als der Überdruß" (Théophile Gautier). Ein Protest gegen ein ganzes geruhsam-biedermännisches Jahrhundert: das 19. Jahrhundert. Kunst und genialisches Philosophieren sind nunmehr als apriorische Protesthaltungen das Oxygène (Novalis) einer auf Abgrenzung (und Grenzüberschreitung) bedachten Konstruktion eines Ich, das zwischen Ohnmacht und Willen zur Macht schwankt: die Nietzschelage. Sie ist anarchisch, elitär und letztlich – auch wenn es hart klingt, es so auszusprechen – totalitär: Eine ‚ganze' Welt muß es sein. Die Erfindung des eigenen Ich, das zugleich sein Über-Ich ist (vielleicht ist dies psychoanalytisch betrachtet das eigentliche Geheimnis des Übermenschen), der Übergang in eine „höhere Art".[425]

Diesem einzigen Ziel, der Selbsterschaffung des dichterischen Ich, soll sich die Gesellschaft verpflichtet fühlen: „O Biedermann, als ob das gereimter wäre, die Zahl entscheiden zu lassen, wo es sich um Wert und Bedeutung handelt! Denn die Frage lautet doch so: wie erhält dein, des einzelnen Leben den höchsten Wert, die tiefste Bedeutung? Wie ist es am wenigsten verschwendet? Gewiß nur dadurch, daß du zum Vorteil der seltensten und wertvollsten Exemplare lebst, nicht aber zum Vorteile der meisten, das heißt der, einzeln genommen, wertlosesten Exemplare."[426]

Wo der höchste – kulturelle, gesellschaftliche (nicht individuelle!) – Wert ein für alle Mal feststeht, läßt sich über Wert und Unwert des Menschen dekretieren, und von dem als unwert erachteten Menschen wird noch erwartet, daß er dankbar seine Opferpflicht

423 Ebd., S. 308.

424 Ebd., S. 309ff.; vgl. auch: „Erst wenn wir, in der jetzigen oder einer kommenden Geburt, selbst in jenen erhabensten Orden der Philosophen, der Künstler und Heiligen aufgenommen sind, wird uns auch ein neues Ziel unserer Liebe und unseres Hasses gesteckt sein [...] Denn wir wissen, was Kultur ist. Sie will, um die Nutzanwendung auf den Schopenhauerschen Menschen zu machen, daß wir seine immer neue Erzeugung vorbereiten und fördern, indem wir das ihr Feindselige kennenlernen und aus dem Wege räumen – kurz, daß wir gegen alles unermüdlich ankämpfen, was uns um die höchste Erfüllung unserer Existenz brachte, indem es uns daran hinderte, solche Schopenhauersche Menschen zu werden." (S. 327.) Wie später bei Benn ist die Kultur an Opfer und Gewalt gebunden. Nietzsche kritisiert Christentum und moderne Welt nicht, weil sie die Opferlogik reproduzieren (obwohl doch nach Christus alle Menschenopfer ihren Sinn verloren haben sollen), sondern er insistiert auf der offenen Restitution des Opfers im Namen der Kultur und ihrer heroischen Übermenschen. In diesem Sinn ist Nietzsche in der Tat ein protofaschistischer Denker.

425 Ebd., S. 325.

426 Ebd., S. 328.

gegenüber der ‚Natur' erfüllt („daß ich ihr zu Diensten bin, damit es ihr einmal besser gelinge").[427] Der Kampf für eine Kultur, die gleichsam einen sakralen Raum einnimmt (jenen des toten Gottes), fordert seine Opfer, nach ihnen zu fragen, wäre bieder. Wer sich im Kampf für ein großes Ziel befindet, darf kein Mitleid kennen. Und es ist unübersehbar, daß jedwede Berücksichtigung demokratischer Prinzipien das grandiose Erlösungsprojekt, das „Bild des (Über-)Menschen" zu errichten, zunichte machen muß, jenes Projekt, das bedingungslose Unterwerfung unter einen „großen Menschen" und einen rücksichtslosen Kampf für die Kultur, für die Erzeugung des wahren Menschen, des Genies, voraussetzt. Von daher ist der öffentliche Bereich der Politik, des Journalismus und des Marktes von vornherein mit dem Odium des Verächtlichen belastet. „Kampf für die Kultur" schließt die „Feindseligkeit gegen Einflüsse, Gewohnheiten, Gesetze, Einrichtungen, in welchen er nicht sein Ziel wiedererkennt: Die Erzeugung des Genius", ein.[428]

Die Spannung zwischen Privatbereich und Öffentlichkeit, zwischen Kultur und Politik, zwischen Individuum und Gesellschaft scheinen hier auf die Spitze getrieben. Aus dem wohlüberlegten Rückzug eines Montaigne zu Anfang der Neuzeit und angesichts der Religionskriege ist eine unbedingte und entschiedene Gegnerschaft zur Gesellschaft geworden. Montaignes Turmzimmer hatte eine perspektivische, jenes Exil Nietzsches eine strategische Bedeutung: ohne kompromißlose Absage an die Welt des ‚letzten Menschen' kein Übermensch.

Damit ist aber auch ein entscheidender Gegensatz zur romantischen Erfindung des Ich gegeben, das sich aus der transzendierenden Macht der Einbildungskraft generiert und ironisch ausgestaltet, einer Einbildungskraft, die – wie auch in der Psychoanalyse – nicht prinzipiell apart und exklusiv gedacht ist.[429] Demgegenüber konstituiert sich das moderne Subjekt des Künstler-Philosophen, das auch, wie jedweder Essayismus im Widerstreit zur akademischen Philosophie liegt, zunächst und vor allem aus der Abgrenzung; aus diesem Prozeß erwächst jene Energie, die dann einen Selbsterzeugungsprozeß in Gang setzt, der scheinbar mit dem romantischen identisch ist. Dadurch gerät das moderne Subjekt nicht nur in die Rolle eines radikalen Welterlösers, den es unter der tabula rasa nicht gibt und dessen Totalitätsanspruch als negative Folie bestimmte totalisierende Tendenzen der Epoche affirmiert, vielmehr ist auch jede Brücke zu einem „ironistischen Liberalismus" abgebrochen, der den Zweifel an sich gestattet, ohne daß er seine Imperative preisgibt: Toleranz, Perspektivik und Engagement im konkreten Fall. Der radikale Liberalismus, wie ihn der amerikanische Philosoph Richard Rorty vertritt, beherbergt nämlich unausgesprochen eine womöglich unmögliche, und daher klassische (und trotz allem Ironizismus) pathetische Utopie: daß nämlich eine Selbstkonstruktion des Ich wie auch eine aufgeklärte Politik ohne Feindbild, ohne Ressentiment auszukommen vermöchten. Und er traut sich zu, den sich ästhetisch selbst erschaffenden Menschen mit dem politischen, wenn nicht zu versöhnen, so doch in einer Art friedlicher Koexistenz miteinander zu belassen.

Rorty hält die ‚Nietzschelage' zwar nicht für inexistent, verordnet sich aber die Arbeit an Nietzsche, am Mythos des ‚Übermenschen', der das gesamte Pathos des ästhetischen

427 Ebd.
428 Ebd., S. 329.
429 Vgl. Müller-Funk, *Die Rückkehr der Bilder*, a.a.O., S. 93–110.

Modernismus, der klassischen Moderne, die heute in die Perspektive des post-histoire einrückt, geprägt hat. So thematisiert der postmoderne, ironizistische Liberalismus durchaus den anti-akademischen Mißmut gegen eine Philosophie, die nichts riskiert, die sich selbst vornehm abseits hält und die sich – das war schon immer die durchgängige Kritik des Essayismus am jeweiligen Bestand der universitären Wissenschaft – auf die Erhaltung und Reproduktion des philologischen Bestands zwangsreduziert. So interessiert heute das Essayistische, Skeptische, Perspektivische an Nietzsche, nicht die ungebrochene Wahnsinnsförmigkeit einer Vernunft, die für die eigene Malaise kein Sensorium besitzt. Historisch aufgezehrt scheint auch die maskuline Pose der Mitleidlosigkeit im Namen eines heroischen Wahrheitsgestus. Denn nach dem Ende aller heroischen Verheißungen hat das Konkrete, das in der Nietzschelage an entscheidender Stelle verfehlt wurde – man vergleiche gerade in diesem Punkt Montaigne und Nietzsche! –, Konjunktur. Die Opfer-Logik, die der Genie-Kult noch einmal historisch zu aktualisieren versuchte, ist heute radikal in Frage gestellt, nicht nur weil die Massaker, die in diesem Jahrhundert auf unbeschreibliche Weise verübt wurden, das jeweilige ‚geniale' Ziel nicht ‚wert' waren, sondern weil die Opferlogik, jenes Relikt aus den Zeiten der Opfer-Gesellschaft, für ein aufgeklärtes Bewußtsein selbst zur theoretischen, ethischen und kulturellen Zumutung geworden ist.

Es mag schon sein, daß es manche immer noch ‚heiß' mögen und ihre vermeintliche oder auch wirkliche Kompromißlosigkeit mit moralischer Überwertigkeit gleichsetzen: Gulliver unter den Zwergen, Gulliver, der ohne die Zwerge kein Gulliver wäre. Dieses Spielfeld zu verlassen, sich damit abzufinden, daß die eigenen ‚ästhetischen' Ansprüche nicht totalisierbar sind, dieses Plädoyer für eine Abkoppelung ästhetischer und politischer Strategien, könnte am ‚Ende der Geschichte', statt wie bisher, wo es als Ausbund moralischer Feigheit galt, nicht bloß mutig, sondern von kluger Bescheidung zu sein: Lieber mit dem Überdruß leben, ihn in Kauf nehmen, ohne ihn zu goutieren, als mit der Barbarei. Das bedeutet eine Umkehrung der klassischen Moderne und jenes Essayismus, den sie hervorgebracht hat. Ein Plädoyer für das Mitleid, das auch für die ‚Zwerge' gilt, ohne sich diesen anzubiedern, was ja immer schon die andere Seite der kalten Einsamkeit des Künstler-Philosophen gewesen ist.

Exkurs
Der Prozeß der Selbsterschaffung
Anmerkungen zu Richard Rortys ‚Ironistischer Theorie'

Richard Rortys Werk thematisiert eine doppelte Antinomie, wie sie sich im Rückblick auf die Moderne und deren Entstehung stellt. Wie kann man die Errungenschaften einer aufgeklärten Gesellschaft aufrechterhalten, auch wenn ihre aufklärerischen, rationalistischen Begründungszusammenhänge brüchig geworden sind bzw. niemals jenen Absolutheitsanspruch für sich reklamieren können wie die Dogmen der Religion oder die Unhinterfragbarkeit des Mythos? Rorty zitiert in diesem Zusammenhang einen Satz von Joseph Schumpeter, der die Geltung dieser Prinzipien als Resultat eines kämpferischen

Einsatzes für sie interpretiert: „Die Einsicht, daß die Geltung der eigenen Überzeugung nur relativ ist, und dennoch unerschrocken für sie einzustehen, unterscheidet den zivilisierten Menschen vom Barbaren.“[430] Wo auf Letztbegründung metaphysischer und quasi-metaphysischer Art verzichtet wird, bleibt – philosophisch defensiv – der Rekurs auf das historische Ergebnis, das im Sinne kultureller Errungenschaften zu verstehen ist: *„Eine Gesellschaft ist dann liberal, wenn sie sich damit zufriedengibt, das ‚wahr‘ zu nennen, was sich als Ergebnis solcher Kämpfe herausstellt.“*[431]

Gravierender für unsere Fragestellung ist hingegen jene andere, wie nämlich die beiden zentralen Anliegen der Moderne, der Anspruch des Individuums auf ‚Selbsterschaffung‘ und auf eine dementsprechende ästhetische Ausgestaltung (durchaus im Sinne von Novalis und Nietzsche) mit jenem politischen Anspruch auf Solidarität und politische Verantwortlichkeit in Beziehung zu setzen sind. Nach dem Ende der großen Ideologien, daran läßt Rorty keinen Zweifel, hat es sich herausgestellt, daß beide Ansprüche inkompatibel sind, das Vokabular ist unüberbrückbar verschieden. Aufschlußreich ist, was Rorty post festum über die Anziehungskraft des Marxismus schreibt: „Der Marxismus erregte den Neid aller späteren intellektuellen Bewegungen, weil es einen Augenblick lang so schien, als zeige er, wie Selbst-Erschaffung und soziale Verantwortung, heidnischer Heroismus und christliche Liebe, kontemplative Distanz und revolutionäres Feuer zu einer Synthese gebracht werden können.“[432] Der Marxismus hatte versucht, die seit der Romantik entstandenen Klüftungen des bürgerlichen Subjekts zu überwinden. Rorty negiert nicht einfach das Bedürfnis nach ‚Selbsterschaffung‘, er möchte ihm nur seine religiöse Aura nehmen, sich „jemand zu erschaffen, der viel größer ist“[433] und sich „selbst in der Rolle des letzten Philosophen zu sehen“.[434] Ähnlich wie schon Benn, aber sehr viel grundlegender thematisiert er in diesem Zusammenhang den Gegensatz zwischen Nietzsches Verteidigung des Perspektivismus und dessen Polemik gegen den Relativismus. Was Nietzsche verweigere, ist, den Perspektivismus auf sich selbst anzuwenden.

Mit Freud votiert Rorty dafür, „daß man auf den Versuch verzichtet, das Selbst zum Gott zu machen“, sozusagen als Entschädigung für eine transzendenzlos gewordene Welt.[435] Aber Rorty möchte die ‚Selbsterkenntnis als Selbsterschaffung‘ keineswegs denunzieren, sie ist eine Antwort des Menschen auf eine elementare Zumutung: die der Kontingenz des Daseins. In dieser ästhetischen Arbeit an sich selbst sieht er eine der Fähigkeit zur Solidarität vergleichbare kulturelle Errungenschaft. Unter Berufung auf Freud, den er kontrastiv zu Nietzsche und dem von diesem vertretenen Modell sieht, plädiert Rorty dafür, es bei dieser Antinomie zu belassen und auf scheinhafte kategoriale und dialektische Synthesen zu verzichten: „Er [Freud, M.-F.] unterschied streng zwischen einer privaten Ethik der Selbsterschaffung und einer öffentlichen Ethik der wechselseitigen Übereinkunft und möchte uns davon überzeugen, daß sich zwischen beiden

430 Richard Rorty, *Kontingenz, Ironie und Solidarität*, Frankfurt a.M. 1989, S. 87.
431 Ebd., S. 96.
432 Ebd., S. 200.
433 Ebd., S. 169.
434 Ebd., S. 177.
435 Ebd., S. 71.

keine Brücke aus gemeinsamen Überzeugungen und Wünschen schlagen läßt."[436] Rorty spitzt diesen Gegensatz noch zu, wenn er im Hinblick auf den Begründer der Psychoanalyse schreibt: „Freud steht in ehrfürchtiger Scheu vor dem Dichter, bezeichnet ihn aber als infantil. Durch den schlicht moralisierenden Menschen fühlt er sich gelangweilt, bezeichnet ihn aber als erwachsen."[437] Die Partie läßt sich also nicht entscheiden, weder zugunsten der ekstatischen Spielfreude eines Nietzsche noch zugunsten der Philosophen-Könige. Immerhin weist Rorty selbst auf einen Zusammenhang zwischen Selbsterschaffung und Solidarität hin, wenn er meint, daß der wichtigste „Beitrag moderner Intellektueller zum moralischen Fortschritt nicht in philosophischen oder religiösen Traktaten bestehe, sondern in genauen Beschreibungen (etwa in Romanen oder Ethnographien) bestimmter Formen von Schmerz und Demütigung".[438] Die Sensibilisierung des modernen Menschen für Gewalt und Schmerz könnte – so die überaus optimistische Prognose Rortys – die Anwendung von Grausamkeit eindämmen: Liberale, so Rorty, fürchten ihre eigene Grausamkeit mehr als alles andere. Rorty sieht zum anderen auch die Fähigkeit zu Selbsterkenntnis und Selbsterschaffung nicht so exklusiv und apart wie der ästhetische Modernismus, sie steht in einer demokratischen – und, muß man hinzufügen, ökonomisch einigermaßen stabilen – Gesellschaft im Grunde genommen allen ihren Mitgliedern potentiell zur Verfügung.

Rortys Vorschläge produzieren Antinomien, in denen sich seine Philosophie eingenistet hat, sein Dualismus wiederholt schon jene in der Romantik aufgetauchte Forderung, Bürger mindestens zweier Welten zu sein, wobei die Frage bleibt, ob diese beiden Welten nicht doch in einem funktionalen, kompensierenden Sinne aufeinander bezogen sind. Als liberaler Ironiker thematisiert Rorty das Verhältnis von Individuum und Gesellschaft ausschließlich aus der Perspektive des Individuums, niemals mit dem imaginären Blick der ‚Gesellschaft', aus deren Perspektive sich der Prozeß der ‚Selbsterschaffung' im Sinne diverser Sozialisationstheorien wesentlich profaner ausnimmt. Daß dem einzelnen in seiner ureigenen Lebenswelt eine Erfahrungsformel ungeheuer originell vorkommt, seinen eigenen Selbsterschaffungsprozeß unzweifelhaft vorantreibt, während diese Erfahrung gesellschaftlich und geschichtlich unzählige Male zuvor realisiert worden ist und zum gesellschaftlichen Gesamtbestand gehört, entspringt einer unauflöslichen perspektivischen Verschiebung – daß dieser soziologische Blick anmaßend ist, den einzelnen in seiner Konkretheit nicht ernst nimmt, läßt sich umgekehrt schwerlich bestreiten.

Fraglich auch, ob die „durch und durch säkulare Kultur", die Rorty anvisiert, wirklich möglich ist. Nach den einschlägigen Diskussionen über Hintergrund und Genese von Neuzeit und Modernität[439] erscheint die Gegenthese wahrscheinlicher, daß diese ‚Säku-

436 Ebd., S. 69.
437 Ebd.
438 Ebd., S. 310.
439 Charles Whitney (*Francis Bacon,* Frankfurt a.M. 1989, S. 14) schreibt im Hinblick auf Hans Blumenbergs Theorie der Genese der Neuzeit: „Wenn jedoch Blumenberg die Bedeutung der religiösen Sprache [in diesem Fall bei Bacon, M.-F.] unterschätzt, so dient ihm dies dazu, eine Kritik der modernen Kultur zurückzuweisen, die an ihrer verdeckten Beziehung zur Religion ansetzt." Whitney erwähnt in diesem Zusammenhang Nietzsches *Genealogie der Moral*, fügt jedoch hinzu, daß der Hinweis auf ein religiöses Substrat nicht zwangsläufig polemisch gewendet werden muß.

larisierung' (was immer das im einzelnen bedeuten mag) nicht möglich ist und auch so nicht stattgefunden hat. So läßt sich, eben gerade aus der konkreten Befindlichkeit des einzelnen, fragen, ob das, was Rorty als Kontingenz im existenziellen wie im historischen Sinn als eine ‚Unvorgreiflichkeit' bezeichnet, sich nicht als ein religiös empfundenes Gefühl beschreiben läßt, das die Diskurse in Gang hält, die Rorty gern abgeschafft sehen möchte, nicht so sehr wegen der Religion, sondern wegen der emotionalen Aufladung des Individuums, die in Konzepten wie dem Übermenschen ihre historische Repräsentation gefunden hat. Dem ist entgegenzuhalten, daß die religiöse Energie, die seit dem ‚Tode Gottes' vagiert, längst andere Bereiche erfaßt hat als die Dichtung: nämlich die Psychokultur, die damit in das Innere der Religion eingedrungen ist. Das ist der Ort der jüngsten Heilsversprechungen, Entzauberungen und quasi-religiösen Aufladungen. Zarathustra macht heute Wochenendseminare.[440]

Demgegenüber schlägt Rorty vor, die rein theoretischen Diskurse zu verlassen, die abgeschlossenen Vokabulare beiseite zu lassen. Antinomien stellen Herausforderungen dar, an das, was einmal Lebenskunst hieß, und der Mensch ist „nur eines von vielen Experimenten der Natur".[441] Was ihn zentral ausmacht, ist also das Experiment. Das setzt eine Diagnose der Moderne voraus, die, im deklarierten Widerspruch zu Philosophen wie etwa Foucault, davon ausgeht, daß diese Moderne *auch* einen Zugewinn an Freiheit und Ausdrucksmöglichkeit bedeutet und nicht bloß eine zivilisatorische Zurichtung durch die diversen Sozialagenturen, die Foucault durch seine archäologischen Untersuchungen ins Blickfeld gerückt hat.[442] Nur unter dieser *Erfahrung* einer tiefen *Ambivalenz* ist es sinnvoll, die Geschichte des Essayismus über die klassischen modernen Positionen, deren Grunderfahrung die Bedrohung gewesen ist, fortzuschreiben. Eine totalisierende Kultur- oder Gesellschaftskritik – sei es nun im Sinne des ‚letzten Menschen', eines ‚Menschen ohne Welt' oder eines Anhängsels des Warenfetischismus – schließt letztlich einen Essayismus im offensiven Sinne aus. Sie präsentiert ihn nicht selten in Gestalt einer letzten Philosophie, die eigentlich keine mehr sein kann.

Die Ereignisse von 1989, die geschichtlich und geschichtsphilosophisch einen ähnlichen Einschnitt bedeuten wie das Jahr 1945 (mitsamt dem totalen Krieg und dem Grauen von Auschwitz), haben den Stellenwert einer oftmals essayistisch im Namen des Besonderen gegen das schlechte Allgemeine vorgetragenen Gesellschaftskritik keineswegs annulliert, aber doch verschoben, und zwar nicht in erster Linie, weil seither jede Alternative zu der prekären tautologischen Abstraktion von Geld und Kapital abhanden gekommen ist, sondern weil sich ex negativo – im Vergleich der Ungleichzeitigkeit – zeigt, daß die Menschen in den westlichen Ländern über individuelle, soziale und kulturelle Erfahrungen sowohl im Bereich der ‚Selbsterschaffung', der Selbstorganisation

440 Daß das romantische, lebensphilosophische, theosophische Strandgut ebenso wie die Psychotherapie in Gestalt des New Age zu einem Sektor der Freizeitindustrie geworden ist (der durchaus lukrativ ist und gar manchen Partizipanten der Szene Reproduktionsmöglichkeiten und Revenuequellen eröffnet), anstatt als aggressives ideologisches Gemisch unmittelbar politisch wirksam zu sein, hat durchaus auch seine positiven Seiten. Zur Ideologiekritik siehe Schorsch, *Die New Age-Bewegung,* a.a.O.

441 Rorty, *Kontingenz, Ironie und Solidarität,* a.a.O., S. 86.

442 Ebd., S. 113f.

als auch im Bereich des Politischen verfügen, die den Menschen in den Ländern des ‚Diamat' vorenthalten wurden. Der ‚reale Sozialismus' erweist sich nämlich im Rückblick, wie Rudolf Burger zu Recht hervorhebt, als der konservative Versuch, die ‚Massen' vor der schonungslosen Dynamik des Kapitals zu bewahren, ihnen schmerzhafte Erfahrungen zu ersparen.[443] Ganz im Sinne von Marx aber habe sich die ökonomische Dynamik gegenüber allen politischen Eingriffsversuchen, die zwangsläufig totalitären Charakter annehmen mußten, als stärker erwiesen. Zu fragen ist also, welche Qualitäten von Erfahrungen und Experimenten es sind, die die Menschen unter der gesellschaftlichen Vorgabe der generalisierten Tauschabstraktion (Sohn-Rethel) machen, und zwar nicht bloß im Widerstand gegen die schlechte Realität, sondern gerade auf deren Boden.

443 Rudolf Burger, *Die falsche Wärme der Kultur*, in: Wolfgang Müller-Funk (Hg.), *Neue Heimaten, neue Fremden*, Wien 1992, S. 65–77.

Seinesgleichen geschieht
Robert Musil – Essayismus als Lebensprogramm

Der Mann ohne Eigenschaften, der in einem Zettelkonvolut endende und gleichzeitig nicht enden wollende Roman, ist vielleicht der seltsamste Vertreter seiner Gattung. Das Attribut des Essayistischen kommt ihm nicht so sehr deshalb zu, weil er Fragment blieb und wohl auch bleiben mußte (nicht zuletzt, weil das individualutopische Experiment in der Welt des Romans scheitert); und auch die schwerlich zu bestreitende Feststellung, daß in dem Roman ganze essayistische Passagen und Kapitel eingelagert sind, die in Anthologien über den Essay aufscheinen,[444] trifft nicht den Kern jenes so unfertigen, ja unmöglichen kompositorischen Gebildes, als das sich uns Musils Roman präsentiert.[445] Beides, der fragmentarische Charakter und die Überwucherung des Fiktionalen durch die Diskursivität des Essayismus, ist nicht ohne epochale Tragweite: daß man mit und in dem Medium Roman philosophiert – solches gilt natürlich auch für den ungeliebten Thomas Mann[446] –, und zwar in der Diktion des Essayisten, ist neu. Musils Roman ist

444 Vgl. Gerhard Haas, *Studien zur Form des Essays und zu seinen Vorformen im Roman,* Stuttgart 1969; Ludwig Rohner, *Deutsche Essays,* München 1969.

445 Folgende Standard-Interpretationen sowie einige Publikationen zur Essayismusthematik seien hier erwähnt: Gesamtdarstellungen: Roger Willemsen, *Robert Musil. Vom intellektuellen Eros*, München 1985; Wilfried Berghahn, *Robert Musil*, Reinbek 1963. Zum zeitgeschichtlich-wissenschaftlichen Kontext vgl. Renate von Heydebrand, *Die Reflexionen Ulrichs in Robert Musils ‚Der Mann ohne Eigenschaften‘*, Münster 1966. Ideologiekritisch im Stil der Zeit ist Hartmut Böhme, *Anomie und Entfremdung*, Kronberg 1974, während Klaus Laermann (*Eigenschaftslosigkeit. Reflexionen zu Robert Musils Roman ‚Der Mann ohne Eigenschaften‘*) die Musilsche Position mit psychoanalytischem Argwohn hinterfragt. Etwas geglättet hingegen (im Vergleich zu früheren ebenfalls psychoanalytischen In-Frage-Stellungen) gibt sich die opulente Bild-Text-Monographie von Karl Corino, *Robert Musil. Leben und Werk in Bildern*, Reinbek 1988. Ferner seien hier erwähnt: Lukas Cejpek, *Wahn und Methode in Robert Musils Mann ohne Eigenschaften*, Graz 1982; David S. Lufts, *Robert Musil and the Crisis of European Culture, 1880–1942*, Berkeley 1980; Rolf Schneider, *Die problematisierte Wirklichkeit. Leben und Werk Robert Musils. Versuch einer Interpretation,* Berlin 1975. Das Verhältnis von Leben und Schreiben thematisieren die Untersuchungen von Peter Nadermann, *Schreiben als anderes Leben*, Frankfurt a.M. – New York 1990, sowie die einem posthistorischen Essayismus verbundenen Texte von Manfred Moser, *Schreiben ohne Ende. Letzte Texte zu Robert Musil*, Wien 1991. Zum Thema Essayismus vgl. den Reader von Gudrun Brokoph-Mauch (Hg.), *Robert Musil. Essayismus und Ironie,* Tübingen 1972; weitere Arbeiten siehe Bibliographie.

446 Die Frontstellung gegen ‚Großschriftsteller‘ wie Thomas Mann, dem Musil 1925 so ironisch wie sanft herablassend „Gewissenskraft“ konzediert (in einer an Mann adressierten Geburtstagsadres-

das profilierteste Dokument dafür, daß der Essayismus des 20. Jahrhunderts endgültig alle gattungsspezifischen Grenzen sprengt. Nicht zu übersehen ist auch, daß sich der Essayismus bei Musil, wie auch in anderen prononcierten Versuchen (Max Bense, Georg Lukács, Theodor W. Adorno), selbst zum Thema macht. Selbstthematisierung ist seither zum konstitutiven Merkmal des essayistischen Diskurses geworden, weit über die methodischen Reflexionen, die sich bei Montaigne oder Novalis finden lassen, hinaus. Ja, es hat sogar den Anschein, als ob der Essayismus seither nur noch aus der methodologischen Einführung besteht, während die Durchführung selbst eben die Grenzen dessen sprengt, was einstmals selbst im großzügigen Sinn als ‚Essay' zu bezeichnen war: das Essayistische dringt gewissermaßen in die Tiefenstrukturen der literarischen und philosophischen Texte ein.

Darüber hinaus ist das ganz Spezifische des Musilschen Essayismus in seinem radikalen experimentellen Charakter zu verorten. Nicht bloß ist der Roman selbst eine ästhetische Probe aufs Exempel, vielmehr ist die Welt im Roman nach dem logischen Kalkül eines Laborversuches aufgebaut, im Sinne eines großen Gedankenexperiments. Erhellend sind dabei insbesondere die vielen erhaltenen Skizzen, die frühen, die den radikalen Ausgangspunkt dieses Lebenswerkes verraten, und die späten, die, gleich Wegmarken, darauf hinweisen, wie alles (möglicherweise) enden sollte. Diese Skizzen verraten einen analytischen Geist, der keinen Satz und keine Zeile dem Zufall von Eingebungen und Assoziationen überlassen möchte, sondern seine Personen hypothetisch aufbaut, ebenso wie die Welt im Roman, die als Testfall gilt.

So erweist sich das Geschehen im Roman als ein selbstinszeniertes Lebensexperiment. Das gilt für alle zentralen Figuren: für Diotima und Arnheim, für Clarisse und Moosbrugger und für Ulrich und Agathe. Aber nur Ulrich verfügt über die rationale Kaltblütigkeit, sein eigenes Leben zum Experiment zu machen, während sein weibliches alter ego, die Schwester also, den unbefangenen Willen verkörpert, es nicht beim Theoretischen zu belassen, sondern das Experiment in die Praxis umzusetzen. Während sich Ulrich im Stile Nietzsches über die moralischen Konventionen der bürgerlichen Gesellschaft mokiert, geht die Schwester unbekümmert daran, sie zu brechen, wie im Falle der Testamentsfälschung. Und auch die inzestuöse Verbindung, die zugleich für das ganz Andere

se, vgl. *Werke*, Bd. 9, a.a.O., S. 1716), ist zugleich ein Konstitutionsprinzip für den eigenen experimentellen, essayistischen Vorstoß. 1937 hat Musil diesen Sachverhalt politisch zugespitzt, wenn er schreibt: „Ist Th. M. ein großer Dichter? ist zumindest ein großer Teil der Frage: ist die Demokratie gut? (Wahrscheinlich. Sie ist gut, obwohl er keiner ist.)" (Ebd., Bd. 7, S. 831.) Politische ‚Güte' und ästhetische Qualität schließen einander, für Musil wenigstens, aus. Von der Verwechslung beider lebt der ‚Großschriftsteller' und sein Essayismus. Die Demokratie ist wahrscheinlich ‚gut', aber – so das weitverbreitete Apodikton – für die Künste kontraproduktiv. Unterschlagen wird in solcher Polemik die *politische* Dimension des Essayistischen, das ohne die verachtete journalistische Öffentlichkeit eigentlich undenkbar ist. Der Essayismus, der diesen Zusammenhang übersieht, destruiert sich tendenziell selbst. Harold Bloom hat die Literaturgeschichte als einen „endlosen, abwehrenden Bürgerkrieg" auf der synchronen Achse beschrieben (als einen Kampf der Späteren gegen die Früheren). Unter den Bedingungen der Moderne mit ihren konkurrierenden Ideologien, ästhetischen Konzepten und kulturpolitischen Strategien gewinnt der Bürgerkrieg auf der synchronen Achse zunehmend an Bedeutung.

gegenüber der negierten Welt steht, muß als praktische Durchführung eines gedanklichen Experiments gewertet werden, das Mögliche gegen das Wirkliche einzutauschen.

Der Kern dieses Experiments, das der moderne Mensch mit sich betreibt, ist eine Fragestellung, die gleichsam aus dem religiösen Bereich entlassen worden ist, seitdem dieser Bereich an Verbindlichkeit eingebüßt hat. Seit Gottes Exil (Hölderlin) oder Gottes Tod (Nietzsche) stellt sich die Frage nach dem ‚rechten Leben' in ganz neuer Radikalität, vor allem, wenn es darum geht, „in der Wahrheit zu leben".[447] Das quasi-religiöse Pathos dieser Musilschen Leitfrage bildet gewissermaßen das Pendant zur kaltblütig-naturwissenschaftlichen Anlage des Protagonisten wie des Romans.

Dieser Hauptheld, Ulrich, befindet sich in einem programmatisch-polemischen Verhältnis zu dem, was Welt und was vor allem Wirklichkeit heißt. Wie sehr eine klassische ‚Nietzschelage' vorliegt, verraten die frühen Skizzen zum Roman. Dort heißt Musils Hauptfigur zunächst heroisch-übermenschlich Achilles, um später den Namen ‚Anders' zugeteilt zu bekommen. Der spätere neutralere Name verwischt so absichtsvoll die Ausgangssituation. Daß sich Musil all der Konnotationen der provisorischen Namens-

447 Franz Kafka, dessen Werk bekanntlich um das Thema des Weges kreist, den er einmal als Zögern beschrieben hat, schreibt in echter, ‚mystischer' Paradoxie zu dieser Art von Wahrheit: „Wahrheit ist unteilbar, kann sich also selbst nicht erkennen; wer sie erkennen will, muß Lüge sein." (Franz Kafka, *Betrachtungen über Sünde, Leid, Hoffnung und den wahren Weg* in: *Gesammelte Werke*, hg. v. Max Brod, Frankfurt a.M. 1953, Aphorismus 80, S. 48.) Mit einem ähnlichen – religiösen – Wahrheitsbegriff (im Sinne einer unaussprechlichen Evidenz) operieren auch Robert Musil und Novalis, der derlei Mystik auch psychologisch unterlegt: „Wenn ein Mensch plötzlich wahrhaft glaubte – er sei moralisch, so wird er es auch sein."; und vgl. Rudolf Otto, *Das Heilige*, München 1979, S. 137f. Otto bestimmt das Heilige als „Erfahrungs-erkenntnis" aus dem tiefsten „Erkenntnis-grunde": „Wir nennen diesen Quell eine verborgene *Anlage* des menschlichen Geistes, die, durch Reize geweckt, wach wird. Anlagen für etwas in gesteigerter Form sind Talente für etwas. Anlage als ‚Veranlagung' für etwas ist zugleich eine teleologische Determinante, ein a priori der Richtung von Erleben Erfahren Verhalten – ein a priori Eingestelltsein auf etwas" (ebd., S. 140). Den Zusammenhang von Mystik und Ironie hat nicht zuletzt Georg von Lukács in *Über Wesen und Form des Essays* hervorgehoben; vgl. Ludwig Rohner (Hg.), *Deutsche Essays*, a.a.O., S. 33: „Und die, die sich am entschlossensten von den Bildern abwenden, die am heftigsten hinter die Bilder greifen, sind die Schriften der Kritiker, der Platoniker und Mystiker." Den Essayismus bestimmt Lukács als eine Intellektualität und Begrifflichkeit, die zum „sentimentalen Erlebnis" und zum „spontanen Daseinsprinzip" wird (ebd., S. 34, vgl. auch Georg von Lukács, *Die Seele und die Formen,* Berlin 1911). Otto Stoessl (*Lebensform und Dichtungsform*) wiederum hebt den Skeptizismus des Essayisten hervor, wenn er meint: „So verharrt der Skeptiker kräftig auf dem tragenden Erdboden, durchaus geistig, aber nicht eigentlich spekulativ – müßige Spekulationen haßt er als Tatsachengeist wie einen Urfeind – und hält sich von seinen nächsten Gefahren: dem Zynismus und der Mystik in gutem Abstand. Er wird unversehens ein Beispiel für getroste Lebensführung, was allerdings ein Lächeln abnötigt, denn das Genie des Erkennens ist nicht lernbar und der unvertretbare Weg der Erfahrung liegt nur eben im Erlittenen." (Zit. nach Ludwig Rohner, *Deutsche Essays*, a.a.O., S. 298.) Wenn in dieser Untersuchung der Einheit von Leben und Schreiben eine Absage erteilt wird, so bedeutet das natürlich nicht, daß das essayistische Schreiben nicht einen entsprechenden Lebensstil legitimiert, wie umgekehrt der Essayismus auf einer Lebenshaltung beruht, die Stoessl in der schönen Formel von der „getrosten Lebensführung" festhält.

zuschreibung bewußt war, verraten Eintragungen wie die folgende: „denn es ist wohl klar, daß ich schon längst Anders Gedanken vorgetragen habe, da ein Dichter eigene gar nicht haben soll".[448]

Auch der spätere Ulrich ist der ‚Anders', der Andere seines Autors, sein Stellvertreter und sein verfremdetes Wunschbild in der Welt des Romans. Der kompositorisch ausgeführte Roman ist freilich poetologisch nicht immer konsequent, pendelt zwischen dem ‚Helden' und einem anonymen Erzähler gleichsam hin und her und nährt so den Verdacht, daß Ulrichs Mutter doch das ‚Tintenfaß' ist.[449]

Musils Figur hieß ursprünglich auch anders, weil sie anders sein will als die durch den Vater repräsentierte Welt und Wirklichkeit. Eine geradezu gnostische Weltverneinung spricht aus dem folgenden frühen Notat: „Anders schämte sich des Samens, der ihn gezeugt hatte [...]"[450]

„Die Unvorsichtigkeit, seine Generation zu hassen" findet sich denn auch auf Schritt und Tritt im ausgeführten Roman. Ulrichs Verhalten schwankt zwischen „passiver Resistenz" und der latenten Bereitschaft zu „Angriffen auf die Welt".[451]

Ulrich ist aber auch insofern der ‚Anders'-Typ, weil er sich eben durch dieses Anders-Sein konstituiert und definiert im Sinne einer prinzipiell durchzuhaltenden Welthaltung, die als „blaß, schattenhaft und verneinend"[452] beschrieben ist. Diese Grundhaltung hindert nicht, diese negative Selbst-Konstitution ironisch zu brechen, so wenn es an einer Stelle heißt: „Man kann seiner eignen Zeit nicht böse sein, ohne selbst Schaden zu nehmen", fühlte Ulrich. Er war auch jederzeit bereit, alle diese Gestaltungen des Lebendigen zu lieben.[453]

448 Robert Musil, *Der Mann ohne Eigenschaften*, a.a.O., S. 1953; vgl. auch S. 1962 („Weshalb Anders?") und S. 1830: „Ihm keinen Namen geben" sowie S. 1831: „U. ebenso unsympathisch wie mich selbst zeichnen."

449 Vgl. Ulf Eisele, *Die Struktur des modernen deutschen Romans*, Tübingen 1984, S. 114ff. Als Gerda ihn fragt, warum er kein Buch über seine Ansichten schreibe, antwortet Ulrich: „Aber wie komme ich denn dazu, ein Buch schreiben zu müssen [...] Mich hat doch eine Mutter geboren und kein Tintenfaß!" (Musil, *Der Mann ohne Eigenschaften,* a.a.O., S. 490.) Ulf Eisele hat diese Äußerung Ulrichs zum Ausgangspunkt einer kritischen Studie genommen, die Ulrichs ‚Mutter' – gegen Ulrich – als ‚Tintenfaß' identifiziert. In Eiseles Deutung ist das Grundthema von Musils Großwerk das Problem der Konstituierung eines Romanes unter den Bedingungen der Moderne: „Was tut ein Romanheld – oder besser: ein für diese Rolle Ausersehener –, wenn sich ihm die Welt als schlechterdings sinnleer darstellt?" (Ebd., S. 121.) Musils Roman wird zu einem „Dokument der Desintegration des Epischen" (ebd., S. 142). Die poesielose Welt und die weltlose Prosa bedingen einander: „So handelt der *Mann ohne Eigenschaften* im Grunde genommen von der Unmöglichkeit des Poetischen unter den gegebenen Bedingungen." (Ebd., S. 148.) Abgesehen von dem apodiktischen Postulat („Unmöglichkeit des Poetischen") und dem traditionellen Subjekt/Objekt-Modell, wie es allen Weltverlust-Diagnosen zugrundeliegt, darf doch gefragt werden, ob nicht der Verlust eines scheinbar von außen verbürgten und verläßlichen Gesamtzusammenhanges, eben jene ‚Leere' (im Sinne Blooms und der kabbalistischen Denktradition) neue Möglichkeiten des Poetischen sowie des Essayistischen ermöglicht.

450 Musil, *Der Mann ohne Eigenschaften*, a.a.O., S. 1950, vgl. S. 1986.

451 Ebd., S. 1957.

452 Ebd., S. 265.

453 Ebd., S. 59.

Der Ironizismus trifft die Zeit wie ihren Betrachter in Gestalt von Satire und Selbstironie, und die ‚Liebe', die Musils Held der Welt entgegenzubringen beschließt, ist kaum weniger tödlich als der Gestus des Lachens über jene exemplarische Welt Österreich, die für den unfreiwilligen Essayismus der ‚Erde' steht. Diese Liebe ist das schiere Gegenteil hochtrabender Gefühle, hält nur die Einsicht fest, daß Satire und Ironie eine ganz unterirdische Art von ‚Liebe' darstellen. Ihr Ursprung ist freilich eher tragisch, geboren aus einer tief verankerten Abneigung. Von einem „Schatten von Ohnmacht und Einsamkeit" spricht der Roman in diesem Zusammenhang.[454]

Wie kann man seiner eignen Zeit nicht böse sein, wenn man ihr doch in aufrichtiger Feindschaft zugetan ist, mehr als man als ‚Möglichkeitsmensch' ansonsten bereit ist, zuzugeben? Das ist, theoretisch wie lebenspraktisch betrachtet, ein Grundproblem jenes modernen Modells einer negativen, durch Weltabstoßung erzeugten Selbst-Konstitution: Wer in der Wahrheit leben will, muß zwangsläufig Schaden nehmen. Aber um in der Wahrheit zu leben, muß man überhaupt leben. Wenigstens dem Schein nach muß man sich auf die Welt einlassen, ihre Bedingungen akzeptieren. So verfährt Ulrich, und das unterscheidet ihn von seinen weniger spielerisch-ironischen Vorläufern.

Seine (zeitweilige) Lösung des Problems ist – in der Sprache der gewerkschaftlichen Auseinandersetzung – die „passive Resistenz", der Dienst nach Vorschrift oder – um eine soziologische Kategorie zu bemühen – die Rollendistanz. Sein Rückzugsort ist weniger ein topographischer (auch wenn das buen retiro nicht fehlen darf) als ein innerer. Gerade als ‚Sekretär' der ‚Parallelaktion' nimmt er Urlaub vom Leben, während er seinen endgültigen Rückzug aus der Welt der Wirklichkeiten in die der Möglichkeiten, das Eintreten in das ‚Tausendjährige Reich' als ein bislang kaum erfahrenes Eintauchen in das Leben versteht. Daß dieser Ironizismus für einen Menschen wie Ulrich nicht durchzuhalten und daß der Umschlag erfolgen wird, ist schon früh markiert. Für einen „Mann, der etwas mit ganzer Seele tun möchte", ist der Ironizismus, der einem mehr Wunden zufügt als den anderen, letztlich unakzeptabel. Unverzichtbar ist er als Medium der Erkenntnis der eigenen wie der fremden Existenz.

Daß die Welt schattenhaft und blaß erfahren wird, ist nicht Ursache, sondern Folge eben jenes ironizistischen Blickes auf sie, der sie verflüchtigt und auflöst. Ironie bedeutet die Erfahrung der Uneigentlichkeit der Welt. Die viel zitierte ‚Eigenschaftslosigkeit' Ulrichs, die sich polemisch auf den Eigenschaftsstolz des Vaters bezieht (der sich als eigenen Besitzstand ansieht), ist die radikale Konsequenz dieses ‚perspektivischen' Verfahrens. Im *Mann ohne Eigenschaften* wird das gnostische Weltgefühl von der Außenwelt auch auf die Innenwelt übertragen, darin besteht die Radikalität des Musilschen Ansatzes – Steigerung eines verzweifelten Weltgefühls: „Ich bin für nichts unbegabter als mich selbst."[455] Schwer noch etwas mit sich anzufangen, wenn die Welt, die man vornehmlich selbst ist, uneigentlich zu werden droht.

Dieser Herausforderung versucht sich der ‚Mann ohne Eigenschaften', der mit einem „Rest von Unerschütterlichkeit" ausgestattet ist, „den alle Helden und Verbrecher besitzen"[456], heroisch zu stellen.

454 Ebd., S. 59f.
455 Ebd., S. 274.
456 Ebd., S. 256ff.

Der Roman setzt mit einer charakteristischen Kontingenz-Erfahrung von ganz dezidiert modernem Zuschnitt ein, auf die Ulrichs Zuschreibung der Kontingenz im folgenden Kapitel gemünzt ist: „Man kann tun, was man will; […] es kommt in diesem Gefilz von Kräften nicht im geringsten darauf an!“[457] Dieses ‚Gefilz von Kräften‘ wird zuvor am Beispiel eines Verkehrsunfalls an einem „schönen Augusttag des Jahres 1913“ exemplarisch vorgeführt. Ein Unfall ist ein Zufall inmitten einer rasant gewordenen, anonymen Welt. Und die beiden vornehmen Gestalten, eine Dame und ein Herr, deren „Unterwäsche ihres Bewußtseins“ der Roman für einen kurzen Augenblick unter die Lupe nimmt, bleiben genauso anonym wie der Mann, der unter die Räder eines Lastwagens kommt. Beziehungslos wie die Menschen bleibt auch die zunächst in meteorologischer Sprache vermeldete Schönwetterlage.

Wie darauf reagieren? Wie mit dieser Kontingenz fertigwerden? Durch Mitleid, wie die Dame mit ihrem „unentschlossenen, lähmenden Gefühl“, die an Ulrichs spätere Geliebte Bonadea erinnert? Oder so kaltblütig wie Ulrich, der naturwissenschaftlich gebildete Geist, und wie auch der Begleiter der namenlosen Dame: „Diese schweren Kraftwagen, wie sie hier verwendet werden, haben einen zu langen Bremsweg.“[458] Menschliches Versagen, technisches Versagen? Die Menge wartet auf das Eintreffen der Rettungsgesellschaft und deren „sachkundige und befugte Hilfe“: Kontingenz kann, so die Metapher, verwaltet und sozial bewältigt werden. „Männer in einer Art Uniform waren um ihn bemüht, und das Innere des Fuhrwerks, das der Blick erhaschte, sah so sauber und regelmäßig wie ein Krankensaal aus. Man ging fast mit dem berechtigten Eindruck davon, daß sich ein gesetzliches und ordnungsgemäßes Ereignis vollzogen habe.“[459]

Anders als die Opfer archaischer Gesellschaften werden jene des technischen Fortschritts in ein Kalkül gezogen, das den Einzelfall eliminiert, das Gesetz der statistischen Wahrscheinlichkeit. Die Statistik der jährlichen auch so genannten Verkehrs‚opfer‘ ist, wie die professionelle Rettung, eine Maßnahme, aus einem kontingenten „ein gesetzliches und ordnungsgemäßes“ Ereignis zu machen.[460] Insofern Ulrich diese Sachlichkeit akzeptiert und bis zu einem Punkt radikalisiert, der den modernen Umgang mit Kontingenz nicht verhüllt, sondern offenbar werden läßt, ist er durchaus kein anachronistischer, sondern zunächst eher zeitgemäßer Typ, der die Beliebigkeit ebenso affirmiert wie das Tempo seiner Zeit: wenigstens aufregend muß man sie finden, wenn man sie schon nicht wirklich ‚liebt‘.

„Sag mir, wo du wohnst, und ich sag dir, wer du bist“, notiert Musil in einem der unzähligen Kommentare und Vorarbeiten zu seinem opus magnum.[461] Ulrichs Interieur, ein „kurzflügeliges Schlößchen“, verkörpert nicht nur ein privilegiertes, spätfeudal-großbürgerliches Leben, das ökonomisch und sozialpsychologisch den ‚Urlaub vom Leben‘ plausibel erscheinen läßt, in seiner Stilmischung („seine Traggewölbe waren aus

457 Ebd., S. 13.
458 Ebd., S. 11.
459 Ebd.
460 Ebd.
461 Ebd., S. 1967.

dem siebzehnten Jahrhundert, der Park und der Oberstock trugen das Ansehen des achtzehnten Jahrhunderts, die Fassade war im neunzehnten Jahrhundert erneuert und etwas verdorben worden, das Ganze hatte einen etwas verwackelten Sinn, so wie übereinander photographierte Bilder"[462]) versinnbildlicht es einen postmodernen Lebensstil vor der Zeit: Selbstironie eben jenes Historismus, der alles retrospektiv dem Geschichtlichen zuordnet und sich aus dem Material der Zeiten bedient. Ulrich wohnt wie seine soziale Umgebung standesgemäß in der verdorbenen Architektur des 19. Jahrhunderts (und es ist kein Zufall, daß es sich dabei um die Fassade handelt), und die verwackelten Bilder stehen für eine historische Situation, der schwer zu entrinnen ist und deren Zeitgenosse Ulrich ist.

Ulrich forciert diese bodenlose Beliebigkeit dadurch, daß er seine Einrichtung nicht nach etwa einem persönlichen Geschmack, seinem nämlich, auswählt, sondern diese dem „Genie der Lieferanten" überläßt; ähnliches gilt auch für die Essenversorgung, die ebenfalls einem hilfreichen Service überlassen ist. Was Ulrich also erprobt, ist, die Unselbstverständlichkeit seines Lebens, das, was später einmal die ‚Unbehaustheit' des Menschen[463] heißen wird, offensiv zu leben: „Als alles fertig war, durfte er den Kopf schütteln und sich fragen: dies ist also das Leben, das meines werden soll? – Es war ein entzückendes kleines Palais, was er da besaß; fast mußte man es so nennen, denn es war ganz so, wie man sich seinesgleichen denkt, eine geschmackvolle Residenz für einen Residenten, wie ihn sich Möbel-, Teppich- und Installationsfirmen vorgestellt hatten, die auf ihrem Gebiet führen. Es fehlte nur, daß dieses reizende Uhrwerk nicht aufgezogen war; denn dann wären Equipagen mit hohen Würdenträgern und vornehmen Damen die Auffahrt emporgerollt, Lakaien würden von den Trittbrettern gesprungen sein und Ulrich mißtrauisch gefragt haben: ‚Guter Mann, wo ist Euer Herr?' Er war vom Mond zurückgekehrt und hatte sich sofort wieder wie am Mond eingerichtet."[464]

Musils Stärke liegt im Ironizismus, und die schonungslose Selbstbeobachtung läßt ein radikales Unwirklichkeitsgefühl sichtbar werden, das vielleicht in dieser Qualität historisch neu ist. Nicht alle Behausungen des modernen Essayismus sind notgedrungen so beschaffen wie jene historisch-altösterreichische Ulrichs, aber doch ist hier eine Logik vorgegeben, die charakteristisch ist für die immanenten Voraussetzungen, unter denen der Essayismus des 20. Jahrhunderts wirksam ist.

Die Behausung verwandelt sich in ein Spielzeug, in dem man sich selbst als aufziehbares Inventar erfährt in einer Art irrealer historischer Situation. Daß die Welt als Wirklichkeit ihre Selbstverständlichkeit verloren hat, dieser verschleierte und gerade von Historismus und Humanismus verdeckte Tatbestand ist es, den Ulrich zutage fördern möchte als den realen Ausgangspunkt, von dem aus die Frage nach dem ‚rechten Leben' überhaupt ehrlich gestellt werden kann. Aus dieser Beobachtung resultiert auch Ulrichs Ablehnung der Wirklichkeit im Namen des Möglichen, aber dies führt wiederum zu einem Widerspruch: Wie gegen eine Wirklichkeit protestieren, die entgegen allem

462 Ebd., S. 12.

463 Vgl. Hans Egon Holthusen, *Der unbehauste Mensch. Motive und Probleme der modernen Literatur*, München 1955; Ulrich ist der heroisch unbehauste Mensch.

464 Musil, *Der Mann ohne Eigenschaften*, a.a.O., S. 21.

Augenschein mit der Unwirklichkeit des Mondes zu vergleichen ist? Denn Ulrich lebt wie seine Zeit- und Klassengenossen in derselben ‚Wirklichkeit‘ einer historistisch gestylten Welt, mit dem einen feinen Unterschied: daß er es bemerkt.

Ulrichs perspektivischer Blick ist der aus dem Fenster, unbeteiligt, distanziert, nicht ohne ironischen Rückbezug auf sich selbst, naturwissenschaftlich geschult, ein Blick aus seiner unwohnlichen Behausung (Gemütlichkeit wäre dem asketisch-sportlichen Ulrich ohnehin verpönt), neugierig auf die Menschen und das Treiben draußen gerichtet: „Er stand hinter einem der Fenster, sah durch den zartgrünen Filter der Gartenluft auf die bräunliche Straße und zählte mit der Uhr seit zehn Minuten die Autos, die Wagen, die Trambahnen und die von der Entfernung aus gewaschenen Gesichter der Fußgänger, die das Netz des Blicks mit quirlender Eile füllten; er schätzte die Geschwindigkeiten, die Winkel, die lebendigen Kräfte vorüberbewegter Massen, die das Auge blitzschnell nach sich ziehen, festhalten, loslassen, die während einer Zeit, für die es kein Maß gibt, die Aufmerksamkeit zwingen, sich gegen sie zu stemmen [...]“[465]

Es ist ein großstädtischer Blick aus dem Fenster,[466] und am Ende bemerkt der moderne Essayist, „welch ungeheure Leistung heute schon ein Mensch vollbringt, der gar nichts tut“[467]: Aufmerksamkeit ist nicht nur physiologisch anstrengend, ein solches Urteil wäre weder Montaigne noch Novalis eingefallen; sie waren nur mit der Fülle der Bücher konfrontiert, hier nun tritt eine Fülle von Augen-Blicken ein, die wahrgenommen werden wollen, eine Überfülle, die die Aufmerksamkeit dazu treibt, sich zur Wehr zu setzen. Das schmerzende Auge ist eine συνεκδοχή für den modernen Essayismus, der in seiner Aufmerksamkeit und Geistesgegenwart zugleich Schutz sucht vor dem Einfall des zu Betrachtenden.

Für einen Essayisten wie Musil kommt es darauf an, mit welchem Auge man eine Angelegenheit sieht, mit den ‚schönen Augen‘ einer Frau oder in der Nacht, wenn die „erhellten Fensterscheiben ins Zimmer schauen, und die Gedanken, nachdem sie gebraucht sind, herumsitzen wie die Klienten im Vorzimmer eines Anwalts, mit dem sie nicht zufrieden sind“.

Nichts hat Bestand, und was beständig wechselt, das ist die Perspektivik. Ulrich erweist sich als ein Meister der Beschränkung und der Genauigkeit. Statt sich im Trubel der Großstadt zu verlieren, konzentriert er sich auf einzelne typologische Fälle: auf Frauen wie Diotima und Bonadea, auf Arnheim und auf Moosbrugger. Er tut dies mit einem kalten Blick, vor dem seine seelenvolle Geliebte Bonadea zurückschreckt und von dem sie sich zugleich magisch angezogen fühlt, weil „er Augen hatte, mit denen er einen ansah wie ein Mann hinter einem Fenster“.[468] Der Blick aus dem Fenster ist eine Metapher der Distanz für eine kaltblütige Seelenverfassung, die an anderer Stelle als „wasserhelle Aufrichtigkeit“ apostrophiert wird.[469]

465 Ebd., S. 12.

466 Vgl. die Perspektive in E.T.A. Hoffmanns Erzählung *Des Vetters Eckfenster*, a.a.O., S. 382: „Es ist ein Eckhaus, was mein Vetter bewohnt, und aus dem Fenster eines kleinen Kabinetts übersieht er mit einem Blick das ganze Panorama des grandiosen Platzes.“

467 Musil, *Der Mann ohne Eigenschaften*, a.a.O., S. 12.

468 Ebd., S. 259.

469 Ebd., S. 279.

Spätestens an dieser Stelle wird deutlich, daß hier eine Parallelaktion ganz eigener Art vorliegt, eine Parallelaktion zu einem Projekt, das Musil neben der Sozialdemokratie, Thomas Mann und Stefan Zweig zu den Flachheiten seiner Epoche zählte und das im Roman, der nahezu allen relevanten geistigen Strömungen der Zeit Figuren zuordnet, restlos ausgespart bleibt, nicht der Rede wert zu sein scheint (im Gegensatz etwa zu Klages, der leicht entschlüsselbar als Meingast die Bühne in der Welt des Romans betritt). Die Rede ist natürlich von Sigmund Freuds Psychoanalyse.[470]

Vom Ansatz her steht Musil-Ulrich mit seinem radikal aufdeckenden Programm der Desillusionierung Freud näher als dem bilder- und runenbeschwörenden Wiederverzauberer Ludwig Klages mitsamt seiner dezidierten Rationalitätsfeindlichkeit.[471]

Was der Roman praktiziert und was Ulrich programmatisch formuliert, ist eine Aufdeckung jener bekannten Sachverhalte, die auf Grund gesellschaftlicher Konventionen verschwiegen werden, eine Psycho-Analytik, die unter die Haut geht, die „Unterwäsche des Bewußtseins" sichtbar werden läßt. In diesem Sinne versteht sich Musil durchaus als Aufklärer, auch wenn er davor zurückscheut, daraus gesellschaftliche und politische Konsequenzen zu ziehen, so wie ja auch Ulrich davor zurückscheut, in den Fall Moosbrugger einzugreifen (etwa im Sinne eines Unzurechnungsfähigkeitsverdachtes).[472] Ulrichs Denken ist radikal, aber das hat für die Wirklichkeit, die ja nicht wirklich ist, kaum Konsequenzen, ja man könnte sogar sagen, daß dieses Nicht-Handeln, dieses rollendistanzierte Handeln im Einklang mit den als lächerlich interpretierten Konventionen, dieses innere Exil die Voraussetzung abgibt für den radikalen, teilnahmslosen Blick auf die Menschen: „Die wasserhelle Aufrichtigkeit, sich nackt zur Schau zu stellen, würde selbst einem Menschen, der wenig Vorurteile hatte und in der Würdigung des ent-

470 Die Eintragungen zu Freud sind eher spärlich. Musil scheint ihm aus dem Weg zu gehen, zum einen weil er ihn für raumgreifend hält, zum anderen aber auch, weil er Freud methodisch und perspektivisch mißtraut. Er bejaht den aufklärerischen Impuls der Psychoanalyse, wenn er in seinem *Rapial* von 1937 notiert: „Die Psa. hat bewirkt, daß über das Sexuelle (das bis dahin der Romantik u. der Niedrigkeit überlassen war) gesprochen werden könne: das ist ihre ungeheure zivilisatorische Leistung. Daneben mag es sogar unwichtig erscheinen, welchen Wert sie als Psychologie hat." (Ders., *Werke*, Bd. 7, a.a.O., S. 832.) Freud wird für Musil zum Kronzeugen der „Entthronung der Vernunft u. des Verstandes in ihrer Bedeutung für das Seelenleben" (ebd., S. 824). Musil sieht Freud freilich als eine Gestalt des Überganges. Die Psychoanalyse teile, wenn auch mit umgekehrten Vorzeichen, die ‚Überschätzung' des Unbewußten mit der vorfreudschen ‚Gefühlspsychologie' (ebd.).

471 Zur These von der preußischen Parallelaktion paßt das Urteil von Gottfried Benn: „Aber wo er [Ludwig Klages, M.-F.] sich und seine Person dann als Denker und Schöpfer einführt, wird es tantenhaft. Im übrigen ist sein Problem ja längst weiter geführt. Leben u. Geist – das wird ja schon im Berliner Sportpalast verwendet u. ist schon zu den Ministern gedrungen. Die neue Formel ist ja eben: nur Geist. Alles Geist! Das ‚Leben'? Du lieber Gott, das ist ja schon bei Nietzsche ein Krampf [...] Das ist die abendländische Havarie [...]" (*Briefe an Oelze*, Bd. 1, 1932–1945, a.a.O., S. 40f.)

472 Vgl. Musil, *Der Mann ohne Eigenschaften*, a.a.O., S. 1818: „Es handelt sich nicht darum, das Scheusal zu bewahren, sondern uns vor einer Entscheidung, die auf der Höhe eines Hexenprozesses steht."

kleideten Leibes von keinerlei Scham behindert wurde, damals als ein Rückfall ins Tierische erschienen sein, nicht wegen der Nacktheit, sondern wegen des Verzichtes auf das zivilisierte Liebesmittel der Bekleidung."[473]

Aber genau was hier als Irrealis perfectum bezeichnet wird, ist im Roman konsequent durchgeführt: eine Psychoanalytik mit den fiktionalen Mitteln des Romans. Musils typologische Konfigurationen, die Ulrich nicht selten mit sinnträchtigen Namen ausstattet (Diotima für die sexuell unbefriedigte, schöngeistige Platonikerin, Bonadea für eine liebesbesessene Nymphomanin, Leona für das orale Weibchen, Gerda als Hysterikerin, Clarisse als Schizophrene) lesen sich ganz ähnlich wie Freuds symptomatische Geschichten über Hysterie und Neurose. Nicht zu übersehen ist auch, daß der sozialpsychologische Hintergrund von Musils Figuren mit den Freudschen Patientinnen identisch ist: es ist die Welt des gehobenen Bürgertums, in der die verschwiegenen sexuellen Motive ihr Recht fordern und die Verkleidungen und Verdrängungen das Seelenleben nachhaltig deformieren. Der allwissende Erzähler im Roman dringt in die von den Personen selbst nicht wahrgenommenen Feinstrukturen vor, rekonstruiert die Lebensgeschichten seiner Studienobjekte, legt die ‚Unterwäsche ihres Bewußtseins' frei. Es ist die Arbeit eines Vivisekteurs, dessen Liebe nicht den Objekten, sondern seiner Tätigkeit gehört. Die weiblichen Seelenkörper werden zu Opfern einer kaltblütigen Ratio, die sich ihrer Gewalttätigkeit durchaus bewußt ist. Zu dieser „wasserhellen Aufrichtigkeit" gehört auch die im Sinne der Aufrichtigkeit als notwendig anerkannte Bejahung der Gewalt. Musils Rationalität ist ähnlich wie die Benns einsam, undialogisch, männlich, phallisch; und seine Figuren, insbesondere die weiblichen, bleiben im Netz ihrer Selbstillusionen verfangen, vielleicht auch deswegen, weil die Frauen im Kontext des Romans nicht über jenes messerscharfe männliche Bewußtsein verfügen, das zwar unglücklich macht, aber der ‚Wahrheit des Lebens' entspricht. Deshalb bleiben viele der Figuren Musils überaus statisch. Freuds Modell der Übertragung ist kommunikativ, gewissermaßen ein Nach-Spiel, und es besteht die Möglichkeit, daß in dieser Konstellation zutage tritt, was die/den Analysierte(n) quält. Es gibt in dieser Situation die Chance (keineswegs die Garantie), sich ein Stückweit der ‚Unterwäsche' seines Bewußtseins zu vergegenwärtigen, diesen Rest an aufklärerischer Hoffnung bewahrt die an sich skeptisch orientierte Psychoanalyse Freuds.

Eine solche Möglichkeit ist im Perspektivismus Musils ausgeschlossen, und so nimmt das undurchschaute Spiel von Libido und Gewalt seinen blinden Lauf. Es ist ein ungleiches Spiel, dessen Sieger von vornherein feststeht, stumm, gewalttätig, was im Roman auch nicht beschönigt wird. Ulrichs Überfälle sind direkter Art, und der Ort des Geschehens ist nicht eine diskrete Couch, nicht das Gespräch mit dem Stellvertreter, sondern der entwaffnende Coitus, der die Wahrheit ans Licht bringt. Ulrichs sexuelle Vorstöße sind nicht nur einem als selbstverständlich angesehenen Männlichkeitsideal verpflichtet, die zu dem Jagdgeweih und dem ‚Boxball' passen, vielmehr sind sie einer Art von praktischer Anthropologie verpflichtet, für die der Geschlechtsakt sozusagen einen empirisch-diagnostischen Wert besitzt, während ihm zuweilen für die betroffenen Frauen kathartischer Charakter zugeschrieben wird. Das gilt für die Episode mit Gerda, der Toch-

473 Ebd., S. 279.

ter des jüdischen Bankiers, ebenso wie für das erotische Zusammentreffen mit Diotima, das freilich Skizze blieb, eine Skizze, die aber Aufschluß gibt über die beinahe generalstabsmäßige Arbeitsweise Musils und die den Ausgangspunkt seiner Sexualphilosophie offenbart. Geplant war für den Roman ein unerwartetes Zusammentreffen von Ulrich und seiner Kusine Diotima während eines Gartenfestes. Es handelt sich um einen Maskenball, und die schöne Kusine, als Oberst verkleidet, ist noch maskiert. Was nun beginnt, steht unter dem Vorzeichen von Geständnis, Kapitulation und Demaskierung.

Musil notiert zu dem Kapitel: „Mimetus des Coit. soll den Eifersuchtsvorstellungen Material liefern [...]

Hinrichtung am Morgen. Coit. am Abd.

Coit. nicht sex. machen; ganz nur Reiz, einen Menschen sichtbar zu machen."[474]

Daß sich Musil in einer ersten Ausführung des Kapitels an die konzipierte psychologische Versuchsanordnung hält, zeigt die entscheidende Passage, als das Gespräch in eine unbestimmte Situation diffundiert, in der sich Macht und Begehren, Haß und Liebe verschränken. Ausgangspunkt der militärischen Metaphorik, in der Gewalt, Kampf und Kapitulation dominieren, bildet die Maske Diotimas, die männliche Uniform, die die Frau trägt und die doch nur dem Mann zusteht. All dies führt zu der aufgeladenen Situation, in der sich Gewalt als sexuelle Lust und als Lust an der Demaskierung der weiblich-konventionellen Rivalin entlädt: „D. blickte ihm blöde in die Augen. U. hoffte ihren Stolz zu verletzen, ihre Eitelkeit, ihre Vernunft; vielleicht waren es aber auch nur die natürlichen, in ihm aufgehäuften Gefühle des Grolls gegen sie, die er aussprach. Er fuhr fort: – Ich denke seit Monaten an nichts anderes, als Sie zu schlagen, bis Sie brüllen wie ein kleines Kind! In diesem Augenblick hatte er sie schon bei den Schultern gepackt, nahe beim Hals. Die Opferblödheit nahm zu. Noch zuckten Ansätze darin, etwas zu sagen, die Lage durch eine überlegene Bemerkung zu retten. In ihren Schenkeln zuckten Ansätze, aufzustehen u. kehrten vor dem Ziel um. U. hatte ihren Pallasch ergriffen u. halb aus der Scheide gezogen – Um Gotteswillen! – fühlte er – ich werde, wenn nicht etwas dazwischen tritt, sie damit über den Kopf schlagen, bis sie kein Zeichen ihres verfluchten Lebens mehr von sich gibt [...]"[475]

Es endet, wie es enden muß, das Opfer Frau „neigte sich zur Seite, um U.s Lust über die ihre ergießen zu lassen, wie er mochte".[476] Was als Mimesis begann, schlägt in eine Form von Wirklichkeit um, die im Gegensatz zu der maskierten, der konventionellen Moral steht: die einzige Realität, die von Ulrich akzeptiert wird. Ulrichs Gewalt-Akt leitet eine physische Erschütterung ein, die dazu führt, daß die verschütteten und abgedrängten Antriebe von Diotimas psychischem Leben zum Vorschein kommen: „Weit zurückliegende Kinderworte u -Gebärden mengten sich hinein u. die ablaufenden wenigen Stunden bis zum Morgen waren wie erfüllt von einem dunklen, kindischen u seligen Traumzustand [...]"[477] Diese Art von überwältigender psychoanalytischer Demaskierung ist im Roman keineswegs auf Diotima begrenzt, sondern betrifft im Grunde genommen alle Frauen – mit Ausnahme Agathes, der Schwester, des weiblichen alter ego.

474 Ebd., S. 1397.
475 Ebd., S. 1620.
476 Ebd.
477 Ebd., S. 1621.

Ulrich ist sich der Gewalttätigkeit seines Handelns und Tuns durchaus bewußt. Ursprünglich war der Frauen- und Prostituiertenmörder Moosbrugger, der in der endgültigen Fassung eher ein Studienobjekt für einen an Nietzsche geschulten perspektivischen und moralkritischen Geist abgibt, als Spiegel, ja sogar als Doppelgänger konzipiert, weshalb es auch in einer frühen Studie heißt: „Er liebte eigentlich Moosbrugger, weil er ein Frauenmörder war." Ulrich, der symbolische Frauenmörder, der die durch Konvention und Scheinmoral verstellte Wirklichkeit innerlich bekämpft, betreibt seine Anthropologie aus der Innenlage über den Anderen, und in Moosbrugger erblickt er den archaischen Kern des (männlichen) Menschen, weshalb es noch in der Endfassung heißt, daß, wenn die Menschheit träumen würde, Moosbrugger entsteht: eine schwärzere Anthropologie läßt sich kaum finden. Moosbrugger ist nur die Ausnahme insofern, als bei ihm offen zutage tritt, was ansonsten unter der Decke von Moral und Konvention verborgen liegt. Das gilt im Grunde auch für das Problem der Unzurechnungsfähigkeit, die kein singuläres Problem zu sein scheint, sondern, wie die dramatische sexuelle Episode zwischen Ulrich und Diotima zeigt, immer schon an der Grenze des Möglichen liegt. Und es ist kein Zufall, daß Ulrich seine Haltung als „aktiven Passivismus" bezeichnet und ihn, seine Situation auf die Moosbruggers beziehend, mit „dem Warten eines Gefangenen auf die Gelegenheit des Ausbruchs" vergleicht.[478] Verführerisch, von den recht gewaltsamen psycho-analytischen Erkundungen Ulrichs auf die ästhetischen Strategien des essayistischen Romans zu schließen, der eigentlich kaum eine Grenzerfahrung ausläßt, um unser alltägliches Weltverständnis, unseren ‚Wirklichkeitssinn' zu untergraben: Frauenmord, Wahnsinn, Testamentfälschung, Inzest, sie alle sind grenzüberschreitende, ‚physiologische' Erschütterungen, insofern der Leser ein Wirklichkeitsmensch ist wie Diotima. Oder aber der Leser leistet dem heroischen Gefangenen vor dem Ausbruch Gesellschaft, übernimmt dessen Perspektive, verdoppelt die Opfer in der Welt des Romans. Eine moralisierende Kritik – sei sie nun feministischen oder nicht-feministischen Ursprungs – verfehlt ihr Ziel insofern, als sie selbst noch einmal der im Roman vorgetragenen Moral-Kritik unterliegt; selbst wenn man Musils anthropologische Fest- und Zuschreibungen nicht teilen mag, ist seine kompromißlose Sicht der Dinge von unschätzbarem diagnostischen Wert. Seine unerbittliche Genauigkeit hält fest, wie sehr Macht und Gewalt in den Sexus eingelagert (und historisch angelagert) sind, obschon kein formell krimineller Tatbestand vorliegt. Sexualität ist ein crimen, das am Ende allen zivilisatorischen Kanalisationsversuchen widersteht, das ist ein Bild von Sexualität, das nicht in die Sozialhygiene einer Gesellschaft paßt, die Sexualität so handzuhaben versucht wie das Autofahren.

Musil verordnet seinem Leser, vor allem dem zeitgenössischen Leser, eine Choktherapie, deren Gefahren nicht zu übersehen sind. Die ‚Siege' auf dem Schlachtfeld der Körper[479] (Theweleit) schließen den gepanzerten, männlichen Angreifer von einem spezifischen Moment körperlich-seelischer Erfahrung aus, macht ihn auch psychologisch blind für das Geschehen. Was daraus resultiert, könnte man als den blinden Fleck der Selbstanalyse bezeichnen, als jene ‚Malaise', die Benn vor Augen hat im Hinblick auf Nietzsche. So kann nie der Verdacht aufkommen, daß diese Überlegenheit womöglich schein-

478 Ebd., S. 356.
479 Vgl. Klaus Theweleit, *Männerphantasien*, 2 Bde., Basel – Frankfurt a.M. 1986.

haft sein könnte. Der militärische Blick auf den geliebten und gehaßten weiblichen Körper ist nicht untrüglich, er ist gefiltert durch die Erfordernisse eines Kampfes, dessen ontologischer Charakter bei Musil außer Streit steht. Unter der Vorgabe einer militärischen Strategie – und nichts anderes bedeutet ja das Wort Polemik als die Kunst der Kriegsführung – sind Musil-Ulrichs Beobachtungen genau, gehorchen eben jenem Exaktheitsideal, das sich Ulrich als naturwissenschaftlich gebildeter Mensch selbst verordnet.

Bei Musils Perspektivismus ist zwischen selbstironischer Satire, emotionsloser Neugierde und polemischer Haltung zu unterscheiden. Die Habsburger Monarchie, die an einem Namensfehler zugrunde geht, deren psychohistorische Durchleuchtung im Roman bis heute sowohl methodisch wie literarisch vorbildhaft zu nennen ist,[480] wird aus einem satirischen Blickwinkel analysiert, aus dem auch eine gewisse Sympathie des beteiligten Beobachters spricht; Musils Verhältnis zur alten Monarchie hält die Balance zwischen sentimentaler Verklärung und historischer Verdammung, sie gilt ihm eher als Sinnbild eines Provisoriums, wie es die Welt überhaupt ist.

Ulrichs Analyse des Falles Moosbrugger ist zwar nicht allein von essayistischer Neugierde getragen; dazu schwingt zu viel reflexiver Selbstbezug und grundsätzliche Moralkritik mit; aber letztlich ist Moosbrugger für ihn ein Demonstrationsobjekt, die vorgeschobene, erregte Sympathie für Moosbrugger seitens einiger Wiener Gesellschaftsdamen (Clarisse, Bonadea) lehnt er entschieden und sarkastisch ab. Nicht das Todesurteil beängstigt ihn, sondern dessen falsche, verlogene Begründung. Als jemand, der gesellschaftlichen Regeln und Gesetzen nur eine relative, kontextuelle Bedeutung beimessen kann, ist ihm eine metaphysische Ethik und Moral im höchsten Sinne verdächtig. Ulrich kritisiert auch nicht die Einseitigkeit der psychiatrischen Perspektive, sondern deren Unentschlossenheit. Aus der Un-Verantwortlichkeit Moosbruggers leitet er nicht die Notwendigkeit ab, Moosbrugger zu verschonen.[481]

Polemisch ist Musils Perspektive gar nicht so sehr gegenüber den Vertretern des ‚Wirklichkeitssinns', des Realitätsprinzips – so etwa gegenüber dem Grafen Leinsdorf, dem General Sturm von Bordwehr, dem Sektionschef Tuzzi, dem Ehemann Diotimas –, die mit gleichgültig-kollegialer Halbsympathie beschrieben sind, als vielmehr gegen jene Figuren (neben dem gesamten weiblichen Figureninventar mit Ausnahme von Agathe), die mit verzweifelter Energie nach Auswegen aus der geistig-kulturellen Krise suchen und die „Welt nach ihrem Ebenbild umschaffen möchten". Was ironisch als Parallelaktion etikettiert wird, ist ihrer ernsten Seite nach nichts anderes als der Versuch einer säkularen Erlösung des modernen Menschen, und als Mittel fungieren eben jene theoretischen Artefakte, die die Bezeichnung ‚Ideologie' tragen und deren zunehmende Irrelevanz in der zweiten Hälfte dieses saeculums den Verdacht nähren, sich nach einem entscheidenden historischen Ereignis zu befinden: dem Krieg, der, von Ideologien getragen, selbst ideologische Funktionen erfüllte, dem Krieg, der das säkulare Pendant zu

480 Wie selbstverständlich die Selbstironie den Österreichern geworden ist, beweist die allwöchentliche Kolumne der alternativen Wochenzeitschrift *Der Falter*, die unter der Rubrik ‚Seinesgleichen geschieht' die politischen Affären der Republik süffisant verhandelt.

481 Vgl. hierzu Musil, *Der Mann ohne Eigenschaften*, a.a.O., Kap. 31, S. 119f.

jenem Glaubens- und Religionskrieg dreihundert Jahre zuvor darstellt. Denn wie immer auch Musil seinen Roman modifizieren wollte, das Ende der ‚Parallelaktion' stand fest: der Krieg erweist sich als die erlösende Idee, auf die keiner der an dessen Vorbereitung Beteiligten gekommen war. Krieg und Ideologie, der General und die Muse, Diotima, finden am Ende zueinander, und der preußisch-deutsche Tycoon Arnheim wird ökonomisch auf seine Rechnung kommen. Musils Roman selbst ist als eine Parallelaktion aufzufassen, textextern als eine zu Freud, textintern als eine von Ulrich gegen alle (anderen) Erlösungsvarianten: jene von Diotima und Arnheim, die in falscher Romantik auf eine Erneuerung des Humanismus setzen und dabei doch nur Fassadenschmuck betreiben, jene von Gerda und ihrem faschistischen Freund Hans Sepp, der von Askese und völkischer Erlösung von der jüdischen Infektion träumt, jene sozialistisch-pazifistische, wie sie der Dichter Feuermaul (alias Franz Werfel) und der junge Sozialist Schmeisser propagieren, und schließlich jene sich auf Nietzsche berufende von Clarisse und Meingast (Klages), die der Welt ein wenig Wahnsinn verordnen möchte, wobei die Befreiung Moosbruggers das Fanal bilden soll.

Diese „unerträglichen Totallösungsversuche" der „Dichter und Essayisten"[482] werden nun ironizistisch zerlegt, man könnte auch à la mode sagen, dekonstruiert. Aber es bleibt nicht beim Ironizismus des Unbeteiligten bzw. des Skeptikers, der die halben Lösungen, die Teillösungen oder gar das Durchwursteln entgegen einem weit verbreiteten common sense hochhielte (etwa im Sinne Rortys); der Ironizismus erweist sich als unhaltbar, es erfolgt der Umschlag in eine radikale, experimentelle Utopie der Selbsterzeugung und Neuschaffung, die ihrerseits nicht durchzuhalten sein wird. Sie wird in zwei Schritten vorgetragen: dem programmatischen Essayismus, der Utopie des exakten Lebens, folgt der ‚verbrecherische' Versuch der Errichtung eines ‚Tausendjährigen Reichs', wie es Ulrich und Agathe zu leben versuchen, in gewisser Weise stellt diese Totalisierung des eigenen Ich eine Überbietung sämtlicher anderen Vorschläge dar.

Alle Hauptfiguren, zumeist Paare, befinden sich in einem Wettstreit, „den Sinn des Lebens wiederherzustellen"[483], Ulrichs Position ist insofern eine ausgezeichnete, als er diese Sinngebungsversuche zum einen in ‚perspektivischer Verschiebung' betrachtet, ironisch konterkariert und doch zugleich einen eigenen Beitrag zu diesem Wettstreit um die Rettung und Erlösung der Welt liefert, wie spielerisch Ulrich auch mit dessen (Un-) Realisierbarkeit umgeht, um die anderen, damit auch den Leser, zu irritieren. Aber Spiele pflegen sich zu rächen, und am Ende wird es für Ulrich doch ganz ernst.

Verworfen werden insbesondere zwei Rezepturen, zwei Generallösungen, die eine wird durch Clarisse und ihren späteren Meister, der den abgründigen Namen Meingast trägt, konfiguriert, die andere durch die schöngeistige Fassade namens Diotima und ihren reichen preußischen Verehrer Arnheim, der von der Seele spricht und die galizischen Ölfelder meint, die Kontrastfigur zu Ulrich schlechthin, der Konkurrent, der dem ‚Mann ohne Eigenschaften' als Typ zutiefst zuwider ist. Wie Meingast hat auch Arnheim bekanntlich eine biographische Vorlage in Gestalt des (jüdischen) Industriellen und späteren deutschen Außenministers Walter Rathenau, der Anfang der 20er Jahre von

482 Ebd., S. 1950.
483 Ebd., S. 596.

völkischen Terroristen ermordet wurde – die jüdische Problematik freilich bleibt im Roman ausgespart, vielleicht auch deswegen, weil sonst der verworfene Typus des schöngeistigen Tycoons allzu sehr in die Nähe antisemitischer Ressentiments gerückt wäre.[484] Beide verworfenen Denk- und Lebenshaltungen sind nach Maßgabe eines strengen Rationalismus ‚irrationalistisch': während Clarisse einen Erlöser sucht, der die Welt in einen heilsamen ‚Wahn' zu versetzen vermöchte (und diesen dann auch in Meingast findet, nachdem Ulrich abgewunken hat), möchte Diotima „dem Geist eine Gasse in die Welt bahnen", Seele und Gefühl wieder zu ihrem Recht verhelfen angesichts einer mechanisch, materialistisch und seelenlos empfundenen Zeit; insofern ist Diotima durchaus eine aktuelle österreichische Gestalt (die Ringel, Frankl und protestantisch-deutsche Importe: merkwürdige Liebe des Österreichers zu sinnstiftenden Unternehmungen etc.).[485] Als Kontrahenten beinahe bedeutungslos sind jene fortschrittlichen Geister, die an Vernunft, Fortschritt und Humanisierung der Welt durch Technik glauben, eine abgelebte Generation, die Ulrichs väterlicher Freund Leo Fischel verkörpert, ein bürgerlich-liberaler Jude, dem der gesellschaftliche und soziale Aufstieg unter den Vorzeichen der sich zuspitzenden geistigen und politischen Krise verwehrt bleibt. Demgegenüber gebärdet sich Ulrich als ein Rationalist ohne aufklärerische Hoffnungen auf humanen Fortschritt, als ein fatalistischer kühler Kopf, der um die Gefahr weiß, daß das Abenteuer namens Wissenschaft womöglich böse verlaufen wird: am Ende der Neuzeit wird der Schiffbruch, der im Kleinen ohnehin zur alltäglichen Begleiterscheinung der technischen Welt geworden ist, auch im großen Stil zur geschichtlichen Möglichkeit.[486] Der Wettstreit, der in der Welt des Romans ausgetragen wird, ist kein rein theoretischer; im Sinne des essayistischen Gebots nach dem wahren (oder zumindest wahrhaftigen) Leben sind psychologischer Perspektivismus und Ideologiekritik aufeinander bezogen. Unwahr im Sinne Ulrich-Musils sind nicht bloß Arnheims Anschauungen, sondern auch sein Lebensstil.

Diotima und Arnheim verkörpern die „Spekulation à la hausse", wobei Diotima an ihren selbstgebackenen Idealismus glaubt, während dieser für Arnheim ein Komplement darstellt. Diotima ist die Fassade schlechthin, nach-nach-klassizistisch mit griechischem

484 Vgl. demgegenüber das überschwenglich positive Rathenau-Bild Joseph Roths: „Er hat wunderbar gelebt: unter edlen Büchern und seltenen Gegenständen, zwischen schönen Farben und Bildern, mit nutzlosen, erhabenen, kleinen, zarten, ehrfurchtgebietenden, Zärtlichkeit heischenden, machtvollen, träumerischen Dingen; mit den Zeugen menschlicher Vergangenheit, menschlicher Weisheit, menschlicher Schönheit, menschlicher Kraft und menschlichen Leidens: vom Ewig-Menschlichen umhaucht [...] Er war wie ein friedlicher Feldherr des Geistes [...] Er war ein Christ; ihr findet keinen Besseren [...]" (Joseph Roth, *Gesammelte Werke*, Bd. 4, S. 115 ff.) Karl Corino berichtet, daß Robert Musil in Briefkontakt mit den Rathenau-Mördern gestanden hat, vgl. Corino, *Robert Musil*, a.a.O., S. 285. Zu Rathenaus intellektueller Bewertung vgl. Robert Musil, *Über den Essay*, Gesammelte Werke, Bd. 8, a.a.O., S. 1337: „Rathenau ist das Beispiel der Entartung [!] eines Essayisten in einen philosoph. Dilettanten."

485 Der merkwürdige österreichische Hang zu Sinnstiftungsunternehmungen ist bislang – trotz Musil – weitgehend unanalysiert geblieben, obschon psychotherapeutische Epigonen wie Frankl und Ringel, rechts wie links, ein prächtiges analytisches Betätigungsfeld darbieten.

486 Vgl. Stephan Sting, *Der Mythos des Fortschreitens*, Berlin 1991.

Haarknoten und einer „fetten, gewichtslosen" Hand, um sie ist ein „dünner Pudergeruch, der nichts zu verdecken schien"[487], sie ist eine Metaphysikerin der „Gefühlnisse in Gold und Silber", „Dozentin der Liebe", die sich ein „Leben ohne ewige Wahrheiten" nicht vorstellen kann,[488] erfüllt von Maeterlinck und Dünnromantik (womit Musil en passant mit den eigenen romantischen Sehnsüchten seiner Jugend abrechnet), stets bestrebt, die ‚Seele' und die Moral gegen den materialistischen Zeitgeist ins Spiel zu bringen; diese überhöhte Seele bringt Musil zum Verschwinden, wenn er ihr die handfeste, unterdrückte Triebökonomie ihrer verschwiegenen Psyche entgegenstellt. So hält das Psychogramm sarkastisch fest: „Wahrscheinlich war, was sie Seele nannte, nichts als ein kleines Kapital von Liebesfähigkeit, das sie zur Zeit ihrer Heirat besessen hatte; Sektionschef Tuzzi bot nicht die rechte Anlagemöglichkeit dafür."[489]

Es ist Ulrich, der Psychoanalytiker à la Musil, der in der oben analysierten Szene diese Triebökonomie ans Tageslicht fördert, nachdem er zuvor schon in mächtigen verbalen Attacken dieser angelernten Liebhaberin des Guten, Wahren und Schönen arg zugesetzt hatte.

Schwieriger gestaltet sich hingegen die Auseinandersetzung mit ihrem platonischen Partner Arnheim, dem ‚Nabob', dem mächtigsten Beherrscher des ‚eisernen Deutschlands', den Ulrich als verlogene Synthese von Geist und Geld verurteilt, als einen Großschriftsteller, als einen Großindustriellen auch des Geistes, der als moralische Instanz fungiert, als ein Goethe des 20. Jahrhunderts, der Wohlverhalten predigt, weil er die Welt nicht ändern, sondern ihr einen anderen Anstrich verpassen möchte. Sein Prestige verdankt er einer Dreieinigkeit von Weltläufigkeit, dem falschen humanistischen Pathos von Wissenschaft und Geist sowie seinen ökonomischen Erfolgen. Er ist der rechte Mann „in Zeiten, deren Geist einem Warenhaus gleicht".[490]

Aus dieser Weltsouveränität erwächst ein „großes System des Rechthabens".[491] Sie speist sich aus einem Relativismus, der weiß, wann man über moderne Kunst und wann man über Kriegsanleihen zu sprechen hat, und der das Interesse für galizische Ölfelder mit dem Interesse an einer schön(geistig)en Frau zu verbinden versteht, ohne das eine mit dem andern zu verwechseln. Anders als Diotima weiß er, wovon er spricht und welches Gewicht das hat, wovon er spricht. Sein Schreiben ist ein ‚Kompromiß', er will nicht – wie Diotima und letztlich auch Ulrich – die Welt nach seinem Ebenbild schaffen, kurzum, Arnheim ist der Liberale ohne Ironizismus, Ulrich der Ironizist ohne Liberalität.

Nichtsdestotrotz ist der Zwiespalt, die ‚Arbeitsteilung' Arnheims – trotz ihrer Lächerlichkeit – echt, „die süße Lähmung und Klostersehnsucht" als die andere Seite eines Menschen, der in bzw. der durch die Macht des Geldes lebt. Diese andere Seite wird durch Diotima, „diese Antike mit etwas mehr modern gefälliger Rundung" in Erinnerung gerufen.

487 Musil, *Der Mann ohne Eigenschaften*, a.a.O., S. 93 u. 413.
488 Ebd., S. 116.
489 Ebd., S. 104.
490 Ebd., S. 407.
491 Ebd., S. 382.

Sieht man einmal von dem ironischen Perspektivismus der Darstellung ab, wie sie sich aus dem Kontrast zwischen Ulrich und Arnheim ergibt, so verdichtet sich die Parallelführung auf überraschende Weise: auch bei Arnheim ist es das ‚Angebot' der Liebe, die die andere Seite des Lebens, den ‚anderen Zustand', die Sehnsucht nach Erlösung, das, was bei Musil, mystischen Traditionen folgend, das ‚Tausendjährige Reich' heißt, als Möglichkeit vor Augen stellt: „In dem Augenblick, wo er [Arnheim, M.-F.] sich in die Flamme seines Gefühls werfen wollte oder das Bedürfnis hatte, so groß und ungeteilt zu sein wie die Figuren der Urzeiten, so unbekümmert wie es nur der wahrhaft adelige Mensch vermag, so restlos religiös wie es das innig erfaßte Wesen der Liebe verlangt, in dem Augenblick also, wo er sich ohne Rücksicht auf seine Beinkleider und Zukunft Diotima zu Füßen stürzen wollte, gebot ihm eine Stimme Einhalt."[492] Zweifel und Rechenhaftigkeit, „die zur Unzeit erwachte Stimme der Vernunft" verhindern, daß Arnheim sich auf dieses Abenteuer, dieses „Wagnis ohne Erfahrung" einläßt: „‚Es müßte wahrhaftig das Wunder einer Erlösung vorhergehen,' sagte er sich, ‚andere Menschen müßten die Erde bevölkern, ehe man an die Verwirklichung solcher Dinge denken dürfte.'"[493]

Arnheims Vernunft ist die des Geldes, so wie Ulrich in der Wissenschaft eine kalte, unbestechliche rationale Macht sieht. Arnheim erscheint die „kühle, von nichts zu verunreinigende Vernunft des Geldes im Vergleich mit der Liebe als eine außerordentlich saubere Macht".[494] So fallen Kapitalismus und ‚Tausendjähriges Reich' bei Arnheim letztlich zusammen. Aber doch nicht ganz. Denn „es erging Arnheim nicht anders, wie seinem ganzen Zeitalter. Dieses betet das Geld, die Ordnung, das Wissen, Rechnen, Messen und Wägen, alles in allem also den Geist des Geldes und seiner Verwandten an und beklagt das zugleich."[495]

Was zunächst als spezifischer Mangel jenes Typus erschien, den Arnheim personifiziert, erweist sich in dieser Perspektive als objektive Antinomie, die Ulrich exemplarisch zu überwinden trachtet, während Arnheim den Sprung in das ‚Wagnis ohne Erfahrung' scheut, womit das Ende der exklusiven Beziehung mit Diotima bereits antizipiert ist, die als Opfer ihres eigenen Idealismus auf der Strecke bleibt, während Ulrich den exemplarischen Selbstversuch (mit Agathe) unternimmt und dabei scheitert, individuell, vor allem, was hier viel wesentlicher ist, im Hinblick auf den utopischen Anspruch, der über das intime Leben à deux, wie es durch das Inzest-Motiv sinnfällig wird, hinausgeht, im Sinne einer sozialen Utopie und Lebenspraxis.[496]

Am Ende also behält die Skepsis recht, Arnheims wie die traurig ironische Ulrichs, die sich allem Zweifel zum Trotz nicht mit der Arbeitsteilung von Geist und Geld abzufinden vermag: „Man hat hochfliegenden Gedanken eine Art Geflügelfarm geschaffen, die man Philosophie, Theologie oder Literatur nennt, und dort vermehren sie sich in

492 Ebd., S. 510.
493 Ebd., S. 511.
494 Ebd., S. 393.
495 Ebd., S. 509.
496 Vgl. Willemsen, *Robert Musil*, a.a.O., S. 200: „Der sozialen Utopie fehlt die ins Gesellschaftliche führende ‚Brücke des Handelns', die Isolation wird hier zur Voraussetzung vollendeter Gegenbildlichkeit."

ihrer Weise immer unübersichtlicher, und das ist ganz recht so, denn kein Mensch braucht sich bei dieser Ausbreitung mehr vorzuwerfen, daß er sich nicht persönlich um sie kümmern kann. [...] Jetzt hat jeder Mensch noch die ganze Menschheit in sich, aber das ist offenkundig schon zu viel geworden und bewährt sich gar nicht mehr; so daß das Humane fast schon der reinste Schwindel ist."[497]

Ulrich bekämpft, was er scharfsinnig analysiert, sehr kompakt, und es entspringt nicht nur der provokativen Laune eines Einfalls, wenn er der schönen Kusine vorschlägt, die Wirklichkeit abzuschaffen. Ulrichs Verhältnis zu dem, was er ‚Wirklichkeit' nennt, ist ebensowenig eindeutig wie diese Wirklichkeit selbst, als deren Repräsentanten man nicht zuletzt Diotima und ihren Kreis ansehen darf. So umfaßt jene ‚Wirklichkeit' (und ihr common sense, der ‚Wirklichkeitssinn'), deren Existenzberechtigung Ulrich zunächst nicht bestreitet, um später ihre Abschaffung einzufordern, sowohl die Welt der Konventionen und Moralen wie die Handfestigkeit und Handhabbarkeit einer festen Gegebenheit, die man besitzen zu können glaubt. Dieser Besitzverlust hat logisch den Verlust an Selbstbesitz zur Folge, das, was als Eigenschaftslosigkeit bezeichnet wird. Die Wirklichkeit ist das schlechthin Negative, das ‚Erlösung' erheischt und durch das sich das moderne Subjekt im Sinne Musils erzeugt. Dieses polemische Verhältnis bildet den Kern der Nietzschelage. Sowohl die fast realistische Anlage des Romanes, aber auch einige Äußerungen Ulrichs legen es nahe, daß es Ulrich weniger um das Verschwinden der Wirklichkeit geht, sondern vielmehr um die Suche nach einer wesentlicheren, wahreren Realität hinter der ‚Scheinwelt'. Die Dünnromantiker seiner Zeit entpuppen sich am Ende nämlich als durchaus wirklichkeitsfremde Menschen, sofern man unter Wirklichkeit auch die ‚Unterwäsche' des Bewußtseins, „das hintermoralische, geheime Leben"[498] versteht. So wird dem Leser im quasi-wissenschaftlichen Beweisverfahren vor Augen geführt, daß es gerade die Möglichkeitsmenschen sind, die die Realität angemessen verstehen, und nicht die Sinnproduzenten idealistisch-humanistischer Scheinwelten wie Diotima und Arnheim. Paradox erweist sich die Wirkung der wissenschaftlichen Analyse, die durch ihren exakten Begriffsrahmen eine objektive Welt vorgibt (also das hervorgebracht hat, was man als neuzeitliche, transzendenz- und metaphysiklose Wirklichkeit bezeichnen könnte) und deren scharfer Blick auf die Dinge aber zugleich zersetzend ist, die Selbstverständlichkeit der Welt, die liebgewordenen Selbstbilder der Menschen (z.B. im Hinblick auf ihre moralischen Hoffnungen und Antriebe) destruiert. Diese zerstörerische Kraft, dieses ‚Böse' der Wissenschaft ist es, das Ulrich umstandslos bejaht, weil er darin ein Mittel sieht, jene Wirklichkeit zu annullieren, die einem Individuum so hartnäckig in die Quere kommt, das sein Leben selbst aus sich heraus, vom Nullpunkt der Existenz, auf experimentellem Wege gestalten möchte. Die Mittellage von wissenschaftlichem Experiment, künstlerischem Prozeß und einer transzendenzlosen Mystik, wie sie im Selbster-

497 Musil, *Der Mann ohne Eigenschaften*, a.a.O., S. 358f.

498 Ebd., S. 393f.; man könnte im Sinne Musils sagen, daß das ‚Wirkliche' ein Anderes verdrängt, das ‚Wesentliche', das nämlich, was Freud als System des Unbewußten beschreibt, vgl. Sigmund Freud, *Einige Bemerkungen über den Begriff des Unbewußten in der Psychoanalyse* (1912), Studienausgabe, Bd. III: *Psychologie des Unbewußten*, hg. v. Alexander Mitscherlich u. a., S. 25–37; Jacques Lacan, *Das Freudsche Unbewußte und das unsere* (1964), in: *Die vier Grundbegriffe der Psychoanalyse. Das Seminar XI*, Weinheim – Berlin 1987, S. 23–34.

schaffungsprozeß des modernen Menschen zutage tritt, bezeichnet Musil als ‚Essayismus', als eine prinzipielle Lebenshaltung, die menschheitsgeschichtlich exemplarisch sein könnte.

Zurückgenommen wird dagegen das ursprünglich heroische Konzept Achills, äußere, sinnfällige Taten zu setzen, wie etwa Moosbrugger zu befreien, was nun im Kontext des späteren Romans zu einer Parallelaktion Clarissens wird, die darin einen symbolischen Akt sieht, die rationalistische Scheinwelt durch den Wahn zu erlösen (was in den Ausbruch des eigenen Wahnsinns mündet, dem keinerlei – darüber macht sich der geschulte Psychologe Musil keine Illusionen – befreiende Wirkung innewohnt).

Ulrichs essayistisches Lebensprogramm, das den Essayismus als Schreibweise denkender Bewegung zwar einschließt, das aber weit darüber hinausgeht, wird sukzessiv und progressiv im Roman ausgebreitet, und zwar, grob gesprochen, in vier Schritten, die jeweils durch eine Formel umrissen sind. Diese Formeln – ‚Möglichkeitssinn', ‚Utopie des exakten Lebens', ‚Essayismus', ‚anderer Zustand' – zeichnen sich dadurch aus, daß altbekannte, ja anerkannte Begriffe in einen völlig neuartigen kontextuellen Zusammenhang gebracht werden, dem eine ironische, ja uneigentliche Bedeutung innewohnt, der aber zugleich etwas generiert, womit Formeln immer zu tun haben: in der Mathematik wie in der Glaubenswelt, nämlich Handlungsanweisungen zu sein, ein Programm, das in Gang gesetzt werden kann und soll. Der ‚Möglichkeitssinn', den Ulrich trotzig-entschlossen für sich gegen den ‚Wirklichkeitssinn' und doch als Teil der ‚Wirklichkeit' reklamiert, hat zwei Aspekte, einen skeptischen, der die Selbstverständlichkeit der Welt hinterfragt und in Zweifel zieht, und einen quasi-romantischen, der davon ausgeht, daß Gott die Welt unmöglich wörtlich gemeint haben kann: „Solche Möglichkeitsmenschen leben, wie man sagt, in einem feineren Gespinst, in einem Gespinst von Dunst, Einbildung, Träumerei und Konjunktiven; Kindern, die diesen Hang haben, treibt man ihn nachdrücklich aus und nennt solche Menschen vor ihnen Phantasten, Träumer, Schwächlinge und Besserwisser oder Krittler."[499]

Aber nicht nur der romantische Skeptiker, sondern auch die Welt steckt voller Möglichkeiten, so auch der des Geldes: „Alles, was zum Beispiel tausend Mark an Möglichkeiten überhaupt enthalten, enthalten sie doch ohne Zweifel, ob man sie besitzt oder nicht." Das Geld macht beinahe alles möglich, es ist ein romantischer Skeptiker wie Ulrich, ein beständiger Transformator, der Wirklichkeiten abschafft und neue erzeugt.

Ulrichs Attacke auf die Welt der Wirklichkeit(en) und sein emphatisches Bekenntnis zum Möglichkeitssinn verführt ihn freilich zu einer Annahme, die – auch in der Metaphorik – falsch ist, daß nämlich alles auf der Welt möglich sei, so wenn er gegenüber Diotima äußert: „Aus sehr naheliegenden Gründen behandelt jede Generation das Leben, das sie vorfindet, als fest gegeben, bis auf das wenige, an dessen Veränderung sie interessiert ist. Das ist nützlich, aber falsch. Die Welt könnte ja in jedem Augenblick auch nach allen Richtungen verändert werden oder doch nach jeder beliebigen; es liegt ihr sozusagen in den Gliedern. Es wäre darum eine eigenartige Weise zu leben, wenn man einmal versuchen würde, sich nicht so zu benehmen wie ein bestimmter Mensch in einer bestimmten Welt, in der, möchte ich sagen, nur ein paar Knöpfe zu verschieben

499 Musil, *Der Mann ohne Eigenschaften*, a.a.O., S. 16.

sind, was man Entwicklung nennt; sondern von vornherein wie ein zum Verändern geborener Mensch, der von einer zum Verändern geschaffenen Welt eingeschlossen wird, also ungefähr so wie ein Wassertröpfchen in einer Wolke."[500] Diese Weltauffassung, die den Konjunktiv und die Hypothese selbst zum Programm erhebt (nicht nur schreibend mit ihr operiert), ist in jeder Hinsicht prekär, insbesondere jener Schluß vom Vorhandensein eines utopischen Bewußtseins auf die Beschaffenheit einer Welt, die hier – versuchsweise – als nicht determiniert angesehen wird, als eine Wolke, ‚beliebig' wandelbar in ihren Formationen. Von der ‚Welt' ist keine Legitimation zu erwarten bei dem Versuch, sie als in alle Richtungen veränderbar anzusehen. Die Kehrseite von Ulrichs deterministischen Vorstellungen hinsichtlich der Willensfreiheit ist ein unhaltbarer, hypertropher Freiheitsbegriff, der unterstellt, die Welt sei „in alle Richtungen" formbar, wenn man nur will. Die Welt ist bestimmt nicht abgeschlossen, man kann nicht abschließend sagen, was alles (nicht) möglich ist und was noch geschehen könnte, aber dieser feine Unterschied zu der Aussage, daß es die Welt ist, die voller Möglichkeitssinn und Essayismus steckt, ist gravierend. Daß diverse solcher privater und sozialer utopischer Experimente nachhaltig gescheitert sind und dem Falsifikationsverdacht unterliegen, ist zum Grundbestand nachmoderner Welterfahrung geworden und hat jener theoretischen Aktion den Weg gebahnt, die man unter das Schlagwort gestellt hat, daß nunmehr die Entzauberer entzaubert werden.[501]

Die zweite Formel in Ulrichs essayistischem Lebensexperiment ist die Forderung nach einem ‚exakten Leben', die Ablehnung einer Wirklichkeit, nach der alles nach dem „Prinzip des unzureichenden Grundes" erfolgt. Anlaß, über die Exaktheit zu reflektieren, sind die Gutachten der Psychiater und die Aussagen der Richter im Fall des Frauenmörders Moosbrugger. Beide, die Jurisprudenz wie die moderne Psychiatrie, verfehlen dieses kompromißlose Ideal der Exaktheit, die Genauigkeit der Jurisprudenz erweist sich als Pedanterie, die der Psychiatrie als detailversessen. Die eine ist nicht wahr, die andere ist nichts wert.

Ulrich läßt keinen Zweifel daran, daß man das Programm der Exaktheit, wie es die Wissenschaften zum Teil im lächerlichen Detail realisiert haben, fortführen muß; die Rückkehr zu den alten metaphysischen Pedanterien erscheint ihm so aberwitzig wie der gefühlige Rekurs auf Ganzheiten, vielmehr muß das Ideal der Exaktheit totalisiert werden als Einheit der Genauigkeit von Denken, Sein und Tun. Der Sportler, der Kaufmann, der Organisator, der Forscher, der Techniker und der Wissenschaftler erfüllen dieses Ideal, „wenn auch vorläufig nur während jener Haupttageszeiten, die sie nicht ihr Leben, sondern ihren Beruf nennen".[502] Damit knüpft Ulrich nicht nur an einen zu seiner Zeit schon in die Tage gekommenen Szientismus an, der in der Welt im Roman obsolet geworden ist (weshalb auch die Pathetiker der Seele und des Lebens sich zu Wort melden), sondern versucht diesem in allen Lebensbereichen Geltung zu verschaffen. Die

500 Ebd., S. 273.

501 Vgl. Ulrich Beck, *Politik in der Risikogesellschaft*, Frankfurt a.M. 1991, S. 78: „*Die Enttraditionalisierung trifft mit ganzer Härte die Enttraditionalisierer.*" Vgl. S. 91: „Am Ende besiegt der Zweifel also auch die Erkenntnis, die ihm alles verdankt und schafft dadurch eine andere, noch unbegriffene Situation jenseits von ‚Positivismus' und ‚Dialektik der Aufklärung'."

502 Musil, *Der Mann ohne Eigenschaften*, a.a.O., S. 247.

ganze Welt und vor allem das Leben des Menschen in seinem privatesten Sinn sollen zum wissenschaftlichen Experiment werden: „Utopie bedeutet das Experiment, worin die Veränderung eines Elements und die Wirkungen beobachtet werden, die sie in jener zusammengesetzten Erscheinung hervorrufen würde, die wir Leben nennen. Ist nun das beobachtete Element die Exaktheit selbst, hebt man es heraus und läßt es sich entwickeln, betrachtet man es als Denkgewohnheit und Lebenshaltung und läßt es seine beispielgebende Kraft auf alles auswirken, was mit ihm in Berührung kommt, so wird man zu einem Menschen geführt, in dem eine paradoxe Verbindung von Genauigkeit und Unbestimmheit stattfindet. Er besitzt jene unbestechlich gewollte Kaltblütigkeit, die das Temperament der Exaktheit darstellt; über diese Eigenschaft hinaus ist aber alles andere unbestimmt.“[503]

Daß dieses Experiment auch schiefgehen könnte, ist bei solcher Kaltblütigkeit durchaus bedacht, gehört zum Risiko jenes neuen kalten Wissens über sich selbst, das Vorbedingung eines exakten Lebens ist, das Musil mit den Geboten bzw. Idealen der drei Abhandlungen vergleicht: 1. zu schweigen, wo man nichts zu sagen hat (der kategorische Imperativ aus dem Wittgensteinschen *Tractatus*); 2. nur das Nötige zu tun, wo man nichts Besonderes zu bestellen hat (Rollendistanz, passive Resistenz, Dienst nach Vorschrift); 3. gefühllos zu bleiben, wo man von einem unbeschreiblichen Gefühl überwältigt zu werden droht (eine aus dem szientistischen Rationalismus erwachsende Pflicht, diese Distanz auf sich selbst anzuwenden, sowohl als Beobachtender wie als Beobachteter). Daß derlei exaktes Leben und die ihm zugrundeliegende wissenschaftliche Versuchsanordnung theoretisch wie lebenspraktisch unmöglich ist, dieser skeptischen Einsicht versperrt sich Ulrich ebenso wie der Frage, ob es denn nicht eine Grenze des Experimentierens geben könnte. Es hat eher den Anschein, als ob dieses hypothetische Leben, dieses ‚Wagnis ohne Erfahrung‘, dieses exakte Leben, das die Erholung so verabscheut, selbst ein sinnstiftendes (wenn auch sehr individuelles, nicht verallgemeinerbares) ‚Projekt‘ darstellt.

Im realistischen, unutopischen, profanen Sinn hat Musils Protagonist also durchaus nicht ganz Unrecht, was auch der feinsinnige Leinsdorf angesichts der Diskussion über Ulrichs Vorschlag, „im Namen Seiner Majestät ein Erdensekretariat der Genauigkeit und Seele“ zu gründen, zu Recht hervorhebt. Während nämlich Arnheim Ulrichs Vorschlag als eine idée fixe desavouiert („er glaubt daran, daß es eine Art synthetischer Erzeugung des richtigen Lebens gibt, so wie man einen synthetischen Kautschuk oder Stickstoff herstellen kann“), stellt der altösterreichische Graf Ulrichs Vorschlag in den Zusammenhang einer von Traditionsverlust bedrohten Welt, in der das ‚richtige‘ Leben nicht mehr von einer auf die andere Generation übertragen wird: „Früher sind die Menschen in die Verhältnisse, die sie vorgefunden haben, hineingewachsen, und das war eine verläßliche Art, in der sie zu sich gekommen sind; aber heute, bei der Durcheinanderschüttelung, wo alles von Grund und Boden gelöst wird, müßte man schon sozusagen auch bei der Erzeugung der Seele die Überlieferung des Handwerks durch die Intelligenz der Fabrik ersetzen.“[504]

503 Ebd., S. 246f.
504 Ebd., S. 597.

Zwar haben sich Traditionen als viel hartnäckiger erwiesen, als es alle Zeitdiagnostiker und Soziologen jedweder Provenienz glauben machen wollten (sei es als utopische Prophetie, sei es als drohendes Menetekel), aber doch ist unbestreitbar, daß heute jeder im durchaus ironischen Sinn seines Glückes Schmied geworden ist. Aus guten Gründen, die mit der oben angedeuteten, nicht vollständigen Rationalisierbarkeit des Innenlebens zusammenhängen, ist die intelligente Fabrikation des modernen Menschen Utopie geblieben, die Erzeugung des outfits wie des seelisch notwendigen Sinnreservoirs hat sich als Kunsthandwerk etabliert[505] (Lebensstil-Diskussion). Mit dem quasi-religiösen Pathos des im *Mann ohne Eigenschaften* vertretenen Szientismus hat das freilich nicht mehr allzu viel gemein.

An die Forderung, exakt zu leben, schließt nahtlos die ‚Utopie des Essayismus' an. Diese mit dem Essay verbundene Lebenshaltung ist aus der Erfahrung der Unfestigkeit all jener Phänomene geboren, für die es täuschend objektive Zuschreibungen gibt – Ding, Ich, Form –, an dieser entscheidenden Passage wird auch der epistemologische Einspruch gegen die Begriffsbildungen sichtbar. Mit Schlegel ist nämlich Ulrich der Ansicht, daß „Philosophen [...] Gewalttäter" sind, „die keine Armee zur Verfügung haben und sich deshalb die Welt in der Weise unterwerfen, daß sie sie in ein System sperren." Dem setzt Ulrich ein entgrenzendes, auto-empirisches Programm entgegen, „sich von der Welt freizuhalten, in jenem guten Sinn, den ein Forscher Tatsachen gegenüber bewahrt, die ihn verführen wollen, voreilig an sie zu glauben". Wie die Forschung so ist auch das Leben als solches ein unabschließbares Provisorium, eine Kette von Versuchen.

Der dritte Aspekt von Ulrich ist mit dem prächtigen Lebensgefühl verbunden, sich nach allen Seiten hin ‚freizuhalten' und vorurteilslos alles, Dinge wie Menschen, von

505 Vgl. zur Lebensstil-Diskussion auch Ulrich Beck, *Risikogesellschaft*, Frankfurt a.M. 1986, S. 205–219 u. ders., *Politik in der Risikogesellschaft*, a.a.O., S. 43: „Wir essen Spinat aus Kanada und Apfelsinen aus Griechenland. Jeden Abend trifft sich die Welt am ‚Dorfplatz' des Fernsehens und tauscht – vereinzelt und doch irgendwie zusammengebunden – die professionell und politisch selegierten Tagesereignisse aus. Die Moden in Kleidung, Haartracht und Lebensstil sind nicht mehr auf nationale Grenzen festgelegt. Blue Jeans, Coca Cola, die neuesten Hits der Schallplattenindustrie – die Weltgemeinde konsumiert sie, individualisiert *und* standardisiert, vereinzelt *und* gleichförmig von San Francisco, Istanbul bis Bamberg, ja Bamberg. Je entwickelter ein Land ist, desto weniger sind die Expertenkulturen primär national organisiert." Auch Beck diagnostiziert eine zunehmende Erfahrungslosigkeit der Lebensstile in der modernen Gesellschaft, wofür er nicht zuletzt die Dominanz der Wissenschaften verantwortlich macht: „Denn Wissenschaft ist schon lange keine Erfahrungswissenschaft; eher eine Daten-, Verfahrens-, Herstellungswissenschaft, deren Siegeszug – ihrem Selbstverständnis nach – gerade auf *Ausgrenzung, Abwertung* der Erfahrung als subjektive Quelle sinnlicher Ungewißheit beruht. Wissenschaft ist sozusagen durch und über die Unterdrückung der Erfahrung zu der technischen Macht und Objektivität aufgestiegen, als die sie heute erscheint. Erfahrung – verstanden als das sinnliche, dem einzelnen mögliche Begreifen der Welt – ist das Waisenkind der verwissenschaftlichten Welt. Erfahrung, einmal Kronzeuge, Richterin der Wahrheit, wird zum Inbegriff des Subjektiven, zum Relikt, zur Werkstätte von Fälschungen, die den Verstand überfallen und zum Narren halten." Gleichgültig, ob die Diagnose nun stimmt oder nicht, widersprüchlich bleibt es, angesichts der Diagnose reduktiver Erfahrung und standardisierter Lebensstile eine „öffentliche Erfahrungsdiskursivität" gegen eine erfahrungslose Laborwissenschaft einzuklagen. Oder anzumahnen.

möglichst vielen Seiten aus zu betrachten. Das Ganze entsteht nicht durch Beschwörung, sondern durch Perspektivismus. Man muß so leben wie in einem Roman, auf das Wesentlichste zusammengedrängt, und wie in einem Essay; der „in der Folge seiner Abschnitte ein Ding von vielen Seiten nimmt, ohne es ganz zu erfassen" und der die Dinge jeweils in seinem ganzen konkreten Kontext nimmt, in „einem bald so, bald anders geschaffenen Ganzen" und des dadurch umschriebenen ‚Kraftfelds'.

Der Essay steht für ein Versuchsfeld; und ähnlich wie Ulrich der Welt zuvor den Sinn für alles Mögliche zutraute, schreibt er der ‚Erde' unbewußte essayistische Qualitäten zu. Die ‚Erde' huldigt in ihrem Zick-Zack aufeinanderfolgender Lösungen heimlich einem ‚Essayismus' und weniger einem mehr oder minder linearen Fortschritt. Was die Erde unbewußt und unzusammenhängend tut, will Ulrich synchron und bewußt vollziehen. Nebenbei wird sinnfällig, daß die kreisende Bewegung, die den Essay zu charakterisieren scheint, dem linearen Ideal des Fortschritts zuwiderläuft.

Symptomatisch für das Selbstverständnis des modernen Essayismus, der in das Geflecht der Sinn-Diskussion gerät, ist auch die religiöse Konnotation des Unbedingten. Damit zusammen hängt auch, daß essayistisch schreiben über den Essayismus schreiben heißt. In diesem Punkt stimmen Adorno, Musil, Bense und der frühe Lukács miteinander überein. Der Essay wird sich selbst zum Thema, nicht bloß um sich von der pejorativen Zuschreibung des Essays als eines peripheren Neben- und Zwischenproduktes zu befreien, sondern um den Ort des Essayismus näher zu bestimmen. Der Essayismus im Verständnis Musil-Ulrichs hat nichts mit der Wahrheit des Gelehrten und nichts mit der Subjektivität des Schriftstellers zu tun, die Musil, wenn auch aus anderem Grunde, ebenso entschieden ablehnt wie Novalis. Was als uneindeutige Zwischenlage in die Welt der Diskurse gekommen ist, erhält seinen Platz zugewiesen – im Sinne der Frage nach dem rechten Leben, die (und das) aus der dogmatischen Obhut der religiösen Tradition entlassen ist: „[...] ein Essay ist die einmalige und unabänderliche Gestalt, die das innere Leben eines Menschen in einem entscheidenden Gedanken annimmt. Nichts ist dem fremder als die Unverantwortlichkeit und Halbfertigkeit der Einfälle, die man Subjektivität nennt, aber auch wahr und falsch, klug und unklug sind keine Begriffe, die sich auf solche Gedanken anwenden lassen, die dennoch Gesetzen unterstehn, die nicht weniger streng sind, als sie zart und unaussprechlich erscheinen."[506]

Der Essay, der sich dem Arkanum annähert, ist etwas Mystisches „zwischen Religion und Lehre, zwischen Beispiel und Lehre, zwischen amor intellectualis und Gedicht". Als „Meister des schwebenden Lebens" werden sie bezeichnet, als „Heilige mit und ohne Religion" oder auch als Männer, „die sich in einem Abenteuer verirrt haben", die ihrem „letzten Willen leben" und das Wechselspiel „zwischen Innen und Außen" erkennen, die das Unpersönliche am Persönlichen des Menschen ergründen.[507]

506 Robert Musil, *Der Mann ohne Eigenschaften*, a.a.O., S. 253.

507 Ebd., S. 252ff.; vgl. das einschlägige, oft zitierte Fragment Schlegels: „Ein Regiment Soldaten en parade ist nach der Denkart mancher Philosophen ein System." (Friedrich Schlegel, *Schriften zur Literatur*, a.a.O., S. 29); weiter auch folgendes Fragment, das ebenfalls in die Zeit der *Athenäums-Fragmente* gehört: „Die Demonstrationen der Philosophie sind eben Demonstrationen im Sinne der militärischen Kunstsprache. Mit den Deduktionen steht auch nicht besser wie mit den politi-

Kunst und Dichtung seit der Moderne, und das heißt letztlich seit der Romantik, münden letztlich in eine Thematik ein, in das, was Hans Sedlmayr „die leere Mitte“[508] genannt hat. Damit hat der ästhetische Modernismus all jene Energien an sich gezogen und konzentriert, die einstmals an den Komplex der Religion gebunden waren. Die Aura, deren Verlust Benjamin (fälschlicherweise) diagnostizierte,[509] ist relativ jungen Datums, fällt letztlich zusammen mit dem Aufstieg eines ästhetischen Modernismus, dessen priesterhaft sich gerierende Ausformungen und Strömungen sich stets im Sinn einer heilsbringenden Avantgarde verstanden haben, als Einheit von ästhetischem und gesellschaftlich-sozialem Experiment.

Der moderne Essayismus, der sich bei Musil und Benn zudem literarischer Formen bedient und die traditionelle Gattung des Essays hinter sich läßt, gerät beinahe automatisch in den Sog der auratischen Ansprüche des ästhetischen Modernismus; insbesondere ist ihm das Pathos der modernen Lyrik verwandt, und die Zuschreibungen, die im *Mann ohne Eigenschaften* hinsichtlich des Essays vorgenommen werden, ließen sich bruchlos auf die Lyrik übertragen: die Einmaligkeit der Gestalt als Ausdruck eines inneren Lebens, das Transzendieren der Subjektivität, das Vorstoßen zu einer tieferen unpersönlichen Dimension, das Unaussprechliche, das inneren Gesetzen zu gehorchen scheint. Die Erfahrung, die daraus spricht, ist die Erfahrung des Ästhetischen schlechthin, die als mystische Erfahrung gedeutet wird. Essayismus bedeutet programmatische Einblendung dieses Prozesses, bedeutet schreiberfahrenes Denken, Offenlegung all jener Prozesse, die das konstituieren, was man einen Text nennt.

So wird der Essayist zum Mystiker, zum „Meister des innerlich schwebenden Denkens“, der um die Abgründe und Paradoxien etwa der schreibenden Selbstbeobachtung weiß; was beobachtet werden soll, löst sich auf, verschwindet, und das scheinbar Allerpersönlichste erweist sich als das Unpersönliche schlechthin, als jenes unerreichbare Andere, das den Prozeß, der Mystik heißt, in Gang hält, übrigens ganz im Gegensatz zur mystischen Vorstellung der unio mystica. An diesem traditionellen Mißverständnis, das Musil-Ulrich aus der traditionellen christlichen Mystik übernimmt, wird auch jene zwi-

schen: auch in den Wissenschaften besetzt man erst ein Terrain, und beweist dann hinterher sein Recht daran.“ Schlegel unterscheidet drei Arten von Erklärungen: die uns „einen Wink geben“, „die nichts erklären“ und die „alles verdunkeln“ (ebd., S. 33). In der romantisch-prinzipiellen Skepsis gegenüber dem System treffen sich so unterschiedliche Denker wie Musil und Adorno.

508 Hans Sedlmayr, *Der Verlust der Mitte*, Frankfurt a.M. – Berlin 1983, S. 248.

509 Walter Benjamin, *Das Kunstwerk im Zeitalter seiner technischen Reproduzierbarkeit. Drei Studien zur Kunstsoziologie*, Frankfurt a.M. 1968, S. 14: „Der gesamte Bereich der Echtheit entzieht sich der technischen – und natürlich nicht nur der technischen – Reproduzierbarkeit.“ Vgl. S. 53 – Anm. 7: „Die Definition der Aura als ‚einmalige Erscheinung einer Ferne, so nah sie sein mag‘, stellt nichts anderes dar als die Formulierung des Kultwertes des Kunstwerks in Kategorien der raum-zeitlichen Wahrnehmung. Ferne ist das Gegenteil von Nähe. Das wesentlich Ferne ist das Unnahbare. In der Tat ist Unnahbarkeit eine Hauptqualität des Kultbildes.“
In dieser Version dürfte die ‚Aura‘ ein Produkt der Kunstreligion des 19. Jahrhunderts sein, und es ist auch nicht einzusehen, warum moderne Kunstgattungen (Film, Photographie) *zwangsläufig* des Auratischen entbehren. Sie verschaffen ihm nur auf andere Weise Geltung (etwa Ingmar Bergman oder Andreij Tarkowsky).

schen Agathe und Ulrich scheitern. Diese Konstellation läßt sich interpersonal (also ‚realistisch') wie auch im Sinne einer subjektstufigen Interpretation deuten, wie sie C. G. Jung vorgeschlagen hat, nämlich als ein interner Prozeß einer Person, als Versöhnung mit sich selbst, mit dem, was Jung nicht unproblematisch ‚anima' nennt,[510] mit eben jener ‚Seele', von der im Roman so viel und so ausgiebig die Rede ist.

Agathe wäre demnach das Andere eines Selbst, das sich mit diesem vereinigen möchte. Aber gerade in der ‚mystischen' Situation, in diesem ‚Abenteuer' des ‚verirrten' Mannes, offenbart sich das unergründlich Fremde: ‚Agathe' entzieht sich Ulrich. Die Situation läßt sich nicht auf Dauer stellen. Davon wird noch zu sprechen sein.

So betrachtet ist es nicht mutwillig, zu sagen, daß Agathe, die Ulrich einmal als seine Selbstliebe bezeichnet, eine Erfindung ist (ob sie in der Welt des Romans ‚existiert' oder nicht, spielt dabei keine Rolle), die für den imaginären Prozeß steht, der von dem mystischen Abenteuer ausgelöst und in Gang gehalten wird. Die grenzüberschreitende, inzestuöse Liebe wäre dann nichts anderes als eine Metapher für ein Schreiben, das als essayistisches Abenteuer in die Irre führt, kreist. Das Scheitern auch des großen ‚Essays', des Romans also, gehörte dann zu dessen Programmatik, ja mehr noch, stellte die entscheidende Stelle dar, die über die ‚Nietzschelage' hinaus führt. Vielleicht war Musil sogar die paradoxe Zumutung bewußt, einen Roman zu schreiben, der zum Scheitern verurteilt ist. Das gehört in den Bereich der paradoxen Intentionen, wie sie in allen mystischen Traditionen bekannt sind: etwas zu tun, damit es scheitert. Das ist riskant, gerade bei dem überhöhten Anspruch, den Musils Essayismus reklamiert.

So ist die Formel vom ‚anderen Zustand' eine konsequente Folge des Musilschen Essayismus, sozusagen die vierte und letzte Stufe (nach Möglichkeitssinn – Exaktheit – Essayismus), praktische Umsetzung dessen, was zuvor als theoretische, unmögliche Selbstanforderung, als eine Provokation für die Umwelt, insbesondere den Proponentenkreis der ‚Parallelaktion', erschienen war.

Ulrich versucht mit seiner Schwester also, wie in einem Roman zu leben (und Romanfiguren führen in der Tat ein seltsames Leben), auf das Wesentliche konzentriert, das durch die ‚Wirklichkeit' zumeist verdeckt ist. Er versucht nach ‚Art von Gleichnissen' zu leben,[511] um den Sinn des Lebens wiederherzustellen. Es gibt im Roman einen ganz entscheidenden Wendepunkt, als nämlich Bonadea ihn im Salon der Kusine besuchen kommt. Auslöser sind zwei „unverhältnismäßig kluge Worte" Bonadeas, die plötzlich etwas von den Schwierigkeiten und der Verzweiflung ihres Freundes versteht: „Warum tust du nie das Nächtliegende [soll wohl meinen das ‚Nächstliegende', M.-F.]?" Ulrich, kein bewußter Träumer, entsinnt sich nun plötzlich eines Traumes, den er, ähnlich wie Jung übrigens, als Gleichnis, als Situation, als eine Aufforderung an sich begreift und der ihm die Ziellosigkeit seines Tuns („Gehn ohne Weg") vor Augen führt. Der Traum und die Worte Bonadeas versetzen Ulrich in einen ‚anderen Zustand', in eine augenblickliche „Helle des Bewußtseins [...], wo man mit einem Blick seine Kulissen sieht, samt allem, was sich dazwischen abspielt, auch wenn man diesen Eindruck bei

510 Vgl. Carl Gustav Jung, *Die Archetypen und das kollektive Unbewußte*, Werke, Bd. 9/1, hg. v. Lily Jung-Merker u. Elisabeth Ruf, Olten – Freiburg i.Br. 1976, S. 11–53 (bes. S. 36ff.).

511 Musil, *Der Mann ohne Eigenschaften*, a.a.O., S. 635.

weitem nicht darlegen kann."[512] Dieser Moment ist initiatorisch: Ulrich spürt, daß er einen Weg gehen wird, der den „ursprünglichen Lebenszustand des Gleichnisses" wiederherstellt – die moderne Existenz sieht sich in zwei unkompatible Teile zerfallen: in die „feste Materie der Wirklichkeit und Wahrheit und in die glasige Atmosphäre von Ahnung, Glaube und Künstlichkeit". Beide scheinen einander auszuschließen, fordern eine Entscheidung. Ulrich will das unmögliche Dritte versuchen. Das ist für ihn das ‚Nächstliegende'. Das Nächstliegende ist nämlich schwer, wenn nicht gar unerreichbar. Denn zwischen Traum und Kunst und dem „vollen Leben" „steht eine Glaswand". Man muß selbst diese Glaswand werden, jenes (romantische) Gleichnis, um zu dieser scheinbar unmittelbaren Partizipation (die Musil tatsächlich im Sinn eines Ursprünglichen verstanden hat, wie seine Rezeption Lévy-Bruhls zeigt[513]) gelangen zu können.

Dieser Weg zwischen Skylla und Charybdis, zwischen Wirklichkeit und Traum, ist kein einsamer. Im Traum schien es Bonadea zu sein, die Ulrich begleitete: „Vielleicht hatte er wirklich auch davon geträumt, daß die Spitze ihrer Brust wie ein Mohnblatt sei; etwas Unzusammenhängendes, das für das suchende Gefühl recht wohl breite Zackigkeit, dunkel malvenfarbiges Blaurot sein konnte, löste sich aus einem noch nicht erhellten Winkel des Traumbilds wie ein Nebel."[514] Was hier symbolisch durch die Kunst des Traumes vergegenständlicht und verdichtet wird, ist nichts anderes als jener erotisch-mystische Zustand, dem Ulrich zustrebt, und den Mohn selbst wird man als Signé eben jenes Anderen, Entrückten deuten dürfen, das diesem ‚Zustand' innewohnt.

Anders als im Traum kann Bonadea für das anstehende Lebensexperiment nicht als die adäquate Partnerin angesehen werden, obschon sie durchaus den nicht bloß erotischen Anstoß gibt. Eine Frau muß ge- und erfunden werden für dieses hohe Abenteuer à deux, das exemplarische Bedeutung haben soll, die Bäume des Lebens, den der (gewalttätigen) Wirklichkeit und jenen, den Ulrich mit dem Wort Liebe umschreibt, wieder zusammenzubringen: denn die „übliche Verbindung zwischen beiden ist falsch!"[515] Die Restitution des vollen Lebens ist also programmatisch angesagt, und zwar nicht bloß in einer individuellen, sondern in einer menschheitsgeschichtlichen Dimension. Mythos und Utopie sind, wie schon bei Bacon sichtbar, eng aufeinander bezogen: die Wiederherstellung des Anfangs, von dem der Mythos spricht, bildet den Kern des Rituals, wie er in den diversen Inszenierungen des Mythos seine Realisation findet. Soweit Utopie Wiederherstellung und nicht das ganz Andere, Noch-nie-Dagewesene meint, tritt sie in dessen Fußstapfen, weil auch sie – in säkularer Form, in der Zeit, die Geschichte heißt – sich einer Restitution des uranfänglich einmal Dagewesenen verschrieben hat. Musils ‚anderer Zustand' impliziert auch die Heimholung eines als anfänglich hypostasierten Lebensbewußtseins, aber zugleich ist er auch der andere nie dagewesene Zustand, weil zuvor, als Ausgangsbedingung, die schmerzhafte, ja unerträgliche Erfahrung einer als zerspalten erlebten Welt durchlaufen worden ist. Der projizierte Anfang in Einheit war

512 Ebd., S. 581.

513 Vgl. Heydebrand, *Die Reflexionen Ulrichs*, a.a.O., S. 103ff. und auch Musil, *Ansätze zu einer neuen Ästhetik*, Werke, Bd. 8, a.a.O., S. 1137–1154.

514 Musil, *Der Mann ohne Eigenschaften*, a.a.O., S. 581.

515 Ebd., S. 591.

selbstverständlich, was unter dem Aspekt der Rückgewinnung steht, ist es nicht, und das Scheitern des Romans weist darauf hin, daß Utopie wörtlich zu verstehen ist, als Nicht-Ort. Für die Restitution des als Anfänglich-Gedachten, womöglich nie In-der-Welt-Gewesenen gibt es keinen Ort; und daß die Erde dem Essayismus huldigt, mag stimmen, bedeutet aber nicht, daß alles zu jedem Zeitpunkt und in jede Richtung beliebig stattfinden könnte.

Was Ulrich mit Agathe vorzuleben versucht, ist die radikalste und aussichtsloseste Utopie, die wohl jemals unternommen worden ist. Individualpsychologisch betrachtet bedeutet sie eine Selbstkorrektur, einen Versuch der Selbstheilung. Agathe verkörpert den Aspekt des selbstverständlichen Handelns. Alles, was Ulrich in der Reflexion erwogen hat, setzt sie wie selbstverständlich in die Tat um. Ulrichs Grenzüberschreitungen sind Denkhypothesen, während sich Agathe unbekümmert über diese Grenzen hinweggesetzt. In Personalunion verkörpern also Ulrich und Agathe jenes experimentelle Leben, das über das gedankliche Experiment hinausführt.

In der schier überquellenden Sekundärliteratur ist immer wieder die Beschwichtigung aufgetaucht, daß der geschwisterliche Inzest nur eine Marginalie am Rande sei, die Musil bestimmt getilgt haben würde, wenn er nur den Roman zu Ende gebracht hätte.[516] Das ist wenig wahrscheinlich. Und das aus – grob gesprochen – drei Gründen.

Zum einen steht der Inzest für eine Extremform von Intimität und Vertrautheit, für die Grenzsituation, die Integration mit dem Anderen, die Berührung des vollen Lebens, das im anderen Zustand, in dem des Gleichnisses also, selbst nicht mehr Gleichnis ist. Der Inzest ist als die Grenzüberschreitung κατ' ἐξοχήν exklusiv und genial, Sinnbild des inneren Abenteuers im Pendelschlag zwischen Innen und Außen, zwischen Bekanntem und Unbekanntem, belastend und befreiend, der Inbegriff des Verbrechens, des crimen, begleitet von Scham, Übertretungslust und unverschämtem Freiheitsgefühl. Zum zweiten weisen schon die ersten Wiederbegegnungen des Bruders mit der verlorenen, vergessenen Schwester auf eine erotische Spannung hin, die gerade aus der Geschwisterlichkeit herrührt. Ulrich liebt den Körper seiner Schwester gewissermaßen autoerotisch, und es ist psychologisch besehen nur eine Frage der Zeit, daß die Erotik des Gesprächs in eine des Körpers übergeht.[517] Entscheidend aber ist die philosophische Grundkonsti-

516 Ebd., S. 1813: „Jedenfalls liegt im Entschluß zum Verbrechen der Mittelpunkt des ganzen Buchs." Vgl. Berghahn, *Robert Musil,* a.a.O., S. 141.
Wie Musil das inzestuöse Abenteuer aufzulösen gedachte, zeigt das Kapitel $^{S}4 + 16$, wenn Ulrich melancholisch sinniert: „Was haben wir denn erlebt? Wir dürfen uns nichts Falsches vormachen: Ich war doch kein Narr, als ich das Paradies suchen wollte. Ich konnte es bestimmen, wie man einen unsichtbaren Planeten aus bestimmten Wirkungen erschließt. Und was ist geschehn? Es hat sich in eine seelisch-optische Täuschung aufgelöst und in einen wiederholbaren physiologischen Mechanismus." (S. 1674); vgl. auch die Handlungsskizze S. 1838:
„ I. Beginnt mit ‚Bruder', endet mit Verbr. (beginnt mit gleichem Geschmack.)
II. […]
III. Beginnt mit 1000j Reich, endet mit normal-verbrecherischen Sexus.
IV. Enthält Ags bösen Sexus, endet – ? Vorgesehn: Steigerung des Verbr.
V. Die Erlösung durch den Krieg, eine Art Ende."

517 Vgl. Willemsen, *Robert Musil*, a.a.O., S. 223f. : „Der Prozeß ihrer ethischen Entwicklung ist anarchisch, orientiert einzig am Prinzip der Steigerungsmoral. In der Annäherung an den Inzest, der

tution, die Restitution: die Erlösung ist allein durch ein ‚Verbrechen' möglich. Nur dadurch gelangt man wieder ins Paradies. Der Inzest ist der Akt, der die als anfänglich angesehene Unschuld (was, wie bemerkt, eine unhaltbare mythische Konstruktion darstellt) wiederholt. Wobei der Tatbestand des Inzest nicht unbedingt wörtlich zu verstehen ist: genau besehen lebt jedes Paar nach dem Ende aller Projektionen und Gleichnisse in einem quasi-inzestuösen Zustand, wohlgemerkt psychologisch (aber der genetische Aspekt interessiert Ulrich-Musil gar nicht).[518]

Der Inzest ist der Akt, der die Tore zum Paradies öffnet. Der Mensch erschafft sich zum zweiten Mal, diesmal selbst, mystisch, von innen heraus. Das „Wagnis ohne Erfahrung" hat seine eigene, innere Dynamik: Rückzug aus der Gesellschaft, heilige Gespräche. Einen ersten Höhepunkt stellt jenes mystische Erlebnis dar, wo die Zeit stillzustehen scheint: ein „Jahrtausend wog so leicht wie ein Öffnen und Schließen des Auges". Dieses Ereignis identifiziert Agathe, die ‚Gute', mit dem „gefühlshellen" (?) Komplex des ‚Tausendjährigen Reiches', des ‚Reiches Gottes auf Erden'[519], des Reiches der Liebe; ein Traum, in dem sie sich mit dem Körper des Bruders vereinigt fühlt, bringt sie auf die Idee, den Bruder zu verleiten. Auch hier kommt dem Traum, wie schon im Falle Ulrichs, eine entscheidende, initiierende Bedeutung zu. Der Körper ist das Begehren einer an sich unbegehrlichen Seele, und so führt die innere Ausfahrt, die mit einer

in einer frühen Fassung auch wirklich vollzogen wird, sind die Geschwister Verbrecher. Er besitzt hier eine ähnliche Funktion wie der Ehebruch Claudines, der als Akt von verbrecherischer Latenz verstehbar geworden war [...] Die Bewegung, die die Geschwister treibt, ist inzestuös – damit wird aber nur der geschlechtliche Ort des ‚Verbrechens' bezeichnet, das Ziel einer Bewegung, die vom Tabu inspiriert ist. Der Inzest bezeichnet ebenso ein Jenseits zur Norm der Geschlechterliebe wie das Verbrechen eines zum gesellschaftlich legitimierten Handeln. Wo aber keine zweckrationale Beschreibung der Verhältnisse mehr möglich ist, wie im Falle der Liebe, dort ist die geschlechtliche Abweichung zugleich eine eminent soziale." Willemsen entgeht aber die paradoxale Strategie des Romans, der ein Wille zum Scheitern inhärent ist, wenn er meint: „Die Utopie des Romans kann gar nicht scheitern, sie ist der Sphäre des Scheiterns kategorisch entzogen und behält als ideales Richtbild des Werks ihre Gültigkeit." (S. 224.)
In unserer Interpretation ‚scheitert' der Roman nicht daran, daß sich zum kontingenten Anfang kein kontingentes Ende finden ließe. Der Roman sollte mit einer Summe von Enttäuschungen enden und mit dem Krieg als erlösender Antwort. Wie aber einen Roman schreiben, in dessen Kern das Scheitern aller ‚Erlösungsversuche' steht, auch des eigenen, den der Roman selbst verkörpert?

518 Grob umrissen lassen sich zwei Optionen nicht erst seit der Moderne konstatieren. Die eine sieht in der Errichtung der Inzestschranke eine, wenn nicht die entscheidende Leistung moderner Kultur (so z. B. Sigmund Freud), die andere reaktiviert die alte magisch-mythische Vorstellung von der Besonderheit inzestuöser Beziehungen im Sinne einer exklusiven Grenzüberschreitung. Diese Exklusivitätsvorstellung scheint auch der Konzeption im *Mann ohne Eigenschaften* zugrundezuliegen. Demgegenüber hat der Psychologe und Verhaltensforscher Norbert Bischof darauf insistiert, daß die Vermeidung inzestuöser Beziehungen gleichsam ‚natürlich' sei; vgl. Norbert Bischof, *Das Rätsel Ödipus. Die biologischen Wurzeln des Urkonflikts von Intimität und Autonomie*, München 1985.

519 Vgl. Novalis, *Fragmente und Studien bis 1797*, a.a.O., S. 313: „Träume der Zukunft – ist ein tausendjähriges Reich möglich – werden einst alle Laster exulieren? Wenn die Erziehung zur Vernunft vollendet sein wird." Was noch in der Romantik im Sinne einer säkularisierten Heilsge-

wirklichen Reise verbunden ist, bis zum entscheidenden Punkt, zum ‚verlorenen Paradies'.[520] Sie sind nicht sicher, ob das entscheidende ‚Experiment', das ihnen bevorsteht und das sie kommen sehen und nicht verhindern können (bzw. wollen), ‚gelingen' wird; während Agathe mutlos und voll von Todessehnsüchten und Depressionen ist, meint Ulrich: „Wir brauchen uns nicht zu fragen, ob das, was wir vorhaben, jede Probe aushält: *alles ist flüchtig und flüssig*."

Als sich die ersten beiden neuen Menschen, Ulrich und Agathe, nackt sehen, schämen sie sich: „Sie hatten das Bedürfnis, nackt, schutzlos, klein wie Kinder vor der Größe des Meeres und der Einsamkeit das Knie zu beugen und die Arme auszubreiten. Sie sagten es einander nicht und schämten sich voreinander, aber versteckt hinter Bewegungen der Kleider und des Suchens nach einem Ruheplatz, versuchte es jeder für sich."[521]

Der Akt bringt die Scham der ersten Menschheit zum Verschwinden: Sie „standen jetzt wie auf einem hohen Balkon, ineinander und in das Unsagbare verflochten gleich zwei Liebenden, die sich im nächsten Augenblick in die Leere stürzen werden. Und die Leere trug sie." Wieder, wie schon beim Erlebnis des Tausendjährigen Reiches erfolgt abermals eine Stillstellung der Zeit: „Der Augenblick hielt an; sank nicht und stieg nicht. Ag. und A. [Ulrich, M.-F.] fühlten ein Glück, von dem sie nicht wußten, ob es Trauer war, und nur die Überzeugung, die sie beseelte, daß sie erkoren seien, das Ungewöhnliche zu erleben, hielt sie davon ab, zu weinen."[522]

Es fällt schwer, diese und andere Textpassagen nicht mit jener Ironie zu kommentieren, wie das im ersten Teil etwa hinsichtlich der Klostersehnsucht eines Arnheims geschieht. Das religiöse Sujet hat mit dem utopischen (mit dem es hier ja verkoppelt ist) gemeinsam, daß es literarisch verfänglich ist; im literarischen Kontext liegen Sehnsucht und Kitsch nahe beieinander: „Die Körper, während die Seelen in ihnen hoch aufgerichtet waren, fanden einander wie Tiere, die Wärme suchen. Und da gelang den Körpern das Wunder. A. war mit einemmal in Ag. oder sie in ihm."[523] Der pompöse Ton – „Sie waren in diesem Augenblick überzeugt, daß sie den Scheidungen des Menschentums nicht mehr untertan seien" – ist ein Indiz für das Monströse der Musilschen Utopie, und das Scheitern des Experiments geht mit einem literarischen Scheitern im zweiten Teil des Romans Hand in Hand.

Zwar mag es sein, daß sich im mystischen Erlebnis ein Jahrtausend wie ein Augenblick ausnimmt (und umgekehrt), aber die mystische Augenblicklichkeit auf Dauer zu stellen widerspricht deren punktueller Epiphanie. Bedeutet Mystik die stillgestellte Zeit, so Utopie den stillgestellten Raum: Ordnung und Zwang. Was gesellschaftlich totalitär

schichte gedeutet wird, ist in Musils Roman ein Chiliasmus à deux: Entgrenzungserfahrung, Tabudurchbrechung, „wiederholbarer physiologischer Mechanismus". Zur gleichen Zeit, als Musil mit der Fertigstellung seines Romans kämpfte, hat sich Ernst Bloch der chiliastischen Formel zugewandt und hat ihren utopischen Gehalt gegen die Nazis energisch verteidigt; vgl. Ernst Bloch, *Erbschaft dieser Zeit*, Frankfurt a.M. 1962, S. 126–152. Erstaunlich, daß Musils Roman an keiner Stelle auf die politischen Konnotationen dieser chiliastischen Verheißung Bezug nimmt.

520 Musil, *Der Mann ohne Eigenschaften*, a.a.O., S. 1651.

521 Ebd., S. 1655.

522 Ebd., S. 1656.

523 Ebd.

wirkt, produziert in dem, was heute in Analogie zum Zweirad Zweierbeziehung heißt, höllische, klaustrophobe Situationen, denen zu entrinnen jeder trachtet. Das Paradies und die Hölle können ein und dasselbe sein. Und vielleicht sind die ersten Menschen, wie Dietmar Kamper jüngst gemutmaßt hat, nicht aus dem Paradies vertrieben worden, sondern geflohen.[524] So geschieht es auch mit Ulrich und Agathe, den ersten Menschen der zweiten Menschheit.

Sieht man einmal von dem monströsen Utopismus ab, dann kann man das inzestuöse, mystisch-erotische Experiment, nüchtern betrachtet, durchaus als nützlich ansehen, nicht nur weil auch gescheiterte Experimente ihren ganz eigenen Stellenwert besitzen; vielmehr begegnet uns in dem Musilschen Paar der Typus einer Menschheit, die ihr Leben als Experiment einrichtet und für die das, was mit dem ‚anderen Zustand' bezeichnet wird, eine Entschädigung für die sinnlose ‚Wirklichkeit' darstellt. Damit schließt der Roman an eine ‚Lösung' an, die er doch um jeden Preis vermeiden wollte: die Spaltung des modernen Menschen, wie sie am Beispiel Arnheims exemplifiziert wurde, ist unaufhebbar, und der andere Zustand ist, nicht vom einzelnen her besehen, wohl aber sozialpsychologisch betrachtet, eben jene ‚Erholung', ironischerweise ein ‚Urlaub', wenn nicht vom Leben, so doch von den gesellschaftlichen Zwängen der Wirklichkeit. Das ist überhaupt das Schicksal des Romantischen in der entzauberten Welt, daß es bloß kompensierend wirkt. Dazu sind die mystisch-romantischen Antriebe und Motive stark genug, sie sind zu schwach, die Welt rationaler Sachzwänge zu transzendieren. Was Ulrich und Arnheim, von den theoretischen Konzepten einmal abgesehen, voneinander unterscheidet, ist, daß Ulrich sich diesen Urlaub eines unkonventionellen, experimentierenden Lebens nimmt, Arnheim jedoch nicht.

Die Liebe und die Gewalt, der Sexus und der Krieg, sind die quasi-metaphysischen Mächte, die das Geschehen im Roman bestimmen. Beide wirken erlösend, die eine individuell, die andere kollektiv. Gefährlich, wenn sie ihre Potenzen miteinander verbinden. Das geplante Ende des Romans, daß die Idee der ‚Parallelaktion' der Krieg ist, der ‚andere Zustand', der mit der Gewalt amalgamiert ist, hat nichts von seiner Aktualität eingebüßt: „Der Druck des kommenden wissenschaftl. objektiven Zivilisationszeitalters, wo alle Menschen weise u gemäßigt werden, lastet schon auf der Generation. Zuflucht Sexualität u Krieg."[525] In nuce liegt hier also schon eine Art von Kompensationstheorie vor: die Rationalisierung der Welt, die vor dem Menschen nicht haltmacht, bürdet ihm unerträgliche Zumutungen auf, die er nur durch ‚andere Zustände' erträglich machen kann.[526]

524 Kamper, *Jenseits von Eigentum und Entfremdung: Das Unheimliche*, a.a.O., S. 189: „[…] in der Tat ist das Paradies nicht der Ort, der die Sehnsucht rechtfertigt, die man in eine Rückkehr investiert. Es ist in der Tat zu eng, es ist in der Tat bloß eine Wiederholung des phantasierten Scheinlebens im Mutterleib. Wer aber die Erfahrung macht, daß das Paradies zu eng ist, muß unter anderen Vorzeichen die Weltgeschichte noch einmal wiederholen." Das scheint mir der heute zeitgemäße Kommentar zu Musils Roman, der überdies vorgegeben ist durch den Verlauf des Romans selbst: der paradiesische Versuch will gewagt sein, um sich von der Haltlosigkeit des Versprechens leibhaftig zu ‚überzeugen'.

525 Musil, *Der Mann ohne Eigenschaften*, a.a.O., S. 1951.

526 Vgl. Anm. 289.

Wer die soziale Fähigkeit nicht entwickelt, sein eigener Lebensgestalter und Sinnproduzent zu werden, der lernt, im Warenhaus der religiösen Meinungen, politischen und philosophischen Anschauungen und Lebensstile das Passende für sich einzukaufen: und wo man sich damit zufriedengibt, daß dieser ‚Sinn' nur eine relative, für einen selbst wirksame erlösende Kraft besitzt, dort meldet sich der Krieg als die lakonische Totallösung zurück, die als heroische Tat Entscheidung an und für sich bedeutet. Während die Liebe individuell ausdifferenziert, gewährt der Krieg dem Kollektiv in einer als unerträglich sinnlos empfundenen Zeit metaphysisches Obdach, bewährt und bewahrheitet sich der Satz Heraklits, wonach der Krieg der Vater aller Dinge ist.[527]

Anders kann ein Roman, der 1913 beginnt, nicht enden. Aus seinem Scheitern lassen sich andere Schlüsse ziehen als die im Roman. Und so ist Musil wie Montaigne ein Zeitzeuge eines Krieges, in dem es auch um Sinn und Glauben geht. Der ideologische Krieg von 1914 bis 1945 hat, bei aller Differenz, eine gewisse Ähnlichkeit mit jenen reformatorischen Glaubenskriegen, die von den Hugenottenkriegen ihren Ausgang nahmen. Musil will ein Essayist sein, der nicht aus Intuition schreibt, „wo die Gedanken wachsen wie Haare und Blätter", sondern aus dem „Wissen der Zeit und ihrer Interessen", ein Fortschrittsverächter und glühender Wissenschaftsapostel, der den heiligen Weg mit dem Motorrad befahren will, ein ‚Ingenieur der Seele', der das Unmögliche möglich machen will: Distanz und Zuwendung, Kaltblütigkeit und Urfeuer. Musil ist ein Beobachter, aber auch ein Teilnehmer des ideologischen Glaubenskrieges, des modernen Polemos. Seine Spielfigur, sein Stellvertreter im Roman, Ulrich, der sich an der Selbstgefälligkeit seines prinzipiellen Kontrahenten Arnheim reibt, übertrifft diesen noch im Bestreben, Recht zu behalten. Ulrich ist der ‚Recht-Haber' schlechthin, der noch mehr Recht zu haben glaubt als alle anderen. Indem er alle überbietet, führt er die ideologischen Versprechungen, auch die eigenen, letztlich ad absurdum.

Montaigne hatte sich aus philosophischen, politischen und individuellen Gründen auf die Position des Nicht-Wissens zurückgezogen, um nicht am Glaubenskrieg teilnehmen zu müssen, um als Vermittler dienen zu können. Eine solche Möglichkeit bleibt Musil-

527 Vgl. Jan Patocka, *Die Kriege des zwanzigsten Jahrhunderts und das zwanzigste Jahrhundert als Krieg*, in: ders., *Ketzerische Essays zur Philosophie der Geschichte*, Stuttgart 1988, S. 146–164; *Vom Anfang der Geschichte*, S. 50–76, bes. S. 66f.: hier der Versuch einer positiven Deutung des Heraklit-Satzes: „Polemos verbindet die streitenden Parteien, nicht nur, weil er über ihnen steht, sondern weil sie in ihm eins sind. In ihm bildet sich die eine und einheitliche Macht und der Wille, aus denen allein die Gesetze und Verfassungen erwachsen, wie verschieden sie auch sein mögen." Als ein Mittel, die Verewigung des Kriegszustandes zu überwinden, sieht der tschechische Philosoph die *„Solidarität der Erschütterten*", „die Solidarität derjenigen, die imstande sind, zu verstehen, worum es im Leben und im Tod und damit auch in der Geschichte geht." (S. 162f.) Der Krieg läßt sich, weil er heroisch ist, nur heroisch überwinden. Denn: „Das Leben würde so gerne endlich leben, doch ist es gerade das Leben, das den Krieg erzeugt [...]" (S. 159). Und über den Krieg, den Musil als ‚Lösung' an das Ende seines Romanes gestellt hat, meint Patocka: „Wie alle europäischen Krieg hatte auch der Krieg 1914–1918 eine bestimmte allgemein menschliche Überzeugung als Hintergrund, die mit Gewalt manifestiert, verwirklicht werden wollte. Auch dieser Krieg war ein Ideenkrieg, mag seine Idee auch schwer zu finden sein, ist sie doch in ihrer Negativität sehr unauffällig." (S. 147.) Für Musil ist diese Idee in all ihrer Negativität der Krieg selbst, die Idee des vollen Einsatzes im Gefolge des europäischen Nihilismus.

Ulrich verwehrt, weil er sich selbst von der Relativierung ausnimmt (was, wie man gesehen hat, selbst noch einmal ein paradoxes Vorgehen ist). Sein Szientismus und das negative Prinzip der Selbstkonstitution, das konsequenterweise zur zweiten Schöpfung, der Selbsterschaffung, führt (die cum grano salis mißlingt), verhindern, daß sein Ironizismus zu einem starken Prinzip von Toleranz – und vor allem zu einem realistischen – führt, weil er an dem Wahrheitspostulat im starken Sinne festzuhalten sucht. Beides aber schließt sich wechselseitig aus: die starke Wahrheit und die prinzipielle Einsicht in die Notwendigkeit einer Toleranz, die von der skeptischen Erfahrung des Nicht-Wissens durchtränkt ist. Insofern ist Montaigne ein aktuellerer Essayist als Musil. Das gilt freilich nur im Hinblick auf die Perspektivik und den Perspektivismus: Musils Roman ist Bestandteil jener modernen Sinnwiederherstellungsstrategie, Montaigne begriff den Essayismus als den Versuch, diesen Diskurs konsequent zu durchbrechen. Unbeantwortet bleibt dabei aber die Frage, ob diese, Montaignes Position, unter den veränderten Vorzeichen einer ‚heillosen', ‚unwirklichen' Welt noch haltbar ist.

Gottfried Benn
Eine preußische Parallelaktion oder Die Kunst des Glasblasens

„Rönne wollte nach Antwerpen fahren, aber wie ohne Zerrüttung?“[528] Der Held reist nicht, der Held bleibt zu Hause, die Expedition namens Weltgeschichte wird abgesagt; erobert ist ohnehin schon genug, und von der nicht so schönen weiten Welt ist sowieso nicht mehr viel zu erwarten. Da bleibt einer lieber gut-innerlich bei sich, auch wenn die Reise nach Innen, wie sie Novalis emphatisch vortrug, ihren Reiz verloren zu haben scheint, schal geworden ist. Man bleibt zu Hause: zur Diagnose, zur Selbstdiagnose, das kleine Häuflein zerrütteter Mensch, das ohnehin schon, wenigstens als Gattung mit spezifisch abendländischer Kulturprovenienz, mit seinen Unternehmungen den ganzen Erdball umspannt. Die Reise ist am Ende der Neuzeit abgesagt und storniert; die weite Welt kommt ohnehin frei ins Haus, und die eigentlichen Abenteuer finden andernorts statt, nicht mehr in der Fremde. Dem Projekt, seinen Zielen und Hoffnungen wird abgeschworen. Der Weltuntergang hat schon stattgefunden, nur hat es keiner bemerkt, außer Rönne, dem Stellvertreter seines literarischen Herrn.

A-Sozialität, nicht Protest und Einspruch, ist die soziale Qualität des Essayisten im aprèslude: „Der Kunstträger ist statisch asozial, weiß kaum etwas vor ihm und nach ihm, lebt nur in seinem inneren Material, für das sammelt er Eindrücke in sich hinein, zieht sie nach innen, so tief nach innen, bis es sein Material berührt, unruhig macht, zu Entladungen treibt. Er ist uninteressiert an Verbreiterung, Flächenwirkung, Aufnahmesteigerung, an Kultur. Er ist kalt, das Material muß kalt gehalten werden, er muß die Gefühle, die Räusche, denen die anderen sich menschlich überlassen dürfen, formen, d. h. härten, kalt machen, dem Weichen Stabilität verleihen. Er ist vielfach zynisch und behauptet auch gar nichts anderes zu sein, während die Idealisten unter den Kulturträgern und Erwerbsständen sitzen.“[529]

528 Gottfried Benn, *Prosa*, a.a.O., S. 33; Reiseunlust, Unentschlossenheit, Lebensdistanz und Wirklichkeitsverlust sind gemeinsame Erfahrungsdispositionen, die der stark autobiographischen ‚Rönne‘-Prosa ebenso zugrunde liegen wie im Fall des Mannes ohne Eigenschaften. Die Parallelität zwischen Musil und Benn hat neulich auch Hartmut Böhme hervorgehoben; vgl. Hartmut Böhme, *Ich-Verlust und melancholische Haltung bei Gottfried Benn*, in: Will Müller-Jensen (Hg.), *Gottfried Benn zum 100. Geburtstag*, Würzburg 1989, S. 69–81, bes. S. 70; vgl. auch die Interpretation S. 75: „[…] melancholische Reaktion auf die kopernikanische Wende.“

529 Gottfried Benn, *Soll die Dichtung das Leben bessern?* (1955), in: *Essays und Reden*, a.a.O., S. 596.

Die programmatische Kältelage charakterisiert den Musilschen Essayismus ebenso wie seine preußische Parallelaktion namens Gottfried Benn, aber sie ist im preußisch-protestantischen Fall so bekennerhaft wie die Feindschaft gegen ‚die Geschichte' und das Individuum, das Ich, das als eine späte Bildung eben jener mitleidig-mitleidlos verworfenen Geschichte gilt, die für Benn mitsamt ihrer viertausendjährigen Vorgeschichte nicht mehr als viertausend Jahre umfaßt, ein lächerlich geringer Zeitraum, gemessen an der menschlich-irdischen Gesamtzeit.

Die programmatische Kälte, die Ortlosigkeit und Asozialität des einsamen Künstler-Denkers und eine polemische Entzauberung von Geschichte und Ich bilden jenen erstaunlich stabilen Gesamtkomplex, um den das bislang eher unterbelichtete essayistische Gesamtwerk Gottfried Benns, das einen aufmerksamen philosophischen Leser und Kommentator zutage treten läßt, gleichsam kreist, jene Kälte, die angefeuert wird von Bildsequenzen, gewaltigen Metaphern und Symbolen, verdichtete Sprache auf vergleichsweise hohem Abstraktionsniveau, im beständigen Pendelschwung zwischen Anschaulichkeit und spekulativer These.

In dem dreiteiligen Essaywerk *Der Ptolemäer* vergleicht Benn seine Tätigkeit mit der eines Glasbläsers, der die ‚Welt' aus Glas bläst: „[...] die hohe Ästhetik des Glasbläsers: der glühende Fluß und dann der Schlag auf das Rohr, ein Atem – und dann die zerbrechlichen Wände, von nichts besponnen als Schatten und Licht [...] Du trittst zurück in die Schatten, aber etwas von dir wird noch verweilen. Und wenn es sich bei dir auch nur um Vasen und Gläser handelt, die dein Hauch ablöst, nicht um die tiefen Reliefs und die Fluchten von Gestalten, wenn es sich bei dir auch nur um geringere Stücke handelt, halte auch du dich in dem Land, in das dich deine Träume ziehen und in dem du da bist, die dir auferlegten Dinge schweigend zu vollenden."[530]

Im Bild des Glasbläsers verbinden sich divergente Momente. Wenn man das Motiv ernst nimmt, dann entsteht die kalte Form des Glases, einer nicht mimetischen Kunst schlechthin, nur durch eine unermeßliche Hitze, die dem kalten Material zugeführt werden muß, einem archaischen Feuer, das unter der kalten Form tobt.

In dieser τέχνη verbindet sich aber auch das Kalte des Szientismus mit dem Heißen der Träume, die in der Form gebannt und ‚schweigend' vollendet werden. Benns Formbegriff ist durchaus klassisch, neu hingegen ist die Gattung, die damit bezeichnet ist, keine epische, keine dramatische: kein Relief und keine Gestalten. Denn wo es keine Individuen und keine Geschichten mehr gibt, da kann es keine großen Epen, Dramen und nicht einmal Romane mehr geben. Der Essayismus beinhaltet spätmodern auch einen Gestus kluger Bescheidung, bedeutet eine Antwort auf Hegels Diagnose vom ‚Tod der Kunst', die ohne die geschichtsphilosophische These nicht auskommt, daß nichts mehr dramatisch Neues auf Erden geschieht. Insofern markiert ja auch das verzweiflungsvolle Scheitern des essayistischen Romanprojektes Musils dessen Singularität und Qualität.

Zurückgenommen wird nach der Entlarvung des Ichs als Epiphänomen auch das subjektive Pathos. Vom Individuum bleibt nur mehr ein Hauch in das erhitzte Glas, und der Schlag auf das Rohr signalisiert das abrupte Ende des Prozesses, den Abbruch, der kei-

530 Gottfried Benn, *Der Ptolemäer* (1947), in: *Prosa und Autobiographie*, a.a.O., S. 222.

nen Bruch des Glases bedeutet, wohl aber eine Reflexion des Essayisten: die Abkühlung, die stets auch eine der Innenlage ist. Die nachgeschichtliche Zeit ist kühl, aber sie birgt Vulkanisches.

Zwischen dem ernüchterten Gestus eines ‚universalen Nihilismus', zu dem sich Benn in dem Brief an die Zeitschrift *Merkur* aus dem Jahre 1948 bekennt, und dem Pathos des dichtenden Denkers herrscht eine kunstvolle Balance. Es geht um mehr als um intellektuelle Aufrichtigkeit, es ist eine schwere, tiefe, gewichtige Form von Wahrheit, die da am Wort ist und die sich im ‚Ausdruck' der Kunst als etwas Primärem, das sich explosiv entlädt, wiederfindet.[531] Der Dichter ist der einzige, der mit den Dingen fertig wird, er kann gar nicht anders, angetrieben von einer ‚panischen Gewalt'.[532]

Das dichtende Denken im Sinne Benns bedeutet also nicht nur eine schonungslose, entlarvende Entzauberung von Geschichte, Humanität und individueller Autonomie, sondern beinhaltet zugleich einen Akt der Wiederverzauberung, der im quasi-religiösen Erfahrungsgrund des Schreibens verankert ist. Das ‚mystische' Erlebnis des Ästhetischen wird gestreckt und totalisiert, der Zeitdiagnostiker zum Propheten, der Dichter zum Verkünder und zum Opfer: Dichter sind die „Tränen der Nation", heißt es in der *Totenrede für Klabund*, die über das Dichtungsverständnis Benns mindestens ebensoviel besagt wie über den später von Brecht beerbten, früh verstorbenen Dichter Klabund. Der Dichter steht einsam im Kampf gegen den reißenden Strom der Zeit: „Gegen eine Welt der Nützlichkeit und des Opportunismus, gegen eine Welt der gesicherten Existenzen, der Ämter und der Würden und der festen Stellungen trug er nichts als seinen Glauben und sein Herz."[533]

Benn steigert dieses Bild noch dadurch, daß er dem modernen Dichter den Stolz des Aristokraten empfiehlt: „Es gibt den Wahlspruch eines alten französischen Geschlechts, der Beau Manoire, der im Grunde der Wahlspruch aller Künstler ist: ‚Bois ton sang, Beaumanoire' – trinke dein Blut, Beau Manoire; das heißt für den Künstler, du leidest, hilf dir selbst, du bist deine eigene Erlösung und dein Gott; du bist durstig, du mußt dein Blut trinken, trinke dein Blut, Beau-manoire! Und dieser hier [Klabund, M.-F.] trank sein Blut jede Stunde seines Daseins, wie es das innere Gesetz seines Lebens und seines Sterbens ihm befahl."[534]

Nicht um die Legitimität von Gesellschafts- und Kulturkritik geht es hier, sondern um das, was als negatives Konstitutionsprinzip des modernen essayistischen Subjekts bezeichnet worden ist, um eine intellektuelle Hypertrophie, um eine Haltung, die an allem zweifelt, bloß nicht am Zweifelnden. Die angebliche Ortlosigkeit erweist sich als blinder Fleck der Reflexion. Aus all dem wird – nicht nur im Falle Benns – eine antidemokratische Grundstimmung resultieren, die in den Prinzipien der Demokratie und des Marktes nur eine Vergewaltigung des genialen Menschen sieht. Der Zweifel als eine Grundhaltung neuzeitlichen Denkens, der Philosophie ebenso wie des Essayismus, schlägt in eine grundsätzliche Kampfhaltung um: Essayismus wird – neutral gesprochen – zur Selbstbehauptung.

531 Ebd., S. 221.
532 Ebd.
533 Gottfried Benn, *Totenrede für Klabund* (1928), in: *Essays und Reden*, a.a.O., S. 429.
534 Ebd.

Gottfried Benn ist ein viel zu aufrichtiger Denker, als daß er seine Grundposition nach 1945 geändert hätte, als Generalrevision und der Wiederaufgang des Abendlandes angesagt war. Hartnäckig hält er am Primat des künstlerischen Schaffens fest. Daran werden Demokratie und humanitäre Bestrebungen gemessen. Dementsprechend fällt das Urteil aus. Benn bleibt dabei, daß die Demokratie ein Feind der Kunst sei: „Werfen wir nun einen kurzen Blick auf diese politischen Begriffe und ihren Gehalt an degenerierender und regenerativer Substanz –, z. B. *Demokratie*, als Staatsprinzip das beste, aber zum Produktiven gewendet absurd! Ausdruck entsteht nicht durch Plenarbeschlüsse, sondern im Gegenteil durch Sichabsetzen von Abstimmungsergebnissen, er entsteht durch Gewaltakt in Isolation. Oder das *Humanitäre*, ein Begriff, den die Öffentlichkeit geradezu mit numinosem Charakter umkleidet, – natürlich soll man human sein –, aber es gab hohe Kulturen, darunter solche, die uns sehr nahe stehen, die diesen Begriff überhaupt nicht realisierten, die Ägypter, die Hellenen, Yukatan –, sein Sekundärcharakter im Rahmen des Produktiven, sein antiregenerativer Zug ist evident. Alles Primäre entsteht explosiv, später erfolgt die Finessierung und Applanierung – eines der wenigen unanfechtbaren Ergebnisse der modernen Genetik (!) [...] Wo aber immer bei uns sich im Geistigen etwas Primäres andeutet, ein vulkanisches Element, greift die Öffentlichkeit ein mit Abtreibung und Keimzerstörung; erscheint die oben genannte Gruppe mit ihren Clubdebatteuren, Round-table-Vor- und Beisitzern, Versammlungsmatadoren, ruft auf, sammelt Unterschriften im Namen von Vergangenheit und Zukunft, von Geschichte, von Enkelversorgung, von Mutter und Kind.“[535] Das Primäre, das ist die Kunst und der Geist. Benn vermeidet an dieser Stelle die pointierte Aussage, daß dieses Primäre seine Opfer wert ist, wie in dem Dorer-Essay der 30er Jahre, aber die Gewichtung ist klar: die Demokratie verfügt über keine Regenerationsmöglichkeiten, was Benn sogar mit dem Hinweis auf die Gentechnologie zu untermauern sucht.

Es ist nicht damit getan, hier mit moralischer Entrüstung all die stillen Präsuppositionen aufzuzählen, die diesem exklusiven Dichtungsprogramm zugrunde liegen. Dieser Aufschrei ändert nichts daran, daß sich hinter all dem antidemokratischen Räsonnement, das heute aus bekannten Gründen tabuisiert ist, eine unbequeme Diagnose herausschälen läßt: all die staatlichen Subventionen, die in den okzidentalen Demokratien für die Kunst ausgegeben werden, sind nicht ein Indiz dafür, wie Demokratie und Kunst miteinander harmonieren, sondern, selbst wenn man das Toleranzprinzip einmal theoretisch ungeschoren läßt, eher ein Hinweis auf die Unvereinbarkeit zwischen moderner Gesellschaft und moderner Kunst, vor allem, wenn sie mit derart exklusiven, quasi-religiösen Ansprüchen auftritt wie nicht wenige Vertreter der klassischen modernen Avantgarde. Kunst muß in der modernen Gesellschaft subventioniert und geschützt werden, weil sie ansonsten dem Untergang preisgegeben wäre. Die Unterstützung von Kunst unterscheidet sich nicht prinzipiell vom Artenschutz oder der Subvention der Landwirtschaft. Als soziale Diagnose gesehen ist Benns Polemik durchaus hellsichtig: der Kunst geht es tatsächlich nicht gut in der modernen Massendemokratie, das ist ein Preis, den zu bezahlen diese gebieterisch verlangt. Für den Künstler ist dieser Preis im Grunde eine

535 Gottfried Benn, *Ein Berliner Brief* (1948), in: *Prosa*, a.a.O., S. 351f.

Zumutung, nicht tragbar: so können alle konsequenten Kulturkritiken dieses Jahrhunderts *auch* als bis ins Detail genaue Verlustmeldungen interpretiert werden. Das, was Benn die Nietzschelage nennt, ist auch eine soziale und kulturelle Disposition. Es mehren sich die Anzeichen, daß die wütende und heftige Trauer über den Verlust sich einmal von selbst erledigt, weil auch die Künstler, Denker und Dichter zu unterhaltsamen Gliedern einer hochmedialisierten Gesellschaft geworden sind, deren technische Geräte – wie das Fernsehen – genau jene Techniken sind, die mit den politischen der repräsentativen Massendemokratie korrespondieren.

Die Stärke Benns resultiert auch daraus, daß da einer nie voll investiert hat, weil der Einsatz nicht lohnt. Die ‚Geschichte' wird nicht erst verworfen, nachdem sie nicht gehalten hat, was sie versprach. Man war immer schon unselbstverständlich auf der Welt. Die Reiseunlust symbolisiert also die neue Grundkonstellation, das schweifende Sich-in-der-Heimat-Verirren wird zum unausgesprochenen kategorischen Imperativ. Vom Gedanken an eine mögliche Reise bekommt man Schweißausbrüche. Am Ende der Moderne wird das Reisen obsolet. Der späte Essayismus ist, anders als der Montaignes, nicht mehr reiselustig. Keine Ausfahrt, kein Ausgriff, kein Fort-Schritt.[536] Um diese Reiseunlust zu motivieren, bedarf es freilich einer lakonisch abgekühlten, expressiven Sprache, der Sprache des Glasbläsers: „In einem Zeitalter, wo die Flugraketen beiläufig an den Sternen tanken und Cook für seine Korsofahrten den Urwald asphaltiert, die Polentfernung auf Teilstreckentarif zusammenschrumpft und Himalajatouren zu den Matrosenwettspielen gehören, setzt Rönne seinen Reisetedenzen inneren Widerstand entgegen."[537] Die ironische Abkühlung läßt die aufgeladenen Science-fiction-Bilder in einem gebrochenen und ironischen Licht erscheinen, Bilder, die wie viele andere aus dem kulturkritischen Arsenal einen Machbarkeitsglauben unterstellen, der jenen der Proponenten von derlei Unternehmungen, deren phantastisch-mythische Seite oft hinter dem technischen Kalkül verschwindet, weit in den Schatten stellt. Noch eines aber wird an dem expressiven bildbesetzten Sprachduktus der essayistischen Zeitdiagnostik Benns sichtbar: eben jene Fülle exotischer Bilder, Sehnsuchtsbilder, die wie vulkanische Naturgewalten auftauchen, die Benn zu kühlen und zu bändigen trachtet. Sein späterer Formklassizismus, dem auch der Vergleich mit dem Glasbläser zugrunde liegt, ist ohne diesen explosiven Bildüberschuß, wie er die frühe Lyrik, aber auch noch die späte Prosa charakterisiert, undenkbar. Berlin anno 1945, die Heimat, ist das Exotischste, was überhaupt denkbar ist. Es sind atemlose Bildsequenzen, die Benn so (unter-)kühlt wie den Whisky an der Bar: „Auf den Boulevards Steppenleben, – lebhafte Bordelle und Uniformen. Das achte

536 Vgl. hierzu auch Michael Bielefeld, *Bestätigung tiefster Zerrüttung. Zum Reisemotiv*, in: Text + Kritik, H. 44, ²1985, S. 54–62; zur Wirkungsgeschichte vgl. insbes. Peter Uwe Hohendahl (Hg.), *Benn – Wirkung wider Willen* und den Sammelband von Horst Albert Glaser, der neue Forschungsansätze versammelt (etwa zum Verhältnis Benn-Nietzsche oder zu gnostischen Elementen im Werke Benns): Horst Albert Glaser, *Gottfried Benn*, 1889–1956 (mit Beiträgen u. a. von Gottfried Willems, Theo Meyer und Regina Weber).

537 Gottfried Benn, *Lebensweg eines Intellektualisten* (1934), a.a.O., S. 315; vgl. auch die Fassung des Textes von 1949, ebd., S. 365; zur Sprache vgl. Rainer Rumold, *Gottfried Benn und der Expressionismus. Provokation des Lesers, absolute Dichtung*, Königstein i.Ts. 1982.

amurische Regiment, – Friedensgarnison Lo-scha-go –, macht Platzmusik, die langen Posaunen dröhnen. Die Bars füllen sich: Hawaiabfall und sibirisches Fleckblut. Weißer Wodka, grauer Whisky, Ayala und Witwe Cliquot aus ungespülten Römern. Gentlemans und Gospodins steppen auf rotem Glasparkett, Lichteffekte vom Boden, im Arm Nasen-Helene, Räuber-Sonja, Augen-Alexandra (sie trägt ein Glasauge) [...]"[538]

Raffiniert an dieser Bildkomposition sind die Mischungen von Vertrautem und Fremdem, die Implementierung exotischer Elemente. Im Bild der Bar verdichtet sich eine Welt, die überall ziemlich die gleiche ist, eine repräsentative Welt voller leerer, sinnloser, übersprudelnder Geschäftigkeit, die Benn bis in den Sprachduktus hinein ‚verfolgt'. Ähnlich zusammengezogen ist auch das Bild, das Benn 1947 vom Kapitalismus entwirft, der – so Benn – erst richtig begonnen habe. Auch hier sind es wieder ‚Reise-Ausschnitte', die das Exotische als unverzichtbare Ingredienz des westlichen Kapitalismus erscheinen lassen: „Und innerhalb dieses Weltbildes werden die Luxushotels vor Überfüllung bersten, vielgabelige Lifts befördern vor jede Tür. Das Zeitalter des Kapitalismus und des synthetischen Lebens hat erst begonnen. Weißen, krokuslila und braunbemalten Lippen werden die Erwägungen der Lady's und Signora's gelten, ‚blasse Koralle' zu goldenem Haar, lila zu silberblondem, doch nur in den Tropen. Lebensverlängerung über alle Maßen: Drüsen werden gehandelt, die Leber operativ durch Filter ersetzt, das antireticuläre zytotoxische Serum (A.C.S.) strömt als Porenwasser über gepflegtes Fleisch. Vom Menahaus, dem Ziel vieler Hochzeitsreisender, geht der Blick über die stolzen Zeichen uralter Kultur; in den Schwimmbädern, gefilterte Nilflut, hebt der vollkommenste Jazztrompeter beider Welten, Bix Beiderbecke, das Saxophon an den Schlund und endet den Ragtime mit einem Tutti von den kühnsten Überschneidungen, das im Augenblick seiner höchsten Entfaltung einen Wimperschlag lang bewegungslos steht und dann erlischt. Und im Galle Face Hotel in Colombo und auf den Poloplätzen in Kandy ebenso: die alte Orchideengentry und die neue Uranclique: innen Pokerface der letzten Runden, außen mohnrot. Die Welt wird von den Reichen gemacht und sie wird schön gemacht. Der Name des Stückes ist Aprèslude."[539]

45 Jahre später erscheinen diese imaginären Agglomerationen wie ein imaginäres Inventar der Epoche als Zitate aus Kino- und Fernsehwerbung, aus diversen Serien und aus Science fiction. Trotz allem Sarkasmus sind es relevante, ernst zu nehmende Bilder, Selbstbilder einer Gesellschaft und ihrer Mitglieder. Bilder sind eine Realität, mit der zu rechnen ist. Die Sprache Benns verrät eine gewisse Faszination von der sonst verhöhnten ‚Zivilisation'[540]: Rhythmus, Geschwindigkeit, Kälte, Distanz. Die Sprache Benns ist da ein verläßliches Barometer. Wenn in dieser ‚synthetischen Welt' nur Platz für dichte-

538 Benn, *Der Ptolemäer*, a.a.O., S. 208.

539 Ebd., S. 205.

540 Originell am *Ptolemäer* ist, wie Benn Zivilisation und Wildnis zusammendenkt. Wie die heutige Werbung macht die Zivilisation die Wildnis zum Zitat: „Auf den Boulevards Steppenleben" (ebd., S. 208), „Malven und Mulatten" (ebd., S. 203). Fröhlichkeit im Untergang. Zum Begriff der Zivilisation vgl. Norbert Elias, *Der Prozeß der Zivilisation*, Frankfurt a.M. – Bern 1969, Bd. 1, S. 2: „Hier, im deutschen Sprachgebrauch, bedeutet ‚Zivilisation' wohl etwas ganz Nützliches, aber doch nur einen Wert zweiten Ranges, nämlich etwas, das nur die Außenseite des Menschen, nur

rische Primärausbrüche wäre! Aber für den dichtenden Denker ist in dieser Gesellschaft tatsächlich kein Platz vorgesehen. Nicht die Menschheit, wohl aber eine unbedingte Kunst ist ‚antiquiert'.[541]

Vom Triumph der Geschichte ist nichts zu spüren, viel eher wird für einen Moment (vielleicht als Bix Beiderbeckes Saxophon schweigt) unter der Oberfläche der schönen Designwelt etwas anderes vernehmbar: die Wiederkehr des Archaischen. Daß das Früheste am Ende wiederkehrt, ist ein oft geäußerter Verdacht,[542] und wenn es einen glaubwürdigen Kronzeugen für dieses Phänomen gibt, dann ist es Gottfried Benn, der die archaischen Bilder nicht als Gegenwelt zur Moderne aufbaut, sondern im Hintergrund der Moderne diese archaischen Bilder aufsteigen sieht. Der Kapitalismus, so besagt das exotische Bildertableau, wird den Gesamtkomplex namens Abendland ‚transzendieren'. Gottfried Benn ist der ‚Asphaltliterat', der die Bilder kennt, die unter dem Asphalt verborgen sind, er mißtraut – wenigstens hier – der Ansicht, daß die Welt nur Oberfläche oder Schein ist. Das unterscheidet ihn von den heutigen Postmodernen.

Ambivalent ist auch die kategoriale und zugleich bildhafte Zuschreibung: aprèsludes, der ironische Nachsatz zum Vorspiel. Ist es eine unendliche Geschichte im Sinne einer

die Oberfläche des menschlichen Daseins umfaßt. Und das Wort, durch das man im Deutschen sich selbst interpretiert, durch das man den Stolz auf die eigene Leistung und das eigene Wesen in erster Linie zum Ausdruck bringt, heißt Kultur."

Benn unterscheidet sich von der deutschen Kritik der Zivilisation im Namen der Kultur einmal dadurch, daß er den Begriff der Kultur ebenso verhöhnt wie den der Zivilisation (und ihr die strenge Einsamkeit der Kunst, das ‚Glasblasen', gegenüberstellt), zum anderen aber durch seine kulturpessimistische Diagnose der Zivilisation, in der alle Dinge ihres Ernstes beraubt werden. Die moderne Zivilisation ist das Reich des Konsumismus der Lotophagen. In ihrem Spätstadium zudem erweist sich die Zivilisation nicht als triebhemmend, sondern als vergnügliches Triebspektakel vor exotischer Kulisse, wofür wieder einmal der Jazz als Feindbild herhalten muß. Im Verdikt des Oberflächlichen trifft sich Benn mit dem deutschen Unbehagen an der deutschen Zivilisation, die nur Politur ist, nicht echt.

541 Zum Begriff der Antiquiertheit vgl. Günther Anders, *Die Antiquiertheit des Menschen* (Einleitung: „Das prometheische Gefälle"), Bd. I, München 1956, S. 16: „Durch unsere unbeschränkte prometheische Freiheit [...] haben wir uns als zeitliche Wesen derart in Unordnung gebracht, daß wir nun als Nachzügler dessen, was wir selbst projektiert und produziert hatten, mit dem schlechten Gewissen der Antiquiertheit unseren Weg langsam fortsetzen oder gar wie verstörte Saurier zwischen unseren Geräten einfach herumlungern."

542 Vgl. Dietmar Kamper/Ulrich Sonnemann, *Atlantis zum Beispiel*, Darmstadt – Neuwied 1986, S. 10: „Einem Diktum des Sprachdenkers, Soziologen und Historikers Eugen Rosenstock-Huessy zufolge nimmt die historische Erinnerung den entgegengesetzten Weg wie die in der Zeit verlaufenden Ereignisse selbst. Je später es wird, desto frühere Zustände der Menschheitsgeschichte tauchen auf, werden in Umrissen sichtbar, können entschlüsselt werden. Nach der Faszination des 18. Jahrhunderts durch die griechische Klassik, ist das Interesse an einer Vorzeit der Schriftkulturen im Laufe des 20. Jahrhunderts kontinuierlich gewachsen." Besonders augenfällig ist dies im Falle der klassischen modernen Kunst und ihrer Auseinandersetzung mit fremden und archaischen Artefakten. Die Freudsche Psychoanalyse hat mit ihrem Konzept des Unbewußten ein individualpsychologisches Modell geschaffen, das der Bedeutung des Frühesten in der Entwicklung menschlicher Lebewesen Rechnung trägt.

Welt, die die Reichen immer schöner gestalten? Oder ist es der Tanz auf dem Vulkan, das Postskriptum zu einer Geschichte, die zu Ende geht?[543] Benn läßt dies bewußt offen.

Der schon zitierte Brief an den *Merkur* legt es nahe, daß das oben beschriebene Szenarium als ein Untergangsgeschehen zu deuten ist, Ausdruck einer degenerierten, synthetischen Sekundärmenschheit. Der Kapitalismus ist der Untergang des Abendlandes, den Benn nicht im mindesten bedauert. Scharfsinn und Ungeheuerlichkeit liegen nahe beieinander, wenn Benn die Demokratie, das politische Pendant zum Kapitalismus, für den – spätestens seit Oswald Spengler vielbeschworenen – ‚Untergang des Abendlandes' verantwortlich macht: „Das Abendland geht nämlich meiner Meinung nach gar nicht zu Grunde an den totalitären Systemen oder den SS-Verbrechen, auch nicht an seiner materiellen Verarmung oder an den Gottwalds oder Molotows, sondern an dem hündischen Kriechen seiner Intelligenz vor den politischen Begriffen. Das Zoon politikon, dieser griechische Mißgriff, diese Balkanidee – das ist der Keim des Untergangs, der sich jetzt vollzieht."[544] Die Demokratie, der Primat des Politischen, ist es, die die im ‚Anzug' befindliche „cerebrale Mutation" niederhält: „unter Führung der staatlich geregelten Ausrottung alles Wesens".

Benn nimmt diese so unerschrockene wie ungeheuerliche Kritik zurück, wenn er, nicht ganz konsequent, dieser demokratischen Öffentlichkeit wiederum ‚geschichtlich recht' gibt: „Denn die Elemente deuten auf ein Wesen, das zerstörerische Züge trägt, neue, und das sind immer neue erschreckende Züge des depigmentierten Quartärs –, der Mensch ist etwas anderes, als die vergangenen Jahrhunderte dachten, als sie voraussetzten, und in seinen neuen Gedankenkonstruktionen wird er der abendländischen Idee von Geschichte keinen anderen Ort zuweisen als dem Wodukult oder dem Schadenzauber der Schamanen."[545]

Die ‚Tragödie', von der Benn spricht, gründet sich auf eine von Benn konstruierte und zugespitzte Antinomie: die „cerebrale Mutation", so die biologistisch fundierte Argumentation, wird zu einer Rückkehr primärer und wesentlicher Antriebe führen, gleichzeitig aber auch zu einer Sturzflut von Gewalt: Kunst und Macht sind – da gibt sich Benn keinen schöngeistigen Illusionen hin – zwei Seiten ein und derselben Medaille. Die modernen kapitalistischen Massendemokratien versuchen, mit ihrem Primat der Politik das wirklich Primäre zu unterdrücken und sind in gewisser Weise lebens- und kunstzerstörerisch. Benns Antinomie mündet in eine düstere Anthropologie ein, die hier nicht genauer bestimmt, aber nichtsdestotrotz fixiert ist.[546] Es ist ausgerechnet die Naturwissenschaft, die Biologie, die Benn die geschichtsprophetische Sicherheit gibt.

543 Die Postmoderne-Diskussion hat uns bekanntlich beide Versionen geliefert: die (falsche) Fröhlichkeit und die Endzeitbeschwörung, vgl. Wolfgang Welsch, *Unsere postmoderne Moderne,* Weinheim 1987, sowie ders. (Hg.), *Wege aus der Moderne*, Weinheim 1988.

544 Gottfried Benn, *Ein Berliner Brief* (1948), in: *Prosa und Autobiographie*, a.a.O., S. 351.

545 Ebd., S. 352.

546 In gewisser Weise kreist das Bennsche Werk um die auch bei Gehlen zentrale Frage: „Warum ist es der Natur eingefallen, ein Wesen zu organisieren, das der ungemeinen Irrtumsfähigkeit und Störbarkeit des Bewußtseins ausgesetzt ist?" (Arnold Gehlen, *Der Mensch*, Wiesbaden [9]1972, S. 13.) Mit Gehlens Kategorie der Entlastung hätte Benn vermutlich nichts anzufangen gewußt.

Erstaunlich, wie unverändert die Grundlinien seiner Argumentation geblieben sind. Hitlers Faschismus bedeutet keinen gravierenden Einschnitt, stellt eher so etwas wie einen historischen Betriebsunfall dar, der Benn freilich vorsichtiger und pessimistischer gemacht hat im Hinblick auf die Zeit nach den aprèsludes. Die Forschung, äußert Benn in der *Totenrede für Klabund* (1928), sei dabei, „die viertausend Jahre Menschheitsgeschichte, die wir bis heute übersahen und an deren Ende wir gehören, zurückzustellen vor jenen zehntausend Jahren, die vorher waren, da eine andere Menschheit mit anderen Kräften der Seele sich gestaltete und wuchs. Diese Zeitspanne, die wir als geschichtliche bezeichnen, als die geistige Bewußtwerdung, als den sogenannten Aufstieg aus der primitiven Gemeinschaft, scheint zu verblassen und klein zu werden vor den weiteren Zeiträumen, die die eigentliche produktive Periode des humanen Geschlechts zu umschließen scheinen, eines Geschlechts unter heiligen Zeichen und mit einem magischen Gesicht."[547] Und was 1948 eher düster und nachdenklich klingt, die Wiederkehr archaisch-bildermächtiger Kräfte, das hört sich 1928 noch an wie eine prophetische Verheißung: „Es ist schwierig, darüber zu reden in einer Stunde des Heute, die durchklungen ist vom Sausen der Propeller und vom Arenageheul einer Boxerzivilisation, dass es einst eine andere Menschheit gab und wieder geben wird und eine andere Menschheitsstunde."[548]

Als Positivum seines Zeitalters hat es Heinrich Mann, lange Jahre ein Vorbild für den jungen Gottfried Benn, vermerkt, daß es über sich Bescheid wisse.[549] ‚Postmoderne' könnte als jener Zeitpunkt bestimmt werden, an dem die Moderne ihre historische Unschuld verloren hat, womit nicht ein fixer Zeitpunkt, sondern ein Prozeß der Entzauberung gemeint ist.[550] In diesen historischen Prozeß ist das essayistische Werk Benns einbezogen und schon deshalb von hohem diagnostischem Wert.

Dabei gerät Geschichte als emphatische Unternehmung, Gesellschaft wie Natur zu gestalten, zu organisieren, zu planen, in die Hand zu nehmen, in den Griff zu bekommen, verfügbar zu machen, in Verruf. Insofern sind die vom Fortschrittselan gespeisten Utopien der Neuzeit als technologische Strategien nur das Pendant zu den industriellen Technologien.[551] Als Folge des Scheiterns dieser Strategien sieht Benn eine Epoche herankommen, die durch die Rückkehr der ἀρχαὶ gekennzeichnet ist.

547 Benn, *Totenrede für Klabund* (1928), a.a.O., S. 429f.

548 Ebd.

549 Heinrich Mann, *Ein Zeitalter wird besichtigt,* Berlin 1973, S. 108: „Dieses Zeitalter ist eines der durchschautesten, nur daß die meisten es sich nicht sehr zu Herzen nehmen." und S. 109: „An unserem Zeitalter ist das Hellste, daß es über sich Bescheid weiß. Es faßt sogar den Vorsatz, seine eigenen Fehler auf seine Nachfolger nicht zu übertragen. Was seine Zuständigkeit offenbar überschreitet."

550 Im Gespräch mit Florian Rötzer formuliert das Ulrich Beck folgendermaßen: „Der Prozeß der Moderne ist reflexiv geworden [...]" (Beck, *Politik in der Risikogesellschaft,* a.a.O., S. 111); vgl. S. 63–66 („Weder Nachmoderne noch Vorweltuntergang": „Das Ende des 19. Jahrhunderts").

551 Vgl. Cornelius Castoriadis, *Eine mythische Vorstellung von ‚Kommunismus'*, in: ders., *Gesellschaft als imaginäre Institution*, Frankfurt a.M. 1984, S. 188–195; S. 191: „Niemals wird eine Gesellschaft völlig transparent sein, schon deshalb nicht, weil die Individuen, aus denen sie sich zusammensetzt, sich selbst niemals völlig durchschauen: denn es kann gar keine Rede davon sein,

Geschichte, notiert Gottfried Benn in seinem *Lebensweg eines Intellektualisten* 1934, habe ihn weder berauscht noch beängstigt: Ende einer als bloß ‚zivilisatorisch' verachteten Geschichte, Rückkehr der Mythen und archaischen Bilder, Sinnlosigkeit von Fortschritt und Politik, das ist die ‚Nietzschelage',[552] in deren Kontinuität sich Benn selbst sieht und von der er bei der Beschreibung des neuen Phänotyps und der Diagnose seiner Zeit ausgeht. Eine schonungslose Analyse, eine kompromißlose Auflösung wird da verordnet, die zugleich berauschend ist und die einen grandiosen, überzeitlichen Betrachter hat, der nicht gefangen ist in der soziologischen Gemengelage der Zeit. In Benns Essayismus ist ein zynischer, antipolitischer, deklariert verantwortungsloser Diskurs mit einem mythischen Diskurs unterschwellig verkoppelt. Das Ende der Geschichte setzt die Wiederkehr eines Mythischen voraus, über dessen gewalttätige Folgen Benn – im Gegensatz zu den ‚sanften' Irrationalisten (Klages) – sich schon vor 1933 keinerlei Illusionen hingibt. Allein diese theoretische Disposition prädisponiert ihn für einen verwegenen intellektuellen Faschismus, der sich entschieden gegen einen als verlogen und unauthentisch empfundenen Geist des Fortschritts stemmt, gegen den „dicken, hochgekämpften Affen der Darwinisten", gegen eine Erkenntnis „aus fett gewordenen Leibern".[553] Ein tiefsitzender Haß kommt hier zum Tragen, und er gilt jenem Typus von Schriftsteller, der die Geschichte in seinem Rücken glaubt und sich von den Flügeln des Fortschritts tragen läßt.[554] Verlogenheit, Selbstbetrug und intellektuelle Unredlichkeit wird den Vertretern ‚der Geschichte' bescheinigt. Solche Töne findet man schon am Beginn eines dezidiert ästhetischen Modernismus, etwa bei Baudelaire und seiner Haltung gegenüber Victor Hugo.[555] Benns Zielscheibe ist die kommunistische Intelligenz. Mit Johannes R. Becher, dem nachmaligen Kulturminister der späteren DDR, liefert er sich 1930 einen regelrechten Schlagabtausch in der ansonsten verhaßten Öffentlichkeit. Das Medium: der Rundfunk. Die beiden Gespräche haben heute bereits eine historische Dimension, und in ihrer im heutigen Rundfunk völlig ungebräuchlichen Theatralik könnten sie Bestandteil eines Bühnenschauspiels mit den Figuren Benn und Becher sein.

das Unbewußte etwa zu beseitigen [...] Das Gesellschaftliche schließt etwas ein, das sich als solches immer entzieht [...]." Als mythisch im Sinne eines gesellschaftlichen Machbarkeitswahns muß auch die berühmte Definition Lenins gelten, wonach Kommunismus Elektrifizierung plus Sowjetmacht sei.

552 Gottfried Benn, *Lebensweg eines Intellektualisten*, in: *Prosa*, a.a.O., S. 334; vgl. S. 332: „Nihilismus ist ein Glücksgefühl." – „*Die Kunst als die letzte metaphysische Tätigkeit innerhalb des europäischen Nihilismus*, der Satz aus dem *Willen zur Macht* stand allem zuvor."

553 Ebd., S. 331; zur ‚Nietzschelage' vgl. auch Theodor Lessings programmatisches Werk *Geschichte als Sinngebung des Sinnlosen*, Oswald Spenglers *Der Untergang des Abendlandes* und Ludwig Klages' *Der Geist als Widersacher der Seele.*

554 Vgl. die vielzitierten *Geschichtsphilosophischen Thesen* von Walter Benjamin.

555 In seinem Roman *Die letzten Tage des Charles Baudelaire* hat der französische Philosoph Bernard-Henri Levy den Konflikt zwischen Baudelaire und Victor Hugo beschrieben; vgl. ebd., S. 77: „Die Allüren eines großväterlichen, liberalen Retters, der einem Jüngeren auf die Sprünge hilft." Baudelaires Werk wird in dem Roman als ein Werk gegen die Zeit, gegen die Welt und gegen das väterliche Über-Ich, das der Vater wie auch Victor Hugo verkörpert, interpretiert, als eine bewußte Strategie des Vergessens, als ein aussichtsloser Kampf gegen den, „der ihn dieser

Becher macht es mit seinem kategorischen Imperativ eines sentimentalen sozialen Mitleids seinem zynischen, programmatisch mitleidlosen Gegenspieler einigermaßen leicht, der freilich Bechers Pathos überbietet und sich zum anderen zu der angeblich biologisch-naturwissenschaftlich verbürgten These versteigt, wonach Ausbeutung und Unterdrückung biologisch lebensnotwendige Funktionen menschlicher Sozietäten seien: Becher: „Hören Sie folgendes Dokument: ein elfköpfiger Haushalt, der Vater trinkt, die Mutter erwartet die Niederkunft des zehnten Kindes, die Vierzehnjährige kauft sich für einen Groschen Rinderblut beim Schlächter, gießt es sich über die Brust, um mit Hilfe dieses fingierten Blutsturzes aus der überfüllten Wohnung in eine Lungenheilanstalt zu gelangen. Das ist doch Kummer, das sind doch Tränen, schuldloser Jammer, Bastardisierung des Glücks – da sieht der Dichter zu?“ Hic Rhodus, hic salta. Die unerträgliche Schwere des sozialen Seins verlangt gebieterisch gesellschaftliches Engagement. Aber Benn springt nicht. Oder doch. Aber anderswohin: „Ich zögere nicht einen Augenblick; ja, da sieht der Dichter zu. Nicht der, der die Zivilisationslektüre verfaßt und für die geistigen Vorwände für die Kulissenverschiebungen, der beim Bankett neben dem Minister sitzt, die Nelke im Frack und fünf Weingläser am Gedeck: der unterschreibt Aufrufe gegen die Notstände der Zeit. Aber der sieht zu, der weiß, daß der schuldlose Jammer der Welt niemals durch Fürsorgemaßnahmen behoben, niemals durch materielle Verbesserungen überwunden werden kann. Hygienische Wunschträume kurzbeiniger Rationalisten: halb Rente im Herzen und Höhensonne im Haus. Eine Schöpfung ohne Grauen, Dschungel ohne Bisse, Nächte ohne Mare, die die Opfer reiten – nein, der Dichter sieht zu in der vor keinem Tod zu verleugnenden Überzeugung, daß er allein die Substanz besitzt, das Grauen zu bannen und die Opfer zu versöhnen.“[556]

Diese Konfrontation zweier kompromißloser, kompakter historischer Identitäten, die hier einigermaßen inszeniert – immerhin vorbereitet und einstudiert – aufeinandertreffen, bedarf der Kommentierung. Benn durchschaut (es bedürfte eigentlich gar nicht

anspruchsvollen, besitzergreifenden Welt gegenüberstellte, die ihn mit ihren strengen Prestigeforderungen so gut wie immer daran hinderte, mit seinem Text übereinzustimmen“ (S. 220). Harold Bloom hat die Aufeinanderfolge von Dichtung im Sinne eines solchen Kampfes gesehen, eines Kampfes von prinzipieller Notwendigkeit, wenn er schreibt: „Sie [die starken Dichter, M.-F.] treten nicht dem Universum, sondern den Vorläufern entgegen, und wenn sie auch die Vorläufer nicht überwinden können, so können sie ihnen doch einen Waffenstillstand abringen.“ (Harold Bloom, *Kabbala, Poesie und Kritik,* Basel – Frankfurt a.M. 1988, S. 79.)
Baudelaire, der Inaugurator des ästhetischen Modernismus, möchte mit seiner ‚Strategie des Vergessens‘ mehr als einen ‚Waffenstillstand‘: „Zum ersten Mal kann er seinen eigenen Namen aussprechen, ohne daß vor ihm etwas anderes auftaucht als eine lange Reihe von beschriebenen Seiten, die wiederum in der Nachfolge eines Poe, de Maistre, Homer, Tasso oder vieler anderer stehen. Keine Spuren mehr, keine Überbleibsel des anderen Baudelaire.“ (Levy, *Die letzten Tage …*, a.a.O., S. 220.) Die Strategie des Vergessens und der Gestus der tabula rasa sind zwei Momente eben jener ‚Avantgarde‘, die den liberalen Geschichtsoptimismus verwirft, aber den ‚Fortschritt‘ ins Quasi-Militärische überhöht und überbietet. Vgl. Peter Sloterdijk, *Von der Erschöpfung des ästhetischen Modernismus und der Krise des historischen Bewußtseins*, in: *Kopernikanische Mobilmachung und ptolemäische Abrüstung,* a.a.O., S. 15–26.

556 Benn, *Essays und Reden*, a.a.O., S. 100.

des hämischen Hinweises auf den Ministerempfang) die so unhaltbare Erlöserpose dieses politischen Christus, und er wehrt auch entschieden jene Auffassung von Mitleid ab, die in hohen Tönen auf *die* Menschheit, auf *die* Unterdrückten usw. abzielt. Der konkrete Fall Bechers ist nämlich nur eine Allegorie einer allgemeinen Situation. Abgewehrt wird dadurch die Einsicht, daß Mitleid konkret, situativ und kontextuell ist. Im Hinblick auf das instrumentalisierte Mitleid ist Becher ein Spezialist fürs Allgemeine. Dadurch unterscheidet er sich im übrigen auch wieder von jenem christlichen Gestus, der den Einzelfall berücksichtigt, während Becher *die* Verhältnisse abschaffen möchte.

Benn reproduziert das Pathos in seiner Gegenposition. Es gibt nichts zu relativieren, man kann nur dagegenhalten. Wenn posthistorisch eine desillusionierte Haltung meint, die Selbstironie zuläßt und Antinomien einschließt,[557] dann ist Gottfried Benn kein postmoderner Intellektueller, sondern ein ästhetischer Erlöser. Die Kunst benötigt Distanz, und Distanz ist die adäquate Haltung gegenüber dem Abstrakt-Gesellschaftlichen. Schlicht falsch ist hingegen seine Position, daß Sozialmaßnahmen nichts am Schicksal von Menschen – auch positiv – zu ändern vermögen. Unter gewissen historischen, ökonomischen, kulturellen und politischen Voraussetzungen können durchaus ‚materielle Verbesserungen' erzielt werden. Die ressentimentgeladene Globalkritik an den „hygienischen Wunschträumen kurzbeiniger Rationalisten" ist historisch nicht haltbar: die Situation der Nachfahren jener Menschen, deren Lebensschicksal Becher so drastisch schildert, hat sich entschieden verbessert – dank ihres eigenen Widerstandes, dank einer – stets beschränkten – Umsicht der führenden politischen Gruppen. Aber darum geht es Benn eigentlich nicht. Die Pointe ist, daß dieser wie anderer „schuldloser Jammer" gar nicht überwunden werden soll, weil sonst das Leben seine tragische Wesentlichkeit verlöre. Der Dichter möchte das Elend gar nicht aufheben, sondern wie ein Priester das „Grauen bannen" (wohl im Sinne eines sublimierenden Rituals in Gestalt der Dichtung) und die Opfer versöhnen. Die Versöhnung der Opfer setzt indes voraus, daß es Opfer gibt und geben muß. Selten zuvor ist der Primat der Kunst so schonungslos vorgetragen worden wie im Falle Benns: man kann Benns Position auch als eine ästhetische Rebellion gegen den von Hegel – zu früh in Aussicht gestellten – „Tod der Kunst" betrachten, der ja nicht bedeutet, daß keine Kunstwerke mehr geschrieben oder geschaffen würden, sondern keine wesentlich neuen mehr angesichts einer untragisch und unheldisch gewordenen bürgerlichen Welt. Der ‚Tod der Kunst' war mit dem philosophischen Diktum

557 Vgl. Rorty, *Kontingenz, Ironie und Solidarität*, a.a.O., S. 127f.: „‚Ironikerin' werde ich eine Person nennen, die drei Bedingungen erfüllt: (1) sie hegt radikale und unaufhörliche Zweifel an dem abschließenden Vokabular, das sie gerade benutzt, weil sie schon durch andere Vokabulare beeindruckt war, Vokabulare, die Bücher oder Menschen, denen sie begegnet ist, für endgültig nahm; (2) sie erkennt, daß Argumente in ihrem augenblicklichen Vokabular diese Zweifel weder bestätigen noch ausräumen können; (3) wenn sie philosophische Überlegungen zu ihrer Lage anstellt, meint sie nicht, ihr Vokabular sei der Realität näher als andere oder habe Kontakt zu einer Macht außerhalb ihrer selbst." Die Antinomie scheint mir darin zu liegen, daß die Kontingenzbehauptung in These 3 die ersten beiden außer Kraft setzt. Es gibt nämlich gemäß 3 keinen vernünftigen Grund, These 1 (Unabgeschlossenheit des Vokabulars) und These 2 (Unentscheidbarkeit) als „der Realität näher" zu bestätigen.

vom ‚Ende der Geschichte' verzahnt. Unter den heutigen Gegebenheiten gewinnt diese Perspektive eine relative Bedeutung, während ihr schwerer apodiktischer Sinn geschichtsphilosophisch unakzeptabel bleibt.[558]

Benn reagiert auf diese Konstellation auf zweierlei Weise: sein Essayismus gibt eine ästhetische Antwort auf den drohenden Tod der Kunst (im emphatischen Sinne von ‚tragender' Dichtung); Essayismus ist das, was unter geschichtsphilosophisch deterministischen Voraussetzungen noch möglich ist, um Bedeutung zu erlangen. Die Hinwendung zum Essayismus erfolgt nun nicht mehr allein aus einem philosophischen Impetus, sondern zunehmend aus einem ‚dichterischen'. In beiden Fällen wird der Essayismus der späten Neuzeit zu einem Rettungsunternehmen. Gegen den drohenden Tod der Kunst und den damit verbundenen Statusverlust seiner Betreiber reagiert Benn mit einem Protest gegen die bürgerliche Welt, einem Protest, der nicht sozial, sondern ausschließlich ästhetisch ist.

Der bürgerlichen Gesellschaft wird der Kampf angesagt, weil die großen elementaren Konflikte, wenn nicht beseitigt, so doch besänftigt und pazifiziert sind, um den Preis, das ‚Primäre' zum Verschwinden zu bringen. Aus dieser Warte ist der Essayismus ein Reflex und ein Notbehelf angesichts einer pazifistischen Unterdrückung jener Elementargewalten, die Benn gegenüber Becher benennt. Ziel der bürgerlichen Gesellschaft ist eine Welt ohne Grauen, die auch die Grausamkeit, die ihr zugrunde liegt, vergessen möchte, Benn insistiert auf diesem ‚Grauen', von dem ästhetische Erfahrung lebt. Womöglich überschätzt er dabei die Pazifizierungsmächtigkeit der bürgerlichen Gesellschaft.

Daß die Welt eigentlich zu Ende ist und daß man der letzte Dichter ist, steht am Anfang jenes subversiven ästhetischen Modernismus, dessen historisches Schicksal es war, selbst noch einmal in die bürgerliche Gesellschaft als ökologischer Restbestand eingemeindet und damit politisch entschärft zu werden. Bereits Charles Baudelaire hat notiert: „Die Welt geht zu Ende. Der einzige Grund, warum sie noch dauern könnte, ist der, daß sie nun einmal existiert."[559]

Damit ist die andere Seite des posthistorischen Syndroms bezeichnet: eine end- und sinnlos sich dahinschleppende Geschichte, die man bloß in zynischer Gelassenheit über-

558 Die mittlerweile inflationäre Rede vom Ende der Geschichte (des Menschen, der Kunst, der Religion, der Philosophie, des Subjekts usw.) verdankt ihre Anziehungskraft nicht zuletzt ihrer Vieldeutigkeit, die ihr wiederum Gewichtigkeit verleiht. In tragischer wie optimistischer Fassung meint sie gleichzeitig Stillstand, Abschied von einem linearen Geschichtsprozeß, Stornierung geschichtlicher Hoffnungen, Wiederkehr mythischer Zeitlosigkeit. Beinahe unbemerkt läßt sich aus den Naturwissenschaften eine Gegenbewegung konstatieren. Der Weg vom Urknall zum gegenwärtigen Kosmos ist ein gerichteter Prozeß, irreversibel und sein Ende ist unabsehbar. Den Inseln der Ordnung, die eine rhythmische und zyklische Zeit aufweisen, steht ein Meer des Chaos gegenüber, voll Turbulenzen und prinzipiellen Unwägbarkeiten. Es ist von Prozessen geprägt, die prinzipiell irreversibel sind. Zugleich aber läßt sich die ‚Geschichte' seit dem diese selbst stiftenden Urknall als Geschichte zunehmender Komplexität bei zunehmender Beschleunigung interpretieren; vgl. Günther Dux, *Die Zeit in der Geschichte,* Frankfurt a.M. 1989, sowie Friedrich Cramer/Wolfgang Kaempfer, *Die Natur der Schönheit*, Frankfurt a.M. 1992, S. 9–53, 158–165.

559 Charles Baudelaire, *Raketen 26*, in: ders., *Gesammelte Schriften*, a.a.O., Bd. V/2, S. 323.

stehen kann, während die posthistorisch-mythische Perspektive des heroischen Dichter-Priesters in der Nachfolge von Opferkult und bannendem Ritual steht. Von der Wiederkehr von Mönchen träumt Benn 1948 gar.[560]

Aus der zynisch-hoffnungslosen Perspektive gibt es keinen hinlänglichen Grund, keine Legitimation dafür, daß die Welt existiert, schon gar nicht diese. Daß sie eine Perspektive haben könnte, geschichtliche Möglichkeiten, das erweist sich aus der Sicht Benns als eine optische Täuschung, die es entschlossen zu bekämpfen gilt. Dieses bloße Existieren der Welt, das ist ‚Post-Histoire', das, was Benn nach dem Ende von Nationalsozialismus und Faschismus, dem gescheiterten Versuch, die abendländische Geschichte heroisch zu wenden, lakonisch als aprèsludes, als bloßes Nachgeplänkel, dekretieren wird.

Natürlich werde es noch historische Epochen geben: „so sang- und klanglos tritt dies Reptil ‚Geschichte'" nicht ab (ebensowenig wie der Deszendenzabfall Mensch), kein Zurück zur Urzeit, die für uns zu Ende ist, gilt mehr als denkbar, wohl aber ein Zusammenhangsversuch von „Mythenrealität, Paläontologie und Hirnstammanalyse". Und hatte Benn noch 1934 gemutmaßt, daß die Geschichte des Menschen, „seine Gefährdung, seine Trägödie" erst begonnen habe, so wird diese Erwartung, wenn auch nicht restlos – wie wir gesehen haben –, storniert. Das Ende ohne Ende ist zum wahrscheinlichen Schicksal des verfehlten Schöpfungsentwurfs Mensch geworden.[561] Eine „Änderung des ethnisch-biologischen" Reservoirs, das, was Benn in den 30er Jahren verfänglich als „Züchtung" bezeichnet hatte, ist für ihn nach 1945 „nicht mehr möglich".

560 Benn, *Der Ptolemäer*, in: *Prosa*, a.a.O., S. 207: „Das kommende Jahrhundert würde nur noch zwei Typen zulassen, zwei Konstitutionen, zwei Reaktionsformen: diejenigen, die handelten und hoch wollten, diejenigen, die schweigend die Verwandlung erwarteten –: Verbrecher und Mönche, etwas anderes würde es nicht mehr geben. Die Orden, die Brüder werden vor dem Erlöschen noch einmal auferstehen. Ich sehe an Wassern und auf Bergen neue Athos und neue Monte Cassinos wachsen, – schwarze Kutten wandeln in stillem, in sich gekehrten Gang. Jenseits der Gegensätze von Erkennen und Erkanntem, außerhalb der Kette von Geburt und Wiedergeburt. Durch Einsamkeit, Riten und Verzicht auf das Gewohnte wird die autistische Realität die Weltausweitung löschen, und in einem stummen gefaßten tat twam asi, auch das bist Du, wird sich die Vereinigung mit der verlorenen Dingwelt vollziehn. Schwarze Kutten! Die Seele wird sich wieder schließen, wird wieder ihren Lotos schmecken und kann hoffen und vergessen." In seiner Baudelaire-Studie hat Walter Benjamin das „Signalement des habit noir" bei Blanqui und Baudelaire hervorgehoben; vgl. Benjamin, *Charles Baudelaire*, a.a.O., S. 15; vgl. Charles Baudelaire, *Le Mauvais Moine* (Der schlechte Mönch), in: ders., *Les Fleurs du Mal*, in: *Sämtliche Werke*, a.a.O., S. 78f.

561 Benn, *Der Ptolemäer*, a.a.O., S. 204. Vgl. ähnlich düstere ‚germanische' Visionen bei Ulrich Horstmann (*Das Untier*) und dem Lyriker Günther Kunert. Sorgfältig ausgefällt ist im Unterschied zum Nihilismus der ersten Jahrhunderthälfte das mit derlei Kulturkritik einhergehende Ressentiment gegen Demokratie und Liberalismus, das freilich ein unentbehrliches Requisit der Dekadenzdiagnose darstellt. Bei Benn liest sich das folgendermaßen: „Natürlich würde es hier noch Epochen geben, sogenannte historische, – so sang- und klanglos trat dies Reptil ‚Geschichte' nicht ab – [...] Das nächste Weltbild, das man sich vorstellen konnte, würde ein Zusammenhangsversuch sein zwischen Mythenrealität, Paläontologie und Hirnstammanalyse, aber auch dies wird einheitsentfernt und tragisch sein, keine Erkenntnis, kein Stil blühte an seinem Wege. Überschattet von dem Wissen, daß sich ihm als Ausschnitt nur, als geographischer und meteo-

Für eine Lektüre nicht in bloß rekonstruierender, sondern auch in aktualisierender Absicht sind Benns Diagnosen, wenn man ihren heroischen Untergrund einmal beiseite läßt, von prekärer Anziehungskraft angesichts einer geistigen Konstellation, in der der Zynismus enttäuschter Linker mit jenem aristokratischen Anarchismus korreliert, wie ihn Benn, weniger in seinem eher unauffälligen Privatleben, als in seiner sprachlichen Selbstrepräsentation, zeitlebens gepflogen hat. Der Musilsche „Mann ohne Eigenschaften", der „seine kontinuierliche Psychologie nicht mehr in sich trägt", wird zum intellektuellen Phänotyp, der neugierig-teilnahmslos eine Welt unter die Lupe nimmt, die selbst eigenschaftslos und zweidimensional geworden ist: „Das ist eine Welt klar verzahnter Beziehungen des Ineinandergreifens von abgeschliffenen Außenkräften, gestählter und gestillter Oberflächen –; Nichts aber darüber Glasur."[562] In dieser Situation bezeichnet Nihilismus einen gesellschaftlichen Zustand wie eine angemessene Haltung zu diesem. Merkwürdig ambivalent ist diese Oberfläche, und mitunter hat es den Anschein, als ob sich darunter noch etwas anderes verbirgt.

Bestechend in der Präzision sind die Bildungskonglomerate: Stillstand und Hektik, hygienische Lebensvorsorge und gebändigte Wildnis, eisige Kälte und dosierte Hitze der Tropen. Soziologie der Leere: der Kreuzgott ist ebenso tot wie der Weingott, den Hölderlin (als eine mit Jesus synkretisierte Wendegestalt) und Nietzsche als Gegenspieler zu Apollo noch hatten retten wollen.[563] Das Post-Histoire ist weder dionysisch noch apollinisch, auch keine Synthese zwischen beiden,[564] vielmehr Widerspiel zwischen trieb-

rologischer Sektor, als abendländischer Spezialfall eine Bestimmung und Definition der Menschheit völlig versagt. Es wird stärker auf die Unendlichkeitserfahrung hindrängen, als auf die heutige empirischkasuistische, aber die Urzeit bleibt für uns zu Ende." (Benn, *Der Ptolemäer*, a.a.O., S. 205.) Als Basis dieser künstlich-kapitalistischen Zivilisation mitsamt ihren „primitiven Reduktionen" und „archaischen Rudimenten", dieses historischen Nachspiels sieht Benn – und das ist für unseren Argumentationszusammenhang zentral – „die Unzugänglichkeit des Menschen für die Erfahrung". Im Sinne dieser historisch-anthropologischen These tritt „die Zukunftslosigkeit eines ganzen Schöpfungsentwurfes [...] in das allgemeine Gefühl, eine Mutation – an ein Erdzeitalter gebunden, an das hominine –, mit einem Wort: das Quartär ging hinten über" (ebd., S. 204).

562 Benn, *Lebensweg eines Intellektualisten* (1934), in: *Prosa*, a.a.O., S. 323.

563 Vgl. hierzu die Untersuchungen von Manfred Frank, *Der kommende Gott*, Frankfurt a.M. 1982, S. 245–360 (*Dionysos bei Hölderlin, Kant und Creutzer*); ders., *Gott im Exil*, a.a.O., S. 9–130 (*Dionysos bei Nietzsche, Wagner, Johst sowie über den Mythos des 20. Jahrhunderts bei Rosenberg und Baeumler*). In der Nietzsche-Nachfolge wird Musil ausführlich und kritisch gewürdigt S. 81f. und 315–332: „Remythisierte Erkenntniskritik (Robert Musil)", nicht aber Gottfried Benn. Manfred Frank betont den gravierenden Unterschied zwischen Romantik und ‚Nietzschelage', wenn er schreibt: „Die Romantik entdeckt – im Namen der Mythologie – den Wertverfall im Wesen der Rationalisierung der Lebenswelt; aber sie orientiert sich weltbürgerlich, übernational und in wirklichen Mythen – also übersinnlichen Welten." Die (zu Unrecht so genannte) Spätromantik erwägt bereits die Idee, ob nicht auch die ‚Nation' ein tauglicher Ersatz des mythischen Höchstwertes sein könnte. Und im Hinblick auf den Nietzsche-Schüler Alfred Rosenberg formuliert Frank: „Aber diese Gemeinschaft erreicht ihren mythischen Konsens [...] nicht mehr, wie in den frühromantischen Utopien, durch universelle normbildende Kommunikation, sondern sie hat ihn schon immer, und zwar durch gleiche Teilhabe aller an den Gestalten der Rasse." (S. 127.)

564 Den Nazismus hat Benn als heroisch-dorisches Unternehmen interpretiert. Sein programmatischer Essay *Dorische Welt* ist seiner Intention nach eine Korrektur des frühen Nietzsche:

haftem Leben und einem bionegativen, grausamen Geist, den Benn aber stets bejaht, weil er die Gewalt am Intellekt bewundert. Das Tableau des Post-Histoire ähnelt in seiner Kompositorik jenen der deutschen Nachkriegszeit und des schönen Freizeitkapitalismus: „Das Leben als Mulattenstadt. Zuckerrohr kauen. Rumfässer wälzen, mit zehn Jahren defloriert werden und Cancan, bis die Hintern wackeln. Aber Europa fehlte das tierische dumme Auge und die Hibiskusblüte hinter dem Ohr. Und jemand anders trat ihm entgegen, ein Gegen-Mulatte, griff ihm an die Gurgel, den Adamsapfel, spaltete ihm den engen Schädel […]: der Geist. Gegen den rottete sich das moderne Lebenseuropa zusammen, suchte ihn zu zähmen, brachte ihn in Disziplinen und Methoden, desinfizierte ihn, machte ihn wissenschaftlich und verdeckte seine letalen bionegativen Züge. ‚Was fruchtbar ist, allein ist wahr' –, das legten sie sich so aus, die Eierstöcke sind die größten Philosophen, und nun zogen sie in ein Einfamilienhaus und pflegten das Abendland, ihr Blick fiel im Frühjahr auf Salat und im Herbst auf Malven, sonntags wanderten sie nach Greenwich, östlich und westlich, da schlurften ihre Pedale. Aber hinter ihnen, im Grau der Dinge, stand jene Welt, die sich mit Raum und Zeit nur flüchtig verschleiert."[565]

Auch hier sind wieder zentrale Leitbilder der schönen neuen Welt, polemisch überformt und verfremdet, versammelt, nach-, neben- und gegeneinandergestellt: in der Bandbreite von (geborgener) Exotik und wohlbehüteter Familienidyllik wird deutlich, wie Gottfried Benn in neuer Nuancierung den alten Gegensatz von Wildnis und Zivilisation, der seit der Entdeckung Amerikas den kulturkritischen Diskurs beherrscht,[566] wieder aufnimmt. Zwar verbietet er sich eine Idealisierung der fremden, außereuropäischen Kulturen, und die Metapher des „dummen tierischen Auges" zeugt eher vom Überlegenheitsgefühl des späten Europäers, der Cancan, Jazz und die Naivität des Sexus

„Wir leiten also aus Sparta Griechenland ab, und aus dem Dorisch-Apollinischen die griechische Welt. Dionysos steht hier wieder in den Grenzen, in denen er vor 1871 (‚Geburt der Tragödie aus der Musik') stand. Die Griechen waren ein primitives, rauschhaftes Volk, ihr Zeusdienst hatte orgiastische Züge; große rauschhafte Erregungswellen traten periodisch bei ihnen auf, auch in Sparta, viel Kathartisches hatten sie aus den kretischen Schulen übernommen. Aber wir haben inzwischen primitive Völker aus Reiseschilderungen und Filmen kennengelernt, namentlich Negerrassen, deren Existenz eine einzige Folge von Rauschanfällen zu sein schien, ohne daß Kunst daraus entstand. Zwischen Rausch und Kunst muß Sparta treten, Apollo, die große züchtende Kraft […]." (Benn, *Dorische Welt*, in: *Essays und Reden*, a.a.O., S. 302.) Einen postmodernen, fast heiteren Nietzsche führt uns Peter Sloterdijk in *Der Denker auf der Bühne* vor. Mißtrauen gegen das dionysische Prinzip hat in der deutschen Geistesgeschichte vor Benn schon Creutzer und dann vor allem Bachofen angemeldet, der den Dionysos-Kult in seinem *Mutterrecht* als matriarchal gedeutet hat, als den Kult eines dem Weiblichen willfährigen Phallus. An Bachofen erinnert übrigens das erste Kapitel des Bennschen Essays.

565 Benn, *Der Ptolemäer*, a.a.O., S. 202.

566 Vgl. hierzu auch das Kolumbus-Kapitel in dem vorliegenden Buch. Benn bringt die Rückkehr des Natürlich-Archaischen in ein überaus wirksames Bild-Tableau: „Wölfe an der Oder, Adler in den Müggelbergen." Berlin im Winter 1947. In der schönen reichen Welt des Kapitalismus wird das Wilde freilich zur synthetischen Zimmerpflanze, zum würzigen Zitat. Aber darüber hinaus sind in dieser kapitalistischen Welt durchaus auch dionysische, feminine und anarchische Momente im Spiel. Der Kapitalismus hat keine Form, keinen Stil und keine Kunst.

zutiefst verabscheut (womit er dem ihm sonst so verhaßten Abendländertum bedenklich nahekommt), aber insgesamt bleibt sein Bild projektiv. Das ‚Primäre' ist, anders als es eine frühere ethnologische Romantik wollte, durchaus kanalisiert, applaniert, geordnet, zensuriert und geregelt, nicht anders als in der verhaßten späten westlichen Zivilisation. Die Wildnis ist – sozial gesehen – nicht ‚wild', d. h. chaotisch, sondern unterliegt Zwängen, aus denen sich der moderne Mensch mühselig und mit gewiß zwiespältigem Ergebnis befreit hat. Überall also herrscht eine sozietäre, um nicht zu sagen soziale Ordnung.[567] Erst im Zerfall der traditionellen Ordnungen und ‚kalten Kulturen' (Lévi-Strauss) und dem beinahe bruchlosen Übergang und Eintritt in die moderne Welt sind jene Phänomene möglich, auf die Benn mit seinen sprachlichen Bildsymphonien rekurriert, deren Duktus, wie gesagt, das Ungebändigte dieser Phänomene gewissermaßen mimetisch nachvollzieht. All die musikalischen Phänomene, die seit der Entstehung des Jazz das Licht der Welt erblickt haben, sind nämlich tatsächlich in einem kategorialen Sinn neu: bedenkenlos, synkretistisch, traditionsbezogen und zugleich traditionslos, Symptome jenes strukturell Neuen, das als Antwort auf die Entdeckung der Neuen durch die Alte Welt in die neue Weltkultur eingeflossen ist. Mit der Entdeckung Amerikas beginnt daher der ‚Untergang des Abendlandes'.

Auffällig ist, welche anthropologische und kulturgeschichtliche Stellung Benn dem ‚Geist' zuweist. Zwar sieht er in ihm, wie die deutsche Lebensphilosophie eines Klages oder Theodor Lessing, eine lebensfeindliche Macht, aber zugleich doch eine vitale, archaische, gewalttätige Kraft, die ihn fasziniert. Auch sie wird – so Benn – dem neuzeitlichen Prozeß der Zivilisation unterworfen. Für Benn ist die Rationalität Sublimation von Jagd- und Tötungstrieb, als Wissenschaft ist sie ein gebändigtes Raubtier. Das Ungebändigte liegt dem anarchischen Geist näher, der ironischerweise selbst ein spätes Produkt der verachteten Zivilisation und kein Naturprodukt darstellt. Die neue schöne Welt mit ihren exotischen Fetzen, Facetten und Zitaten ist synthetisch, profan und geheimnislos, Salat, Malven und ‚Produktivität der Eierstöcke'. In der Dimension des Einfamilienhauses ist die Geschichte des Menschen metaphysisch an ein Ende gekommen – eine für den funktions- und arbeitslos gewordenen prophetischen Dichter-Denker unerträgliche Vorstellung, der davon spricht, daß noch einmal, vor dem Ende, Mönche in schwarzem Habit diese Erde bevölkern werden. Ein radikalerer Protest gegen die geschichtlich gewordene, sie als Moderne zugleich zersetzende kulturelle Gesamtkonstellation ist schwerlich denkbar. Sie ist beim späten Benn durch die Aussichtslosigkeit gesteigert, ihr entrinnen zu können. Daß die Welt in elektronischer Bildvermittlung einmal Einzug ins

567 Darauf haben mit sehr unterschiedlichen Fragestellungen Cornelius Castoriadis und Christoph Jamme hingewiesen (vgl. Castoriadis, *Gesellschaft als imaginäre Institution*, a.a.O., S. 300–311). Der Mythos als die symbolische Seite der Gesellschaft wie die verschiedenen symbolisch vermittelten Institutionen der sogenannten ‚Naturvölker' können sogar komplizierter sein als in modernen Gesellschaften; was diese von den modernen unterscheidet, ist ihre (fehlende) Selbstreferenz. So sind die ‚Soziologie und ihre Leere' kein prinzipiell neues Phänomen, neu hingegen ist, daß sie als Phänomen theoretisch wahrgenommen wird. Insofern Soziologie also Anteil hat an der Entfaltung von ‚Selbstreferenz' und Autonomie, hat der konservative oder reaktionäre Verdacht, daß Soziologie revolutionär sei, durchaus recht.

Einfamilienhaus halten würde, das hat der Prophet der aprèsludes, der historischen Nachklänge, nicht mehr erlebt.[568] Technik ist Bedingung und Vollzug zugleich, und an ihr lassen sich die Veränderungen, die den Menschen, seine innere Ausgestaltung, sein ‚Design', sein Erscheinungsbild, seinen Habitus, seinen Lebensstil und Lebensmodus betreffen, ablesen. Prinzipiell ist heutzutage alles davon bedroht, sich in eine beliebige Requisite zu verwandeln, nicht zuletzt auch die Kunst und die Philosophie, die pathetischen Reservate in einer Welt, die allem Pathos abgeneigt ist und in der alles möglich ist, weil nichts wichtig ist. Wer die Schattenseiten des Post-Histoire ergründen will, für den ist die Lektüre des scharfsichtigen kühlen Betrachters Benn unvermeidlich.

Sich mit dem Essayismus Gottfried Benns zu beschäftigen, bedeutet auch, sich mit den beängstigenden politischen Untiefen, jener Bodenlosigkeit auseinanderzusetzen, die mit Benns Eintreten für den Nationalsozialismus zusammenhängt. Beängstigend daran sind weniger moralische Verfehlungen, denn Benns Verstrickungen in das Netz der nationalsozialistischen Machtapparatur sind – ganz im Gegensatz zum ‚Fall Heidegger' – überaus gering zu veranschlagen. Es gab keine Parteimitgliedschaft, keinen unterwürfigen Kotau. Nie hat er mit den Machthabern des für viele so verlockenden Reiches an einem Tisch gesessen, wie Benn Klaus Mann in dem berühmten Briefwechsel schreibt. Er hat keine Vorteile daraus gezogen, denn die Nazis haben den kalten Intellektualisten, mit dem keine Blut-und-Boden-Literatur zu bewerkstelligen war, ausgespien. Keine Karriere also, und am Ende eine innere Emigration per Wehrmachtsuniform ohne moralische Gratifikationen. Ein preußischer Fall. Eine preußische Parallelaktion.

Der ‚Fall' liegt tiefer, und schon allein deshalb sind die philologischen Rechtfertigungsstrategien der Benn-Gemeinde zutiefst irreführend.[569] Überspitzt ließe sich sagen, daß Benns Eintreten für den Nationalsozialismus in den Jahren 1933/34 (und noch darüber hinaus) kein Betriebsunfall, kein punktueller Irrtum, keine kurzzeitige Selbsttäuschung oder ein bloßes Mißverständnis war, sondern die *logische* Folge seiner geschichtsphilosophischen und kulturkritischen Überlegungen.

Daß Demokratie und Sozialismus metaphysisch billig, allzu billig waren, daran hat Benn bereits Ende der 20er Jahre – schon in der *Totenrede für Klabund* (1928) und dann

568 Es drängen sich an dieser Stelle die Parallelen zwischen Benns Kulturkritik und Günther Anders' Medienkritik auf; vgl. Anders, *Die Antiquiertheit des Menschen*, Bd. 1, a.a.O., S. 99–129. „Diesen Vorgang der Pseudofamiliarisierung, der […] keinen Namen hat, nennen wir die ‚*Verbiederung der Welt*'." (S. 117.)

569 Für problematisch halte ich auch die Einordnung Benns als Antifaschisten unter Hinweis auf seine Francophilie und sein Leiden an fehlender deutscher Größe (ein Erbe, wie man weiß, aus dem Nietzscheschen Gedankenkosmos), wie sie Jürgen Schröder etwa unternimmt: „Die spezifische Form des Bennschen Antifaschismus ist nicht nur der Ästhetizismus, sondern sie ist restlos eins mit seinem frühen antideutschen Affekt, der immer auch als indirekter Selbsthaß auftritt. Benn hat an Deutschland und an seinem Deutschsein gelitten." (Jürgen Schröder, *Gottfried Benn*, Tübingen 1986, S. 17.) Umgekehrt ließe sich sehr viel plausibler nachweisen, daß beides, der Ästhetizismus, der die Welt nur durch das Dasein der Kunst rechtfertigt, wie das nietzscheanische Leiden an Deutschland, Voraussetzungen für Benns *Faschismus* bilden: Was ihm vorschwebt, ist nämlich ein Staat, der mit seinem Material (den Menschen) so verfährt wie der Künstler mit dem seinen: Kunst ist Gewalt und Gewalt ist Kunst. Den Nationalsozialismus wiederum deutet Benn

später in der Festrede für Heinrich Mann und den sich daran anschließenden Kontroversen (1931) – keinen Zweifel gelassen. Ein konservativer Rückzug in Richtung Abendland war ihm verbaut. Warum nicht schweigen und nur vom Pathos des zeitlosen Dichters sprechen? Dazu waren die Befunde Benns wohl zu brisant.

Plakativ ausgedrückt, war Gottfried Benn ein bzw. der Phänotyp eines intellektuellen Faschisten, so sehr er auch seine Sehnsüchte durch forcierten Zynismus zu ‚bannen' trachtete. Die Versuchung war zu groß, der ‚Boxerzivilisation' das Sterbeglöcklein zu läuten und mit dem Faschismus ein neues Kapitel der Menschheitsgeschichte aufzuschlagen. Benn war, wie man noch sehen wird, kaltblütig genug, die Opfer zu zählen, die die ‚geheime Sendung' kosten würde. Als im Grunde antipolitischer Metaphysiker der Politik war er ein Kind seiner Zeit und ihrer Atmosphärik.

Es könnte durchaus sein, daß Benn die Chancen, der von ihm als chaotisch erfahrenen Zeit, dem ‚Unheil der Moderne', zu entrinnen, nie sonderlich hoch veranschlagt hat und daß seine Hoffnungen, es könnte der Nazismus sein, der den Ausweg aus den Sackgassen des Abendlandes und der neuzeitlichen Rationalität weisen bzw. bahnen würde, eher gering waren. Es spricht einiges dafür, daß ihm von Anfang an die formgebende Kraft eines noblen ästhetischen Faschismus vorgeschwebt hat – ohne Feindbild, ohne Antisemitismus. Benn ist an den falschen Diktator geraten.

Weitaus interessanter als die halbgaren, trotzigen und insgesamt wenig überzeugenden Rechtfertigungssätze Benns gegenüber der Emigration und in der Zeit nach 1945, die

anfänglich als einen gewaltigen, ‚ästhetischen' Versuch der Deutschen, Form und Stil zu entwickeln – wie die Franzosen. Der Versuch ist gescheitert, der Nationalsozialismus hatte keinen Stil und keine Form. Zwar hat Benn später die ‚Politik' der Konzentrationslager als barbarisch verdammt. Durch seine geschichtsphilosophische Diktion, daß große Kunst zwangsläufig großer Opfer bedürfe, denen man männlich ins Auge zu sehen habe (anders als die Philosophie der ‚Eierstöcke'), ist diese Kritik nicht einzuholen. Wie wäre es mit der Beurteilung der Opfer, wenn das deutsche Stil- und Formexperiment namens Nazismus ‚gelungen' wäre in eben jener Härte, die Benn in der Dorischen Welt, seiner historischen Kulisse der damaligen Gegenwart, mit mächtiger Bild-Penetranz vorführt? Beschönigend ist auch die Darstellung von Benns Abkehr vom Nazismus in Friedrich Wilhelm Wodkes *Die Antike im Werke Gottfried Benns*, Wiesbaden 1963, S. 108–125; S. 124: Wodke vertritt im Hinblick auf den Essay *Dorische Welt* die Ansicht, „daß Benn keinesfalls gesonnen war, das von ihm behauptete antike Verhältnis von Kunst und Macht auf die Gegenwart zu übertragen und die Kunst dem Machtwillen der Nationalsozialisten auszuliefern". Daß es sich um eine Schutzbehauptung handelt, beweisen die Marinetti-Rede (1934) wie der *Lebensweg eines Intellektualisten* (1934). In allen drei Texten geht es um eine *abweichende* (wenn man so will revisionistische), aber nichtsdestotrotz affirmative Interpretation des Nazismus. Für sehr viel zutreffender halte ich die nichts beschönigende Darstellung von Oskar Sahlberg, *Gottfried Benns Phantasiewelt*, München 1977, S. 107–169; Sahlberg sieht Benn als einen der ‚Marschälle der Literatur': „Benn plädiert für Härte, er gewann durch Hitler eine neue Identität." (S. 127.) Der weltverlorene Rönne wird durch Hitlers Bewegung geheilt. Zu Recht betont Sahlberg in seiner Einschätzung der Marinetti-Rede die ästhetische Komponente von Benns Philo-Faschismus: „Benn macht aus Hitlers Deutschland ein Bennsches Kunstwerk." (S. 131.) Auch nach 1934 bewege sich Benn – so Sahlberg – im Umfeld eines antidemokratischen, faschistischen Denkens, das eine zunehmende Ablehnung Hitlers nicht ausschließt. Sie ist bereits in der Marinetti-Rede angelegt: Benn wäre gerne der Marinetti eines deutschen Mussolini geworden.

weder an das intellektuelle noch an das moralische Niveau seiner großen Prosaentwürfe heranreichen, sind seine programmatischen Schriften während der braunen Diktatur. Gottfried Benn als Essayisten zu lesen, das schließt mit ein, sich der Faszination des Faschismus zu stellen, wie sie für den kompromißlosen, amoralischen Dichter des ‚Primären' einfach gegeben war. Und zwar schon im intellektuellen Vorfeld. Klaus Mann hat dies ebensowenig verstanden wie zuvor Johannes R. Becher, weil er als fellow traveller der Komintern politisch schon investiert hatte: im Sinne eines gleichfalls globalen Auswegs aus einer von vielen als beklemmend empfundenen Gesamtkrise Europas.

Die Stichworte waren parat: die Vision einer neuen Menschheit, die dem kurzzeitigen viertausendjährigen Zwischenspiel namens Kultur eine Ende bereitet, einer Menschheit, die geformt wird, so wie der Künstler sein Material formt. Die Diktatur ist die Kunst, Menschen zu formen wie Material. Der Energieaufwand ist – zynisch gesprochen – wie beim Glasbläser beträchtlich. Keine Wiederkehr der Götter ist bei Benn angesagt, vielmehr eine Leere, kristalline Metaphysik der Form und des Stils. Das Chaos verbreitet Schrecken, kaum ein Preis ist zu hoch, es zum Verschwinden zu bringen: mit Kraft, Formung, Disziplin, Züchtung, Dichtung und Kampf.

Wie Benns Auseinandersetzungen mit den nationalsozialistischen Blut-und-Boden-Dichtern zeigt, hat er diese Hinwendung zur klassischen Form auch als selbstbewußte Bändigung des eigenen frühen Anarchismus angesehen. Verteidigt wird in diesen Debatten – in deren Folge Benn alsbald auf die Verliererbahn gerät – hingegen der Expressionismus, weil er die bürgerliche Welt zersetzte und damit die Bahn frei machte für die konstruktiv formende Kraft, die dem Faschismus zugeschrieben wird.

Benn wäre möglicherweise gerne der Marinetti eines genuin deutschen, edlen, mitleidslos-kalten, harten und männlichen Faschismus geworden, aber der Nationalsozialismus war aus anderem Holz geschnitzt, hatte für antikische Ästhetik nur sehr begrenzt Interesse. Schon nach einem Jahr wurden intellektuelle Faschisten wie Benn ausgestoßen ebenso wie die plebejischen Kolonnen Röhms.

So hatte sich das Benn nicht vorgestellt. Wie sein *Gruß an Marinetti* vom März 1934 zeigt, hatte er an einen Schulterschluß von literarischer Avantgarde und Faschismus gedacht (obschon man natürlich sagen muß, daß die Mehrzahl der Vertreter dieser Avantgarde schon 1933 Deutschland den Rücken gekehrt hatten), was Benn in der Ansprache an Marinetti – eine der ganz wenigen in sozusagen offiziöser Funktion, die Benn während des „Dritten Reiches" überhaupt gehalten hat – auch explizit zur Sprache bringt: „Wir haben von hier aus verfolgt, wie Ihr Futurismus den Fascismus mit erschuf, wie Sie die *Roma Futurista* gründeten, wie Ihre *Arditi*, was soviel heißt wie dreimal Soldaten, Ihre Stoßtrupps für die Erneuerung des Vaterlandes kämpften, kämpften und fielen, und wir haben mit äußerster Spannung wahrgenommen, wie aus Ihrem futuristischen Gedankenkreis, seinem Willen, seinen Kampfstaffeln drei grundlegende Werte des Fascismus aufstiegen: das Schwarzhemd in der Farbe des Schreckens und des Todes, der Kampfruf ‚a noi' und das Schlachtenlied, die Gioveniza –: wie ein moderner Künstler in den politischen Gesetzen seines Landes geschichtlich unsterblich wurde, das erblicken wir in Ihnen, unserem Gast aus Rom."[570] Daran gemessen fällt die „seltsame

570 Gottfried Benn, *Gruß an Marinetti*, in: *Essays und Reden*, a.a.O., S. 492f.

Bewegung“ in Deutschland ab, aber ihre historischen Voraussetzungen waren ungleich ungünstiger, politisch wie ästhetisch, wie Benn meint. Italien gilt für Benns Lieblingsgedanken, die Parallelführung von „Zucht und Stil im Staat und in der Kunst“ als bislang noch unerreichtes Vorbild.[571]

Benns Rede, die weit über eine formelle Grußadresse hinausgeht, ist auch deshalb aufschlußreich, weil hier der Faschismus als *Avantgarde der Politik* gedeutet wird, was wenigstens halb richtig ist. Die Anwesenheit und das Beispiel Marinettis haben – zumindest zu diesem Zeitpunkt – für Benn eine strategische Bedeutung, verschaffen ihm die Möglichkeit, seinen verhaßten Blut-und-Boden-Kollegen Paroli zu bieten, den eigenen Expressionismus von früher zu rechtfertigen und der „seltsamen Bewegung“ ein völlig anderes Deutungsmuster zu unterlegen als im landläufigen Nazismus. Die Bewunderung für Marinetti darf als echt gelten, denn diesem ist es gelungen, der geistige Duce Italiens zu werden, was Gottfried Benn in Deutschland – das ist schon 1934 absehbar – versagt bleiben wird; es ist ihm klar geworden, daß er die Schlacht gegen die Bluncks und Kolbenheyers verloren hat. So beinhaltet das Lob des italienischen Faschismus eine Kritik an seiner, insbesondere im Ästhetischen als halbherzig und epigonal empfundenen deutschen Version: „Wir hier, die wir Ihre Gedanken aufnahmen, die wir diese europäischen Stimmungen und diese europäischen Formzwänge in uns trugen, hatten nicht das Glück, den Schritt von der Kunst in den Rausch der Geschichte zu tun. Erdrückt von der Übermacht großer Epiker einer älteren Generation, durch Krieg und Frieden zu Verlusten in unseren Reihen gebracht, viel tiefer zerrissen von Form- und Unformproblemen, als es die romanischen Völker kennen, erreichte meine Generation in keinem den Glanz, der über Ihrem Namen liegt.“[572] Und der denn doch vom Rausch der Geschichte Erfaßte würdigt dann die „seltsame Bewegung“ als ein kühnes metaphysisches Unternehmen, als eine Metaphysik des Formwillens.

Bereits 1930, in der Marginalie *Frankreich und wir*, hatte Gottfried Benn, angeregt durch eine längere Frankreichreise, die mangelnde Latinität, die Schmuck- und Formlosigkeit der Deutschen beklagt: diese besäßen keine Klarheit und hätte keinen Geschmack für das „Innere der Tradition“, sie seien ein politisch uneiniges Volk unter der Fuchtel von „Kartoffelrittern“. Mit dieser Verbeugung vor Frankreich ist Benn, der nicht müde wird, die französische Herkunft seiner Mutter herauszustreichen, Teil einer einflußreichen Stimmung auch im Lager der Rechten. Friedrich Sieburgs *Gott in Frankreich* ist vielleicht das exemplarische Buch des rechten fellow travellers, der eine Versöhnung der beiden Völker auf autoritärer Grundlage befürwortet.[573]

Die politischen Konsequenzen, die Benn aus einer Bewunderung französischen Formbewußtseins ziehen wird, sind einigermaßen überraschend. Der Nationalsozialis-

571 Ebd.

572 Ebd.

573 Eine kritische Würdigung hat Sieburg in Lion Feuchtwangers Roman *Exil* erfahren. Dort wird auch die politische Funktion dieser scheinbar unpolitischen Sympathie für Frankreich dargestellt, die Spekulation eines Zusammengehens der deutschen mit der französischen Rechten gegen die Volksfrontregierung. Vgl. auch Margot Traueck, *Friedrich Sieburg in Frankreich. Seine literarisch-publizistische Stellungnahme zwischen den Weltkriegen im Vergleich mit Positionen Ernst Jüngers,* Heidelberg 1987, S. 111–129, 269–279.

mus wird als eine formgebende historische Kraft gedeutet und begrüßt, die die Deutschen zum ersten Mal in ihrer Geschichte gestaltet und ihnen ein entsprechendes Gefühl für Form und Ordnung vermittelt, wie es in Frankreich seit Jahrhunderten selbstverständlich sei. Gleichzeitig aber fällt den Deutschen die führende Rolle zu, einen Weg aus der Sackgasse, in die das abendländische Europa geraten ist, zu weisen. Indem sich Deutschland aus seinem unwürdigen, chaotischen Zustand befreit, bahnt es dem abendländischen Europa einen Weg aus der nihilistischen Verstrickung.[574]

Benns Faschismus operiert ganz ohne Feindbilder – er ist primär Kampf für etwas, nicht gegen jemand, höchstens gegen etwas: die „stumpfe Zeit", die Zivilisation, die Banalität; so wie der Dichter Marinetti und der politische ‚Gestalter' seines Volkes, der Dichter und der Duce, beide Formkünstler, „Glasbläser", sich die Hand reichen, so hat auch Benn nach einem politischen Pendant zu seinem avantgardistischen Essayismus Ausschau gehalten. Die Erfolglosigkeit dieser Suche gehört auch zur Tragik Gottfried Benns.

Obschon Benn gelegentlich Konzessionen an den nazistischen Biologismus machte und schon wegen seiner naturwissenschaftlichen Bildung im Grunde der Biologie die Rolle einer anthropologischen Leitwissenschaft zuwies (an allem zweifeln die radikalen kulturkritischen Essayisten, nur nicht an der Unumstößlichkeit naturwissenschaftlicher Doktrin)[575], hat er die ‚Züchtung', die Ausbildung des Nietzscheschen Übermenschen vornehmlich als kulturelle und ästhetische Herausforderung verstanden. Dieser durchgeformte neuantikische Mensch, dieser „Kopf aus Eisen", eine biologisch-kulturelle Mutation, war als Gegentyp zu dem degenerierten Zivilisationstyp gedacht, als den Benn den Menschen der westlichen Hemisphäre grosso modo sah.

Aufschlußreich in diesem Zusammenhang ist der programmatische Essay *Die dorische Welt*, der im März 1935 erschien, ein Dreivierteljahr nach dem sogenannten

574 Benn, *Lebensweg eines Intellektualisten,* a.a.O., S. 332; vgl. Anm. 552. Unter Bezug auf seinen Aufsatz über den Expressionismus schreibt Benn 1934: „Meine Generation und die Jugend: noch einmal tritt der Gedanke vor uns, der das ganze Buch durchzieht: Kunst und Macht. Wenn man unter diesen beiden den ganzen Züchtungs- und Zukunftskomplex betrachtet, so brauchte man eine germanische und nordische Kunst nicht erst zu züchten, in Dürer und Bach, in Goethe und Kleist war sie in Deutschland da, in Rubens, Shakespeare, Hamsun in anderen nordischen Ländern." Und zum aktuellen Verhältnis von Kunst und Macht meint Benn anno 1934: „Die neue Jugend gehört der Macht. Der Sicherung der Rasse – nichts kann man ihr zeigen, nichts ihr preisen als das: die geschichtliche Fügung und Einzäunung des abendländischen Entgleitens. Das ist ihre Setzung, ihr positiver Pol, chinesisch gesprochen: ihr Eintritt in die Erscheinung. Die Kunst kommt nach dem Sieg, kommt immer erst am Abend des Sieges, und wenn diesmal die zwei sich treffen werden –: *Wenn ich vom Schlachtfeld wiederkehre, den Mund zu küssen, komm' ich ganz in Blut.*" (Ebd., S. 341; den Großteil dieser Passage hat Benn in der zweiten Version (1949) des autobiographischen Bekenntnistextes gestrichen.)

575 Das blinde Vertrauen von Geisteswissenschaftlern, Schriftstellern und Dichtern in die Resultate der Naturwissenschaften (und nicht nur in die Resultate, sondern auch in ihre Weltbilder) ist merkwürdig – angesichts der latenten Feindschaft gegen den naturwissenschaftlichen Szientismus und angesichts des methodischen Mißtrauens gegenüber diesem. Im Falle Benns ist freilich zu bedenken, daß dieser – wie auch zwei andere bedeutende Schriftsteller seiner Epoche (Döblin, Musil) – ein naturwissenschaftlich gebildeter Mensch war.

Röhm-Putsch (und seinen blutigen Folgen), der nicht selten als Zeitpunkt der endgültigen Abwendung Benns vom Nationalsozialismus angesehen worden ist.[576] Dem Leser des Jahres 1935 dürfte es wohl sehr bewußt gewesen sein, daß Benn weniger über die historische Vergangenheit sprach als vielmehr die dorische Welt als Folie und Leitbild für die eigenen Entwürfe benützte.

Immerhin muß die Antike gänzlich neu gewertet und interpretiert werden, um als legitimierendes Vorbild für die antikische Härte des Faschismus dienen zu können. Nicht mehr die Polis oder die Akademie der Philosophen (die Benn auch nach 1945 polemisch verwirft, weil durch sie der Primat der Politik und der Demokratie in die Welt gekommen sei) gelten als historische Anknüpfungspunkte, sondern Alexander[577] und Sparta. Es dominieren männliche Härte, körperliche Ertüchtigung, der Formwille zur Macht. Benns Griechenland ist expressis verbis gegen liberale Versionen gerichtet; diese Auffassungen will der Verfasser der *Dorischen Welt* destruieren, entzaubern. Die vermeintliche Desillusionierung führt freilich zu einer Heroisierung, die ins Übermenschliche überhöht ist. Benn schreibt: „Wir leben seit einem Jahrhundert im Zeitalter der Geschichtsphilosophie, wenn man ihr Fazit sieht, ist sie nichts als eine feminine Fortdeutung von Machtbeständen [...] Das liberale Zeitalter konnte Völker und Menschen nicht ins Auge fassen – ‚fassen', das klang ihm schon viel zu violant, es konnte die Macht nicht sehen. Hinsichtlich Griechenlands lehrte es: Sparta war eine traurige Kriegshorde, Soldatenkaste, ohne kulturelle Sendung, Hemmschuh Griechenlands, ‚alles entstand gegen die Macht'. Die moderne anthropologische Prinzipienlehre, die sich als neue Wissenschaft bildet, erblickt gerade in der Macht und der Kunst verschwistert die beiden großen Spontangewalten der antiken Gemeinschaft."[578] Gegen dieses liberalhumanistische Bild der Antike wendet sich nun Benn, indem er eine suggestive Szenerie entwirft, das Bild einer strengen, transparenten, öffentlichen (um nicht zu sagen totalitären) physiologischen Welt zeichnet, die auf einem radikalen Antifeminismus[579]

576 Vgl. Anm. 569; der Zeitpunkt der Distanznahme verrät überdies den Charakter dieses Protestes als den eines Mannes, der den Nationalsozialismus an dessen ‚Idealen' mißt, so wie er sie versteht.

577 Es sei hier nur ganz summarisch daran erinnert, welche bedeutende Rolle und Funktion das frühe, vorklassische griechische Denken bei so verschiedenen Denkern wie Heidegger und Klages spielt. Wie auch bei Benn wird Platon hier aus einem ersten, wegweisenden Philosophen des Abendlandes zum ‚letzten' Philosophen im Kontext eines Denkens, das das Abendland historisch von seinen Anfängen her ‚aufrollen' will.

578 Gottfried Benn, *Die dorische Welt*, in: *Essays*, a.a.O., S. 298.

579 Der radikale Antifeminismus, der das Leben zugunsten eines männlichen Stilprinzips verwirft, läßt sich als durchgängiges Denkmuster bei Benn nachweisen, in der *Dorischen Welt* ebenso, wo sogar die dorische Homosexualität rühmend erwähnt wird, wie im *Ptolemäer*, wo der Philosophie der ‚Eierstöcke' eine polemische Absage erteilt wird. So beginnt die *Dorische Welt* mit der Schilderung des weiblichen kretischen Jahrtausends, einer verspielten, tändelnden, verzärtelten Kultur, die einem „zarten artistischen Stil" huldigt („farbige Fayencen, lange steife Röcke der Kreterinnen, eng anliegende Taillen, Busenhalter, feminine Treppen der Paläste mit niederen breiten Stufen, bequem für Weiberschritte", ebd., S. 283). In diesem Punkt unterscheidet sich Benn auch noch einmal von Bachofen, dem paternalistischen Theoretiker des ‚Mutterrechts', der

(Bachofen), auf Unterdrückung und Gewalt gegründet ist. Die antike Gesellschaft, schreibt Benn dezidiert unberührt, „ruhte auf den Knochen der Sklaven", eine Welt auch voll von Verrat, Grausamkeit und Rache. Benn will sich da nichts vormachen, im Gegensatz zu den liberalen Philanthropen des 19. Jahrhunderts. Aber seine Kritik, die im Hinblick auf das humanistische Bild der Antike durchaus hellsichtig ist, schlägt in Verklärung um, in die Verklärung der Gewalt, die, als eine ästhetische Kategorie umgedeutet, eine positive Besetzung erfährt. Benn macht sich keine Illusionen, wie hoch der Preis der so gesehenen griechisch-dorischen Kultur war. Aber was aus ihr entstand, war das, was Benn den „größten Glanz der weißen Rasse" nennt. Der Preis für das Große, für die Kultur ist hoch. Aus dieser Einschätzung spricht durchaus ein gewisser Realitätssinn. Benn läßt keinen Zweifel daran, daß kaum ein Preis zu hoch ist, kein Opfer – ja kein Menschenopfer. Daß wir derlei Opfer für eine vorgeblich heroische kulturelle Aufgabe nicht mehr zu leisten bereit sind, trennt uns von jenem breiten Bewußtseinsstrom, der sowohl in den Faschismus als auch in den Kommunismus einmündete.[580]

Den Willen zu einer ‚realistischen' Geschichtsauffassung hat Benn mit dem Marxismus gemein; was er höhnisch von sich weist, ist eine historische Perspektive einer Welt ohne Gewalt. Hatte er nicht schon seinen marxistischen Kontrahenten in den 20er Jahren die These entgegengeschleudert, daß Ausbeutung, Unterdrückung und soziales Elend das unabänderliche Schicksal der Menschheit seien, eine biologisch positiv zu betrachtende Tatsache, die abzuschaffen, aus der Welt zu schaffen, eine törichte Illusion wäre?

So erhält die der dorischen Welt – zu Recht oder zu Unrecht – zugeschriebene Gewalttätigkeit eine höhere anthropologische und kulturphilosophische Weihe, und ihre Prinzipien ähneln denen der Gewalttäter anno 1935 auf verblüffende Weise: „Es gibt nur eine

der vermeintlich mutterrechtlichen Vorgeschichte der Menschheit Poesie und zivilisatorische Momente nicht abspricht. Benns Gegenbildlichkeit bezieht sich auch nicht so sehr auf die Mutter, sondern – trotz der ‚Eierstöcke' – auf die Frau: was nicht dasselbe ist. Benn meint die moderne Welt, und als ihre Konfiguration sieht er die ‚moderne' Frau. Den Feminismus interpretiert er als „gemeine Glorifizierung des Lebens" (vgl. Schröder, *Gottfried Benn*, a.a.O., S. 23).

580 Eine linke Version des Nietzscheschen Übermenschen hat Leo Trotzki in *Literatur und Revolution* entwickelt – hier ist der Übermensch der bolschewistische Revolutionär, der mit Hilfe von Sozial- und Naturtechnik buchstäblich Berge versetzt: „Wenn der Glaube nur *versprach*, Berge zu versetzen, so ist die Technik, die nichts auf ‚Treu und Glauben' nimmt, wirklich imstande, Berge abzutragen und sie zu versetzen." (Leo Trotzki, *Literatur und Revolution*, München 1972, S. 208f.) Der Kommunismus wird als jene glorreiche Epoche verstanden, in der der Traum vom Übermenschen durch Selbstbeherrschung und Selbstveränderung Wirklichkeit wird: „Der Mensch wird sich zum Ziel setzen, seiner eigenen Gefühle Herr zu werden, seine Instinkte auf die Höhe des Bewußtseins zu heben, sie durchsichtig klar zu machen, mit seinem Willen bis in die letzten Tiefen seines Unbewußten vorzudringen und sich so auf eine Stufe zu erheben – einen höheren gesellschaftlich-biologischen Typus, und wenn man will – den Übermenschen schaffen." (S. 212.) Hier ist ausgesprochen, was uns heute von einer bestimmten Traditionslinie einer revolutionär-politisch-ästhetischen Moderne trennt. Wo das Zitat einen wirklichen Prozeß aufzeigt (im Sinne einer Verkünstlichung von Natur und Mensch), da wird dieser zumindest als überaus ambivalent eingestuft, wo das Zitat ein heroisches Ziel beschwört (‚Gipfel') – erhaben und pathetisch, da ist eben jener Wille zur Macht im Spiel, den wir als hypertroph und destruktiv (und überdies vergeblich) einstufen – im Sinne einer unklugen Ökologie des Geistes wie der Politik.

einzige Moral, die hieß nach innen gerichtet der Staat und nach außen: der Sieg.“[581] Nur die moralische Bewertung des Gesamten unter dem Primat der kulturellen Gestaltung ist legitim, keine individuelle Moral: „Dorische Welt war die größte griechische Sittlichkeit, antike Sittlichkeit, also siegende Ordnung und von Göttern stammende Macht.“[582] Besonders angetan hat es Benn die griechische Körperertüchtigung, er erblickt darin eine Züchtung, in der Biologik und Ästhetik zusammenfließen, und die in einem ungebrochenen Willen zur Macht gipfelt: „Hinter dieser Silhouette Griechenlands, panhellenisch gemischt, steht die graue Säule ohne Fuß, der Tempel aus Quadern, steht das Männerlager am rechten Fuß des Eurotas, seine dunklen Chöre –: die dorische Welt. Die Dorer lieben das Gebirge, Apollo ist ihr Nationalgott, Herakles ihr erster König, Delphi das Heiligtum, sie verwerfen die Windeln und baden die Kinder in Wein. Sie sind die Träger des hohen Altertums, der alten Sprache, der dorische Dialekt war der einzige, der noch in der römischen Kaiserzeit erhalten war. Ihr Traum ist Züchtung und ewige Jugend, Göttergleichheit, großer Wille, stärkster aristokratischer Rassenglauben, Sorge über sich hinaus für das ganze Geschlecht.“[583]

Hier watet also der Leser mehr als knöcheltief in faschistischer Mythologie, und er weiß auch, wer 1935 die Dorer sind. Im Jahr der Abfassung der *Dorischen Welt* (1934, das Publikationsjahr war 1935) schreibt Benn in einem knappen Prosatext (*Der Krieger und die Statue*): „Der Nationalsozialismus ist heute eine feststehende geschichtliche Erscheinung; seine Fundamente sind eingelassen in den glanz- und opferdurchtränkten Boden Europas. Er wächst, er richtet sich aus. Er wird Europa geben und er wird Europa nehmen. Er wird die Fluten seiner ahnenschweren Vitalität durch abgelebte europäische Flächen ergießen, aber er wird sich auch einspinnen in dieses Erdteils alte Geschichte, denn seine Kraft ist sowohl treibend wie sammelnd, geschichtsgebunden wie revolutionär, und seine Tendenz im ganzen ungemein synthetisch.“[584]

Indem der Nationalsozialismus also eine historisch-kulturelle Mission erfüllt, bedeutet er die Wiederkehr der dorischen Welt auf einer völlig neuen geschichtlichen Grundlage. Benn zitiert Burckhardt, der über Sparta den „besonders großartigen Satz“ geschrieben hat: „Es ist niemals gelinde zugegangen, wenn sich eine neue Macht bildete [...]“[585]

So illusionslos und zugleich heroisch möchte Benn auch das moderne Sparta, den Faschismus, verstanden wissen. Nachdenklich stimmt ihn der Umstand, daß die dorische Herrlichkeit nicht von Dauer war. Schon mit Euripides beginnt „die Krise, es ist sinkende Zeit“, meldet sich der hellenistische Humanismus und seine Sorge um den einzelnen Menschen zu Wort. Benn zitiert den italienischen Philosophen Julius Evola, der das Erlahmen der kulturformenden Kräfte ebenfalls in die Zeit des Euripides gelegt

581 Gottfried Benn, *Die dorische Welt*, in: *Essays*, a.a.O., S. 291.
582 Ebd.
583 Ebd., S. 292. Zum Antifeminismus („Sie verwerfen die Windeln“) gesellt sich ein merkwürdig stabiler Kult des Ewig-Jungen, der in unheroischer Weise den Faschismus überlebt hat (‚ewige Jugend‘).
584 Gottfried Benn, *Der Krieger und die Statue*, in: *Essays*, a.a.O., S. 279.
585 Gottfried Benn, *Die dorische Welt*, in: *Essays*, a.a.O., S. 305.

habe. Euripides ist für Benn und Evola (wie schon zuvor für Nietzsche)[586] der Dichter, der den Primat des Staates und des Geschlechts in Frage stellt. In dieser Zeit verliert auch der Gedanke an eine kollektive körperliche Zucht zugunsten des einzelnen Lebensentwurfes an Kraft. Mitleid ist für Benn keine kulturelle Errungenschaft, es ist eine Illusion, die eine ungeschminkte Betrachtung der sozialen und geschichtlichen Wirklichkeit behindert und die zugleich eine Schwächung der formgestalterischen Kräfte bedeutet. Die faschistische Moral – wie übrigens auch die bolschewistische – kennt kein Mitleid mit dem einzelnen als unverfügbares Kriterium von Moralität, sie ist eine Moral ohne Moral im konsequentesten und schrecklichsten Sinn des Wortes. Darin gründet letztlich ihr heroisches Selbstbewußtsein.

Kunst und Macht haben miteinander gemeinsam, daß sie amoralische Spontan- und Elementargewalten sind. Dem ist übrigens auch im Falle der Kunst schwerlich zu widersprechen (was heute nicht leicht zuzugeben ist). In kritischer Abwandlung Nietzsches spricht denn auch der Essay von der Geburt der „Kunst aus der Macht". Und soweit der ‚Geist' als integraler Bestandteil dieses ästhetischen Willens zur Form zu verstehen ist, wird auch die These revidiert, daß der Geist bionegativ sei. Dionysos wird – trotz der in Wein gebadeten Säuglinge – in die Schranken gewiesen. Die dorische Welt des Gottfried Benn ist apollinisch-kristallin.[587]

In diesen Mysterien der Macht, die zugleich Mysterien der Kunst sind, wird der Staat zur gestaltenden Gewalt. Der Mensch, heißt es, ist „Rasse mit Stil". Dazu bedarf es als Gegengewicht der brodelnden archaischen Kräfte des Feuers (oder, um im Bild des Glasbläsers zu bleiben, des Glasofens), des kalten Hauchs des Staates, der formenden Hand. Politik ist im handgreiflichen Sinn Kunst: „Der Staat, die Macht reinigt das Individuum, filtert seine Reizbarkeit, macht es kubisch, schafft ihm Fläche, macht es kunstfähig. Ja, das ist vielleicht der Ausdruck: der Staat macht das Individuum kunstfähig, aber übergehen in die Kunst, das kann die Macht nie."[588] Am Anfang war die Macht, vor der Kunst, die auf anderen Bahnen deren schöpferisches Werk fortsetzt, „grundsätzlich Stil zu werden": gegen die Natur, in Auseinandersetzung mit dem ‚Material'. Angesagt ist eine „Vereinsamung der Form als Aufstufung und Erhöhung der Erde". Sie vollzieht

586 Eine ausführlichere Darstellung der Gedankenwelt des profaschistischen Philosophen Julius Evola findet sich in dem kürzeren Text *Sein und Werden* (in: *Essays*, a.a.O., S. 311–323). Vgl. auch den Brief an Oelze vom 30. 1. 1935, wo vom grandiosen Buch Evolas die Rede ist (gemeint ist Evolas *Erhebung wider die moderne Welt*), durch das Nietzsche endgültig überwunden bzw. überboten sei (Benn, *Briefe an F. W. Oelze 1932–1945*, a.a.O., S. 43ff.).

587 Einen spielerisch-apollinischen Nietzsche, einen Archäologen der Psyche und einen Wissenschaftler-Künstler präsentiert Peter Sloterdijk in *Der Denker auf der Bühne. Nietzsches Materialismus*, Frankfurt a.M. 1986, S. 53: „Tatsächlich ist Nietzsches Tragödienbuch fast immer auf seine inhaltliche Dimension festgelegt und als ein dionysisches Manifest gelesen worden. Eine dramaturgische Lektüre jedoch führt mit größter Sicherheit zum entgegengesetzten Resultat. Was Nietzsche auf die Bühne bringt, ist nämlich nicht so sehr der Triumph des Dionysischen, sondern dessen Zwang zum apollinischen Kompromiß." Wie immer man zu dieser Interpretation stehen mag, die Intellektuellen in der ‚Nietzschelage' haben ihren Meister nicht in diesem Sinn verstanden, wie das heute in der Manier einer psycho-ästhetischen Betrachtung möglich geworden ist, im Sinne einer entschärften Moderne.

588 Gottfried Benn, *Die dorische Welt,* in: *Essays*, a.a.O., S. 305.

sich auf dem Boden dessen, was menschliches Schicksal ist, jedenfalls Benn zufolge: der Gewalt. So verschränken sich die Werke der Macht und der Kunst.

Zieht man die unerträglichen, heroischen und ideologischen Versatzstücke und Bewertungen ab, dann eröffnet sich eine durchaus kulturperspektivische Blickrichtung, die kritisch und originell ist und die fromme, unproduktive Gegenüberstellung von Kunst und Macht auf sich beruhen läßt, statt dessen nach dem Verhältnis von Kunst und Macht fragt. Im Falle Benns führt das indes dazu, die Kunst auf die Leinwand einer totalitären Macht zu projizieren bzw. umgekehrt dazu, die totalitäre Macht als ästhetisches Phänomen zu beschreiben. Dabei verschwindet der Unterschied des ‚Materials', der Unterschied zwischen Stein, Holz oder Glas und den lebendigen Menschen, dem ‚Material' totalitärer Mächte. Was bei Benn, wie bei vielen anderen Protestanten wider das 19. Jahrhundert fehlt, ist eine realistische Kategorie des Politischen. In diesem Sinn wird Politik als eine alltägliche Zumutung erfahren, lau, flau, gebremst, unnötig, ja schädlich. Nur als ästhetisches Formexperiment hat Politik für Benn Bedeutung, wenigstens in den 30er Jahren. Und wie die Dichtung ist das Wirken dieses gesamtkulturellen Formwillens zeitlos, Geschichte transzendierend. Daß Dichtung eine überzeitliche formierende Kraft ist, daran hat Benn auch nach 1945 festgehalten: „Die Dichtung bessert nicht, aber sie tut etwas viel Entscheidenderes: sie verändert. Sie hat keine geschichtlichen Ansatzkräfte, sie wirkt anders: sie hebt die Zeit und die Geschichte auf, ihre Wirkung geht auf die Gene [!], die Erbmasse, die Substanz – ein langer innerer Weg. Das Wesen der Dichtung ist unendliche Zurückhaltung, zertrümmernd ihr Kern, aber schmal ihre Peripherie, sie berührt nicht viel, das aber glühend."[589]

Der Rückzug ist angetreten. Nicht mehr die rauschhafte Geschichte, der Staat, die Macht formen das Individuum und machen es kunstfähig. Nur mehr der lange, innere, periphere Weg der Dichtung ist als formendes Mittel – ein verzehrendes Mittel, das auf die ‚Erbsubstanz' geht – übriggeblieben, der dorische Traum von der Macht ist ausgeträumt. Der dorische Glanz hat sich als grausames, unsägliches Elend, das die deutsche Misere noch einmal reproduzierte, ja ins Bodenlose steigerte, als deutsche Elendigkeit erwiesen. Benn hat das ziemlich früh vorausgesehen. Ein schrecklicher Irrtum? Oder nur ein gescheitertes, metaphysisches Formexperiment, ein fehlgeschlagener Züchtungsversuch? In *Zum Thema: Geschichte* notiert Benn 1942: „Was die Deutschen Idealismus nannten und den sie sich so besonders zusprachen, war immer nur ein Mangel an Formbildung und Gliederungsvermögen."[590] Polemisch gesagt, hat der Nationalsozialismus seine Hausaufgaben nicht gemacht, sollte er doch jene Formlosigkeit und Ungeformtheit der Deutschen in einem heroischen kulturellen Unternehmen überwinden. Eine provokante Bilanz. An der Perspektive Benns hat sich nicht sehr viel geändert. Wohl aber an der Wertschätzung des Machtwillens made in Germany: kein dorischer Glanz, nur teutonische Dummheit, Bosheit und Brutalität, gespickt mit idealistischen Phrasen. Benn nennt in diesem Zusammenhang den Antisemitismus (über den er zuvor meist geschwiegen hatte) und die „jüdischen Kinder", die „vor aller Augen aus

589 Gottfried Benn, *Soll die Dichtung das Leben bessern?*, in: *Essays*, a.a.O., S. 601.
590 Gottfried Benn, *Zum Thema: Geschichte*, in: *Essays*, a.a.O., S. 359.

den Häusern geholt“ werden, um für immer zu verschwinden. Ähnlich wie bei Ernst Jünger[591] wird bei Benn so etwas wie Berührtheit und Mitleid sichtbar, die sonst so schnell abgetan wurden. Zugleich zerstört Benn die Legende, die Gewalt, das KZ, die Opfer des deutschen Machtwillens wären unsichtbar und unmerklich gewesen. Man konnte sehen, wenn man wollte, wenn man der Gewalt ins Auge sehen wollte. Gottfried Benn wollte, die subjektive Aufrichtigkeit, die eine Triebfeder seines Schaffens ist, zwang ihn förmlich dazu. Der Mensch Gottfried Benn ist sichtlich erschüttert, was nicht erschüttert ist, sind die biologistisch-ästhetizistischen Grundlinien seines Denkens und Schreibens. Der Nazismus, der durch die eigene, Benns, Geschichtsmetaphysik höhere Weihen erfuhr und – verglichen mit dem hausgemachten ‚Schrifttum‘ – auf einem anspruchsvollen Niveau gerechtfertigt wurde, bestätigt nämlich noch in seinem Scheitern die eigenen Prämissen. Nunmehr wird er in eine Geschichte des Grauens integriert, die den ursprünglichen Geschichtspessimismus bestätigt. Verräterisch ist auch die Relativierung des Naziterrors durch den Hinweis auf andere Greuel (eine sattsam bekannte clandestine Rechtfertigungsstrategie) und auf Naturkatastrophen: „Und es ward ausgeworfen der große Drache–: Dschingiskhan, der sieben Millionen mordete, – die Spanier Mexiko, – unsere ‚Genesungsbewegung‘ im Osten, – die Frage ist unbeantwortet, wer mehr menschliches Gut zerstörte: die Elemente oder die Geschichte.“[592] Die geschichtliche Wirklichkeit ist grausam, man darf sich nicht auf sie einlassen. Im nachhinein ist der Nazismus der schaurige Beweis dafür. Der Maßstab für den deutschen Menschen war, so schreibt Benn unter dem Eindruck des Rußlandfeldzuges, „der tote Ostsoldat“. Und der einem Spartaner zu ähneln schien, erwies sich als SS-Scherge. Von deutscher Formkunst war nicht die Rede, was lückenlos funktionierte, war die Vernichtungsmaschinerie.

591 Vgl. Ernst Jünger, *Strahlungen II,* in: *Sämtliche Werke*, 1. Abt., *Tagebücher III*, Stuttgart 1979, S. 425: „Die Straßen sind weiterhin von den Insassen der Konzentrationslager erfüllt. Wer gedacht hatte, daß sich da plündernde Horden über das Land ergießen würden, hat falsch prophezeit, soweit ich das von hier aus beurteilen kann. Die Leute kommen mir eher heiter vor, wie Auferstandene. Am Morgen kamen sechs Juden auf den Hof, die man aus Belsen befreit hatte. Der jüngste war elf Jahre alt. Mit dem Erstaunen, dem Heißhunger eines Kindes, das nie dergleichen gesehen hat, schaute er sich Bilderbücher an. Auch unsere Katze rief seine höchste Verwunderung hervor, als ob ein mächtiges Traumbild sich ihm näherte.
Der Zug erschütterte mich; er war wie ein Fenster, durch das ich in die Tiefe der Beraubung sah. ‚Die Zahl der Leidenden ist bedeutungslos‘ – das ist auch einer der Sätze, durch die ich mich nutzlos exponiert habe. Er gilt aber selbst psychologisch, denn nur der Anblick des Einzelnen, des Nächsten, kann uns das Leid der Welt aufschließen. Er gilt theologisch, insofern ein Einzelner das Leid von Millionen auf sich nehmen, es aufwiegen, verwandeln, ihm Sinn verleihen kann. Es bildet eine Barriere, eine Oubliette inmitten einer statistischen, qualitätslosen, plebiszitären, propagandistischen, platt moralistischen Welt, in einer Gesellschaft, in der das Wort ‚Opfer‘ die Geister erschreckt. Die ungeheure Summierung des Schmerzes kann jedoch auch heute nur Sinn gewinnen, wenn es Menschen gegeben hat, die aus der Zahl in die Bedeutung eintraten. Das allein überhöht die Katastrophe und führt sie über die leere Umdrehung hinaus, über den Wirbel, dem immer neue Rachescharen zuströmen.“
Unübersehbar ist die Tendenz, die eigene theoretische Konstruktion zu retten, die die Struktur von Erfahrungen gegen den Universalismus der Moral ins Feld führt. Merkwürdig bleibt auch die Assoziation der KZ-Insassen als „plündernde Horden“.

592 Gottfried Benn, *Zum Thema: Geschichte*, in: *Essays*, a.a.O., S. 354f.

Benn endet mit einem überraschenden, lakonischen Vorschlag: Man solle die Kinder dieser Deutschen auf Staatskosten und nach Wahl der Eltern in Frankreich und Dänemark – wo Benns einzige Tochter sich niedergelassen hatte – erziehen lassen. Schon in den 20er Jahren hatte er einmal geäußert, die Deutschen könnten „unter amerikanischem Einfluß" Urbanität entwickeln. Die Laune eines ‚Intellektualisten'? Oder anders gefragt: Wie konnte Benn den Nationalsozialismus als urbanes ‚Form'experiment deuten?

Generalrevision ist nicht angesagt. Die Rückkehr zum alten Humanismus wäre unredlich, die Aussöhnung mit der ‚Boxerzivilisation' (als die die europäisch-amerikanische Zivilisation zumeist bezeichnet wird) wäre unanständig, unwahrhaftig. Gottfried Benn bleibt der, der er ist, der als einer der ersten die Flüchtigkeit des Individuums entdeckt und beschrieben hat. Und daraus die in seinen Augen zwingenden geschichtsphilosophischen Schlüsse gezogen hat.

Das wird auch in dem kurzen Essay *Zum Thema: Geschichte* deutlich, in dem sich Benn ideologiekritisch mit der nazistischen Anthropologie auseinandersetzt – der einzigen polemischen Abrechnung mit der „Genesungsbewegung". Dort finden sich die zwei durchaus zweideutig zu verstehenden Sätze: „Es handelt sich nicht um Ansichten, Meinungen, Weltanschauungen, es handelt sich um einen bestimmten Konstitutionstyp. Der Nationalsozialismus hatte darin recht, einen bestimmten Typ ausrotten zu wollen und darin vorbildlich zu werden, soweit es ihm gelang." Der nachfolgende Satz macht zwar deutlich, daß hier ein Stück nationalsozialistischen Selbstverständnisses dargestellt wird, läßt aber offen, ob Benn diese Interpretation teilt: „Wir bestrafen nicht Fehler und Vergehn, lehrte seine Rechtsphilosophie, wir verfolgen Typen."

Man mag dies auch als eine Kritik an einem bestimmten Typus von ‚Moral' verstehen. Nicht zu übersehen ist indes, daß Benn selbst in ähnlichen Bahnen dachte und zum Zeitpunkt der Abfassung des Textes auch noch denkt. Auch er deutet die Epoche im Sinn einer Kontroverse zwischen einander ausschließenden Typen. Das wird deutlich, wenn er sich über die Unzulänglichkeit der Typologie des Marburger Rassenkundlers Jaensch lustig macht und resümiert: „Der Typ, den aufzulösen entgegen Jaensch anderen die ganze Zeit über am Herzen lag, stand den George Grosz'schen Figuren wesentlich näher als der empfängnisbereiten Pyknika."[593]

Der Nationalsozialismus hat sein historisches Etappenziel verfehlt: Gottfried Benn ist der literarische Kronzeuge dafür, daß eine faschistische Kritik am Faschismus möglich, wenn auch theoretisch wie moralisch unakzeptabel ist. Hier berührt sich dieser mit dem heroischen Bolschewismus und seinen Feindbildern.

Der jugendlich-entschlossene Gegentyp war falsch gewählt (oder auch zu schwach), und der verhaßte ‚Auflösungstyp', den George Grosz so grell ins Bild gesetzt hat, ist

593 Ebd., S. 355. Das schließt im Falle Benns Kritik an NS-Ideologen wie E. R. Jaensch (*Der Gegentypus*) nicht aus. Kritisiert wird der nazistische Idealtypus der „gefühlsbeseelten Pyknika" („riesig in Bezug auf Gesäß und Genitale"), sozusagen das heimlich Matriarchalische am nazistischen Prototyp. Kritisiert wird nunmehr auch der Antisemitismus, der Benn wohl stets peinlich gewesen sein muß, und die Logik des totalen Krieges, wenngleich der Naziterror sofort mit Dschingiskhan und den spanischen Conquistadores ‚verrechnet' wird. Ob der Text wirklich „ein großes Beispiel" der vielvermißten „Schreibtischliteratur" darstellt, wie der Herausgeber Bruno Hillebrand (ebd., S. 690) meint, möchte ich daher dahingestellt sein lassen.

noch am Leben. Gottfried Benn hat ihn so inbrünstig verabscheut wie der linke Maler; hier treffen sich, vereinfacht gesprochen, Links und Rechts in einer kompromißlosen Antibürgerlichkeit.[594] Es ist kein geringes Problem für den marxistischen wie für den biologistischen Geschichtsmetaphysiker, warum der dekadente ‚Auflösungstyp' den prall jugendlichen Typ, der tabula rasa machen wollte, überlebt hat.

Die Absage an die Geschichte (im aufklärerischen Sinn) und die Überhöhung der Kunst des Glasbläsers bilden zwei Hauptpfeiler im lyrischen wie im essayistischen Werk Benns, der dritte, auch für die Frage nach der Ortung des Bennschen Essayismus entscheidende, ist das Individuum, das, was Montaigne die Physik des Ichs bezeichnet hatte. Sie ist auch chronologisch besehen der Ausgangspunkt des Bennschen Werkes. Wohl in keinem anderen Werk liegt der Zusammenhang zwischen der theoretischen Einsicht, daß das Individuum nichts ist, und der meta-politischen Bereitschaft, es einem machtvollen Kunst-Macht-Experiment zu ‚opfern' (im durchaus wörtlichen Sinn des Wortes) so auf der Hand wie im Falle des ‚Intellektualisten' Benn.

Weltfremdheit und Ich-Verlorenheit bedingen einander: denn das Ich ist es, das sich der Welt gegenüber weiß, seine Stabilität garantiert die Stabilität dessen, was Realität heißt. Diese stellt sich als eine dar, an die das Ich Ansprüche stellt und die umgekehrt Ansprüche von jenem berücksichtigt. Der Essayismus in all seinen Ausprägungen basiert, insbesondere in der Tradition Montaignes, auf einem ge- und bedachten Leben mit einem gelockerten, d. h. auch relationalem Wirklichkeitsverständnis, nicht aber auf einem grundlegend gestörten. Die Radikalisierung von Weltfremdheit und Ich-Verlorenheit ist jene neue Qualität des forcierten Modernismus, der die gesellschaftliche Realität in der Tat auf die bloße Qualität eines konstituierenden Nicht-Ich zusammenschmelzen läßt, dem ein ebenso unwirkliches Ich gegenübersteht.

Wir hatten im Fall Montaignes (jedenfalls in der Deutung Starobinskis) gesehen, daß auch bei dessen Physik des Ich paradoxe Folgen auftreten. Das Ich verschwindet gleichsam unter dem ‚Mikroskop' der Selbstbeobachtung, verändert sich, und am Ende weiß der Physiker der Innenlage nicht, ob es seine selbstbeobachtende Tätigkeit war, die dieses scheinbar so feste Ich eigenartig verflüssigt hat.

Als sprachliches Phänomen hingegen rekonstruierte sich dieses ‚Ich' im Akt einer sprachlich vermittelten Selbstbeschreibung. Schon für Montaigne also war dieses Ich nicht authentisch, nicht primär, sondern sekundär, synthetisch.

Auch der realidealistische Essayismus von Novalis hielt die Balance sowohl im Hinblick auf die ‚Realität' als auch auf das Ich. Wie Gott muß sich auch das, was nicht

594 Der umstrittene Historiker Ernst Nolte hat diese Gegenüberstellung des Revolutionärs von links (Rosa Luxemburg) und von rechts (Ernst Jünger) zum Ausgangspunkt seiner Phänomenologie der 20er und 30er Jahre gemacht. Als das tertium comparationis ließe sich gerade bei Benn ein vehementer Antikapitalismus nachweisen, der mit einer radikalen Kultur- und Zivilisationskritik einhergeht. Dies würde auch den geistigen Fortbestand des Bennschen Intellektualismus über die Adenauer-Ära hinaus, in die 60er und 70er Jahre hinein, verständlich machen. Was Benn mit Grosz verbindet, das ist der Haß auf den aufgeblasenen, dekadenten, ‚feigen', ‚liberalen' Kapitalisten, ein Feindbild, das Benn auch nach 1945 aufrechterhält, nachdem die ‚Genesungsbewegung', wie Benn den Nazismus im Anschluß an den Marburger Rassenkundler Jaensch nannte, gescheitert war.

benennbar ist, repräsentieren. Das Ich ist ein abgeleitetes seelisches Phänomen, es repräsentiert – schon lange vor Lacan – etwas, das unmittelbar nicht darstellbar ist. Das Ich ist seine symbolische Repräsentanz, die durchaus real und wirklich ist. Es ist unentscheidbar, was wirklicher ist, das Primäre oder das Sekundäre, weil beide aufeinander angewiesen sind. Auch der ‚magische Idealismus' akzeptiert so das Prinzip einer Realität, die immer symbolisch vermittelt gedacht ist. Dieser Zusammenhang und diese Vermittlung sind schon bei Musil, erst recht aber bei Benn zerbrochen. Daß nichts unwirklicher ist als die Wirklichkeit, diese schnell ins Ästhetische umschlagende, dort auch produktiv wirksame Erfahrung gehört zum Grundbestand dessen, was Benn die Nietzschelage nennt und was Thomas Mann im *Doktor Faustus* recht präzise beschrieben hat. Eine Verlorenheit in der Welt, ein Zustand wird hier gerade im Lyrischen und Essayistischen festgehalten, für den der Heideggersche Terminus des Geworfen-Seins viel zu dramatisch ist. Gottfried Benns schemenhafte Helden, angefangen mit dem autobiographischen Vexierbild Rönne, dem Protagonisten der frühen Prosa, Rasterungen eigener (Nicht-)Welterfahrung, wissen buchstäblich nicht, wo sie sich befinden und warum sie in der Welt sind. Sie irren wie im Nebel umher, weil die Welt sich weigert, aus der Schemenhaftigkeit herauszutreten und Konturen anzunehmen.[595] Früher war jedes Ding, heißt es in der *Heinrich Mann* betitelten Skizze, „nur mit Gott oder dem Tod verknüpft und nie mit einer Irdischkeit".[596]

Das Leben mit den Kranken, das Sezieren im pathologischen Institut, all das zieht unbeteiligt an Rönne vorüber, und aus diesem Zustand der Abwesenheit sprudeln Bilder hervor: Fluchtbilder, Sehnsuchtsbilder, Bilder vom Süden, exotische Bilder, Bilder von üppigen Hetären, Bilder eines anderen Lebens, in dem, wie es einmal schwülstig heißt, das „fleischliche Leben" entsinkt. Aus dem „Wolkenbruch von Hemmungen und Schwächen" entspinnt sich das Spiel der Phantasie, sie wird als Ausdruck einer „tiefen, schrankenlosen, mythenalten Fremdheit zwischen dem Menschen und der Welt" gedeutet, wie Benn in seinem Aufsatz *Epilog und lyrisches Ich* (1927) bemerkt.

In einem lebenspragmatischen Sinn ist Benn ein Rationalist: die Anwesenheit und der Auftritt der Phantasie sind ihm Indiz für eine tiefe, unauflösliche Störung, deren Kern darin besteht, daß der Mensch in der Welt nicht zu Hause ist: weder in der Innen- noch in der Außenwelt. Daß die Innenwelt, wie bei Novalis, eine vertraute wäre, ist für Benn undenkbar geworden.

Benn unterscheidet zwei moderne Typen, zwei mögliche ‚neurologische' Reaktionsweisen. Der eine Typ ist erfüllt vom „Absolut des Individuellen, er ist rührig, aktivistisch, kasuistisch, ethisch und muskelbepackt", der andere geht vom Primat des Ganzen

595 Vgl. *Weinhaus Wolf*, 1936.

596 Gottfried Benn, *Heinrich Mann. Ein Untergang* (1913), in: *Prosa*, a.a.O., S. 15. Schon hier ist von der „Seuche der Erkenntnis" die Rede. Das Motiv der Zersetzung und Auflösung kehrt in den verschiedensten Varianten wieder. In *Weinhaus Wolf* (1936) ist von der „Zersetzung des Lebens", von Wirklichkeitsverlust und vom Leiden am Geist die Rede. Und immer der postische Abgesang: „Es gibt keine Verwirklichung. Der Geist liegt schweigend über den Wassern. Ein Weg ist ausgegangen, ein Urtag sinkt, vielleicht barg er andere Möglichkeiten als diese Abendstunde, aber nun ist sie da – ecce homo, – so endet der Mensch." (Ebd. S. 148.) Nur in den Texten von 1933/34 war

aus, verliert sich in das zufällige Spiel der Formen, ist introvertiert und expressionistisch – der Vergleich mit der Musilschen Gegenüberstellung von Wirklichkeits- und Möglichkeitsmensch drängt sich auf. Nur der Möglichkeitsmensch hat die Fähigkeit zum modernen Essayisten.

Natürlich gerät bei Musil wie bei Benn der Möglichkeitsmensch, der Urlaub von der Welt genommen hat oder selbstverloren in der Realität einer Stadt spazierengeht, immer wieder in die Realität. Daraus entstehen groteske Situationen und Mißverhältnisse. Zum Nicht-Können gesellt sich das Nicht-Wollen, und in beiden Fällen hängt der offenkundige Weltverdruß mit einem männlichen Lebensekel zusammen, mit einer tiefsitzenden Angst vor dem Banalen. Das Banale und Alltägliche ist das Böse, und alle Aktivitäten, wenn sie schon sein müssen, gipfeln darin, diesem Furor des Gewöhnlichen zu entkommen. Das ist der Ursprung aller Utopien im *Mann ohne Eigenschaften*, während Benn dem Individuum keine private Utopie mehr zu bieten hat außer der heroischen Geste des Dorers, in der das, was vom Individuum übrig geblieben ist, ästhetisch zugerichtet und geformt wird. Die Dichtung in ihrem emphatischen Anspruch enthält selbst ein Versprechen, dem Gewöhnlichen zu entrinnen. Und dieses Gewöhnliche ist das Leben: Schweiß, Blut, Menstruation, das Körperliche überhaupt, die Welt, die Benn in seiner frühesten Lyrik beschreibt.[597]

Der Weltfremde schlechthin ist der Essayist, der denkende Dichter, ein verlorener Prophet, während derjenige, der sich auf die trügerische, uneindeutige Realität dieser Welt einläßt, als Zivilisationsliterat einzustufen ist: Arnheim zum Beispiel. Demgegenüber steht der wahre Dichter, der „prinzipiell eine andere Art von Erfahrung besitzt und andere Zusammenhänge anstrebt als praktisch wirksame und dem sogenannten Aufstieg dienende“.[598] Rönne, der „Flagellant der Einzeldinge“, kann keine Wirklichkeit vertragen. Aber ebensowenig verträgt er die Verheißungen der Lebensphilosophie und deren archaische Bilder. Ludwig Klages und Carl Gustav Jung hat Benn ebensowenig geschätzt wie der Theoretiker des Möglichkeitssinns. Nicht nur sieht er, der programmatisch illusionslose Geist, die Schrecken, die in die Elementarität der Bilderwelten eingelagert sind, vielmehr ist der Intellektualist fasziniert von der kalten, formenden Härte des begrifflichen Denkens. Seine essayistische Prosa steigert bewußt diese Spannung von Bild und Begriff, von Verdichtung und plötzlichem analytischem Zugriff. Auf dieser Spannung, die keine realidealistische Versöhnung mehr kennt wie bei Novalis, beruhen die Qualitäten eines Essayismus, der weiß, daß eine Durchdringung der dem Menschen fremd gewordenen Welt nur durch eine explosive Vermischung von Bild und Begriff

dieser Grundton zurückgetreten, war doch hier der Nazismus als eben diese ‚andere Möglichkeit‘ eines Endes aufgetaucht, das einen neuen Anfang eröffnete. Es könne gut sein, daß Benns „melancholische Reaktion auf die kopernikanische Wende“ (Hartmut Böhme) eine geschichtsphilosophische Option für den Nazismus wenigstens zeitweilig miteinschloß: anarchischer Revolutionarismus als Remedium, als Heilmittel gegen Melancholie, Lähmung und Unentschlossenheit (vgl. Hartmut Böhme, *Ich-Verlust und melancholische Haltung*, in: Will Müller-Jensen (Hg.), *Gottfried Benn zum 100. Geburtstag*, Würzburg 1989, S. 75).

597 Gottfried Benn, *Epilog und lyrisches Ich*, in: *Prosa*, a.a.O., S. 269–275.

598 Gottfried Benn, *Können Dichter die Welt ändern?*, in: *Essays und Reden*, a.a.O., S. 98.

mehr möglich ist. Das Begriffliche allein verfehlt jenen Aspekt einer als unwirklich erfahrenen Realität, die sich der Fixierung entzieht, und die Bilder werden erst durch die begriffliche Bearbeitung und Konfrontation analytisch beredt. Wie Musil ist Benn durch das Denken der Naturwissenschaften hindurchgegangen, danach ist man, wenn man die Lektionen verstanden hat, nicht mehr sentimental. Biologie und Physiologie sind auch die scheinbar objektiven Instanzen, die die eigene schwindelerregende Erfahrung des Ich-Verlustes wissenschaftlich beglaubigen, was gerade im Fall einer inneren Physik nicht ohne Tücke ist.

Gottfried Benn sitzt in dem Boot namens Moderne, einer, der überzeugt davon ist, daß dieses Abenteuer schwerlich gut ausgehen wird. Ähnliches steht bekanntlich im *Mann ohne Eigenschaften*. Aber eine Rückkehr zu vermeintlich sicheren Ufern hat auch Benn stets ausgeschlossen.

Der Schiffbruch hat einen Zuschauer, Gottfried Benn, den Arzt, Dichter und essayistischen Zeitdiagnostiker, der die „Tollwut des Begrifflichen" seziert und ungerührt die „Zersetzung der Epoche" betrachtet. Seine Wahrheit ist von pathetischer Kälte, und wer ihr nicht ins Auge sehen will, soll sich lieber nicht mit ihr einlassen. Es könne ihn blind machen wie im Mythos. Trauern ist ebenso verpönt wie die rührige Tatkraft des Wirklichkeitsmenschen. Diese Absage beinhaltet die Absage an das Ich. Und umgekehrt. Daß man auf der Welt eigentlich nichts zu suchen hat und daß diese im Hirn verwelkt, diese substantielle Krise des abendländischen Seins[599] hängt aufs engste mit eben jenem Sachverhalt zusammen, den Philosophie, Psychologie und Dichtung seit der Jahrhundertwende beinahe unentwegt thematisiert haben, mit dem Verlust jenes sicheren Besitzgefühls, Herr im eigenen Haus zu sein, mit dem Verlustgefühl des eigenen Ich. Das Ich schrumpft gewissermaßen zu diesem Verlustgefühl zusammen. Das Ich ist unrettbar verloren, deshalb kann Benn auch nur mehr ironisch vom „rührigen Absolut des Individuellen" sprechen: „In diesem Hirn zerfällt etwas, das seit vierhundert Jahren galt [...] Die Linie, die so großartig im cogito ergo sum als souveränes Leben, das seiner Existenz nur in Gedanken sicher war, begann, in dieser Figur geht sie schauerlich zu Ende."[600]

Benn nimmt an dieser Stelle vorweg, was später als Kritik am ‚Logozentrismus' (Derrida) in der postmodernen französischen Philosophie wieder auftauchen wird.[601] Auch bei Benn ist die Koppelung von ‚Psycho-Analyse' und Aufklärungskritik unübersehbar. Die seelische ‚Oberschicht', in der das Ich scheinbar autonom agiert, wird aus seiner privilegierten Stellung gestürzt, seine Autonomie als illusionär entlarvt. Alles zerfällt in Einzelheiten und in Fragmente, und das Fremdeste, was dem Menschen begegnet, ist das Ich, das einmal das eigene war und das nunmehr als heteronomes Konstrukt undurchschaubarer Mächte erscheint: „[...] ich begann das Ich zu erkennen als ein Gebilde, das mit einer Gewalt, gegen die die Schwerkraft der Hand eine Schneeflocke war,

599 Vgl. Jacques Le Rider, *Das Ende der Illusion*, Wien 1990, bes. Kap. I/2 („Individualismus, Einsamkeit und Identitätskrise"), S. 40–61.

600 Gottfried Benn, *Lebensweg eines Intellektualisten,* in: *Prosa*, a.a.O., S. 320; die ‚Figur', von der hier die Rede ist, ist Pameelen, ein literarisches alter ego.

601 Vgl. exemplarisch Derridas Freud-Lektüre in: Jacques Derrida, *Freud und der Schauplatz der Schrift,* in: *Die Schrift und die Differenz*, a.a.O., S. 302–351.

zu einem Zustand strebte, in dem nichts mehr von dem, was die moderne Kultur als Geistesgabe bezeichnete, eine Rolle spielte“[602].

Das Ich ist, wenigstens im kulturgeschichtlichen Prozeß der Moderne, selbstzerstörerisch, es strebt nach Auflösung, es ist Benn zufolge mythoman, religiös, „faszinär“. Aus seinen Untiefen steigen Sehnsüchte auf; weil es selbst leer, ohne Bedeutung ist, erzeugt es Bilder und Chiffren, die Materialien des Dichters, aufschlußreiches, symptomatisches Belegmaterial für den Essayisten. Nichts teilt sich indirekter mit als das, was einmal Seele hieß und mit dem Ich einen fixen Akteur besaß: „Immer wieder stoßen wir auf eine Form des Ich, das für einige Augenblicke sich erwärmt und dann in ein kaltes, amorphes Licht versinkt.“[603] Womit wir wieder bei der Metaphorik des Heißen und Kalten und beim Bild des Glasbläsers angelangt wären. Und jenes Hauches im rechten Augenblick. Benns Ich-Erfahrung ist wie die anderer auch zutiefst von einer modernen ästhetischen Erfahrung imprägniert, die selbst Gegenstand der Reflexion geworden ist, einer, um mit Adorno zu sprechen, zweiten Reflexion.

Benns Ästhetik ist ihrer ganzen Logik nach auf den Schiffbruch mit Zuschauer verpflichtet, nur daß sich dieser Schiffbruch ganz anders darstellt, weil man sich selbst in dem Schiffbruch befindet, ja selbst der Schiffbruch ist. Auch damit ist eine Kehrseite der Moderne beschrieben. Wie soll man leben, fragt Benn an einer Stelle des programmatischen Aufsatzes *Epilog und lyrisches Ich*. Um lakonisch zu antworten: „Man soll ja auch nicht.“[604] Aber dadurch verlöre man auch einen Aussichtspunkt, der der einer privilegierten Höhenlage ist.

Auf dieser Ebene war keine Lösung der Antinomien zu erwarten. Und vielleicht war die gewaltige Form (und die formende Gewalt) Benns so verhängnisvoll wichtig für ihn, weil das Innen des Menschen, voran das Ich, sich also so chaotisch darstellte. Daß diese formende Kraft, die in Benns zeitweilig gewalttätiger Sprache spürbar ist, etwas mit jenem Ich zu tun haben könnte, das hat Benn zuweilen sogar gesehen, etwa wenn er meinte, daß das Ich ein spätes kulturgeschichtliches Produkt sei. Gottfried Benn hat nach einem authentischen Ich gesucht, das historische, gesellschaftlich sozialisierte verhielt sich dazu wie eine billige Nachahmung. Man mußte nach etwas anderem fahnden, das authentisch war. Gottfried Benn, der sich intellektuell im Faschismus verfing, fand es in der Verschränkung von Kunst und Macht, von gewaltiger Kunst und von einer Macht, die ästhetischen Formregeln gehorchte.

602 Gottfried Benn, *Epilog und lyrisches Ich*, in: *Prosa*, a.a.O., S. 271.
603 Gottfried Benn, *Lebensweg eines Intellektualisten*, in: *Prosa*, a.a.O., S. 326.
604 Gottfried Benn, *Epilog und lyrisches Ich*, in: *Prosa*, a.a.O., S. 272.

Traurige Wissenschaft
Theodor W. Adorno

Wie läßt es sich in der Hölle leben? Die ihrer Struktur nach gnostische Erfahrung, sich unversehens und historisch an diesem Un-Ort zu befinden, in einer Welt des systematischen Grauens, ausweglos verstrickt in ein unentrinnbares, historisch gewordenes Verhängnis, ist der geschichtsphilosophische Ausgangspunkt einer zutiefst essayistischen Konzeption, die die Philosophie immer auch als die „Lehre vom richtigen Leben" versteht.[605]

Was den kritischen Theoretiker vom genuinen Gnostiker unterscheidet, ist, daß letzterer darum weiß, daß es die richtige Welt und das wahre Leben andernorts gibt. Das Wissen, die ‚Gnosis', daß die diesseitige Welt schon die Hölle ist, die Hölle auf Erden, entlastet: Es wird nicht schlimmer kommen, und man hat alles bald überstanden. Ohnehin besteht kein Anlaß, moralische Verantwortung dafür zu übernehmen, daß diese Welt so ist, wie sie ist. Solche Möglichkeit jubilatorischer Verwerfung und Entlastung ist konsequenter Gesellschafts- und Moralkritik verwehrt. Und die Frage, wie man in der Hölle leben kann, bleibt paradox: eigentlich kann man nicht – „Es gibt kein richtiges Leben im falschen", lautet die Quintessenz, die Summa der *Minima Moralia*, jenes Werkes, das man mit gutem Grund als das Hauptwerk Adornos ansehen kann, dem gegenüber sich die *Ästhetische Theorie* und die *Negative Dialektik*, die sich nicht zuletzt gegen eine Variante modernen strukturgnostischen Denkens richtet, eben gegen die Philosophie Heideggers,[606] als systematisierende, nachträgliche Kommentare und theoretische Ausführungen der unter dem Eindruck des amerikanischen Exils geschriebenen dreiteiligen Aphorismensammlung interpretieren lassen.[607]

Eigentlich kann man nicht in der Hölle leben. Und doch ist man am Leben, was dann zur Modifikation zwingt: „Es gibt aus der Verstricktheit keinen Ausweg. Das einzige, was sich verantworten läßt, ist, den ideologischen Mißbrauch der eigenen Existenz sich zu versagen und im übrigen so bescheiden, unscheinbar und unprätentiös sich zu beneh-

605 Theodor W. Adorno, *Minima Moralia*, Frankfurt a.M. [20]1991, S. 7.

606 Sozusagen in einer Gegenbewegung haben seit Hermann Mörchens synoptischen Versuchen die Anstrengungen zugenommen, den Philosophen vom Todtnauberg mit den prominentesten Vertretern der Kritischen Theorie in einem Problem-Konnex zu lesen; exemplarisch seien hier genannt: Sabine Wilke, *Zur Dialektik von Exposition und Darstellung. Ansätze zu einer Kritik der Arbeiten Martin Heideggers, Theodor W. Adornos und Jacques Derridas* (1988) und Alexander García Düttmann, *Das Gedächtnis des Denkens* (1991).

607 Zum biographischen Hintergrund vgl. Martin Jay, *Dialektische Phantasie*, a.a.O., S. 323ff.

men, wie es längst nicht mehr die gute Erziehung, wohl aber die Scham darüber gebietet, daß einem in der Hölle noch die Luft zum Atmen bleibt."[608]

Ein Minimum an Moral ist noch verblieben; ihm Geltung zu verschaffen ist Aufgabe einer kritischen Theorie, die nicht deshalb als kritische zu bezeichnen ist, weil sie über ein Monopol an kritischem Potential verfügt, sondern weil die Kritik, als wohlbedachtes negatorisches Prinzip, die eigene Theorie konstituiert. Kritisch ist diese Theorie auch deshalb, weil sie den Beobachter mitbedenkt, seine paradoxe Lage: erkenntnistheoretisch, geschichtsphilosophisch und lebensphilosophisch. Zur Faszination von Adornos Schriften gehört, daß sie den Leser suggestiv an den Bedrohungen teilnehmen lassen, die stets auch die Bedrohtheit des einzelnen (nicht nur des Subjekts im allgemeinen) mit einschließt. Kritisch an dieser Theorie in der Doppeldeutigkeit des Wortes ist freilich ihr totalisierender, um nicht zu sagen totalitärer Charakter: die Theorie über die entfremdete Warenwelt ist so abgeschlossen und unentrinnbar wie jene Gesellschaft, die sie als historisches Verhängnis beschreibt.

Der historische Verlauf bestätigt – unter negativen Vorzeichen freilich und damit anders als bei Kojève und Fukuyama[609] – die Hegelsche Geschichtsphilosophie in Gestalt der Herrschaft eines abstrakt allgemeinen Welt-Ungeistes[610] über das Besondere,[611] dessen Dignität es zerstört. Was dem hegelianischen Essayisten vorschwebt, ist demgegenüber eine Vermittlung zwischen Besonderem und Allgemeinem, das dem Primat eben dieses Besonderen folgt. Dieser Primat ist, wie noch zu zeigen sein wird, ein ästhetischer Primat, der im essayistischen Diskurs zur Geltung gebracht wird.

Das Allgemeine Hegels realisiert sich in dialektischer Verkehrung in der Realabstraktion des Tausches, in der Verdinglichung, in der entfesselten Technik, im „losgelösten

608 Theodor W. Adorno, *Minima Moralia*, a.a.O., S. 24.

609 Vgl. demgegenüber die optimistischen Ausklänge zweier Späthegelianer (Kojève und Fukuyama), die die Weltgeschichte in die Perspektive einer unüberbietbaren liberalen Gesellschaft münden lassen.

610 Gegen Hegel intendiere – so Anke Thyen – ein „materiales Philosophieren ohne System, das seinem Charakter nach aber nicht teleologisch, seiner Architektonik nach nicht entwicklungslogisch sei" (Anke Thyen, *Negative Dialektik*, a.a.O., S. 281). Dem wäre zu widersprechen. Indem nämlich der Hegelsche ‚Weltgeist', unter freilich umgekehrten Vorzeichen, sich als geschichtswirksam erweist, entsteht auch eine Teleologie der Geschichte, an deren drohendem Ende die Herrschaft des Abstrakt-Allgemeinen (des Tauschprinzips) über das Besondere steht. Durch diese geschichtsphilosophische Wendung der erkenntnistheoretischen Kritik ist diese mit dem Kulturpessimismus Adornos untrennbar verknüpft.

611 Vgl. ebd., S. 114: „Seine [Adornos, M.-F.] Kritik am identifizierenden Denken richtet sich darauf, daß es die für eine wahre Erkenntnis konstitutive Differenz zwischen Allgemeinem und Besonderem einebne, negiere oder aufhebe zugunsten einer Identität von beiden am Orte des Denkens oder des Bewußtseins selbst. Die Spannung zwischen Allgemeinem und Besonderem wird in Adornos Sicht dort, wo Identität hergestellt ist, stets zugunsten des Allgemeinen aufgelöst." Das Nicht-Identische beschreibt so die Relation zwischen Allgemeinem und Besonderem. Daß Adorno an einer solchen Relation festhält, weist ihn als einen Denker aus, der am traditionellen erkenntnistheoretischen Diskurs festhält. Essayismus im Gefolge Adornos bedeutet daher keinen Abschied vom erkenntnistheoretischen Diskurs, vielmehr ist Essayismus der Diskurs, der der ‚Wahrheit' des Besonderen mehr gerecht wird als der szientistische.

Primat des Produktionsprozesse", und er gipfelt in der Zersetzung eben jenes neuzeitlichen Subjektes, das diesen Prozeß erst ermöglicht hatte. Insofern ist die Neuzeit selbstverzehrend und mündet für Adorno – aus dem Zeithorizont der Jahre 1944 bis 1946 – in den Totalitarismus ein.[612] Der ‚Weltgeist' zeigt sein entsetzliches Angesicht: „Ich habe den Weltgeist gesehen", nicht zu Pferde, aber auf Flügeln und ohne Kopf, und das widerlegt zugleich Hegels Geschichtsphilosophie.[613]

Bestätigung und Widerlegung fallen zusammen, und Hitler wird zum Kronzeugen dieser Hölle auf Erden, und zwar nicht bloß, weil er die ‚Höllenmaschine' namens Geschichte beschleunigt, ohne freilich der eigentliche Akteur zu sein. Er ist auch der Vollstrecker der Moderne, der zugleich deren Ideale höhnisch demaskiert: „Daß die Welt mittlerweile das System geworden ist, als welches die Nationalsozialisten die laxe Weimarer Republik zu Unrecht beschimpften, wird offenbar an der prästabilisierten Harmonie zwischen den Institutionen und denen, die sie bedienen. Im stillen ist eine Menschheit herangereift, die nach dem Zwang und der Beschränkung hungert [...]."[614]

Unter diesen Voraussetzungen wird der Liberalismus, der geschichtsoptimistisch die Freiheit des einzelnen und das Privateigentum als wechselseitige conditiones sine qua non denkt, zur Fassade, die einerseits noch ein letztes Asyl in der Hölle gewährt, aber zugleich die zum geschichtlichen Untergang verurteilte Blendung schlechthin darstellt. Im Vergleich mit Musils Figur des Bankdirektors Leo Fischel fällt die Kritik Adornos am Liberalismus hämisch und unversöhnlich aus, etwa wenn Hitler – noch nach dessen Untergang und angesichts des Versuches der Reetablierung eines liberalen Regimes in Deutschland – attestiert wird, er „habe wie kein anderer Bürger das Unwahre im Liberalismus durchschaut". Was Hitler nicht durchschaut habe, das seien „die ökonomischen Mächte hinter ihm", denen er nur als ‚Trommler' gedient habe.[615]

Daß eine solche Diagnostik, die an dieser Stelle merkwürdig ins Vulgärmarxistische abgleitet, prekär für den Betrachter ist, darüber ist sich Adorno durchaus im klaren, wenn er dekretiert: „Der Splitter in deinem Auge ist das beste Vergrößerungsglas."[616] Die Kritische Theorie versucht also die Tatsache einzuholen, die als ‚Nietzschelage' (Benn) geortet wurde und die darin besteht, daß sich das (intellektuelle) Subjekt in der Moderne nur noch polemisch und negatorisch konstituieren kann. Die Wundmale, von denen der frühe Nietzsche im Zusammenhang mit Schopenhauer spricht, werden zum Ausgangspunkt des methodischen Verfahrens in den *Minima Moralia*. Nur durch das beschädigte Subjekt kann in verzweifelter sprachlicher Durchformung noch gedacht werden, vielleicht ein letztes Mal philosophiert werden, wobei Adorno mit einiger Kühnheit auch die zunehmende Möglichkeit des prinzipiellen, gesellschaftlich bedingten Scheiterns von Erkenntnis, d. h. also die Unmöglichkeit von Erkenntnis, ins Auge

612 Es scheint, als habe die Totalitarismus-Diagnose erst im ‚Kalten Krieg' jene über die Wissenschaft hinausgehende strategische Bedeutung gewonnen. Bemerkenswert bleibt, daß im Umfeld der Frankfurter Schule niemals eine Gesellschafts- und Kulturtheorie des Kommunismus unternommen worden ist.

613 Theodor W. Adorno, *Minima Moralia*, a.a.O., S. 64.

614 Ebd., S. 160.

615 Ebd., S. 135.

616 Ebd., S. 57.

faßt, nicht nur wegen der Gewalt, die keine kritischen Beobachter mehr duldet, sondern wegen des allgemeinen Blendungszusammenhangs (der kollektiven Verblendung, die sich aller bemächtigt hat). Angesichts des „Unwesens der abstrakten Produktion" stellt sich der Ort einer kritischen Theorie zunehmend als ungewiß dar.[617] Der Verfasser der *Minima Moralia* ist seinem Gestus nach nicht bloß der letzte Philosoph, sondern der letzte Essayist. Wie kann man in der Hölle leben, und wie kann man überhaupt erkennen, daß man sich in der Hölle befindet?[618]

Der ‚Splitter im Auge' ist die eigene, (noch) wahrgenommene Verletzung, und insofern die essayistische Physik des Ichs Geltung hat, die nicht dem persönlichen Design dient, sondern jenem Erfahrungsfundus, der über sich hinaustreibt und den essayistischen Diskurs etabliert, dem, was der zu spät gekommene Hegelianer das „bloße Fürsichsein der Subjektivität auf all ihren Stufen" bezeichnet,[619] wird – gegen und doch auch mit Hegel – der einzelne (und das ist stets man selbst) zum Ausgangspunkt einer kritischen Kultur- und Gesellschaftstheorie, deren Geltung und Wahrheit durch die „individualistische Gesellschaft" selbst verbürgt ist, die „wesentlich die Substanz des Individuums" ist.[620] Der Splitter im Auge, Symbol einer Verletzung wie einer Behinderung, solange er als solcher wahrgenommen wird (wofür der kritische Essayismus der *Minima Moralia* einsteht), verhindert die naheliegende, prekäre Wendung hin zum amor fati, den Adorno bei Nietzsche diagnostiziert. Es ist gerade diese Verletzlichkeit und die damit verbundene Absage an das Verletzende der Gewalt, die Adorno und die Kritische Theorie insgesamt von jedweder anderen ‚bürgerlichen' Kulturkritik nach Nietzsche unterscheidet.

Nietzsche habe, so Adorno im Aphorismus 68, die christliche Metaphysik dergestalt kritisiert, daß sie „Hoffnung mit Wahrheit" verwechsle, die beseligende Lust der Erlösung mit der Wahrheit. Zugleich aber habe Nietzsche den ‚amor fati' gelehrt, jenes

617 Vgl. den Brief Adornos an Horkheimer vom 21. 8. 1941 anläßlich des Aufsatzes über Kunst und Massenkultur: „Es geht wirklich eine Erfahrung davon aus – fast könnte man sagen, der Aufsatz stelle eine Gebärde dar noch mehr als einen Gedanken. Etwa wie wenn man, verlassen auf einer Insel, verzweifelt einem davonfahrenden Schiff mit einem Tuch nachwinkt, wenn es schon zu weit weg ist zum Rufen. Unsere Sachen werden immer mehr solche Gesten aus Begriffen werden müssen und immer weniger Theorien herkömmlichen Sinns." (Zitiert nach Willem van Reijen/ Gunzelin Schmid-Noerr (Hg.), *Flaschenpost*, Frankfurt a.M. 1987, Vorwort, S. 9.) Das Prekäre liegt zum einen an der zunehmend schwindenden Möglichkeit, den Verblendungszusammenhang zu durchschauen; das Bild des sich entfernenden Schiffs der Geschichte meint aber auch die Situation des Aussichtslos-Verspätet-Seins; damit korrespondiert die Unmöglichkeit der Kommunikation: der Absender ist abhanden gekommen. So wenigstens nimmt es sich im Sinne einer radikalen Kulturkritik aus, die als Theorie selbst ums Überleben kämpft.

618 Beide antiutopischen Romane, der gegen den Totalitarismus des Konsums (Huxley) wie jener gegen den Totalitarismus einer allmächtig-gottähnlichen Kontrolle (Orwell), leiden unter demselben perspektivischen Problem wie die Frankfurter Kulturkritik: Wo noch einen kritischen Beobachter hernehmen? Die literarisch mißglückten Handlungen mitsamt ihren kitschigen Liebeseinlagen verdanken sich nicht bloß dem Genre, das kulturkritisches Gedankengut in Romanform packt, sondern verweisen noch einmal auf gravierende perspektivische Schwächen.

619 Theodor W. Adorno, *Minima Moralia*, a.a.O., S. 8.

620 Ebd., S. 10.

Einverständnis mit dem bestehenden Schlechten. Die Versuchung der Kulturkritik wird an anderer Stelle – unter der bildhaft-sprechenden Überschrift *Kind mit dem Bade* (Aphorismus 22) – ausgeleuchtet. Kulturkritik ist nicht denkbar ohne einen moralischen Überschuß, den Haß auf die Lüge, den Schein, die Verschleierung. Das „Wettern über die Lüge" hat „eine verdächtige Neigung, selber zur Ideologie zu werden",[621] wie Adorno unter Hinweis auf die feindlichen Brüder und Wegbereiter moderner Kultur- und Gesellschaftskritik, Marx und Nietzsche, darlegt.

Zur Wahrheit wird das Schlechte, das durch die Lüge, wie schön doch die Welt sei, kaschiert wird: „Mit der Logik der Konsequenz und dem Pathos der Wahrheit könnte daher die Kulturkritik fordern, daß die Verhältnisse durchaus auf ihren materiellen Ursprung reduziert, rücksichtslos und unverhüllt nach der Interessenlagen zwischen den Beteiligten gestaltet werden müsse."[622]

Der Vergleich stimmt nur bedingt; unklar, was mit dem ‚Kind' gemeint ist. Revolutionär besehen könnte es ja durchaus anstehen, das ungezogene Kind mitsamt dem Bade auszuschütten, die Kaschierung (das Bad) mit dem Kaschierten (dem Kind). Aber so ist es natürlich hier nicht gemeint. Vielmehr erhebt Adorno gegen das Pathos einer vermeintlichen Wahrheit Einspruch, die das Kaschierte als Offenbarung eines durch die Kaschierung Versteckten affirmiert: als die Wahrheit hinter der offiziellen Lüge, die die Kulturkritik durchschaut. Das, was Ideologie, individuell wie kollektiv, abdrängt, verdrängt, vergessen macht und beschönigt, ist jener Komplex, dessen sich die Menschheit seit altersher schämt: Macht und Gewalt, physisch, politisch, ökonomisch, sexuell etc.

Kulturkritik ist durch ihren Gegenstand gebrandmarkt – den ‚Splitter im Auge'. Das Verhältnis zwischen beiden vergleicht Adorno mit dem Einverständnis zwischen ‚Polizei' und ‚Unterwelt'. Im Falle von Marx bedeutet das, daß der begeisterte Ökonomismus seiner Anhänger noch einmal den Ökonomismus der Gesellschaft reproduziert.[623] Überhaupt ist mit der Problematik der Reproduktion des Kritisierten durch den Kritisierenden der Verdacht naheliegend, daß gerade Kritische Theorie – trotz ihres non-affirmativen Bekenntnisses – zur Erhaltung der ‚Verhältnisse' beiträgt, zu diesen so notwendig ist wie die ‚Unterwelt'. Erkenntnistheoretisch ist dem kaum beizukommen, gerade dann, wenn Erkenntnis historisch-gesellschaftlich verortet ist wie in allen kritischen Gesellschaftstheorien in der Nachfolge von Marx. Vielleicht wäre dem nur durch eine Intervention zu entkommen, die sich nicht durch das Kritisierte festlegen läßt, sondern das Andere erprobt. Aber dies wäre nur möglich, wenn die Diagnose vom Verhängnis als unzutreffend sich erweist. Moralisch versucht Adorno diesem Dilemma dadurch zu entgehen, daß er die Hoffnung als Kategorie kritischen Erkennens restituiert. Nur wer hofft, ist davor gefeit, nicht auch das Kind zusammen mit dem schal-trüben Badewasser legitimatorischer Herrschaftsideologien auszuschütten. Zwar läßt sich die Hoffnung nicht mit

621 Ebd., S. 48.

622 Ebd.

623 Vgl. Castoriadis, *Gesellschaft als imaginäre Institution*, a.a.O., S. 52–59; zu Recht weist Castoriadis darauf hin, daß der ökonomische Determinismus dem Revolutionswillen der Arbeiterbewegung im Weg steht: „Daß das autonome Handeln der Massen das entscheidende Element der sozialistischen Revolution sein könnte, ist ein Gedanke, der für einen konsequenten Marxisten

der Wahrheit gleichsetzen, aber gegen Nietzsche setzt Adorno auf eine „Hoffnung, wie sie der Wirklichkeit sich entringt, indem sie diese negiert" als die „einzige Gestalt, in der Wahrheit erscheint". Daß Hoffnung in einem hoffnungslosen Werk plötzlich zur entscheidenden, beinahe religiösen Kategorie avanciert, dokumentiert eindrucksvoll die Aporien einer Theorie, die nur dann kritisch bleibt, wenn sie an dem festhält, was sie kaum für möglich hält. Ohne Hoffnung zu hoffen wird zur Lebensmaxime eines Lebens in der Hölle, von der nur wenige wissen, daß es eine ist: „Ohne Hoffnung wäre die Idee der Wahrheit kaum nur zu denken, und es ist die kardinale Unwahrheit, das als schlecht erkannte Dasein für die Wahrheit auszugeben, nur weil es einmal erkannt wird."[624] Nicht die christliche Erlösungshoffnung, die ja immerhin einen Vorbehalt gegen die Welt beinhaltet, wohl aber die Schicksalsergebenheit, die von der Mythologie auf das Christentum gekommen ist (und sodann auf Nietzsche), gilt es aufklärerisch (und an dieser Stelle argumentiert der Autor in diesem Gestus) zu durchbrechen. Aber damit stürzt der Essayismus der Endzeit wieder in sein tiefes Dilemma: die Erlösungshoffnung steht der Annahme eines gesellschaftlich-geschichtlichen Verhängnisses gegenüber, das zwar – aus moralisch verständlichen Gründen – verworfen werden muß, das aber doch als ein Unvermeidliches interpretiert wird.[625]

In Adornos Selbstinterpretation liegt es nahe, die Aporien der Kritischen Theorie für unübersteigbar zu halten in Anbetracht auch der fortdauernden, sich zuspitzenden gesellschaftlichen Verhältnisse im Sinne einer fortschreitenden Ökonomisierung der Welt. Für eine Kritik der Kritischen Theorie hingegen stellt sich die Frage, ob die fatale totalisierende Eintracht zwischen ‚Polizei' und ‚Unterwelt', zwischen Gesellschaft und subversiv-transzendierender Gesellschaftstheorie (was ja in der Metapher von der ‚Unterwelt' noch mitbedacht ist: selbstironisch uns skeptisch zugleich), aufzubrechen ist, um Möglichkeiten des Denkens und Handelns zu öffnen. Ist es eine Illusion, aus der Höhle/Hölle zu entkommen, die schon am Anfang des großen Philosophierens stand?[626]

Anders als bei den noch intelligentesten nach-nietzscheanischen Essayistiken liegt die Problematik im Falle Adornos nicht im auffälligen Mangel kritischer Selbstreflexion, die Adorno zu Recht an bisheriger Kulturkritik beanstandet und der er seine Methodik, den einen Splitter im Auge wahrzunehmen und ihn im Sinn einer allgemeinen Diagnostik zu

[…] letztlich immer nur eine höchst untergeordnete Rolle spielen kann." (S. 56f.) Dieser Determinismus scheint mir – in manchen Teilen der Kulturkritik – den Marxschen noch zu übertreffen, weshalb der Verzicht auf ein revolutionäres Subjekt zugunsten eines verletzten, ohnmächtigen Betrachters, der mit Anstand überleben will, durchaus konsequent ist. Wenn man an dem Determinismus festhält. Unter Hinweis auf die „absolute Vorherrschaft der Ökonomie" weist Adorno auch die Perspektive einer „Psychoanalyse der heute prototypischen Kultur" zurück. (*Minima Moralia*, a.a.O., S. 68f.)

624 Theodor W. Adorno, *Minima Moralia*, a.a.O., S. 123f.

625 Theodor W. Adorno, *Negative Dialektik*, a.a.O., S. 368: „Die Unrettbarkeit der theologischen Konzeption des Paradoxen, einer letzten, ausgehungerten Bastion, wird ratifiziert von dem Weltlauf, der das Skandalon, auf das Kierkegaard hinstarrt, in die offene Lästerung übersetzt."

626 Hans Blumenberg meint über das Höhlen-Motiv in der Neuzeit: „Die Philosophie der Neuzeit ist auch dort, wo sie von Triumphen des menschlichen Geistes zu handeln scheint, weithin eine Beschreibung von Gefangenschaft." (Blumenberg, *Höhlenausgänge*, a.a.O., S. 752.) Eine Diskus-

begreifen (wofür die Metapher des Vergrößerungsglases steht), entgegenhält. Deshalb ist ihm auch der Heroismus dessen obsolet, der sich auf seine Amoral etwas zugute hält. An dieser Stelle verläuft die Trennlinie zu Musil, Benn oder Ernst Jünger.[627]

Problematisch ist die Kritik hingegen in ihrer argumentativen Struktur gerade dort, wo sie die Marxsche Kritik beerbt und in gewisser Weise sogar überbietet. Insofern sind einige Aspekte der Kritik, die Cornelius Castoriadis in seinem Buch *Gesellschaft als imaginäre Institution* gegen die Theorie nicht nur des Marxismus, sondern auch gegen Marx geltend gemacht hat, zumal im Hinblick auf die ‚Kritische Theorie' zu bedenken. Ausgangspunkt für Castoriadis ist die Marxsche Theorie: denn „wer sich mit der Frage der Gesellschaft auseinandersetzt, trifft unweigerlich auf den Marxismus".[628] Wie Adorno[629] verwirft auch Castoriadis[630] all die metaphysischen Setzungen eines historischen und dialektischen Materialismus.

Auch Adorno versteht den Primat der Ökonomie in all seinen Facetten (Tauschabstraktion, Verdinglichung etc.) nicht als durchgängiges ‚Gesetz' der Geschichte, wohl aber als ein Charakteristikum eines ruinösen und katastrophischen Kapitalismus. Sein Determinismus ist kein ‚diachroner', sondern ein ‚synchroner' und er korrespondiert mit dem, was Castoriadis als einen Funktionalismus bezeichnet, der ebenso reduktionistisch ist wie die Vorstellung einer alles determinierenden Ökonomie. Das bewußte oder unbewußte Leben erscheint so besehen lediglich als „schlichte Illusion"[631], was in Adornos Liberalismuskritik, aber auch in seiner Beurteilung Hitlers signifikant wird. Nur als Schauspieler und Trommler betreten bei Marx die Menschen die historische Bühne. Daß dem so ist, unterzieht Adorno einer radikalen Kritik im Sinne der Diagnose vom beschädigten Leben, was nichts daran ändert, daß diese Charaktermasken nicht mehr sind als Determinationen von Determinanten.

sion der kulturkritischen Wendung des Höhlengleichnisses hat Blumenberg ebensowenig unternommen wie eine metaphorologische Geschichte des Verhältnisses von Höhle und Hölle. Beides müßte man thematisieren, um das Selbstverständnis des ästhetischen Modernismus auszuloten. Versuchsweise wäre zu behaupten, daß die Hölle jene negatorische Erfahrung, sich in einer *unentrinnbaren Höhle* zu befinden, umschreibt, und zwar weniger in der klassischen epistemologischen Höhle Platons, sondern in jener Hölle, die selbst schon bei Platon angesprochen ist: die Hölle der Polis, von der man als einziger weiß, daß es eine ist, weil man ein Bewußtsein für ein Außen besitzt, das unmittelbar ist. Zum Höllenbild bei Adorno vgl. *Minima Moralia*, a.a.O., S. 24 u. 69.

627 Sanktionierung des Opfers und amor fati sind für Adorno markante Charakteristika der Nietzschelage; vgl. *Minima Moralia*, a.a.O., S. 122ff. Die zentrale Bedeutung des Opfers in der Philosophie Adornos haben Alexander Garcìa Düttmann und Stefano Cocchetti herausgestellt.

628 Cornelius Castoriadis, *Gesellschaft als imaginäre Institution,* a.a.O., S. 19.

629 Eine Marx-Kritik läßt sich bei Adorno freilich nur indirekt konstatieren, etwa durch Rekurse auf die Hegel-Kritik und vereinzelte Marx-kritische Stellen. Von der „sozialistischen Gesellschaft" spricht Adorno in den *Minima Moralia* sehr unbestimmt von einer „versäumten", was doppelt merkwürdig ist: zum einen würde man gerne das Datum dieses Versäumnisses erfahren, zum anderen aber verweist es uns noch einmal auf ein überaus deterministisches Geschichtsbild.

630 Cornelius Castoriadis, *Gesellschaft als imaginäre Institution*, a.a.O., S. 19.

631 Ebd., S. 59–65 („Subjekt und Objekt der Geschichtserkenntnis").

Schon in der Marxschen Theorie ist das Verhältnis von Theorie und Praxis prekär,[632] noch mehr aber jenes zu Freiheit und Revolution. Der Schauspieler und Funktionär ökonomischer Gesetzmäßigkeiten muß auf seinen Einsatz warten. Niemals bedacht war, wie der eigene Einsatz die Spielregeln verändern würde. Entgegen der berühmten Feuerbach-These ist – Castoriadis zufolge – der Marxismus höchst praxisscheu.

Nicht nur in der kapitalistischen Gesellschaft, mehr noch in der Marxschen Analyse wird der Mensch zum bloßen Anhängsel degradiert. Daß er zu einem Ding, zu einem Objekt wird, ist – so Castoriadis – im Sinn einer Metapher zu verstehen. Das, was Marx mit Entfremdung bezeichnet (einen Terminus, den Adorno wohlweislich eher meidet)[633], muß als Tendenz gedeutet werden. Zur Beschreibung der gesellschaftlichen Situation gehört stets auch, daß sich Menschen gegen ‚Entfremdung' und Unterdrückung zur Wehr setzen und daß ihr Widerstand eine soziale Größe im gesellschaftlichen Gesamtkontext darstellt, eine mathematische Unbekannte, die für Überraschungen gut ist. Keine noch so intelligente Gesellschaftstheorie ist imstande, diesen Widerstandsvektor vorherzubestimmen, mag der schöpferische Impuls in einer Gesellschaft auch noch so unterdrückt sein. Eine Gesellschaft besteht, trivial gesagt, aus ‚lebenden Wesen', die mehr sind als ‚bloße Mechanismen', weil sie in „neuen Situationen neuartige Antworten" zu geben vermögen.

Dies läßt sich durchaus unemphatisch verstehen: als phänomenologische Beschreibung. So ist Gesellschaft nie der ausschließlich negative, negierende und determinierende Ausgangspunkt, sondern stets muß als eine Möglichkeit eigene Praxis mitbedacht werden: „Praxis nennen wir das Handeln, worin der oder die anderen autonomen Wesen angesprochen und als wesentlicher Faktor ihrer eigenen Autonomie betrachtet werden."

Sofern dieser Impuls erlischt, kommt es – ganz unmetaphorisch – zum Tod. Das Leben in der gesellschaftlichen Hölle der Kritischen Theorie ist keines. Das ist kein Beweis für die Schonungslosigkeit einer radikalen Kulturkritik, sondern markiert sozialphilosophisch deren Grenze. Castoriadis versucht den dualistischen Gegensatz von Theorie und Praxis dadurch zu unterlaufen, daß er Theorie – übrigens ganz essayistisch – als einen „stets ungewissen Versuch" deutet, „das Projekt einer Aufklärung der Welt zu verwirklichen".[634] So will Castoriadis auch das eigene Werk verstanden wissen. Daß

632 Theodor W. Adorno, *Marginalien zu Theorie und Praxis*, in: ders., *Stichworte. Kritische Modelle 2,* a.a.O., S. 169–191; Adornos Praxisscheu läßt sich mit dem einen, eigenen Plot-Satz charakterisieren: „Vor der Welt, wie sie ist, kann man sich gar nicht genug fürchten." (S. 188.) Einen Praxis-Begriff, der die Welt auch als Anforderung begreift, hat Ulrich Sonnemann im Sinne eines offenen Versuches entfaltet. Wie Castoriadis sieht auch Sonnemann in Determinismus, retrospektiver Geschichtsschau und Enzyklopädismus bei Hegel (und Marx) die Ursache dafür, daß Praxis im Sinne eines Freiheit erprobenden Handelns gar nichts ins Blickfeld geriet; vgl. Sonnemann, *Negative Anthropologie*, a.a.O., S. 29–60 („Marx oder die Kanalisierung der Zukunft").

633 Einen gewissen Vorbehalt verrät der folgende Satz Adornos: „Die Dissonanz bringt von innen her dem Kunstwerk zu, was die Vulgärsoziologie gesellschaftliche Entfremdung nennt." (Theodor W. Adorno, *Ästhetische Theorie*, a.a.O., S. 30.) An anderer Stelle wird ganz ohne Vorbehalt die Kategorie der ‚Entfremdung' verwendet. Von ‚Entmächtigung' spricht Adorno angesichts der Heideggerschen Ontologisierung des Subjekts (vgl. ders., *Negative Dialektik*, a.a.O., S. 74).

634 Vgl. Cornelius Castoriadis, *Gesellschaft als imaginäre Institution*, a.a.O., S. 121–135.

Denken selbst immens ‚praktisch' ist, hat philosophische Reflexion gern ausgespart: „Die Bergpredigt und das Kommunistische Manifest zählen genauso zur gesellschaftlichen Praxis wie eine technische Erfindung, und sie besitzen, was ihre tatsächliche Wirkung auf die Geschichte angeht, unendlich viel mehr Gewicht."[635] Was ist das Gewicht der Kritischen Theorie? Vielleicht, daß Freiheit prinzipiell möglich ist. Denn Unfreiheit und Freiheit sind die zwei Seiten ein und derselben Münze: nur die Unfreiheit ist determiniert, die Freiheit, die man sich zu nehmen glaubt, nicht. So bedeutet Praxis, normativ verstanden, stets eine Erprobung der Freiheit, und der Essayismus, der das Denken als einen praktischen Lebensvollzug versteht, ist der reflektierte Ausdruck solch tastender Praxis, die Freiheit möglich macht.[636]

Der Marxsche Funktionalismus, der sich in Adornos kulturkritischer Bilanz eigentümlich mit den Philosophien Hegels und Nietzsches amalgamiert, verfehlt aber auch noch andere vorgefundene historische Bestände. Zwar ist er im Grunde genommen bereit, die Existenz von gesellschaftlichen Symbolsystemen (‚Überbau') anzuerkennen, versucht diese aber wiederum einem letzten Willen einer gesamtgesellschaftlichen Zweckmäßigkeit unterzuordnen. Am Beispiel von tradierten Symbolsystemen wie Recht, Religion und auch nationaler Identifikation kann Castoriadis nachweisen, daß diese sich keineswegs unter die präsumtiven Gesetze einer entfesselten Produktion subsumieren lassen,[637] vielmehr, oft älter als die kapitalistische Ökonomie, ihr Eigenleben bewahren.

Nicht, daß die anvisierte Gesellschaftskritik überzogen wäre, ist die Pointe, sondern daß diese irreal ist wie jene Idee des Kommunismus als eine transparente Produktion, die alle vom Druck der Ökonomie befreie, Allgemeines und Besonderes harmonisch miteinander versöhne. Das läuft auf eine Nicht-Gesellschaft hinaus, eine Gesellschaft ohne Institution und symbolische Vermittlung, „ein mythisches Gebilde, das dem Absoluten Wissen gleichkommt".[638] Umgekehrt aber ist jede Gesellschaft ‚sozialistisch' und ‚sozial', sonst ist sie keine Gesellschaft. Und immer steht sie im Kontrast zu jener psy-

635 Ebd., S. 39.

636 Sonnemann, *Negative Anthropologie*, a.a.O., S. 218: „Das Utopische, das zu verwirklichen bleibt, ist im Osten wie im Westen als das Bewußtsein, daß man sich anders verhalten, den Berechnungen sich entziehen, das Unerwartete tun kann, bestimmbar; je mehr seine Ausbreitung gelingt, um so mehr müssen Chancen ihm zuwachsen, die aufs Lager der Unterdrücker selbst überzugreifen dann auch ihrerseits eine finden dürften. Daß das Gewissen es mit der Welt zu tun hat, ist seine Spontaneität, seine Freiheit. Sie schließt, da seine Aufmerksamkeit auf dem Nicht-Selbst, nicht auf sich selbst ruht, seine Beschwörung, die es zur Hohlform macht: den ästhetischen Gegenstand moralischer Predigten, aus." Keine List der Vernunft kann dafür einstehen, daß die Geschichte in eine der Freiheit mündet, es sind die vielen kleinen Geschichten einer ins Spiel gebrachten Freiheit, die deren geschichtliche Möglichkeit verbürgen.

637 Cornelius Castoriadis, *Gesellschaft als imaginäre Institution,* a.a.O., S. 196–282.

638 Ebd., S. 188–195; Castoriadis' politische Philosophie trägt mit ihrer These von der Nicht-Transzendierbarkeit des Gesellschaftlich-Geschichtlich-Symbolischen dem Realismus Rechnung; indem er aber wie Sonnemann die Praxis-Emphase gegen das metaphysische Praxisverständnis von Marx wendet, ist sein Konzept einer autonomen Gesellschaft zugleich ‚revolutionär'. Wie jenes Sonnemanns ist auch das Castoriadis' normativ; jede einzelne gelungene Praxis ist ein

chischen Monade, „die gleichsam an der Grenze des Erkennbaren und Zugänglichen stehend, als solche radikal lebensunfähig ist. Und zwar nicht unfähig zu einem Leben in Gesellschaft, sondern zum Leben überhaupt. Denn die psychische Monade als solche ist von Grund auf ver-rückt, vernunfts-los und funktionslos.“[639]

Jede Sozietät impliziert Produktion von Menschen, die wiederum jene reproduzieren. Castoriadis sieht diese Beziehung als wechselseitige, denn der Mensch ist der Gesellschaft bedürftig, und zwar in einem ganz elementaren Sinn. Was sich mit Adorno und später auch mit Foucault als Zurichtung des Menschen beschreiben läßt (oder im Sinne des Liberalismus als Zivilisation), das umschreibt aus einer ganz spezifischen Perspektive den Widerstreit zwischen der ‚psychischen Monade‘ und der Gesellschaft mit ihren Symbolisierungen und Institutionalisierungen, und als mögliche ‚Utopie‘ steuert Castoriadis die Perspektive an, Symbolsysteme und Institutionen ‚autopoietisch‘ hervorzubringen im Sinne einer experimentellen Praxis, die auch eine des Denkens ist.

Zu ihr ist der Mensch unter den gesellschaftlichen Gegebenheiten verpflichtet im Sinne einer historischen Tendenz, die kommt, nicht wie der (zunächst räumlich gedachte) unerreichte Horizont, von dem neuzeitliche Utopie ausgeht. Wo diese Möglichkeit der ‚Autonomie‘ verfehlt wird, schlägt diese in ihr Gegenteil um: in jene Heteronomie, die sich cum grano salis mit der Adornoschen Diagnose vom Leben in der verwalteten Welt deckt.

Dieses war in Kritischer Theorie als Verhängnis konzipiert; die theologische Folie der Argumentation ist unübersehbar, als Verhängnis, das an den versäumten Augenblick des ‚Sozialismus‘ geknüpft bleibt, der als quasi-mythologisches Nicht-Ereignis historisch undatierbar bleiben muß, der aber, wie auch aus der Einleitung zur *Negativen Dialektik* ersichtlich, im Denken Adornos eine ganz zentrale Rolle spielt: der versäumte Augenblick, der sich ‚jederzeit‘ ereignen kann, der nicht wahrgenommen wurde, ist genuin messianischen Ursprungs.[640] ‚Vor‘ dem versäumten Augenblick aber liegt, nicht terminisierbar, das „Zeitalter der überströmenden subjektiven Fülle“[641], es ist ein mythologisch gleichsam überhöhter, sozial privilegierter Zustand, in dem „in der ästhetischen Gleichgültigkeit gegen die Wahl des Objekts“ sich die „Beziehung zur gegenständlichen Welt selber“ ausdrückte. In dieser ästhetischen Gleich-Gültigkeit manifestiert sich die Kraft, „allem Erfahrenen Sinn abzuzwingen“. Weltbesitz und Weltverlust sind schon bei Adorno, lange vor dem Post-Histoire, zwei Seiten ein und derselben Medaille: ästhetische Gleichgültigkeit ist die Voraussetzung für die privilegierte Souveränität eines Subjektes,

Stück realisierter Aufklärung (im Sinne eines Zuwachses von Freiheit und Reflexion), einer Aufklärung, die freilich, wenn auch nicht statisch, begrenzt ist, im Gegensatz etwa zu jedwedem revolutionaristischen Voluntarismus und Dezisionismus: „Unser Projekt einer Aufklärung vergangener Formen menschlicher Existenz gewinnt seinen vollen Sinn erst als Teil eines Projekts der Aufklärung unserer eigenen Existenz, die ihrerseits von unserem aktuellen *Handeln* nicht zu trennen ist.“ (Ebd., S. 281.)

639 Ebd., S. 487–515.

640 Vgl. hierzu auch: Walter Benjamin, *Theologisch-politisches Fragment*, in: *Ausgewählte Schriften*, Bd. 1, Frankfurt a.M. 1977, S. 262f.

641 Theodor W. Adorno, *Minima Moralia*, a.a.O., Aph. für Anatole France, S. 93.

in Beziehung zur Welt zu treten, „die gleichsam noch in all ihren Bruchstücken dem Subjekt antagonistisch zwar, doch nah und bedeutend gegenübertritt".[642]

Versäumt ward also, diese „ästhetische Gleichgültigkeit" gesellschaftlich zu verallgemeinern (so etwa könne Adornos Formel für den ‚Sozialismus' lauten). Statt daß derlei Subjektivität, ein Amalgam aus bürgerlicher Welthaftigkeit und aristokratischer Muße zum historischen und gesellschaftlichen Standard geworden wäre,[643] tritt nun ein Zustand ein, in dem sich das Individuum förmlich selbst verzehrt. Wie sehr das Bild des Souveräns im Spiel ist, zeigt Adornos Rede von dem Subjekt, das „vor der entfremdeten Übermacht der Dinge abdankt".[644] Diese historische Konstellation markiert „das objektive Ende der Humanität": „Was immer am Bürgerlichen einmal gut und anständig war, Unabhängigkeit, Beharrlichkeit, Vorausdenken, Umsicht, ist verdorben bis ins Mark."[645]

Das Individuum ist ein historisches Produkt, das sich der Vergesellschaftungsform des Marktes verdankt, und seine Unabhängigkeit entspringt „im monadologischen Einzelinteresse und dessen Niederschlag als Charakter". Das Späte am Kapitalismus, das Adorno nie müde wird herauszustreichen, scheint insofern eine ganz spezifische Qualität zu besitzen, als es die Verfallsform der traditionellen Marktökonomie und somit auch das Ende des Individuums (im Sinne auch der philosophischen Aufklärung) darstellt. Sich gegen eine „reaktionäre Kritik der Kultur" absetzend, heißt es in den *Minima Moralia* einmal: „Das besagt aber auch, daß sein Verfall in der gegenwärtigen Phase selber nicht individualistisch, sondern aus der gesellschaftlichen Tendenz abgeleitet werden muß, wie sie vermöge der Individuation und nicht als deren bloßer Feind sich durchsetzt."[646]

Somit ist die essayistische Aufgabe einer Anthropologie aus der Innenlage, einer reflexiven Theorie der eigenen Besonderheit, von Adorno aus gesehen, ganz neu zu bestimmen. Dem entspricht das, was Adorno in Anlehnung an die *Fröhliche Wissenschaft* Nietzsches, die so fröhlich nun auch schon nicht ist,[647] in der ‚Zueignung' als „traurige Wissenschaft" bestimmt – Essayismus als Requiem auf das verschwundene Subjekt. Zwar werden, durchaus im Anschluß an die Tradition von Essay und Aphorismus, die traditionellen Themen derselben verhandelt (das intellektuelle Dasein, die Moralien des Lebens und die Kritik an den Moralkonventionen, Frau und Freundschaft,

642 Ebd.

643 Von Baudelaire bis Benjamin ist das Faible für den Flaneur oder den Dandy immer auch Wertschätzung einer ‚aristokratischen Gebärde', die sich der Tauschlogik teils entzieht, teils mit ihr spielt (wie der Flaneur in den Pariser Passagen).

644 Theodor W. Adorno, *Minima Moralia*, a.a.O., S. 93.

645 Ebd., S. 40 (Aph. 17: „Eigentumsvorbehalt"), S. 34 (Aph. 14: „Le bourgeois revenant").

646 Ebd., S. 195f. (Aph. 97: „Monade").

647 Daß die Nietzschesche Fröhlichkeit so fröhlich nicht gemeint sein kann, liegt auf der Hand. Unübersehbar ist hingegen eine neue Fröhlichkeit in diversen neo-nietzscheanischen, posthistorischen Diskursen. Nach der unerträglichen Traurigkeit, die die Kritische Theorie produzierte und reproduzierte, ist nun das Glück eines abgründigen Einverständnisses an der Reihe, ein Nietzsche ohne Erlöser-Pose; vgl. zur jüngeren Nietzsche-Rezeption: Ernst Behler, *Apokalyptische Nietzsche-Interpretationen*, in: Sigrid Bauschinger/Susan L. Cocalis/Sara Lennox (Hg.), *Nietzsche heute*, Bern – Stuttgart 1985, S. 105–127; ders., *Nietzsche jenseits der Dekonstruktion*, in: Josef Simon (Hg.), *Nietzsche in der Diskussion*, Bd. 1, Würzburg 1985, S. 88–107.

der Prozeß des Schreibens, die kleinen Dinge, ‚das Zwergobst'), zugleich aber erhält die Kulturkritik, die in symptomatologischen Befunden vorgelegt wird (die neuen Typen der Zeit: ‚Tough baby', ‚The regular guy, the popular girl', der durch Elektronik und Psychoanalyse sozialisierte Mensch), eine gänzlich neue, entschiedene Bedeutung, die über die Kulturkritik als Moralkritik – von Montaigne bis Nietzsche – hinausweist und die das Gesellschaftliche im Individuum selbst aufspürt; das wird auch dort deutlich, wo Adorno darüber sinniert, wie sich der Intellektuelle gegenüber der universal falschen Welt, genauer in ihr, verhalten soll: Takt und Distanz aus der Welt ästhetisierter Umgangsformen werden zu zentralen ethischen Kategorien, die zu verwerfen ebenso unmöglich erscheint, wie sie angesichts der höllischen Verhältnisse zu befolgen.[648]

Auch die traurige Wissenschaft bezieht sich auf einen Bereich, den Adorno, in beabsichtigtem Einspruch zur vergeßlichen Schulphilosophie, für deren ureigenen Bereich hält: auf das Leben. Philosophie ist „die Lehre vom richtigen Leben", das zugleich nicht mehr möglich scheint, nicht einmal ästhetisch. Es widerspricht Adornos Intention zur Gänze, seine ästhetische Konzeption von ihren geschichtsphilosophischen Voraussetzungen abzukoppeln.[649] Adorno spitzt seine kulturkritische Diagnose zu, wenn er die traditionelle Lehre vom richtigen Leben – eine solche Definition lag ja schon bei Musil vor – mit einer rigorosen Ideologiekritik zusammenfallen läßt, die darüber aufklärt, daß der arglose „Blick aufs Leben" in Ideologie übergegangen ist, „die darüber betrügt, daß es keines mehr gibt".[650] Argwohn wird in spätmoderner Zeit zu einer Kardinaltugend eines prinzipiell beschädigten Lebens.

Der Essayismus Adornos zeichnet sich dadurch aus, daß er sich expressis verbis den eigenen Boden entzieht: das Individuum, das nur dadurch entsteht, daß es Erfahrung und Erfahrungen macht mit einer oder mehreren Welten, ist für ihn historisch zum Untergang verurteilt. Von der Unmöglichkeit und dem Verfall einer, bei Adorno stets ästhetisch gedachten, Erfahrung ist in den *Minima Moralia* an zentraler Stelle mehrmals die Rede – im Hinblick auf die Wirkung der Medien, den Krieg, die Judenvernichtung, die Psychoanalyse und den Film: totaler Terror und sanfter Totalitarismus, das, was jede Erfahrbarkeit überschreitet (Auschwitz) und das, was Erfahrung unmöglich macht. Kriegspropaganda und moderne Medientechnologie halten in dieser Version eine Mittellage: im totalen Krieg, der ein medial vermittelter ist, werden aus bloßen Zuschauern die Mitspieler.[651]

648 Theodor W. Adorno, *Minima Moralia*, a.a.O., S. 36 (Aph. 16: „Zur Dialektik des Takts").

649 Dieser Konnex wird bei Konrad Paul Liessmann (*Ohne Mitleid*, a.a.O., S. 229–280) tendenziell aufgelöst. Was bei Adorno auf eine als extrem interpretierte geschichtliche Situation bezogen wird (der Abstand von der ‚falschen' Welt, der sich in ästhetischer Reflexion auskristallisiert), das wird zur These von der „tendenziellen Inhumanität von Kunst" umgestülpt.

650 Theodor W. Adorno, *Minima Moralia,* a.a.O., S. 7 (Zueignung).

651 Vgl. ebd., S. 63f. (Aph. 33): „Die vollständige Verdeckung des Krieges durch Aufdeckung, durch Information, Propaganda, Kommentar, die Filmoperateure in den ersten Tanks und der Heldentod von Kriegsberichterstattern, die Maische aus manipuliert-aufgeklärter öffentlicher Meinung und bewußtlosem Handeln, all das ist ein anderer Ausdruck für die verdorrte Erfahrung, das Vakuum zwischen den Menschen und ihrem Verhängnis, in dem das Verhängnis recht eigentlich besteht." (Vgl. auch die These von der Ersetzung des Geistes durch ‚Illustration', ebd., S. 183ff. in

Der Tod des Subjekts in der (späten) Moderne[652] hat seine tiefe Ursache also im Verlust der ästhetischen Gleichgültigkeit: „Anstelle der erfüllten Beziehung der Erfahrung auf die Sache ist ein bloß Subjektives und zugleich physikalisch Isoliertes getreten, Empfindung, die sich im Ausschlag des Manometers erschöpft.“[653] Zur Wahrheit der Kritischen Theorie gehört, die absolute Nichtigkeit des modernen Subjekts aufzuweisen, ohne diesen verhängnisvollen historischen Tatbestand hinzunehmen im Sinne eines Protestes, der um den ablehnenden Bescheid in nächster Instanz weiß.[654]

Adorno entfaltet seine traurige Wissenschaft in einer doppelbödigen Auseinandersetzung mit der Hegelschen Philosophie. Ihre Pointe besteht darin, daß die Philosophie Hegels mit ihrem Primat des Ganzen und Allgemeinen (das Adorno freilich mit dem Unwahren und dem Ungeist identifiziert) geschichtliche Wirklichkeit geworden ist. Wir leben in der Hölle der Hegelschen Philosophie: „Gemessen am Begriff ist das Individuelle in der Tat ganz so nichtig geworden, wie die Hegelsche Philosophie es vorwegnahm.“[655]

Die Welt ist das ‚System des Grauens‘, und das ‚System‘ ist das ‚Grauen‘ schlechthin, wodurch die essayistische Gegnerschaft gegen dieses eine dramatische, prinzipielle Qualität erhält, die im frühromantischen Einspruch eines Schlegel noch nicht mitbedacht war. Warum ein philosophisches System (bei allen Einschränkungen, die Adorno dabei vornimmt[656]) das Modell einer ganzen „falschen Gesellschaft“ werden kann, bleibt bei Adorno, dem Denker, dem es an sich verpönt ist, in Kategorien der Geistesgeschichte zu denken, merkwürdig unterbelichtet. Für Adorno bedeutet der Triumph des „Unwesens der absoluten Produktion“ zugleich einen perversen Triumph der Philosophie des absoluten Geistes, die das Besondere ebenso zum Verschwinden bringt wie die Realabstraktion des Tauschprinzips, das Geld.

Sowohl hinsichtlich der gesellschaftlichen wie der philosophischen Befindlichkeit ist Hegel der doppelte Bezugspunkt Adornos, der in der ‚Zueignung‘ an die grundsätzliche

Aph. 92.) So enthalten die *Minima Moralia* en passant und in nuce bereits die ganze Kritik an der Massenkultur, eine Kritik, deren Problematik wohl, summarisch gesprochen, darin besteht, daß sie sich von den Phänomenen in Bann nehmen läßt: Nicht nur der Gegeneinwand ist triftig, daß nämlich die audiovisuellen Künste auch demokratische Impulse unterstützen können und daß sie uns unerträgliche Greuel vor Augen führen. So bedingen sich Verdeckung und neue Transparenz gegenseitig: Hitlers Auschwitz und die von Adorno so moralisch abqualifizierten ‚Filmoperateure‘ sind nur schwerlich gleichzeitig vorstellbar. Zugleich aber verdeckt die pauschale Kritik an der Massenkultur deren ästhetische Verwandtschaft auch mit der sogenannten Hochkultur, die trotz allem ästhetischen Raffinement dem Schein nicht entgeht, wie Adorno selbst wußte.

652 Vgl. Claudia Gehrke (Hg.), *Der Tod der Moderne. Eine Diskussion,* Tübingen 1983.

653 Theodor W. Adorno, *Minima Moralia*, a.a.O., S. 317 (Aph. 150).

654 Vgl. Günther Anders, *Über Kafka. Kafka, pro und contra. Die Prozeß-Unterlagen*, in: *Mensch ohne Welt*, a.a.O., S. 45–131. Interessanterweise spielt Kafka im Denken Adornos eine – etwa im Vergleich zu Beckett – untergeordnete Rolle, insbesondere die wesensverwandten geschichtsphilosophischen Aspekte bleiben unterbelichtet, es bleibt bei summarischen Form-Urteilen wie dem folgenden: „Der Begriff des Kunstwerks ist Kafka so wenig mehr angemessen, wie der des Religiösen je es war.“ (*Ästhetische Theorie*, a.a.O., S. 292.)

655 Theodor W. Adorno, *Minima Moralia*, a.a.O., S. 145 (Aph. 72: „Zweite Lese“).

656 Ebd.

Feindschaft des schwäbischen Großphilosophen gegen das „bloße Fürsichsein der Subjektivität" argumentiert und jegliches Vereinzelte, Subjekt und Objekt des Aphorismus, allenfalls als gefällige Konversation gelten läßt.

Adorno begegnet dieser zur geschichtlichen Materialität gewordenen Philosophie – so wenigstens die These der *Minima Moralia* – dadurch, daß er es selbst nicht beim Für-Sich-Sein der Subjektivität beläßt, vielmehr spricht aus jedwedem Besonderen immer schon ein methodisch vorausgesetztes Allgemeines, wie Adorno auch im Aphorismus 45 ausdrücklich betont: „Das dialektische Denken widersetzt sich der Verdinglichung auch in dem Sinn, daß es sich weigert, ein Einzelnes je in seiner Vereinzelung und Abgetrenntheit zu bestätigen: es bestimmt gerade die Vereinzelung als Produkt des Allgemeinen. So arbeitet es als Korrektiv gegen die manische Fixiertheit wie gegen den widerstandslosen und leeren Zug des paranoiden Geistes, der das absolute Urteil mit dem Preis der Erfahrung der Sache bezahlt."[657]

Die historische Situation, in der eine ‚Polizei'-Dialektik triumphiert, bedarf einer ‚Unterwelt'-Dialektik, einer Dialektik von unten. Womit das an Paradoxien nicht arme Œuvre Adornos um ein weiteres vermehrt wird: eigentlich sind Dialektik und Essayismus unvereinbar (was Adorno in der einleitenden ‚Zueignung' auch eigens hervorhebt: „Die dialektische Theorie, abhold jeglichem Vereinzelten, kann denn auch Aphorismen als solche nicht gelten lassen."[658]), andererseits vermag nur ein Essayismus, der dialektisch konzipiert ist, der paradoxen Aussichtslosigkeit der historischen Umstände gerecht zu werden. Die gesellschaftliche Unmöglichkeit korrespondiert mit einer theoretischen.

So schärft sich die Methode der *Minima Moralia* an der Philosophie Hegels, hält ihr – vor allem der frühen Version der *Phänomenologie* – Untreue gegenüber dem Subjekt vor. „In Opposition zu Hegels Verfahren" insistieren die Aphorismen Adornos auf Hegels Gedanken der Negativität jenes Geistes, dessen Leben nur wahr wird, „indem er in der absoluten Zerrissenheit sich selbst" findet.[659] Der Essayismus Adornos nimmt das Verschwindende am Subjekt ‚schwer', betrachtet es sogar als das ‚Wesentliche' – vielleicht ist es das Wesentliche an ihm, daß es verschwindet. Dieses Verschwinden setzt paradoxerweise jene subjektiven Energien in Gang, die es eigentlich kaum mehr geben dürfte.

Die Polemik gegen Hegel und gegen Freud, die beide als die philosophisch Verantwortlichen für die Schwächung des Welt-wahrnehmenden Subjekts angesehen werden, zeigt, daß Adorno, der Philosoph auch des Scheins, das Subjekt, diese so objektiv wie autonom gedachte philosophische Entität, für eine historische Realität hält: Es war eben das Subjekt jenes Zeitalters der überströmenden Fülle, das einer Leere weicht, die eine Kontraktion des Subjekts nach sich ziehen muß. Die verzweifelte Trauer darüber ist auf elementare Weise in das ganze Werk eingeschrieben bis in die Kategorie der Distanz hinein, deren Kälte unausgesprochene Trauer, Mitleid für das Beschädigte miteinschließt. Das trennt die Adornosche Diagnose des Tods des Humanismus von Heidegger wie von den französischen Denkern seit Lacan und Foucault: was hier als historischer Verlust aufscheint, das wird dort noch einmal als philosophische und psychoanalytische

657 Ebd., S. 87 (Aph. 45).
658 Ebd., S. 8 (Zueignung).
659 Ebd., S. 9 (Zueignung).

Denkkonstruktion propagiert, die das manifeste, willenhafte, lautstarke Ich, das wie der falsche Schöpfer-Gott der Gnosis sich für die Ursache hält und doch nur ein Produkt ist, ‚entlarvt', womit die Enttäuschungsarbeit, die Aufklärung auch betreibt bzw. leistet, vorangetrieben wird.[660]

Prekär, nicht bloß erkenntnistheoretisch, ist beides: unübersehbar die Bedrohung, es könnten die Lichter ausgehen und man säße wieder in der Höhle – ohne es zu wissen. In der Konsequenz der Argumentation ist dies bei Adorno mitbedacht, ist die eigene mögliche Erkenntnisperspektive doch nur dem Umstand zu verdanken, daß das kritische Subjekt und damit „die Ahnung des aberwitzigen quid pro quo aus dem Leben nicht gänzlich ausgemerzt" ist. Im Prozeß der Auflösung fällt noch Erkenntnis ab, auch wenn das ‚alte Subjekt', das sich auf ‚die individuelle Erfahrung' stützt, hegelianisch gesprochen, nicht mehr für, sondern nur mehr an sich (vielleicht auch außer sich) ist.[661] Illusionär und hellsichtig präsentiert sich das seiner Weltfülle beraubte Subjekt, das seiner Autonomie noch sicher zu können sein glaubt und seine – stets historisch gedachte – Nichtigkeit.[662]

Wie kann man im Sinne der Philosophie in der Hölle leben, und vor allem: Wie ist das möglich? Auf diese genetische Frage gibt Adorno eine beinahe orthodox marxistische Antwort, wenn er auf die geringfügige Differenz zwischen Ökonomie und Politik verweist: „Unser Leben haben wir der Differenz zwischen dem ökonomischen Gerüst, dem späten Industrialismus, und der politischen Fassade zu verdanken. Der theoretischen Kritik ist der Unterschied geringfügig: allerorten läßt sich der Scheincharakter etwa der angeblich öffentlichen Meinung, der Primat der Ökonomie in den eigentlichen Entscheidungen dartun. Für ungezählte Einzelne aber ist die dünne und ephemere Hülle der Grund ihrer eigenen Existenz." Die Kritiker der Gesellschaft leben vom ‚Schein', von der Illusion – groteskere Verkehrungen lassen sich kaum denken, wie Adorno selbst bitter anmerkt: „Gerade die, von deren Denken und Handeln die Änderung, das einzig Wesentliche, abhängt, schulden ihr Dasein dem Unwesentlichen, dem Schein, ja dem, was nach dem Maß der großen historischen Entwicklungsgesetze als bloßer Zufall zutage kommen mag."[663] Selten zuvor ist in dieser Drastik jene narzißtische Kränkung des Intellektuellen auf den Punkt gebracht worden, ohne die die negative Konstitution eines Subjektes, das ohne diese Negation zur Gänze sich auflöste, undenkbar wäre, jener Verdacht, jene Selbst-Enttäuschung, als Vertreter des Wesentlichen nur auf der Oberfläche des Scheins zu leben, als ein kulturelles Nischenwesen, das von einer Differenz lebt, die es selbst als lächerlich gering veranschlagt: ein Agent der Oberfläche, der dazu verurteilt ist, gegen diese zu polemisieren.

660 Zu einer neuen Deutung des gnostischen ‚Komplexes' vgl. das Lesebuch von Peter Sloterdijk und Thomas H. Macho, *Die Weltrevolution der Seele*; einschlägig ist auch noch immer im Hinblick auf philosophisches Interesse Hans Jonas' *Die Gnosis*.

661 Theodor W. Adorno, *Minima Moralia*, a.a.O., S. 7f. (Zueignung).

662 Ebd., S. 8; der historische Hintergrund für die These von der Nichtigkeit des Subjekts sind für Adorno die nazistischen Konzentrationslager, das zentrale Ereignis der Moderne für Adorno, an dem vorbei sich nicht mehr philosophieren läßt (wenn sich überhaupt noch philosophieren läßt). Man kann es auch so formulieren: Auschwitz ist das unbeschreibliche Ereignis, das die Bewegung des Denkens in Gang setzt und hält, gerade weil es unbeschreiblich ist.

663 Ebd., S. 145 (Aph. 72: „Zweite Lese").

Dem entspricht die schwankende, ungefüge Erkenntnislage, die Adorno mit dem Bild des Münchhausen in Verbindung bringt: „Vom Denkenden heute wird nicht weniger verlangt, als daß er in jedem Augenblick in den Sachen und außer den Sachen sein soll – der Gestus Münchhausens, der sich an dem Zopf aus dem Sumpf zieht, wird zum Schema einer jeden Erkenntnis, die mehr sein will als entweder Feststellung oder Entwurf. Und dann kommen noch die angestellten Philosophen und machen uns den Vorwurf, daß wir keinen festen Standpunkt hätten."[664]

Die traurige Wissenschaft verfügt über einen traurig-galligen Humor; ein Moment von Selbstironie blitzt auf: selbst grotesk sein, don-quichottisch, mit der aussichtslosen Überlebensmethode einer Schwankgestalt ausgestattet. Weil die Lage hoffnungslos ist und alles verhext ist wie im Märchen, muß das Unmögliche, die Rettung von außen kommen. Sie ist nicht garantiert, aber sie hat Spuren hinterlassen. Gerade in dieser klandestinen Theologie des dejà vu ist Adorno Benjamin am nächsten: seine ‚sozialistische' Utopie entzündet sich an der Kindheitserinnerung: „Dem Kinde, das aus den Ferien heimkommt, liegt die Wohnung neu, frisch, festlich da. Aber nichts hat sich darin verändert, seit es sie verließ. Nur daß die Pflicht vergessen ward, an die jedes Möbel, jedes Fenster, jede Lampe sonst mahnt, stellt ihren sabbatischen Frieden wieder her, und für Minuten ist man im Einmaleins von Zimmern, Kammern und Korridoren zu Hause, wie es ein ganzes Leben lang nur die Lüge behauptet. Nicht anders wird einmal die Welt, unverändert fast, im stetigen Licht ihres Feiertags erscheinen, wenn sie nicht mehr unterm Gesetz der Arbeit steht, und dem Heimkehrenden die Pflicht leicht ist wie das Spiel in den Ferien war."[665]

Die vom Naturzwang emanzipierte Gesellschaft ist nur als eine ästhetische denkbar, das Ästhetische ist das Andere, das sich der ökonomischen Zweckrationalität verweigert, die alles, Dinge wie Menschen, verhunzt: „Der Blick, der ans eine Schöne sich verliert, ist ein sabbatischer."[666] Der ästhetische Blick ist es, der wie im Märchen die Dinge aus ihrer Starre erlöst.

Die amerikanische Landschaft ist für Adorno trostlos wegen der Absenz historischer Erinnerungen, wegen der fehlenden Spuren. Nur sie zeugen vom versäumten Augenblick oder vom einträchtigen Kindheitsbild, das als Versprechen in der falschen Welt bleibt. „Erkenntnis hat", schreibt Adorno in *Zum Ende* (Aphorismus 153), „kein Licht, als das von der Erlösung her auf die Welt scheint [...]." Dem ist seine Ästhetik verpflichtet, die später als eine von zweiter Reflexion genannt wird (wenigstens im Hinblick auf die vorbildhaften Kunstwerke der heillosen Moderne): „Perspektiven müßten hergestellt werden, in denen die Welt ähnlich sich versetzt, verfremdet, ihre Risse und Schründe offenbart, wie sie einmal als bedürftig und entstellt im Messianischen Licht daliegen wird."

Eine solche Perspektive läßt aber auch die ästhetisch restituierte Welt durchscheinen als unmögliche Möglichkeit der ἀποκατάστασις τῶν πάντων: als wären die Dinge wieder ganz neu, so wie im Kinderbild. Diese Wehmut drückt sich für Adorno im Mär-

664 Ebd.
665 Ebd., S. 144.
666 Ebd., S. 94 (Aph. 48).

chen von Schneewittchen aus: „Ist nicht der giftige Apfelgrütz, der von der Erschütterung der Reise ihr aus dem Hals fährt, viel eher als ein Mittel des Mordes der Rest des versäumten, verbannten Lebens, von dem sie nun erst wahrhaft genest, da keine trügenden Botinnen sie mehr locken?"[667]

Exkurs – Essayismus als Kritische Theorie

Lange vor den elektronischen Bildmedien folgt der moderne Essay der Devise, daß das Medium die ‚message' sei. Die Form, d. h. der vermittelnde und vermittelte, der monologische wie monadologische ‚Brief'[668] wird zur Botschaft selbst. Indem der Diskurs über sich selbst untergründig im modernen Essay ‚murmelt' oder sogar explizit thematisiert wird – in Gestalt des *Essays über den Essay* –, meldet sich ein Grundsätzliches an, das weder bei Montaigne noch bei Bacon vorgesehen war. Zwar fehlt es weder bei dem einen noch bei dem anderen an theoretischen Rechtfertigungen für ihr essayistisches Tun: bei Montaigne ist es vor allem der prinzipielle Zweifel an der scholastischen Wissenschaft seiner Tage, die zum Rückzug auf das Ich zwingt, während Bacon, offensiver, den Essayismus als geordnetes Verfahren ansieht, angesichts der Unproduktivität eben der alten, überkommenen Wissenschaft den Horizont zu öffnen. Beide Legitimationsstrategien bezogen sich auf den Inhalt, waren epistemischer Natur. Das, was in klassischer Ästhetik Form heißt, blieb ausgespart: das koinzidiert mit dem Gestus des Vorläufigen, das sich gegenüber Definitionen, Abschließungen und Begrenzungen sträubt. Nicht ohne Grund nähern sich moderne Essayisten wie Lukács, Bense und Adorno kreisförmig, in mehreren Anläufen, eben jenem widerborstigen Gegenstand, der sowohl die Gattung wie den Gestus meint.

Insbesondere im deutschsprachigen Kontext liegt es nahe, eine grundsätzliche Klärung des Standorts des Essays herbeizuführen, und die Klage Lukács', daß die „Form des Essays [...] bis jetzt noch immer nicht den Weg des Selbständigwerdens zurückgelegt hat", jene Diagnose aus dem Jahre 1911, die Adorno vierzig Jahre später aufgreifen wird,[669] hat – neben den allgemeinen Gattungsaspekten – auch spezifisch deutsche Bedeutung.

Unzweifelhaft ist der Essayismus in der Form, wie er sie seit Montaigne erhalten hat, eine historische Spätgeburt, die durch die Ansprüche und Anerkennung von Wissenschaft einerseits, von Kunst und Dichtung andererseits stets als eingeengt empfunden wurde. Im deutschen Kontext hat er überdies stets im Schatten einer beinahe allmächtigen Systemphilosophie gestanden, die in Hegel ihre grandiose Ausprägung erfahren hat. Deren Schatten ist noch in den avanciertesten Versuchen wahrnehmbar, den Essay als ernsthafte Kategorie des Denkens – und gegen eine Tradition, die ihn als oberfläch-

667 Ebd., S. 322f. (Aph. 153) und S. 157 (Aph. 78).

668 Vgl. neben den bereits erwähnten Arbeiten von Bohrer und Kamper auch Manfred Schneider, *Die erkaltete Herzensschrift*, München 1968.

669 Theodor W. Adorno, *Der Essay*, in: *Noten zur Literatur I*, a.a.O., S. 9.

lich, unkünstlerisch und unwissenschaftlich zugleich verwerfen will[670] – im deutschsprachigen Kontext zu verankern.

Steht die Auseinandersetzung mit dem System am Anfang von Adornos *Minima Moralia*, so läßt Georg von Lukács seinen „Brief an Leo Popper" über Wesen und Form des Essays (1910) mit dem Verhältnis von Essay und Systementwurf enden. In diesem ‚Brief', diesem spielerischen Dialog, der der monologischen Selbstvergewisserung sehr nahe ist, geht es um die Frage, den Essay, diesen Nachzügler des geistigen Lebens, als ‚Form' und als ein einheitliches, selbständiges Prinzip zu bestimmen. Obschon Lukács hellsichtig einräumt, daß der Essay Wissenschaft werden könnte (der Florenz-Besucher des Jahres 1910 denkt dabei vor allem an die Kunstgeschichte), ortet er ihn doch als eine ‚Kunstform', so daß im folgenden die Abgrenzung von anderen Kunstformen, etwa der dramatischen Dichtung, bestimmend wird. Tastend macht sich der hegelianisierende Lebensphilosoph der 10er Jahre daran, die Eigenart des Essays und des Essayistischen herauszuschälen, in Abkehr von der Vorstellung, daß es sich bei diesem ästhetischen Phänomen bloß um ein synkretistisches (Miß-)Gebilde handeln könne. Dabei verfährt er wie Hegel nach der traditionellen Form-Inhalt-Ästhetik. Den Inhalt ordnet er tendenziell der Wissenschaft, die Form des Essays aber der Kunst zu.

Ähnlich wie später Musil und Adorno sieht er im Essayismus einen direkten Bezug zu den elementaren Lebensfragen, die in mittelbarer – etwa über die Kunst – oder unmittelbarer Reflexion sprachliche Form werden. Aber während etwa die dramatische Dichtung[671] auf das lebendige Leben als Konkretes abhebt, auf das *Leben*, zielt der Essayismus (dem Lukács auch Platons dialogisches Werk und das mystische Schrifttum zuordnet) auf *das* Leben, auf das Leben schlechthin. Die Dichtung, und als ihr Höhepunkt das Drama, *schafft* Bilder, während der Essay *Bedeutung* setzt, „hinter die Bilder greift".

Überaus pathetisch entfaltet Lukács den Formbegriff, wenn er ihn mit dem griechischen Schicksal, dem stillen Hauptakteur des griechischen Dramas und Mythos, in Verbindung bringt. Für den frühen Lukács ist Essayismus offenkundig auch eine Synthese von griechischem Denken und expressionistischer Lebensphilosophie, wenn es an einer Stelle heißt: „[…] die Dichtung erhält vom Schicksal ihr Profil, ihre Form, die Form erscheint dort immer nur als Schicksal, in den Schriften der Essayisten wird die Form zum Schicksal."[672] Mit diesem Wortspiel wird das spezifisch Moderne des Essays sichtbar, denn in ihm existiert das Schicksal nur mehr als ästhetische Kategorie, als Kategorie des ästhetischen Prozesses. Diese wird im Sinne der Lebensphilosophie gedeutet: Form

670 Vgl. hierzu das Eingangskapitel.

671 Vgl. hierzu die Bestimmung in Hegels *Ästhetik*: „Das Bedürfnis des Dramas überhaupt ist die Darstellung gegenwärtiger menschlicher Handlungen und Verhältnisse. […] Das dramatische Handeln aber beschränkt sich nicht auf die einfache störungslose Durchführung eines bestimmten Zwecks, sondern beruht schlechthin auf kollidierenden Umständen, Leidenschaften und Charakteren und führt zu Aktionen und Reaktionen, die nun ihrerseits wieder eine Schlichtung des Kampfs und Zwiespalts notwendig machen." (G.W.F. Hegel, *Vorlesungen über die Ästhetik*, Bd. III, Werkausg., Bd. 15, a.a.O., S. 475.)

672 Georg von Lukács, *Über Wesen und Form des Essays*, in: ders., *Die Seele und die Formen*, Berlin 1911, S. 16.

als Erlebnis. Den Essay bestimmt Lukács deshalb auch folgerichtig als „sentimentales Erlebnis" von Intellektualität, als Darstellungsform also eines intellektuellen Daseins oder – wie man mit Schelling, der kein genuiner Essayist war (ebensowenig wie Lukács), sagen kann – als „intellectuale Anschauung".[673]

In einer paradoxen Wendung führt das ‚sentimentale Erlebnis' von Intellektualität (das eigentlich ein sentimentalisches eher im Sinne Schillers ist als ein gefühlig-sentimentales) zu einer elementaren Enttäuschung: „Es ist richtig, nach der Wahrheit strebt der Essay: doch [...] wird der Essayist, der die Wahrheit wirklich zu suchen imstande ist, am Ende seines Weges das nicht gesuchte Ziel erreichen, das Leben."[674] Leben und Wahrheit fallen bei Lukács auseinander: Dichtung und Essay werden auf das ‚Leben', auf die ‚Wahrheit des Mythos' verpflichtet, wobei letztere ein ironisches Paradox für ihn darstellt, wie er mit Verweis auf Friedrich Schlegel meint: „Doch siehst Du nicht, daß jede Welt eine Mythologie für sich haben kann? Schon Friedrich Schlegel sagte, nicht Hermann und Wodan wären die Nationalgötter der Deutschen, sondern die Wissenschaft und die Kunst."[675]

Ob damit nicht – mit großem Pathos – „die Illusion der Wahrheit" überhaupt konstatiert wird, nicht bloß in Dichtung und Essay? Die Antwort hält sich Lukács, der zwischen Hegelschen Kategorien (und zu diesen gehört bis in die Ästhetik und Dichtung die Kategorie des ‚Wahren') und dem auflösenden Lebens-Begriff der Philosophie seiner Zeit changiert, der alles umfaßt und gleich-gültig macht, offen: Als Kunstform kommt dem Essay keine Wahrheit zu, deshalb ist es auch „nicht möglich, daß zwei Essays ein-

673 Die Idee, daß die Philosophie als intellektuelle Anschauung der Kunst bedarf, ist in dieser Konsequenz zuerst von Schelling entwickelt worden. Für ihn ist die ästhetische Anschauung „die objektiv gewordene intellektuelle": „Die ganze Philosophie geht aus, und muß ausgehen von einem Prinzip, das als das absolute Prinzip auch zugleich das schlechthin Identische ist. Ein absolut Einfaches, Identisches läßt sich nicht durch Beschreibung, überhaupt nicht durch Begriffe auffassen oder mittheilen. Es kann nur angeschaut werden. Eine solche Anschauung ist das Organ aller Philosophie. – Aber diese Anschauung, die nicht eine sinnliche, sondern eine intellektuelle ist, die nicht das Objektive oder das Subjektive, sondern das absolut Identische, an sich weder Subjektive noch Objektive, zum Gegenstand hat, ist selbst bloß eine innere, die für sich selbst nicht wieder objektiv werden kann: sie kann objektiv werden nur durch eine zweite Anschauung, diese zweite Anschauung ist die ästhetische." (F. W. J. Schelling, *System des transzendentalen Idealismus* [1800], in: Ausgewählte Schriften, Bd. 1, a.a.O., S. 693 [bzw. nach der histor. Ausg. I/3, S. 625]; dieser Passus findet sich im Handexemplar Schellings.) Die Ähnlichkeit dieser ‚romantischen' Position zu Adornos Theorie des Nicht-Identischen ist augenfällig, um so erstaunlicher ist, daß diese Ähnlichkeit in der reichen Sekundärliteratur nur wenig untersucht worden ist. Denn das Nicht-Identische Adornos (das im übrigen sich mit dem Schellingschen absolut Identischen deckt als das als unbegreiflich Definierte) ist durch die intellektuelle Anschauung, durch den Gestus und die Bewegung des Essayismus, umschreibbar und andeutbar. Die intellektuelle Anschauung ist der Wall gegen Irrationalismus und heimelige Mystik. Georg Lukács hat in der ‚intellektualen' Anschauung Schellings später den Beginn der Zerstörung der Vernunft gesehen; vgl. Georg Lukács, *Die Zerstörung der Vernunft*, in: ders., *Werke*, Bd. 9, Darmstadt – Neuwied 1962, S. 114–138 („Schellings intellektuelle Anschauung als erste Erscheinungsform des Irrationalismus"). Lukács' Verdikt beinhaltet eine Revision der eigenen frühen Position.

674 Georg von Lukács, *Die Seele und die Formen*, a.a.O., S. 26.

675 Ebd., S. 27.

ander widersprechen".[676] Lukács, der den bei Hegel nicht vorgesehenen Essay nachträglich ins System der Ästhetik einbaut und zugleich die bei Hegel vorgenommene Definition der Kunst als Schein des Wahren[677] kappt, ist gezwungen, das Intellektuelle am Erlebnis zum ἐπίθετον zu machen: das intellektuelle Erlebnis ist erlebtes Leben, und Leben als geformtes Leben selbst so etwas wie ein Kunstwerk. Man könnte sogar sagen, daß es der Essayismus ist, der Lukács zufolge die Begrifflichkeit, die als eine erlebte erfahren wird, auflöst: „Es gibt also Erlebnisse, die von keiner Gebärde ausgedrückt werden könnten und die sich dennoch nach einem Ausdruck sehnen. [...] Die Intellektualität, die Begrifflichkeit ist es, als sentimentales Erlebnis, als unmittelbare [...] Wirklichkeit, als spontanes [...] Daseinsprinzip; die Weltanschauung in ihrer unverhüllten Reinheit als seelisches Ereignis, als motorische Kraft des Lebens."[678]

Sieht man einmal von der sprachlichen Verquastheit dieser Passage ab, so ist der Gedanke festzuhalten, daß Intellektualität selbst eine Erfahrung ist, die nicht rational einholbar ist. Zugleich aber zeigt sich, daß Lukács' Bestimmung des Essays als Kunstform unzulänglich und reduktiv ist. Was von heute aus besehen als Mangel erscheint, ist nicht, daß diese Festlegung des Essays die Verabschiedung eines pompösen Wahrheitsbegriffes impliziert (jedenfalls bei Lukács, nicht, wie wir noch sehen werden, bei Adorno), sondern daß die Kategorie der Reflexion gleichsam ausgefällt ist, etwa durch den Hinweis auf „die unmittelbare Wirklichkeit" des sentimentalen Erlebnisses Intellektualität. Deshalb ist auch kein Streit möglich, nur Sentiment, gelebte Weltanschauung. Beides zusammen aber konstituiert, Lukács zufolge, den Essayismus, und zwar in all seinen Ausformungen. Dieses Spannungsfeld läßt sich auch als selbstreflexive Subjektivität bezeichnen. Sie hat mit dem zu tun, was Lukács an anderer Stelle mit der schönen Formel des ‚Hinter-die-Bilder-Greifens' umschreibt. Aber der Essayist greift nicht nur hinter die Bilder, sondern auch hinter die Begriffe, deshalb kann er, der immer in Gefahr ist, zum Weltanschauungstransporteur zu werden (der philosophische Reflexion unterläuft), sowohl gegenüber der Kunst als auch gegenüber der Wissenschaft zu einer kritischen, unruhestiftenden Figur avancieren.

Daß Lukács diesen Kern des Essays verfehlt, wird nicht zuletzt im überraschenden Finale sichtbar, wenn er diesen als Vorläufer des großen Systems deutet und ihn so in dieses integriert. Nach so viel Theaterdonner ist das – nicht nur ästhetisch – ein mattes, unbefriedigendes Ende.[679]

Demgegenüber bestimmt Max Bense (nebenbei bemerkt, ein großer Bewunderer der Bennschen Essayistik[680]) den Essay als „die Form der kritischen Kategorie unseres Geistes"[681], als eine Kategorie, die ihren Sitz im Ethischen – und nicht so sehr im Ästheti-

676 Ebd., S. 25.

677 G.W. F. Hegel, *Vorlesungen über die Ästhetik*, Bd. I, Werkausg., Bd. 13, a.a.O., S. 145–157.

678 Georg von Lukács, *Die Seele und die Formen*, a.a.O., S. 15.

679 Ebd., S. 36f.: „Ruhig und stolz darf der Essay sein Fragmentarisches den kleinen Vollendungen wissenschaftlicher Exaktheit und impressionistischer Frische entgegen stellen, kraftlos aber wird seine reine Erfüllung, sein stärkstes Erreichen, wenn die große Ästhetik gekommen ist."

680 Bense war auch der Herausgeber von Gottfried Benn, *Frühe Prosa und Reden*, Wiesbaden 1950.

681 Max Bense, *Über den Essay und seine Prosa*, in: Ludwig Rohner (Hg.), *Deutsche Essays*, a.a.O., S. 55.

schen wie bei Lukács – hat. Während Poesie der Schöpfung und dem ‚Geschöpf' zugrunde liegt, ist Prosa der Tendenz verbunden, die dann besonders stark im geistigen Leben wird, wenn sich „epochale Schwierigkeiten" einstellen.[682] Der Essay erweist sich als ‚Zwischenfall' in der Mehrdeutigkeit des Wortes, die sich durch die Zusammensetzung des Zwischen mit dem Fall ergibt. Die Kategorie des Plötzlichen, Einfallhaften ist dabei ebenso mitbedacht wie die der Störung oder jene der Mittellage, die Verbindung und Einmischung zugleich bedeutet. Der Essay ist ein ‚Zwischenfall', das meint aber auch: er fällt aus den normalen ‚Fällen' (Kunst und Wissenschaft) heraus, ist keines von beiden. Das Mischlingshafte ist für Bense kein kardinales Problem, kein Makel, im Gegenteil: höchst merkwürdig, wenn der Essay, dieser Feind aller Eindeutigkeit, sich selbst eindeutig zuordnen ließe.

Daß der Essay „die Form der kritischen Kategorie unseres Geistes" verkörpert, hängt auch damit zusammen, daß er experimentierfreudig ist, das Risiko nicht scheut und mit Freiheit zu tun hat. Im Gegensatz zu Lukács hebt Bense die Nähe von Essay und experimenteller Wissenschaft hervor und betont so noch einmal den ‚Zwischenfall' des Phänomens Essay, den er als Resultat eines kritisch-prüfenden Geistes ansieht. „Der Essay ist ein selbständiges Stück Realität in Prosa, aber interessiert an Poesie, die sich häufig in Pathos und Rhetorik verbirgt."[683]

Weil Bense zwar das Verhältnis von Ethik und Ästhetik verhandelt, die Wahrheitsfrage aber ausklammert, unterläßt er auch eine Hierarchisierung von Kunst, Essay und Wissenschaft, macht aber doch deutlich, daß der ‚Zwischenfall' sich von rein deskriptiver Prosa unterscheidet: „Eine solche Prosa klärt und belebt die Objekte, von denen sie redet und die sie erkennen und mitteilen will, zugleich aber spricht sie auch über sich selbst, teilt sich gleichsam selbst als ein authentischer Zustand des Geistes mit. Bezeichnend ist, daß sich dieser Vorgang bis in die wörtlichen Wendungen stiehlt. Nicht der Gedanke dieser Schriftsteller hat eine Tendenz, sondern bereits der Ausdruck dieses Gedankens."[684]

Faßt man die Kategorie des Ästhetischen im Sinne einer formalen Beschreibung der Zuordnung einzelner Elemente, so ist jedweder Text ‚ästhetisch'. Was den Essay auszumachen scheint und worauf Bense hinweist, wenn er auf die Zeichenhaftigkeit des essayistischen Diskurses zu sprechen kommt, ist jener Überhang der Referenten, der spielerische Umgang mit dem sprachlichen Zeichen, die Selbstreferenz nicht nur in bezug auf die Inhalte, die Bedeutungen, sondern die der Form, des Signifikanten. Indem der Essayismus als Ethik der Ästhetik die eingefahrenen Diskurse unterläuft und überschreitet, hinter die Bilder und Begriffe greift, erweist er sich als *die* Form der kritischen Kategorie des Geistes. Weil er Überraschung, Pointe und Zufall zuläßt, entfaltet er eine ganz eigene Plotstruktur, die schlaglichtartig das Verhältnis der essayistischen Klein- und Großformen – vom Aphorismus bis zum Essay – beleuchtet. In jedem Essay treten ‚schöne Sätze' auf, aus denen sich der ganze Text entfaltet. Der übrige Text ist assoziatives, kombinatorisches Ausufern. Der Aphorist ist der, der das Vergnügen für sich

682 Ebd., S. 50.
683 Ebd., S. 51.
684 Ebd., S. 50.

behält oder es dem Leser überläßt, der den Essay zu Ende schreibt. Ob der ,Zwischenfall' Essay wirklich „kryptorational" ist, wie Bense recht kategorisch urteilt, darf dahingestellt bleiben. Viel eher wäre daran zu denken, daß eine Bandbreite von Möglichkeiten besteht. Offensichtlich ist es auch – entgegen erstem Anschein – schwierig, phänomenologisch wie normativ festzulegen, was unter ,rational' zu verstehen ist.[685] So kann es zum Beispiel durchaus rational und vernünftig sein, die – ihrerseits gewiß nicht starren – Grenzen von Vernunft und Rationalität zu bestimmen. Und umgekehrt kann Rationalität auch mit suggestiven und moralisierenden Gesten verteidigt werden. Der Essayismus als Ethik der Ästhetik könnte sich dabei durchaus als ein klärendes Unternehmen erweisen. In dieser Hinsicht hat die Fragestellung Benses ihre Aktualität behalten.

Was bei Bense gänzlich fehlt und Lukács nur im Ansatz vornimmt, wenn er von der Bodenlosigkeit des modernen Essays spricht (womit der frühe Lukács seine spätere klassizistische Verwerfung der Moderne vorwegnimmt)[686], das steht bei Adorno am Anfang, gibt seinem Essayismus einen unerhört pointierten Charakter: die geschichtliche und geschichtsphilosophische Einordnung im Sinne des versäumten geschichtlichen Augenblicks und der falschen Gesellschaft. Essayistisches Denken scheint die einzig mögliche Form, noch das Besondere in einer Welt diktatorischer Allgemeinheiten zu denken. Was neu im Bewußtseinshorizont der – geschichtlichen – Zeit auftaucht, ist im Grunde die letzte Möglichkeit.

Der Essayismus, wie ihn zunächst die *Minima Moralia* exemplarisch vorführen und wie er in dem *Essay über den Essay* als Form seine Fortsetzung findet (bis in die Denkweise des Spätwerks hinein), ist als ein Gegenmodell von Erkenntnis gedacht. Deshalb bemängelt Adorno auch zentral an dem sonst durchaus beifällig erwähnten frühen Text von Lukács, daß er dem Essay ,Wahrheit' abgesprochen habe, eine Wahrheit, die für Adorno stets eine eben des historischen Horizontes ist.

685 Vgl. Castoriadis, *Gesellschaft als imaginäre Institution*, a.a.O., S. 13: „Die Geschichte ist wesentlich *poiesis*, und zwar nicht nachahmende Poesie, sondern ontologische Schöpfung und Genese im und durch das Tun und das Vorstellen/Sagen der Menschen. [...] Ein Musterfall dieses denkenden Tuns ist das politische Denken und die Aufklärung über das Gesellschaftlich-Geschichtliche, die darin einbegriffen ist. Die Illusion der *theoria* hat diesen Umstand lange Zeit verdeckt [...]." In diesem Konzept von Aufklärung als poetischem Entwurf (bzw. einem historischen Ensemble von vielen Versuchen) wird sichtbar, daß ein Drittes jenseits der fatalen Alternativen von rationalistischer Aufklärung (der ,Fall' des Marxismus) und irrationalem Geschichtsoptimismus denkbar ist im Sinne einer Aufklärung, die Entwurfscharakter besitzt in einem offenen, gerichteten Prozeß, der das Risiko des Scheiterns miteinschließt.

686 Vgl. noch einmal Georg von Lukács, *Die Seele und die Formen*, a.a.O., S. 33f.: „Der moderne Essay hat den Lebenshintergrund verloren, der Platon und den Mystikern ihre Kraft gab, und auch der naive Glaube an den Wert des Buches und was darüber zu sagen ist, ist ihm nicht mehr gegeben." Vgl. Ferruccio Masini, *Beitrag zu einer Philosophie des Essays*, a.a.O., S. 251. Masini interpretiert die Ironie als Unterbrechung des Wesentlichen und bringt sie in Zusammenhang mit Benjamins Methode des Umwegs. Der Kritiker spricht von den letzten Fragen des Lebens im Gestus des Beiläufigen, nicht von innen (wie der Mystiker), sondern von außen, von der Oberfläche. Mit der Methode des Umwegs ist kein circulus vitiosus intendiert, sondern eine kreisende Bewegung, die verschiedene Möglichkeiten des Zugangs einschließt.

Abgewehrt wird auch die idealistische Definition des Essays als Kunst und Lebensform. Im Sinne des richtigen Lebens hat Adornos Lebensbegriff eine klare ethische Konnotation. Adorno weigert sich, etwa in den *Minima Moralia*, den Essay als Selbstdarstellung eines denkenden Schreibens aufzufassen, nicht zuletzt wohl auch, weil dies einem sentimentalen, ästhetizistischen Verständnis des Essayismus Vorschub leisten würde. Authentizität und Unmittelbarkeit sind angesichts vollkommen vermittelter Verhältnisse für Adorno ohnehin blanke Ideologie. Würde man der fragwürdigen Anweisung zustimmen, „die Darstellung solle den Denkprozeß abbilden, so wäre dieser Prozeß so wenig einer des diskursiven Fortschreitens von Stufe zu Stufe, wie umgekehrt dem Erkennenden seine Einsichten vom Himmel fallen. Erkannt wird vielmehr in einem Geflecht von Vorurteilen, Anschauungen, Innervationen, Selbstkorrekturen, Vorausnahmen und Übertreibungen, kurz in der dicht fundierten, aber keineswegs an allen Stellen transparenten Erfahrung."[687] Mit dieser Beschreibung und gewissermaßen gegen ihren Autor läßt sich sagen, daß der Essayismus anders als der Szientismus – auch im Falle Adornos – die Spuren des Denkprozesses noch aufscheinen läßt, so sehr auch die Selbstdarstellung als erstarrte Pose mit hineinspielen mag: denn vom Essayisten wird Haltung vor allem erwartet, weshalb sich der Verfasser der *Minima Moralia* intensiv mit Fragen des Taktes, der Distanz und der Umgangsformen überhaupt auseinandersetzt.[688]

Adornos späterer programmatischer Essay protestiert nicht bloß gegen das Monopol der verfaßten positiven Wissenschaften, vielmehr verweist seine Polemik gegen den Positivismus, den Inbegriff des Szientismus, auf das Gegenmodellhafte seines essayistischen Unternehmens, das sich als produktiver Einspruch gegen den Szientismus und den wissenschaftlichen Betrieb versteht. Das wird deutlich, wenn er die Verfahrensweise des Essays – bei Distanzierung von dem essayistischen Empirismus Bacons und in gewisser Weise auch Benses[689] – der cartesianischen Methode als positive Herausforderung entgegenstellt. Als deren Eckpunkte erscheinen die vier Regeln des *Discours de la méthode*: zweifelsfreie Gewißheit und klare distinkte Perzeption, die Zerlegung des Ganzen in seine Teile (Elementaranalyse), der lineare Weg der Erkenntnis vom Einfachen zum Komplexen und – viertens – das Prinzip der Vollständigkeit.[690]

Indem der Essay diesen methodischen Ansprüchen programmatisch und absichtsvoll zuwiderhandelt, etabliert er sich als Korrektiv in der Negation. Der Essayismus präsentiert sich als interdisziplinäre Unternehmung a priori, er läßt sich sein ‚Ressort nicht vorschreiben', er springt mitten hinein, statt einen Anfang zu machen,[691] er führt die Begriffe ein und erhellt sie in ihrem Verhältnis zu anderen, er setzt mit dem Komplexen ein

687 Theodor W. Adorno, *Minima Moralia,* a.a.O., S. 100; vgl. auch ders., *Noten zur Literatur I*, a.a.O., S. 42.

688 Vgl. das vierte Kapitel im Teil II des vorliegenden Buches.

689 Theodor W. Adorno, *Noten zur Literatur I*, a.a.O., S. 22.

690 Eine philosophische Ehrenrettung Descartes' als eines skeptischen Zweiflers hat unlängst André Glucksmann unternommen. Ein gegenteiliges Bild hat demgegenüber Stephen Toulmin entworfen, der den Philosophen des cogito sinnloser Abstraktion zeiht, während die Renaissance-Philosophie noch konkret und kontextuell gedacht habe.

691 Theodor W. Adorno, *Ästhetische Theorie,* a.a.O., S. 480–490 („Theorien über den Ursprung").

und stellt sich frontal der Schwierigkeit, es zu denken. Fixe Definitionen läßt er ebenso außer acht, wie er den Systemgedanken verwirft (wobei, wie schon erwähnt, ‚das System' im Doppelsinn zu verstehen ist: als philosophisches System à la Hegel sowie als das falsche System der Gesellschaft). Und schließlich protestiert der Essayismus gegen ein allzu starres Subjekt-Objekt-Modell, das beide verdinglicht und reduziert. Es fällt auf, was auch für Adorno zum Grundbestand und zur Quelle der essayistischen Un-Ordnung gehört: die Erfahrung, die Adorno, an diesem Punkte vielleicht auch ein Eigentlichkeitsdenker, über das arrangierte Experiment stellt. Gefragt ist also ein Denken, das den Dingen wie den Menschen keinen Zwang, keine Gewalt antut. Was den Text für das Gesamtwerk so bedeutend macht, ist die Tatsache, daß die Momente, die hier dem Essayismus zugeschrieben werden, allesamt programmatische Grundpfeiler von Adornos Œuvre überhaupt darstellen, also weit über die Programmatik seiner Marginalien und ‚Noten' (was sowohl die Notiz als Bedeutung einschließt wie auch die normative ‚Benotung') hinausreichen.

Es handelt sich um eine Programmatik durch Absetzung, durch Distanzierung des aufklärerischen Rationalismus im Gefolge von Descartes, gegen das, was Adorno polemisch und summarisch als ‚Positivismus' ahndet (womit mehr als nur die szientistische Wendung in der Philosophie gemeint ist, sondern letztlich jedwede auf dem Subjekt-Objekt-Modell sich etablierende Wissenschaftsdisziplin) und gegen die ‚inzestuöse' Eigentlichkeit der Philosophie Heideggers und der Phänomenologie überhaupt, deren programmatische Rückkehr polemisch als „falsche Unmittelbarkeit" gewertet wird.[692]

Die meisten Konstitutionsmerkmale, die Adorno dem essayistischen Verfahren zuschreibt, gehörten zum kurzen Traditionsbestand des Genres; das Verdienst besteht eher darin, daß sie explizit ausgesprochen und kritisch gegen die Wissenschaft gewendet werden.

In seiner Reflexion, die er jener der akademischen Philosophie des ‚Positivismus' und der Existentialphilosophie frontal gegenüberstellt, geht Adorno an zwei Punkten entscheidend über den neuzeitlichen Essayismus hinaus. Beide bedingen einander: das Verhältnis von Wahrheit und Geschichte, das Verhältnis von individueller und geschichtlicher Erfahrung.

Die individuelle Erfahrung, die in der „falschen Gesellschaft" eigentlich zur anachronistischen Unmöglichkeit geworden ist, bildet auch für Adorno den Ausgangspunkt, der ins Methodische gewendet ist. Aber diese einzelne Erfahrung erhält – entgegen der common sense-Philosophie, die Adorno verabscheut – ihre Bedeutung nur durch ihren reflexiven Bezug auf das Geschichtlich-Allgemeine. Nur eine derartige Erfahrung, die diesen reflexiven Bezug im Essay vollzieht, ist eine gültige, das heißt auch wahrheitsfähige Erfahrung. Uneingestanden konzediert Adorno, was er sonst im Namen einer authentischen Subjekterfahrung stets verwirft: den Umstand, daß Erfahrung, stets und immer schon gesellschaftlich-geschichtlich konditioniert ist. Kritische Theorie weiß um diese historische Voraussetzung, die auch eine von ‚Wahrheit' ist. So stehen sich Wahrheit und Geschichte nicht länger wie in der Tradition der philosophischen Metaphysik unversöhnlich gegenüber, vielmehr ist ‚Wahrheit' an geschichtliche

692 Theodor W. Adorno, *Negative Dialektik*, a.a.O., S. 67–136.

Voraussetzungen gebunden, die unübersteigbar sind. Oder anders ausgedrückt: es gibt keine ewigen Wahrheiten. Dem entspricht für Adorno die Wendung zum Essay, der getragen ist von einer exklusiven, voraussetzungsvollen intelligenten Erfahrung. Damit fällt aber die Unterscheidung zwischen Unmittelbarkeit und Vermittlung, die Adornos Dialektik ins Paradoxe steigert, wenn er die Möglichkeit der unmittelbaren Zugänge etwa zur Welt der Dinge mit der essayistischen Vermittlung verbindet. Der Essay als Vermittlungsform ist – gegen Adorno gewendet – die Reflexion einer vermittelten (gesellschaftlich, geschichtlich, materiell und symbolisch) subjektiven Befindlichkeit in einer konkreten, stets komplexen historischen Welt. Die Reflexion von der als unmittelbar vergegenwärtigten, emotiv besetzten Erfahrung auf jene Einsicht, daß meine Erfahrung eine gesellschaftlich vermittelte ist wie jede andere auch, diese Distanz, die einer Vertreibung aus dem Paradies jenes im Grunde unaussprechlichen Unmittelbaren gleichkommt, ist es, die Erfahrung in einem ‚naturalen' Sinn tatsächlich untergräbt. Das ist der rationale Kern von Adornos Diagnose vom Ende der Erfahrung, des Subjekts, des Humanismus, der sich durch diese und andere geschichtlich-gesellschaftliche Vorgaben gekränkt fühlt. Adornos Position stellt die forcierteste und reflektierteste Form dieses gekränkten Humanismus dar. Wissenschaft, Geld und moderne Medien, jene zentralen Gegenwelten, die nach der Hölle von Auschwitz eine Fortdauer einer, wenn auch sanfteren Hölle für Adorno garantieren, sind nicht bloß kalte Instrumente, die den Menschen entmündigen und in ein Zweck-Mittel-Relais einspannen, sie sind auch ein beredter Ausdruck für die neue Situation, die Reflexion ermöglicht wie dringend erfordert. Schwerlich denkbar, daß ohne die relative Sicherheit der Wissenschaft, ohne die allgemeine Verfügbarkeit von Information und Geld jener Rationalitätsstandard möglich wäre, den der Essayismus als Rückbezug von der Individualerfahrung auf die geschichtlich-gesellschaftliche Gesamtlage auch bei Adorno klandestin voraussetzt.

„Der Philosoph, der sich für radikal hält", schreibt Castoriadis, „bleibt Gefangener des von ihm Kritisierten",[693] und in diesem Sinne läßt sich davon sprechen, daß Adornos Theorie ihren Anspruch, der im Grunde weiterhin gültig ist, nicht eingelöst hat, indem sie nämlich die letzten individuellen Erfahrungen des zum Tode verurteilten (bürgerlichen) Subjekts schroff einem schlechten Allgemeinen gegenüberstellte. Durch diese vermeintliche Radikalität wurde – methodisch gesprochen – diese Vermittlung durchschnitten.

Prekär geblieben ist auch die Frage der Rationalität, die in der Adorno-Nachfolge dann beispielsweise das Modell einer kommunikativen Rationalität nach sich gezogen hat, für die das Werk von Jürgen Habermas einsteht.[694] Zweifelsohne wollte Adorno seine Kritik an der cartesianischen Methode nicht so weit getrieben wissen, daß anstelle

693 Castoriadis, *Gesellschaft als imaginäre Institution*, a.a.O., S. 9–195.

694 Im Gegensatz zu Castoriadis möchte Habermas Praxis im Sinne ‚kommunikativen Handelns' reformulieren, im „Lichte einer kommunikativen Vernunft, die den Interaktionsteilnehmern eine Orientierung an Geltungsansprüchen auferlegt und damit eine weltbild*verändernde* Kumulation von Wissen ermöglicht" (Jürgen Habermas, *Der philosophische Diskurs der Moderne*, Frankfurt a.M. 1985, S. 388). Denn: „Die radikale Vernunftkritik entrichtet für die Verabschiedung der Moderne einen hohen Preis. Als erstes können und wollen diese Diskurse keine Rechenschaft

des scharfen methodischen Schnitts die gefühlige Anempfindung von Mensch und Dingen rückt. Wer Begriffe ins Spiel bringt, ist verantwortlich, und die Noten, die Adorno verteilt, sind sowohl ästhetischer wie ethischer Natur, so etwa wenn er den Feuilletonismus Sainte-Beuves oder das essayistische Werk Stefan Zweigs anprangert, das sich im penetranten Lob der künstlerischen Produktivität erschöpfe.[695] Immer wiederkehrende Worte wie ‚Treue' oder ‚Verpflichtung' – oder ex negativo ‚Ausartung' oder ‚Unwahrheit' – legen den Verdacht nahe, daß Adorno die Wahrheit, von der er angesichts der falschen Gesellschaft spricht, als eine Einheit versteht, als eine Gesamtkategorie, in der ästhetisches, ethisches und erkenntnistheoretisches Urteil zusammenfallen. Für deren Evidenz verbürgt sich der Essay oder – später – das Kunstwerk zweiter Reflexion: nur diese sprechen die (geschichtliche) Wahrheit. Die Grundthese der Hegelschen Philosophie, in der die Kunst als minderer Ausdruck, eben als bloßer Schein des Wahren erschien, wird hier eigentümlich umgestülpt. Nur die Kunst sagt die ganze Wahrheit, jene pathetische moderne Kunst, die gelingt, weil sie mit dem Scheitern rechnet. Der Essay, kunstähnlich, ist ihr Kommentar, der darum weiß, daß das „Bewußtsein der Nichtidentität von Darstellung und Sache" (die im übrigen auch für den Essay gilt) „jene zur unbeschränkten Anstrengung" nötigt. Nur in dem begrifflich verantwortlichen Essay, nur mit den Mitteln der zweiten Reflexion, ist jene oben beschriebene Vermittlung, jenes Aufleuchten von Totalität zwischen Individuum und Geschichte möglich, das Adorno programmatisch folgendermaßen beschreibt: „Die Beziehung auf Erfahrung – und ihr verleiht der Essay so viel Substanz wie die herkömmliche Theorie den Kategorien – ist die auf ganze Geschichte; die bloß individuelle Erfahrung, mit welcher das Bewußtsein als mit dem ihr nächsten anhebt, ist selber vermittelt durch die übergreifende der histori-

ablegen über ihren eigenen Ort." (S. 390.) Der unmittelbare Konnex, den Habermas zwischen Vernunft und Moderne und ergo zwischen Vernunftkritik und Verabschiedung der Moderne herstellt, ist so nahtlos nicht, wie hier behauptet wird. Zur *Erfahrung* der Moderne gehören eben auch die Einblicke und Reflexionen in bzw. über das ‚Andere der Vernunft'. Dafür steht das Werk Freuds und davon sprechen auch die Kunstwerke der klassischen Moderne, die nicht ohne Grund ein Schattendasein im Werk von Habermas führen.

‚Handeln' ist nicht das Ergebnis eines kommunikativen Konsenses oder die Umsetzung eines gemeinsamen Programmes; wir handeln beinahe immer auch mit einem gerüttelten Maß an Unkenntnis: „Wir sind nicht auf der Welt, um sie zu betrachten oder zu erdulden; Knechtschaft ist nicht unser Schicksal. Es gibt ein Handeln, das sich auf das Bestehende stützen kann, um werden zu lassen, was wir sein wollen." (Castoriadis, *Gesellschaft als imaginäre Institution*, a.a.O., S. 97.) Die Differenz zwischen Habermas und Castoriadis beruht – von der konträren Freud-Deutung einmal abgesehen – auf eben diesem gravierenden Unterschied in der Auffassung von Handlung und Praxis. Castoriadis lehnt die Vorstellung von einer Vorprogrammiertheit unseres Handelns kategorisch ab, und Aufklärung steht nicht gleichsam als Fahne am Anfang, sondern am Ende des Prozesses. ‚Moderne' ist hier nicht so sehr ein (unvollendetes) Projekt, sondern beschreibt eine geschichtliche Situation, in der dem Menschen zu Bewußtsein kommt, daß er selbst der Gestalter gesellschaftlich-geschichtlicher Prozesse ist, die indes nicht beliebig steuerbar sind. Weniger um ein großes Projekt geht es als um das Vermögen des Selbstentwurfes und der Autonomie. In ihrem Duktus steht die Theorie Castoriadis', die sich selbst noch einmal als Handlungsentwurf begreift, dem Essayismus näher als die Theorie Habermas'.

695 Theodor W. Adorno, *Noten zur Literatur I*, a.a.O., S. 15.

schen Menschheit; daß statt dessen dies mittelbar und das je Eigene das Unmittelbare sei, bloße Selbsttäuschung der individualistischen Gesellschaft und Ideologie."[696]

Die „ganze Geschichte" aber ist nicht durch ‚Erfahrung' vermittelt, sondern durch Theorie und Wissen, das in Bezug gesetzt wird zur individuellen Erfahrung, die dadurch verallgemeinert und ‚entzaubert' wird (aus dem Zustand des unmittelbaren Erlebnisses entlassen wird, durch einen Essayismus, der es nicht ausdrücken will, sondern der sich darauf reflexiv bezieht). Gerade der Essayismus Adornos zehrt von dem, was er an dieser Stelle verschmäht: Theorie. Er setzt immer schon die intellektuelle Erfahrung mit einer wissenschaftlich geordneten Welt voraus. Der Essayismus ist – gegen Musil gesprochen – eine ganz und gar unmögliche Utopie. Insofern verschiebt sich sein geistiger Ort, der nicht um die Zwischenlage herumkommt, der sich als ein nicht ohne wissenschaftliche Voraussetzung denkbares Verfahren auskristallisiert, als Korrektiv einer allzu gesprächigen, monopolistischen Wissenschaft und als historische Methode, die die Arbeit an der Kunst und letztlich am Mythos in Gang hält.[697] Insofern Adorno, aber auch andere, den Essayismus als eine Rationalitätskritik vorangetrieben haben, die darauf verweist, daß Rationalität weder voraussetzungs- noch folgenlos ist, hat diese dichte theoretische Anstrengung mit zu einer Situation beigetragen, in der der Ort des ‚essayistischen Verfahrens', das den Irrtum, das Ver-Fahren methodisch einschließt, neu diskutiert werden muß.

696 Ebd., S. 38; vgl. auch S. 24.

697 Vgl. ebd., S. 41: „Bis zum heutigen Tag perpetuiert sich in ihr [der Kultur, M.-F.] der blinde Naturzusammenhang, der Mythos, und darauf gerade reflektiert der Essay: Das Verhältnis von Natur und Kultur ist sein eigentliches Thema." Im Sinne jener verkehrenden Dialektik der Aufklärung reproduziert die Kultur den blinden Naturzusammenhang in gesellschaftlicher Form (durch die blinden Gesetze von Ökonomie und bloßen Zwecken). Der Essay als Form ist für Adorno insofern utopisch, als er einen anderen, nicht-habhaften Umgang mit den Dingen, Phänomenen und Subjekten (sowohl im Kontext von Natur wie Kultur) postuliert und gewissermaßen antizipiert. Er tut dies im Falle der Kritischen Theorie durch Auseinandersetzung mit dem ‚Mythos'.
Problematisch erscheint die begriffliche Engführung des ‚Mythos' (der ja auch, wie undurchschaut immer, ein Medium der Selbstverständigung ist). Zudem ist die bruchlose Verzahnung von Mythos und Aufklärung – darauf ist von Habermas und anderen hingewiesen worden – unplausibel. Horkheimer/Adornos *Dialektik der Aufklärung* zeigt nicht zuletzt auf, was ‚Aufklärung' leistet: hochkarätige Reflexionsarbeit. Wir ziehen es vor, den Essay als ein Öffnen des mythischen Horizonts zu bestimmen; er spricht aus, was einst Thema des Mythos war. Der Rückgriff auf den Mythos ist ein methodischer Zwischenschritt, kein Plädoyer für ein ‚back to the roots'. Vgl. hierzu das Schlußkapitel dieser Arbeit.

Schlußstriche
Der Essayismus als Denken dritter Ordnung? Möglichkeiten und Perspektiven einer Szientologie

Als ‚Achsenzeit' beschreibt die moderne Philosophie, Denk- und Wissenschaftsgeschichte im Anschluß an Theoretiker wie Jaspers und Voegelin jenen Vorgang, bei dem die Welt nachmythisch in zwei Teile zu zerfallen beginnt: in eine transzendente Welt und in eine reale, empirische, die beide spannungsreich aufeinander bezogen sind. Diesseits und Jenseits sind nicht länger natürlich und homologisch aufeinander projiziert, und die Frage taucht auf, wie sie aufeinander abzubilden sind. Nichts anderes ist damit beschrieben als das, was man die aparte Entstehung von Hochkulturen in den verschiedensten Teilen des Planeten nennen könnte. Oft unabhängig voneinander kommt es zu einem „transzendenten Durchbruch" (Eisenstadt)[698], wobei dem griechischen Fall für den Okzident eine prononcierte Rolle zukommt, weil alle nachfolgende Geschichte des abendländischen Bewußtseins implizit und explizit auf diesen ‚transzendenten Durchbruch' Bezug nimmt, der im Sinne einer Deutung dieses Geschehens als eine erste Aufklärung, auch als Abschied vom Mythos im Namen einer transzendenten Vernunft angesehen werden kann, die, über sich selbst nachdenklich geworden, sich selbst zum Gegenstand wird. Dieses Denken des Denkens als ein systematisches, reflektierendes und kritisches Nachdenken über das Denken hat Yehuda Elkana als ein „Denken zweiter Ordnung"[699] bezeichnet, wobei die Reflexion Indikator für die verlorengegangene Selbstverständlichkeit eines im Mythischen eingeschlossenen Denkens steht, wie es noch in vorsokratischen Denkformen präsent ist.

Zwar ist der Zusammenhang zwischen Transzendenz und dem ‚Denken zweiter Ordnung' evident, wenn diese Transzendenz im Sinne einer Selbstbezüglichkeit des Denkens aufgefaßt wird, doch ist das Zusammenspiel und die Genese beider Momente, wie Elkana aufzeigt, einigermaßen kompliziert, vollzieht sich doch dieser Einbruch zunächst nicht über die Philosophie, sondern über den gesellschaftlich-politischen Bereich, die Diskussion um alternative Polis-Konzepte, über den Vergleich zwischen Gestern und Heute und zwischen den verschiedenen Kulturen, die etwa Herodot bereist und geschildert hat. Post festum erweist sich der Mythos – oder besser das mythische Bewußtsein – als eine Methode, Fragen abzuwehren, während das Auftauchen von Alternativen die Reflexion nach sich zieht, Entscheidungskriterien zu finden. Eine solche reflexive

698 Shmuel N. Eisenstadt (Hg.), *Kultur in der Achsenzeit*, Frankfurt a.M. 1987, Teil 1, Vorwort, S. 10–42.

699 Yehuda Elkana, *Die Entstehung des Denkens zweiter Ordnung im antiken Griechenland*, in: S. N. Eisenstadt (Hg.), *Kultur in der Achsenzeit*, a.a.O., S. 52–88.

Struktur findet sich, Elkana zufolge, im sophistischen ‚metischen' Diskurs früher als im epistemisch-sokratischen Diskurs. Mit der antiken Rhetorik stellt sich die Frage, welche Art des Sprechens in welcher kontextuellen Situation ‚formell' angemessen ist. Demgegenüber beharrt der epistemisch-sokratische Diskurs oftmals auf einem fundamentalen Wahrheitsanspruch, von dem aus das sophistische Unterfangen als moralisch verwerflich und relativistisch erscheinen muß.[700]

Elkana sieht den Beitrag der Sophisten gerade im Abwägen von Alternativen vor dem Hintergrund der Diskussion um die Polis, in der Einsicht, „daß die Weise, wie eine Frage formuliert wird, die Form der darauf gegebenen Antworten beeinflußt".[701] Insofern erweist sich ihr Denken – auch im Hinblick auf spätere Wissenschaft (bis hin zur modernen Theorie physikalischer Modelle) strukturell dem unseren näher als die vorsokratische Naturphilosophie oder das Denken Sokrates'. „Die Naturphilosophie entwickelt eine rationale Ordnung, die noch nicht zweiter Ordnung ist, aber auf politischem Denken zweiter Ordnung aufbaut."[702]

Ein solches Vertrauen auf die epistemische Vernunft muß nicht unbedingt Denken zweiter Ordnung sein, ganz im Gegenteil, widerspricht es doch jenem Konstitutionsmerkmal, das Elkana als „die wichtigste Entdeckung der griechischen Aufklärung des 5. Jahrhunderts" bezeichnet: „daß nichts mehr als selbstverständlich aufgefaßt wurde".[703] Dieses Vertrauen kann gewissermaßen noch quasi-mythisch sein, „weniger zur Befriedigung innerer Neugier geschaffen als zur Beruhigung tiefsitzender Ängste".[704]

Der philosophiegeschichtliche Rückblick auf die Genese okzidentaler Rationalität kommt nicht von ungefähr, und als ‚Erkenntnisinteresse' darf stets der gegenwärtige Horizont des Fragens mitbedacht werden: Die Wissenschaft von der Geschichte vermag, ob sie sich nun hermeneutisch oder a-hermeneutisch, strukturalistisch-ethnologisch gibt, nicht dem Analogismus zu entgehen, und hinter dem Versuch, die ‚Achsenzeit' in den diversen Hochkulturen möglichst differenziert zu beschreiben, steckt immer auch die Frage, ob wir uns nicht unsererseits in einer Art von Achsenzeit befinden. Die sehr komplexen Analysen von Eisenstadt, Humphrey und anderen legen es nahe, auch die Geschichte der Genese neuzeitlichen Denkens nicht linear und monokausal zu rekonstruieren, sondern mit einem komplexen, womöglich paradoxen Ineinandergreifen

700 Vgl. ebd., S. 73: „Viele betrachten als wirklichen und ersten Durchbruch den Punkt, an dem Rationalität zum Ideal wurde. Rationales Denken gehört zu den umstrittensten Fragen der Philosophie und Anthropologie; manchem wird bereits der Ausdruck ‚rationales Denken' als Tautologie erscheinen. Für unsere Zwecke genügt es, in Erinnerung zu behalten, daß eine rationale Haltung – was immer das auch sein mag – noch nicht unbedingt reflexives, kritisches Denken zweiter Ordnung ist." So seien viele der vorsokratischen Weltsichten zwar rational und sogar kritisch, aber kein Denken zweiter Ordnung. Dessen Durchbruch konstatiert Elkana mit der Rhetorik; deren Schwerpunkt liege auf der ‚Selbstprüfung', dem kritischen Erörtern von Alternativen. Als große Errungenschaft der griechischen Aufklärung sieht Elkana, „daß nichts mehr selbstverständlich" blieb, und das aufkommende ‚Experimentieren' interpretiert Elkana als Durchbruch zu eben jenem Denken zweiter Ordnung.

701 Ebd.

702 Ebd., S. 71.

703 Ebd., S. 75.

704 Ebd., S. 73.

der verschiedensten Momente zu rechnen. Während die Propheten aus den diversesten Lagern schon längst eine Wendezeit proklamiert haben, nicht ohne die Hoffnung auf den Effekt einer self-fulfilling prophecy, sind philosophische und historische Theoretiker erheblich vorsichtiger. Zu naheliegend ist der Verdacht, daß hier sozusagen epochalzentriert die eigene Zeit, die stets auch die eigene Lebenszeit beinhaltet,[705] ungebührlich hervorgehoben und herausgestrichen werde, was durch die Magie des Millenium-Wechsels womöglich noch gesteigert wird.

Es ist leicht, den Verdacht, daß wir uns selbst in einer Art von Achsenzeit befinden, als geschichtsoptische Täuschung abzutun. Wenn man hingegen mit den Befunden über die hochkulturelle Achsenzeit Griechenlands, Israels, Chinas, Indiens usw. im Rücken davon ausgeht, daß dieser ‚Durchbruch' kein einmaliges, singuläres und punktuelles Ereignis darstellt, sondern vielmehr im Sinne eines Prozesses verstanden werden muß, in dem es höchst widerspruchsvolle Momente gibt (wie wir ansatzweise am Beispiel des Verhältnisses von Sophisten, Sokratikern und der Polis-Kultur gesehen haben), dann könnte es vielleicht möglich sein, annäherungsweise die schiefe Optik der epochalen Selbstzentrierung zu relativieren.

Daß die Grundlagen dieses Denkens zweiter Ordnung spätestens seit der deutschen Romantik, wahrscheinlich aber schon seit Montaignes Konzept einer Physik des eigenen Ichs grundsätzlich in Frage gestellt worden ist, läßt sich als bewußtseinsgeschichtliches Phänomen schwerlich leugnen. Das besagt freilich noch nicht, wie dieser Vorgang analytisch einzuordnen ist. Handelt es sich dabei im Sinn forcierter Reflexion nicht um eine Fortschreibung des Denkens zweiter Ordnung, das prinzipiell die Möglichkeit *unendlich* vieler Reflexionsmöglichkeiten eröffnet? Dann wäre der Essayismus, wenigstens von der Seite betrachtet, wo er im Gespräch mit der jeweiligen Wissenschaft steht, nichts anderes als ein (Nach-)Denken über das Denken des Denkens, Teil einer potentiell unendlichen Spirale. Oder beinhaltet er nicht einen ‚Mehrwert' gerade im Hinblick auf das Staunen über die Welt der Phänomene und angesichts seines ‚objektiven' Rückbezuges auf das konstituierende wie konstituierte Subjekt?

Worum es inhaltlich geht, ist die Erfahrung und die Einsicht, daß dieses Denken zweiter Ordnung, wenigstens in seiner bisherigen historischen Ausformung unbefriedigend, unangemessen bleibt, an Grenzen stößt. Diese Einsicht steht im Zentrum eines radikal kontextuellen Denkens, das Gregory Bateson, der Essayist unter den systemischen Denkern, als „Ökologie des Geistes" etikettiert hat. Deren kompromißloser Relativismus äußert sich darin, daß sie die Frage des angemessenen Denkens auf den ‚ökologischen' Kontext überträgt (während doch die Frage der Sophisten und Rhetoriker noch ausdrücklich darauf bezogen war, in einer bestimmten Situation die richtigen Worte zu finden). Die Unangemessenheit etwa wird für Bateson in dem Versuch sichtbar, mit unserer Rationalität fremde, andere Kulturen begreifen zu wollen: „Es ist nicht möglich, die wissenschaftliche Bedeutung einer Eingeborenenkultur in der Muttersprache des Forschers zu geben […]."[706] Gerade in der Begegnung mit dem Anderen, das seinem Selbstverständnis nach dem szientistischen Bewußtsein des Forschers widerspricht, wird eine

705 Vgl. Hans Blumenberg, *Lebenszeit und Weltzeit*, Frankfurt a.M. 1986.
706 Gregory Bateson, *Ökologie des Geistes*, a.a.O., S. 222.

prinzipielle Grenze okzidentaler Rationalität sichtbar, die zu neuen, kontextangemessenen Denkweisen zwingt, die den „Anschein erwecken" könnten, „ein ethisches oder philosophisches Paradoxon zu sein". Was damit gemeint sein könnte, beschreibt Bateson als „eine Anregung [...], das Zweckdenken aufzugeben, um unseren eigenen Zweck aufzugeben, um unseren eigenen Zweck zu erreichen", als eine paradoxe Zumutung, wie sie einigen „grundlegenden Aphorismen des Christentums und des Taoismus" zugrunde liegt.[707]

Die kontextuelle Verschiedenheit von Kulturen zwingt zu einer Selbstreflexion, die sich ihrer Struktur nach durchaus innerhalb des Denkens zweiter Ordnung bewegt und noch darüber hinausweist. Damit ist nur ein Spezialfall der gegenwärtigen Diskussion angesprochen, die in der Frage der Relativität kultureller Kontexte kulminiert. In ihr kündigt sich freilich eine prinzipielle Verabschiedung pathetischer Wahrheiten an.

Parallel dazu wird das Verhältnis von Aufklärung und Mythos virulent, das in der ursprünglichen Fassung des Denkens zweiter Ordnung, das sich auch als eine Transzendierung mythischen Denkens verstanden hat, anklingt. Die Rückfrage des aufgeklärten, kritischen Denkens an den Mythos beinhaltet zweierlei: die genetische Frage nach Homologie und Differenz zwischen aufgeklärter Vernunft und mythischem Kontext und die epistemologische, die sich mit der Reichweite und den Grenzen dieser Rationalität beschäftigt.[708]

Manfred Frank hat diese Konstitutionsprobleme aufgeklärten Denkens dahingehend problematisiert, daß die reflexive Vernunft auf Grund ihrer delegitimatorischen Strategie letztlich auch sich selbst delegitimiert und damit auf einen „Mythos der Vernunft" verwiesen ist, wie er zu Anfang des deutschen Idealismus programmatisch formuliert worden ist.[709]

Der Kulturrelativismus und die Einsicht, daß das Denken zweiter Ordnung, das in der griechischen Aufklärung begonnen und in der zweiten europäischen Aufklärung vollendet wurde, nicht aus sich selbst ableitbar ist, bringen es mit sich, das logozentrische Programm einer Vernunft, die zwar reflexiv, aber selbstbezüglich ist,[710] historisch zu verabschieden. An die Stelle der alten Spannung zwischen Transzendenz und Wirklichkeit sind andere Divergenzen getreten, die mit der traditionellen Trennung inkompatibel sind. Das gilt auch dann, wenn man die abendländische Metaphysik nicht in Bausch und Bogen verwerfen will.[711] Die Last all dieser ehemals transzendenten Fragen ist ‚inszen-

707 Ebd., S. 219.

708 Vgl. Christoph Jamme, *Gott an hat ein Gewand*, Frankfurt a.M. 1991, Kap. IV („Mythos und Moderne"), S. 225–258; vgl. auch die Einleitung, S. 9–20.

709 Vgl. Manfred Frank, *Der kommende Gott*, a.a.O., S. 9–44.

710 So läßt sich das Werk von Foucault und Derrida in der Tat lesen. Auf die partiell diffamierenden Zuordnungen, wie sie Habermas (*Der philosophische Diskurs der Moderne*) und Manfred Frank (*Was ist Neo-Strukturalismus?*) vorgenommen haben, solle man im Interesse der philosophischen Debatte freilich lieber verzichten. Zuordnungen wie konservativ, rechts, links usw. sind ohnedies problematisch und unscharf geworden.

711 Für deren Gewicht sind Kolakowski und Steiner eingetreten. Steiner hat dies im Hinblick auf die Sinnproblematik unternommen. Wenn – so Steiner – der Begriff ‚Sinn' einen Sinn haben soll, dann beinhaltet dies immer auch ein „Setzen auf Transzendenz" (George Steiner, *Von realer Gegenwart*, München 1990, S. 14). Und Kolakowski setzt ein unabweisliches metaphysisches

dent' geworden, und ihre Instanz ist das historisch gemodelte Subjekt, das sich in der Kontingenz seines Daseins mit der Sinnfrage konfrontiert fühlt, die es nicht mehr im Sinne der nachkantischen Identität von ‚an sich' und ‚für sich', von Objekt und Subjekt, von Welt und Vernunft beantworten kann. Batesons Reflexionsspezialisten sind keine Sokratiker und keine Sophisten, sondern Psychotiker, unbestechliche Unschuldige dieser Welt oder Romantiker mit einem stabilen Selbstwertgefühl, die nicht, wie Freud es befürchtet hatte, vom ozeanischen Gefühl weggeschwemmt werden.[712] Bateson hat, bereits vier Jahre vor der Publikation der *Dialektik der Aufklärung* und von einem ganz anderen Ufer aus, die Kolumbussche Terminologie variierend, vom „Aufbruch in unbekannte Gewässer"[713] gesprochen. Die „Metaloge", die am Anfang der *Ökologie des Geistes* stehen, dienen dazu, die wissenschaftlichen Selbstverständlichkeiten ebenso in Frage zu stellen, wie dies vormals mit den mythischen Evidenzen geschah.[714] Obschon Bateson die Kategorie des Lernens als die umfänglichere Kategorie im Vergleich zu der der philosophischen Reflexion bestimmt, ist doch unübersehbar, daß sein Denken in alternativen Kontexten und Systemen von Kontexten auf ein Denken aus ist, das man eines dritter Ordnung nennen könnte.

Über Bateson hinaus könnte man es als ein Denken bezeichnen, bei dem der Entzauberer entzaubert wird.[715] Dies in einem doppelten Sinne: zum einen war die historische Prognose einer linearen Rationalisierung der Welt höchst irreführend, zum andern widerfährt dem systematischen Denken des Denkens über sich selbst das Schicksal, das es anderen Formen des Bewußtseins zuteil werden ließ. Wir stehen möglicherweise am Anfang eines Prozesses, an dem wir über Wissenschaft so sprechen wie einstmals die Philosophie der Aufklärung und die sie begleitende, bestärkende Wissenschaft über Religion. Die Wissenschaft hat, wie wir am Beispiel Bacons sahen, die Erbschaft und die Hypothek des religiösen Wahrheitsbegriffs von der Religion mitbekommen, und nun, da sie daraus entlassen wird, ist es um ihre allgemeinverbindliche Wirksamkeit auf der legitimatorischen Ebene geschehen. Was davon bleibt, ist eine Reflexion, die keineswegs ihr ausschließliches Privileg ist.

Bedürfnis des Menschen voraus, wenn er schreibt: „Wir werden uns nie von der Versuchung befreien können, die Welt als eine Geheimschrift zu sehen, zu der wir hartnäckig den Schlüssel zu finden versuchen." (Leszek Kolakowski, *Horror metaphysikus*, München 1989, S. 146.) Beide Positionen lassen sich – im Gegensatz zu den poststrukturalistischen Positionen – in einem ganz unpolemischen Sinn als konservativ bezeichnen. Freilich ist in beiden Fällen das Metaphysische ins Subjektive verschoben. Trotz der ‚kopernikanischen Wende' im Denken der Moderne ist der Mensch psychologisch und anthropologisch ‚ptolemäisch' geblieben: Metaphysiker, Sokratiker und auch der Mensch heutiger Tage ‚erlebt' eine Theaterinszenierung von Peter Stein oder Ariane Mnouchkine in eben diesem ‚Sinn', in dieser ‚realen Gegenwart' von Sinn, den Steiner beschreibt.

712 Sigmund Freud, *Das Unbehagen in der Kultur*, a.a.O.; *Frage der Gesellschaft, Ursprünge der Religion*, hg. v. Thure v. Uexküll u. Ilse Gubrich-Semitis, Frankfurt a.M. 1982, S. 197–205; Gregory Bateson, *Ökologie des Geistes*, a.a.O., S. 395.

713 Bateson, *Ökologie des Geistes*, a.a.O., S. 224; die maritimen Metaphern für die Bewegungen in der Neuzeit sind geblieben.

714 Vgl. die Metaloge als Schule der Unselbstverständlichkeit.

715 Vgl. Ulrich Beck, *Politik in der Risikogesellschaft*, a.a.O.

Die These, daß wir Zeitgenossen einer abermaligen ‚Achsenzeit' sein könnten, bringt es mit sich, die Kategorie eines keineswegs absolutistischen oder zwangsläufig apokalyptischen Endes zu bedenken. Dieses Ende linear und punktuell zu begreifen, bedeutet noch einmal eine Reproduktion überkommener Geschichtsbilder. Das Post-Histoire hat so viele Daten und Jahreszahlen wie der Anbeginn der Neuzeit, über den jüngst Stephen Toulmin philosophiert hat.[716] Es wird noch mehrere posthistorische ‚Enden' geben, denn das Ende, das hier zur Sprache kommt, ist qualitativer, nicht quantitativer Natur. Es hat etwas mit der Bilanz einer Reise zu tun, die mit Odysseus begann und in Kolumbus ihre verspätete Fortsetzung erfuhr. „Odysseus", schreibt Ernst Jünger in einer späten aphoristischen Sammlung, „befuhr das Abendland bis zu den Grenzen, ohne ihn würde es nicht bestehen – selbst nicht die Mondlandung."[717] Diese Reise ließ viele Motive sichtbar werden: Neugierde, Phantasmen, subjektive Überhebung, Rekord und – wie Jünger meint – ein vom Heimweh beflügeltes Vorauseilen. Aber am Ende stellt sich heraus, daß das Ziel entweder nie vorhanden oder sehr enttäuschend war, während man sich immer noch auf offener See befindet, ohne daß sich die Wellen gelegt hätten – Jünger spricht von einer ökologischen Erd- wie von einer biologischen Weltrevolution.[718] Die Weltuhr hat ihren Gang verändert, und überall weisen die Zeiger in eine andere Richtung.

Wenn Jüngers Diagnose stimmt, dann befinden wir uns auf einer Ausfahrt ohne Aussicht auf Rückkehr. Dieses Herumirren ist von der Einsicht begleitet, daß der Fortschritt – der metaphorische Ausdruck ist längst zum Anachronismus in kurzlebiger Zeit geworden – ethisch überschätzt worden ist und daß der Schiffbruch mit Zuschauer an Wahrscheinlichkeit gewonnen hat – aber gerade dieses potentiell apokalyptische Ende ist im Gegensatz zu jenem, das als universale Enttäuschung interpretiert werden kann,[719] zeitlich ungreifbar so wie die transzendente ἀποκατάστᾰσις bei Adorno.

Angesichts dieser Umstände bleibt die Position des philosophischen Lotsen besetzt, sein Blick ist perspektivisch, die Augen zu schließen hätte keinen Sinn. Sein Blick ist weder szientistisch noch rein ästhetisch, sondern pendelt sich in der prekären Mittellage ein, von der in diesem Buch die Rede war. Die Vermutungen, die er äußert, ähneln jenen der Nationalökonomie, deren Geltung beschränkt sich auf den Zusatz rebus hic stantibus.

Diesen Zustand zu perennieren war in das Raffinement der Hegelschen Logik eingebaut, ebenso wie seine prophetische Diagnose vom Ende der Kunst und der Religion – im Sinne der Aufhebung – den postischen Dialog initiiert hat. Wenigstens im Sinne einer Tendenz hat sich die Prognose bestätigt, und der Überhang an Kommentaren, der jüngst

716 Stephen Toulmin, *Kosmopolis. Die unerkannten Aufgaben der Moderne*, Frankfurt a.M. 1991, S. 21–60.

717 Ernst Jünger, *Die Schere*, Stuttgart 1990, S. 131.

718 Ebd., S. 13 u. 149f.

719 Vgl. zum Begriff der ‚Enttäuschung(en)' Wolfgang Müller-Funk, *Die Enttäuschungen der Vernunft*, Wien 1990, S. 9–13. Ausdrücklich sei darauf hingewiesen, daß die Kategorie der ‚Enttäuschung' sich von der Diagnose der ‚Entzauberung' unterscheidet. Sie ist vorsichtiger gegenüber den landläufigen Säkularisierungstheoremen, und sie ist unemphatisch hinsichtlich des historischen Stands der Dinge. Und es könnte sein, daß sich auch die ‚Entzauberung' am Ende als Täuschung erweist, mithin Teil des Prozesses der Ent-Täuschung wäre.

wieder polemisch bedauert worden ist,[720] ist ein Indiz für diese Tendenz, die freilich anders als die eherne Notwendigkeit nicht dem Gesetz der absoluten Irreversibilität gehorcht.

Insofern ist der Essayismus, der sich am Ende der Neuzeit nach dem Ende der pathetischen Kunstwerke (die in den jeweils neuen Gattungen Film, Video im Eiltempo eine Renaissance erfahren)[721] und nach dem Ende des absolutistischen Wahrheitsanspruches von Wissenschaft zu Wort meldet, ein postisches Phänomen κατ' ἐξοχήν ebenso wie die essayistische Umkehrung des transzendenten Durchbruchs im Sinne einer (quasi-) mystischen Inversion.

Wie über eine Welt sprechen, die in einem entschiedeneren Sinn als bei Horkheimer und Adorno einer paradoxen Dialektik der Aufklärung untersteht, in der der praktische Instrumentalismus mit phantastischen und dämonischen Aspekten Hand in Hand geht?[722] Denn wenn diese vielfach re-zitierte Diagnose stimmt, dann befinden wir uns zum einen Teil – als Erben des Denkens zweiter Ordnung – außerhalb dieser mythischen Welt und ihrer selbstverständlichen Opferlogik, wie sie die griechische Tragödie thematisiert hat, zum anderen aber, weil die Aufklärung nicht wirklich dem Mythos entronnen ist, innerhalb ihres Bewußtseinsfeldes. Wie darüber angemessen sprechen? Wie das Nicht-Identische, Unvordenkliche, Daseinshafte dieser Welt, das szientistischer Theorie entgeht und das Kunst aufblitzen läßt, zur Sprache bringen?

Wenn das Denken dritter Ordnung mehr ist als die durch Reflexion ermöglichte reflexive Reproduktion, so ist es die Zumutung eines Nachdenkens und Denkens nicht bloß über das Denken, sondern über das, was ihm vorausgeht, ein Moment, das nicht rational einholbar ist, weil das Denken – mit Freud und gegen Hegel – nicht aus sich selbst konstituierbar ist.[723]

Der essayistische Zweifel begann mit dem Zweifel an der verfaßten, protomodernen Wissenschaft, und er meldet sich zurück als Einspruch an der Ausschließlichkeit szientistischer Erklärungen von Welt. Naheliegend, die Geschichte von hinten her aufzurollen. Zwar hat Stephen Toulmin, der uns Montaigne als Zeitgenossen empfiehlt,[724] inso-

720 George Steiner, *Von realer Gegenwart*, a.a.O., S. 11–74.

721 Jacques Derrida hat die berühmte ‚Aura'-Hypothese Benjamins so kommentiert: „‚Das Kunstwerk im Zeitalter seiner technischen Reproduzierbarkeit' (1936) untersucht die politischen Effekte der Photographie und des Films [...] im selben Augenblick, wo die Reproduktionstechnik die Stufe der Photographie überschreitet, durchzieht eine Bruchlinie, eine neue Front den Raum der Kunst insgesamt." (Burkhardt Lindner (Hg.), *Brecht/Benjamin/Adorno. Über Veränderungen der Kunstproduktion im wissenschaftlich-technischen Zeitalter*, in: Text + Kritik, Sonderband Bertolt Brecht I, München ²1978, S. 171f.) Ob diese Interpretation die Benjaminsche Aura-These rettet, bleibt die Frage. Der diagnostizierte Einbruch des Politischen bedeutet nicht zwangsläufig die Unmöglichkeit auratischer Photo- und Filmkunst.

722 Trotz Ansätzen im Gefolge Freuds und romantischer Diskurstraditionen ist die Geschichte der Unheimlichkeit der Moderne bislang noch nicht geschrieben. Einem solchen ‚unheimlichen' Essayismus scheinen mir die Arbeiten von Dietmar Kamper verpflichtet.

723 Eine nicht auf Freud sich berufende ‚Dekonstruktion' der abendländischen Identität von Denken und Sein hat Emmanuel Lévinas; vgl. dazu auch den symphilosophischen Essay von Jacques Derrida, *Gewalt und Metaphysik*, in: ders., *Die Schrift und die Differenz*, Frankfurt a.M. 1972, S. 121–235.

724 Stephen Toulmin, *Kosmopolis*, a.a.O., S. 70ff.; für Toulmin ist Montaigne die Gegenfigur zu Descartes: „Montaignes Blickwinkel unterscheidet sich auch scharf von dem René Descartes' oder

fern recht, als Aktualität nicht dem Maßband einer linearisierten Zeit untersteht, aber die Erfahrungen seit Montaigne lassen sich nicht hintanstellen: die Schiffbrüche, Katastrophen, die intellektuellen Triumphe und Demütigungen, die die Differenz zwischen Montaigne und der Kritischen Theorie bedingen. Keine Kritik an theoretischen Positionen kann die ihr zugrundeliegenden traumatischen Erfahrungen ungeschehen machen: das gilt auch für die in diesem Buch formulierte Kritik an den verschiedenen Versuchen eines modernen Essayismus in der Tradition des poète maudit. Nicht zu übersehen ist indes die Aktualität eines „undoktrinären Geistes" (Toulmin), der nicht dauernd um „die theologische Richtigkeit oder Falschheit seiner Ansichten" bekümmert ist.[725]

Toulmin deutet das nachfolgende, nach-barocke rationalistische Zeitalter als einen Rückschritt innerhalb der Neuzeit, als einen Versuch, Philosophie und Wissenschaft so engstirnig zu organisieren, wie vormals die scholastische Theologie. Insofern wäre der Rationalismus – strukturell – deren Nachfolger und der ‚aufgeklärte Absolutismus' sein politisches Pendant. Der Rationalismus des 17. Jahrhunderts wäre der Versuch, angesichts der Glaubenskriege und der konfessionellen Erschütterungen in Europa neue unumstößliche Sicherheiten zu etablieren, und der Zweifel des Descartes, das Cogito, wäre demnach nur ein Vorspiel zu einem neuen abstrakten Dogmatismus, der erst durch die innerwissenschaftlichen Revolutionen des 20. Jahrhunderts, etwa auf dem Gebiet der Physik, nachhaltig erschüttert worden sei.[726]

Demgegenüber war Montaignes Zweifel grundsätzlicher Natur. Während Montaignes Denken also in Elkanas Terminologie hochkarätiges Denken zweiter Ordnung darstellt, ist im Rationalismus des 17. und 18. Jahrhunderts (nicht aber bei Descartes) die Tendenz unübersehbar, zu den Gewißheiten eines Denkens erster Ordnung zurückzukehren, wobei zu betonen ist, daß das Denken erster Ordnung keineswegs weniger komplex oder theoretisch anspruchsvoll zu sein braucht. Komplexität und Reflexion sind zwei völlig voneinander unabhängige Merkmale des Denkens. Man könnte das Denken erster Ordnung auch als eines ohne Fragezeichen ansehen, während jenes zweiter Ordnung ohne Fragestellung nicht auskommt, was sich bis in den Sprachduktus hinein verfolgen läßt. Wo sich das Denken auf doppelte Weise in Frage stellt, sozusagen über die immanente theoretische Ebene hinaus, dort liegt der Vergleich mit dem doppelten spanischen Fragezeichen und vielen Anführungsstrichen – am Anfang und am Ende der Aussage – nahe: eine solche doppelte Brechung scheint in der Tat bei einigen neueren Philosophen wie Derrida vorzuliegen, und auch Adornos normativer Terminus einer zweiten Reflexion (in der Kunst) hat, da Adorno dem Kunstwerk ‚Wahrheit' zuspricht, eine verwandte Bedeutung.

Toulmins Denkfigur, daß am Ende der Moderne erst die Intentionen ihres Anfangs eingeholt werden, unterscheidet sich zentral von der posthistorischen Diagnose von

Isaac Newtons. Die intellektuelle Bescheidenheit der Humanisten führte Denker wie Bacon und Montaigne zu einem kühlen, toleranten Ton, der sie uns nahe rückt, und zur Wahrung einer Distanz zwischen ihren religiösen Bindungen und ihren philosophischen oder literarischen Reflexionen über die Erfahrung."

725 Ebd.

726 Ebd., S. 99–109; vgl. Leszek Kolakowski, *Horror metaphysicus*, a.a.O., S. 30–37.

Erschöpfung und Beliebigkeit. ‚Postmoderne' wäre demnach nur eine Korrektur, eine Re-Vision des Humanismus im Sinne von Erasmus, Montaigne und Bacon. Nicht spätantik-‚alexandrinisch' (Steiner), sondern re-renaissancehaft tritt das Denken nach dem Ende der Gewißheiten in das neue Jahrtausend, und was zurückkehrt, ist das vom Rationalismus, vom halbierten Humanismus Unterschlagene, Verschwiegene, Unterdrückte: das Mündliche, das Besondere, das Lokale, das Zeitgebundene, das Kleine. Toulmin schreibt: „Wenn wir nun eine neue Phase in der Geschichte der Moderne betreten – die die Wissenschaft und Technik zu humanisieren und die Ziele der praktischen Philosophie wieder zur Geltung zu bringen versucht – so müssen wir auf die Rationalitätsidee der Zeit vor Descartes zurückgehen. Das hat einige wesentliche Vorteile. Rationales Denken und Handeln kann nicht in allen Fällen gleichermaßen mit einem reinen Tisch anfangen und ein formales System aufbauen; in der Praxis ist die Strenge der Theorie nur bis zu einem gewissen Grade und unter bestimmten Umständen nützlich. Gewißheitsforderungen zum Beispiel sind in abstrakten Theorien zu Hause und können da auf Zustimmung rechnen; aber jede Abstraktion bedeutet Weglassen, Absehen von Erfahrungselementen, die nicht unter die gegebene Theorie fallen, wodurch die Strenge der formalen Folgerungen gewährleistet wird. Uneingeschränkte Einigkeit bezüglich dieser Folgerungen ist genau deshalb möglich, weil die Theorie abstrakt formuliert ist."[727]

Auf unser Thema übertragen würde das bedeuten, daß Essayismus jene ‚Kunst' darstellt, die ein Nicht-Weglassen bedeutet, eine Einschließung all der konkreten Erfahrungsmomente, ohne die Reflexion (eine Kategorie des Denkens wie des Lernens) im voll umfänglichen Sinn undenkbar ist. Abstrakt ist dieser Essayismus, insofern er von den (vermeintlichen) Gewißheiten abstrahiert oder sie – mehr noch – permanent in Zweifel zieht. Dieser Strategie folgten bereits die *Essais*, und gegen Descartes' Methodologie ließe sich sagen, daß das Sein nicht mit dem Zweifel beginnt, sondern selbstgewiß und daß dieses denkende Sein erst nach und nach aufgrund seiner immanenten Logik dahinkommt, diese falschen Selbstverständlichkeiten aufzulösen, abzuräumen, was keineswegs mit der Anfangsillusion der tabula rasa (den Tisch völlig abzuräumen, um ihn ganz neu aufdecken zu können) identisch zu sein braucht.

Was dem pragmatischen Optimismus Toulmins, wie übrigens auch Feyerabends, entgeht, ist der Umstand, daß die selbstgewisse Wissenschaft mitsamt einer höchst praktischen und effizienten Technik diese Welt in einer bislang unbekannten, radikalen und konsequenten Weise verändert hat, so daß sie ein Montaigne, der zu uns als ein aktueller Autor spricht, nicht wiederzuerkennen vermöchte.[728] Man braucht diese gesellschaftlichen und technischen Veränderungen, die auch in ihren phantastischen Dimensionen längst zur zweiten Natur geworden sind, keineswegs im Sinne einer durchgängig deut-

727 Stephen Toulmin, *Kosmopolis*, a.a.O., S. 319f.

728 Darauf, im Sinne einer positiven Daseinsfürsorge durch Technik, hat Hans Blumenberg mehrfach hingewiesen und damit auch sein positives, skeptisch-affirmatives Verhältnis zu dieser Neuzeit begründet: „Wir können ohne die Wissenschaft nicht leben. Aber das ist selbst weithin eine Wirkung der Wissenschaft [...]." (Hans Blumenberg, *Die Legitimität der Neuzeit*, a.a.O., 3. Teil: „Der Prozeß der theoretischen Neugierde", S. 9.)

schen Kulturkritik zu einem dämonischen Gesamtszenario zu totalisieren. Was an ihr Berechtigtes bleibt, ist die Forderung, diese Welt (in gewisser Umkehrung von Marx) zu interpretieren.[729]

So viele Interpretationen, so viele Kommentare. Der Kommentar gehört zum Text und zum Kontext;[730] jedes Kunstwerk, jeder Essay, jeder philosophische Entwurf bezieht sich auf einen anderen, den er in sich aufnimmt und den er zugleich, wie Harold Bloom gezeigt hat, zum Verschwinden bringt.[731]

Wie eine derartige Rezeption als eine Kette fortlaufender Kommentare ohne die abstrakte Instanz einer interpretierenden Kritik funktioniert, zeigt uns das Beispiel etwa der Jazz-Musik, die man in ihrem assoziativen Umgang mit dem vorhandenen und vorfindlichen Material durchaus mit dem Essay vergleichen kann. Auch der Essay ist eine ‚Kunst' – sowohl τέχνη wie auch Artefakt.[732]

Analogien sind stets trügerisch und anschaulich zugleich: das Denken zweiter Ordnung als reflexives Bedenken des Denkens war von seinem Ausgangspunkt her ein Denken über eine fraglose Form des Denkens, den Mythos. Insofern Philosophie den Mythos reflexiv beleuchtet, ist sie aufklärerische Mythologie, Mytho-Logie in aufklärerischer Absicht; vielleicht ist der Essayismus, der sich gewisser Mittel der Kunst bedient, um Wissenschaft reflexiv zu bedenken, nicht nur eine ‚Artologie' (ein Sprechen über Kunst, wie das Lukács, zum Teil auch Adorno nahelegen), sondern Szientologie. Anders als Wissenschaftstheorie, die nach einem verläßlichen Fundament für Wissenschaft Aus-

729 Cornelius Castoriadis hat den berühmten Satz aus den Thesen über Feuerbach lakonisch so kommentiert: „Der Beweis dafür, daß tatsächlich eine Philosophie möglich ist, die mehr und etwas anderes wäre als Philosophie, steht immer noch aus." (Castoriadis, *Gesellschaft als imaginäre Institution*, a.a.O., S. 105.) Sein eigenes Werk möchte Castoriadis freilich nicht als ‚Theorie der Gesellschaft' verstanden wissen, sondern als eine Aufklärung, die „nicht zu trennen von einer politischen Perspektive und einem politischen Entwurf" (S. 12). Und: „Was ich Aufklärung nenne, ist die Arbeit, in der die Menschen ihr Handeln zu denken und ihr Denken zu begreifen versuchen." (S. 13.) Es scheint also doch eine Philosophie möglich zu sein, die „mehr und etwas anderes wäre als Philosophie."

730 George Steiner, *Von realer Gegenwart*, a.a.O., S. 11–74; Steiner möchte eine ‚Politik des Primären' entwerfen gegen die „sekundäre Stadt und ihre parasitären Metastasen" (S. 17). Kritisch besehen läuft das auf ein Interpretationsmonopol eines sekundären Textes hinaus, eben jenen des glänzenden Essayisten und Polemikers George Steiner.

731 Vgl. Harold Bloom, *Kabbala, Poesie und Kritik*, a.a.O., die Meta-Texte (und historisch besehen sind alle zeitlich später auftretenden Texte Metatexte in der von Steiner inkriminierten Art) beziehen sich polemisch auf ihre Vorgänger. Darin könnte man auch eine Methode erblicken, den Überhang an Texten wieder zu minimieren und den eng gewordenen Raum, den die Generationen von Denkern, Dichtern und Künstlern uns noch belassen haben, wieder zu erweitern. Nicht ohne Grund hat die moderne Avantgarde seit Baudelaire die Strategie des Vergessens gepredigt – gegen die Strategien des Aufbewahrens (Museum, Bibliothek etc.).

732 Das hat Lukács in seinem ‚Brief' an Leo Popper wohl am klarsten gesehen. Der Essay besetzt gewissermaßen eine Leerstelle im Hegelschen System der Ästhetik. Von der Kunst aus gesehen ist der Essay das unaufhörliche Gemurmel über den Tod der Kunst. Von der Philosophie aus betrachtet ist der Essay das Eingeständnis des Denkens, mit dem ‚Fluch des Sinnlichen', der Sprache, belastet zu sein. Im Sinne Schellings wäre der Essay das Medium der „intellectualen Anschauung".

schau hält und ganz im Sinne Toulmins alle szientistisch unziemlichen, methodisch unstatthaften Fragen ausklammert, versucht diese Szientologik den Glauben an ein festes Fundament ins Schwanken zu bringen, und zwar in unhämischer, nicht-bösartiger Absicht, sondern einem gewissen Realismus zuliebe, der es wahrscheinlicher macht, daß wir uns auf unsicheren Planken auf hoher See befinden, nicht in jener kontinentalen Sicherheit, wie uns der Szientismus, der nur allzu gerne von den Gefahren, die wir mit seiner Hilfe überstanden haben, spricht und diejenigen zu erwähnen vergißt, denen wir durch seine quasi-demiurgische Kraft ausgesetzt sind.

Philosophie ist in dieser Sicht mehr denn je vonnöten, vor allem eine, die Unsicherheiten wahrnimmt, ohne gleich in ein apokalyptisches Lamento zu verfallen. Mag sein, daß dem Essay als Gattung gar keine so bedeutsame geschichtliche Rolle mehr zukommt, jenem Nachklapp vor der Zeit, der bei Hegel weder in der Ästhetik noch in der Geschichte der Philosophie recht eigentlich vorgesehen war. Die Tendenz, ihn seit der Jahrhundertwende als literarische Gattung und als Kunstwerk zu ‚retten', hat nicht selten dazu geführt, seine kritische Funktion hintanzustellen. Soviel ist an der ästhetischen Zu-Schreibung richtig, daß der Essayismus als Haltung vom Material ausgeht: und das ist die Sprache. Der Essayismus ist eine Bewegung vom Signifikanten hin zum Signifikat, eine Suche durch das Schreiben und mittels des Schreibens: „Das Schreiben ist eine Suche nach dem Sinn, den es selbst produziert."[733] So liegt derlei Denken auch strukturell im Widerspruch zu jenem, das immer schon vom Primat der Sache, des Signifikats ausgeht. Das Denken zweiter Ordnung bedeutet die „Verneinung mythischer Autorität" (Elkana), der Essayismus die Verneinung szientistischer Gewißheit. Darin eingeschlossen ist freilich die Erkenntnis der Unhintergehbarkeit von Wissenschaft und Mythos, eine Erfahrung, die sowohl der griechischen Protoaufklärung wie jener des 18. Jahrhunderts noch abging. Dieser kritische Rückbezug auf den Mythos eröffnet Freiraum für Kommentar und Interpretation.

Reflexion schließt auch die Möglichkeit ein, die Ebenen wechseln zu können. Was ernster Wissenschaft stets als anstößig galt, ist längst in die harten und in die weichen Wissenschaften eingedrungen: das Spiel.

Tochter: Pappi, sind diese Gespräche ernst?
Vater: Sicher sind sie das.
Tochter: Sie sind nicht so eine Art Spiel, das du mit mir spielst?
Vater: Gott bewahre, … aber sie sind so eine Art Spiel, das wir zusammen spielen.
Tochter: Dann meinst du es nicht ernst!
Vater: Sag mir doch mal, was du unter den Worten ‚ernst' und ein ‚Spiel' verstehst.
Tochter: Na ja, … wenn du … ich weiß nicht.
Vater: Wenn ich was?
Tochter: Ich meine, … für mich sind die Gespräche ernst, aber wenn du nur ein Spiel spielst …
Vater: Jetzt mal langsam. Wir wollen sehen, was an ‚spielen' und ‚Spiel' gut und was schlecht ist. Vor allem ist es mir egal – ziemlich egal –, ob ich gewinne oder verliere. Wenn mich deine Fragen in die Enge treiben, sicher, dann strenge ich

733 Octavio Paz, *Der sprachgelehrte Affe*, Frankfurt a.M. 1982, S. 108.

mich noch ein bißchen mehr an, genau zu denken und klar zu sagen, was ich meine. Aber ich bluffe nicht und stelle keine Fallen. Es besteht keine Versuchung, zu schummeln.

Tochter: Genau, das ist es. Für dich ist es nicht ernst. Es ist ein Spiel. Leute, die schummeln, wissen einfach nicht, wie man spielt. Sie behandeln ein Spiel, als wäre es ernst.

Vater: Aber es ist ernst.

Tochter: Nein, ist es nicht – nicht für dich.

Vater: Nur weil ich keine Lust habe, zu schummeln?

Tochter: Ja – auch deshalb.

Vater: Aber willst du mich denn die ganze Zeit beschummeln und bluffen?

Tochter: Nein – natürlich nicht.[734]

Im Anschluß an die Batesonschen Metaloge läßt sich konstatieren, daß Gattung und Gestus nicht zusammenfallen. Der Essayismus geht über die klassische Definition hinaus, wie sie in Diderots und d'Alemberts *Enzyklopädie* etwa gegeben wird: dort wurde der Essay als eine Diskursform bestimmt, die sich entweder mit verschiedenen Sujets beschäftigt oder mit einem partikulären Thema, das in den großen Philosophien als undenkwürdig angesehen wird.[735] Zwar ist die Textsorte des klassischen Essays nicht völlig aus dem Bewußtsein unserer Kultur verschwunden, aber die prätentiöse Mittellage einer subjektiven Beliebigkeit ist peripher geworden, weil das Problem von Kontingenz und Beliebigkeit heute selbst im Zentrum des philosophischen Diskurses steht.[736]

Je länger die Moderne als ein von den Menschen tendenziell reflektiertes, entzaubertes Projekt andauert und sich gleichsam postmodern streckt, desto stärker dringt der essayistische Impuls in Philosophie und Literatur ein. Oder anders ausgedrückt: In der Selbstthematisierung der Moderne werden Philosophie und Literatur in ihrem Gestus essayistisch, sowohl programmatisch wie im Hinblick auf die Darstellungsform. Die Batesonschen Metaloge zeigen an, daß der essayistische Zweifel, dieses Denken – womöglich – dritter Ordnung, auch vor dem systemorientierten Denken nicht halt macht und somit den alten Gegensatz System versus Essay zumindest relativiert.

Abschließend und zum Teil auch in Abgrenzung zu klassischen essayistischen Konzepten von Montaigne bis Musil lassen sich heute hinsichtlich der Darstellung philosophischer Konzepte folgende Merkmale des Essayistischen herausschälen:

734 Gregory Bateson, *Ökologie des Geistes*, a.a.O., S. 45.

735 *Encyclopédie on Dictionaire Raisonné des Sciences, des Arts, et des Métiers*. Tome Cinquième, Stuttgart – Bad Cannstatt, o. J., S. 1982: „Ce mot employe dans le titre de plusieurs ouvrages, a different acceptions; il se dit ou des ouvrages dans lesquels l'auteur traite ou effleure différents sujets, tels que les essais de Montaigne, ou des ouvrages dans lesquels l'auteur traite un sujet particulier, mais sans prétendre l'approfondir, ni l'epuiser, ni enfin le traiter en forme & avec toute la discussion que la matiere peut exiger. Un grand nombre d'ouvrages modernes portent le titre d'essai; est-ce modeste de la part des auteurs? est-ce une justice qu'ils se rendent? C'est aux lecteurs à en juger." (d'Alembert.)

736 Vgl. hierzu Richard Rorty, *Kontingenz, Ironie und Solidarität,* Frankfurt a.M. 1989; Niklas Luhmann, *Beobachtungen der Moderne*, Opladen 1992.

Erstens: Der Essayismus ist *parasitär*, d. h., er setzt immer schon traditionelle Wissensbestände voraus, auf die er sich kritisch bezieht. Wie Batesons Metalog zeigt, handelt es sich dabei nicht selten um Traditionsbestände, an denen sich die abendländische Menschheit orientiert hat (Metaphysik, klassische Erkenntnistheorie).

Der Essayismus setzt die klassischen Diskurse voraus, die er stets zu zersetzen trachtet und von denen er zugleich lebt. Diese paradoxe Abhängigkeit läßt eine polemische Identitätsfindung ex negativo – wie sie nach der Romantik und spätestens mit Nietzsche vollzogen wurde – als problematisch erscheinen, wenngleich nicht zu übersehen ist, daß das Ephemere und Parasitäre zur Hauptsache und das, worauf sich dieses bezieht, zur Nebensache geworden zu sein scheint.

Zweitens: Der Essayismus ist *ubiquitär* geworden, d. h., er dringt als Instanz von Selbst- und Fremdreflexion in Philosophie, Wissenschaft und in jedwede Künste ein (von der Malerei Kandinskys und Klees bis zu den Filmen Alexander Kluges), nicht länger also besteht das Privileg der Gattung für den Gestus, dem sie einst zum Durchbruch verhalf.

Drittens: Daß der Essayismus ubiquitär geworden ist,[737] scheint damit zusammenzuhängen, daß die ‚Modalform' (Luhmann) der modernen Gesellschaft die *Kontingenz* geworden ist.[738] Kontingenz meint nicht Beliebigkeit, doch eine Vielfalt von Möglichkeiten, den Verlust zwingender Notwendigkeit. Abwägen, Beobachten und Multiperspektivität werden dabei zu zeitgemäßen intellektuellen Tugenden und der Essayismus zum Modus dieser Kontingenz.

Viertens: Immer schon und heute erst recht formuliert der Essayismus *gründlichen Zweifel*, stellt er sich als Medium von Unselbstverständlichkeit, Uneigentlichkeit und Bodenlosigkeit dar. Die Struktur der Batesonschen Metaloge demonstriert das durch die Vorgabe einer kommunikativen Situation: die Tochter repräsentiert das, was als das Selbstverständliche umgestürzt, destruiert, dekonstruiert wird. Denkbar geworden ist auch, daß der Zweifel an sich selbst zweifelt, nicht um wieder Boden unter die Füße zu bekommen, sondern um dem kategorischen Imperativ, an allem zu zweifeln, treu zu bleiben.[739]

737 Vgl. O. B. Hardison Jr., *Binding Proteus. An Essay on the Essay*, Princeton 1989, S. 11: „The essay is not a sensitive species on the point of extinction. It is tough, infinitely adaptable, and ubiquitous."

738 Vgl. hierzu auch Michel Serres, *Der Parasit*, Frankfurt a.M. 1987, insbes. S. 155–182; Jonathan Culler, *Derrida und die poststrukturalistische Literaturtheorie*, Reinbek 1988, S. 131.

739 Der Hinweis auf die Paradoxie skeptischen Sprechens, der sich schon Montaigne bewußt war, ist eine Trumpfkarte des theoretischen Kampfes gegen den Relativismus geblieben, so etwa bei Leszek Kolakowski, *Horror metaphysicus*, a.a.O., S. 11: „Wenn die Regel von der Relativität der Regel nicht selbst relativ sein soll, kann sie nur ein willkürliches Dekret sein, und wenn sie ebenso relativ ist wie die Regeln, auf welche sie angewendet wird, besitzt sie keine größere Verbindlichkeit als die entgegengesetzte, und für die Aussage ‚Nichts ist der Fall' spricht nicht mehr als für die andere ‚Es ist nicht wahr, daß nichts der Fall ist' [...]. Wenn ich mich über die Relativität des Wissens äußere, stoße ich in der Tat sinnlose Töne aus und man erwartet nicht, daß ich etwas Wahres oder Falsches sage [...]." Daß gewissermaßen ein Zirkel besteht, läßt sich schwerlich bestreiten. Ungeachtet dessen läuft der Einwand darauf hinaus, prinzipiellen Zweifel als philosophisch unsinnig zu exkommunizieren. Wenn der Montaignesche Zweifler oder die Ironikerin Rortys hingegen bestimmte unentscheidbare Fragen ad acta legen (etwa jene erkenntnistheoretischer

Fünftens: Mit dem Selbstzweifel eng verknüpft ist die Einsicht in die *Vorläufigkeit* des eigenen Denkens. Die Abkehr von den großen Gedankengebäuden resultierte vielfach aus einem Scheitern, dem gescheiterten Versuch, noch einmal umfassend und umfänglich *die* Welt philosophisch ins Visier nehmen zu können. Montaignes Essayismus entsprang dem lähmenden Gefühl, alles sei schon gesagt worden, Novalis entwarf ein System von Fragmenten, Schellings System blieb im Gegensatz zu demjenigen Hegels aus nicht ganz schlechten Gründen Fragment, eine Summe verzweifelter Versuche; ähnliches läßt sich auch für Adornos und Musils Essayistik behaupten. Essayisten sind philosophische Denker, die beim Systembau gescheitert sind und daraus Einsichten beziehen.

Heute hat sich die Situation noch dahingehend verschärft, daß wir um die *Vorläufigkeit und Relativität* unserer philosophischen Bemühungen wissen. Alles, was heute geschrieben wird, kann schon bald nicht mehr haltbar geworden sein.

Sechstens: In seiner radikalen Konsequenz ist der Essay als Denkmodus stets ein *Krisensymptom*, er wird da programmatisch, wo Risiko, Krise und die Unsicherheit der Entscheidung zum heimlich-unheimlichen Grundbestand einer Gesellschaft werden.[740] Der Essay hat gleichsam seinen *Gegenpart* verloren. Man kann alles so oder so ansehen. Auch die Erde, nicht mehr nur Ulrich, huldigt dem Essayismus. Es gibt nichts mehr, wogegen man sich heroisch behaupten, von dem man sich abstoßen könnte. Seinesgleichen geschieht. Jedes Gebäude wird heute so konstruiert, daß es morgen eine Ruine sein wird. Die Architektur unserer Denkbestände unterliegt derselben Logik wie der Denkmalschutz: man wird kaum mehr derartige Gebäude bauen, die man als Bestandteil von Tradition bewahrt, pflegt und schützt.

Siebentens: Wo die Philosophie mehr sein will als Denkmalpflege oder Wissenschaftstheorie, also Zeitdiagnose und Interpretation, da ereilt sie unter den gegebenen Bedingungen der Kontingenz zwangsläufig das Schicksal des essayistischen Vorgehens: Primat des Konjunktivs, kreisende Bewegung, uneigentliches Sprechen, Paradoxie, der Griff zur Metapher, das spanische Fragezeichen, das am Anfang und am Ende eines (vermeintlichen) Aussagesatzes steht, sind seine wichtigsten Merkmale.

Natur) oder wenn wir uns daran gewöhnt haben, Fragen nach ‚Wahrheit' kontextuell (d. h. auf historische Umstände bezogen) zu behandeln, dann stößt man keineswegs ‚sinnlose Töne' aus. Außerdem muß der Zweifel keineswegs besagen, daß nichts der Fall ist, sondern er kann auch sagen: unter diesen Umständen ist es sinnvoll, dies zu sagen, und veränderte Situationen können durchaus meine Aussage als sinnlos erweisen.

In dieser Kontroverse geht es auch darum, ob wir uns von dem Unterscheidungskriterium ‚wahr/falsch' zu trennen vermögen zugunsten eines historischen Ablaufes des Gegen- und Dafürhaltens, der Abstoßung von Früherem, der Anpassung an neue Gegebenheiten. Daß die Abkehr vom quasi-religiösen Schema des Wahren/Falschen das eigentliche Ärgernis am Skeptizismus ist, gibt Kolakowski unmißverständlich zu verstehen: „Jahrhundertelang hat die Philosophie ihre Berechtigung dadurch behauptet, daß sie Fragen stellte und beantwortete, die sie aus dem sokratischen und vorsokratischen Erbe übernommen hatte: Wie das Wirkliche vom Unwirklichen, das Wahre vom Falschen, das Gute vom Bösen zu unterscheiden sei. Und es gibt einen Mann, mit dem alle europäischen Philosophen sich identifizieren, auch die, welche seine Ideen rundheraus ablehnen, und das ist Sokrates; ein Philosoph, der sich nicht mit dieser Figur identifizieren kann, gehört nicht zu dieser Zivilisation." (Leszek Kolakowski, *Horror metaphysicus*, a.a.O., S. 7.)

740 Niklas Luhmann, *Beobachtungen der Moderne*, a.a.O., S. 149–220.

Storniert wird das Programm Hegels, des großen Antipoden jedweder Essayistik, daß Philosophie einstmals voll und ganz Wissenschaft werden würde. Angesichts der ‚Ökologie des Nichtwissens' (Luhmann) wird die Philosophie zur Instanz des Nicht-Wissens, des Übersehenen, Verborgenen, Entgangenen, Überraschenden. Unter ganz neuen Vorzeichen (denen einer komplexen Gesellschaft, die sich selbst zum Schicksal geworden ist) wird die Formel, daß ich weiß, daß ich nichts weiß, aufs neue aktuell. Es gehe darum, schreibt Niklas Luhmann einmal im Gestus der Überbietung, „zu verstehen, daß man nicht versteht, was man nicht versteht und Semantiken auszuprobieren, die damit zurechtkommen".[741]

Die (Hypo-)These, wonach der Essayismus seinen Widerpart in Gestalt des Systems verloren habe und die daraus resultierenden Widersprüche in sich selbst thematisiere, darf nun nicht so verstanden werden, als ob jedweder Versuch der Systematisierung obsolet geworden sei. Es darf daran erinnert werden, daß im Essayismus selbst ein systematischer Impuls wirksam ist, sei es in Gestalt einer sich vom gewaltsamen System abstoßenden negatorischen Bewegung (die systematische Spuren hinterläßt), sei es, daß der Essay als das absichtsvolle Scheitern eines systematischen Weltdeutungsanspruches vor uns tritt. So lassen nicht wenige Essayistiken sich als Denkanordnungen bestimmen, die der Logik eines ‚offenen Systems' folgen: Schlüssel ohne Bibliotheken.

Was schon bald nach Hegels grandiosem Versuch problematisch geworden war, das ist ein System, das auf der Basis der Identität von Denken und Sein operiert. Die prinzipielle Unmöglichkeit solcher Identität ist in Schellings „intellectualer Anschauung" bereits angedeutet, insofern weist sein systematisches Scheitern (auch das wäre übrigens eine Annäherungsformel an den Essayismus) über Hegels System hinaus.

Es liegt nahe, systematische Tätigkeit des Denkens im Sinne des Modells zu verstehen. Die Metapher aus dem visuell-ästhetischen Bereich hält wie alles Bildhafte die *Differenz* zwischen *Darstellung* und *Dargestelltem* fest und läßt so erst gar nicht das Mißverständnis aufkommen, die Wirklichkeit sei ein System. Aber das ironizistische Moment, das paradoxe Spiel moderner Systemik (von Bateson bis Luhmann) ist damit noch nicht erfaßt, eben jene Semantik, die versteht, daß man nicht versteht. Die essayistische Ironie hat sich wie ein Virus im System festgesetzt. Dem entspricht der Gestus des Spiels.

Wollte man pointieren, so könnte man auch behaupten, daß sich das Verhältnis von System und Essay umgekehrt habe. Galt bis zum frühen Lukács, daß der Essay eine Vorlage zum System, der Entwurf die Vorstufe zum großen Wurf sei, so könnte man überspitzt sagen, daß das System zur Vorlage und Voraussetzung einer radikal essayistischen Denklage geworden ist, die um das Spiel von Konstruktion und Dekonstruktion[742] weiß: die Systemiker sind – tendenziell – Essayisten geworden, und ob sich unser Gesellschafts‚system' wirklich als ein solches nahtlos beschreiben läßt, bleibt zweifelhaft.

741 Ebd., S. 90.

742 Zum Dekonstruktivismus und seinem Verhältnis zu essayistischen Praktiken vgl. die Übersichtsdarstellung von Jonathan Culler, *Dekonstruktion. Derrida und die poststrukturalistische Literaturtheorie*, a.a.O., bes. S. 200–256. In der Tat scheint der Dekonstruktivismus in mancher Hinsicht (und überaus verschwiegen) auf essayistische Denkmodelle zu rekurrieren. Dazu gehört die Vorliebe für Kontingenz, für das scheinbar willkürliche ‚Aufpropfen' eines Diskurses

Achtens: Die Bestimmung von Roland Barthes, wonach der Essay eine Taktik ohne Strategie sei,[743] ist selbst historisch. Geschichtlich besehen war der Essayismus eine Gegenstrategie, um gewisse epistemische Konzepte zu unterlaufen, die der Erkenntnis im Wege standen. Daß er heute zu bloßer Taktik geworden ist, hängt damit zusammen, daß uns die großen Strategien und Erzählungen abhanden gekommen sind. Der Essayismus ist unter den Bedingungen einer illusionslosen Moderne selbstläufig geworden.

Neuntens: Seine Anziehungskraft verdankt der Essayismus, ungeachtet aller akademischen Verachtung, dem Umstand, daß er sich für die Beteiligten als ein *intellektuelles Abenteuer* darstellt, als ein Aufbruch zu neuen Ufern. Die Sympathie beinahe aller Essayisten für die Metaphorik von Schiffahrt und Entdeckung (der Kolumbus-Komplex) weist auf den Gestus hin, daß etwas riskiert werden soll, in Abgrenzung zu jenen, die etwa im sicheren Hafen der alma mater bleiben.

Zum einen hat der Essayismus also Anteil an der Zersetzung der mittelalterlichen scholastischen Systeme und dem Durchbruch der modernen Naturwissenschaften (ich denke hier an exemplarische Autoren wie Bacon und Lichtenberg), zum anderen aber schickt er sich an, auch die neuen Sicherheiten der modernen Naturwissenschaften zu hinterfragen. In seiner taktischen Eigenläufigkeit macht er nicht halt vor den Beständen, denen er – mit der Methode des gründlichen Zweifels und dem Gestus, sich ans Unerprobte experimentell heranzuwagen – zunächst Geltung verschafft hatte. Diese neue Konstellation spiegelt sich in der erklärten wie unerklärten Feindschaft zwischen den Wissenschaften, die trotz des „Endes der Menschen" bis dato Humanwissenschaften heißen (und zu denen in diesem Fall auch die diversen Künste zu rechnen sind), und jenen experimentellen Wissenschaften, die freilich das Experiment methodisch unter Kontrolle stellen: den Naturwissenschaften.

Zehntens: Im Durchgang durch die Geschichte läßt sich anschaulich jene Geschichte *neuzeitlicher Subjektivität* studieren, die die Erfolgsstory mit dem melancholischen Abschied vom Subjekt verschränkt. Im Essay fallen Konstitution und Zersetzung des Subjekts in eins. Der Essayismus dementiert, indem er an die Spontaneität und Prozessualität des Denkens gemahnt, die Idee, daß wir Herren unseres Denkens wären. In genau diesem Punkt steht er der Kunst, insbesondere der ästhetischen Moderne, näher als dem klassischen philosophischen Denken, das vom Pathos begrifflicher Anstrengung lebt. Im Essay ist der Gestus des ‚Wie-von-Selbst' angesprochen.

Elftens: Von seiner Grundvoraussetzung her besehen, wohnt dem Essayistischen ein *utopisches* Moment inne, das insbesondere Adorno – stets im Konjunktiv – thematisiert hat. Der nicht-zupackende, nicht machtförmige Umgang der Sprache mit den Gegenständen wäre die philosophische Antizipation eines Zustandes einer Gesellschaft, die nicht mehr vornehmlich aus der Logik von Selbsterhaltung und instrumenteller Vernunft lebte.

auf den anderen, sein Mißtrauen gegen den (strukturalistischen) Rationalismus, das Spiel mit Bedeutungen. Aber wie man weiß, geht der Dekonstruktivismus weiter, der hier skizzierte Essayismus folgt ihm darin nicht, mißtraut auch der dekonstruktivistischen Grundsätzlichkeit (etwa seiner Logozentrismus-Kritik). Aus guten Gründen, wie hier behauptet wird.

743 Zitiert nach Reda Bensmaia, *Barthes à l'Essai*, Tübingen 1986, S. 130; vgl. auch Geoffrey C. Howes, *Ein Genre ohne Eigenschaften*, a.a.O., S. 1–11.

Zwölftens: Als zweites utopisches Element läßt sich die Sehnsucht nach der Einheit von Lebens- und Denkform im Sinne einer *Lebenskunst* begreifen.[744] Indes ist die Unterscheidung zwischen Denken und Leben eine des Denkens. Das Leben (oder *das* Leben) denkt nicht. Das heißt in der Sprache der systemischen Theorie: der Essayismus konstituiert sich über die unüberschreitbare Differenz von Denken und Leben. Das Denken referiert auf die natürliche Umwelt des Individuums – Sein als einzigartig erfahrenes Leben. Nicht um utopische Versöhnung geht es da, sondern um die Reflexion qua Differenz: Wie ist das Denken als Denken, als Teil eines lebendigen Prozesses zu denken? Darauf antwortet in ästhetischer Ausübung der Essay. Er bringt das Subjekt ins Spiel, ohne es zu glorifizieren. Die Abwehr eines Subjektiven (im Sinne eines Willkürlichen) gehört zum Grundbestand jedweden Essayismus. Schon bei Montaigne zerfließt das Ich paradox im Akt der schreibenden Reflexion. Daß die Physik des eigenen Ichs zum Scheitern verurteilt ist, gehört zu jener produktiven Resignation, ohne den prozessuales Denken nicht auskommt. Daß sich das Subjekt aufs Spiel setzt (und sich nicht hinter der Maske des professionellen Schreibens versteckt, das von sich absieht), ist das Risiko, das Abenteuer des Denkens, von dem schon die Rede war.

Dreizehntens: Von der Utopie der Versöhnung, die zum Scheitern verurteilt ist, bleibt das Moment der Rücknahme von Abstraktion. Abstraktion ist hier also ein Absehen: als ein absichtsvolles Absehen und Wegschauen zu verstehen, wenngleich der Essayismus Abstraktion auch insofern dementiert, als er Anschaulichkeit ins Spiel bringt, Anschaulichkeit unter der Vorgabe von Reflexivität, einer Reflexivität, die an die Stelle einer monolithischen und monotheistischen Rationalität getreten ist. Nicht zuletzt deshalb ist Essayismus heute ubiquitär, Vermittlungsinstanz zwischen Wissenschaft und Gesellschaft (im Sinne der Ökologie des Nicht-Wissens) als auch reflektorische Intervention im Kontext von Philosophie und Wissenschaft selbst. Der mediale Überhang unserer Gesellschaft ist ein Beweis für die Dominanz des Essayistischen in unserer Gesellschaft.

Vierzehntens: Durch die kopernikanische Wende in Gestalt der Soziologie, die noch so privat erlebte Grundmuster intelligenten Daseins (Erinnerung, Phantasie, Erfahrung usw.) als restlos sozial determiniert ansieht,[745] haben sich die Voraussetzungen für den

744 Vgl. hierzu jüngst auch: Bernd Scheffer, *Interpretation und Lebensroman. Zu einer konstruktivistischen Literaturtheorie*, a.a.O., bes. S. 278–342 (zum Thema Essay). Im Vorwort schreibt Scheffer im Hinblick auf eine konstruktivistische Literaturtheorie: „Kunst und Literatur werden jetzt weniger als emphatische Gegenentwürfe, als utopische Korrektive, als großartige Mythen, nicht als phantastische Entschädigungen für fundamentale Mängel verstanden, sondern *als selbstverständliche, alltägliche Demonstrationen der Irritation und (Neu-)Konstruktion von Wirklichkeit.*“ (Ebd., S. 7.)
Kunst und Literatur werden folgerichtig als Teil einer Lebenspraxis angesehen, die wiederum ohne ‚Wirklichkeits-Konstruktionen‘ nicht denkbar sind. Wie in klassischen Essay-Konzepten (etwa beim frühen Lukács) wird der Essayismus im Sinne einer Interpretationskunst als ‚missing link‘ zwischen Literatur und ‚Wirklichkeit‘ thematisiert. Aus Scheffers Perspektive klingt es auch einleuchtend, wenn er das, was einmal die ‚Kunst der Interpretation‘ hieß, nicht als wissenschaftliches, sondern als ein essayistisches Unternehmen bestimmt.

745 Exemplarisch läßt sich das an den Arbeiten von Maurice Halbwachs über Gedächtnis und Erinnerung darstellen; vgl. Maurice Halbwachs, *Das kollektive Gedächtnis*, a.a.O., S. 1–33; vgl. seine Definition des Vergessens: „Einen Abschnitt seines Lebens vergessen heißt: die Verbindung zu

Essayismus dramatisch verändert. Nicht mehr kann es darum gehen, eine gefährdete einmalige Subjektivität dem offenen oder heimlichen Totalitarismus der Gesellschaft gegenüberzustellen, wie das etwa die Kritische Theorie im Sinne einer prinzipiellen Option getan hat. Dabei brauchen die fragwürdigen, ja abgründigen Seiten der modernen Gesellschaft gar nicht in Abrede gestellt zu werden. Die Soziologie hat uns vielmehr den Blick dafür geöffnet: was immer schon – und in vormodernen Gesellschaften erst recht – der Fall war, das vollständige Eingebundensein in die Symbolik, in die stummen und beredten Gesetze und Spielregeln einer Gesellschaft.

Das autonome Subjekt, um das der Essayismus kreiste und kreist, war *immer* eine perspektivische Illusion, geboren aus der Abstraktion, dem Absehen von einer condition humaine, die stets gesellschaftlich war und ist, schon vermittels der Sprache.[746] Diese Illusion hat eine gewichtige Basis, die Tatsache nämlich, daß wir unser Leben einzigartig erfahren. Insofern wird der Essayismus das, was er schon immer war: eine kommunikative Intervention im Wirbel der vorgefundenen sprachlichen Zeichen, ein tête à tête zwischen dem radikal gesellschaftlichen Menschen und der Monade, als die sich gerade der moderne Mensch erfährt. Das einsamste Lebewesen ist zugleich das gesellschaftlichste. Davon zehrt die Rhetorik des Essays. Was als antisystematischer Impuls bestimmt worden ist, läßt sich als ein Antworten auf eine vorgefundene Situation deuten, die diesen Impuls, geschichtlich gesprochen, erst ermöglicht hat. In ‚kalten' Gemeinschaften und in der vermeintlichen Idylle von Naturvölkern haben Essayisten keine Existenzberechtigung. Nur und allerhöchstens: Schamanen.

Fünfzehntens: Im Kontext dieser Ökologie des Nicht-Wissens hat die essayistische Intervention eine entscheidende Bedeutung. Von jeher kam dem Essay in all seinen Ausprägungen (von den klassischen Gattungen Essay, Aphorismus, Fragment bis zu den diversen Essayismen in Literatur, Philosophie und – nicht zu vergessen – der Wirkungsweise moderner Medien) eine reflexive Funktion bzw. Möglichkeit zu. Über seine traditionelle soziale Funktion der Vermittlung von Lebenskunst hinaus eröffnet er der menschlichen Sozietät völlig neue Möglichkeiten der Selbstreflexion und des Selbstbezugs und darüber hinaus auch die der Selbstbild-Reflexion. Insofern ist der Essayismus Teil jener Dynamik der modernen Gesellschaft, die er zugleich interpretiert.

Sechzehntens: Der Essayismus läßt sich als eine *ästhetische Theorie* begreifen, und zwar nicht bloß in dem traditionellen Sinn (wie noch bei Lukács), daß sich der Essay vornehmlich auf ästhetische Sujets beziehe, um das Schwungrad eines *reaktiven* Denkens in Gang zu bringen. Vielmehr ist das Ästhetische, wie Sabine Wilke am Beispiel von Adorno überzeugend nachgewiesen hat,[747] zu einer Eigenschaft der Theorie gewor-

jenen Menschen verlieren, die uns zu jener Zeit umgaben." (S. 10.) Ob als Flaneur in der Londoner Innenstadt oder als Kleinkind, das einsamste Wesen, das seine Erinnerungen ganz privat erfährt, ist zugleich das kollektivste und sozialste. Das ‚kollektive' Gedächtnis ist nämlich keine Summe individueller Gedächtnisse, sondern die ‚transzendentale Voraussetzung' für den individuellen Erinnerungsvorgang. Aber umgekehrt erinnern wir uns selten kollektiv und simultan: die nur sozial (und sprachlich) mögliche Erinnerung bleibt einmal, unhintergehbar, die unsere.

746 Vgl. André Leroi-Gourhan, *Hand und Wort*, a.a.O., S. 273–279, 284ff.

747 Vgl. Sabine Wilke, *Zur Dialektik von Exposition und Darstellung*, a.a.O., z. B. S. 136, wo Wilke auf die Funktion der Musik als Denkmodell bei Adorno eingeht. Vgl. auch S. 147: „Vielleicht ist

den. Essayismus wäre demnach eine Form von Philosophie, die ohne die explizite Thematisierung des Ästhetischen auf der Darstellungsebene nicht auskommt. Dieses Ästhetische wäre einer Energie geschuldet, die wiederum der Referenz auf das ‚Leben' zu verdanken ist.

Damit hängt auch zusammen, daß der Essay nichts anderes repräsentiert als sich selbst. Ob der Essay wirklich *den Prozeß* des Denkens darstellt, darf bezweifelt werden. Gewiß, Hegels Phänomenologie stellt ihn nicht dar, führt in allenfalls aus olympischer Perspektive eines zu sich selbst gelangten absoluten Wissens vor, aber auch Lichtenberg stellt ihn nicht dar, er gibt vor, ihn darzustellen, ebensowenig wie James Joyce' Roman mit seinem monologue interieur den Bewußtseinsstrom eines Tages Selbstbewußtsein ‚widerspiegelt'. Beide, der moderne Romancier und der skeptische Aufklärer, teilen etwas mit, von dem ansonsten im ‚System' abgesehen wird. Ästhetische Erfahrung ist auskristallisiert, keine reine Erfahrung, sondern wird durch das Medium der Sprache hindurch sozial und intellektuell realisiert.

Zur Taktik des Essayisten gehört das Als-ob, der Pendelschlag zwischen Unmittelbarkeit und Raffinesse, zwischen Lust und Schmerz. Er stellt das Denken nicht naiv als Prozeß dar, aber er läßt das Denken in seiner Prozessualität als integralen Störfaktor des Daseins sichtbar werden, ohne das Denken und den mit ihm erreichten Stand von Rationalität polemisch zu verwerfen. Die Gedanken sind ihm Material wie den diversen Künsten Farbe, Ton und Signifikanten.

Im Anschluß an René Nelli hat Denis de Rougement in seinem großen panoramischen Buch *L'Amour et l'occident* darauf hingewiesen, daß der Terminus ‚Essay' noch eine andere, verschwiegene, etymologische Wurzel hat, die erotischer Natur ist und der Liebeskunst der Troubadoure entstammt: „Sur un point trés technique mais pour moi décisif, René Nelli apporte une importante contribution: je veux parler de l'asag, ou assays, ou essai, c'est-à-dire de l'épreuve que la dame impose à son soupirant [...] René Nelli, au lieu de faire de l'indignation morale cherche à comprendre la nature et la fonction de l'asag dans la conduite courtoise, et il se voit amené en deviner le secret dans la ‚Joie d'amour' elle même [...] l'*exaltation qui a pour cause la femme aimée et pour objet l'amour lui même.* C'est parfois tout simplement la joie de vivre en aimant, ou c'est un jeu-flirt ou ‚petting'."[748]

es die tiefste Unstimmigkeit der ästhetischen Theorie, daß sie einerseits Kunstkritik zu Philosophie erklären muß, um nicht den kritischen Anspruch zu opfern, andererseits jedoch ihr Phantom von Utopie, das Nichtidentische, allein in ästhetischen Kategorien aussprechen kann."

748 Denis de Rougement, *L'Amour et l'occident*, Paris 1972, S. 277f.; ders., *Die Liebe und das Abendland*, Zürich 1987, S. 434f.: „Zu einem sehr technischen, für mich jedoch entscheidenden Punkt liefert René Nelli einen wichtigen Beitrag: Ich meine den asag, assays oder essai, d. h. die Probe, welche die Dame ihrem Verehrer auferlegt. [...] Anstatt moralische Entrüstung zur Schau zu tragen, sucht René Nelli Wesen und Funktion des asag in der höfischen Liebesweise zu verstehen, was ihn dazu bringt, sein Geheimnis in der ‚Liebesfreud' selbst zu suchen [...]: *der leidenschaftliche Überschwang, dessen Ursache die geliebte Frau und dessen Gegenstand die Liebe* ist. Manchmal ist es schlicht und einfach die Lebensfreude, die man empfindet, wenn man liebt, oder aber es ist ein Spiel-Flirt oder ‚Petting'."

Und als Grundsatz dieses okzitanischen ‚Selbstbewußtseinsasag' gilt: „[...] se possent ponere nudus cum nuda in uno lecto et tamen non perficerent actum carnalem."[749]

De Rougement hat vermutet, daß diese Art von höfischer Liebe, wie sie im ‚asag' kulminiert, zum Teil arabischen, zum Teil auch indischen Ursprungs ist. Insofern ließe sich diese ars amandi, wie sie dem „asag/essai" zugrunde liegt, als eine Art europäischen Tantrismus deuten.[750]

Die Motive und die erotische Praxis des „asag/essais" sind nicht eindeutig zu bestimmen, sie sind uns nur aus den Texten der Troubadours, aus höchst poetisch-artifiziellen Gedichten also, bekannt. Geht es dabei vornehmlich um die Angst, mit der Gewährung des ‚acte carnel' sei alles vorbei? Oder handelte es sich um ein Liebesspiel, das die erotischen Freuden verlängern sollte? Ging es um die Zurückhaltung des Samens (wie etwa im indischen Tantrismus) oder um die Vermeidung der körperlichen Vereinigung?

Diese Revolution der abendländischen Seele, die in diesen Motiven deutlich wird, kulminiert in einem Begehren ohne Ende, in einem künstlichen Masochismus, der sich die Paradoxien der Erotik zunutze macht und sie gleichsam pervertiert, weiter dreht: nur die unerfüllte Liebe ist die wahre Liebe. Die wahre Lust ist die Askese. Erfüllung zerstört das Begehren. Und diese raffinierte Askese im Namen einer verzweifelten Lust setzt jene Energien frei, die den Prozeß des Schreibens erst ermöglichen. Diese Art von Sublimation des Begehrens ist gleichsam die transzendente Voraussetzung für den essai, der auf die vollständige Vereinigung verzichtet: im Namen eben jenes Begehrens ohne Ende.

Interessant für unseren Kontext ist der *hohe Grad von Künstlichkeit*, der dem essayistischen Verfahren innewohnt, einer Künstlichkeit, die die Natur zu überlisten trachtet, mit freilich anderen Mitteln als Odysseus die Sirenen.

Wenn die These von der Revolution der Seele im 12. und 13. Jahrhundert stimmt und wenn ferner zutrifft, daß mit seinen Akteuren, Troubadouren, Beginen, katharischen Intellektuellen die Geschichte des neuzeitlichen Subjekts vorgezeichnet ist, dann konstituiert sich dieses Subjekt durch Verzicht und Distanz. Und als Mehrwert des raffinierten Kalküls steht der Genuß an einem endlosen Begehren, das das Subjekt in Bewegung bringt. Nicht sollte man die Zurückhaltung im Sinne einer Vorsichtsmaßnahme sehen, vielmehr als ein Abenteuer, das – wie alle Abenteuer – erotisch ist.

Nicht unwichtig ist der Hinweis auf die gnostische Komponente bei der verrückten Liebe dieser kaltblütig-schmachtenden Liebhaber. Indem es nicht zum Letzten kommt, wird der Konnex von Begehren und Selbstproduktion durchschnitten, lange vor de Sade, der alle „perversen" Liebestechniken feiert, weil sie der Natur ein Schnippchen schlagen und das Rad der Wiedergeburt der Menschen durch die Reproduktion anhalten.

Etwas von dieser gnostischen Weltdistanz und Weltfeindschaft läßt sich insbesondere im Essayismus des ästhetischen Modernismus nachweisen. Wenn die Lebensbedingungen des Planeten als unwürdig erfahren werden, liegt es nahe, die Zurückhaltung des

749 Denis de Rougement, *Die Liebe und das Abendland*, a.a.O., S. 437: „Wenn sie sich als unfähig erweisen, sich nackt zu nackt in einem Bett zueinander zu legen, ohne den fleischlichen Akt zu vollziehen", können die Frommen nicht als tugendhaft bezeichnet werden. Vgl. die ἐποχή Montaignes: die Zurückhaltung.

750 Ebd., S. 434ff.

Samens und den Verzicht auf ein Eins-Werden mit dem Körper eines Anderen nicht nur unter dem Aspekt der Luststeigerung zu propagieren, sondern auf Grund eines elementaren Zweifels an dem, was man als Vorgefundenes erfährt und dem man negatorisch-distanziert antwortet. Verzicht und die Absage sind im Spiel der Kommunikation die Antwort, die die Kommunikation im Sinne eines einvernehmlichen Miteinander-Redens durchkreuzt.

So läßt sich der Hinweis auf die eher verdeckte etymologische Wurzel noch einmal theoretisch wenden: nicht nur im Sinne eines anschaulichen Gleichnisses, sondern auch als Hinweis darauf, wie die Geschichte des modernen Subjekts mit der jener schwer greifbaren theoretischen Tradition verwoben ist, die man im Sinne einer vorsichtigen, vorbehaltlichen Annäherung an das, was die Welt heißt, bezeichnen könnte. Diese ist längst nicht mehr so selbstverständlich, als daß man sie so heimelig bezeichnen könnte. Aus diesem Vertrauensriß, der die Ebenbildlichkeit von Welt und Mensch radikal in Frage stellt, lebt der Essayismus bis heute. Der Widerpart, die verläßlichen Welt- und Gedankengebäude scheinen, wie gesagt, abhanden gekommen zu sein. Oder, um noch einmal den Vergleich zu bemühen: sie stehen unter Denkmalschutz und als Traditionsbestände außer Streit. Der Vektor der essayistischen Irrfahrten indes hat sich umgekehrt: ins Labyrinth der Seele. Montaigne hatte sich bereits dort hineingewagt. Deshalb ist er, nicht bloß im Vergleich zu Dante, ein Mensch mit modernen Erfahrungen. Daß diese noch möglich sind, auch nach der kopernikanischen Wende der Soziologie, bleibt eine Voraussetzung für das Denken als Abenteuer und als Prozeß.

Die hartnäckige Fortexistenz des Essayismus nach Musil und Adorno, nach Nietzsche und Freud zeigt an, daß gewisse Radikaldiagnosen postmodernistischer Natur entweder nicht stimmen oder selbst noch einmal einem rhetorischen Spiel unterliegen, das für den essayistischen Gestus kennzeichnend ist.

Margarete Susman hat vom romantischen Versuch in dem Sinn gesprochen, daß er vergeblich „an die Tore des Lebens selbst" gepocht habe.[751] Dieses Scheitern könnte über das spezifisch romantische hinaus für den Essayismus unter den Bedingungen moderner Reflexion überhaupt gelten. Und das Schicksal des Kafkaschen Türhüters, das noch einmal an dieses ungestüme romantische Pochen erinnern mag, macht deutlich, daß derlei unmittelbare Einheit von Leben und Denken nicht zu erlangen ist, wohl aber eine vermittelte. Von ihr spricht das Essayistische in seiner Struktur, in seinem Gestus, in seiner Programmatik. Etwas von dem Leid und dem Glück des Schreibenden und des Schreibens teilt der Essay über die schier diskursive Mitteilung hinaus mit. Dadurch entsteht jener merkwürdige Zwiespalt, daß auch noch (wie in der modernen Kunst) die sprachliche Umsetzung der schlimmsten individuellen oder kollektiven Erfahrung vom Glück des Gelingens im Zeichenspiel der Sprache weiß. Kafka, der lachende Dichter von hintertriebener Philosophik, hat darum gewußt wie kaum ein anderer:

„Ein Philosoph trieb sich immer dort herum, wo Kinder spielten. Und sah er einen Jungen, der einen Kreisel hatte, so lauerte er schon. Kaum war der Kreisel in Drehung, verfolgte ihn der Philosoph, um ihn zu fangen. Daß die Kinder lärmten und ihn von ihrem Spielzeug abzuhalten suchten, kümmerte ihn nicht, hatte er den Kreisel, solange

751 Margarete Susman, *Der romantische Versuch,* a.a.O., S. 397.

er sich noch drehte, gefangen, war er glücklich, aber nur einen Augenblick, dann warf er ihn fort. Er glaubte nämlich, die Erkenntnis jeder Kleinigkeit, also zum Beispiel auch eines sich drehenden Kreisels, genüge zur Erkenntnis des Allgemeinen. Darum beschäftigte er sich nicht mit den großen Problemen, das schien ihm unökonomisch. War die kleinste Kleinigkeit wirklich erkannt, dann war alles erkannt, deshalb beschäftigte er sich nur mit dem drehenden Kreisel. Und immer wenn die Vorbereitungen zum Drehen des Kreisels gemacht wurden, hatte er Hoffnung, nun werde es gelingen, und drehte sich der Kreisel, wurde ihm atemloses Laufen nach ihm die Hoffnung zur Gewißheit, hielt er aber dann das dumme Holzstück in der Hand, wurde ihm übel und das Geschrei der Kinder, das er bisher nicht gehört hatte und das ihm jetzt plötzlich in die Ohren fuhr, jagte ihn fort, er taumelte wie ein Kreisel unter einer ungeschickten Peitsche.“[752]

In höchster Raffinesse hält das Gleichnis fest, was der Essayismus programmatisch einzulösen bestrebt ist. Wobei der Text immer weiter, gleichsam kreisförmig ausgreift. Er setzt ein mit der Liebe zu einem Spielzeug, einer Kindheitserinnerung im Stile Benjamins, einem scheinbar bedeutungslosen Besonderen. Und was sofort von Bedeutung ist: einem Beweglichen. Das Begreifen bringt es zum Stillstand. Nur ein glücklicher Augenblick ist dem Philosophen mit dem Kinderspiel vergönnt, aber dann wird er gewahr, daß sein Tätig-Sein den Kreisel, der eben nur als bewegter Gegenstand er selbst ist, zum Stillstand und damit um seine Existenz gebracht wird.[753] In unserem Kontext läßt es sich als die spezifische Differenz von ‚Leben‘ und ‚Schreiben‘ markieren. Nur eines von beiden vermag zu kreisen, niemals beide auf einmal. Damit ist auch schon die Ausweitung des Gleichnisses vorbereitet: der Kreisel ist nicht ein Besonderes, sondern etwas ganz Besonderes. Im Blick auf den Kreisel könnte freilich gelten, daß jedwedes Besondere ein ganz Besonderes ist. Was es umgekehrt wiederum nahelegt, ein Denken einzufordern, das sich der Bewegung des Kreisels bedient, diese nachahmt. Dieses lebt von dem Glück des Augenblicks und von der anschließenden andauernden Enttäuschung, die nur durch die Wiederholung des glücklichen Augenblicks (eines abermals glücklichen Augenblicks) durchbrochen wird. Die Sprache verwandelt das tänzelnd sich Bewegende in ein „dummes Holzstück“. Von diesem Opfer lebt ein Denken, das selbst sich im Tanzen und Kreisen versucht und dem doch die Strategie des Scheiterns und Mißlingens eingeschrieben ist und das doch von seinem Tun nicht abläßt, obwohl es von dem zu erwartenden Mißerfolg weiß. Ferruccio Masini hat, im Anschluß an Harold Bloom, von einem „Vagabundieren der Bedeutung“ gesprochen, und zwar von einem Vagabundieren „nicht allein durch verschiedene Texte hindurch“, sondern von einem „zwischen der Form und ihrer ironischen Selbstüberwindung“: „Im Schatten des Essayismus liegt ein umherirrender Sinn. Das Umherschweifen ist im Essayismus der Moderne durch die Ironie gegeben, die der Essayismus der Mystiker nicht kennt. Die Ironie wird also auf jene Säkularisation zurückgeführt, aus der in der Epoche der ‚vollendeten Sündhaftigkeit‘ der moderne Essayismus geboren wurde.“[754] Der moderne Essayismus

752 Franz Kafka, *Der Kreisel*, in: ders., *Gesammelte Werke*, Bd. 3: *Beschreibung eines Kampfes. Novellen, Skizzen, Aphorismen*. Aus dem Nachlaß herausgegeben von Max Brod, a.a.O., S. 318.

753 Vgl. Alexander García Düttmann, *Das Gedächtnis des Denkens*, a.a.O., S. 267.

754 Ferruccio Masini, *Beitrag zu einer Philosophie des Essays*, a.a.O., S. 250.

ließe sich also als ein Mystizismus mit durchgängiger Ironie bestimmen (was übrigens im Falle Kafkas sehr viel unmittelbarer einleuchtet als bei dem programmatischen Mystiker und Ironiker in doppelter Gestalt, Robert Musil), wobei die Mystik als ein im wesentlichen protoneuzeitliches Phänomen selbst noch auf eine ‚religiöse' Leerstelle verweist, die der Prozeß der ‚Säkularisation' (wie immer man ihn inhaltlich fassen will) hinterlassen, ja geradezu erst geschaffen hat.

Aus dieser Leerstelle speist sich der Essayismus und ein gutes Stück auch die Kunst der prononciert ‚klassischen' modernen Avantgarde. Ersterer erweist sich als ein Schreiben, dessen Anfang kontingent ist, ohne prinzipielle Bedeutung (so wie die Gegenwärtigkeit des Philosophen beim harmlosen Kinderspiel). Auf Grund seiner autonomen Dynamik kommt es zu keinem Ende, außer einem durch die physische Erschöpfung bedingten. Lange vor dem linguistic turn begegnet uns dabei ein Denken, das mit dem Schreiben rechnet (rhetorisch wie ästhetisch), das eingespannt ist in den Widerspruch zwischen Einsamkeit und der Sehnsucht nach öffentlicher Wirkung, zwischen den Kategorien des Privaten und des Sozialen, Politischen, Öffentlichen.

Wie die Liebe, Sexualität und Eros, wie Krankheit, Hygiene und Tod, wie Essen und Bildung ist auch das Denken als soziale Tätigkeit Manifestation einer überaus widersprüchlichen, nicht-linearen Geschichte der Zivilisation. Insofern liefert uns Rougements Hinweis auch einen methodischen Schlüssel zum Verständnis des mentalen Essays. Metaphorisch gesprochen kann man mit und ohne Besteck denken, mit und ohne Messer und Gabel. Entgegen unserer Authentizitätssehnsüchte ist der Essayismus (mit den Spielregeln des Diskurses, die er vorgibt) kein philosophischer Urschrei, weniger abstrakt vielleicht als der streng diskursiv-begriffliche Diskurs der Philosophie, aber womöglich raffinierter in seiner Technik doppelter Böden und metaphorischer Listen. Wenn er so, sichtbarer vielleicht als der wissenschaftliche Diskurs, sich als ein Ausdruck der ‚abendländischen' und nach-abendländischen (‚postkolumbianischen') Zivilisation erweist (obschon auch letzterer in diesen Kontext gehört: im Sinne von Kulturtechniken wie Distanz, Neugierde, d. h. auch Schamlosigkeit, Sicherheit, Verfügbarkeit usw.), dann ist die Zukunft des Essays als Kategorie des Denkens an die unsichere Zukunft dieser Zivilisation geknüpft.

Bibliographie

Adorno, Theodor W., Noten zur Literatur, 4 Bde., Frankfurt a.M. 1958ff.
– Negative Dialektik, Frankfurt a.M. 1966
– Stichworte. Kritische Modelle, 2 Bde., Frankfurt a.M. 1969
– Ästhetische Theorie, Frankfurt a.M. 1970
– Minima Moralia. Reflexionen aus dem beschädigten Leben, Frankfurt a.M. [20]1991(1951)
Agamben, Giorgio, Die Idee der Prosa, München 1986
– Le Muse IV. Il gallo silvestre, Siena 1989
Ailly, Pierre de, Ymago Mundi (Lat.-Frz.), hg. v. Edmond Buron, Paris 1930
Althaus, Horst, Hegel und die heroischen Jahre der Philosophie, München 1992
Anders, Günther, Die Antiquiertheit des Menschen, 2 Bde., München 1956 u. 1980
– Mensch ohne Welt. Schriften zur Kunst und Literatur, München 1984
– Die molussische Katakombe, München 1992
Assmann, Jan/Harth, Dietrich (Hg.), Mnemosyne. Formen und Funktionen der kulturellen Erinnerung, Frankfurt a.M. 1991
Audretsch, J./Mainzer, K. (Hg.), Vom Anfang der Welt. Wissenschaft, Philosophie, Religion, Mythos, München 1989
Auerbach, Erich, Mimesis. Dargestellte Wirklichkeit in der abendländischen Welt, Bern – München 1946

Bachelard, Gaston, Epistemologie. Ausgewählte Texte, Frankfurt a.M. – Berlin 1974
Bachtin, Michael, Formen der Zeit im Roman. Untersuchungen zur historischen Poetik, Frankfurt a.M. 1989
Bacon, Francis, Novum Organum (Lat.-Dt.), hg. v. Wolfgang Krohn, 2 Bde., Hamburg 1990
– Nova Atlantis (übers. v. Günther Bugge), Stuttgart 1992
– Essays, Stuttgart 1970
Barck, Karlheinz / Gente, Peter / Paris, Heidi / Richter, Stefan (Hg.), Aisthesis. Wahrnehmung heute oder Perspektiven einer anderen Ästhetik, Leipzig 1990
Bateson, Gregory, Ökologie des Geistes, Frankfurt a.M. 1981
Baudelaire, Charles, Sämtliche Werke, hg. v. Friedhelm Kemp/Claude Pichois, 8 Bde., München 1975ff.
– Gesammelte Schriften, hg. v. Max Bruns, 6 Bde., Dreieich 1981
Baudrillard, Jean, Der symbolische Tausch und der Tod, München 1982

Bauschinger, Sigrid/Cocalis, Susan L./Lennox, Sara (Hg.), Nietzsche heute. Die Rezeption seines Werkes nach 1968, Bern – Stuttgart 1986
Beck, Ulrich, Risikogesellschaft. Auf dem Weg in eine andere Moderne, Frankfurt a.M. 1986
– Politik in der Risikogesellschaft, Frankfurt a.M. 1991
Beguin, Albert, Traumwelt und Romantik. Versuch über die romantische Seele in Deutschland, Bern – München 1972
Behler, Ernst, Nietzsche jenseits der Dekonstruktion, in: Josef Simon (Hg.), Nietzsche in der Diskussion, a.a.O., S. 88–107
Behler, Ernst, Apokalyptische Nietzsche-Interpretationen: Heidegger und Derrida, in: Sigrid Bauschinger u. a. (Hg.), a.a.O., S. 105–128
Benjamin, Walter, Ausgewählte Schriften, 2 Bde., Frankfurt a.M. 1977
– Das Kunstwerk im Zeitalter seiner technischen Reproduzierbarkeit. Drei Studien zur Kunstsoziologie, Frankfurt a.M. 1968
Benn, Gottfried, Gesammelte Werke in der Fassung der Erstdrucke, 4 Bde., hg. v. Bruno Hillebrand, Frankfurt a.M. 1989
– Briefe an F. W. Oelze, 3 Bde., hg. v. H. Steinhagen,/J. Schröder, Frankfurt a.M. 1982
Bense, Max, Über den Essay und seine Prosa, in: Ludwig Rohner (Hg.), Deutsche Essays. Prosa aus zwei Jahrhunderten, 6 Bde., München 1969
Bensmaia, Reda, Barthes à l'Essai. Introduction au texte réfléchissant, Tübingen 1986
Berghahn, Wilfried, Robert Musil, Reinbek 1963
Bielefeld, Michael, Bestätigung tiefster Zerrüttung. Zum Reisemotiv, in: Text + Kritik, H. 44 (1985), hg. v. Heinz L. Arnold, München ^{2}1985, S. 54–62
Bloch, Ernst, Erbschaft dieser Zeit, Frankfurt a.M. 1962
Bloom, Harold, Kabbala, Poesie und Kritik, Basel – Frankfurt a.M. 1988
Blumenberg, Hans, Die Legitimität der Neuzeit, 3 Bde., Frankfurt a.M. 1974f.
– Schiffbruch mit Zuschauer. Paradigma einer Daseinsmetapher, Frankfurt a.M. 1979
– Die Genesis der kopernikanischen Welt, 3 Bde., Frankfurt a.M. 1981
– Lebenszeit und Weltzeit, Frankfurt a.M. 1986
– Das Lachen der Thrakerin. Eine Urgeschichte der Theorie, Frankfurt a.M. 1987
– Die Sorge geht über den Fluß, Frankfurt a.M.1987
– Höhlenausgänge, Frankfurt a.M. 1989
Böhme, Hartmut, Ich-Verlust und melancholische Haltung bei Gottfried Benn, in: Will Müller-Jensen, Gottfried Benn zum 100. Geburtstag, Würzburg 1989, S. 64–81
– Anomie und Entfremdung. Literatursoziologische Unternehmungen zu den Essays Robert Musils und seinem Roman Der Mann ohne Eigenschaften, Kronberg i.Ts. 1974
Böhme, Hartmut/Böhme, Gernot, Das Andere der Vernunft. Zur Entwicklung von Rationalitätsstrukturen am Beispiel Kants, Frankfurt a.M. 1983
Bohrer, Karl Heinz, Die Ästhetik des Schreckens. Die pessimistische Romantik und das Frühwerk Ernst Jüngers, München 1986
– Der romantische Brief. Die Entstehung ästhetischer Subjektivität, München 1987
– Nach der Natur. Über Politik und Ästhetik, München 1988
Bollnow, Otto F., Einfache Sittlichkeit. Kleine Aufsätze, Göttingen 1962

Bolz, Norbert/ van Reijen, Willem, Walter Benjamin, Frankfurt a.M. 1991
Broch, Hermann, Philosophische Schriften 2. Theorie, in: Kommentierte Werkausgabe, hg. v. Michael Lützeler, Bd. 10/2, Frankfurt a.M. 1986
Brokoph-Mauch, Gudrun (Hg.), Robert Musil. Essayismus und Ironie, Tübingen 1972
Brunkhorst, Hauke, Theodor W. Adorno. Dialektik der Moderne, München 1990
Burger, Rudolf, Die falsche Wärme der Kultur, in: Wolfgang Müller-Funk (Hg.), Neue Heimaten, neue Fremden, Wien 1992
Bürger, Peter, Theorie der Avantgarde, Frankfurt a.M. 1974
– Prosa der Moderne, Frankfurt a.M. 1988
Busch, Günther/ Freund, Hellmut, Gedanke und Gewissen. Essays aus 100 Jahren, Frankfurt a.M. 1986
Butrym, Alexander J. (Hg.), Essays on the Essay, Redefining the Genre, Princeton 1989

Canetti, Elias, Die Provinz des Menschen. Aufzeichnungen 1942–1972, München 1973
Canguilhem, Georges, Wissenschaftsgeschichte und Epistemologie, Frankfurt a.M. 1979
Cantarutti, Giulia/ Schumacher, Hans, Neuere Studien zu Aphoristik und Essayistik, Bern – New York 1986
Carpentier, Alejo, Die Harfe und der Schatten, Frankfurt a.M. 1984
Castoriadis, Cornelius, Gesellschaft als imaginäre Institution, Frankfurt a.M. 1984
Cejpek, Lukas, Wahn und Methode in Robert Musils Mann ohne Eigenschaften, Graz 1982
Chamfort, Nicolas, Früchte der vollendeten Zivilisation, Stuttgart 1977
Cioran, Emil Michel, Die verfehlte Schöpfung, Frankfurt a.M. 1979
– Vom Nachteil, geboren zu sein, Frankfurt a.M. 1979
Cochetti, Stefano, Mythos und Dialektik der Aufklärung, Königstein i.Ts. 1985
Columbus, Christoph, Bordbuch (m. einem Nachw. v. Franke Gewecke), Frankfurt a.M. 1981
– Dokumente seines Lebens und seiner Reisen (neu hg. v. Friedemann Berger), 2 Bde., Leipzig 1991
Colon, Fernandou, Historia Del Almirante De Los Indias Don Cristobal Colon, Buenos Aires 1944
Corino, Karl, Robert Musil. Leben und Werk in Bildern, Reinbek 1988
Cramer, Friedrich/Kaempfer, Wolfgang, Die Natur der Schönheit, Frankfurt a.M. – Leipzig 1992
Culler, Jonathan, Dekonstruktion. Derrida und die poststrukturalistische Literaturtheorie, Reinbek 1988
Curtius, Ernst Robert, Europäische Literatur im Lateinischen Mittelalter, Bern 1948

Derrida, Jacques, Die Schrift und die Differenz, Frankfurt a.M. 1972
– Gesetzeskraft. Der „mystische Grund der Autorität“, Frankfurt a.M. 1991,
Descombes, Vincent, Das Selbe und das Andere. Fünfundvierzig Jahre Philosophie in Frankreich 1933–1978, Frankfurt a.M. 1981
Dewey, John, Kunst als Erfahrung, Frankfurt a.M. 1980
– Die Erneuerung der Philosophie, Hamburg 1989

Diderot, Denis, Jacques der Fatalist (übers. v. W. Chr. Mylius), Berlin 1974
– Rameaus Neffe/Le Neveu de Rameau, zweisprachig, übers. v. Johann Wolfgang v. Goethe, Frankfurt a.M. 1984
Dörrie, H., Leiden und Erfahrung, Akademie d. Wiss. u. d. Literatur H. 5
Düttmann, Alexander Garcia, Das Gedächtnis des Denkens, Frankfurt a.M. 1991
Dux, Günther, Die Zeit in der Geschichte, Frankfurt a.M. 1989
Dyer, Geoff, In der Tradition. Offener Brief an George Steiner, in: Lettre International, H. 6 (1989), Berlin 1989, S. 63–65

Eisele, Ulf, Die Struktur des modernen Romans, Tübingen 1984
Eliade, Mircea, Mythos und Wirklichkeit, Frankfurt a.M. 1988
Elias, Norbert, Über den Prozeß der Zivilisation, Frankfurt a.M. – Bern 1969
Elkana, Yehuda, Die Entstehung des Denkens zweiter Ordnung im antiken Griechenland, in: Shmuel N. Eisenstadt (Hg.), Kulturen der Achsenzeit, 2 Bde., Frankfurt a.M. 1987
Encyclopédie on Dictionaire Raisonné des Sciences, des Arts, et des Métiers, Tome Cinquième [Nachdruck], hg. v. d'Alembert u. Diderot, Stuttgart – Bad Cannstatt o. J.
Engelmann, Peter (Hg.), Postmoderne und Dekonstruktion. Texte französischer Denker der Gegenwart, Stuttgart 1990
Evola, Julius, Erhebung wider die moderne Welt, Stuttgart 1935
– Metaphysik des Sexus, Frankfurt a.M. – Berlin 1983

Farrington, Benjamin, The Philosophy of Francis Bacon, Liverpool 1964
Feuchtwanger, Lion, Erfolg. Drei Jahre Geschichte einer Provinz, Berlin 1930
– Exil, Berlin – Weimar 1974
Fichte, Johann Gottlieb, Ausgewählte Werke in sechs Bänden, hg. v. Fritz Medicus, Wiesbaden 1962
Flusser, Vilém, Die Schrift, Göttingen ^{2}1989
Foucault, Michel, Die Ordnung der Dinge, Frankfurt a.M. 1971
– Die Archäologie des Wissens, Frankfurt a.M. 1973
– Von der Subversion des Wissens, Frankfurt a.M. – Berlin 1978
Frank, Manfred, Die Philosophie des sog. „magischen Idealismus", in: Euphorion 63 (1969), S. 88–116
– Der kommende Gott. Vorlesungen über die Neue Mythologie, Frankfurt a.M.1982
– Was ist Neostrukturalismus, Frankfurt a.M. 1983
– Gott im Exil. Vorlesungen über die Neue Mythologie, Frankfurt a.M. 1988
Freese, Wolfgang, Zur neueren Musil-Forschung. Ausgaben und Gesamtdarstellungen, in: Text + Kritik, Bd. 21/22 (Robert Musil), hg. v. Heinz L. Arnold, München ^{3}1983
Freud, Sigmund, Abriß der Psychoanalyse. Das Unbehagen in der Kultur, Frankfurt a.M. 1953
– Studienausgabe, Frankfurt a.M. 1982
Frey, Hans Jost, Der unendliche Text, Frankfurt a.M. 1990
Friedrich, Hugo, Montaigne, Bern – München 1970
Fritsch, Theodor, Handbuch der Judenfrage, Leipzig ^{30}1931

Gadamer, Hans-Georg, Wahrheit und Methode, Tübingen 1960
Gehlen, Arnold, Der Mensch, Wiesbaden [9]1972
– Anthropologische und soziologische Untersuchungen, Reinbek 1986
Gehrke, Claudia (Hg.), Der Tod der Moderne. Eine Diskussion mit Jean Baudrillard, Gerd Bergfleth, Horst Folkers, Ute Gerhard, Marlis Gerhardt, Heidrun Hesse, Dietmar Kamper, Gerd Kimmerle, Gerd Mattenklott, Michael Rutschky, Hartmut Schröter, Ulrich Sonnemann, Tübingen 1983
Girard, René, Das Heilige und die Gewalt, Zürich 1987, Frankfurt a.M. 1992
Glaser, Horst Albert, Gottfried Benn 1889–1956, Frankfurt a.M. 1989
Glucksmann, André, Die Cartesianische Revolution. Von der Herkunft Frankreichs aus dem Reich der Philosophie, Reinbek 1989
Granzotto, Gianni, Christoph Kolumbus, Reinbek 1985
Greffrath, Mathias, Montaigne. Ein Panorama, Frankfurt a.M. 1992
Gütersloh, Albert Paris, Über den Essay, in: Jeremy Adler (Hg.), Allegorie und Eros. Texte von und über Albert Paris Gütersloh, München – Zürich 1986

Haas, Gerhard, Studien zur Form des Essays und zu seinen Vorformen im Roman, Tübingen 1966
– Essay, Stuttgart 1969
Habermas, Jürgen, Der philosophische Diskurs der Moderne, Frankfurt a.M. 1985
– Die neue Unübersichtlichkeit, Frankfurt a.M. 1985
– Erläuterungen zur Diskursethik, Frankfurt a.M. 1991
– Die Moderne – ein unvollendetes Projekt, Leipzig [2]1992
Hager, Frithjof, Denkbilder zerreißen. Die Kunst, der Soziologie zu widersprechen, Gießen 1985
– (Hg.), Geschichte denken. Ein Notizbuch für Leo Löwenthal, Leipzig 1992
Hager, Frithjof/Pfütze, Hermann (Hg.), Das unerhört Moderne. Berliner Adorno-Tagung, Lüneburg 1990
Halbwachs, Maurice, Das Gedächtnis und seine sozialen Bedingungen, Frankfurt a.M. 1985
– Das kollektive Gedächtnis, Frankfurt a.M. 1985
Hartmann, Eduard, Pierre d'Aillys Lehre von der sinnlichen Erkenntnis, Fulda 1903
Haslinger, Josef, Die Ästhetik des Novalis, Königstein i.Ts. 1981
Haydu, George G. (Hg.), Experience Forms. Their Cultural and Individual Place and Function, The Hague – Paris – New York 1979
Hegel, Georg Wilhelm Friedrich, Werke in zwanzig Bänden, hg. v. Eva Moldenhauer u. Karl Markus Michel, Frankfurt a.M. 1970
Hegener, Johannes, Die Poetisierung der Wissenschaften bei Novalis, Bonn 1975
Heinrich, Klaus, Vernunft und Mythos. Ausgewählte Texte, Frankfurt a.M. 1983
Herder, Johann Gottfried, Sämtliche Werke, hg. v. Bernhard Suphan, (Nachdr.) Hildesheim 1967ff.
– Auch eine Philosophie der Geschichte zur Bildung der Menschheit, Stuttgart 1990
Herrmann, Armin, Die Begründung der Elektrochemie und Entdeckung der ultravioletten Strahlen von Johann Wilhelm Ritter. Eine Auswahl aus den Schriften des romantischen Physikers, Frankfurt a.M. 1968

Heydebrand, Renate von, Die Reflexionen Ulrichs in Robert Musils „Der Mann ohne Eigenschaften“, Münster 1966

Hiebel, Friedrich, Biographik und Essayistik, Bern – München 1970

Hoffmann, E.T.A., Werke in vier Bänden, Frankfurt a.M. 1967

Hohendahl, Peter Uwe (Hg.), Benn – Wirkung wider Willen, Dokumente zur Wirkungsgeschichte, Frankfurt a.M. 1971

Hölscher, Uvo, Die Odyssee. Epos zwischen Märchen und Roman, München ³1990

Holthusen, Hans Egon, Der unbehauste Mensch. Motive und Probleme der modernen Literatur, München 1955

– Gottfried Benn. Leben, Werk, Widerspruch, Stuttgart 1986ff.

Horkheimer, Max, Anfänge der bürgerlichen Geschichtsphilosophie und andere Aufsätze, Frankfurt a.M. 1971

Horkheimer, Max/Adorno, Theodor W., Dialektik der Aufklärung, Frankfurt a.M. 1971

Horstmann, Ulrich, Das Untier. Konturen einer Philosophie der Menschenflucht, Wien ³1983

– Parakritik und Destruktion. Eine Einführung in den amerikanischen Poststrukturalismus, Würzburg 1983

Howes, Geoffrey C., Ein Genre ohne Eigenschaften. Musil, Montaigne, Sterne und die essayistische Tradition, in: Gudrun Brokoph-Mauch (Hg.), Robert Musil. Essayismus und Ironie, a.a.O., S. 1–11

Hübner, Kurt, Die Wahrheit des Mythos, München 1985

Jamme, Christoph, Gott an hat ein Gewand. Grenzen und Perspektiven philosophischer Mythos-Theorien, Frankfurt a.M. 1991

Jauß, Hans Robert, Ästhetische Erfahrung und literarische Hermeneutik, Frankfurt a.M. 1982

Jay, Martin, Dialektische Phantasie. Die Geschichte der Frankfurter Schule und des Instituts für Sozialforschung 1923–1950, Frankfurt a.M. 1976

– Adorno, Cambridge/Mass. 1984

Jonas, Hans, Gnosis und spätantiker Geist, Göttingen 1964

Jung, Carl G., Werke, hg. v. Lily Jung-Merker u. Elisabeth Ruf, Bd. 9/1, Olten – Freiburg i.Br. 1976

Jünger, Ernst, Sämtliche Werke, Erste Abteilung, Tagebücher III, Strahlungen II, Stuttgart 1979

– Die Schere, Stuttgart 1990

Just, Klaus, Versuch und Versuchung, in: Übergänge, Bern 1966, S. 7–24

Kafka, Franz, Gesammelte Werke, hg. v. Max Brod, Frankfurt a.M. 1953

– Sämtliche Erzählungen, Frankfurt a.M. 1970

– Betrachtungen über Sünde, Leid, Hoffnung und den wahren Weg, in: Werke, Bd. 6, Frankfurt a.M. 1976, S. 30–41

Kafka, Peter, Raum und Zeit, Materie – Gibt es das eigentlich? oder Ein Tanz ohne Boden, in: Martin Bergelt/Hortensia Volckers (Hg.), Zeit-Räume, München 1991

Kähler, Hermann, Zum Essay. Probleme literarischer Subjektivität in Essayistik und Publizistik der frühen Zwanziger Jahre, in: Weimarer Beiträge, Jg. 26, H. 12, S. 92–113
Kamper, Dietmar, Zur Geschichte der Einbildungskraft, München 1981
– Zur Soziologie der Imagination, München 1986
– Hieroglyphen der Zeit. Texte vom Fremdwerden der Welt, München 1988
– (Hg.), Macht und Ohnmacht der Phantasie, Darmstadt – Neuwied 1986
Kamper, Dietmar/Sonnemann, Ulrich (Hg.), Atlantis zum Beispiel, Darmstadt – Neuwied 1986
Kamper, Dietmar/Wulf, Christoph (Hg.), Die erloschene Seele, Berlin 1988
Kamphausen, Georg/Schnelle, Thomas, Die Romantik als naturwissenschaftliche Bewegung, Bielefeld 1981
Kant, Immanuel, Werke in zwölf Bänden, hg. v. Wilhelm Weischedel, Frankfurt a.M. 1968
Kapitza, Peter, Die frühromantische Theorie der Mischung, München 1968
Klibanski, Raymond/Panofsky, Erwin/Saxl, Fritz, Saturn und Melancholie, Frankfurt a.M. 1990
Kolakowski, Leszek, Die Gegenwärtigkeit des Mythos, München 1973
– Horror metaphysicus, München 1989
Körner, Stephan, Erfahrung und Theorie. Ein wissenschaftstheoretischer Versuch, Frankfurt a.M. 1977
Koslowski, Peter (Hg.), Gnosis und Mystik in der Geschichte der Philosophie, Zürich – München 1988
Kristeva, Julia, Fremde sind wir uns selbst, Frankfurt a.M. 1990
Krohn, Wolfgang, Francis Bacon, München 1987
Kuhn, Thomas, Die Struktur wissenschaftlicher Revolutionen, Frankfurt a.M. 1981
– Was sind wissenschaftliche Revolutionen, Veröffentlichungen der Siemens-Stiftung, München ^{2}1984
Küntzel, Heinrich, Essay und Aufklärung, München 1969
Kurzke, Hermann, Novalis, München 1990

Lacan, Jacques, Die vier Grundbegriffe der Psychoanalyse. Das Seminar XI, Berlin 1987
Laermann, Klaus, Eigenschaftslosigkeit. Reflexionen zu Robert Musils Roman ‚Der Mann ohne Eigenschaften', Stuttgart 1970
Lamping, Dieter, Lichtenbergs literarisches Nachleben. Eine Rezeptionsgeschichte, Göttingen 1992
La Rochefoucauld, 150 Maximen (zweispr., übers. v. Julius Schmidt), Heidelberg 1979
Las Casas, Bartolomé de, Kurzgefaßter Bericht von der Verwüstung der Westindischen Länder, hg. v. Hans Magnus Enzensberger, Frankfurt a.M. 1966
Lepenies, Wolf, Die drei Kulturen. Soziologie zwischen Literatur und Wissenschaft, München 1985
Le Rider, Jacques, Das Ende der Illusion. Zur Kritik der Moderne, Wien 1990
Leroi-Gourhan, André, Hand und Wort. Die Evolution von Technik, Sprache und Kunst, Frankfurt a.M. 1980

Lessing, Theodor, Geschichte als Sinngebung des Sinnlosen [Nachdr. d. 1. Aufl. v. 1919, m. einem Nachwort v. Rita Bischof], München 1983
Lévinas, Emmanuel, Die Zeit und der Andere, Hamburg 1984
Lichtenberg, Georg Christoph, Schriften und Briefe, hg. v. Wolfgang Promies, München 1968ff.
– Sudelbücher, hg. v. Franz H. Mautner, Frankfurt a.M. 1984
Liessmann, Konrad Paul, Ohne Mitleid. Zum Begriff der ästhetischen Distanz als ästhetischer Kategorie mit ständiger Rücksicht auf Theodor W. Adorno, Wien 1992
– (Hg.), Günther Anders kontrovers, München 1992
Lila, Mark, Das Ende der Philosophie. Über Alexander Kojève, in: Merkur Jg. 46, H. 1 (1992), S. 17–27
Lohne, Nikolaus, Dichtung und Theorie. Der Entwurf einer dichterischen Transzendentalpoetik in den Fragmenten des Novalis, Bonn 1988
López Flores, Manuel, Colon no descubrió América, Madrid 1964
Lufts, David S., Robert Musil and the Crisis of European culture. 1880–1942, Berkeley 1980
Luhmann, Niklas, Beobachtungen der Moderne, Opladen 1992
Lukács, Georg, Die Seele und die Formen, Berlin 1911
– Die Zerstörung der Vernunft, Werke, Bd. 9, Darmstadt – Neuwied 1962
Lüthy, Herbert, Daß man bei Montaigne nicht suchen soll, was er nicht hat, in: Michel de Montaigne, Essais, hg. v. Herbert Lüthy, Zürich 1953, S. 7–40
Lyotard, Jean-François, Das postmoderne Wissen. Ein Bericht, Wien 1986
– Der Widerstreit, München 1987

Macho, Thomas H., Todesmetaphern. Zur Logik der Grenzerfahrung, Frankfurt a.M. 1987
– So viele Menschen. Jenseits des genealogischen Prinzips, in: Peter Sloterdijk (Hg.), Bericht zur Lage der Zukunft, Bd. 1, Frankfurt a.M. 1990, S. 29–64
Madariaga, Salvador de, Kolumbus. Leben, Taten und Zeit des Mannes, der mit seiner Entdeckung die Welt veränderte, Bern – München – Wien 1966
Mähl, Hans-Joachim, Die Idee des goldenen Zeitalters im Werk des Novalis, Heidelberg 1965
Mann, Heinrich, Ein Zeitalter wird besichtigt, Berlin 1973, Reinbek 1976
Mann, Thomas, Das erzählerische Werk, 12 Bde., Frankfurt a.M. 1975
Marquard, Odo, Abschied vom Prinzipiellen, Stuttgart 1981
– Apologie des Zufälligen, Stuttgart 1986
Masini, Feruccio, Beitrag zu einer Philosophie des Essays, in: Giulia Cantarutti/Hans Schumacher (Hg.), Neuere Studien zu Aphoristik und Essayistik, Berlin – New York 1986, S. 250–255
Mattenklott, Gerd, Geisteswissenschaft – eine parabolische Geselligkeit, in: Merkur, H. 12 (1989), S. 1069–1080
Maturana, Humberto R./Varela, Francesco J., Der Baum der Erkenntnis, München – Wien 1987
Montaigne, Michel de, Essais, 3 Bde., Paris 1965
– Essais, übers. v. Kurt Lüthy, Zürich 1953

Mörchen, Helmut, Nebensachen. Zu den Essays westdeutscher Autoren, in: Manfred Durzak (Hg.), Deutsche Gegenwartsliteratur, Stuttgart 1981
Moser, Manfred, Schreiben ohne Ende. Letzte Texte zu Robert Musil, Wien 1991
Müller, Max, Erfahrung und Geschichte, Freiburg 1971
Müller-Funk, Wolfgang, Die Rückkehr der Bilder, Wien – Köln 1988
– Die Enttäuschungen der Vernunft, Wien 1990
– Das übermalte Bild. Kolumbus und die Folgen, in: Die Presse (14. 8. 1992), Spectrum, S. X
– (Hg.), Neue Heimaten, neue Fremden, Wien 1992
Müller-Jensen, Uwe, Gottfried Benn zum 100. Geburtstag, Würzburg 1989
Musil, Robert, Gesammelte Werke, hg. v. Adolf Frisé, Bd. I: Der Mann ohne Eigenschaften, Reinbek 1978

Nadermann, Peter, Schreiben als anderes Leben, Frankfurt a.M. – New York 1990
Nancy, Jean Luc, Der Preis des Friedens. Krieg, Recht, Souveränität, techné, in: Lettre International, (Berlin), H. 14 (1991), S. 34–46
Neubauer, John, Bifocal Vision. Novalis' Philosophy of Nature and Disease, Chapel Hill 1971
– Symbolismus und Symbolische Logik, München 1978
– Novalis und der Postmodernismus, in: Geschichtsbild und Aktualität (1988), S. 207–220
Nietzsche, Friedrich, Werke, hg. v. Karl Schlechta, Frankfurt a.M. – Berlin 1976
– Kritische Gesamtausgabe, Bd. VII/1 u. 2, Berlin – New York 1977 u. 1974
– Der Wille zur Macht, Stuttgart 1964
Novalis, Schriften, Bd. II u. III: Das philosophische Werk, hg. v. Richard Samuel, Hans-Joachim Mähl u. Gerhard Schulz, Darmstadt 1965–1968
Nowotny, Helga, Eigenzeit. Entstehung und Strukturierung eines Zeitgefühls, Frankfurt a.M. 1989

Oakshot, Michael, Experience and its Modes, Cambridge 1979
O'Neill, John, Essaying Montaigne. A Study of the Renaissance Institution of Writing and Reading, London 1982
Otto, Rudolf, Das Heilige. Über das Irrationale in der Idee des Göttlichen und sein Verhältnis zum Rationalen, München 1979

Pascal, Blaise, Gedanken [nach der Textfassung von Louis Lafuma, Paris 1963], hg. v. Jean Robert Armogathe, Leipzig 1987
– Gedanken [nach der Textfassung von Renourd, Leipzig 1881], München o.J.
Patocka, Jan, Ketzerische Essays zur Philosophie der Geschichte, Stuttgart 1988
Paz, Octavio, Der sprachgelehrte Affe, Frankfurt a.M. 1982
– Zwiesprache. Essays zu Kunst und Literatur, Frankfurt a.M. 1984
Pfotenhauer, Helmut, Sich selber schreiben, in: Lichtenberg-Jahrbuch der DSG, 1988, S. 77–93
Platon, Sämtliche Werke, hg. v. Ernesto Grassi, Hamburg 1957ff.
Plitt, Gustav L., Schellings Leben, Leipzig 1869

Promies, Wolfgang, Lichtenberg, Reinbek 1964
Reijen, Willem van/Schmid-Noerr, Gunzelin (Hg.), Flaschenpost: Dialektik der Aufklärung 1947–1987, Frankfurt a.M. 1987
Röd, Wolfgang, Erfahrung und Reflexion. Theorien der Erfahrung in transzendentalphilosophischer Sicht, München 1991
Rohner, Ludwig, Der deutsche Essay, Neuwied 1967
– (Hg.), Deutsche Prosa aus zwei Jahrhunderten, Neuwied 1968
– (Hg.), Deutsche Essays. Prosa aus zwei Jahrhunderten, 6 Bde., München 1969
Rorty, Richard, Kontingenz, Ironie und Solidarität, Frankfurt a.M. 1989
– Auch nur eine Spezies, die ihr Bestes tut. Über John Dewey, Merkur Jg. 46, H. 1 (1992), S. 1–16
Rossi, Paolo, Francis Bacon. From Magic to Science, Chicago 1968
Roth, Joseph, Gesammelte Werke, hg. v. Hermann Kesten, Bd. 4, Köln 1975
Rougement, Denis de, L'Amour et l'Occident, Paris 1972
– Die Liebe und das Abendland. Mit einem Post-Scriptum des Autors. Aus dem Französischen von Friedrich Scholz und Irène Kuhn, Zürich 1987
Rumold, Rainer, Gottfried Benn und der Expressionismus. Provokation des Lesers, absolute Dichtung, Königstein i.Ts. 1982
Rutschky, Michael, Erfahrungshunger. Ein Essay über die 70er Jahre, Köln 1980

Sahlberg, Oskaru, Gottfried Benns Phantasiewelt. ‚Wo Lust und Liebe winkt', München 1977
Scheffer, Bernd, Interpretation und Lebensroman. Zu einer konstruktivistischen Literaturtheorie, Frankfurt a.M. 1992
Schelling, Friedrich Wilhelm, Ausgewählte Werke, 6 Bde., Frankfurt a.M. 1985
– Vorlesungen über die Methode des akademischen Studiums, Hamburg 1974
Schlaffer, Heinz, Poesie und Wissen. Die Entstehung des ästhetischen Bewußtseins und der philologischen Erkenntnis, Frankfurt a.M. 1990
Schlegel, Friedrich, Kritische Fragmente und Schriften zur Literatur, hg. v. Wolfdietrich Rasch, München 1970
Schmitt, Carl, Land und Meer. Eine weltgeschichtliche Betrachtung, Köln-Lövenich 1981
Schneider, Albert, Lichtenberg, Précurseur du romanticisme, Nancy 1954
Schneider, Manfred, Die erkaltete Herzensschrift, München 1968
Schneider, Rolf, Die problematisierte Wirklichkeit. Leben und Werk Robert Musils. Versuch einer Interpretation, Berlin 1975
Schöne, Albrecht, Aufklärung aus dem Geist der Experimentalphysik. Lichtenbergsche Konjunktive, München 1982
Schorsch, Christoph, Die New Age-Bewegung. Utopie und Mythos der Neuen Zeit, Gütersloh 1988
Schröder, Jürgen, Gottfried Benn und die Deutschen. Studien zu Werk, Person und Zeitgeschichte, Tübingen 1986
Schubert, Gotthilf Heinrich, Der Erwerb aus einem vergangenen und die Erwartungen von einem zukünftigen Leben, 3 Bde., Erlangen 1854–1856
Schultz, Uwe, Montaigne, Reinbek 1989

Schulz, Gerhard, Novalis, Reinbek 1969
– (Hg.), Novalis. Beiträge zu Werk und Persönlichkeit Friedrich von Hardenbergs, Darmstadt [2]1986
Sedlmayr, Hans, Der Verlust der Mitte, Frankfurt a.M. – Berlin [10]1983
Serres, Michel, Der Parasit, Frankfurt a.M. 1987
– Ablösung. Eine Lehrfabel, München 1988
Senckel, Barbara, Individuum und Totalität. Aspekte zu einer Anthropologie des Novalis, Tübingen 1983
Simmel, Georg, Gesamtausgabe, hg. v. Otthein Rammstedt, Frankfurt a.M. 1989ff.
Simon, Josef (Hg.), Nietzsche in der Diskussion. Nietzsche und die philosophische Tradition, Bd. 1, Würzburg 1985
Sloterdijk, Peter, Literatur und Lebenserfahrung, München 1978
– Der Denker auf der Bühne. Nietzsches Materialismus, Frankfurt a.M. 1986
– Kopernikanische Mobilmachung und ptolemäische Abrüstung. Ästhetischer Versuch, Frankfurt a.M. 1987
– (Hg.), Bericht zur Lage der Zukunft, Frankfurt a.M. 1990
Sloterdijk, Peter/Macho, Thomas (Hg.), Die Weltrevolution der Seele. Ein Arbeits- und Lesebuch der Gnosis, 2 Bde., München 1991
Soerensen, Nele, Mein Vater Gottfried Benn, Wiesbaden 1960
Sonnemann, Ulrich, Negative Anthropologie, Frankfurt a.M. 1981 [Reinbek 1969]
– Das Land der unbegrenzten Zumutbarkeiten. Deutsche Reflexionen, Frankfurt a.M. 1985 [Reinbek 1963]
Strack, Friedrich, Im Schatten der Neugier. Christliche Tradition und kritische Philosophie im Werk Friedrich von Hardenbergs, Tübingen 1982
Strolz, Walter (Hg.), Erfahrung und Experiment in Wissenschaft und Technik, Freiburg – München 1963
Starobinski, Jean, Montaigne. Denken und Existenz, Frankfurt a.M. 1989
– Das Rettende in der Gefahr. Kunstgriffe der Aufklärung, Frankfurt a.M. 1990
– Melancholie im Spiegel, München 1992
Steiner, George, Le Sens du sens, Paris 1988
– Martin Heidegger, München 1989
– Von realer Gegenwart, München 1990
Stern, Joseph Peter, Lichtenberg. A Doctrine of Scattered Occasions, Bloomington 1959
Sting, Stephan, Der Mythos des Fortschreitens, Berlin 1991
Stoessl, Otto, Lebensform und Dichtungsform, München 1914
Susman, Margarete, Der romantische Versuch, in: Kreatur (Berlin), Jg. 2 (1927/28), S. 397–416

Teresa von Avila, Von der Liebe Gottes [nach der dt. Erstübers. v. André Stoll], Frankfurt a.M. 1984
Theweleit, Klaus, Männerphantasien, Bd. 1: Frauen, Körper, Geschichte, Frankfurt a.M. 1977, Basel – Frankfurt a.M. 1986
Timm, Hermann, Das ästhetische Jahrzehnt, Gütersloh 1990
Thyen, Anke, Negative Dialektik und Erfahrung. Rationalität des Nichtidentischen, Frankfurt a.M. 1989

Toulmin, Stephen, Kosmopolis. Die unbekannten Aufgaben der Moderne, Frankfurt a.M. 1991
Trachsler, Reinhard, Lichtenbergs Aphorismen. Ursprünge und Größe wirklicher Freiheit, Zürich 1956
Traueck, Margot, Friedrich Sieburg in Frankreich. Seine literarisch-publizistische Stellungnahme zwischen den Weltkriegen im Vergleich mit Positionen Ernst Jüngers, Heidelberg 1987
Trilling, Lionel, Kunst, Wille und Notwendigkeit. Literaturkritische und kulturphilosophische Essays, München 1990
Trotzki, Leo, Literatur und Revolution, München 1972

Varela, Francisco J., Kognitionswissenschaft und Kognitionstechnik. Eine Skizze aktueller Perspektiven, Frankfurt a.M. 1990
Vente, Rolf E. (Hg.), Erfahrung und Erfahrungswissenschaft. Die Frage des Zusammenhangs wissenschaftlicher und gesellschaftlicher Entwicklung, Stuttgart – Berlin – Köln – Mainz 1974
Verrecchia, Anacleto, Zarathustras Ende. Die Katastrophe Nietzsches in Turin, Wien – Köln 1986
Virilio, Paul, Die Ästhetik des Verschwindens, Berlin 1986
– Der negative Horizont. Bewegung – Geschwindigkeit – Beschleunigung, München 1989
Voegelin, Eric, Ordnung, Bewußtsein, Geschichte. Späte Schriften, Stuttgart 1988
Volkmann-Schluck, Karl Heinz, Novalis' magischer Idealismus, in: Hans Steffen (Hg.), Die Romantik, Göttingen [4]1989

Wassermann, Jakob, Christoph Columbus, München 1972
Weber, Max, Die protestantische Ethik, I, Tübingen 1972
Weber, Samuel, Rückkehr zu Freud. Jacques Lacans Ent-stellung der Psychoanalyse, Frankfurt a.M. – Berlin 1978, Wien 1990
Wellmer, Albrecht, Zur Dialektik der Moderne und Postmoderne. Vernunftkritik nach Adorno, Frankfurt a.M. 1985
Welsch, Wolfgang, Unsere postmoderne Moderne, Weinheim 1987
– Ästhetisches Denken, Stuttgart 1990
– (Hg.), Wege aus der Moderne. Schlüsseltexte der Postmoderne-Diskussion, Weinheim 1988
Wetzels, Walter D., Johann Wilhelm Ritter: Physik im Wirkungskreis der deutschen Romantik, Berlin – New York 1973
White, Hayden, Auch Klio dichtet oder Die Fiktion des Faktischen. Studien zur Tropologie des historischen Diskurses, Stuttgart 1986
Whitney, Charles, Francis Bacon. Die Begründung der Moderne, Frankfurt a.M. 1989
Willemsen, Roger, Robert Musil. Vom intellektuellen Eros, München 1985
Wilke, Sabine, Zur Dialektik von Exposition und Darstellung. Ansätze zu einer Kritik der Arbeiten Martin Heideggers, Theodor W. Adornos und Jacques Derridas, Bern – New York 1988

Witz, Ursula, Die Sprachstruktur Gottfried Benns. Ein Vergleich mit Nietzsche, Göppingen 1971
Wodke, Friedrich Wilhelm, Die Antike im Werk Gottfried Benns, Wiesbaden 1963
Wyss, Beat, Trauer der Vollendung, München 1985

Zimmermann, Jörg, Lichtenbergs Streifzüge durch die Phantasie, Hamburg 1988

Personenregister